新
思
THINKR

有思想和智识的生活

CHRISTENDOM DESTROYED:
EUROPE
1517—1648

企鹅欧洲史

基督教欧洲的巨变
1517—1648

[英] 马克·格林格拉斯 _ 著
(Mark Greengrass)
李书瑞 _ 译

中信出版集团 | 北京

图书在版编目（CIP）数据

基督教欧洲的巨变：1517-1648 /（英）马克·格林格拉斯著；李书瑞译. -- 北京：中信出版社，2018.12（2025.1重印）
（企鹅欧洲史）
书名原文：Christendom Destroyed: Europe 1517-1648
ISBN 978-7-5086-9436-8

I.①基… II.①马…②李… III.①欧洲－近代史－1517-1648 IV.①K504

中国版本图书馆 CIP 数据核字（2018）第 203561 号

Christendom Destroyed: Europe 1517-1648
Copyright © Mark Greengrass, 2014
Simplified Chinese translation copyright © 2018 by CITIC Press Corporation.
Penguin（企鹅）and the Penguin logo are trademarks of Penguin Books Ltd.
First Published 2014
First published in Great Britain in the English language by Penguin Books Ltd.
All rights reserved.
本书仅限中国大陆地区发行销售
封底凡无企鹅防伪标识者均属未经授权之非法版本

基督教欧洲的巨变：1517—1648

著　者：[英]马克·格林格拉斯
译　者：李书瑞
出版发行：中信出版集团股份有限公司
　　　　　（北京市朝阳区东三环北路 27 号嘉铭中心　邮编　100020）
承　印　者：河北鹏润印刷有限公司

开　　本：880mm×1230mm　1/32　　印　张：26.75　　插　页：8　　字　数：633 千字
版　　次：2018 年 12 月第 1 版　　印　次：2025 年 1 月第16次印刷
京权图字：01-2015-8279
书　　号：ISBN 978-7-5086-9436-8
定　　价：128.00 元

版权所有·侵权必究
如有印刷、装订问题，本公司负责调换。
服务热线：400-600-8099
投稿邮箱：author@citicpub.com

目录

"企鹅欧洲史"系列中文版总序　　i

《基督教欧洲的巨变：1517—1648》导读　　v

引言　　1

第一章　西方基督教世界的瓦解　　7

从"白银时代"到"黑铁世纪"　　51

第二章　人口补充　　53

第三章　城市与乡村　　84

第四章　财富与贸易　　127

第五章　贵族的追求　　154

掌握世界　　187

第六章　世界中的欧洲　　189

第七章　观察天地　　229

第八章　了解世界　　282

多灾多难的基督教世界　　319

第九章　查理五世时代的政治与帝国　　321
第十章　大分裂　　381
第十一章　反动、压迫、改革　　435

彼此相争的基督教诸共和国　　479

第十二章　以神之名的冲突　　481
第十三章　与宗教分歧共存　　539
第十四章　教会与世界　　570
第十五章　十字军东征的式微　　609

混乱中的基督教列国　　639

第十六章　国家事务　　641
第十七章　对峙中的各国　　687
第十八章　大战　　734
第十九章　从东到西的混乱时代　　783

结语　欧洲的震颤　　819

致谢　　826

延伸阅读　　829

"企鹅欧洲史"系列中文版总序

文明的更新、重组和不断前进
——为什么我们应该阅读"企鹅欧洲史"系列

彭小瑜

21世纪还剩有80多年,当今的主要发达国家,也就是欧洲国家以及在制度和文化上与之关系极其紧密的北美洲和大洋洲国家,在发展上的明显优势目前无疑还存在。那么到了21世纪末,情况又会如何?"企鹅欧洲史"系列包含的9部著作覆盖了欧洲文明近4 000年的历史。如果我们精细地阅读这几本书,我们就能够观察到欧洲文明在历史上经历过的多次繁荣、危机和复兴,进而能够认识到欧洲文明保持更新和不断前进的真正力量是什么。

相对于世界其他地方的古老文明,欧洲文明天然具有优越性吗?从19世纪在中国沿海地区贩卖鸦片的英国人身上,我们看不到什么值得欣赏和效仿的品德和价值观。西方近代的"船坚炮利"及其背后的科学技术固然值得研究和学习,但是学会了"船坚炮利"的本事不是为了欺负和攻打别人。另外,西方文明的优点,欧洲在近代国力强大的原因,绝不局限于自然科学和先进技术。我们了解和研究欧洲历史，借鉴欧洲和整个西方的历史文化和经验，肯定也不能局限于救亡图存这一有限目的。我们采取和保持一个面向世界的开放态度，是为了建设一个美好的生活环境，也是为了对世界和平和全人类的福利做出我们的贡献。因此，我们对欧洲史和整个西方文明需要有一个认真和耐心研究的态度，努力学习其优点，尽量避免其不足，以期完成我们中华民族在21世纪追求的远大目标。为了这样一个宏大的事业，我们需要精细阅读"企鹅欧洲史"系列。这是我们了解和学习外部世界过程中迈出的小小一步，却可能会让我们拥有以前不曾体验过的惊奇、思索和感悟。

整套丛书由古希腊罗马远古的历史开始，讲述了直到21世纪的欧洲历史。尽管各位作者的资历和背景不尽相同，他们基本的历史观却高度相似。在对西方文明进行坦率批评的同时，他们以明确的乐观态度肯定了这一独特文化、政治和经济体制的自我更新能力。普莱斯和索恩曼在描写古代雅典城邦时（见《古典欧洲的诞生：从特洛伊到奥古斯丁》），注意到了雅典民众拥有在古代世界独一无二的政治参与权，不过该城邦"同时也是对妇女压制最为严重的城邦之一"，因为唯有男性拥有公民权的情况让没有公民权的自由民妇女地位变得十分糟糕。依靠元老院、人民和行政长官三者之间沟通和平衡的古罗马，建立和维持着一个似乎比雅典更加稳定的共和国。后来，贫民的土地问题以及意大利和其他地方民众获取公民权的问题，引发了"罗马在350年里的第一次政治杀戮"。之后不断加剧的社会矛盾导致了血腥的持续的内战，并颠覆了共和制度，但是罗马人在内战废墟上建立了君主制帝国，同时让各地城市保持了强有力的自治传统，在地中海周边的辽阔地区又维持了数百年的安定和繁荣。

乔丹在《中世纪盛期的欧洲》里面写到了14世纪的黑死病，"在1347—1351年的瘟疫中有多达2 500万人殒命"，之后瘟疫还连续暴发了好多次，而此前欧洲的总人口只有大约8 000万。这个世纪同时也是战争和内乱频仍的年代，是教会内部思想混乱和不断发生纷争的年代。面对如此可怕的巨大灾祸，面对16世纪宗教改革带来的政治和思想的严重分裂，西方人在生产、贸易和金融等领域仍然取得长足进步，并开始探索世界地理，航行到非洲、亚洲和美洲，倡导用实验来把握有用的知识，学会用科学的方法来仰望星空，认知宇宙的秘密。与此同时，自私的欲望逐渐泛滥，开始有文化人鼓吹"最自然的人权就是自利"，鼓吹"自然状态是一个相互竞争的丛林"（见《基督教欧洲的巨变：1517—1648》）。

当资本主义的贪婪和帝国主义的强权给世界上落后国家带来压榨和屈辱的时候，欧洲内部的社会矛盾也变得十分尖锐。在19世纪中叶，英国每天要用掉大约2.5亿根火柴，在位于伦敦的工厂："用于制造可燃火柴的白磷产生的气体开始给工人身体造成严重损害。工厂工人几乎是清一色的女工和童工，工人需要先准备好磷溶液，然后把火柴杆放在里面浸沾。他们的牙龈开始溃烂，牙齿脱落，颌骨慢慢腐烂，流出散发臭味的脓水，有时从鼻子里往外流脓，人称'磷毒性颌骨坏死'。1906年在伯尔尼签署的一项国际公约禁止使用白磷，两年后，英国议会批准了该公约。"（见《竞逐权力：1815—1914》）

历史故事的细节从来都具有一种思想冲击力。"企鹅欧洲史"系列的各个分册里面充满了大量的细节和故事。看了白磷火柴女工的故事，认真的读者都会好奇，当时的欧洲会往何处去。埃文斯描写了第一次世界大战前的欧洲社会和改革运动。他提到，德国的铁血宰相俾斯麦曾经声称，国家必须"通过立法和行政手段满足工人阶级的合理愿望"。在叙述现代历史的各个分册里，我们都能看到，欧洲统治阶级坚持文化和制度的渐进改良，不单单是"出于发自内心的社会良知"，也是因为他们面临来自社会主义思想和运动的压力，希望通过对话达成社会各阶层的和解。社会各阶层重视沟通和妥协不仅是现代西方社会的一个突出特点，应该也可以追溯到遥远的雅典城邦和罗马共和国传统。沟通和妥协的能力，确实是欧洲文明保持活力和持续进步的一个重要原因。

第一次世界大战结束后不久，梁启超先生到欧洲考察，遇见一位美国记者，后者觉得"西洋文明已经破产了"，不赞成梁启超将之"带些回去"的打算。梁启超问："你回到美国却干什么？"该记者叹气说："我回去就关起大门老等，等你们把中国文明输入进来救拔我们。"梁启超在《欧游心影录》里面记载了这个故事，但是他提醒读者，欧洲不会完。他解释说，18世纪以后的欧洲文明不再是贵族的文明，而是"群众的文明"，各种观念和立场有顺畅交流，思想文化依然活跃。所以他断言，欧洲仍然能够"打开一个新局面"。饮冰室主人在1929年去世，没有机会看到此后的欧洲历史轨迹。我们是幸运的，看到了更多的世界风云变幻。我们是幸运的，能够阅读"企鹅欧洲史"系列这样有趣和深刻的历史读物。我们借此不仅能够更清楚地看到欧洲的过去，也可能能够看到一点欧洲和世界以及我们自己的未来。

《基督教欧洲的巨变:1517—1648》导读

刘林海

摆在读者面前的这本《基督教欧洲的巨变:1517—1648》,是英国当代著名宗教改革史家、谢菲尔德大学荣休教授马克·格林格拉斯的新作,也是企鹅出版集团策划出版的9卷本"企鹅欧洲史"系列丛书的第5卷。这本书的主题是"基督教世界意识"的毁灭,即欧洲由地缘政治概念转变为地域概念的过程,用作者自己的话来说就是"16世纪至17世纪初'基督教世界'(Christendom)意识的消逝与'欧洲'意识的诞生,以及与之相伴的巨大变革"。"基督教世界"一词出现在中世纪欧洲,是对所有拉丁基督教政权的整体上的称呼。"基督教世界"关注的重点并非地域,而是强调以耶稣基督为信仰对象、以罗马教会为中心的信仰统一体。这是拉丁基督教长期的自我定位,也是抗衡外部世界尤其是伊斯兰教的工具。在格林格拉斯教授看来,这是一个带有想象成分的观念或意识,也是团结各基督教政权的方案。不过,宗教改革之后,"基督教世界"意识解体,支撑它的神话也宣告破灭。基督教世界的"失乐园"留下的只有对昔日荣光的哀叹。这个现实也投射到了新拓展的殖民地美洲和伊斯兰世界。欧洲内部以不同的教派为基础形成众多相互争斗的政权,民族意识萌芽,地理空间意义上的欧洲开始出现。

该书所涉的时间段,即从宗教改革到"三十年战争"期间的历史,在欧洲乃至世界历史进程中占有重要地位。一方面,长期的宗教战争彻底破除了传统的一元宗教格局,形成多宗派并立互竞的局面;另一方面,战争加剧了政治分裂和民族意识,民族国家出现,欧洲政治和外交关系新格局形成。正因为如此,这个时期也被视为欧洲弃旧向新、迈向现代的关键时期,也一直是西方学界和出版界的宠儿,遗世名作不可胜数,其中既有"高大上"的学术精品,也有接地气的普及读物。最近几十年来,受马丁·路德诞辰及宗教改革500周年纪念等影响,西方学术界的宗教改革研究又进入了一个高潮。读者可能会问:在众多的著作中,这本大部头的价值何在?值不值得花大力气去啃?

应该说,这是一本学术分量十足、雅俗共赏的好书,完全值得专业学者和一般读者阅读与珍藏。

首先,这是一本由专业学者撰写的严谨学术著作。该书作者格林格拉斯教授是一位史坛老兵,受训于牛津大学,曾在英、法、美、德等国从事专业教学与研究,至今笔耕不辍。他长期从事16—17世纪欧洲史研究,尤以法国宗教改革史、政治史、信息传播史见长。多年的学术积累不但使他对这段历史驾轻就熟,而且使他深谙前沿热点,对各种流派和理论了如指掌,为这本书的学术分量奠定了厚重基础。该书从开始写作到出版,前后历时7年。作者博采众长,广泛借鉴各领域的新理论、新观点,其中既包括环境与气候变化对历史的影响,又有白银资本、火药帝国、认信化(信条化)、全球化等理论。全书融传统的政治史与经济社会史等新史学于一体，巧编妙织，浑然成体，绝无堆砌拼凑之嫌。当然，作者并非仅仅满足于汇聚各家观点，也不时提出自己的看法。例如，他并不认同17世纪中期的欧洲是一个全面危机时代的说法，而是倾向于那个时代只是经历了一个"震颤"。因为危机意味着历史转型进入一个大不相同的新世界，从而化解了危机，但事实上"欧洲并没有发生根本性的变化"，"震颤之后就是恢复原状"。同样，他也对用欧洲步入现代性尤其是"早期现代性"的理论给这段历史定位的说法持审慎态度，因为其目的论色彩过于浓厚，对于探寻失去的往昔并没有什么帮助，甚至是危险的。在作者略带伤感的对"统一性"失去的思考中，也透着一丝对当下欧洲现实的关怀。

其次，这本书对主题进行叙述的角度非常有特色。整体而言，作者对1517—1648年的这段历史并没有增添多少全新性的内容，就连该书的主题词——基督教世界——也并非他首创。不过，作者并没有简单重复这些耳熟能详的故事，而是另辟蹊径，以基督教世界意识的崩溃为论题，重新组合材料，描绘这一个多世纪里欧洲分裂的进程及情状，使人耳目一新。全书从阐述"基督教世界"观念引入，将中世纪末期到16世纪初期的传统大事作为背景和原因，高度浓缩，然后徐徐展开，从经济与社会生活的变化开始，接续对自然的空间和理念上的突破，再到传统史学关注的政治和宗教层面的冲突及其结局，最后是基督教世界观念崩溃的结果。作者的叙述几乎涵盖了历史的方方面面，既有传统的政治、军事、外交，又有经济、社会生活，更有作为史学新宠的新文化史，几无遗漏；上至天文，下到研究人体内部构造的解剖学，大到军国大事，小到礼仪上的举手投足，尽在掌握。历史的全貌宛如一幅长卷，徐徐展开。该书用社会史的视角阐述传统的大主题，留意普通大众的历史，以普通人的游历感悟开始，以普通人的感慨作为总结，有意凸显为传统史学所忽略的群体。不过，作者并没有将传统史学的主角——帝王将相——逐出，而是将政治很好地融于整体叙事中，将社会各阶层同时置于一个舞台，关注的重点也不在破裂的详细过程，而在破裂的情状及表现。全书剪裁得当，即便专业的学者也不会觉得重复。

最后，该书的呈现形式很好。作者非常注重文字表达和情节设计，重视读者的感受，有意营造文学和戏剧效果，赋予冰冷的数字以生命，把抽象的术语描绘得栩栩如生。作者重视运用当时的各种画作和文学作品，通过对画作内容的描述和分析，以及对文学作品的引用，将读者拉入历史语境中，加深读者的直观感受。此外，作者还非常注重营造立体的空间效果，注重静态和动态画面的搭配。文中多次使用望远镜和广角镜头的比喻，按主题分层次分区域展示，像一个宇航员带领大家在太空遨游，俯视欧洲，由远及近，由表入里，层次感很强，大大提升了该书的可读性。译者流畅的文笔更是锦上添花。

当然，这本书也有不尽如人意之处。就作者本人而言，丛书不加注释和索引的体例，设定的以德国历史发展为主体的分期，无疑是一种难以逾越的遗憾。就专业学者和一般读者而言，一些知识性的讹误或欠准确，地域上重神圣罗马帝国而轻英格兰、法国及公教改革，为求全、求细节而显得冗杂的叙述等，无疑拉低了这本书的分值。不过，瑕不掩瑜，这些都不能成为否定它的理由。

引言

大卫·德·弗里斯（David de Vries）为自己周游世界的经历感到非常自豪。1655年他以母语荷兰语出版了自己的游记，书中记载了他远赴地中海、远东、纽芬兰、加勒比和南北美洲的六次旅程。德·弗里斯1593年出生于拉罗谢尔，父母是荷兰人，他自学成才又善于观察，能流利地使用数门欧洲语言，是一名训练有素的炮兵队长，一位熟练的航海家，还是一个精明的商人。他的殖民事业——1633年在"南河"（特拉华河），1634年在圭亚那的奥亚波克河（Oyapock），以及1638—1643年在斯塔滕岛——尽数失败，但这并不是他的错。因为赞助人辜负了他，加上原住民太难管理，与他竞争的冒险者也对他不怀好意。德·弗里斯知道自己的忠诚归向何方。低地国家的小镇霍恩*是他的家乡（patria）。如果他成功建起一座殖民地"大庄园"（patroonship）**，他会把它打造成荷兰地主乡绅的庄园的模样，这样的大

---

* 霍恩（Hoorn）是荷兰北部的一个小镇，也是德·弗里斯最后去世的地方。——译者注
** 巴特龙制度（patroon system）是荷兰在北美殖民地实施的一种封建土地制度，地主被称作patroon，地主拥有的土地被称作patroonship。——译者注

庄园会成为他经常提到的"新尼德兰"的一部分。他是加尔文宗的新教徒,参与建造了斯塔滕岛上第一座基督教教堂。德·弗里斯是在一个更广阔的世界中认识欧洲的。从欧洲到新大陆,旅途中高大的冰山让他震惊不已,他还在游记中详细记录了在海上遇到的荷兰人、巴斯克人、葡萄牙人与英格兰人的渔船和商船。1620年,他在纽芬兰的圣约翰斯(St John's)登陆。他熟读他人的游记,对当地印第安人的习俗早有了解,很快入乡随俗。1640年,他拜访了詹姆士河*边英国人新殖民地的总督,英国人以一杯威尼斯产的葡萄酒款待他,曾在17世纪20年代后期去过东印度(East Indies)的另一位英国殖民者与他把酒言欢。"我很欣赏他,他对我也同样如此。"德·弗里斯说。他还听到那个殖民者说道:"此山无法与彼山相见,周游世界的人却可以相逢。"

以服饰、饮食与举止而言,他们都是欧洲人,他们知道自己身在另一个大陆,并且"驾驭地球的四极"(如德·弗里斯所言)。德·弗里斯的生涯反映了他们那一代人更加广阔的地缘视野,他们开辟新的机遇,迎接新的挑战,异常多样化的交流往来使古老的忠诚感与归属感产生了动摇。这种将欧洲视为一个地理实体的新感受,是在更广阔的世界中反映出来的,如果再早一个世纪绝不可能存在。16世纪至17世纪初"基督教世界"(Christendom)意识的消逝与"欧洲"意识的诞生,以及与之相伴的巨大变革,就是本书的主题。

基督教世界——像卡米洛**一样——创造了一种想象的过往。中世纪时,基督教世界对应的拉丁词(*Christianitas* 或者 *Corpus Christianorum*)描绘的是一种不同的事物:一个想象出来的存在于当下或未来的、被

---

* 詹姆士河流经今天美国的弗吉尼亚州。——译者注
** 卡米洛(Camelot)是传说中亚瑟王的城堡的名字。——译者注

信仰与理想凝聚在一起的世界。那个信仰共同体随着西罗马帝国的毁灭而诞生，在西罗马帝国废墟上扎根的基督教最初只是位于一个范围大得多的基督徒世界（Christian world）的西部边陲，而那个基督教世界的中心在东方，位于中东和仍然活跃的东罗马帝国（拜占庭帝国）。但是，在逐渐失和的过程中，东西方的基督教渐行渐远，直到1054年，罗马的教皇和君士坦丁堡的牧首互相开除了对方的教籍。这场大分裂之后，拉丁基督徒与希腊群岛、巴尔干半岛和俄罗斯的东正教徒分道扬镳，形成了西方的基督教世界（Christendom）。

在西方基督教发展的第一个千年里，基督教世界并不知道自己的中心在哪里，因此也不知道自己的边缘在何处。它可以说是（借用一位杰出的中古史学家的说法）一系列"微型基督教世界"（micro-Christendoms）聚集而成的"短程线穹顶"（geodesic dome），各组成部分是自给自足的。"符号商品"（除了圣髑，还包括圣人，比如传教士和圣徒）的流通让神圣的灵恩从一处传播到另一处，信仰共同体的价值观与理想也随之从一个区域扩散到另一个区域。随后，在中世纪中期*东西方关系破裂之后，两个地缘与意识形态单位的完全成熟使西方基督教世界产生了一种更复杂的对中心与边缘的感受，这两个单位就是教皇与神圣罗马帝国。两者对权威的主张，是神学家、法学家、政治理论家和知识分子在一种充满自信的普世主义氛围中通过相互比拼形成的。这一时期的经济转型、市场的巨大扩张、跨地区乃至跨国贸易的惊人增长、贵族之间的联姻与外交联盟，更加巩固了这一理念。在12世纪到13世纪的有识之士眼中，西欧拉丁基督徒的世界就是"基

---

* 中世纪中期（Central Middle Ages）通常指的是11世纪至13世纪。——译者注

督教世界"。

罗马天主教会在拉丁基督教的信仰共同体中是核心支柱。拉丁基督教产生了一批知识精英，他们使用的是一门跨民族的语言（拉丁语，而不是希腊语*）、一套相同的课程（侧重于亚里士多德著作中的哲学与逻辑学）和一种共同的研究方式（经院哲学）。教皇的使节与王公的顾问对于权力从何而来、如何运用以及怎样合法化有着同样的神学见解与官方共识。十字军东征成了西方基督教世界最野心勃勃的事业。最重要的是，拉丁基督教是在信仰的继承与实践中表现出来的，它与既有的多维神圣图景紧密相连，在这片图景上有圣地、朝圣点、圣徒崇拜和各类节日。洗礼是通用的入教仪式。不受洗的非基督徒（犹太人、穆斯林）在中世纪中期是西方基督教世界边缘非常重要的存在，他们之所以被容忍，正是因为他们不是信仰共同体的一部分。然而，随着各大基督教王国将拉丁基督教的边界向南推进至西班牙和意大利南部，这些人作为"不归属于基督教世界的非我族类"的意义似乎更甚于前。

基督教世界是一种应激性建构，很容易感到自身受到威胁。然而在现实中，它最危险的敌人并不是非基督徒。能对基督教世界的权力掮客造成最大威胁的，是基督教世界内部充满差异和矛盾的格局——基督教世界的居民各有各的效忠对象，对他们来说，基督教世界的宏大理想并没有什么意义。在西欧广袤的土地上，除了神圣罗马帝国（它的版图横跨欧洲中部，它的名称表明自己既是罗马帝国的延续，又是普世国度的世俗存在形式）与教会的普世秩序，还有成千上万个村

---

* 希腊语是东正教会的官方语言。——译者注

庄和教区，它们的居民往往负有效忠于自己领主的义务，他们是采邑领主的农奴。这些小共同体压倒了普世秩序的机制，它们与城镇一起都受益于中世纪中期的经济变革。人们开始对世界主义的雄心壮志和国际秩序的官僚体制产生怀疑。对于基督教世界中心与边缘的感受越强烈，各地居民就越不愿意耗费时间去获得上头的批准。很多人对为维持普世教会而征收的税款愤愤不平，也不再相信十字军东征这种夸大其词的超国家计划。自12世纪开始，这些情绪引发争议，产生了异端（异端迅速传播，成了一个严重的问题），在视基督教世界理念为至宝的人的心中投下了愈加深重的阴影。

　　黑死病的暴发重挫了欧洲经济，使人们对基督教世界理念的信心更加低落。农奴制和采邑义务成为争论的焦点，地方人民开始主张自己的习惯权利。尽管代表基督教世界的信仰与实践仍在继续，而且基督教世界的神圣图景甚至比以前更加繁荣，但是它在地方上的可信度却越来越低，沦为争相代表传统社会秩序的各类论点的攻击对象。1378—1417年的天主教会大分裂（Great Schism）同样削弱了它要求普世顺从的主张。两个教皇分庭抗礼的局面把基督徒分裂为两派，一派坚持忠于罗马，另一派支持阿维尼翁教廷（Avignonese papacy），后者被它的敌人斥为制造分裂的法兰西王国手中的傀儡。斗争最终在妥协中画上句点，但它对教皇的道德权威造成了持久的损害。从这一事件中还可以看出，深怀不满的地方主义与新兴世俗非帝国权力的结盟是很危险的。妥协是通过大公会议的权威达成的。大公会议坚持主张（这种主张令神职官员和世俗官员都非常苦恼）大公会议高于教皇，这一观点已经被争论了两个世纪，如今被一股更强的力量提了出来。大公会议的主张相当激进，而大多数"大公会议主义者"（Conciliarists）

都是温和派。他们认为召开大公会议是结束混乱的一种体面的方法，但并不希望大公会议摧毁教皇的普世权力，更不希望大公会议通过非正统的方式取得教义上的权威。然而新教改革（Protestant Reformation），在某种程度上作为大公会议运动（Conciliar Movement）的继承者，实现了这一目标。

所以16世纪至17世纪上半叶欧洲历史的核心问题是：基督教世界——包括决定其重心所在的各种制度，以及更重要的是，支撑它的信仰共同体——何去何从？如果基督教世界毁灭了，那么，谁将取而代之，或者说是否还会有谁来取而代之？在这一过程中，基督教世界逐渐被欧洲（作为一个地理概念，欧洲的定义在于与世界其他部分的距离关系）取代。两者有着天壤之别。基督教世界要求受洗加入这个信仰共同体的人的忠诚，这些人与外部世界的关系应依据他们与基督教世界的关系而定；而欧洲并不要求在它所指的这片大地上的人精诚团结，只要求人们意识到他们都住在这片大地上，其上的不同国家与民族开始具有道德和文明的优越性。西方基督教世界是一个关于欧洲团结的伟大规划，发展的时间超越千年，而它的毁灭却如此迅速而彻底，只过了一个多世纪，它便烟消云散，只留下了一点迷梦。促成它毁灭的巨大力量也彻底改变了欧洲，这些力量的相互影响是第一章的焦点。

第一章

西方基督教世界的瓦解

天主教的西班牙和新生的尼德兰共和国在1609年签署了颇具争议的停战协定后,托马斯·考克森(Thomas Cockson)发表了版画《基督教世界的狂欢》(The Revells of Christendome),画家在画中使用众所周知的讽刺手法嘲讽了基督教世界。席首站着教皇保罗五世(Paul V),在他的左手边,欧洲的各位国王(法国的亨利四世、英格兰的詹姆士一世和丹麦的克里斯蒂安四世)正面对着我们。在他们对面,三个天主教修士为了欧洲的未来玩着双陆棋、骰子和纸牌,一条狗正冲着其中一人的脚撒尿。这幅画的用意十分明显——没有一个人手里掌握着基督教世界的命运,基督教世界已经变成了一个笑话。许多促使西方基督教世界瓦解的因素在1500年以前就已出现,但直到它们全部就位并相互联系起来,基督教世界的落幕才算完成。

文艺复兴的影响

古典文献和理念的复兴早在1517年以前就在北意大利、佛兰德斯和莱茵兰的城市文化中萌发了。它们挑战了欧洲精英分子哲学思考的既定之道——经院哲学，也动摇了亚里士多德主义哲学的统治地位。人文主义学者认为自己的任务是通过详细检查和交叉对证，恢复古典时代文献的纯洁性，与文献作者的思想进行对话。人文主义教师十分重视"劝服"（persuasion），也就是组织和运用论点，让他人同意自己的观点。他们的学生通过阅读大量的拉丁文文献（尤其是西塞罗的著作）学会这门语言，并且将精力放在研究公民的正派行为上。这为论述统治者与被统治者的关系、政治与社会的关系引入了一套不同的观念，以及一个与"基督教信众"（Christendom）迥异的通用概念——"公众"（public）。

"公众"是人可以设想的最大的法人团体（universitas），它在罗马法的视野中是一个拟制的人，与它的创造者不同，它作为一个实体就像一个活人一样可以享受权利并承担义务，它以"公众"之名代表他人行事。共和国作为一个法人团体体现了共和国成员的意志。共和国之间是有差异的，有的共和国比别的共和国更像拟制的实体。比如，充分利用通信技术发展的"书信共和国"（republic of letters）得到了那个时代人文学者的强烈推崇。然而，这也反映了欧洲"知识资本"（intellectual capital）的历史变迁，知识资本日渐脱离一小群教士与官僚精英的掌控，流入一个更加复杂和世界性的资本市场中，这个市场里有生产者和消费者，有赞助人、印刷工、雕版师、图书管理员和读者各色人等，他们都加入了进来。市场的运作方式取决于当地环境，因此文艺复兴造成的知识与社会影响力在欧洲各地参差各异，而宗教的差异让参差的界线更加分明。文艺复兴的一大重要影响体现在王公的宫廷中，文艺复兴轻而易举地进入宫廷，转型为一种宫廷文化，满足宫廷贵族的需求与渴望。就像 20 世纪伟大的科学发现一样,文艺复兴既可以化腐为奇,也可以摧枯拉朽。它既可以强化教权与政权,也可以削弱它们。它可以挑战上帝凭旨意护佑世界这种基本的观念,也可以为其提供支撑。文艺复兴带来的新的教学方法给人们一种崭新的方式来理解自身、世界和造物主。

人文主义学者还发现,古代哲学有自己的历史。为了理解亚里士多德,必须了解他在和谁的思想对话,并且把他放到这个对话的背景中去。亚里士多德不再是构建真理与合法性的唯一权威。这一过程是从希腊名著第欧根尼·拉尔修(Diogenes Laertius)的《名哲言行录》(Lives of the Philosophers)的编译与普及开始的。这本书为相互竞争的各个希腊哲学家"流派"(sects)提供了一份系谱,让中世纪时退居边缘的观点也能大放光彩。这一时期的人在教学时把亚里士多德放在这个复杂得多的谱系中,认真地研究来自希腊世界的各种观点与论争。16 世纪和 17 世纪早期的哲学家,有的是伊壁鸠鲁学派的门徒,有的属于斯多葛学派,有的信奉柏拉图主义,有的笃信皮浪的怀疑主义。其结果是,古代哲学不再是基督教真理的婢女和构建普世秩序的工具。这也并没有阻止当时的哲学家努力搜寻一系列基本的真理。有的人认为,同任何系谱一样,哲学也可以循着系谱找到一个古老的源头,它的所有后裔都会携带它历经岁月遗留下来的痕迹。比如,弗朗切斯科·帕特里齐(Francesco Patrizi)在他的《一般哲学新论》(New Philosophy of Universals)中提出,亚里士多德的作品来自柏拉图的教导,进而上溯到梭伦和俄耳甫斯,一直到摩西关于创世的记述和埃及人的神秘主义,而这些在赫耳墨斯·特里斯墨吉斯忒斯(Hermes Trismegistus)的著作里都有暗示(帕特里齐说,特里斯墨吉斯忒斯的著作包含比"亚里士多德的全部哲学"加起来还多的智慧),他的作品年代至少比柏拉图早1 100年。也有人更乐于强调柏拉图和亚里士多德的共通之处,这些共通之处说明古人的思想尽管有时大相径庭,但仍有根本上的"和谐"(symphony)暗藏其中。

然而,就在这种混成性质的思路逐渐成形时,希腊哲学家塞克斯都·恩披里柯(Sextus Empiricus)的读者们发出了激烈的质疑之声。恩披里柯利用他希腊哲学家同行们的观点分歧,对亚里士多德等人寻找真理的行为大加批判。如果你真的相信他的著作(这一时代有几位重量级的思想家确实笃信不疑,尤其是法国行政官米歇尔·德·蒙田),那么古典哲学确实是错误连篇。吉安弗朗切斯科·皮科·德拉·米兰多拉(Gianfrancesco Pico della Mirandola)相当于16世纪哲学界的马丁·路德,他在1520年出版的《论异教徒学说之无用》(*Examination of the vain doctrines of the Gentiles*)中写道:"异教徒(专指古代的非基督徒)的所有学问都在迷信、犹疑和谬误中步履蹒跚。"直到后来,法国天才哲学家勒内·笛卡尔(René Descartes)才成功地在这种怀疑主义(Pyrrhonism)的基础上建起了一套普遍的哲学体系,有能力为新出现的以经验为基础的物理学提供支撑。但是在当时,没有人能够真正想象在激进的怀疑论基础上拼凑出来的基督教世界会是什么样子。

人文主义的地理学家、医生和自然哲学家都开始感觉到直接实践得来的经验的重要性以及实验的价值。自然世界的图景因此改变了。从欧洲到广阔世界的地理大发现催生了一种新的认识:自然世界充满了千奇百怪的现象,是一座堆满秘密的宝库,大自然正等待着掌握钥匙的人来破译解读。占星家、炼金术士、宇宙学家、自然术士以及江湖医生等竞相提出自己的理论,来解释怎么把森罗万象化约为有序的物理原理，或者至少证明他们的理论对现实观察有所助益。有些人从超自然力中寻找这样的原理——自然中有无所不在的魔力，仿佛人间活动背后有隐藏的精灵，或者说天体的热量和运动承载了这样的魔力。这些人同许多哲学家一样，大肆指责亚里士多德，主要原因是后者关于物质的理论太抽象了。他们把自己的学识与见解包裹在神秘晦涩的气氛中，以免遭受众多批评者的攻击，并且还可以维护他们智慧卓绝、法力超凡的鼎鼎大名。但是还有一种相反的观念认为，人类的知识是有限度的，洞悉自然的秘密永远不可能仅凭个人的力量达成。了解自然需要依靠众多探索者的共同努力，他们应当更关注实用层面的知识，注意到对自然的解释存在着多种可能。

对基督教世界的认知变化造成最大影响的莫过于宇宙论的巨变。哥白尼的日心说在很大程度上要归功于某些古代宇宙论的复兴，在古典时代，它们曾对亚里士多德主义的宇宙论共识发出过挑战。然而，如果地球仅仅是一颗行星，一颗围绕太阳转的行星，那么宇宙比起地球就变得太庞大了——哥白尼自己也承认，那样的宇宙将会"浩瀚无边"（immense）。当天文学家需要设想一下土星轨道与天球之间的漫长距离时，他们就不可避免地意识到地球是多么渺小。既然地球只是行星之一，那么所有新生与腐朽的自然过程，与其用亚里士多德那套以自然界和地球上的现象为基础的学说来解释，不如用太阳的影响或者地球的运动，以及地球与太阳和其他行星的相对位置来解释更加合理。基督教世界曾安居在以地球为中心、拟人化的同心圆宇宙里，那时的基督教世界自信自在。如果被放到以太阳为中心的宇宙里，那么基督教世界就不再是受造秩序的中心了。

化学医学家兼自我宣传大师帕拉塞尔苏斯（Paracelsus，原名德奥弗拉斯特·博姆巴斯茨·冯·霍恩海姆)、魔术师兼占星家约翰·迪伊（John Dee)、神学家兼宇宙学家乔尔丹诺·布鲁诺（Giordano Bruno)、自然哲学家弗朗切斯科·帕特里齐和伽利略·伽利莱（Galileo Galilei），都在不同程度上被基督教世界残存的"看门人"、宗教裁判所和教皇怀疑与日心说有关联。1600年2月，布鲁诺在罗马的火刑柱上被烧死。一年之后，方济各会修士托马索·康帕内拉（Tommaso Campanella）由于参与一场民众起义，在那不勒斯的新堡（Castel Nuovo）遭到40个小时的残酷拷问。其后的四分之一个世纪，他都被关押在那不勒斯，在牢里痛批亚里士多德异教哲学是"被感染的毒根"（infected roots）。他不再属于这个旧的世界，他梦想着一个天翻地覆的新世界。这一时代的激进思想家的问题在于他们所处的时代背景，在于他们出生于何地这个随机性事件，这些环境决定了他们的思想在哪些方面以何种方式逐渐被视为对既有思想的挑衅——这就是为什么文艺复兴没有"终点"（end)，只有关于"文艺复兴有多大的能力在新背景下摧毁旧的确定性"的永无止境的讨论。

新教改革

宗教改革运动的核心是新教改革，这场罗马基督教内部分裂的巨大程度与持久后果都与发生在11世纪的东西教会分裂等量齐观。新教改革的复杂性之所以让人哀痛，还在于西方基督教是以暴力的方式分裂的。马丁·路德相信，基督教世界即将因为罗马的"粗人和娼妓"（louts and whores）而瓦解毁灭。1520年5月，一名莱比锡的方济各会修士奥古斯丁·阿尔菲尔德（Augustin Alveld）用德文出版了一本小册子,为"罗马教皇拥有神授之权统治基督教世界"这一命题提供辩护。路德对这个"莱比锡的蠢货"和他的"堕落言论"的回应是,教皇和他的"罗马教徒"(Romanists)已经把教皇权变成了"穿朱红衣的巴比伦淫妇",这个堪称敌基督的教皇是基督教世界最大的灾难。*那时,路德对《圣经》和教会史的研究已经让他对何为神的真理、神的真理如何得到证明有了一种新的认识,而这种认识在当时争议巨大。"唯独信心"(*sola fide*)是路德反思的成果,"唯独圣经"(*sola scriptura*)则是他的证明方式。教皇的权威在起源上来自人而非来自神,而最终权威不属于教皇、大公会议或教会的神父,而是属于《圣经》。这就是路德说的基督教回归它的根源——基督福音——的方式。《圣经》记录了神在创世之初对人类的应许,这应许在《旧约》里被重新确立,在基督里得以实现。没有什么东西比这形诸文字的应许更真确("literally" true)了,因为神是值得相信的。

这种还原主义的质朴真言引发了太多后果,包括与罗马教会无法弥合的决裂,以及新教中关于应在多大程度上照字面意思理解路德言论的神学大分歧。路德笔下的"基督的国"(Christendom)可以与"教会"(Church)和"基督教共同体"(Christian community)互相换用。它们都指代一个虚拟的共同体,也就是当基督说"我的国不属这世界"时所指的圣徒相通。就这一点而言,说基督的国存在于罗马或是存在于任何地方都是一个"丑恶的谎言"。真正的教会没有外在的形式,没有圣衣,没有特殊的祈祷仪式,没有主教,也没有教堂。神圣的图景急剧缩小了。路德认为,唯独信心可以在全体信徒中造就

---

* Romanist是对罗马天主教徒的蔑称;穿朱红衣的巴比伦淫妇是《新约·启示录》里提到的寓言式的邪恶人物。——译者注

真正的牧师，唯独信心可以让基督教秩序降临在他们偶然栖身的这个世界。

路德极其成功地调动了各地区——尤其是德意志——长期以来对罗马教会的各种不满。如果罗马教会是基督教世界的恶痈，那么是时候让其他人站出来拔除这个腐烂的根源了。基督徒们的表现应该像看见父母发疯的孩子那样，或者像看到房子着火的人那样有公共责任去敲响警钟、扑灭火焰。国王、诸侯和贵族尤其应当承担起这一责任，他们的任务是"阻止冒神之名的亵渎与耻辱"。路德的目的是加固基督教世界，而不是摧毁它或换掉它。但是，路德彻底地移掉了基督教世界权威与合法性的来源，这让原本团结一致的信仰共同体可能从核心开始走向衰败。1520年的路德是如此斩钉截铁，他认为没有任何人被赋予普世权威。真理就是：所有的基督徒在基督教秩序里是平等的，大家接受一样的洗礼，聆听一样的福音，拥有一样的信仰。正是这三点创造了"一个属灵的基督徒群体"（a spiritual and a Christian people）。以基督徒的身份而言，平信徒与牧师没有不同，诸侯与百姓没有区别。真理被化简到如此地步，以至于它提出的问题比要解决的还多：现实中，基督徒应该怎样组织自己？基督徒应该怎么做才能产生合适的牧师，牧师的职责又是什么？当牧师或统治者没有履行基督徒的职责时，人们该怎么做？在这种情况下统治者的角色又是什么？当君主或官员没有履行基督徒的职责时，基督徒应该怎么做？谁来宣布什么是真正的信仰，又由谁来确保它的统一？保卫基督教世界是谁的责任？

在新教改革开启的神学分裂之下，神圣权力的性质与体现形式的重大转型开始酝酿。一个最为重要的转变体现在教会与国家机构的关系上。路德等新教改革家表面上承认，基督教世界的国家权力与教会权力理论上是分离的。但是现实中，宗教改革制造的压力改变了两者的关系，加强了两者间不稳定的摩擦。路德佯装要维持教会与国家"两套政治体"（two regimes），其实扩大了国家的范围，削弱了教会的势力。路德对权力的重新探讨令新教欧洲对何为基督教真理有了新的看法。在路德的讨论中，真理由上帝宣告，由《圣经》保证，由信条体现（信条即众人同意的陈述），由以信条划分的共同体实践，在共同体内由公权力机构组织并监督人民的生活与行为。"人类参与上帝救赎造物的过程"这种思想被淡化了。上帝已经创造了一个自然世界，在这个世界里，人类的罪就是人生的现实，罪应当被管控和抑制。抑制由国家权力负责，国家权力是围绕着一种神学政治想象而构建起来的，即国家权力以上帝的权力为原型——两者同样全能，同样无法抗拒。

罗马天主教会

这让罗马教会向何处去？它依然坚持自己是基督教世界余留部分的属灵领袖，但是新教欧洲已然拒绝了这样的主张，罗马教会的坚持仍是未定之数。一开始，罗马教会集中精力耕耘拉丁欧洲的腹地。虽然这一努力终于在特伦托会议（the Council of Trent，1545—1563年）上形成了一套对新教的系统性反驳，并且使教会与西班牙哈布斯堡王朝的权势及其战事（尤其是与奥斯曼土耳其的冲突）紧密联系了起来，但是另一方面，天主教的遗产借由新一轮宗教精神的复兴重新把罗马教会与各地本土的根基联系了起来，而这种联系正是新教的宣传所要斩断的。同新教一样，天主教的团结也是以信条化*的形式展现出来的。天主教在组织上仍然是官僚制的神权政体，不过这一情况由于修道会的再度流行而有了改观，这些修道会有的是新生事物（如耶稣会、嘉布遣会等），有的则是古老修会的复兴（如方济各会、多明我会等），它们都被基督教近来遭遇的挑战激发出了活力。这种组织上的团结成了天主教会批驳新教时的基础，天主教徒可以批评新教徒在神学上制造分裂，在权威问题上也无法达成一致。

从根本上说，罗马教会的复兴有赖于一场关于教会统治集团与本土信仰共同体之间关系的大讨论。这一讨论的中心论点是，教会既要帮助人类与圣灵相通并获得救赎，又要设法革除那些被教会统治者视为"迷信"毒瘤的古代留下来的祭礼仪式，铲除那些刚刚加入基督教的蛮夷们残留的"异教"崇拜和信仰。后者成为天主教会宏大的传教事业的重心，在新兴海外殖民地的"属灵沃土"（spiritual acreage）上，基督教世界守旧的普世价值为了传遍全球而被教会重新改造。

基督教世界的延续

宗教改革的旗手和旧秩序的捍卫者在根本上都相信，他们是在保卫基督教世界免于毁灭，他们清楚地表示，自己的真理是不言自明的，隐含之意是只有己方彻底打败对方，这场保卫战才算大功告成。对于寻常百姓而言，基督教世界仍然延续着它原本的意义。1565年，一位常听牧师大谈奥斯曼帝国对基督教的威胁的虔诚米兰公民祈

---

* 信条化（confessionalization）是新教改革时期的一种思想运动。它指的是一个教派通过社会性规训和控制，加强自己所在区域内的人口对本教派信条的认同的一个过程。——译者注

祷上帝保护他的家人："愿我们和整个基督教世界都在上帝的爱中圆满合一。"当时的旅行者仍然会写"驶向基督教世界"、"到达基督教世界"或"离开基督教世界"。但是，几乎没有旅行者再去耶路撒冷。新教改革家降低了亲赴圣地朝圣的意义。在英格兰牧师塞缪尔·珀切斯（Samuel Purchas）看来，耶路撒冷已经搬到了西方："耶稣基督——他是道路、真理、生命——早已对忘恩的出生地亚洲和流亡地非洲发出了休书，并且几乎已经完全来到欧洲了。"他在1613年出版的《珀切斯的朝圣之旅》（Purchas his Pilgrimage）中这样写道。作为一本游记集锦，这本书的用意在于展现上帝造物的地理多样性。即使对天主教徒而言，朝圣也可以在舒适的卧室里完成，只需要从诸多已出版的游记里选一本来读，便可以同时满足自己的好奇心和虔诚心。

然而，在合适的场合下，就连最热忱的新教徒也可能诉诸这种情感——基督教世界的各个民族本质上是一体的。英格兰大法官托马斯·莫尔相信基督教世界即"同一个身体"（common corps），弗兰西斯·培根虽然不会认同这位前辈到这个程度，但是他也会诉诸同样的认识。1617年，培根号召建立一个国际法庭来裁决各国的纠纷，避免"基督徒的鲜血白白流淌"。与培根同时代的埃德温·桑兹*在其1605年所著的《欧洲之镜》（Europae Speculum）中表达了"愿得见基督教世界和解"的热切愿望。他在书中认为，这种情感正逐渐升华为他的国君詹姆士一世的政治抱负。伊拉斯谟的继承者们中再也没有人像他那样在 Christianitas 这个词上倾注那么多的历史意义，但他们还是在某种程度上把基督教国家之间的战争视为"内战"，并且想方设法接受教

---

* 埃德温·桑兹（Edwin Sandys, 1561—1629），英格兰政治家，1589年至1626年间多次担任下议院议员。——译者注

派多元共存这个现实。

十字军东征的式微

16世纪到17世纪初期,基督教世界最大的祸患看起来就是在欧洲东南方及南方侧翼兴起的那个伊斯兰教强国了。自1453年君士坦丁堡陷落以来,奥斯曼土耳其的军力与海权再度崛起。到1520年,奥斯曼帝国已经吞并了希腊、爱琴海诸岛、波斯尼亚靠近亚得里亚海的达尔马提亚海岸,并且奠定了自己在巴尔干的霸权。奥斯曼帝国在1526年的莫哈奇(Mohács)之战中大胜匈牙利军队,加强了它在匈牙利平原中部和喀尔巴阡山脉周围的影响,并且在特兰西瓦尼亚和摩尔达维亚建立了效忠于自己的从属国。这些战果在西方基督教世界面前划分了一条漫长而脆弱的边界,离维也纳近得让人惴惴不安。截至苏莱曼一世驾崩的1566年,大概有1 500多万人生活在奥斯曼帝国的统治之下,帝国领土横跨欧亚,核心位于伊斯坦布尔(君士坦丁堡)。精明的欧洲观察家既羡慕奥斯曼帝国的国家结构与其宏伟壮丽,又惧怕奥斯曼军队的严苛纪律和庞大规模。伊斯坦布尔变成了帝国的橱窗,1566年时有超过25万人在这里生活,大巴扎(Great Bazaar)和皇宫托普卡珀宫(Topkapı Sarayı),大量的清真寺及其附属学校、医院和公共浴室装点着这座华丽绚烂的大都市。

奥斯曼帝国同时也成为一个海上强国,整个16世纪在东地中海都占据优势。1517年征服埃及和叙利亚,1522年攻占罗得岛,两场战争开启了奥斯曼帝国在非洲海岸建立支配地位、主宰地中海中部各海峡的霸业。奥斯曼帝国通过中间人实现这一目标——国家为穆斯林海盗颁发执照，授予当地人总督职位和军衔。直到 17 世纪中期，欧洲船只在地中海南岸海域仍不安全。

　　奥斯曼帝国的扩张是否唤醒了十字军东征的神话？16 世纪下半叶的地中海是否见证了一场海洋版"文明的冲突"？而在 16 世纪上半叶，比起新教的"异端"，教皇似乎更在意土耳其异教徒（Infidel）。教皇国外交事业的核心在于构建一个对抗异教徒的"神圣同盟"（Holy League），这个同盟在教皇庇护五世任内终于成形。在 16 世纪最后 20 年之前，教皇国始终把更多的资源放在抗击奥斯曼帝国而不是打击新教势力上，所需经费除了来自自己的金库，也依靠虔诚信徒和有志之士的慷慨捐赠。教皇国的宣传口号也借鉴了中世纪的前代教皇全力组织十字军东征时的动员令。对于皇帝查理五世和他的儿子腓力二世而言，奥斯曼帝国的威胁为他们主张自己拥有至高的世俗地位提供了事实上的理由。抗击奥斯曼帝国的战争动员仍然是这一时期维系基督教世界的重要手段，尽管基督教世界内部正在分崩离析。

　　土耳其异教徒的形象无疑在基督徒对伊斯兰教的敌意里占据了主要地位，这种潜藏的焦虑有能力在人们的心中塑造恐惧、激发忠诚，对于直接面临奥斯曼帝国扩张的地区的居民更是如此。不过，这种敌意不再体现为一项具体的事业（征服圣地）。"十字军东征"化为"圣战"，后者的目标更为模糊，更接近于"保卫"基督徒的世界免遭侵略者的进攻，这侵略者是所有人"共同"的敌人。对基督教世界可能遭到颠覆的恐惧深入人心。1529 年，奥斯曼帝国对维也纳的围城刚告一段落，查理五世派驻维也纳的大使罗伯托·尼尼奥（Roberto Niño）——同时也是哈布斯堡王朝追踪奥斯曼世界动向的眼线——就报告了苏莱曼大帝的海军为侵略意大利、进军罗马所做的准备："苏莱曼做梦都想得到那座城市，他不断地高呼'去罗马，去罗马！'"1566年，威尼斯的宇宙学家杰罗尼莫·鲁谢利（Jeronimo Ruscelli）出版了一本当代统治者纹章集，他绘制的每个纹章都揭示了相应统治者隐秘的野心。苏莱曼的纹章是四盏烛台，其中只有一盏有烛火燃烧。鲁谢利对这幅画面的说明直截了当——四盏烛台代表四个大洲。奥斯曼土耳其人已经染指了其中三个，他们登陆第四个大洲（刚刚发现的美洲）已经指日可待了。苏莱曼的宏图是通过打造世界帝国，在四大洲点亮伊斯兰之灯。

"投靠土耳其人"的基督教"叛徒"（renegades）的存在——当时出版物的热门话题——是当时人们更深层次的焦虑。"叛徒"之所以变节，并不全是为外力所迫。比如，16世纪初，爱琴海诸岛中的纳克索斯岛（Naxos）和斯卡潘托岛*的人们难道不是把奥斯曼土耳其当成拯救他们脱离基督徒的压迫的"解放者"给予热烈欢迎了吗？奥斯曼帝国在匈牙利平原地位的巩固，靠的难道不是当地农民的默许吗？那些农民早已不堪基督教统治下的领地负担，他们期待奥斯曼帝国施行正义，在当地建立新的秩序。

不过当时的人对于这种担忧土耳其人来袭的焦虑，有不同的诠释方式。比如，德西德利乌斯·伊拉斯谟（Desiderius Erasmus）虽然相信奥斯曼帝国的扩张不容小觑，但是起初他认为唯一的应对之道是通过内部改革让基督教世界更加牢固。然而在1529年奥斯曼帝国围攻维也纳之后，伊拉斯谟的态度发生了变化。他现在宣称，基督徒个人和集体都有义务拿起武器保护那些在前线受苦受难的人，言语之间暗批

---

* 斯卡潘托（Scarpanto）是意大利人对喀帕苏斯岛的称呼。土耳其人到来之前，意大利人在喀帕苏斯岛统治了数百年。——译者注

路德派教徒。但是路德和下一代新教改革家、来自日内瓦的约翰·加尔文（Jean Calvin）都认为奥斯曼帝国的威胁是来自上帝的警告，告诫人们内部改革刻不容缓，而且他们继续坚决抵制拿起武器抵御外敌的呼声。

对于其他人而言，土耳其异教徒的传统形象在16世纪和17世纪初变得更加复杂了：土耳其人不再仅仅代表宗教上的异族"他者"（other），欧洲人开始把土耳其人的"野蛮""专制"与更广阔世界里的其他民族的特征进行比较——在这个更广阔的世界中，欧洲人对自己的了解也愈加深入。一段时间之后，基督教世界与奥斯曼帝国不共戴天的看法逐步消逝，人们开始不情愿地承认两者可以共存，后一种观念的出现让顽固的反土耳其思想土崩瓦解。基督教世界随着十字军东征的结束而走向衰亡。欧洲诞生了，它作为一面镜子，不仅是美洲的地理和文化参照物，也是黎凡特*的参照物。

神圣罗马帝国皇帝

1520年10月，勃艮第公爵、新任卡斯蒂利亚国王及阿拉贡国王、哈布斯堡的查理，在亚琛被加冕为神圣罗马帝国皇帝。他穿过大教堂高耸的青铜门，在设计华丽的仪式中登基。他被授予先皇的宝剑与指环、查理曼的名字、奥托大帝的皇冠，以及皇帝的权杖、宝球和繁星披风，还有各类宗教圣物，包括曾刺穿基督肋旁的圣枪。这些物品都是普世帝国在圣礼传统中的象征物。八边形的皇冠与亚琛大教堂，都

---

* 历史上广义的黎凡特（Levant）泛指东地中海的广大地域，除了今天狭义上的叙利亚、黎巴嫩、约旦、塞浦路斯和巴勒斯坦，还包括土耳其、希腊、埃及和昔兰尼加。——译者注

让人想到神圣的耶路撒冷。宝球代表地球,布满繁星的披风喻指他作为基督在世间的代理人、基督教世界的保护者,统治整个宇宙。但是严格说来,他现在只是"皇帝当选人"(emperor-elect),而罗马人民的国王、永恒的奥古斯都(Romanorum rex semper Augustus)这个头衔要等他被教皇授职加冕之后才能启用——帝国与教皇国是基督教世界的两根支柱。那个仪式直到十年之后才举行,1530年2月,查理五世的三十岁生日那天,教皇才在博洛尼亚为他加冕。查理五世是欧洲最后一个以自己的名义主张普世帝国的皇帝,那些主张在他之后也永远失去了意义。他也是最后一位由教皇授职、在亚琛加冕的皇帝。他于1566年退位之后,神圣罗马帝国再也不是基督教世界的双柱之一了,它已蜕化为哈布斯堡王朝在德意志土地上使用的一件工具。

查理五世可以说是中了王朝头彩。在25岁的时候,他已经继承了72项王朝头衔、27个王国、13个公国、22块伯爵领地,以及从地中海到波罗的海乃至新世界的各类封地。这意味着接近2 800万人对他有某种程度上的效忠义务,或者说接近40%的西欧是他的领地。他的首相麦库里诺·加蒂纳拉(Mercurino Gattinara)提醒他:"上帝对您非常慈爱。他将您提高到基督教世界所有王公之上,自您的祖先查理曼以来,从未有一个君主拥有如此之大的权势。他让您向着建立一个普世王国的方向进发,令您有望成为统一整个基督教世界的牧人。"加蒂纳拉要着手打造皇帝作为世俗领袖的可靠形象。

查理从来没有认真考虑过建立一个统一自治的政治国家,而且很少想起查理曼的遗产。出于对地方认同的守护者权利与特权的尊重,他所理解的普世统治几乎总是指作为信仰的守护者。但是为他设计形象的人想要将基督教与古典时代的帝国(imperium)融合起来,他们的宣传手段让人想到这是在通过人文主义的劝服力施加政治影响，特别是当他们采用了机械时代复制与传播的新工具（印刷术、版画、钱币、奖牌、壁毯）的时候。在中世纪的基督教世界里，没有哪个政治领袖像查理五世这样，被如此精心地雕琢，通过如此多样化的媒介，被推广给如此庞大而迥异的目标群体。亚琛的加冕仪式就是宣传攻势的先导，皇帝的木版画、奖牌和雕版画流通于各地，以不同的语言精细复刻了仪式的场景，那时他修剪整齐的络腮胡子和长头发都是德意志的样式。十年之后，雕版画和木版画上的形象变成了一位短发短须的罗马皇帝、战场上的常胜将军、欧洲和平的缔造者。史书记载，查理五世出巡时会抛撒特制的钱币，钱币上刻有半神赫拉克勒斯的双柱，柱上还有查理五世的个人铭言 Plus Ultra（"走得更远"）*，查理五世边抛边喊"有赏！有赏！"** 街上的群众齐声高呼"帝国！帝国！"***

即使是认同查理五世理想的人也认识到，他的愿望越来越不可能实现了。1527 年，帝国军队焚掠罗马，让他作为基督教世界守护者的说法大打折扣。新教改革撕碎了在德意志建立一个团结的基督教共和国（res publica）的所有愿景，更别提团结整个欧洲了。查理五世的军事胜利和外交行为都愈加反映哈布斯堡王朝的需求。它们构成了一种间接性帝国主义，所谓普世王权只是一个走运的君王之家想要称霸的后门罢了。德意志的诸侯，不论是新教徒还是天主教徒，都把查理五世对神圣统治权的主张视为对德意志民族自由的威胁。查理五世在意大

---

* 相传希腊神话中的半神英雄赫拉克勒斯（Hercules）向西最远到达直布罗陀海峡，因此海峡两岸的两座山峰被称为赫拉克勒斯之柱。据说柱上原本刻有拉丁文 Non plus ultra（"此外更无一物"），意指已知世界终结于此。查理五世改为 Plus Ultra，也有暗指他的领土远及大西洋彼岸之意。今天的西班牙徽上仍然可以看到这一图案。——译者注

** 原文为法语 Largesse! Largesse!，Largesse 直译即"慷慨赠出的财物"。——译者注

*** 原文为西班牙语 Imperio! Imperio! ——译者注

利的王朝遗产包括那不勒斯和西西里王国，以及教皇国北方的一连串领地，因此，他对普世王权的声张在意大利表现得无比活跃，遭到的挑战也无比严峻。查理五世的法国对手弗朗索瓦一世竭力抓住一切机会破坏帝国的自我主张。法国的人文主义者提出了一套反对神圣罗马帝国的构想，他们鼓吹一个天命式甚至是弥赛亚式的王国，这个王国的使命就是保卫欧洲政治秩序的自由与特权，反抗哈布斯堡王朝的霸权。

世袭君主

如果皇帝不再保护基督教世界，那么谁来保护？治安执法权——刀剑之权——大部分落在了世袭君主的手中。王朝政治（基于世袭的统治）注定要成为主要的政治秩序，它的吸引力在于血统决定合法性。特别是在辅以绝对权威的主张时，王朝统治可以在君主的宫廷这个贵族制加世袭制的世界里调动各种资源。君主可以任意运用向心的恩宠文化和宫廷荣誉守则里的竞争本能为自己服务，这两样工具所代表的非正式权力结构在各国宫廷里大行其道。世袭君主很容易就可以理解并分享他身边的人自利的愿望，也就是为自己亲朋好友谋取并保住官职的愿望。王朝政治作为推行政治秩序的一种方式，比以往任何时候更让人相信它可以结束"后宗教改革时代"的宗教分裂和社会失序。虽说如此，16世纪下半叶典型的政治与宗教暴力偏偏集中在西欧，也就是国家权力最早熟的地方。16世纪最严重的暴行，要么是易受攻击的世袭君主煽动的，要么也把他们深深卷入其中。世袭君主制先是参与了后宗教改革时代以宗教为基础的斗争，后来又为缓和斗争起到一定作用。

王朝国家得以强化，首要原因在于远距离召集和部署兵力的能力在这一时期得到了极大的发展。国家征税的能力加强了，而且国家比以往更有信心去调查、控制和抽取各种经济活动的收入，这些权力的变化往往大得惊人。最重要的是，当局在上述权力积累的基础上举债的能力，改变了国家权力相对于社会上其他权力的性质。没有国家的支持，欧洲第一代殖民事业是不可能实现的。这些话听起来像是又一次直截了当地肯定了"该时期是'现代国家'的诞生时期"这种认识，实则不然。在政府官吏、包税组织（tax-farms）、士兵名册和殖民地法院之外，集体的想象仍然是由统治者和被统治者的道德关系连起来的一个基督教共和国（Christian commonwealth）。出于现实考量，国家的行政机制并不强大，依然是地方性、分布式的。在中央，国家权力太容易成为宫廷斗争、派系分裂的焦点；在地方，掌握实权的还是权力掮客、当地贵族以及他们的附庸。当我们站在这一时期富有远见的政治家们身后，我们很难看出这样条理分明的画面：令行禁止的国家正向全体公民要求他们的服从与忠诚。我们更有可能注意到的反倒是这些人羞辱对手、独揽大权的政治游戏。说到索取臣民的忠诚与服从，近代早期的非军事权力基本上是"施为的"[*]，所谓的权力投射仅仅是为了给旁观者看的矫揉造作的自说自话。欧洲长期以来的地方主义一直是基督教世界的薄弱环节，如今成了王朝国家的致命弱点。

原因在于，王朝政治服从于家谱学的逻辑，受制于出生与死亡的偶然。它无视地方文化认同，并且与各种特权和管辖权相抵触。王朝治下的复合国家制造了有悖于情理的行政单元，各单元的法律宗教

---

[*] 在语言学里，施为功能（performative function）是指语言有实施行动、完成行为的功能，比如法官的有罪判决或领导人的宣战讲话就具有施为功能。——译者注

传统完全不同,非常容易遭遇宗教改革后形成的信条分裂。王朝政治深处的竞争本能使各国不可能围绕一个共同理想展开合作。在国际关系中,王朝政治是不稳定和战争的永恒动力。欧洲世袭君主组织动员能力的增长是以破坏性日益严重的内部冲突为代价的。在欧洲世袭君主加入竞争以前,欧亚权力结构从来不需要付出这么高昂的代价。一连串飓风般的地区冲突削弱了基督教世界投入资源和精力进行殖民扩张的能力。事实上,逆向流动发生了。新世界的财富为旧世界的王朝抱负提供了资金,没过多久,就造成了席卷整个欧洲的三十年战争(1618—1648年)。与之不同,贵族——有时与代议制机构相联合——常常处在一个更能够理解和反映地方愿望的位置,他们会利用人民对外省制度和习惯的情感,反抗王朝君主的集权野心。

根本性的问题在于,王朝政治创造的忠诚生来就是虚弱的。就算王朝国家成功地把自己与人民对基督教真理或者家乡的强烈认同捆绑到了一起,这种事通常也只是巧合。更常见的情况是,国家不得不接受它们治下能做到的政治整合所达到的一定限度,以及宫廷里敌对派系、游说团体和人际网络的无尽旋涡,还有地方自治的现实,而且地方自治在欧洲边疆和殖民地的治理中尤为显著。王朝政治通过加强绝对君主制来打造更加广泛的忠诚的企图,往往会暴露这种主张的内涵有多么贫瘠。王朝国家缺乏一种有说服力的意识形态。它的政治模式对基督教共和国的这一重要部分,对如何促进公共利益,对政权与人民的正确关系,都没有任何论述。在新教改革的环境下,上述理念泛化为一种新的认知,即人的所作所为最重要的是对上帝负责。这种认知的结论——促进公共利益、使上帝的旨意行在地上——改变了16世纪后期政治行为的基本准则,其中一个重要原因在于理念的扩散搭上了 16 世纪至 17 世纪早期公共传媒转型造成的信息传播多元化的便车。于是，在社会的各个层面产生了不同的政治组织和政治参与模式。虔诚善良的地方百姓开始相信，政治决策与他们的利益息息相关，需要他们的参与，政治决策太重要了，不能完全交由统治者一手把持。这种现象不仅仅在小型的、个别的、有些脆弱的独立市镇或共和国里发生，也在别的地方出现。王朝国家面对希望参与国家命运的人，几乎拿不出任何回应。在后宗教改革时代的政治中，统治者与被统治者之间的张力是一个重大课题。

基督教共和国与后宗教改革时代的宗教冲突

人文主义者普及了"共和国"（ res publica）这个概念。任何形式的有合法性的统治都可以算是一个共和国。这点很重要，因为欧洲大陆各个统治实体的公众形象是多种多样的。除了神圣罗马帝国与世袭君主制国家，还有选举君主制国家、城邦和共和制国家。基督教诸共和国（Christian commonwealths）的合法性来源于统治者与被统治者之间的关系，每一方都有对另一方的义务：人民服从统治者是自然的，也是神意决定的，但是人民的服从只有在基督徒君主或"官员"（magistrate）做到服从神的律法并为人民的利益秉公执政时才是理所应当。做不到这些的统治者就是僭主。基督教官员的职责是捍卫正确的宗教信仰、施行正义、推动和平。新教改革之后，教派多元共存使世俗统治者的目标变得相互冲突起来，所以基本问题就在于怎样调整这些目标。不捍卫正确的宗教信仰似乎有损于基督教共和国的存在理由（raison d'être）和统一性。但是如果要这么做，就有可能使共和国被宗教分歧撕裂,破坏协调、和平与和谐等价值观,这些目标对共和国的存在是同等重要的。这个无法回答的问题困扰着统治者,尤其是欧洲中部的统治者,因为在 1648 年之前,欧洲中部的宗教忠诚问题一直悬而未决。欧洲中部也是宗派暴力风险最高的地区,在这里与宗教相关的矛盾蔓延到公共生活和私人生活的每一个方面。这些矛盾难以预测又变化多端,还影响到其他已经存在的分歧。矛盾体现在社会的各个层面,让基督教共和国的官员极难管控。宗教分歧迫使统治者在冲突中选边站,这使他们的统治能力遭到怀疑。这些分歧令统治者与人民之间的相互义务和彼此信任受到了巨大的压力。

基督教世界存在的理由就是,它提供了一套理念和制度,可以在信仰共同体内部促进并实现和平。在后宗教改革的世界里,教义冲突取代了原本凝聚基督教世界的共同信仰。当初化解矛盾的工具如今变成了不和谐音的来源。世界变得更加危险,而且被新诞生的信仰划出了犬牙交错的边界。与先前基督教世界的边界不同,新的边界不在信仰共同体的外围面向外部世界,而是在基督教世界的内部。新的信仰边界区分了北方的各类新教教派和南方的天主教,随着反宗教改革运动制造出新的相互冲突的宗教认同,基督教诸共和国斗得你死我活,民众心中的分歧也变得更加尖锐。

对于基督教诸共和国而言,还有其他变化让后宗教改革世界里的宗教冲突变得更难控制。首先,宗教本身的性质正在发生变化。新教改革创造了多种多样的信仰流派,各派都有自己的信念,各派都主张自己的合法性植根于它们所认为的与过去的延续性。在这个过程中,基督教世界变成了一个被争夺的遗产,变成人文主义者已经开始鄙弃的所谓衰败腐朽的"中世纪"(Middle Age)的一部分。在新的多元化的图景中,"宗教"(满足"正确""经过改革""普世"*等标准的宗教)变成了一种判明真信仰、抛弃伪信仰的方法。而且,宗教比以往更强调人们"相信什么",而不是人民奉行哪一种宗教仪式。最能体现后者的重要性衰退的,莫过于后宗教改革时代的宗教变得更加带有"信条化"(confessionalized)的性质。各路教派的信条(路德派、加尔文宗、重洗派、圣公会)都试图规定人们应当相信什么,以此为基础,各教会与各国都在教育和劝服民众上投入了巨量的资源。然而,对教会和国家而言,让人们统一于一种信条理念是很困难的,反倒是过去那种围绕信仰共同体的统一比较容易,信仰共同体遵行的形式能够直接反映相关个人与社区的信仰,就算不是神学家也很容易分辨不同的仪式。

新教改革之后,宗教统一在许多地方都被证明是根本无法实现的。基督徒君主们有理由指出,相比起宗教统一,国内和平才是当务之急,所以他们选择利用法律资源去解决宗教争端。然而,在他们的信条批判者眼中,这种容忍信条不一致的做法正是基督教世界病入膏肓的最明确症状。他们抨击说这种教派多元共存注定酿成苦果。统治者容许教派多元共存的做法是在回避问题,逃避责任,这种做法不仅可能招致上帝的怒火,还会让无可避免的最终对抗变成一场更加残暴的灾难。这种观点通常会变成自我实现的预言。在这一时期,人们还没有什么刻骨铭心的记忆来教育他们宗教宽容的意义。相信强行统一宗教可以把宗教异议问题彻底解决是一种幼稚病,每一代人都不得不重新认识这种幼稚病有多危险。

---

* Catholic Church(天主教会)中的 Catholic 一词来自希腊语 καθολικός,意即"普世的、包罗万象的"。——译者注

后宗教改革时期，宗教冲突使"将信仰统一到同一信条的程度"这件事的重要性上升到史无前例的高度。人们期望基督教诸共和国把坚持并强制达到信条统一作为政治统一的重要前提来落实。教会因新教而发生的变化（以及天主教会的回应）改变了教会与统治者的关系，两者关系的表现形式在各地有着巨大的差异。新教欧洲的一些地方有国家教会（state-based churches），另一些地方则有官方教会，后者与国家的关系没有那么紧密，甚至可能独立于国家。在天主教欧洲，教会和国家虽然是伙伴关系，但双方有相当多的机会出现误解和不满。然而总的来说，国家在教会事务上有了更大的权力。权力越大，维护正确宗教信仰的责任也越大。神职人员对统治者的要求越来越多，他们要求基督徒统治者履行他们推广真正的信仰的职责；他们希望统治者在教会结构、纪律甚至信仰等有争议的问题上做出裁决，而同时又谴责统治者干涉了属于教会的权利和财产。在后宗教改革的冲突中，不只是统治者与被统治者的相互义务在受到挑战，官员与神职人员的相互义务也是如此。

到1600年时，欧洲的基督教诸共和国作为基督教世界同一信仰共同体的理念在政治上的残余，不仅外患不绝，内部也被宗教改革制造的分歧弄得元气大伤。它们在宗教与政治的混合炸药面前岌岌可危。就算是对于那些达成了某种程度的教派多元共存的政权，和平也并不稳固，和平取决于各个教派势力的平衡，而这种平衡很容易被打破，教派共存很容易遭到那些永远不相信"教派多元共存是件好事"的国家的言语攻击和战略打击。宗教与政治异议的炸药引发战争和冲突，暴露出欧洲人民和他们统治者之间愈加薄弱的信任。"白银时代"（Silver Age）消逝——人口萎缩，经济衰退——的初步迹象只是令那份信任更加脆弱的一个因素而已。

17世纪初，某种程度上的稳定又回来了，这片刻的喘息让人们不禁设想，后宗教改革时代的重大政治问题就算无法解决，也应该可以得到控制。一些统治者有意疏远了基督教共和国的核心命题——统治者与其统治的人民之间以共同利益的名义维系的相互义务关系。"绝对"（absolute）统治者站在神权王国的传统构想——国王只对上帝负责，不受他人的监督——的基础上，作为"国家"（state）命运的化身登上了历史的舞台，"国家"作为一个描述政治实体的词，不再与任何信条相关。绝对君主（比如法国波旁王朝通过数场"宗教战争"逐步统一了整个法兰西王国，为其他人树立了榜样）宣称他们独立于——并且超然于——后宗教改革时代基本的政治矛盾。他们可以立法要求宗教统一，也可以颁布敕令允许教派多元共存，可以与宗教分歧中的一方缔结外交联盟，也可以同时与对立的双方缔盟——一切看起来都是合宜的，因为他们的行为符合国家的利益。绝对君主制与那些相信基督教共和国一息尚存的政体——通常存在于没有经历过后宗教改革矛盾巨大破坏的地区——形成了奇妙的反差，在后一种政体中，统治者与被统治者的关系仍然被视为相互具有义务的关系。

欧洲的突发混乱

16世纪50年代、90年代和17世纪20年代之后的数十年，欧洲的军事活动都达到了前所未有的水平。新世纪初年缓和的迹象结果只是虚假的曙光。欧洲陷入了斗争的旋涡，各种斗争相互联系并且极具毁灭性，牵涉面越来越广，直到17世纪40年代后期才算告一段落。

这些冲突使欧洲的经济分化更加严重,社会凝聚力越来越弱。16 世纪 90 年代预示了后来更加旷日持久的战争形态的到来。*三十年战争(Thirty Years War)包含三场相伴出现并且相互联系的战争,其中只有第一场持续了 30 年。第一场战争发生在德意志(1618—1648 年),而且把周边各国都牵扯了进来;第二场战争是西班牙哈布斯堡王朝与尼德兰共和国的战火重燃(1621—1648 年);第三场战争是法国与西班牙之间的殊死搏斗(1635—1659 年)。前两场战争深深植根于后宗教改革时代的纠纷,第三场则与众不同,它是两个国家公开争夺欧洲霸权的斗争,从这个角度来说它属于一种全新的战争类型。三场战争相互重叠,把西欧的大部分地区卷入了它们的轨道。

应对这些冲突需要筹措空前庞大的资源,这样的重负让欧洲各国维持臣民忠诚的能力走到了崩溃的边缘。西班牙哈布斯堡皇室治下的一系列欧洲王国接连爆发叛乱,在西班牙的敌人的援助和煽动下,地方上的利益相关者奋起反抗,试图为他们和人民寻找另一种出路。叛乱首先发生在加泰罗尼亚(1640—1659 年)和葡萄牙(1640—1659 年),然后蔓延到意大利半岛的那不勒斯(1647—1648 年)和巴勒莫(1647 年)。相比之下更加团结的法兰西王国同样承受着巨大的压力。起初,大范围的地方性、区域性民众暴乱和贵族领导的叛乱轮番爆发,本来有可能造成严重的后果,但是王室凭借镇压与妥协并施的方法控制住了它们。1643 年路易十四继位,一个不满五岁的幼年国王坐上王位,使法国的绝对君主制实力大损。法军同时在多条战线上进行大型国际战争造成了极大消耗,国王又未成年,国家的军事和财政资

---

* 16 世纪 90 年代的主要战争包括法国亨利四世与西班牙腓力二世的宗教战争,沙俄与瑞典争夺爱沙尼亚的战争。——译者注

源紧张到了极点,作为法兰西国家栋梁的高官和公职人员的忠诚面临严峻考验。1648—1653 年,官员领导了名为"投石党运动"(Frondes)的起义,在这一时期,两场短暂的公开内战先后爆发,王国陷入了极度的不稳定状态。

围绕三十年战争相关的冲突还有两场同时发生的政治内乱,每一场都造成了巨大的破坏。两场内乱都源于宗教改革后宗教问题和解的彻底失败,其核心问题都是,基督教共和国在新生的绝对主义统治构想面前如何延续,或者要不要延续。不列颠群岛的内战被时人称为"三个王国的倒塌",它始于 1639 年苏格兰人对斯图亚特王室的起义,在 1641 年爆发的爱尔兰叛乱中扩大化,然后在 1642 年的英格兰大叛乱(Great Rebellion of England)中达到顶峰。1646 年,查理一世在英格兰内战中落败,之后又企图在危险的不利形势下发起反攻,以至于在 1649 年 1 月被送上了断头台。大获全胜的议会军此时在奥利弗·克伦威尔的指挥下入侵爱尔兰,于 1649 年残酷镇压了当地的王党-联邦(Royalist–Confederate)同盟*。其后,苏格兰人把查理一世的儿子兼继承人加冕为他们的新王(查理二世),英格兰与苏格兰由此宿怨复燃,于是克伦威尔率军在 1650—1651 年征服了苏格兰。1651 年末,三个王国合并为一个新的国家,这个国家自称"共和国"(Commonwealth),而且表面上确实是一个共和制国家。

在同一时期的东方,一场大规模的哥萨克暴动于 1648 年在乌克兰爆发,沉重打击了另一个基督教共和国——波兰-立陶宛共和

---

* 爱尔兰叛乱爆发后,爱尔兰天主教徒于 1642 年建立了覆盖全岛三分之二领土的爱尔兰联邦(Confederate Ireland)。1648 年,联邦与占据北爱尔兰的王党(Royalists)结盟反对英格兰议会军,导致了克伦威尔的入侵和联邦的终结。——译者注

国（Rzeczpospolita）*。波兰王国已经多次打退了莫斯科人**、鞑靼人和土耳其人在其东部和东南部边境上发起的进攻，也平定过罗塞尼亚（Ruthenia）哥萨克人的无数次起义——波兰贵族在罗塞尼亚（乌克兰）建立了大片的庄园，并且在政治和社会上歧视当地哥萨克人，使后者与波兰的关系愈加疏远。然而波格丹·赫梅利尼茨基（Bohdan Khmelnytsky）盖特曼***领导的哥萨克起义（1648—1657年）还是把波兰王国打了个措手不及。在鞑靼人和后来加入的莫斯科人的支持帮助下，起义者从罗塞尼亚的土地上完全铲除了波兰贵族什拉赫塔（szlachta）和他们的庄园，还取消了拉丁礼天主教徒的教会权力。17世纪20年代瑞典的入侵已经削弱了波兰王国的实力，1648年之后，曾经权倾一时的波兰王国更是遭遇了军事和政治的双重崩溃，整个东欧因此陷入了动荡。

这些起义、抗议运动和暴动虽然各有各的特点，但是它们都象征了欧洲统治者与被统治的人民之间信任的破裂。很多当时的人把这些近乎同时发生的动乱——定期发行的报纸给予了他们相对前人来说从未有过的及时信息——理解为上帝之怒的后果、凡人原罪的应得下场。这也是他们对17世纪中期另一种突发混乱（paroxysm）的看法：欧洲失去了基督教世界所代表的一切。在这片土地上，只剩下一

---

* 波兰-立陶宛共和国（Polish-Lithuanian Commonwealth）或译"波兰-立陶宛联邦"，是由波兰王国和立陶宛大公国组成的共主邦联，以波兰王国为主体。Rzeczpospolita 为其波兰语国名，由 rzecz（事物）和 pospolita（公共的）两个词组成，可以对译为拉丁语的 Res publica 或英语的 Commonwealth。——译者注

** 此处的莫斯科人（Muscovites）指的是莫斯科沙皇国（Tsardom of Muscovy）的国民，后者是对1547—1721年的俄罗斯中央集权国家的另一种称呼。——译者注

*** 盖特曼（Hetman）是波兰-立陶宛共和国最高军事将领的头衔。1648年乌克兰哥萨克人把赫梅利尼茨基选为自己的盖特曼，标志着哥萨克起义的开始。后来盖特曼成为哥萨克盖特曼国（Cossack Hetmanate，或译哥萨克酋长国）的国家元首头衔。——译者注

个分裂得赤裸裸的欧洲。宗教边界线覆盖欧洲大地，折射出信仰的破碎化。政治体系取决于各个国家，而国家似乎不再遵守传统道德的规则，并且与其人民处于公开的斗争状态。欧洲大国为争夺霸权大打出手，《威斯特伐利亚和约》也没能创造出一个能够抑制大国争霸的新型国际秩序。欧洲内部四分五裂，而且还把自己的分裂输出到世界的其他角落，使各个共同体的社会凝聚力弱化了。经济变化扩大了贫富差距，把富裕地区和贫穷地区的鸿沟拉得更大；气候变化扰乱了整个地球的定居农业生产活动，就连欧洲对自然世界和宇宙的理解都变成了推测性的、偶然性的、有争议的命题。新教改革是基督教世界的最后一场危机，17世纪中期的突发混乱则是现今这个欧洲的第一场危机。

世界与发现欧洲

亚欧大陆各文明的跨文化交流已经存在了数个世纪。但是直到16世纪和17世纪初，各个民族——不仅是亚欧大陆上的各民族，还包括东西半球的各民族——才开始了较为密集而持续的互动往来。虽然它的实现是远洋贸易发展的结果，而这大部分是欧洲人的功劳，但实现的过程是全球性的，而且在互动方面有两层含义：各民族以一种复杂的方式相互交流；它们自己也因为与其他文明——尤其是与亚欧大陆上的其他文明——的物质与思想交换而发生了改变。只有被欧洲中心论严重蒙蔽的人才会说，交流扩大化完全是由欧洲内部动态导致的。交流扩张的过程依赖于全球航道的开辟，这样船只才可能到达世界各地的海岸线。勘测海岸线是一项非常危险的事业。15世纪中期，欧洲的水手（或多或少地）"知道"全世界15%的海岸线。到了1650

年,接近50%的海岸线基本已为欧洲水手"所知"。新航路的开辟固然惊人,但大多数航路都处在中纬度区域,而且依赖于少数几条最著名的航道,因此大部分关于航路的知识仍然是间接的、未经证实的、不清不楚的。截至1650年,欧洲的海外扩张已经明显提升了它相对于亚欧大陆其他文明的航海科技、导航技术、制图技艺、造船工艺和海战装备水平。

上述互动造成的第二项影响巨大的全球进程是生物交换,现在通常被人称为"哥伦布大交换"(Columbian Exchange)。没有人预见也没有人规划,农作物和野生植物就这样在东西半球之间——尤其是美洲大陆和亚欧大陆之间——发生了大迁徙。截至1650年,从新世界来的重要的主食作物已经开始影响欧洲人的饮食与耕作习惯(玉米、木薯、腰豆、利马豆、斑豆、马铃薯),还有新的蔬菜和水果(西葫芦、蔓越莓、菠萝、南瓜)。但是这个过程是双向的。旧世界也向新世界带去了以前没有过的主食作物(小麦、燕麦、大麦、小米)、水果和蔬菜(无花果、莴苣、桃、梨、豌豆、胡萝卜)。家养动物和野生动物也是如此。火鸡、美洲驼、豚鼠、羊驼和番鸭从新世界来到旧世界;家猫、奶牛、绵羊、鸡、驴、雪貂、蜜蜂和蚕从旧世界前往新世界。新的粮食作物和家禽的引入促进了人口增长,不仅在欧洲如此,而且在东亚,甚至可能包括北美也是如此。不过生物交换也有其不幸的一面,那就是流行病的传播。旧世界输出了腺鼠疫、水痘、霍乱、天花和斑疹伤寒——亚欧大陆的人对这些疾病已经生出了抵抗力,某种程度上非洲人也是,但是美洲原住民大批死于这些疾病。而在这方面,交流是单向的,美洲没有传来任何严重影响欧洲宿主人口的流行病。

哥伦布大交换成为早期全球资本主义经济的一个重要组成部分。

在一些新出现的生产、分配、消费模式中，生物交换居于最重要的地位，在某些社会组织的变化中更是如此。比如，截至 1620 年，从非洲被运到大西洋彼岸的奴隶劳动力生产了多达 2 万吨糖（一种刚被引进美洲的农产品）以供欧洲消费。原材料在全世界大量流通，满足了新兴市场的需求。约翰内斯·维米尔（Johannes Vermeer）在代尔夫特创作的油画第一眼看上去，仿佛反映了井然有序、克制内敛的地方风情，但是如果你仔细观察，画中的物品——加拿大河狸的奢华黑皮帽、中国的瓷盘、原料产自秘鲁的银币、（中南美洲的印第安人用胭脂虫染的）朱红色和鲜红色的布料——就会向你展现一个完全不同的世界。如同中国的丝绸、东南亚的香料、印度次大陆的胡椒和棉花以及美洲的烟草一样，这些物品都是这一时期开始以空前的规模在全世界范围内交易并消费的商品之一。对于一些商品而言，新兴市场的需求可以通过简单地扩大原有生产规模来满足，印度的棉花纺织业和中国的瓷器加工业属于此类。另一些商品则带来了巨大的社会变化，以及残酷的强制劳动，比如墨西哥和秘鲁的采矿业，或是巴西甘蔗种植园的奴隶劳动。

中国和印度的经济体量庞大，门类丰富，货币化程度较高，它们的重要性从全球视角来看更为显著，这也是为什么在这一时期东方一直是欧洲海外扩张的目标所在。从中国的经济活力中获利是欧洲海外扩张的重要原因之一。明朝疆域内白银的市场总值大约是同一时期世界其他地区白银总值的两倍。从这个角度来看，南美银矿的发现和开采有了另一层意义。东半球市场几乎不想要欧洲生产的任何商品，白银是欧洲商人可以卖到亚洲的少数商品之一。更重要的是，欧洲人因此成了世界白银贸易最主要的中间商，尽管大部分白银根本不会登陆欧洲的海岸。17世纪上半叶，欧洲人每年从太平洋沿岸的阿卡普尔科*运送50多吨白银到菲律宾的马尼拉，这差不多相当于同一时期欧洲与东印度一整年的贸易额。这些白银从菲律宾被运往中国，换回丝绸等商品。此类贸易是由西班牙大帆船完成的，同样，葡萄牙商船会将日本产的白银输往中国，直到1637年葡萄牙人被日本驱逐出境。**

白银生产中心的控制者可以获得巨大的利润，这里说的主要是哈布斯堡王朝治下的西班牙和德川时代的日本。而所有参与这条贸易路线——从安第斯山脉的银矿到中国的集市——的个人和团体都可以分享到丰厚的果实。白银贸易的回报让欧洲有能力投资最初的美洲殖民计划，并且进一步促进了欧洲与远东的商业发展，商人从中收获颇丰，尤其是在特许贸易公司组建之后（比如英国东印度公司和荷兰东印度公司，分别建立于1600年和1602年），一种浅层次的全球化正在成形。

这一时期欧洲的人口增长——部分归功于哥伦布大交换带来的粮食作物——只是更大范围内世界人口增长的一个侧面，其中亚欧大陆的人口增长最为显著。亚洲与欧洲一样出现了国家权力的增强。明代中国、莫卧儿印度与奥斯曼帝国就如同远东的西班牙、葡萄牙与尼德兰，都是"火药帝国"（gunpowder empires）。然而，这些全球性现象都受制于同样的全球性束缚。16世纪人口的急剧增长给自然资源造成了空前压力。这种压力突出体现在环境方面：草原让位于耕地，边缘的可耕地都被开发，商业性捕猎呈爆炸式增长。16世纪末起剧增的这些

---

* 阿卡普尔科（Acapulco）是墨西哥西南部的一个重要的港口城市。——译者注
** 1637年日本九州西部爆发岛原之乱，由于起义者中很多为基督徒，因此幕府怀疑欧洲传教士与起义有关，于是把葡萄牙商人驱逐出境。——译者注

压力不仅仅表现在欧洲。加重这些压力的是全球性的气候变化，历史记录显示 1580 年左右起地球气温开始降低，降温的后果到 1650 年变得更为明显。欧洲 17 世纪中期的危机尽管构成因素是内生性的，但也是在全球性的背景下发生的。

想象欧洲

矛盾之处在于，是几乎不知道也几乎不提"欧洲"这个词的欧洲人实现了欧洲的海外扩张。美洲的发现使他们把基督教世界作为一个地理实体加以重组，变成了他们越来越熟知的"欧洲"。如果没有美洲的发现，"欧洲"也不会存在。古典神话为欧洲的诗人和艺术家提供了表现外部世界的暧昧之处的方法。古代世界的人文主义复兴开启了古典神话的宝藏，希腊文物和罗马众神成了权力的镜子，它们既迎合了宫廷的放荡淫乱，又把观众和读者带到一个平行世界中，在那里，财富、美德、人的激情、危险，以及最重要的神的护佑，都可以得到展现，而且这种展现方式未必会损害基督教道德或基督教传统对世界和人在其中的位置的理解。"欧罗巴"（Europe）是文艺复兴的人文主义者从古人那里发掘的神话之一，古人把人类栖居的大地分为三个区域：亚细亚（最重要）、阿非利加（次重要）和欧罗巴（最不重要），每个区域在故事里分属挪亚的一支后裔。随着世界地图和地球仪的广泛传播，神话里的区域逐渐演变为地理上的大洲。第四个大洲美洲的发现是这一转变中的一个重要部分。

但转变不是一步到位的。"美洲"和"欧洲"的观念是缓慢渗入欧洲人的想象之中的。比如，西班牙政府官员坚持把西班牙的美洲殖民地叫作"印度"（the Indies），"美洲"这个词几乎不会出现在他们的官方文件中。莎士比亚和蒙田在他们的作品中从来没有用过"欧洲"这个词，虽然蒙田在使用"我们"（us）时指的显然是一个人所共知的空间，尽管它还没有名字。然而，"欧洲"越来越被视为一套价值观，并承载起一种认同感，这种价值观和认同感是受过人文主义教育的欧洲精英赋予这片地理区域的。法国哲学家路易·勒·卢阿（Louis Le Roy）写下"我们的欧洲母亲"，他以这个短语形容一个拥有复杂历史、活跃现在和美好未来的完整文明。弗兰西斯·培根也在1605年非常大气地写下"我们欧洲人"。在这些价值观和认同感的定义过程中，美洲的存在至关重要。那些不来自西班牙所在半岛的人，或是那些不效忠于教皇、不认同贸易权、不承认欧洲人——16世纪初经教皇调解并由皇帝批准后——对新世界的征服与殖民的人，遭到了激烈的批判，这种批判基于一个更宏大的概念，即自然法，自然法是世界上的人类共享的法律，尽管这个世界在时间和空间上都在扩张。自然法可以进一步地被用来定义什么是"人"（human）的行为，什么是"野蛮人"或"蛮族"的行为——这些词成了理解"欧洲"的另一种方式——欧洲的价值观正是在与野蛮的外部世界的对比中凸显出来的。

  新教徒开始使用"欧洲"来替代"基督教世界"，尤其是当他们想说明欧洲信条冲突的残酷程度其实与所谓"野蛮人"的冲突差不多，甚至更甚的时候。从欧洲来到新世界的定居者以他们故乡的价值观界定自己的身份，在这一过程中祖国被理想化了（"新西班牙""新法兰西""新英格兰"），他们也渐渐发现了自己的认同所归。他们之中有些人迫不及待地想要回去。第一位巴西的耶稣会省长，同时也是一部著名巴西早期史的作者曼努埃尔·达·诺布雷加（Manuel da Nóbrega），是这样描写他的同胞的:"他们爱的不是这里,而是葡萄牙。他们教鹦鹉说的第一句话就是'国王的鹦鹉呀,赶快回葡萄牙'。"对于另一些人来说,殖民主义就是按照老地方的样子打造新拓殖的土地。印第安原住民身上具有他们没有也不想要的一切特质:行为野蛮、相信异教、恣意挥霍、不可信赖、缺乏勤奋、缺乏目标、缺乏理性。新教和天主教的传教士都发现,原住民对"自由"的态度同欧洲人对自然法赋予他们的"自由"的态度完全不同——原住民对责任和法统毫不关心,对未来毫不在意。同时,美洲也逐渐变成体现了欧洲本应坚守却未能坚守的所有价值观的乌托邦。对于自学成才的弗留利磨坊主多梅尼科·斯坎代拉(Domenico Scandella)来说,"新世界"这个词就是幸福的象征,它像一面镜子,照出了欧洲的不堪。那些出于宗教原因想要逃离欧洲宗教冲突的人,也把另一个大陆想象成新耶路撒冷,这种想象又把欧洲变为不欢迎自己的异乡,最终导致他们离开了欧洲。欧洲人想象中的美洲为想象旧世界开辟了新的路径。

神话故事在这个想象的变形中也起到了一定作用。1559年6月19日,蒂齐亚诺·韦切利(Tiziano Vecelli,提香)从威尼斯给基督教世界最强大的统治者西班牙的腓力二世写了一封信,信中说他正在创作组画《众神的爱情》(Loves of the Gods)六幅油画中的最后一幅,组画来自腓力二世的委托,八年前提香在奥格斯堡拜会这位年轻君主时与他讨论了组画的题材。第六幅画的题目是《劫夺欧罗巴》(Rape of Europa)。1562年春,提香终于把画作交到赞助人手中,画中的场景充满戏剧性,在阴沉的天空下,被欺骗的欧罗巴漂于海上,她即将失去她凌乱的衣衫和她的贞洁。她即将被带往远方并带出这个画面,此时她为了保住自己的性命而紧紧地抓着公牛的角,她刚刚意识到这头公牛根本不是普通的牛，而是法力无边的宙斯伪装的。提香对欧罗巴神话的了解来自罗马诗人奥维德的《变形记》(Metamorphoses)第二卷。文艺复兴时期，奥维德是古代诗人中被研究得最多的人，而且肯定也是译本最多、评述最多的人。提香自己不能读拉丁文，但是没有关系，一位在帕多瓦受过培训的学者，同时也是提香的好友，洛多维科·多尔切（Ludovico Dolce）翻译的插图版《变形记》最近刚在威尼斯的书店上架。

提香的杰作有几重含义。他把以这幅画为首的组画称为"诗画"*——以画表现的诗。因为阿拉克涅（Arachne）在与女神雅典娜比拼谁才能织出最美的织锦时，选的就是"劫夺欧罗巴"这个主题，所以提香的意思是他就是现代世界的阿佩莱斯（Apelles，古希腊的著名画家）。但是，正如提香的一位威尼斯朋友皮埃特罗·阿雷蒂诺（Pietro Aretino）去世前不久所评价的那样（顺便说一句，阿雷蒂诺出版过——甚至可能是他定义了——露骨的色情文学），提香的"诗画"是挑逗君王赞助者的情色画，它让那位君主想到在重重伪装之下潜藏的性吸引力与无穷权力。这幅画也有政治上的含义，劫夺让人联想到土耳其人，联想到战争的暴行。所以这幅画也是在告诉年轻的国王腓力二世，他继承的遗产极易遭到内外势力的攻击，沦为自身冲动的牺牲品或他人的猎物。这里的"欧罗巴"也以一种迂回的方式承载了欧洲的价值观。

最重要的是，欧洲成了一个地理空间。皇帝斐迪南一世的御用制图师约翰内斯·布西乌斯·艾尼科拉（Johannes Bucius Aenicola）提出

---

* "诗画"原文为意大利语"poesie"，直译即"诗"。——译者注

了"欧洲'女王'"这个著名形象,也就是把欧洲地图拟人化为一个女性。这一绘画创意被塞巴斯蒂安·明斯特尔(Sebastian Münster)的名著《宇宙通志》(*Cosmographia*)的后期版本收录之后变得大受欢迎。丝毫不令人奇怪的是,由于它来自哈布斯堡王朝治下的土地,因此西班牙被画成女性的头部和王冠,意大利被画成她的右臂,她的披风则含糊地向东方延伸下去。王冠的存在至关重要。切萨雷·里帕(Cesare Ripa)是欧洲一流的图像学家,诗人、画家和作家在为图像标志选择色彩时必须参考他的著作,他在1603年出版的《图像学》(*Iconologia*)中教导他的读者应当为欧洲绘制一顶王冠,"以显示欧洲永远是"四大洲的"领袖和女王"。这其实是对固有等级的颠覆,因为以往欧洲总是落在亚洲和非洲的后面;这也是新生的优越感在绘制地理空间时的反映,这种优越感是随着"作为价值观存在的欧洲"的诞生而出现的。

然而,这样思考欧洲有一个问题。亚欧大陆缺乏明确的自然边界,那么欧洲的边界在哪里?基督教世界没有这个问题,因为它的边界取决于它所代表的信仰共同体,但是这个以价值观为基础的地理欧洲的边界在哪里呢?把欧洲画成少女的制图员回避了这个问题,她的长裙总是盖住东方的大片地域,裙边上散落着各种名字("西徐亚""莫斯科公国""鞑靼里亚")。莫斯科公国(Muscovy)算不算欧洲的一部分?其国的陆上扩张虽不像欧洲海洋帝国的扩张那么有名,但是重要性丝毫不逊于后者,他们沿伏尔加河而下,跨越乌拉尔山,向东方和南方扩张,殖民了大片的亚洲土地,这些扩张使这个问题变得更复杂了。这一问题的答案更加取决于欧洲观察者基于价值观对"他者"的建构,18世纪启蒙时代的历史学家和哲学家通过一套对他们政治、宗教、文化等欧洲传统的特定解释，给这些价值观赋予了一个理性化的概念——"文明"。

欧洲之所以在这一时期能够被想象为一个地理实体，是因为欧洲人的空间感变了。"地图学"是通过几何量来理解空间的科学，它需要将几何量从空间的其他属性——如内涵、经历——中抽取出来单独考量。正如托勒密所言，重要的是"距离的关系"。15世纪初，托勒密的《地理学》(*Geography*)在君士坦丁堡被人们发现——这本书早已为伊斯兰世界所知，但对拉丁基督教世界来说它还是新发现——由此奠定了地图学的理论原则，这本书介绍了经纬度的算法和投影法，并且强调了实地考察的重要性。欧洲制图师利用经线和纬线构想并测量空间，把成果绘成地图和地球仪。欧洲的"大发现时代"（age of discovery）不仅仅是发现远方的新世界，也是发现自身的地理认同。

欧洲的信息流动

16世纪到17世纪初，欧洲人对何谓"本地"（local）的感觉发生了变化，这些变化集中体现在地理空间感上。香料、染料、皮革、毛皮、食糖等商品将欧洲各个市场和更广阔的世界市场连接起来。而且，欧洲的交流方式和信息流动也发生了转变。换句话说，这场广泛的大转型不仅包括印刷技术的变化，还包括手写书信、邮递服务、口头传播、旅行邂逅、科学调查以及知识建构的变化。远程交流的组织和结构方式都得到了深化。为了政治行动、宗教信仰和社会行为的目的劝服（道德劝服或其他方面的劝服）一个地区的居民变得更加重要，决定你是什么人、你可以怎么做的空间和时间限制变弱了。人们以直接或间接的方式越发意识到世界的广阔、多元与复杂。能够读写计算因而可以直接把握信息流动的人与依赖他人来接触信息流动的人之间，差距拉大了。关于三十年战争和相关冲突的报纸与小册子让参战的将领——欧洲画廊的访客都可以看到他们冰冷的眼神、卷曲的头发、发黑的盔甲——变得家喻户晓。小册子上关于屠杀、饥荒和瘟疫的记述变成上帝之怒的鲜活证据，全欧洲都感同身受。17世纪中期，人们明显有了共同的危机感，这是过去150年欧洲信息流动发生变化的最有力证据。

欧洲交流习惯转型的重要性实在不容轻视。比如，假如欧洲没有找到合适的词汇，没有可以证明"政权与社会秩序可以和内部宗教分裂与多元化并存"的共同例证的话，17世纪的突发混乱会更加严重，造成更大的破坏。如果欧洲没有改变国家的政治、组织框架以适应信息爆炸和管理好国家的权力关系的话，系统性国家崩溃的风险就会变得更大，贵族和王朝精英的自杀式破坏性斗争会走向失控。如果欧洲没有利用好它繁多而分散的财富权力共同体——经济义务与多种多样的知识转移形成的越来越复杂的网络把这些共同体连了起来，它的殖民主义就不可能在欧洲内部和外部造成如此深远的影响。如果欧洲没有演化出它的外交渠道和交流谈判的规程，结束德意志三十年战争的空前复杂的《威斯特伐利亚和约》（1648年）就不可能达成。

"白银时代"及其余波

截至1650年，东印度出口了超过180吨黄金，新世界出口了1.6万吨白银。这是名副其实的"白银时代"，拥有白银与否变得越来越紧要。就算你没有白银，你也逃脱不了它的影响，因为在这一时期的大部分时段里，欧洲都处于史无前例的通货膨胀中，在欧洲的一些地区，通胀一直延续到了17世纪。不论以货币量计算还是以人口增长计算，"欧洲价格革命"都是一个经济持续增长扩张的时期。法国历史学家将其称为"美好的16世纪"，尽管它在法国由于战争的原因过早停止了，而且这"美好"对一些人成立，对另一些人可是绝对不成立的。价格革命拉大了"有银子的人"和"没银子的人"之间的差距，加深了因通胀得利的人和因通胀吃亏的人之间的鸿沟。后者中有依靠固定收入的人，他们的入账（租金和其他形式的投资，还包括税收）严重贬值。这些人包括欧洲的上层人物——君主、有地贵族和教士。通货膨胀和经济扩张让他们的收入大大缩水。不过他们一般可以通过剥削他人来做出调整，他们会经常提出提高资产收益的新方法——君主可以向臣民开征新的税目，地主可以向佃户分派新的负担。其结果是地主所有制变得更具掠夺性，佃农的入地费（entry-fines）在一些地区水涨船高，地方社区一直以来享有使用权的林地和公地开始被征收。易北河以东、萨勒河*以北的农民阶级身上的领主劳役明显加重了。

  通货膨胀和经济扩张让各种各样的人跻身有产者这个社会群体，他们的社会地位提高了，而且开始要求得到现存社会秩序里的贵族身份。与此同时，利益受损的人也日益增多。这些人包括广大近乎无地的农民，他们的一亩三分地几乎难以为继。长期负债的农民，他们要么已经把一切都卖给了债主，要么从土地的拥有者变成了承租人，连

---

* 萨勒河（Saale）是易北河的一条左侧支流，发源于巴伐利亚。——译者注

租来的耕地也小得可怜，还有不断膨胀的城市贫民阶层。于是，社区承担的社会负担变得更重。这一时期欧洲并没有经历重大的社会转型，而社会凝聚力变弱了。地方团结的衰败在16世纪的经济扩张下还可以被掩藏，但是在其后的经济衰退中就充分暴露出来——三十年战争造成的流离失所加重了发生在欧洲大部分地区的经济衰退。

弱化的社会凝聚力给欧洲长期以来的地方主义带来了严峻的压力。在某种程度上，欧洲乡镇的认同感从来都是地方人士——比如在农村环境里经常成为乡村社会头面人物的自耕农，或是地方贵族，或是像企业精英一样管理城镇的商人和行会领袖——人为建构起来的，是他们把地方团结呈现为和平、正义、良序和自身利益的重要防线。但是这些地方人士发现，他们越来越难证明他们关于公共利益的看法与分裂的社区里每个人的利益是和谐一致的。宗教分歧令他们的任务难上加难，而国家机器显得越发疏远，不愿倾听他们的担忧，不愿回应他们的诉求。

在地方上，城市社会和农村社会的关系也发生了变化，市镇开始对周围的乡村拥有越来越大的优势，农民开始谨慎地进入城镇市场（因此渐渐对城镇市场产生了一定的依赖），而城市贵族开始投资于乡村（并且开始没收还不起债的佃农抵押的土地）。地方抗议和起义变成本时期一个持续而重要的特征，以至于问题不是它们在多大程度上存在，而是在这个交流扩散变得更加方便的环境下，地方性的不满和纠纷有多大能力在社区内外找到相同的诉求，让抗议的声音更加响亮。地方凝聚力的衰微和社会矛盾的加剧也对地方人士造成了影响，他们想为自己周围这个脆弱而失控的世界寻求一个解释。实施了反宗教改革的天主教会（Counter-Reformed Catholic Church）的秩序和权威给了许多人慰藉。一些人认为，原因在于上帝的旨意本来就是神秘莫测；一些人相信千禧年理论，认为这是末日将至的征兆；一些人相信，问题还是在于心肠歹毒、手段邪恶的魔鬼在危害世人；还有一些人相信，天文学可以为这个世界提供解释框架并且预测方向。种种解释的有趣之处在于，它们既可以用于解释整个世界的堕落，又在不同程度上被地方人士用来解释地方事态的变化。

当时有人想到应从人类蜕化（metamorphosis）的视角理解这一时期的事态变化。马丁·路德在维滕贝格（Wittenberg）的画家朋友老卢卡斯·克拉纳赫（Lucas Cranach the Elder）把奥维德的寓言古为今用，创作了《白银时代的终结》(*The End of the Silver Age*)这幅油画。他每次描绘这个场景时都会这样安排人物：柔弱而赤裸的妇女和孩童聚在一起，好强而嫉妒的男人在他们周围自相残杀。赫西俄德描述这一蜕化时写到，"人不愿意崇拜神灵"，而是彼此伤害。在奥维德笔下，这就是"青铜时代"的预兆，这时的人类"生性恶劣，易怒好斗"，这也是"黑铁时代"的前奏。在克拉纳赫看来，画中场景是一个警告，可以同亚当与夏娃被逐出伊甸园相提并论。它在提醒人们，人类如果不遵循神意，是多么容易重蹈衰败堕落的覆辙。

欧洲的"白银时代"在世纪末开始失去光泽，这一过程始于16世纪80到90年代，恰好也是新世界白银流入的顶峰时期。16世纪欧洲标志性的经济增长与繁荣周期开始消散。法国和尼德兰的内战进入了最惨烈的阶段，虽然各地都对潜藏的经济危机感到焦虑，但是这种焦虑在人口增长放缓的地区最为明显。这些地区，尤其是欧洲南部，不得不认真考虑经济停滞甚至是萎缩的现实。在一些地区，疫病饥荒肆虐与农村人口减少达到了一代人从未经历过的程度，而且这种状况一直延续到后一个世纪。当时的人还没意识到调整机制的意义：年景好的时候发展起来的政治、社会、教会的层层义务如今成了社会的负担，并且阻碍社会根据新的现实状况做出调整。领主义务、佃农制（share-cropping）和农奴制是这一时期农村社会支撑精英阶层的主要方式。与此同时，在欧洲北部的一些地区，当地社会想方设法重建它们的经济，它们不仅要渡过难关，还要趁火打劫。在西北部的大西洋沿岸地区，海外帝国及其经济体系拔地而起，它们既模仿自己的前辈，也在引入新的元素。欧洲蜕变最引人瞩目的特征就是发展模式的分化。

信息流动让欧洲的大人物们知道，16 世纪 80 到 90 年代转折性的影响并没有均匀地扩散到整个大陆，而是造成了参差不齐的后果。择善而从、先下手为强成了欧洲张力的一大特点，另一个特点是人们开始伤感地回顾被理想化了的逝去的"黄金时代"。1618 年之后一连串困扰全欧的灾难背后的经济斗争引发了社会矛盾，宗教改革后欧洲人曾短暂地领略过同样的矛盾，但当时的人通过谈判化解了这些矛盾。可是现在，由于经济增长和扩张的前景越发不明确，谈判与调解的余地小了许多。国家——尤其是国家的分包商（包税人、军事野心家、公职人员等）——在谈判中更加强硬，要价更狠。就算一些人从千禧年派的信念或者重商主义的期望里还能看到光明的前景，其他人也都相信众神的时运决定了美好未来不是在地上，而是在天堂。"幸福的年代，幸福的时节"，塞万提斯笔下的堂吉诃德在遇见几个牧羊人时感慨，那些牧羊人还生活在"古人所谓黄金时代"的田园生活里。与他们的生活大相径庭的是"我们黑铁时代"，而这位执迷不悟的游侠骑士就是要在黑铁时代的残酷现实面前起身去打那美好的仗。

17世纪30年代后期，托斯卡纳大公费迪南多·德·美第奇（Tuscan Duke Ferdinando de'Medici）委托皮埃特罗·达·科尔托纳（Pietro da Cortona）为佛罗伦萨碧提宫的"斯图法廊"（Sala della Stufa）创作以四大时代为题材的壁画。这一题材是诗人米开朗琪罗·博纳罗蒂（Michelangelo Buonarroti）向美第奇推荐的，他是艺术巨匠米开朗琪罗的侄孙。最后一幅关于"黑铁时代"的湿壁画完成于1640年，它以极为写实的风格还原了人类的杀戮。尽管人人身着文明社会的服装，但是画中前景里的士兵正在屠杀一个手无寸铁的家庭，在他们身后，其他士兵正争得你死我活，一名牧师在旁边竭力恳求他们住手却也无能为力。这一场景比克拉纳赫一百年前描绘的被背叛的纯真更加暴力、紧张、令人惊恐。它让观众想到激烈碰撞的军队和血流成河的围城、三十年战争里遭到毁灭的风景和陷入危险的民众、分裂的不列颠群岛和残破的波兰。"那时，无耻至极的罪行笼罩了整个世界。羞耻、真理和信仰离开了我们，无恶不作的欺骗取而代之；暴力、背叛和阴谋诡计……"——乔治·桑兹*把奥维德的诗翻译成了英文，这一部分出版于1621年，他那脍炙人口的译作反映了时人对欧洲17世纪中期灾难的理解。这场危机预示了蜕变的到来，却并没有形成真正的蜕变。在这样的突发混乱里，欧洲的旧制度（ancien régime）踏着铺好的道路卷土重来。

---

* 乔治·桑兹（George Sandys，1577—1644），埃德温·桑兹的幼子，英格兰作家和诗人。——译者注

从"白银时代"到"黑铁世纪"

第二章

人口补充

基督教世界的物质基础

16世纪的欧洲官员统计人口并征税时,通常以"灶"(hearth)为计算单位。这个词让人想到这样一个画面:一家人围坐在柴火周围,通风口设在屋顶,屋子里有几个房间、一个大厅(人们在这里做饭、用餐、干家务活)以及睡觉的地方。仓储空间是第一位的,人的舒适和隐私微不足道。有了地窖、贮藏室和谷仓,家业才会兴旺。在欧洲寒冷的冬夜里,牲畜会来到家的周围(睡到"长屋"里)取暖。

但这只是一种刻板印象。事实上,基督教世界的物质基础在各个地区大不相同。千差万别的房屋风格体现了建筑材料的差异和社会文化的区别,居住条件影响了欧洲人口的发展。16世纪初,大量城镇住房和较为坚固的农村住房开始采用一项重要的建筑革新——嵌于边墙内的壁炉。壁炉的烟囱产生了更多的热量(原因在于通风条件改善后燃烧更加充分),虽然大部分热量还是被浪费了,但是室内的烟尘少了很多。比壁炉效果更好的是黏土和砖瓦砌成的封闭式火炉。一个意大利人 16 世纪初行至波兰，详细记叙了那里全家人裹着毛皮、围着火炉、睡在长椅上的情景。笛卡尔提到，他是在 1619 年一个深夜于乌尔姆郊外的"炉室"（poêle，或者是有供暖的旅店）*里得到了顿悟，从此开始了他对处理与论证人类知识的崭新方法的探索。当时的一个编年史作者说，捷克克鲁姆洛夫（Český Krumlov）宫殿里的火炉有 74 个之多。火炉的造型和铅釉色的表面给室内增添了一种新的视觉效果。砖匠把祭坛和时祷书上的《圣经》画面缩小之后刻在炉砖上，让宗教从书本延伸到炉边。灶的变化暗含了人们生活方式的变化，变化不仅影响了他们的空间、隐私、衣着、信仰，还改变了人与老鼠的距离。

　　木材、石料、砖块等建筑材料和社会地位在决定房屋建设时起到的作用不相上下。建筑业是地方经济的发动机，比纺织业更重要。一栋房屋的建造成本是很难计算的，维护成本就更不用说了。大部分建筑工作需要人力完成，而支付方式也是人力劳动。在石料丰富的地方（康沃尔、布列塔尼、勃艮第、巴黎盆地），即使简陋的小屋也会用石头来造。在地中海地区（加泰罗尼亚、朗格多克、普罗旺斯），大家庭的住宅往往规模惊人——用上多达 500 吨的石料，能有三层楼高。一楼是压榨葡萄和橄榄、储藏葡萄酒和橄榄油的地方，二楼以上供家人居住。筒瓦（在地中海地区很常见）之下的那一层用来储存谷物。屋内的通风是重中之重，必须适应地中海的气候，冬季的取暖则由火盆提供。这些房屋造出来是为了以最低的维护成本使用 300 年以上的，但是它们的建造成本比木质房屋高 15 倍。木材是欧洲北部城镇和乡

---

　　* 在中古时期 stove 不仅指"火炉"，也指"有火炉的房间"。poêle 是 stove 对应的法语。1619 年 11 月 10 日夜，年轻的法国军官笛卡尔在一个有火炉的房间里做了三个梦，他相信这是圣灵给予的启示，指引他去发现新的哲学。——译者注

村的居民喜爱的建筑材料，因为那里有更加茂密的森林。即便如此，在整个欧洲也只有阿尔卑斯山的部分地区会完全使用原木来建造房屋。大多数木屋都是半木结构的（half-timbered）——用劈好的木头支起承重框架，然后用枝条和灰泥加以填充。木材很便宜，保温性能也好，而且可以轻松地逐块翻新。这种房屋有各种形态，波兰最常见的房子采用石头地基、木头框架、黏土地板、茅草或木瓦屋顶，再用泥土和稻草包裹外墙以求隔热，欧洲中北部则常见更坚固的半木结构房屋，上层可分出居住区和农作区。在欧洲北部的海边与河边以及南部的大城市里，砖是非常受人欢迎的建筑材料。然而，制砖需要运输、工厂、熟练劳动力和投资，制造耐用砂浆所需的石灰石价格不菲。因此，尽管砖十分适于建造高大稳固的建筑，能以较轻的重量提供优异的隔热性能，被广泛用于城市住房，但是人们只要走出市区不远，就会见到砖房让位于半砖半木结构的房子或者木屋。

社会地位和功能决定了住所的千姿百态。计日工（day-labourers）的居所——村舍或窝棚——只不过是抵挡狂风暴雨的避难所而已。德意志那些生存在温饱线上的无地佃农擅自占用农场主的土地，住在农场主宅子旁边的茅舍里。奥弗涅的矿工勉强栖身于只有一个房间的棚屋内，在西西里的农田里干活的计日工只能在地基上席地而睡。在匈牙利和其他拥有良好排水性的轻质土壤的中东欧地区，乡下人会住在用泥炭和草皮盖的半地下房屋里。一项1564年的调查显示，在亚得里亚海岸的港口小城佩斯卡拉（Pescara），有四分之三的居民（外来工人）住在皮革作坊的工棚里。对于农村家庭而言，房屋是生计必不可少的重要部分。加工储存谷物、橄榄、葡萄的空间比住人的空间更加重要。如果说计日工的住处只是一个避难所，那么富裕一些的乡村居民的住房，正如这一时期中欧和阿尔卑斯山区的木屋保存至今的题字所示的那样，既是社会地位的标志，也是一笔投资。现存的房屋展示了工匠对材料的直观理解，还有均匀分配建筑的重量时精巧的即兴构思。"建筑师"（architects）这一行业 16 世纪开始出现在意大利和法国。人文主义者夏尔·艾蒂安（Charles Estienne）1564 年出版的《田园住宅》（*La Maison rustique*）为农村住房提供了一本样式手册，让法国的能工巧匠们参考了几乎有 200 年。欧洲的人口活力通过住宅建设维持了可观的固定资本投资。

基督教世界的物质生活反映在死者身后的财产清单里，负责开列清单的是拍卖人、公证人和乡下的代笔人，他们知道如何一眼判断物品的价值。开列清单是财产从一代人传承到下一代人手中的第一个步骤，只有当有东西可以继承时才有开列清单的必要。即使是财产有限的乡下人也会开一份清单。这种文件就像遗嘱一样，不是只有富人才需要，它对任何想要为幼年的孩子确保一份遗产的人来说都非常重要。在东盎格利亚（East Anglia）的沼泽教区威林汉姆（Willingham），村民会慎重地处置自己的牲畜和制作乳酪用的工具。1593 年，一个叫威廉·帕尔代（William Pardye）的船夫留下遗嘱，遗赠他的独子约翰两头奶牛，以及"眼下我的整个房子……房子里的草料、沼泽里我那条船、我的靴子，还有一双高帮鞋"。在勃艮第，最常见的财产是壁炉架、炖锅、炊具和砧板。通常还有一个可以上锁的箱子、一张木床加一个床垫。从 15 世纪开始，在地板或木板上放一个塞满稻草的麻袋就可以躺下睡觉的人越来越少了。床——要有木质框架和交叉的皮带或绳索作为支撑——是贵重的嫁妆。这一时期开始出现的四柱床是一件庞大的家具，可以充分炫耀一个家庭的财富。1616 年 3 月 25 日，莎士比亚在遗嘱里给妻子安妮留下了他"第二好的床"。床垫（填以羽毛或羊毛——稻草也是一种便宜的替代品）上还可以精心地盖上丝绒、穗带和绸缎，不过大多数人因为贫穷所以基本不会有这些东西。尼德兰画家阿德里安·勃鲁威尔（Adriaen Brouwer）的作品《祝酒歌》（*La Chanson à boire*）描绘了一个农舍的内景，地点可能在安特卫普北边的山丘上。四个农民聚在一张桌子旁，坐在临时凑合的（用旧木桶劈成）家具上。除了他们身上穿的旧衣裳，一块抹布，一个陶罐和一条面包之外，他们一无所有。*

欧洲聚落的形态是由历史地理和社会地理的复杂组合决定的。在我们的想象里，最主要的聚落就是核心型村庄，村庄的核心是教堂，往外是开阔的田地和公有的牧场。平原与河谷的聚落确实大抵如此，地中海地区和欧洲边缘重新垦殖的土地——比如西班牙中部的梅塞塔高原（Meseta）和匈牙利平原——的聚落通常也是如此。欧洲的畜牧区、石楠荒原、沼泽地、丛林、树林、山区高地的聚落则是因地制宜，形态差异要大得多。欧洲中部和东部的聚落类型属于"沿街村庄"（street village）——社区沿着道路延伸下去。欧洲北部大西洋沿岸与之对应的则是沿海村庄，社区会在一处海滩或一个装货地点周围集聚起来。

保存到现在的地产地图细致地记录了这些聚落形态。在这一时期，土地测量已经普遍展开。雅各布·科贝尔（Jacob Köbel）撰写的《几何》（*Geometria*）是最早以民族语言出版的测绘手册之一，1531 年出版于法兰克福，书中提到，在人们走出教堂时"选出 16 名男子，大

---

* 这幅画现藏于巴黎博物馆。可能作者记忆有误，事实上画中只有三个农民，其中一人是站着的，画中没有抹布和面包，但是有两个陶罐。——译者注

个子小个子都要有",让他们站成一列,每个人伸出一只脚站在一根长杆子上,然后在杆子上做上记号,这样测量员就得到了一根可以用来测量田地的 16 尺(*Schuh*)长的量杆(英语里对应的量词是"杆",1 杆大约等于 16.5 英尺或 5 米)。*到 16 世纪末,测量员们都应掌握运用几何学与指南针对不规则多边形的地表区域进行三角测量的本领。新的工具也可以助他们一臂之力,菲利普·丹弗里(Philippe Danfrie)发明的半圆测角仪(1597 年巴黎的一份出版物上还登过它的广告)和测量距离用的"测量轮"(waywiser)已经面世。即便如此,绘制准确的地图仍然是一项艰难的工作。保罗·普芬青(Paul Pfinzing)的测绘手册 1598 年出版于纽伦堡,它建议测量员用硬纸板剪出地块的准确形状,然后通过称重得出这些地块的总面积。他留存至今的地产地图极其细致地反映了当时的聚落和土地使用状况。比如,他出生的村庄亨芬费尔德**的地图列举了 79 个居民的田地和宅地。再往南边,来自福拉尔贝格(Vorarlberg)的测绘员约翰·劳赫(Johann Rauch)绘制了康斯坦茨湖(Lake Constance)东岸和上士瓦本(Upper Swabia)的一系列地产地图。在他 1628 年绘制的里肯巴赫(Rickenbach)村地图里,每一栋房屋都标上了序号,注明了户主的姓名与其对应的田地。在 16 世纪末的巴伐利亚,彼得·茨魏德勒(Peter Zweidler)绘制了班贝格(Bamberg)主教的地产地图,图中包含各种细节,从道路、村庄到鱼塘,连用来标记存疑地产边界的石块也收录在内。

---

* 德语里的 *Schuh* 对应英语里 shoe,都是"鞋"的意思,与英尺(foot)一样都是相当于一只脚的长度。英制长度单位里的"杆"在英语中有 rod、pole、perch 三种说法,都等于 16.5 英尺。——译者注

** 普芬青的出生地亨芬费尔德(Henfenfeld)是离纽伦堡不远的一个小镇。此处原文为 Hennenfeld,疑为笔误。——译者注

欧洲的聚落形态在这一时期没有发生巨大的改变。可是17世纪初，地中海地区又出现了中世纪时（黑死病暴发后）那种"村庄消失"的现象，尤其是在西班牙中部，气候干燥的高地农村人口大量减少。奥利维瑞斯伯爵－公爵（Count-Duke Olivares）在1642年草拟的遗嘱里决定将他的钱捐给八个虔诚的基金会，帮助那些被废弃的社区重新繁衍生息。1500年起，许多村落出于各种原因从基督教世界消失，有的是由于社会工程（雄心勃勃的贵族发动的圈地运动），有的是遭到打击报复（1545年普罗旺斯的吕贝龙山区和1558年的卡拉布里亚都发生了对瓦勒度派社区的清洗），有的是被人劫掠破坏（16世纪初土耳其人侵略了斯洛伐克南部和匈牙利部分地区），有的是因为气候变化。相比之下，随着欧洲西部与南部的湿地和沼泽得到开垦，新的社区迅速兴起。矿工、盐工、采石工和渔民形成的新兴村落开始生根发芽。而在欧洲北部和东部还有大片原始森林和荒地。挪威农场的数量开始追上14世纪的水平——1665年时大约达到了5.4万。到1570年时，瑞典北部诺尔兰（Norrland）和芬兰东部萨沃拉克斯（Savolax）的垦殖活动已经得到了令人瞩目的发展，尽管当地还是有广袤的郊野人迹罕至。德意志人和斯拉夫人拓殖到了东欧中部。在南边的波希米亚和摩拉维亚，15世纪时荒废的村庄开始重新有人居住。农村社会的主旋律就是人口补充。

人口登记

欧洲在法国大革命之前没有进行过现代意义上的人口普查，但是欧洲有普查性质的文件记录，在城市和比较城市化的地方，此类文献更加丰富。这些普查的目的不是为了人口研究，而是为了征税、征兵或招募新移民。人文主义者普遍青睐普查，而背后的理由五花八门。尼科洛·马基雅弗利（Niccolò Machiavelli）支持佛罗伦萨1427年开征的财产税，因为他认为此举效法罗马前例，可以避免暴政。与他同一时代的弗朗切斯科·圭恰迪尼（Francesco Guicciardini）则厌恶财产税，因为他认为财产税是对地方人士的打击，不过圭恰迪尼支持其他类型的基于普查的累进税。法国人文主义者让·博丹在1576年出版的《国家六论》(Six Books of the Republic)中提倡普查，他认为建立在普查基础上的税收制度才可以合乎比例地（"和谐"地）反映整个社会。虽然有意愿开展调查，但是当时的人都深深地相信，人口数量相比古代已经下降，而且还在不断减少。在这一时期的空想类作品（1516年托马斯·莫尔的《乌托邦》，1624年弗兰西斯·培根的《新大西岛》，1602年托马斯·康帕内拉的《太阳城》）中，国家都有责任提高本国出生的公民数量。"我们绝对不能相信臣民太多了、公民太多了这种话，"博丹写道，"我们要意识到，人民之外，别无财富，别无力量。"

随着税收国家（tax-state）的出现，人口统计变得越来越频繁。在这方面先人一步的是意大利诸政权——威尼斯、米兰、托斯卡纳、热那亚、罗马、那不勒斯和西西里王国。在低地国家南部，征税依赖于对灶数的统计。在朗格多克，土地和财产调查得出的资产估值为征税提供了基础。居民民事登记制度直到17世纪初才逐渐形成。教皇保罗五世1614年颁布《罗马礼典》(Rituale Romanum)之后，意大利各教区开始记录每年领受复活节圣餐的所有会众的年龄与其家庭成员。在北方，瑞典路德派的牧师从1628年起每年都会登记教区居民的识字情况和受宗教教育的情况。

这些文件有时候只是名册而已。财政记录登记了灶数，教会文档登记了领受圣餐的人。它们都需要解读才能产生意义。关于这一时期的人口研究就像黑魔法一样不科学。每个人都同意这一时期的人口发生了"明显增长"，但是增长何时开始何时结束都是不清不楚的。人口增长在15世纪后期仍然很缓慢，1520年以前很多地方都没有显著的增长。在英格兰，1510年左右才开始有记录显示人口增长，然后在接下来的一百年人口几乎翻了一番。在低地国家人口增长来得更早一点，在尼德兰的北部省份一直持续到1650年，但是在南部则遭遇了挫折。

德意志很早就出现了人口增长，西部的势头比东部更加强劲。这一势头在1618年之前是否放缓是一个有争议的问题，但是三十年战争肯定把它完全掐死了。在法国，增长的节奏在1500—1545年均匀有力，到1545—1560年变得不太稳定；之后增长有所恢复，然后又变得难以判断。从1580年到16世纪末，伴随着内战形势的恶化，增长的动力也下降了。17世纪初，人口又开始恢复不稳定的增长，但是1630年之后增长逐渐停滞，因为不同地区出现了相反的趋势。1628—1632年和1636—1639年的瘟疫在许多地方抵消了前一代人的增长。在意大利北部的一些地区，增长从1500年之前就开始了，在一些地区一直延续到16世纪下半叶，在有的地方持续到17世纪。然而，17世纪上半叶的瘟疫（1628—1632年、1635年和1649年发生在伦巴第）又把此前一百年的增长基本抵消了。

在西班牙半岛，卡斯蒂利亚的人口在整个16世纪都在增长，最快速的时期可能是16世纪30年代。然后，就像意大利和法国那样，连年的流行病（可能还有与粮食匮乏有关的死亡）把前一代的增长完全清零。1599—1600 年流行病的严重程度骇人听闻。从 1596 年到 1614 年，可能有多达 75 万名西班牙人——总人口的十分之一——感染了瘟疫。一些地方大概从此再也没有恢复到从前的人口水平。另一些地方恢复了，结果又败给疫病的下一次侵袭，尤其是 1647 年和 1650 年的两次暴发。一项研究集中统计了卡斯蒂利亚 64 个教区的受洗数量，结果表明半岛内陆（埃斯特雷马杜拉和旧卡斯蒂利亚）发生了急剧的人数下滑。在其他地方，1609 年对摩里斯科人（改宗的穆斯林）的驱逐酿成了灾难性的后果，约有 27.5 万人被驱逐出境，也就是说巴伦西亚少了四分之一的人口。卡斯蒂利亚和安达卢西亚受到的影响小一些，但是仍然很严重，特别是对城镇的影响。真正的困难在于如何在 17 世纪上半叶人口增长明显停滞的背景下理解 16 世纪人口的整体增长。17 世纪的增长停滞不像黑死病那样是一场全面危机，但是它对 16 世纪的增长存在系统性的弱点提出了疑问。

把这些分散的趋势转化为总体性的数字需要花不少的工夫。这些数字虽然只是探索性的，但是可以帮助我们正确地看待人口增长史上"漫长的 16 世纪"。欧洲人口在接近 1600 年时在 7 500 万到 8 000 万左右，这差不多是 14 世纪早期黑死病暴发前欧洲保守估计的人口数量。16 世纪欧洲农村人口得到了补充，但是没有发生重大的变化。1340 年时，欧洲人口可能占到世界总人口的 17%（4.42 亿中的 7 400 万）。到了 1650 年，这个比例已经低于 15%。16 世纪中国人口的增长速度可能比欧洲更快，1600 年时应该介于 1.75 亿到 2 亿之间，虽然 1650 年之前经历了一些损失，但仍然比欧洲人口的两倍还多。从世界的角度来看，欧洲"漫长的 16 世纪"里的人口发展不算惊人。以现代的标准而言，这个速度只能说是适中（年均 1%），而且增长并不平均——地中海地区发展迟缓，西北侧翼动力较为充足。法国占据欧洲的腹地，拥有大约欧洲四分之一的人口，数量接近 2 000 万。

这是教区记录开始出现的年代。意大利和西班牙的一些教区开展得比别的教区更早。南特教区的主教早在 1406 年就命令他的教区教士做好洗礼登记，因此南特是拥有最古老的现存记录的地区之一。登记不是为了人口研究，而是为了宗教目的——防止"教内乱伦"（也就是避免一个人与其教父教母的家人结婚）。久而久之，这些地方性创议被上升为教令或政令。1563 年 11 月 24 日，最后一届特伦托会议宣布，教区司铎必须为出生与婚姻做好登记。世俗统治者也想要保存好居民在何时何地出生、结婚和下葬的证据。法国 1579 年的《布卢瓦法令》（Ordinance of Blois）提出，做好记录可以防止欺诈。新教改革对教会与国家职权边界的重新划分使瑞士部分地区（16 世纪 20 年代起）、英格兰（1538 年起）和其他地方也出现了教区登记制度。苏黎世 1526 年引入了教区登记制度以控制重洗派（Anabaptism）的扩散。约翰·加尔文 1541 年坚持要在日内瓦建立登记制度，这是他希望的有序政治的一部分。

仅仅法国的一个省（卢瓦尔-大西洋省）就保存了大约 10 万页 16 世纪的教区记录：有好几千个"让"（Jean）（四个男孩里就有一个）和"让娜"（Jeanne）（五个女孩里就有一个）。理论上，可以通过"家庭重组法"（family reconstitution）（利用长时段里足够多的家庭的记录把家谱还原出来）推断出人口趋势。但现实中，尤其是对于 1650 年之前的历史时期，这个过程非常复杂。早期的洗礼记录只是不定期地记下还没来得及受洗就夭折的婴儿。在欧洲一些地区（比如巴斯克的农村和爱沙尼亚），使用父名这种习惯还完全没有建立起来。在荷兰，下层阶级的人通常不在洗礼记录里使用自己的姓氏，但是在别的记录里又有可能使用。名字是听起来是什么样就写成什么样的，而且别人喜欢叫这个人什么，这个人的名字就是什么。最重要的是，人口流动让家庭重组问题就像一个拼图，有时重要的零片不翼而飞，有时这里的零片成了那一幅图的一部分。

但是，一旦重组出一个家庭，其结果就像通过听诊器倾听一个会呼吸的有机体，生是心脏收缩，死是心脏舒张。支配后者的，是令人麻木的围产期死亡率和出生后死亡率。在大多数地方，四分之一的新生儿活不到 1 岁，只有一半可以活到 10 岁。生活在梅斯*郊外的让·勒·库隆（Jean Le Coullon）的日记讲述了一个再平凡不过的故事。他的父母有 13 个孩子，其中 10 个还没有结婚就去世了。他本人 1545 年 1 月结婚，第二年他的妻子生下了第一个儿子科利尼翁（Collignon），第三年生下了第二个儿子，1549 年生下了第三个儿子，1552 年生下了第四个儿子。1553 年他的妻子死于鼠疫，此时有两个儿子已经先她而去了。11 个月后他娶了第二任妻子，后者又为他生了其他孩子，可是，在他和他日记里提到的邻居的全部 19 个孩子中，只有 6 个活到了 20 岁。他在日记里写下这些早逝记录时，还会在旁边详细记上天气和庄稼的状况。旁人可能会认为他对死亡不是很在意，只有一个瞬间例外，那就是 1549 年他第一个与自己同名的儿子早夭的时候。当时他写道："我感到悲恸至极，痛不欲生。"

家有长辈的大家庭并不多见。这一时期新生儿预期寿命很低（可能是 25 岁），尽管一个人一旦活到成年，生存率就会有很大提升，但

---

* 梅斯（Metz）是法国东北部洛林地区的一个城市。——译者注

是要活到 55 岁还是很靠运气。活到这个岁数的人常常忘了自己到底多少岁了。摩泽尔（Moselle）河畔的贡德勒维尔（Gondreville）村的地方教士长维里奥·介朗（Wiriot Guérin）1566 年时宣称自己是 44 岁。十年之后，他信誓旦旦地跟洛林公爵手下的官员保证他已经 "60 出头了"。致命的流行病——除了腺鼠疫，还有斑疹伤寒、猩红热和流感——可以带走整个家庭，对地方社区造成严重的影响。当死亡率飙升至 6% ~ 10%，某些时候甚至 30% ~ 40% 时，我们的人口听诊器可以感测到人口有机体竭力对抗过高死亡率时的抽搐行为。这种抽搐的一个重要体现就是本能性的——或者说社会性的——补充人口的冲动。洗礼数字先是陷入一个很低的水平，然后随着有机体努力恢复平衡而迅速恢复；小型婴儿潮是对人口灾难的一种很常见的反应。婚姻记录显示，鳏夫和寡妇会重新组成新的家庭，将各自继承到的遗产合并。

那么，欧洲的人口补充是怎样持续下去的呢？从更长序列的现存教区记录中可以看出地方性和地区性的增长周期，这些周期每隔一段时间就会被一场大规模的人口死亡危机所打断，每一场危机都会使家庭和年龄组的人口在后来达到峰值和谷值。最重要的是，危机不是人力所能控制的。所以，这个问题的答案不在于那些妨碍人口增长的要素，而在于欧洲人口是怎么做到保持相对较高的生育水平的，即使各种限制条件都在阻碍高生育率的维持。在这一方面，人口研究得到的证据孕育（这个词可以从字面意义理解）的问题和答案一样多。我们仍然不知道有多少男女选择根本不结婚，也许这个比例可能高达 10% ~ 20%。对于那些选择结婚的人，他们的婚后生育模式与现代人的生物钟是一致的，生育率在女性 20 到 24 岁时达到顶峰，然后逐年下降，起初下降速度较慢，但是越接近 40 岁下降得越快，大多数女性 40 岁以后就不会再怀孕了。然而，当时的非婚生子女比例之低是现在倡导家庭价值的人只能在梦里得到的。只有 4%~10% 的新娘在订立婚约时怀有身孕，但是这些怀孕新娘半数以上都是刚刚怀上，而且想要通过结婚让她们的孩子合法化。非婚生子女占总人口的比例很少超过 4%，多数时候在 2% 以下，而且这个比例还在不断下降。这是否表明，16 世纪宗教改革使得人们更加看重社会规范和性规范了呢？有这个可能，然而，当时非婚生子女比例通常是与结婚率同方向变动的。在近代早期的欧洲，非婚生子女是婚生子女的补充，而不是婚生子女的替代品。

人口生育率在欧洲各地有很大的不同。1650 年之前没有证据表明人为控制生育的现象广泛存在。宗教组织和社会规范都规定避孕是不合法的。但是，它们没有禁止夫妇为了避免怀孕而不进行性行为，尽管这种做法好像也不普遍，所以欧洲人口增长之谜的答案就藏在婚姻这个复杂的社会制度之中。

婚姻与家庭

基督教世界的社会基础在于家庭。男性与女性的关系在这一时期发生了什么变化？无论在婚姻内外，女性都继续从属于男性，这并不让人惊讶。宗教改革之后出现了更强硬的支持父权制的声音，这些声音暗含了对可能发生的改变的恐惧。"从属"这个词在不同语境下有完全不同的含义。包办婚姻仍然司空见惯，不过也得有求婚和商谈的步骤。寡妇一般不会被家人逼迫再嫁，而且如果她们有一笔遗产的话底气会强很多。许多子女成年之后就会离开家住，所以父母的权威不会永远伴随他们。女性受教育的机会非常有限，但是她们有可能找到工作，而且教会在努力地保护她们的信仰自由。对女性行为的限制主要来自社会。宗教改革之后，教会和世俗法庭越来越在意控制人们的性行为。它们之所以害怕女性未婚先孕，正是因为这有可能颠覆男性在家庭里的主宰地位。在欧洲农村，女性尤为不幸：无法担任公职；基本上无法在没有监护人的情况下成为佃农；还有男性对女性极为可憎的家常暴力，这些暴力反映在她们要求法律赔偿的文书里，而打官司又会危及她们的名誉和声望，还有可能被丈夫反诉为"泼妇"（shrew）。

欧洲婚姻最突出的特点就是它的多样性。我们在对16世纪下半叶以后的英格兰和西北欧城市地区进行家庭重组时，不仅发现了晚婚的人，还发现了相当多的独身的人（多数是仆人）。两者都有助于解释欧洲这些地区是怎么挺过16世纪后期和17世纪的经济困境的。晚婚是一种自然的避孕方法。结婚年龄和实际收入成反比例，实际收入下降，结婚年龄就会推迟。"生命周期仆人"（他们已经性成熟，只是在结婚之前继续做仆人）是人口补充的后备力量。欧洲部分城市化地区之所以在17世纪人口迅速恢复，就是因为这种弹性的存在。

在这些城市化地区之外，比如在易北河以东的地方和丹麦，婚姻的选择是由农奴制的现实决定的，地主可以禁止女性成为户主，强行要求女性结婚。在波罗的海国家、匈牙利、法国南部、意大利中部和南部，不同的家庭结构反映了交织的各种压力：土地的利用方式、人口与资源的关系、继承的习惯法和税收模式。在意大利南部——以及其他谷物生产被雇用计日工的大庄园（*latifundia*）把持的地方——婚姻模式反映出男性短命的艰难生活。男女结婚年龄都很早，女性在 16 岁到 20 岁之间，独身这种事在修道院之外几乎闻所未闻。女性不会出门打工，强烈的家庭荣誉感也不准这种事发生。寡妇差不多会立即再嫁，而且男人们排着队顶替死者的位置。

在卡拉布里亚、坎帕尼亚、西西里等混合农业与专业化农业（橄榄、葡萄、水果种植业）盛行的地方，农民以小自耕农为主，女孩出嫁年龄较晚（22 岁到 26 岁之间），不愿留在农场里的男孩会搬出去住。在撒丁区，结婚年龄非常晚，有许多仆人住在雇主家——这些仆人有男有女，做些挤奶工或农场雇工之类的工作。撒丁人指望女孩嫁人之前通过外出打工攒好自己的嫁妆，而且撒丁女性能从父母的地产中得到属于自己的一份。在翁布里亚、托斯卡纳和罗马涅，尤其是在实行佃农制（佃农和地主共担耕作风险）的地方，计日工的核心家庭与自耕农的家比邻而居，自耕农家中数代同堂，也住有佃农和计日工。在有的地方罗马法规定必须指定一个继承人，那么父亲通常会选择长子，但也可能选择第一个结婚的儿子。继承人结婚时，父亲会交出农场的控制权，然后成为英国伊丽莎白时代所谓的自己家中的"寄居者"（sojourner），子女已经做好了安排，保证父母年迈时会得到照料。社会地位越高的家庭结构越复杂。富家名门的万贯家财与广泛利益会在婚姻与继承中得到保存并发展壮大，因此它们需要复杂的安排以处理好家庭的内外事务。建立家庭是个人与集体努力确保最佳生存条件的一种手段，毕竟这个世界总在发生能威胁全家人性命的经济和人口危机，而没有一种家庭结构可以应对所有的环境。

谁继承什么，很大程度上是由习惯决定的。嫁妆水准是谈判的结果，死者过世后遗产怎么继承则在更大程度上取决于习惯法。人们会来到领主法庭,然后公证人会提醒他们习惯法允许什么做法。但是,欧洲北部的习惯法复杂得让人不知所措,当16世纪的法学家开始"编纂法典"(codifying)时,他们也被自己发现的各种矛盾之处难住了。在法国南部、西班牙东北部和神圣罗马帝国皇帝的世袭领土上,决定继承的是罗马法。罗马法对男性家长有利,家长可以决定他的财产的继承顺序,也可以通过遗产优先权和捐赠等方法把财产交给任何一个他中意的人。孩子可以选择留在家里,这样他们可以保留自己的继承权。如果他们选择搬出去,他们有权得到一份财产,然而仅此而已,继承时他们会被排除在外。波罗的海沿岸和不列颠群岛实行的普通法同样有利于长子继承制(由最年长的儿子继承)。其他地方——西班牙、意大利、法国北部和低地国家——的习惯法则更关注保障所有继承人的权利。这些地方的习惯法遵循"分割继承制"(partible inheritance)。举个例子,在诺曼底和法国西部,就连以嫁妆的形式得到的财产在父母过世时也必须纳入家产,然后重新平均分配给所有继承人。这种模式的一大重要性在于,一笔嫁妆就是对一个家庭的"收费"(charge)——这一时期嫁妆经常是以租金的形式交付的,所以嫁妆会使农村的债务协定变得更加复杂。

  法学家们不喜欢分割继承制,因为它会导致财产的分散化和家长权威的弱化。一篇篇法学论文齐声表示,不管习惯法如何规定,希伯来人的经验和老祖宗积累的智慧都支持长子继承制。16世纪30年代初,英格兰人文主义者托马斯·斯塔基(Thomas Starkey)大概是在意大利写了一本对话体论著,试图同时代表辩论的双方。"(把年幼的儿子们)完全排除在外,就好像他们对父母犯(过)什么滔天大罪一样",这种做法太残忍了,既违反理性,也违背自然的平等,而且"可能会消磨掉自然赋予他们的手足之情"。但是分割继承制又极有可能导致财富的消散:"如果大家族的土地被平分给所有的兄弟,用不了几年,大户都会衰败并且一点点消失。那样人民就没有统治者和领导者了……这种做法就是在毁灭我们文明的基石和土壤。"

所以这一时期的巨变就是长子继承制在欧洲精英圈内的胜利。与此相应,由于对贵族家族的古籍研究和国家资助的对贵族身份的调查通过历史回顾证实了长子继承制的优越性,因此法庭和社会对系谱学有了更深的敬意。英格兰的绅士和富商纷纷采纳长子继承制。法国贵族早已被迫采用长子继承制,而有志加入贵族阶层的法国平民也想要抛弃习惯法,将自己的财富和地产集中在长子手中。意大利贵族实行的是一种实用主义的独子继承制——要么把所有地产交给一个继承人,要么让儿子们集体继承所有地产,但是最后只有一个儿子可以结婚。只有德意志诸侯和东欧及俄罗斯的有地贵族还继续使用分割继承制,德意志四分五裂的领地仿佛让人眼花缭乱的棋盘,正是分割继承制的表现。

习惯法在建立家庭上又发挥了多大的作用呢?在所有的夫妇中,有 20% 的夫妇没有幸存下来的孩子,还有 20% 的夫妇只有女儿。所以有资格为将来做打算的人也不是很多。无论如何,人们总有方法绕开习惯法,而且这一时期的人越来越频繁地使用这些方法来让法律适应自己的需求。非土地形式的财产所占的比例越来越大,让继承变得更加灵活。但是,继承法似乎还是在两个方面深深影响了家庭的建立,进而影响了欧洲各地区对人口增长的反应。我们可以通过比较下萨克森的两个地区同时发现这两个方面的特点。在卡伦贝格[*]周围,领

---

[*] 卡伦贝格(Calenberg)是 15 世纪末到 18 世纪初存在的一个侯国,首府是汉诺威。此处原文为 Calemberg,疑为笔误。——译者注

主习惯法和国家政府实行的是完整继承制。其结果是富农名下的大片农田得到延续和扩张，而且富农的住房结构复杂，数代同堂。对于那些离开家族的家庭成员，农场主会给她们嫁妆，但是她们要依据自己的财力借债偿还这笔嫁妆。在社会阶级的另一端是越来越多的小户雇工（德语里叫他们"边缘雇工"，因为他们住在村庄的边缘，也就是村庄外围的公地上），他们必须为别人工作。与之形成对比的是80公里以南的哥廷根，那里的土地所有制允许分割继承，其结果是小农数量渐增，他们的家里只有父母和子女，有时他们会把住宅旁边的棚屋或畜栏改造成住人的地方。另一个结果是财产分散化，16世纪的人口增长更是让那些只继承到小块土地的人一遇到坏年景就连生存都成了问题。被部分剥夺继承权的年轻人、更长时间的家仆服务或更严重的奴役、农民债务、地产缩小、遗产纠纷——这些问题把继承制度和基督教世界更广泛的历史环境联系了起来。

红马、黑马和灰马

1498年，阿尔布雷希特·丢勒（Albrecht Dürer）出版了以《启示录》为主题的15幅插画。16到17世纪，约翰的神启异象对欧洲人有着不可否认的魅力。1498年到1650年间出版了超过750种《启示录》经文和注释，其中许多都是廉价印刷的。丢勒的插画中最有名的无疑是描绘天启四骑士的那一幅。此前的插画家通常让四骑士各自登场，而丢勒把他们画成了一支队伍，四个人在阴森森的天空下策马奔驰，对面前的一切格杀勿论，同时地狱来的怪兽也在吞食有钱有势之人。在《启示录》中，第二名骑士骑着红马，代表战争；第三名骑士骑着黑马，预示饥荒；第四名骑士骑着灰马，宣告疾病和死亡。

战争造成的影响难以衡量，而战争确实给 1500 年之后的一个半世纪留下了深深的烙印。欧洲军队规模大增，战斗的损耗越来越大。1579 年西班牙军队围攻并占领马斯特里赫特的战役夺去了城中三分之一百姓的生命。1627 年至 1628 年长达 14 个月的围城战造成饥荒和疫病，拉罗谢尔的人口因此从 2.7 万人锐减到仅剩 5 000 人。神圣罗马帝国军队攻陷马格德堡时，大约有多达 2.5 万人（全城人口的 85%）死于焚城大火。三十年战争中军队累计伤亡人员总数可能已不止 40 万，如果我们把疾病造成的伤亡也算进来，这个数字将超过 160 万。战争对当地居民带来的影响更大，破坏百姓生计来阻止敌军前进成了一种可以接受的战术。16 世纪上半叶意大利半岛的雇佣兵分队通常会包括"破坏者"（devastators）这一兵种，他们的任务是一边筑起堡垒，一边毁坏庄稼、铲除葡萄藤和橄榄树，好让这一地区来年颗粒无收。骑士统帅安内·德·蒙莫朗西（Anne de Montmorency）1536 年在普罗旺斯就使用这一战术来拖延帝国军队的进攻，17 世纪 30 年代初侵犯洛林公国的军队以及在 1632 年和 1646 年两度入侵巴伐利亚的瑞典军队也使用过这一战术。军饷欠发、给养匮乏的军人对于平民百姓而言特别危险，尼德兰起义期间哗变的士兵蹂躏尼德兰城镇即为一例。尼德兰艺术家戴维·维克布斯（1576—1632）创作的雕版画《农民的悲伤》（*Boereverdriet*）刻画了农民遭到军人虐待的一幕。* 他又为这一情景画了

---

*　此处作者有误，戴维·维克布斯（David Vinckboons）创作了油画《农民的悲伤》，标题原名为 *Boerenverdriet*。后来荷兰铜版画家博伊修斯·亚当斯·博斯维尔特（Boetius Adamsz Bolswert）以维克布斯的这组画为题材创作了雕版画《农民的悲伤》，后者的标题才是 *Boereverdriet*。——译者注

一幅续作，描绘了农民向士兵报仇雪恨的样子。军队总是在人民真切的恨意和恐惧中转移。1622年，纽伦堡郊外的农民屠戮了巴伐利亚军队中掉队的西班牙和意大利分队；1631年瑞典军队在班贝格吃了败仗后，走散的士兵也遭到了残杀。

农民逃往设防的城镇寻求庇护意味着土地抛荒，收成落空。不仅如此，这种人口流动还会增加营养不良的人感染流行病的风险，而军队往往是病菌的携带者。尽管文献记录支离破碎，但是我们还是可以推断出，16世纪后期的战争使尼德兰和法国的人口出现了负增长。1600年后，不列颠群岛内战和德意志三十年战争直接和间接造成的平民、军人死亡人数占总人口的比例比第一次世界大战造成死亡的比例还要高。1558—1583年灾难性的立窝尼亚战争导致了俄国内部的政治和财政崩溃，继而使俄国陷入了1598—1613年的混乱时期（Time of Troubles）。税负倍增导致农民纷纷逃向土壤黝黑的森林草原（forest-steppe）地带，（一些记录显示）有一半以上的农田无人打理。于是，饥荒在1601到1603年席卷莫斯科沙皇国，内战、农民起义和外国干涉更是让局势雪上加霜。到了1620年，许多地区人口减少的程度已经超过了16世纪80年代的灾难性减少程度。俄罗斯腹地人口恢复花费的时间比三十年战争后的德意志还长。这一时期的亚欧大陆文明里没有一个像欧洲这样让战争如此涂炭生灵。

鼠疫大流行仍然具备重挫欧洲人口的能力，欧洲相互联结的城市区域充当了疫病传播的渠道。1493年到1649年，阿姆斯特丹经历了24次鼠疫暴发，莱顿27次，鹿特丹20次，多德雷赫特（Dordrecht）18次。几乎同一时期（1485—1666年），鼠疫在英格兰的14个城镇平均每16年暴发一次，而且也是伦敦的常客。大都市圈疫病暴发的风险最高。如果老鼠是病原携带者（看起来毫无疑问），那么鼠疫病原必然导致再传染反复发生，而且随着欧洲的往来联络更加频繁，这种再传染延续的时期会变得更长。17世纪上半叶，民政当局开始实施检疫制度——不是基于什么公认的医学成果，而是因为这种做法曾经实现过控制疫病扩散。按照医生的建议，当局开始调查死者的死因，建立机制及早通报外地暴发疫病的消息，并根据这些消息限制人口往来，设立临时隔离医院以在鼠疫暴发时控制疫病的扩散。

惧怕鼠疫是理所应当的，大量感染鼠疫的人很快就会因病死去。这种死亡非常痛苦，而且对所有社会阶级一视同仁。法国外科医生安布鲁瓦兹·帕雷（Ambroise Paré）把它形容为突入"生命堡垒"并一举将其夺下的敌军。鼠疫无药可治。帕雷所能做的，最多也就是提供一剂治标不治本的药——混合了糖浆与米特里达梯解毒剂（一种古代传下来的"万灵丹"）的药膏——把毒素从病人的身体里"引"出来。尽管如此，医生们还是争相提出对鼠疫的各种解释，颇受认可的一种解释是"瘴气"，也就是说鼠疫是通过腐败的空气传播的。最好的解毒药就是逃离——当然，这让疫病传得更广了。

与鼠疫一同传播的还有其他传染病（比如天花、斑疹伤寒和流感），这让我们更深刻地意识到地区之间的相互依赖程度正在增加。比如，1580年到1620年的斑疹伤寒可能夺去了100万名俄罗斯农民的生命。斑疹伤寒之所以被医生称作"typhus"，是因为这种病常常给患者造成偏头痛和"神志不清"（stupor）。在1489—1492年对摩尔人的格拉纳达战争的最后一役之前，没有人见过这种病。由于斑疹伤寒流行于军旅之中，人们通常把它叫作"露营热病"（camp-fever）。意大利战争中的军队饱受斑疹伤寒的侵袭，16世纪末匈牙利战场上的基督教军队和奥斯曼军队都由于斑疹伤寒而大量减员。曼斯菲尔德伯爵的部队在1620年的白山之战中逃到下普法尔茨，1621年又转战阿尔萨斯和尼德兰，斑疹伤寒一路上如影随形地跟着他们，结果仅在斯特拉斯堡就有4 000人病死。参加了1629—1630年曼图亚战役的法军回国之后传染了法国南部100多万人。

欧洲的军队还传播了梅毒。梅毒第一次暴发是在1494年法军入侵意大利的时候，当时法国人叫它"那不勒斯病"（Neapolitan disease）。在欧洲其他地方它被称作"法国痘"（或者"德意志痘"，或者"波兰痘"，或者"西班牙痘"）。1527年，鲁昂医生雅克·德·贝当古（Jacques de Béthencourt）提出，高卢病（*Morbus Gallicus*）这个词充满贬义，必须换一种说法。他建议把这种病称作"维纳斯病"（*Morbus Venereus*）。三年之后，在维罗纳行医的威尼斯医生吉罗拉莫·弗拉卡斯托罗（Girolamo Fracastoro）创作了一部维吉尔式史诗，讲述了一个叫"西菲留斯"（Syphilus）的牧羊人的故事。弗拉卡斯托罗受到哥伦布美洲之旅的启发写下了这个故事：一支舰队西行来到了一个新大陆，探险者们宰杀当地的动物，因而触怒了神灵，当地土著解释说，神灵曾经因为他们的祖先不再敬神而降下一种疾病来惩罚他们，而牧羊人西菲留斯是第一个染病的人。这个故事让梅毒来自美洲的观念变得根深蒂固。这种病是（按照那鸿·塔特*的译文）"物质交通带来的"(by Traffic brought)，它也提醒人们，国际贸易是有代价的。

挨饿是常有的事，饥荒也并不罕见。粮食长期短缺——食物供给

---

* 那鸿·塔特（Nahum Tate, 1652—1715），爱尔兰诗人、圣歌作者、填词人。——译者注

匮乏，价格奇高——经常发生。英格兰在1527—1528年、1550—1552年、1555—1559年和1596—1598年都发生了严重的粮食短缺，最后一次史称"大饥荒"（Great Hunger）。巴黎在1520—1521年、1523年、1528—1534年、1548年、1556年和1560年也发生过粮食短缺。1521—1524年地中海地区发生了大范围的粮食短缺，1570年和1588年波罗的海和波兰出现了粮食短缺。16世纪90年代，欧洲各地都出现了粮食短缺。1600年后地中海地区严重的粮食短缺发生得如此频繁，以至于不再成为报道的对象。但是有人死于饥饿吗？对这个问题我们只能给出一个复杂的初步答案。严重的传染病不需要营养不良也可以取人性命，不过严重的营养不良会削弱人的抵抗力，为疾病大开方便之门。国王詹姆士一世的御医泰奥多尔·蒂尔凯·德·梅耶内（Théodore Turquet de Mayerne）建议英国枢密院管好粮食供给，因为饥荒"肯定会引发瘟疫"。英格兰北部一些地区现存的教区记录表明，与粮食匮乏有关的死亡有一种独特的趋势（在晚冬的几个月突然达到高潮），在16世纪90年代和17世纪30年代特别明显。16世纪90年代卡斯蒂利亚内陆部分地区、意大利北部、教皇国和那不勒斯都发现了类似的证据。有确凿的证据表明，粮食歉收之后就会有流动人口在冬月里因为饥寒交迫而死去，有几个年份堪称鬼门关——1635年、1649年和1655年。这种与粮食匮乏有关的死亡不是一个由来已久的问题，而是16世纪后期的新产物，它反映了在这一时期传统经济模式的弹性不足以应对经济变化带来的剧变。

粮食短缺是一个地方性的问题。谷物市场仍然是自治的，各地市场的价格波动相互独立，在农村尤为如此。大城市知道高粮价会激发民怨（地方官员很怕发生粮食暴动，大家都清楚一旦发生影响非同小可),所以会设立市政粮仓坚决平抑粮价。地中海沿岸的城市囤积了波兰产的黑麦,提供这些黑麦的是尼德兰商人,他们从16世纪90年代起奠定了自己在远距离大宗谷物贸易中的地位。尼德兰市镇的政府几乎从不干涉谷物贸易——尼德兰商人和官员的利益是相互冲突的。在其他地方则不然,有的政府把严格控制谷物贸易作为重商主义政治经济的主要政策。总的来说,仿佛有两个完全不同的欧洲正在诞生:一个欧洲能够应付艰难时世,另一个欧洲则束手无策。两者都知道对方的存在,两者的命运都会给对方造成影响。

欧洲的人口补充与全球变冷

粮食歉收的背后是否存在一个模式?欧洲的气象系统十分复杂,一个小小的变化就可以触发极寒冷的春天和极多雨的夏天,两者都会令庄稼遭殃。古气候学家收集整理了全欧洲与全世界各个时期的气候和环境数据并建立了数据库。欧洲早在这一时期就已经有气候学家了。大卫·法布里齐乌斯(David Fabricius)用日记记录了埃姆登从1585年到1612年的天气,为这一时期大量的霜期来迟和夏季异寒留下了证据。丹麦天文学家第谷·布拉赫详细记录了丹麦海峡中的文岛(Hven)的天气,佐证了法布里齐乌斯的日记。卢塞恩的教士伦瓦德·齐扎特(Renward Cysat)留下了更具体的每月观测记录,还有他进山采药时与牧人的谈话记录。结合这些"人文档案"与"自然档案"(葡萄酒酿成和公共牧场开放的日期,年轮、孢粉、冰川、冰芯的证据),我们就可以初步重建出当时的气象模式,并且分析气象事件对谷物、牛奶和葡萄酒产量的影响。分析结果说明,这一时期欧洲和全世界发生了急剧的气候变化，并且产生了巨大的影响。15世纪中期到1560年左右是一个暖期。接着是一个重大气象事件频发的时期，典型的现象有冬季提前到来、冬季非常多雨、春季寒冷多雨、夏季出现低温，以及收获季节（七月到八月）雨水过多。从1560年左右到17世纪40年代，这些现象都极为显著。

最糟糕的情况就是连续两年出现寒冷的春季和多雨的收获季。这些年份与粮价最高的年份紧密重合——1559—1574年、1586—1589年、1593—1597年、1626—1629年以及1647—1649年。在欧洲一些地区，气候变化可以导致粮食大幅减产。"小冰期"（Little Ice Age）的影响在17世纪40年代达到顶峰，1641年的夏天是欧洲有史以来第三冷的夏天。1641—1642年，斯堪的纳维亚经历了最寒冷的冬天。由于冰川推进，阿尔卑斯山脚下的农田和农舍逐渐消失，1647—1649年也出现了严重的气候异常。在世界的另一边，长期的寒冷天气和大旱引发了17世纪中期的人口危机，并且间接促成了导致中国明朝灭亡的起义。

对"小冰期"成因的解释集中在太阳活动减弱（2 000年来的最低点）和大规模火山喷发（1638年到1644年太平洋周边有12次火山喷发，是有记录以来最频繁的时期）。望远镜让观测者能够以前所未有的精度分辨太阳黑子。1612年到1614年观测到了很多太阳黑子，1617年到1618年它们几乎都不见了，1625—1626年也是极少，1637—1639年再次近乎消失。天文学家约翰内斯·赫维留斯（Johannes Hevelius）1612到1614年间每天观测并绘制太阳表面图，记下了所有太阳黑子的位置。在赫维留斯的记录里太阳黑子已经很罕见，1645年之后它们几乎无影无踪，直到18世纪才重新进入人们的视野。北极光也从北半球的天空里消逝了。同样重要的是，已知的火山喷发产生的尘云降低了大气温度，在包括欧洲在内的全世界制造了不稳定的气象条件。1649年上半年的时候，一个塞维利亚的店主写道："太阳再没有露过面……就算出来了，也是惨白的黄色，或是深深的红色，搞得人们更加恐慌。"

一些迟迟不来的夏天和一些异常的天气事件（冰雹、夏雪、连绵阴雨）被当时的人解释为上帝的力量，或者是女巫的魔法。西班牙农学家洛佩·德·德哈（Lope de Dexa）建议政府设立一个部门让占星家预测恶劣天气。当时的变化以现代的气候变化标准来看并不算大——年平均温波动不超过2%，总降雨量波动不超过10%。但是这种程度的变化也许已经足以打乱农耕常态，造成粮食短缺，增加人的危机感。到1650年，欧洲城市人口的口粮比以往任何时候都依赖大宗谷物运输。欧洲的通讯体系让城里人对自己的脆弱更加敏感，从而放大了他们的焦虑情绪。

如果我们能对当时的人吃什么有更多了解，我们就能更好地解释粮食短缺的影响。事实上，除了富人，我们对于其他人吃什么，基本上是从一些机构的采购记录里推断出来的，比如收容病人的医院和提供住宿的大学。最重要的食物是做面包用的谷物。谷物是唯一的主粮，不管是做成面包、馅饼皮，还是制成淀粉加到汤或肉汁里，总之每一顿饭都会有它。谷物让人有力气干活，是当时热量最高、价格最低的食物。谷类食物中可吸收的卡路里是牛奶的6倍，人们用同样面积的土地种植谷物得到的蛋白质也比放牧得到的蛋白质要多。基督教世界十分依赖小麦和旱作农业，这种农业的生产力比灌溉农业要低，而1600年时全世界超过60%的人口依靠的都是灌溉农业。

对于那些按日领薪的人，面包钱可以花掉他们一半的薪水。做面包和面食最重要的就是小麦。但是，小麦很贵，因为它是"秋播作物"（秋季播种，来年夏季收割），会大量消耗优质土壤里的养分，所以每过三四年就需要休耕一年，或者通过撒泥灰或石灰等方法来让贫瘠的土壤恢复肥力。对于广大群众而言，小麦要么种来出售，要么与黑麦混合做面包粉。黑麦比小麦耕种范围更广，两种作物有时会一起种，因为如果遇上多雨的寒春，黑麦或许可以熬过去，而小麦则活不下来。两种作物一起收割之后可以制成一种叫"混合粉"（maslin）的面包粉，其实主要是黑麦，只有一点点小麦。斯佩耳特小麦、大麦和燕麦是"春播作物"（summer corn），春季播种，当年即可收割。斯佩耳特小麦广泛种植于瑞士、蒂罗尔和德意志，在这些地方，夏季不够长对它来说不是问题。大麦是"饮料作物"（drinking corn），在欧洲北部被广泛用于生产麦芽酒和啤酒；燕麦是给马吃的饲料，不过在苏格兰和斯堪的纳维亚这种地方，它也是人类的主食。

　　哥伦布大交换把热量更高的主粮带到了欧洲，增强了欧洲的人口恢复力。在意大利南部巴伦西亚附近的地区，（从北美引进的）大米成了一种主食，而且这种"水田作物"（marsh corn）在意大利北部和法国南部的部分地区也变得越来越重要。15世纪90年代，玉米（"印第安玉米"）从美洲被引进到西班牙半岛，并且在地中海沿岸逐渐铺开。玉米最初被用来喂牲口，后来被人们做成了玉米饼，意大利人还把它磨成细粉（波伦塔）。塞文山区的穷人把磨碎的栗子做成"栗子饼"（nut-bread）。但是总体而言，人们对食物的态度还是比较保守的。1641年，约克郡埃尔姆斯韦尔（Elmswell）的农场主亨利·贝斯特（Henry Best）记下了家中每个人的食物：家人吃小麦面包，仆人吃混合粉面包，农场的雇工吃的是用黑麦、豌豆和大麦做出来的黑面包。

谷物的重要性还在于它可以保存较长时间，而其他多数食物都很容易腐坏。虽然人们看重可以保存的食物，但是更多种类的蔬菜还是上了人们的餐桌。欧防风（parsnips，欧洲萝卜）、胡萝卜、卷心菜、芜菁等蔬菜，或是第一次出现，或是第一次大规模种植。许多蔬菜的引进是与近东文化交流的结果，近东对欧洲人饮食的影响比新世界大得多。欧洲的菜园第一次种起了南瓜、甜瓜、黄瓜和西葫芦。当初只有罗马富人才吃得起的莴苣和洋蓟如今遍布法国，而且也开始在西班牙巴伦西亚的引水灌溉的菜园里得到种植。卡拉布里亚和加泰罗尼亚出现了栽种新品种果树的温室，比如扁桃树、无花果树、梨树和洋李树。风干是长期储存豆子这种季节性食物的一种方便的办法，尽管这种办法会招来嫌弃。"比起给人吃，更适合喂猪或者野兽。"威廉·哈里森[*]1587年这样写道。在欧洲南部，从秘鲁引进的扁豆起到了缓解食物短缺的作用。阿尼巴尔·卡拉奇（Annibale Carracci）大约于1580年创作的油画《吃豆的人》（*Il Mangiafagioli*）描绘了一个农村体力劳动者狼吞虎咽地吃着碗里的扁豆的样子，桌上还有洋葱、面包、蔬菜和一杯酒。把卷心菜等蔬菜放在盐水里腌制是另一种保存蔬菜的技术，这种技术在德意志和东欧发展到了很高的程度。把盐水和蔬菜装进黄油桶或石坛子里，用浸湿的平纹细布封上，再盖上一块沉重的木头盖子，这样就多了一种食物过冬。黄油、奶酪和橄榄油也都是很容易储存的材料。

但是，肉类和鱼类仍然是地方性和季节性的食物。新鲜的肉通常在春秋两季上市，不过一部分肉品也会采用卤水或盐水腌制、烟熏、

---

[*] 威廉·哈里森（William Harrison，1534—1593），英格兰牧师。文中这句话选自他撰写的《描绘英格兰》（*Description of England*）一书。——译者注

添加调味料后用风干的方式保存起来。这样制成的香肠有生有熟，外形、色泽、风味五花八门，名字也千奇百怪。弗朗索瓦·拉伯雷（François Rabelais）认为，这些香肠是烹饪艺术的巅峰，也是俚俗乐趣之所在。在所有食品中，鱼类的商业化程度仅次于谷物。捕鱼业为大量劳动力提供了工作，而且它提供食物储备的重要性更甚于解决就业问题，海洋就是另一种"鬼田"*。（大西洋的）白鳕鱼适合用盐腌制，（地中海和大西洋的）红鳕鱼适合烟熏，北大西洋产鲱鱼。从刚刚抽干沼泽的尼德兰的泄水道里捕捞的鳗鱼在阿姆斯特丹和伦敦的市场上大量出售。如果——这看起来是有可能的——全球降温让洄游的鲱鱼群向南方转移了，那么商业捕捞确实是变得容易多了。1650年以前，欧洲西北部的大西洋水产热量储备比美洲的"鬼田"更加重要，在人口增长和气候不稳定的背景下，这些水产弥补了欧洲的食物短缺。

目前我们对这一时期人类死亡的模式并没有一个全面而且有说服力的解释。人口危机的灾难性影响是有目共睹的。尽管流行病和营养不良两者之间一定存在着某种联系，但是我们不能肯定这种联系究竟是什么。原因在于，我们对当时的人的饮食，以及人与微生物、跳蚤和老鼠之间不断变化的关系，还是了解不足。我们无法解释，为什么有的社区一次又一次地躲过了严重的人口危机，有的社区却不能幸免于难。这背后的原因必然与两种人有关，一种是社区里的弱小成员，他们最没有能力照顾和养活自己，另一种是流动性很高的人，他们最有可能把传染病从一个地方带到另一个地方。流行病的病原学原理仍然未知，庄稼歉收的影响也是局部性的。欧洲的人口增长面临着大自

---

* "鬼田"（ghost acreage）这个术语指的是供养一国国民所使用的国外土地。——译者注

然和人类冲突双重力量的持续威胁。欧洲南部和中部在16世纪的人口增长基本上在17世纪上半叶被抹平了。其他地区的恢复力，特别是经济发达的西北欧的恢复力，使地区分化的趋势变强，把基督教世界拉扯向不同的方向。

第三章

城市与乡村

　　1650年的城市人口比1500年时多了许多。这一时期，北意大利-莱茵兰走廊的人口变得更加稠密，并且成为经济增长的轴心。奠定这一地区繁荣基础的是农村腹地和城市中心的转型，这种发展在全世界并不罕见。在中国，经济发展领先、城市化程度高的地区出现得比欧洲更早。到1650年，欧洲城市化走廊的活力越发集中于西北欧，包括下莱茵兰和北海对面的英格兰东部。据估计，欧洲的城镇人口比例1650年时已经超过了中国的城镇人口比例。这些人口更加密集、城市化程度更高的经济区的壮大，以及其他的经济变化，削弱了支撑基督教世界的社会凝聚力。这种社会凝聚力就是本章的主题。

城市空间

　　城镇以各种各样的方式影响着当时的人，比如军事大本营、法庭所在地、商业中心区、精英聚集处、文化交流点。城镇是人口密集的节点，它们彼此之间相互竞争，给周遭的世界留下了自己的影响。它们的影响很难说清，有时甚至内含矛盾。一方面，城镇给周边环境注入了活力；另一方面，一个城镇的成长又以其他城镇的萎缩为代价。城镇加剧了不平等和风险。

人们观察城市空间的新角度，体现在"地志图"（chorography）——想象出来的城市形态图——这种新生的艺术体裁上。采用斜视视角向当时的人展现城市的"存在"这种画法，最初被认为用在城市规划图上再合适不过了。塞巴斯蒂安·明斯特尔1544年出版的《宇宙通志》和纪尧姆·盖鲁（Guillaume Guéroult）1552—1553年出版的《欧洲地志图概览》（*Epitome of Europe's Chorography*）收录的城镇风景图中有公共建筑、军事建筑和教会建筑。读者可以把自己置身于这些环境之中。这就好像把一位游客带上全城最高的建筑，让他俯瞰这幅地志图。佛罗伦萨人文主义者安东·弗朗切斯科·多尼（Anton Francesco Doni）认为这是向人们介绍他的城镇的最好办法。城市风景图是人文主义者介绍给读者的旅行艺术之一。

1567年，洛多维科·圭恰迪尼*出版了颇具影响力的《低地国家全志》（*Description of All the Low Countries*），这本书是一个在高度城市化环境里成长起来的人对另一个城市地区的点评。它是一部16世纪城市地理学的杰作，书中还有许多雕版地志图作为插图。五年之后，《世界城市概貌》（*Civitates Orbis Terrarum*）第一卷面世，这部书被视为奥特利乌斯**的世界地图集的姊妹篇。第一卷收录了132个城镇的雕版插

---

* 洛多维科·圭恰迪尼（Lodovico Guicciardini，1521—1589），意大利作家、商人，弗朗切斯科·圭恰迪尼的侄子。——译者注

** 亚伯拉罕·奥特利乌斯（Abraham Ortelius，1527—1598），佛兰德斯地图学家，1570年出版了史上第一本现代世界地图集《世界概貌》（*Theatrum Orbis Terrarum*）。《世界城市概貌》的主编是格奥尔格·布劳恩（Georg Braun）。——译者注

图，其后陆续出版了五卷，出版地点主要是科隆，最终这套丛书收录了约 546 幅精美的鸟瞰图及相应的图注。整个计划的创始人、雕版画家弗兰斯·霍根伯格（Frans Hogenberg）亲手绘制了其中许多幅图。被收进《世界城市概貌》成为一座城市的地位的象征，一些图的边缘还画有人物和纹章，让整个画面更加生动有趣。这些装饰有两重目的：除了满足绘图习惯之外，欧洲人还相信画上的人物能让土耳其人不敢使用这些地图，因为伊斯兰教禁止他们研究人物画像。

但是，城市空间的增长不是匀速统一的。在意大利半岛上，1500 年时的米兰是一座 9.1 万人的大城市，可是经历了 1542 年那场可怕的人口危机之后，它的人口减少了三分之一，直到 16 世纪末它才缓慢地恢复到从前的规模。佛罗伦萨 1650 年才恢复到它 1520 年时 7 万人的人口规模。博洛尼亚（1493 年时 5.5 万人，1597 年时 3.6 万人）、布雷西亚（1493 年时 4.85 万人，1597 年时 3.7 万人）和克雷莫纳（1502 年时 4 万人，1600 年时才恢复到 4 万人）在竞争中很难胜过邻近的小城（帕多瓦、维罗纳、维琴察），后者的扩张速度更快。与之相对，威尼斯人口增长了 50%（1509 年时 10.5 万人，1563 年时 16.8 万人，1600 年时 15 万人）。那不勒斯的人口几乎翻了一番，可以同巴黎竞争欧洲第一大城市的宝座了（1500 年时 15 万人，1599 年时 27.5 万人）。西西里城镇（巴勒莫和墨西拿）的人口也在以惊人的速度增长。1527 年被帝国军队洗劫之前，罗马是一座中等大小的地区性首都，人口 5.5 万人，1607 年时人口已经增长到 10.9 万人了。

阿尔卑斯山以北的情况和意大利一样参差不齐。巴黎是基督教世界的大都会，也是 1500 年时唯一一座居民超过 20 万的大城市。它还在持续扩张，1560 年时人口或许达到了 30 万。在那之后，法国内战的打击扭转了巴黎的运势，直到 1600 年之后它才恢复人口增长的势头。伦敦恰好相反，不管什么样的人口灾难降临到它身上（比如将在 1665 年到来的伦敦大瘟疫），它的人口都有增无减，这是英格兰政治经济的一个关键因素。里昂的人口或许从 1500 年到 1560 年翻了一倍（4 万人增加到 8 万人），但是此后它便很难保持这个人口规模了。这也是其他法国城市的模式（比如鲁昂和图卢兹），不过马赛在 1520 年到 1600 年实现了人口增至三倍（1.5 万人增加到 4.5 万人）。在低地国家，大城市（布鲁日、根特、布鲁塞尔）勉强保持着对小城市（列日、那慕尔、阿姆斯特丹）的人口优势。相比之下，安特卫普 1568 年时的人口突破了 10 万大关，达到 1490 年时的三倍。但是尼德兰起义的动荡——1576 年和 1583 年两次遭到哗变的部队洗劫，1584 年又被大军围城——减少了安特卫普一半的人口，此后人口恢复得也相当缓慢。

欧洲中部的一些大城市（科隆、吕贝克）处境艰难，而另一些城市（格但斯克、汉堡）却欣欣向荣。纽伦堡成为基督教世界在莱茵河以东最大的城市。在西班牙半岛上，里斯本和塞维利亚的人口翻了一番还多。其他西班牙城市的人口也出现了巨大的增长（巴伦西亚、托莱多、格拉纳达）。马德里从 1500 年时一个 5 000 人的小镇成长为 1600 年时人口超过 3.5 万的中等城市。最能代表欧洲的城市化从地中海向西北方向转移这一整体趋势的，是越来越多人口上万的城市开始出现在其他地区。

然而，一个旅行者在小镇（1 万人以下）过夜的概率是在大都市过夜的概率的 5 倍。英格兰有 700 多个小镇，法国有 2 000 多个，神圣罗马帝国有 3 000 多个，波兰有 800 多个。小镇的密度差异也很大。在德意志南部和西部，平均每 6.5 平方公里有一个小镇。宇宙学家塞巴斯蒂安·明斯特尔说，孚日山脉（Vosges）脚下的城镇离得如此之近，"以至于你可以用火绳枪从一个小镇打到另一个小镇"。比人口密度更能定义一个小镇的，是多元化的功能和城市化的追求。在瑞典和芬兰的小镇里，通常总会有一个鞋匠、一个裁缝、一个铁匠和一个木匠。小镇的基础设施——城墙、城门、镇公所、喷泉和集市——最能反映它们对城市化的追求。

在贵族想要尽可能地使名下地产增值、君主也想要推动城市发展的背景下，新的市镇纷纷茁壮成长起来。1500年后苏格兰新建了270个封建自治市（法团市镇，incorporated towns）。16世纪后期，立陶宛为了把波罗的海沿岸商品化农业的发展利用起来，建立了将近400个领主市镇或者说"私人"市镇。1580年之后的一百年内，瑞典瓦萨王朝颁发了30张新的市镇特许状，以鼓励对新土地的拓殖。与此同时，英国都铎王朝和斯图亚特王朝在爱尔兰也在兴建特许市镇——比如菲利普斯敦（今天的登吉安）和玛丽伯勒（今天的莱伊什港）——以引领英国的殖民事业。在西班牙，几乎每年都会诞生一座新的法团市镇，财政困难的王室巴不得多卖些特许状给地方社区。

小镇的存续取决于周边经济环境的可持续性，不是每个小镇都可以存活下来。比如，英格兰湖区的安布尔赛德（Ambleside）和沙普（Shap）无法保持城镇市场的活力，结果萎缩成了村庄。苏格兰的自治市和挪威新建的特许市镇有四分之三变成了"鬼城"（shadow towns），徒有城镇的名头，其实只是村庄而已。由于添加了亚麻的轻质呢绒纺织业的蓬勃发展，敦刻尔克东边一个名为翁斯科特（Hondschoote）的小镇一下子成长为一座人口超过1.5万的城镇。不过，随着16世纪后期佛兰德斯冲突的爆发，翁斯科特的繁荣也画上了句号。16世纪上半叶，根特南边的小城奥德纳尔德（Oudenaarde）人口翻了一倍，但是到 1600 年时，战乱导致的人口大量迁出使它的人口减少至原先的一半。城市化程度不能反映欧洲的长期持续增长。

城乡之间的经济联系，体现为以城市为圆心、直径不等的影响力圆圈。联系最紧密的内圈以每周一次的集市为核心，不到一日的路程刚好适合把大批不易保存的商品运到集市，大体上 75%～90% 的本地生产处于这一范围之内。每月一次或每季一次的集市影响范围更广，农民会从两三日路程以外的地方把谷物和牲畜带到这样的集市上卖，它的范围和内圈一样都取决于中心城市的规模。为纽伦堡提供谷物的农村面积大约为 3 600 平方公里，纽伦堡市政议会的代理人的活动半径超过 100 公里。这个范围与一个可以界定的经济区或者"区域"（country）基本重合，而且往往顺理成章地与当地的司法和行政管辖区大体重合。在经济方面，剩余的 10%～25% 的本地生产位于这一范围内，具体比例是多少要看将大宗货物运输到市场的边际成本。1559 年时，巴利亚多利德*集市上的谷物的售价和运输距离的关系是这样的：距离每增加 1 里格（1 里格等于一辆手推车前进 1 小时的距离——不超过 6.5 公里），每袋谷物的售价增加 2%。第三个圆圈以每年一次的集市为核心，交易的商品包括羊毛、布匹和纱线，它们的产地一般在 40 公里以外。这种外圈的影响力在大城市格外显著，它往往会严重阻碍周边小社区的发展。农民的抗议或许可以在首都城市里找到共鸣，但是城市里的贵族寡头可以动用自己的权力封锁城门，严守城墙。市民和农民之间的相互怀疑很深，他们很难长期坚持共同的事业。

---

* 巴利亚多利德（Valladolid）是西班牙西北部的一座大城市。——译者注

移民与人口流动

人口具有流动性，在城市压力较高的地区更是如此。医院登记簿、学徒工契约、教会法庭记录、遗嘱财产清单、军队士兵名册、学生入学名单、新市民登记本以及"外来人口"名单展现了复杂的移民模式。这些移民模式不是新生事物，但是它们的意义非同寻常。人口流动揭示了海外帝国人口增长的原因。整个16世纪，有25万人离开卡斯蒂利亚前往新世界，而且早期移民大多数都是年轻男性。

与前往新世界的移民不同，大多数人只会移动很短的一段距离，他们往往就像爬梯子一样，先从农村到邻近的小镇，然后再到更大的城市。我们偶尔能够重建他们运动的过程。比如，在伦敦以东22.5公里的地方有一个教区叫罗姆福德（Romford），1562年下半年那里有155个住在雇主家的仆人，他们大多数来自本地家庭，但是有一部分来自很远的地方。有一个农场雇工是20岁的时候从坎布里亚郡来的（后来他在附近的霍恩彻奇当上了自耕农），还有一个女佣是14岁的时候从肯特郡来的（后来她嫁给了罗姆福德当地的一个裁缝）。所有在坎特伯雷教会法庭上宣誓做证的人中，只有不到10%的人说自己是在本地出生长大的，超过40%的人出生在肯特郡的其他地方，另有28.5%的人来自郡外。如此高的流动性水平在城市化地区之外就不多见了。一份时间跨度从1578年到1633年的样本显示，洛林地区一个叫韦兹利斯（Vézelise）的市集小镇上只有一半的配偶来自离小镇10公里以外的地方，而只有六分之一的新娘会嫁到25公里以外的地方去。

农民进城比反向的人口流动更容易被记录下来。但是，只要一个地方有新土地被开垦,就意味着一定有人口从城镇或别的乡村流动过来。从芬兰和波罗的海沿岸或欧洲东部的非本地人名、地名中可以看出移民的痕迹。如果没有来自苏格兰和丹麦的移民,挪威的近海捕鱼业是不可能发展壮大的。就连在英格兰的林间牧场地区,比如阿尔丁森林(Forest of Arden)或者什罗普郡的米德尔(Myddle)村(这个村 17 世纪的时候有个本地的古董专家详细记录了当地人口),也有新移民来到这里,搭一个小屋,从此定居下来。除此之外,还有临时的周期性和季节性移民,他们对欧洲的经济财富至关重要。每年春天都会有一大批兼职劳动力从内陆农村来到大西洋沿岸的港口出海捕捞鳕鱼。17 世纪,从阿姆斯特丹出海的船员有将近 60% 不是在尼德兰共和国出生的。如果没有移民劳动力,收割大平原上的谷物也是不可能完成的。山区是劳动力和技能的存储地,山民们流动到平原来建造城墙、清理沟渠、护送骡队、参军打仗。在瑞士的某些山村,一到夏天男人们几乎都不见了。

移民是城市人口的决定性因素,移民填补了城市高死亡率造成的人口赤字。这是欧洲独有的现象——在中国和日本,城市的死亡率和附近农村的死亡率没有显著的区别,一部分原因在于后者对城市的供水、卫生和食品污染更加注意。然而在欧洲,进城移民会填补人口危机造成的亏空。就算是在"平常"的年份里,可能也需要移民来弥补城市居民生育率的不足。城市精英恰如其分地把他们的生活环境形容为危险的、恶心的,甚至是有毒的——与其说是法团市镇,不如说是法团粪堆。城市立法经常提到不卫生的问题,特别是(引用一下伦敦市的法律条文)"恶臭的粪便""腐烂的气味""恶臭的污物""令人作呕、使人患病的臭气"。当时的医学相信,香气可以驱散臭气,所以医生会开出灵猫香、麝香和龙涎香作为传染病的解药。

受到人文主义感召的地方官员为了公共福利提出过各种计划，从城外引清水并建造公共喷泉，铺设专门的下水道，还有通过公众集资雇用清道夫。巴黎市市长曾经组织清道夫清扫街道，并且把夜间清出来的粪便运到城墙外的蒙福孔（Montfaucon）去。在罗马，教皇克雷芒七世设过一个"垃圾部"（Office of Rubbish），但是市民们不肯为这个部门出钱。很多城市想要引入清水的计划都因为这个问题半途而废。这些工程对市民来说太贵了，每个人都认识到它们的必要性，但没有人打算为它们买单。

挥铲扶犁

从地里种出粮食是个苦活，但绝大多数人都以种地为生。农业技术很粗陋，产出水平很低，而且一切都要看天气。想种好地，就意味着不要在这已经很高的风险上再自找麻烦。因此，人们对改变有根深蒂固的警惕心理，而且对长期可持续发展所需的生态条件十分关注。这种警惕心理是系统性的，它通过集体农耕实践和法律框架深深植根于农村的基本结构之中。

如果我们用卫星俯视欧洲大陆，欧洲大平原就会映入眼帘，这片香槟色的土地从波兰、德意志北部、瑞典和丹麦南部横亘到法国北部，直到英格兰中部。它最主要的图景就是开阔的田野，田野被分成大块的农田，农户在农田中划出耕地。夏天最突出的色彩是黄色和棕色，因为超过90%的可耕地都被用来种植谷物。种植谷物遵循的是一种叫"轮作"的制度，以免耗尽土壤中的矿物质。欧洲北部流行的是三区轮作（或者多区轮作）。一个农民可以预计每年在每浪*土地上至少要花 25 天耕作，然后再花 3 ~ 5 天收割。

具体的农耕实践是由村庄习俗维持的。每年村民要讨论很多东西，从播种收割的日期到犁的保养，从耕地的大小到拾取落穗权，以及每户在休耕地上允许放牧的牲畜的数量。这些事情必须慎重处置，草率的决定可能会引发矛盾——农村经济生活的两大重心就是调解纠纷和处理环境危害。与人相处非常重要，因为它决定了你的繁重劳作最终能收获什么成果。我们对于整体谷物产量的了解是间接推断出来的，并不完整。每年的可耕地中有三分之一到一半在休耕。收割的效率很低，脱粒和贮藏环节还会进一步出现损耗。运气好的话，一个农民来年可以收获的小麦产量和他预留的小麦种子的比例可以超过 4 比 1。1553 年，在克拉科夫日古夫-高斯波达日（Rzgów-Gospodarz）教区的地产上耕作的农民的成果便是如此。从那一年到 1573 年留下了八次记录，其中仅有两次，农民们获得了更好的收成。在西边，沃尔芬比特尔（Wolfenbüttel）的农民收成更好一点（1540 年的时候比例是 6.5 比 1）。但是，基本图景变化得非常缓慢，甚至不会有什么变化。

如果换上广角镜头，我们的卫星图片可以呈现出更加丰富的多样性。在香槟色的田野中，我们能看到有的地方养了更多的牲畜，有的地方牲畜产奶更多。在尼德兰的弗里斯兰湿地，或是易北河与奥得河（Oder）间的梅克伦堡，动物吃草时会在土地上排粪并且翻动表层腐殖质，所以畜牧业对谷物收成起到了非常大的促进作用。放牧牛群时，农民会在牧地旁边架上临时栅栏，所以不用把田地完全围起来。至关

---

* 英制长度单位中，1 浪（furlong）等于 660 英尺、40 杆或 10 链（chain），约等于公制的 201.16 米。英亩（acre）的定义即为 1 浪乘以 1 链的面积，1 英亩约等于市制的 6.07 亩。——译者注

重要的粪肥缺口得到了补充,这些地方的土地往往产量可观——弗里斯兰的希茨姆(Hitzum)在1570—1573年的平均产出投入比达到了10比1。那里的农民甚至可以不用休耕轮作,只要每年在所有土地上都种上黑麦就好了。与此同时,在英格兰和法国西部的一些地区出现了通过把农场周围的各处土地圈起来以提高土地使用效率的做法。挖沟树篱——相当于我们这个痴迷于安全的时代使用的铁丝网——切断了穷人按习俗获取资源的途径,而他们往往依赖这些资源为生,如公地使用权、拾取落穗权以及林地使用权。但是我们不宜夸大这种变化的力度。从1455年到1637年,英格兰只有3 035平方公里的土地被圈,被迫迁移的劳动者不超过3.5万人。考虑到圈地运动可能引发社会动乱,英国议会在1517年、1548年、1566年和1607年多次设立调查委员会并通过法案限制圈地运动的影响。

担心社会动乱可能是农业变革没有更广泛地展开的原因之一,但更重要的是,现实中的农业开发是有得有失的。农民知道把养分还给土壤的重要性。他们生来就充分了解,不能在耕地上过度放牧,以免土壤积累过多的酸性物质,而播撒泥灰土(富含黏土和石灰的土壤)来中和酸性物质只有在运输便利的地方才做得到。如果过度消耗耕地的肥力,压缩休耕地的面积,就有可能减少回到土壤中的生物质。如果把林地或土壤贫瘠的土地也开垦成耕地,长远的产量可能会让开垦的功夫得不偿失。如果饲养太多牲畜,过冬的草料可能会不够用。而且过度放牧可能会损害草场春季的长势,以至于无法为来年冬季储备足够的草料。欧洲的农民既不懒惰,也不愚昧,更不糊涂。他们总是在很有限的条件下做出切合实际的选择。

而且,改变也在其他方面悄悄地发生。弗里斯兰希茨姆的一个农场主瑞恩克·赫特斯·范·赫迈玛（Rienck Hettes van Hemmema）尝试在他的休耕地上种豆子，把完全不种粮食的土地面积减少到总地产的 12%。1558 年兰开斯特郡的一项调查显示，有 14 家农场减少了耕种的冬小麦，增加了春小麦，并且大多数年份里都在休耕地上种了豆子。巴黎郊区蒙鲁日（Montrouge）一份 1548 年的土地承包合同规定，农民在收割完庄稼之后要立刻犁地并种上薯类作物。同其他巴黎地区的农民一样，这个农民利用了接近首都的优势，不仅养肥了牛羊赶到首都的市场上卖，还养起了马。其他城市周边也发生了类似的变化。不过，农业创新仍然是缓慢、分散的，而且只有在生态与市场条件恰到好处的时间和地点才会发生。

三区轮作制在香槟色土地之外的欧洲不是一种常态。这些地方采用的是两区轮作与三区轮作结合的制度，有时是为了更加密集地种植谷物，有时是为了种植经济作物（大麻、茜草等）。在加斯科涅的朗德（Landes）石楠荒原，或是西班牙的梅塞塔高原（中央高原），农民每年不得不让三分之二的土地休耕。在易北河以东的波兰东部、摩尔达维亚和匈牙利平原，牧场上放养着大量的牲畜。香槟色土地以南的山谷里有欧洲中部最丰富多样的农业模式：谷底温和的气候最适合种植谷物；山顶的环境最适合放养绵羊；两者之间，没有狂风暴雨、朝向南方或东方的山坡适合种葡萄；其他朝向的山坡上有树林提供别样的农业和商业价值（比如木材、葡萄、核桃、橄榄、栗子）。公地（牧地、林地、未开垦的荒地）也是有人在管理和使用的重要资源，是对其他精耕细作的土地的补充。

在卫星图片里，这种复杂的农业体系体现为开阔地被划分为不规则的较小地块，有的地块还被完全围了起来。在英格兰北部、威尔士、法国西部和南部、下萨克森部分地区、威斯特伐利亚、西南德意志的大部分地区，遍地都是树篱和石墙。地中海地区的多样性更大。卡斯蒂利亚北部的坎波斯地区（Tierra de Campos）和西西里内陆主要种植谷物，其他地方谷物种得少些。人们会灌溉水稻、混种谷物与商品树木（栗子树、橄榄树、养蚕用的桑树、核桃树），葡萄园也无处不在。荞麦有时被叫作"黑谷"，不过它不是谷物，而是蓼科的。荞麦从北美洲被引进到欧洲，16世纪初开始征服布列塔尼贫瘠的土地。代表热那亚共和国管理科西嘉岛的圣乔治办公室（Office of St George）是一家类似银行的金融机构，它要求科西嘉当地社区必须栽种栗子树，这样穷人可以用栗子换到钱和面粉。石墙和梯田逐渐攀上山坡，标志着开垦新地的征程即将达到农业体系所能达到的极限。

人们努力地把所有土地都种上农作物。挪威北部200多年来第一次种起黑麦，俄国和波兰两国接近波罗的海的修院领地和贵族领地都扩大了农田的规模。商业巨头兼16世纪伟大政治家安托万·佩勒诺·德·格朗韦勒（Antoine Perrenot de Granvelle）把做官的收入用来在阿登森林和侏罗山脉兴建村庄。护林员们在报告中述说他们与农民非法侵占林地行为的斗争。下朗格多克的土地调查反映出，人们已经利用上每一寸土地。但是，最能展现农民积极响应新变化的是那些靠近城镇的多用途农业区。城镇与农村的关系并不总是城镇把自己的需求强加给农村腹地，事实上，有一系列相辅相成的力量在共同创造生产更多商业化农产品的经济区。市场对谷物产量（和价格）的影响相当巨大，1600年时，罗马城一年要消耗6万车谷物。

城市需求的影响体现为新土地的开垦和水道及灌溉网络的改良，在这些方面，城市资本对农村的投资发挥了最大的效果。伦巴第在16世纪修完了它100年前开始动工的灌溉工程。连接米兰和提契诺河的"大运河"（Naviglio Grande）长达50公里，堪称水力科技的非凡成就。列奥纳多·达·芬奇是设计大运河的工程师之一，他的《大西洋手稿》（Codex Atlanticus）中还收录了他为米兰的圣马可水闸设计的人字闸（mitre-gated locks）草图。与吊闸（portcullis lock-gates）相比，人字闸开口更宽，效率更高。到了1530年，从米兰到帕维亚的伦巴第平原已经布满了辅助性运河与水道织成的河网，到处一片富饶的景象——至少对米兰富人来说是这样。

博洛尼亚在水力技术的应用上创意十足。两条新建的运河通过地下管道为磨坊、缩绒工坊和水力锯木厂提供了机械动力。巴伦西亚附近的引水菜园和比纳洛波河（Vinalopó）的人工水道提高了当地的水稻产量。法国普罗旺斯的工程师亚当·德·克拉波纳（Adam de Craponne）组织了一个财团（成员包括占星家诺查丹玛斯），出资把迪朗斯河（Durance）的河水引到克罗平原（Plain of Crau），灌溉了200平方公里的土地。一些小规模的工程创造了更多的水草甸（water-meadows），让春天能长出更多的青草。当然，不是所有的努力都能成功。威尼斯放弃了排干波河与阿迪杰河（Adige）下游谷地的计划。托斯卡纳大公斐迪南提出了抽干奇亚纳谷地（Val di Chiana）里的湖泊的宏伟蓝图，不过最后收效平平。教皇庇护四世对抽干蓬蒂内沼泽（Pontine Marshes）抱以厚望，还任命斐迪南的工程师拉斐尔·邦贝利（Rafael Bombelli）来实现这一目标。但工程一起步就遭遇了挫折，后来教皇西克斯图斯五世宣布工程重新启动，而他在一次工地视察之后染上疟疾去世了。

阿尔卑斯山以北的土地开垦以尼德兰的河口沼泽地最为活跃，这里发生了1650年之前对欧洲海岸线最剧烈的人为改造。事实上，围海造陆在当时是一个全球性现象，这大概跟气候变化有关。在亚洲，缅甸、暹罗、中国南部、柬埔寨、越南的三角洲都被改造成了人口密集区，得益于地区间贸易的发展，人们开始在这些地方种植新品种水稻。16世纪40到60年代，排水技术让尼德兰每年新增1 400多公顷农田。16世纪60年代开始出现的宗教政治问题让这方面的投资告一段落，不过90年代之后投资又得到了恢复。

这样的故事说着说着就容易往熟悉的方向发展下去：资本密集型农业的胜利，由关注市场的农业专家拥有并经营的大型独立农场，单位产量高的粮草轮作地（lonvertible husbandry），圈地运动，通向"农业革命"的康庄大道……这种叙事的背后恐怕还有一个更大的主题，即欧洲西北部的大西洋沿岸地区命中注定会成为欧洲现代性的火车头。但是把剧本从后往前读是很困难的。这一时期的欧洲经济史就是要提醒我们，如果我们在用望远镜观察过去时只是要为将来的"成功"寻找最初的起源，我们会得到怎样的错误印象。实际上，在这一时期，做好农活是一项艰难的事业，它需要分摊风险并把风险最小化，需要一年又一年地养活家人和亲戚，还需要保持土壤的长期可持续性，尤其是当这块耕地仅能刚好种出粮食的时候。难道下朗格多克的梯田沿着山坡爬到布满石头的山地的景象还不足以证明一场"马尔萨斯危机"正在酝酿之中吗？

这种观点是有证据支撑的。分割继承制使农民的耕地面积越来越小，这让农民越发想要冒更大风险，不考虑可持续的发展，而加重土壤生产力的负担。比如，在泰恩赛德（Tyneside）的威克姆*社区有一小批被采煤业吸引来的劳工，他们要么住在矿场旁边的破屋里，要么住在小农舍里。这种生活方式增加了他们对粮食市场的依赖，也使他们更加受制于市场的风险。1596—1597年他们就因此挨了饿。在英格兰东北部的一些山地，人们或许会选择集中精力从事放牧，因为这看起来是收益最大化的做法，在这一过程中人们逐步放弃了耕种粮食，于是到了反常的年份，这些地方就会发生与粮食匮乏有关的死亡。生活在卡斯蒂利亚条件艰苦的山地的人指出，土地的肥力即将耗尽，农田已经长不出以前那么多粮食了，什一税记录和地产记录可以部分佐证他们的这种感觉。这种产量的下滑某种程度上是羊和农民僵持的后果，（事实上）羊和农民是相互需要的。另一种可能是，16世纪90年代恶劣的天气和肆虐的流行病把粮价推到极高的水平，以至于农民都懒得认真负责地种地了。到17世纪20年代，许多西班牙人承认，在高原种地已经变得无利可图，因为日常开支太高，而最终回报太低。但是有些社区仍在蓬勃发展，所以总体情况喜忧参半。西班牙在18世纪养活了更多的人口，农业方式却没有多少改变。如果这一时期确实发生了马尔萨斯危机，那么危机的影响也是限于特定时间和地点的。

城市发展的影响在乡村也感受得到。农业产量的增长总体而言不是通过资本密集型农艺改善或单位产量的惊人提高实现的。产量的增长靠的是地方上的变化，主要是当地人口增长和粮食市场价格驱动的可耕地面积的变化。我们无法判断有多少增长是市场粮价造成的。农

---

* 威克姆（Whickham）是英格兰东北部泰恩赛德市郊的一个小镇，此处原文为Wickham，疑为笔误。——译者注

村与市场的接触总是因时而异，对价格、风险和回报都非常敏感，而且往往还受其他因素影响。有犁可以用的人有机会成为赢家，只有铁锹可以用的人会沦为输家。欧洲农村大部分的人还没有犁用，他们有的只是镰刀、钐刀和铁锹。后者的生活更易受外界影响，他们的处境取决于城乡经济的其他方面，包括土地使用制度、畜牧业与制造业部门。

土地使用制度

就算是市镇、医院或修道院这样的机构主体，也很少完全占有土地的产权。1515 年，意大利多明我会神学家西尔维斯特罗·马佐里尼·达·普里埃里奥（Silvestro Mazzolini da Prierio，拉丁文名为 Sylvester Prierias）对一场围绕 *ius*（"权利"）和 *dominium*（"所有权"）的旷日持久的辩论做出了总结。他指出，人们错误地认为，两者是一回事，是完全相同的，拥有 *ius* 的人就应该拥有与之相伴的 *dominium*，反之亦然。他承认，理想状态下事情理应如此，但是现实世界没有这么简单。一个人有可能拥有 *ius* 却不拥有 *dominium*。他举了一个父亲和未成年儿子的例子：儿子的 *dominium* 属于父亲，但是儿子拥有 *ius*，拥有在他父亲的家里得到喂养的权利。所有人都能理解，一份财产的所有权（用罗马法学家的术语就是 *dominium directum*）和它的使用权（*dominium utile*）在法律上是有区别的，因为这种区别是以现实世界为基础的。

真正与大多数人有关的，是土地上可利用的资源的使用权问题。这些使用权往往并不附属于土地的直接所有权。一条河流的捕鱼权、一块土地的通行权、一片森林的伐木权——这些都涉及不同的产权，它们与土地本身的直接所有权是分离的，这些问题是法庭上最常被辩论、法律争议最大的议题。许多使用权仍然属于社区，而这些社区的规章规定，要获取经济资源，就必须支付一笔费用。欧洲许多地区仍然存在公地，地方社区必须就公地的管理做出决定，以实现下列目标：减少农户风险，简化组织结构，缓和参与者的冲突，还有反映地方社区所属社会的组织特征。

在欧洲许多地区，农村社会仍然以采邑地产为主。就算在那些大部分地产被租给农民（小农）的地方，封建领主仍然可以通过采邑法庭的运作对使用权争议做出裁决。领主在农民应缴的税费方面变得越来越不讲情面。这些费用包括授地费，这笔钱须在农民死亡或地主死亡时缴纳，通常是农民所租地块价值的 5% ~ 15%（尽管在士瓦本的一些地区授地费达到了苛刻的 50%）。在德意志西南部的一些地区，地主故意缩短租期，这样就可以更多次签新租契时应缴的转让费。有时一个农民因为一块或几块地而依附于好几个地主，这种情况下农民负担会成倍加重。作为农业集约化趋势的一部分，地主掠夺农民的办法还有限制林地、溪流、湖泊和公共牧场的使用权。

在农民方面，有一批小农的精明程度和组织程度已经高到足以调动他们的乡村机构。乡村议会有代表，有组织，有时甚至有一定的司法管辖权。在西欧许多地区，重要的农场主成了乡村议会的顶梁柱，不过在德意志及其他某些地区，议会首领是地方领主批准上任的，或者甚至就是被领主指定的。即便如此，这些议会也会利用法律保护村民的使用权免遭他们认定的不法侵害。虽然领主想要限制这些机构的权力，但是他们常常会碰上一些地方小农的反抗，这些小农因为担任收税人或地方官的缘故，财富和影响力在这一时期得到了增强，而且他们和其他小农的财富差距在不断拉大。这些农村显贵——有时还能得到村里的牧师和公证人的辅佐——有能力（如果有这个意识的话）动员起地方的反抗力量，并且依自己的意愿指挥这股力量。农村政治的中心就是这些人以及他们对法律和自身责任的认知。他们的职责在下列情形中至关重要：与各种当局（地主、教会和政府）谈判；如果谈判破裂，组织消极反抗或者公开起义。这一时期的农民起义在以下三个条件并存时最有可能发生：存在小农或者其他经济独立的生产者，农村有集体组织与代表的强大传统，地主、教会或国家颁布了新的苛捐杂税。

农民很容易受到通货膨胀的伤害。他们极度依赖于向市场出售少数几种产品，而且他们还得先花一笔钱才能参与市场交易，在交易中他们很难得知卖到多少钱他们才不算吃亏。他们出售的商品同时也是他们家人这一年赖以为生的口粮和下一年播种的种子。1622年，正值三十年战争让人们对粮食供给惶惶不安的时候，一项针对符腾堡（Württemberg）公国农户谷物储备的大规模调查展现了这一时期的农村动态。除了少数大农场主之外，小农们都紧守着自己收获的斯佩耳特小麦，只在彼此之间进行实物交换。另一方面，他们会把燕麦带到市场上卖，马匹、其他动物和穷人都很需要燕麦这种便宜的商品，而这一年燕麦的价格好到不容错过，况且出售燕麦也不会影响农民自己的生计。小农和市场的互动关系就是这样，一年与一年不同，一种商品与另一种商品也不同。农民需要很强的动机才会把农产品带到市场卖，这样他们才不会觉得自己的福利受到了损害。

债务在农村无所不在，就连货币尚不普及的时候也是如此。富裕的城镇居民、教会机构和犹太人提供了信贷来源，因此这几种人也成为农民暴动的目标。登记债务的是公证人，而公证人、商人和大地主往往就是主要的债权人——这又是一种城市与乡村的互动方式。还不起债直接动摇了农民的生计，让农民不得不变卖土地，或者加入越来越庞大的佃农大军，在佃农制下地主与佃户会分摊农耕的成本和收益。

那些倒霉到破产的人必须变卖掉所有的一切。在法国几乎每一个角落，商人、律师和贵族都在从负债累累的农民那里大量买进土地——这种土地转移的规模非常大。公证的交易记录数以十万计，足以引起当时的人的注意。比如，里昂镇的编年史家纪尧姆·帕拉丁（Guillaume Paradin）1573 年写到城里的富商如何从农民手里以低廉的价格收购土地。有时土地不是卖给商人、王室官员或者贵族，而是卖给同村的富农，这样后者的地产可以连成一片。农村出现了两极分化的趋势，一边是小农精英化，另一边是依附性的下层阶级——佃农和无地劳工——赤贫化。这种深层趋势不仅在社区内部制造了矛盾，而且削弱了人们解决矛盾的手段。

到 1650 年，几乎无地的劳工远比以往要多，他们生存在社会边缘，挣到的工钱大部分换了食物，要拼尽全力才能艰难地活下去。他们的适应能力令人惊叹。靠近托斯卡纳的卢卡城（Lucca）的阿尔托帕肖（Altopascio）村坐落于美第奇家族的地产上，这里的穷人在河边的沼泽地里搭建棚屋，勉强靠河过活。伦巴第北部有一个俯瞰科莫湖的奥苏乔（Ossuccio）村，那里的无地劳工会把木材背到多莫多索拉（Domodossola）。但是一到食物匮乏的时候，他们的脆弱就暴露无遗了。他们唯一的指望就是逃到城镇并且祈求上帝保佑。市政当局对穷人蜂拥而入的抱怨反映了越发严重的农村赤贫化带来的压力。富庶的伦巴第中央的洛迪（Lodi）城附近的科多尼奥（Codogno）村1591年向米兰公爵上书情愿："我们村……离皮亚琴察（Piacenza）太近了，对那里的人来说简直就像敞开的大门。现在每天都有可怜的乞丐因为山上没东西吃而下到我们村来寻求庇护……照这样下去，用不了多久我们村就要被人淹没啦。"

因此，对许多农民而言，有个领主不是一件坏事。封建领主可以保障社会凝聚力，调解地方纠纷，保护社区免遭外来者的威胁，保证当地有神职人员，代表村民与"国家"这个庞大而陌生的外部世界打交道。17世纪40年代时，克雷莫纳乡下的小农被问到想不想要头上有位封建领主，其中一人答道："是的，先生，我们想要。我们已经经历了这么严重的破坏，一位领主可以在我们需要时帮我们一把。"了解了这个背景，我们才能正确评价这一时期中东欧封建土地制度的发展和巩固以及农奴制的扩张。

16世纪初，易北河以东、萨勒河以北的地区和波希米亚及匈牙利已经出现了某种意义上的领地农奴制。在开垦新耕地的过程中，贵族面对他们地产上的劳动者积累了广泛的司法与经济权利。16世纪繁荣的农产品价格更加巩固了这一过程——不仅是地方市场的价格上涨，中欧市场对牲畜的需求和波罗的海港口出口谷物的需求也推高了价格。贵族地主、教会领地的管理人员、君主领地的官员都像野心家一样利用领主权力运营庞大的领地地产，并且无偿地使用农村劳动力。这种模式看似对各方都有好处，大片土地的实际所有者缺乏投资犁队（plough-teams）的资本和使用犁队的劳动力。农民有劳动力和犁队，但是两者都没有得到全年性的集约化利用。田租在上涨，所以农民也做好了以劳动代替租金的准备。不管怎样，经济领主制只是贵族早已掌握的地方司法权的一个延伸。就算农民们被要求建造高大的领主宅邸和巨大的谷仓——两者是封建领主制地区的典型建筑——他们也可以从领主制的好处中得到慰藉，因为强大的领主可以保护他们远离外部世界的威胁，维系领地内部的社会凝聚力。1600年之前，领主治下的农场被视为领主的附庸，农场可以（随所属领地一起）被转让给另一位领主，但是在这些农场干活的农民是有人身自由的。

劳役有多繁重，取决于农民的自留地有多大、他们的土地保有权有多牢固、有多大能力把劳役控制在可以接受的范围内。在勃兰登堡，农民的自留地面积很大（往往超过24公顷），而且三十年战争爆发前，农民阶级仍然拥有当地大部分的土地。他们可能必须用自己的犁和耕牛为领主的田地服每周两三天的徭役，不过他们可以派儿子去做，或者雇一个人替他们做。农民的未婚子女可能会被领主征去干家务活或其他农活，但是通过帮领主完成转运、售粮这些工作，他们也可以从上涨的农产品行情中分一杯羹。他们是乡村群体的一分子，法律认可他们的权利，他们还可以把领主告上法庭。他们在地方经济中有自己的利益，不会愿意离开自己的家乡。

相反，在石勒苏益格-荷尔施泰因、梅克伦堡和波美拉尼亚，市场对牲畜和谷物的需求格外强烈，公权力掌握在进取精神最强的领主手中，在这种环境下，村民原本世袭的永业权变成了承租权。在当时的法学家看来，承租意味着农民不再属于罗马法下的完全保有人（*emphyteutae*）。他们变成了任意佃户*（*colonii*），被绑定在土地上（*ad*

---

* 任意佃户（tenants at will）意味着地主不需要提前通知，可以随时将他们赶走。——译者注

glebam adscriptus)。他们不是奴隶(homini proprii),而是农奴(servii),他们没有人身自由。乡村共同体基本没有被认可的代表权、上诉权和法律求偿权。

在东方的波兰,农民的自留地面积更小,劳役负担更重。但是,一些村民通过谈判与领主达成协议,只需上缴固定限额的粮食,而且他们为自己的土地保有权争取到了一些保障。尽管1518年波兰农民失去了向王室法庭起诉封建领主的权利,但是他们保住了买卖商品的权利。如果他们被剥夺土地或遭到虐待,他们可以揭竿而起,到另一位领主那里寻求庇护。这种机会在乌克兰和立陶宛相当多。立陶宛有20家大贵族(拉齐维乌家族、萨皮耶哈家族等)控制了全国四分之一的农田,而这些地产上的农民享有比较优惠的条件。波兰王室通过改革自己的地产鼓励领地地主制的发展。当时模范性的农场是这样的:面积18公顷,边界合情合理,农民的义务与其农场的规模相称。拥有一个这样的农场就可以丰衣足食了。农民一年要花大约130天在领主的田地上劳作,但是其余时间可以耕种自己的田地。然而,随着时间的推移,聚落规模越来越大,领主为了扩大收益,把劳役和田租一升再升。从这个角度来说,开拓边疆和农民阶级的逐步农奴化,与欧洲在新世界的殖民活动颇有相似之处。

在南方的波希米亚和匈牙利,大的农业领地往往和独立村民的自有土地交错杂陈。前者往往属于波希米亚王国和匈牙利王国的王室领地,但是出租给了贵族承包人或教会组织(可以称为"留置权领主制")。王室领地的管理者规定,地产在归还给王室时必须恢复最初出租时的状态。于是奥地利哈布斯堡家族借此参与制定了他们出租的地产上的农民劳役、义务和地位的规范。这些地区的无数次农民抗议和起义，目的都是说服皇帝及其官员出面阻止领地地主的滥权行为。1515 年，一个封建领主被杀开启了一场大规模农民起义。1523 年，蒂罗尔的农民起事反抗大公斐迪南（Archduke Ferdinand）新任命的几个领主。1524—1526 年，德意志农民战争（Great Peasant War）的战火延及蒂罗尔、萨尔茨堡和上奥地利，农民提出的要求包括废除贵族的领地租约，推翻巴伐利亚的马克西米利安（Maximilian of Bavaria），后者是当地的一个大领主。战后，斐迪南（当时已成为波希米亚国王）于 1527 年同意登记所有农民的租契，这样农民的租赁行为就有了法律地位。1594—1597 年上下奥地利爆发了反抗徭役和其他滥权的起义，事后皇帝鲁道夫二世（Emperor Rudolf II）在 1597 年颁布《临时决议》（Interim Resolution），对领地徭役做出限制，并且确认徭役超出限制时农民有寻求补偿的权利。领地农奴制在哈布斯堡的土地上继续存在，不过从此有了国家的监督，而且不会再削弱乡村的团结。

农奴制在欧洲东部变本加厉的主要驱动力，不是地主所有制的经济利益和市场利润的诱惑，而是战争和人口下降这两大灾星。立窝尼亚战争和其后的混乱时期打乱了俄罗斯的一切，造成了人口大规模逃离故土。1580 年，沙皇伊凡四世宣布这一年禁止农民离乡。从 1603 年起，每一年都是"禁止离乡年"，直到 1649 年，法典正式规定农民及其家人永远与土地束缚在一起。如果农民逃走，领主就有权要求他们回来。曾经或许有过自己的土地但后来沦为附庸佃农或农场雇工的农村居民数量暴增。1620 年诺夫哥罗德周边地区无地劳工的数量增加到了 1560 时的 6 倍，超过了总人口的四分之一。这个比例在俄国内地是 40% 左右，俄国农奴制的根就是在 17 世纪上半叶扎下的。在易北河以东的德意志和波兰，三十年战争和波兰的一系列战争起到了类似的作用。农民纷纷逃离战区，领地的地主所有制垮塌，但只是暂时的。随着和平的到来，地主重建了权力，弥补了损失，更推动勃兰登堡公爵和波兰共和国把个人农奴制合法化了。17世纪中期的欧洲危机最深远的影响，毫无疑问是东欧残酷的个人农奴制的加强。

穿梭城乡之间

"穿梭"的"梭"是纺织业的必需品。梭子这个部件由一根杆子（术语叫"分纱杆"）支撑，织布的时候用梭子来引导纬纱穿过经纱。纺织业为城市与乡村成千上万的人提供了工作。织布往往在城外农户的家中完成，布匹对农民而言是一种重要的副产品，但是工作安排和成品销售几乎总是由城里的布商控制。工场在这一时期也出现了，其实所谓的工场就是城市里集中在一起的织造作坊和染坊，这些城市包括威尼斯、奥格斯堡、佛罗伦萨、诺里奇和阿尔芒蒂耶尔（Armentières）。布匹一直是欧洲远距离贸易的主要商品，即使在发现新世界的一个世纪后依然如此。床单、桌布、帘子、毛巾和餐巾都是社会地位的标志。新娘嫁衣的绣花裙、面纱和内衣代表了家族的美德。差不多所有需要运输的东西（包括等待下葬的尸体）都要用布匹来包裹。不过，装饰织物（drapery）才是布匹中的王后，绚丽的华盖（Cloths of Honour）——文艺复兴盛期的宗教画中圣母身后的布饰和帷幔——就是一种华贵的装饰织物。

16世纪初，优质装饰织物像艺术一样是意大利的专利，重要的生产中心在米兰、科莫（Como）、贝尔加莫（Bergamo）、帕维亚、布雷西亚和佛罗伦萨。生产优质装饰织物是一笔耗资巨大的生意，顾客的眼光非常敏锐，质量控制对成品的价值至关重要。这门生意很容易毁于竞争和战乱。16世纪上半叶两种不幸都发生了，给意大利装饰织物制造业带来了沉重的打击。意大利战争打断了布雷西亚、米兰、佛罗伦萨等地的纺织业，后来一些行业中心成功恢复了往日的光荣，但是新来者也加入了这个行业。新来者中就包括威尼斯人，他们的装饰织物制造业在16世纪下半叶得到了明显发展。而且，阿尔卑斯山以北还有尼德兰的优质装饰织物中心，比如根特、布鲁日和库特赖（Courtrai）。但是，这些生产者还面临着一种新的竞争，来自"新装饰织物"（new drapery）的竞争。

新装饰织物没有用到什么新技术。它其实就是对老式羊毛织物的简单仿制，不过使用的是廉价羊毛，并掺入其他类型的纱线，比如亚麻纱或棉纱。这种新产品被称作"says"或者哔叽，它更轻、更亮、更便宜。新织物复兴了尼德兰南部古老的纺织业城镇——比如里尔（Lille）——和其他尼德兰腹地的城镇。新的财富中心也因此在那些没有古老商团碍手碍脚的地方蓬勃发展起来，比如图尔奈（Tournai）、翁斯科特、巴约勒（Bailleul）、瓦朗谢讷（Valenciennes）、阿尔芒蒂耶尔。纺织工人本来就承担着巨大压力，在经济衰退面前不堪一击，所以他们乐于投身制造新产品来给自己和家人多挣点钱。北海对岸还有英格兰的竞争对手，包括东盎格利亚的精纺毛料，萨福克和埃塞克斯的阔幅装饰织物。

但是，纺织业的主体还是在乡下，生产的是日用布料。亚麻布、帆布、羊毛混纺布——种类繁多，品质各异，不同地区的商人在商业化中的角色也不一样。在许多地方（热那亚、里尔、乌尔姆、雷根斯堡、诺里奇），织布仍然是由独立的手工织工完成的，他们每个星期把织好的布匹带到市场去卖，再买些细纱供下个星期使用。这些人非常依赖市场，一个星期也离不开。如果他们卖不掉自己的产品，他们就买不起继续工作所需要的材料。他们对原材料的成本和半成品的售价都无法掌控，而且必须承受严格的质量控制。世道艰难的时候独立织工往往会怪罪衣商，衣商如果不买这些的半成品，就会变成织工的众矢之的。纺织业刺激了城乡关系的演进，也激化了城内的社会冲突。有人因此变富，有人因此变穷。纺织业的发展和社会抗议事件总是齐头并进。

贫穷与社会责任感

"穷"，对大多数人而言是一种生活状态。"贫穷"，则是一个社会概念，是存在于富人的社会责任感中的一种观念。富人所在的地方总是聚集了大量穷人，1520年到1560年间，市政官员们都在通过颁布缓解贫困和管理穷人的新法令展现他们的责任感。从纽伦堡（1522年）到斯特拉斯堡（1523—1524年），从蒙斯（Mons）和伊普尔（1525年）到根特（1529年），从里昂（1531年）到日内瓦（1535年）再到巴黎、马德里、托莱多和伦敦，各个城市的都在学习其他城市的优秀经验。然后这些经验中的典范会被归纳成法律（1531年在尼德兰；1531年和1536年在英格兰）。塑造官员的社会责任感的，是打造一个有序有德的共和国的人文主义理想。当他们从这种角度观察自己城市的街道时，他们觉得有太多的工作要做了。当时有不少慈善组织，许多都由教会掌握，但是它们运行得并不好，没能减少看得见的穷人的数量，这些穷人在公共广场和教堂门口推推搡搡，在门道里睡觉，在大街上游荡,他们迫切地需要救助,需要道德高尚的市民发发善心。而且(当时普遍认为)穷人会散播致病的瘴气,所以改革也有助于国家的健康。

西班牙人文主义者胡安·路易斯·比维斯(Juan Luis Vives)正是这么想的。他根据自己自愿被西班牙驱逐(部分原因是他有犹太血统)流亡布鲁日的经历,在1526年出版了《论对穷人的救助》(*On the Succour of the Poor*)一书,献给布鲁日的官员。他在书中宣称:"有这么多需要帮助的人和乞丐流落街头,这是基督徒的耻辱。"市民有道德义务帮助他们,因为贫穷助长了不文明的行为。比维斯认为乞丐的存在是对理智的冒犯,他们是一个共同体患病的标志。他的解决方案是,先把问题分门别类,再各个击破。他首先指出,寡妇、孤儿、残疾人、盲人和病人需要帮助,而且可能终身需要帮助,尽管他认为这些人在自助上往往可以再努力一把。应当从制度上为这些人提供住所、食物、教育、床位以及慈善救助。他还指出,有些人是因为时局艰难所以陷入了困顿,这些人需要的是家乡人的帮助(按当时的说法这种人叫作"会脸红的"穷人)。他建议这些人的救助应由各个教区代表负责,后者的任务就是评估需求、发放救济。除此之外剩下的乞丐都是些"身强力壮的无赖",市政府应该把他们通通抓起来撵出去。听起来再简单不过了。

比维斯的书很能代表一个道德高尚的官员的思维。这本书恐怕对政策没有产生什么直接影响,但是这种思维的影响却很大,而且立刻影响到了新教欧洲。在新教欧洲,施舍穷人不再被视为换取上帝恩典的一种方法,而且托钵修士的乞讨被看作是在鼓励骗人。新教城市的市议会禁止在公共场合乞讨。解散宗教场所有助于把这些建筑改造为医院和学校，苏黎世、日内瓦等城市都采取了这种做法。在天主教欧洲，情况则要复杂一些。制度性遗产，包括教会组织和公开宣称为了捐助者与接受者的灵魂的事工，都被保留了下来。

在威尼斯，"大协会"（*Scuoli Grandi*，一种宗教慈善团体）仍然是吸纳善款最多的组织，城里一时善心大发或是一向有志于慈善的富人都会给它们捐钱，就连国家缺乏资金时也会使用它们的钱。在佛罗伦萨，有数不清的医院拥有称职的医生为市民提供医疗服务，这些医生既能抚慰市民的灵魂，也能治疗他们的身体。但是在其他地方，天主教城市都仿照里昂1534年的做法，将它们的慈善团体重组为医院，负责为所有穷人提供帮助，而且医院管理层里既有教士也有平信徒。就像新教徒一样，天主教官员（和参加特伦托会议的教士们）对乞讨提出越来越多的规定，并且设立机构来帮助穷人（尤其是帮助孤儿和从良的妓女，还有面向穷人的贷款行——公典行）。然而，对"值得帮助的穷人"和"游手好闲的无赖"的区分总是半途而废，把"不配救助的"（undeserving）穷人赶出城外的做法也只是权宜之计，因为承担这种因欧洲增长造成严重混乱的负担的是那些自己挣工钱、自己买面包的人。

20世纪30年代，国际价格史委员会组织的一次开创性研究收集了大量的工人日薪数据。委员会的经济史学家们整理了建筑行业熟练工和非熟练工的工资的资料，并把这些工资换算成当地货币的白银含量（所谓"白银工资"）、谷物数量（"谷物工资"）、面包数量（"面包工资"），以及其他以他们的工资可以买到的重要消费品的数量。研究结果证实，欧洲西北部存在一个的新兴经济区，那里的白银工资更高，熟练劳动力丰富。与之相对的是，在欧洲南部和东部，工资上涨

（换算成白银计算）的趋势不显著，熟练劳动力供应不足。经济发达地区的熟练建筑工的工资比非熟练工仅仅高 50%，在其他地方这个比例则高达 100%。以工资的购买力作为评判标准，结果也是一样的。这一时期依赖货币工资的人购买力急剧下降，这对非熟练工而言尤为严重。欧洲西北部的熟练工的购买力下降得最少，而欧洲中部、南部和东部欠发达地区的劳动力——尤其是非熟练工——的实际工资暴跌，两者之间有云泥之别。

　　这就是为什么欧洲城镇有很大比例（15%～30%不等）的家庭需要定期领取救济——按照定义，这些人就是穷人。很难把这些人同无业游民（"危险的穷人"）分开，而后者从乡村涌入城镇的势头根本无法阻挡。在那不勒斯、教皇国、加泰罗尼亚甚至威尼斯，无业游民都在为盗匪帮派输送新鲜血液。意志最坚定的地方官也抓不住这些扒手和职业杀手，因为他们可以潜回包容他们的农村躲起来。1601 年，英格兰好心的士绅和教区官员推出了《伊丽莎白济贫法》（Elizabethan Poor Law）。按照规定，他们尽其所能地区分值得帮助的穷人和不知勤俭的"任何地方都不能容忍的流浪汉"。1630 年到 1631 年颁布的《法令手册》（印发给地方官员遵循的关于食品供给、流浪行乞等事项的条例）给了他们更详细的建议，但这些努力没有收到什么效果。在尼德兰，官员把他们认为散漫无序、给社会丢脸、让富人难堪的社会群体关到劳动救济所里，试图教会他们纪律为何物，结果也是一样的失败。

　　无论如何，花在济贫上的公共开支从来只是城市财富的极小一部分，市政济贫只是缓解贫困的方式之一，而且还不是最重要的一种。最重要的仍然是个人慈善。新教牧师强调富人与穷人的相互义务，忽视慈善的人和浪费钱财的人都是"制造穷人的罪魁祸首"。罗伯特·艾伦（Robert Allen）在 1600 年出版的《论基督徒的善行》(*Treatise of Christian Beneficence*) 一书中承认，有些穷人确实是"道德败坏、只会酗酒的庸众"，但这不是停止捐献的借口——"他们的恶一点也不能减损你们的善。"对于新教和天主教的卫道士而言，救济穷人关乎征服灵魂，因此他们在两种宗教交界的地方有直接的竞争关系。在 16 世纪 80 年代的布鲁塞尔和后来的里昂和尼姆（Nîmes），医院和施赈所成了较量的平台，赈济成了团结本教信徒、争取他人改宗的手段之一。事实证明，拯救灵魂还是比重建穷人的生活要容易一些。

民众的抗争

基督教世界地方主义的力量十分明显地体现在抗争习惯中。城市的集体忠诚感和政治自治权在贵族中创造了一种传统（学术上称之为"大传统"），即贵族当为城市的权利挺身而出，为了保护法律和特许状赋予他们的特权与君主谈判交涉。当市政官员与其他当局商谈时，他们声称是在代表整个城市共同体，尽管他们通常没有得到明确的授权去做这些事。城墙、市政厅、政府、印章和官服都是共同体历史的象征。抗争和起义经常出现在这些历史中，不过书写历史的人会把他们整合进一条主线，这条主线就是主张统治权的人和被主张的人之间持续的讨价还价。

但是，与这种大传统并存的还有一种抗争的"小传统"（little tradition），这是属于城里的工匠和劳工、属于农村社会的传统。这种小传统没有被史书记载、被特许状收录或者被制度化的荣幸，但是地方政治文化极为重视小传统——这种文化用不同地方或地区的口音喊出"平民"（commons）、"人民"和"共同体"等词语力求表达自己的存在。它有自己的怨恨对象（"富人"、"叛徒"、公共利益的"吸血鬼"），自己的仪式（以主神节日、教区和宗教游行为基础），自己的民间英雄（当地的罗宾汉），还有各种集会和表达不满的方式。人民期待他们的代表（16世纪的英格兰有时把这些人叫作"上等人"或"中等人"）能保卫家乡，抵抗对既有习俗与传统的粗暴干涉。他们保卫的办法通常是谈判和调解，但是当这些办法不奏效时，他们也会带领民众发动抗争。

莎士比亚在《亨利六世》（中篇）（*Henry VI Part 2*）里描绘了1450年肯特郡叛乱领袖杰克·凯德（Jack Cade）的形象。这部戏剧取材于霍林斯赫德（Holinshed）的《编年史》（*Chronicles*），莎士比亚笔下的凯德表达了小传统的希望与恐惧。他说平民百姓总是被忽视和轻蔑。凯德必须跟士绅打交道，但是他并不信任他们。他对陌生人和外国人也心存怀疑。凯德说："以后在我们英国，三个半便士的面包只卖一便士，三道箍的酒壶要改成十道箍。我要把喝淡酒的人判作大逆不道，我要把我们的国家变成共有共享。"* 贯彻小传统的方式既有请愿、协商和调解，也有发动暴乱。基督教世界的统治者已经学会了接受小传统的存在。

1500年之前的民众抗争大多规模有限，人们对秩序的追求和对当局的尊重控制了事态的发展。但是，16世纪到17世纪初，抗争的

---

* 本段译文参考了朱生豪译本。——译者注

规模大大提升了。越来越多的地方群众开始拥有火器,所以与抗争相伴的暴力也逐渐升级。这一时期抗争事件的发生率很难统计,因为它们牵涉的方面太多,频率太高。想要把这些起义全部列举出来的做法总会挂一漏万,因为有许多起义在更大的舞台上并没有引起人们的注意。一项仅针对普罗旺斯的估算显示,民众抗争事件在1590—1634年发生了108次(年均2.4次),在1635—1660年增加到156次(年均6.3次)。斯图亚特王朝统治下的爱尔兰同样叛乱频发,这是在1534年基尔代尔(Kildare)叛乱葬送了菲茨杰拉德家族之后,盖尔政权(Gaelic lordship)崩溃和英格兰人试图以殖民地种植园为基础奠定自己的统治地位并建立一个新教国家的必然结果。16世纪后期爱尔兰有组织的叛乱(德斯蒙德、基尔代尔、奥尼尔、奥多尔蒂)让英格兰不得不在爱尔兰派驻一支庞大的占领军,这支军队的规模比同期派去与法国和尼德兰作战的军队还大。

不管怎样,最有效的抗争总是消极抗争——比如说拒缴税费——而这些抗争是不会被记下来的。没有演变成全面造反的骚乱比比皆是,尤其是军人哗变、土匪打劫和有组织的犯罪。土匪的行动越发引人注目,在某种程度上这是对那不勒斯、教皇国和加泰罗尼亚16世纪80年代后期开始的封建领地集约化农业做出的反应。土匪盘踞于山间牧区,同时享受着当地居民的骂声和认可。阿布鲁齐的卡斯蒂廖内(Castiglione)出生的马可·夏拉(Marco Sciarra)于16世纪80年代后期在罗马涅做了好几年的民间英雄。他说自己是"上帝降下的惩罚,受上帝的命令专门针对放高利贷的人和所有不劳而获的人",说是上帝让他劫富济贫,而且他还利用了当地人对西班牙人的敌意。那不勒斯传言"他很快就会来到这里自立为王",这种传言直到他1593年被人刺杀才沉寂下去。传言里的叛乱比实际发生的多。英国政府十分担心英格兰中部1596年会爆发叛乱。像汉普顿盖伊（Hampton Gay）村的磨坊主罗杰·伊比尔（Roger Ibill）这样的一些人也认为叛乱应该发生（"肯定很快就要起义了，因为粮价太高了"），不过事实上根本没有发生。

但是，即使是从不完整的统计也能看出，起义和叛乱在欧洲西部、中部和北部遍地开花。有时这些起义能同时影响好几个地区（16世纪30年代、60年代、90年代和17世纪40年代）。许多起义能持续很长时间，它们发生在边境或难以到达的地区，以地方反抗力量为基础，因此可以延续数年。城市起义（1520年卡斯蒂利亚的公社起义、1539年根特起义）的大传统逐渐被更广泛的城乡冲突所吸收——这些冲突波及的范围远超一座城镇——从而融入宗教改革所引发的更宏大的政治宗教冲突。另一方面，小传统演化为民众暴乱的强大而持久的动力。平民百姓一直相信，如果"人民"的"共同体"的天然保护者没能履行职责，共同体就要自己保护自己。

这一时期抗争的规模让中世纪后期的民众起义相形见绌。1524—1526年的德意志农民战争是19世纪以前德意志土地上最广泛的一次平民抗争动员。战争顶峰时期，大概有30万名农民走上战场。1525年，整个符腾堡拿得动武器的人有多达70%加入了起义军。这场战争对路德改革造成了巨大的影响。1536年，2万人举着基督五伤（Five Wounds of Christ）旗——这是求恩巡礼（Pilgrimage of Grace）游行的标志——浩浩荡荡南下唐卡斯特（Doncaster）。1536—1537年法国西南部的克罗堪起义（Croquants'rebellion）是1358年"扎克雷起义"（Jacquerie）后法国最大规模的农民起义，据称1636年8月时参战的农民有 6 万人。政府被迫与起义军和谈。农民们拉帮结派,互相谈判协商,与周围的城镇谈条件签协议,还给自己找到了领导人。他们组建议事会宣传他们的不满,动员和强迫别人加入他们的事业,并且尝试与当局谈判。虽然这些运动各有各的起因,但是城市与乡村的抗争已经开始交织在一起,被更广泛的抗争运动和变革所裹挟。然而,支持抗争的各种力量的结盟是不稳定的,这反映了暴动政治的不可捉摸。

民众暴动更加多样化,规模也达到史无前例的程度。某种程度上,它是这一时期经济变化和社会凝聚力下降的结果。这一点特别明显地体现在 16 世纪到 17 世纪早期英格兰圈地运动引发的暴乱中。德意志农民战争中的反领主制和反农奴制诉求与 16 世纪末 17 世纪初上下奥地利的大规模农民起义同样体现了这一问题。与这一时期西欧城市爆发的数量稍逊一筹的粮食暴乱一样,这些冲突背后最重要的是物质矛盾——土地、资源、空间、粮食的权利问题。但是即使是在这些事例中,我们也不可能把抗争者表达的不满简化为经济问题。他们把自己放在"公共利益"(common weal)一边,另一边则是"富人"和"害穷人而死的人"。他们诉诸的是"古老的法律"(old law),希望恢复的是"古老的权利"(ancient rights)。德意志农民战争最广为流传的农民抗议书,著名的 1525 年 3 月《梅明根十二条款》(Twelve Articles of Memmingen),有一条重要的要求就是反对农奴制。但是这种反对是以要求社会公正的传统形式表达出来的,它采用了路德派福音的语言,对当局仍抱着尊重的态度:"一直以来领主都习惯于把我们当成他们的财产。这种做法应当受到谴责,因为基督已经用他的宝血救赎了我们所有人,从最低贱的牧人到最高贵的领主,没有例外。所以,

《圣经》已经证明,我们是自由的,并且想要自由——但我们不是想要彻底的连当权者也没有的那种自由。"

民众暴动最普遍的背景原因是军事冲突及其对平民大众造成的后果。强制征兵,强制为军人提供住宿,部队行进时的恶意劫掠,社会秩序瓦解时地方投机分子的浑水摸鱼——16世纪最后十年法国内战中不时爆发的民众暴乱(诺曼底的戈蒂埃起义、佩里格的克罗堪起义、图卢兹以南地区的康帕内利起义)就是对这些恶劣影响的抗议。

新教改革带来的政治宗教变化也起到了助长民众暴乱的作用。这些变化影响到了宗教仪式,而仪式是地方共同体不可分割的一部分。这些变化还改变了土地的所有权和使用权。不足为奇的是,民众经常组织暴动来反对宗教改革(1536年的求恩巡礼、1549年的祈祷书叛乱),但是暴动也可以用来要求宗教改革。这一时期的抗争的最普遍目标就是与土地使用者交给领主的领主税差不多的交给教会的什一税。16世纪60年代的法国南部,尼德兰起义初年的尼德兰,清教徒普遍通过拒绝纳税来消极抵抗,除此之外,什一税也构成了匈牙利(1562年、1569—1570年)、斯洛文尼亚(1571—1573年)和上奥地利(1593—1595年、1626—1627年)多场起义的起因。在16世纪教派多元共存的新环境下,需要在新教和天主教中做出选择的不仅仅是君主、地方官和世家大族。这种选择撕裂了城镇和社区,分裂了人民和他们的领导人。

当这些分歧转化为极端暴力的时候,受过人文主义教育的人就会说,我们早就料到了:"人民"的意思就是残暴野蛮、难以预料的群氓。在连年的政治与宗教斗争中,小城罗芒(Romans)的居民在狂欢节期间决定,要在丰盛星期二的前一天(1580年2月15日)加入周边农村起义农民（所谓的民众联会——或者说"歹徒们"）的行列。那一天，工匠和农民在街头跳舞，恐吓富人道："三天之后，基督徒的肉就只要六分钱一磅喽！"他们选出来的领袖让·塞尔弗（人称"球王"）坐在市长的客厅里披着熊皮大快朵颐，人们误传他吃的是人肉，而且他的追随者们还穿着显贵基督徒的盛装高呼"基督徒的肉只要六分钱喽"。城里的富人被这副食人的景象吓坏了，他们对这帮人发动了突袭，并且展开了持续三天的屠杀。1585 年，那不勒斯愤怒的群众为了抗议高昂的面包价格，把地方官焦万·温琴佐·斯泰韦塞（Giovan Vincenzo Starace）以未能控制粮价为由私刑处死。他们砍断了他的四肢，拉着剩余的躯干穿过大街小巷和他被毁的住宅，最后还把他的肉一块块标价出售。在 1626—1627 年上奥地利的一场叛乱中，一个女人把一个受害的贵族的眼睛挖了出来，还用手帕把它们带回了家，另一个女人把这个贵族的生殖器切下来拿去喂了自己的狗。

  国家和政治当局都会被卷入民众抗争，因为后者看起来是对前者的威胁。上层贵族努力把动乱转向对自己有利的方向，他们想借助动乱在过于强大的君主面前保护自己，并且影响政局变化。法国等国家的贵族都相信，他们有"造反的权利"，他们认为，在暴君侵犯贵族不可剥夺的自由时，他们有合法义务带头抵抗暴君。爱尔兰家族首领们显然也认为，他们有合法权利去召集各个"septs"（家族）反抗英格兰的统治，包括反对英格兰这个敌对的国家和英国国教这个异己的宗教，还有英国人殖民爱尔兰的趋势。但是贵族们是在玩一个危险的游戏，特别是因为许多民众叛乱的表象之下都涌动着反贵族情绪。英格兰祈祷书叛乱的口号是"杀光士绅，恢复亨利国王时代的《六条信纲》(Six Articles)和宗教仪式"*。1632年,法国西南部城市纳博讷(Narbonne)爆发叛乱,叛乱者把贵族叫作"Jean-fesses"(相当于英语里的"Jack-arses","蠢驴"之意)。1626—1627年奥地利叛乱期间有一首农民歌曲是这样开头的:"我们要横扫这片土地,领主老爷们都要逃离。"

瑞士常常被作为成功推翻贵族的榜样拿来引用。1594—1595年的克罗堪联会(League of the Croquants)期间,农民经常说到想要废除贵族特权,建立一个瑞士那样的民主政权。而且,君主也可以利用民众抗争,把矛头转向造反的贵族。一个突出的例子是16世纪末芬兰的"短棍战争"(Club War),当时瑞典摄政卡尔公爵(Duke Charles)煽动他手下的农民造反,"如果没有别的武器,那就用木桩或棍棒",推翻那些仍然效忠于被废黜的瑞典国王西吉斯蒙德·瓦萨(Sigismund Vasa)的芬兰贵族。

国家变成了动乱的焦点,尤其是当斗争对象就是国家征的税的时候。随着财政国家(参见第十六章)的发展,动乱的矛头逐渐指向国家的角色、税赋的"不合古制"(novelty)和国家代理人的恣意妄为。法国政府开征盐税(gabelle)的企图引发了西南部的农民起义,起义直到1548年才宣告结束。盐沼在圣东日(Saintonge)和昂古莫瓦(Angoumois)是一门有利可图的生意。国家把收税的工作承包给私人税务员(private tax-collectors),从而直接获得一笔钱,私人税务员的副手们再把盐税承包人(gabeleurs)空降到各个市镇去征收盐税,而市

---

* 1539年,亨利八世召开议会,颁布《六条信纲》,重申了若干符合天主教传统的教义。1549年,新王爱德华六世推行《公祷书》(Book of Common Prayer),其强烈的宗教改革色彩激起了德文郡和康沃尔郡天主教信众的叛乱,史称"祈祷书叛乱"。——译者注

镇则把这些外来的盐税承包人关起来或者杀掉，然后造反起事。这成了17世纪30到40年代法国的普遍模式，地方起义的目标变成了财政国家和维持财政国家的理财专家、包税人和总督。

抗争应该表现为支持有合法性的权威，抗争的目标应该是找回失落的"友爱与平等"的时代，这是农村和城市起义的小传统的本质要求。人们总是相信，国王是正义之源，只要他了解到人民的（被朝臣和宠臣掩盖或歪曲的）苦难，他就会救民于水火之中。1639年，诺曼底爆发"赤足汉"（Nu-Pieds）起义，抗议者们疾呼"废除盐税"，但是同时他们也在高呼"国王万岁"。他们在匿名宣言里表示想要回到国王路易十二时期的美好时代。1585年那不勒斯的起义者大喊："差劲的政府去死吧，正义万岁。"

民众抗争中有一个万变不离其宗的主题，那就是救世主——一位"隐秘的国王"将奇迹般地归来，解百姓于倒悬。它与新教改革期间或以前城市环境里流行的千禧年派的预言相互呼应。1520年路德派的矛盾刚刚爆发时，德意志人民以正直之君先皇腓特烈一世（Old Emperor Frederick）的名义抒发愤慨。葡萄牙人一直坚信国王塞巴斯蒂昂一世（King Sebastian）并没有在1578年的摩洛哥之战中阵亡，而是依然健在，17世纪30年代的空想文学把他作为题材（大部分是改宗天主教的犹太人写的），自然界的奇妙现象被当作他要回来的征兆，连埃武拉大学（Évora University）的耶稣会士也撰文阐述他的归来。1606—1607年的波洛特尼科夫农民起义（Bolotnikov Rising）的背景是沙皇鲍里斯·戈杜诺夫（Tsar Boris Godunov）与冒充者伪季米特里（pseudo-Dimitri）——这个年轻人声称自己是真正的皇位继承人，他许诺要恢复和平，审判戈杜诺夫——刚刚结束的皇位之争。冒充者伪季米特里的承诺太有号召力，所以 1605 年戈杜诺夫死后，波雅尔们的领导下、得到哥萨克人和波兰人支持的保皇派起义把他送上了宝座。1606 年 10 月，波洛特尼科夫的支持者打到莫斯科城下，却与他们最想争取的首都人民意见相左，所以被迫撤退。

  如果抗争者都是"忠心耿耿"的人，都是在捍卫传统价值观，为什么这一时期抗争的对抗性变得这么强，并且遭到这么惨烈的镇压？除了少数几个例外，抗争绝大多数时候都是被武力镇压下去的。起义反抗领主的城市（1539 年的根特、1548 年的波尔多、1585 年的那不勒斯）都付出了惨痛的代价。城市的特权被剥夺，城墙被打破，市民被迫缴纳罚金。起义领袖被审判、拷打，然后公开处刑。1585 年那不勒斯起义之后，800 多人被审判，更有 1.2 万多人因为害怕随后的镇压而逃离城市。农民军几乎无一例外地被他们的对手以更高超的战术和更精良的装备打败。但是，败局已定后的蓄意屠杀才是大量死亡的原因。德意志农民战争期间，5 000 多个农民死于 1525 年 5 月 15 日的弗兰肯豪森（Frankenhausen）战役。他们的对手雇佣长枪兵（*Landsknechte*）只损失了六个人，其中两人只是受伤而已。在德意志农民起义的 1524 年到 1526 年的两年间，大约有 10 万名农民被杀。1526 年的莫哈奇之战前，已有数万名农民死于匈牙利叛乱。求恩巡礼被镇压后，造反的农民"像狗一样"被屠杀——这个说法来自鞋匠队长（Captain Cobbler），他是农民帮派的首领之一，此刻正在林肯监狱里等待自己的命运。"我们真是蠢到家了才没杀掉那些乡绅，我早知道他们会背叛我们。"他回想道。祈祷书叛乱在 1549 年 8 月结束之前，有 5 000 多个农民死于各种各样的冲突。仅仅是在克利斯特希思（Clyst Heath）之战前，就有 900 个被捆绑封口的战俘在十分钟内被割了喉咙。1573年克罗地亚农民起义的最后一场战斗中，皇帝马克西米利安二世（Emperor Maximilian II）夸耀说他们杀了4 000个斯洛文尼亚和克罗地亚农民。在1626—1627年的上奥地利起义中，据说有超过1.2万个农民被杀。1637年佩里格（Périgueux）附近的索沃塔（Sauvetat）战役后，战场上留下了1 000具农民的尸体。从16世纪到17世纪，死于起义的人远远多于死于宗教冲突中被列为殉道者的人和因为使用巫术被判处死刑的人。

起义领袖遭到的惩罚格外残酷，为的就是以儆效尤。罗马尼亚人多热·捷尔吉（György Dózsa，一说姓Székely）原本是雇佣兵头目，后来变成了匈牙利东部起义的领袖。这场起义以农民为主，1526年以特梅斯瓦尔（Temesvár）战役的惨败告终，多热被捕后被判处死刑，他被逼坐在冒着青烟的铁王座上，头顶火热的铁王冠，手持烧红的权杖；烧热的火钳插入他的体内，他的叛军同僚们被要求从被火钳插过的地方咬下他的皮，吃掉他的肉。上奥地利的亚当·冯·霍贝施托夫伯爵（Count Adam von Herberstorff）强行给豪斯鲁克山区弗兰肯堡（Frankenburg am Hausruck）派了一个天主教神父，于是当地的路德派农民起兵造反。伯爵宣布大赦普通农民，但是把造反领袖都抓了起来，（按照当时军队通行的做法）把他们分成两组，让他们两两掷色子决定谁死谁活。36人因此被处以绞刑，这一事件引爆了上奥地利的大叛乱。

起义领袖的悲惨结局不仅是为了打消其他人造反的念头，也是为了震慑地方上的要人和首领。这是"绝对服从上帝与君主"的理念最关注的目标，君主颁布的法令和写给地方官员的建议书中充斥着这种绝对服从的理念。此类文字不遗余力地强调叛乱的危险后果，它们大部分的措辞都针对民众的领导人。"如果人人都是统治者,那么谁来服从呢?"求恩巡礼发生后,一本小册子这样问道。"不,不,只有勤劳才能致富,如果一个社会利欲熏心、抗拒法律、上下颠倒,那么财富就会一去不复返。秩序,必须要有一种秩序,最擅长统治的人进行统治,最适合被统治的人接受统治。"这些谈论政治服从的著作的语气比以往更加专制,这反映了作者想要教育的地方领导人基数庞大,差异巨大,可他们正是国家倚赖的支柱。此外还有一个更深层次的问题,人文主义者希望把公权力的行使和公共福利的实现联系起来。于是一直以来都有这样一种危险:地方官员和小贵族可能分不清他们的忠诚到底归属于谁——忠于人民,还是忠于国家。按照新教徒颇有影响力的观点,"下级官员"(绝大多数担任公职的人都可以被算作下级官员)负有对上帝和人民的使命,如果上级统治者没有履行好自己对上帝的使命,那么下级官员可以抗命。因此统治者很难确保这支逐渐壮大的下级官员队伍的忠诚,而且困难时期统治者的权力全靠这群下级官员的支持。

因此,尽管民众起义遭到了严厉的镇压,绝对服从也被竭力鼓吹,而抗争往往能达成它最初的目的。德意志农民战争彻底失败了,但是随后于 1526 年 6 月召开的施派尔议会(Diet of Speyer)通过议案减轻了农民阶级的负担。1526 年蒂罗尔起义被镇压之后,《土地条例》在土地所有权的权利和皇室领地的劳役限制上向农民做出了让步,且关于狩猎和捕鱼的法律也得到了修改。社会抗争结束之后,新征的苛捐杂税或被撤销,或被推迟,统治者还保证会纠正错误,这不是因为人民赢了,而是因为统治者不得不承认地方领袖的力量。他们为缓解城乡经济变化造成的不利影响所做出的努力——实施价格控制、颁布法令打击囤积谷物的行为、推出济贫措施、买进粮食再降价卖出——有助于解释为什么明明西欧的社会凝聚力正在瓦解，此后却没有出现更加严重的起义。

即便如此，谈论抗争还是会被视为煽动叛乱，或是被看作别有用心。部分原因在于，关于抗争的言论被传播得比以往更广，因此更容易遭到操纵和误解。统治者对煽动叛乱的言论变得更加紧张——宗教改革之后，统治者开始更加坚决地调查和检举此类言论。1596年，牛津郡木匠巴塞洛缪·斯蒂尔（Bartholomew Steere）对别人说："西班牙的平民早就起义了，他们杀了西班牙的绅士老爷，然后从此过上了好日子。"其实别人误会了他的意思，不过英格兰政府还是以煽动叛乱的罪名把他处死了。从16世纪中期起，奥格斯堡富格尔（Fugger）家族的银行开始发布时事通讯，追踪报道民众叛乱的进展。抗争者出版的或以他们名义出版的小册子让更多的读者了解到他们的不满和要求。17世纪40年代，民众起义相互借鉴的可能性变得十分明显。威尼斯驻巴黎大使巴蒂斯塔·纳尼（Battista Nani）在1647年9月论及两个月前爆发的那不勒斯起义的影响时写道："现在这里的人都觉得，那不勒斯人的做法太明智了，想要摆脱压迫就要像他们那样做。但是政府也意识到，容许人们上街喊出他们对那不勒斯叛乱的支持已经造成了很多麻烦。因此，政府已经采取措施禁止出版物再报道关于它的新闻。"信息流动的力量既传播了革新的技术——进而在物质上改造了基督教世界——也传播了抗争的讯息，抗争本身就是基督教世界社会凝聚力衰落的体现。

第四章

财富与贸易

　　金钱与基督教世界的关系可能有些尴尬。货币体系的价值在于贵金属，而基督教世界的信仰共同体的价值在于正统、家世、遗产和知识。不过，这两者多数时候并没有发生冲突。当时的商品交换并不怎么用到金钱（换句话说当时经济的货币化程度还很低）。而且，人们常常把金钱转换为其他形式的财富——贵族的遗产、教会的圣职、王室的公职、农民的税费——这样就把金钱与传统价值观和既有的权力结构联系了起来。经院神学家们撰文解释如何在合理范围内让金钱与基督教信仰和谐共处。但是16世纪到17世纪上半叶，事情发生了变化。白银以史无前例的数量流入欧洲，金钱的强大作用支撑起了一个虚拟的共同体，这个共同体的交易手段是贵金属，共同纽带是信贷与信托。欧洲建立了海外商业帝国，有人发了财，有人赔了钱。更重要的是，欧洲各国从白银流动中汲取了能量，它们的资源更加充沛，竞争心更加活跃，更想斗出个你死我活。金钱成了基督教世界的腐蚀剂。最早把金钱和基督教价值观结合在一起的学说认为，贵金属是上帝的丰盛恩赐，是地球在行星作用下的产物。当时的炼金术用行星的符号指代金属（太阳对应金，月亮对应银，金星对应铜，等等），炼金术士相信这些金属是上帝出于对人类的恩慈而放到地球上的。

地下的宝藏

卢卡斯·加塞尔（Lucas Gassel）是一名佛兰德斯画家，他与勃鲁盖尔*是同一时代的人。1544年他创作了油画《铜矿》(Coppermine)，尽管画中的场景应该是列日附近的铸铁矿场，但山坡上是一副充满污染的工业景象——采矿作业、马车轨道、坑道和升降机。前景里，人们正在用耙子把矿砂耙松，然后用独轮车把矿砂运走。一个工人在费力地背着一口坩埚，旁边另一个人正在把铸件从模子里敲出来。画中突出描绘了水力鼓风炉，有了它才有了这一切。画面中央，一个医生指着一个中毒的工人刚刚吐出来的一盆呕吐物。画中还有一个身着红装的女性提着一壶酒，她的举止表明她给工人提供的服务不仅是倒酒而已。在这一场景背后，邻近的山上仍然是一派农耕景象。加塞尔描绘了一个价值观暧昧不清的二元世界。

这种矛盾情绪是很普遍的。采矿工程师阿格里科拉［Agricola，本名格奥尔格·鲍尔（Georg Bauer）］相信矿物资源是上帝的恩赐："事实上，一片矿场给我们的好处通常比好几块田地还大。"采矿的风险更大，产出也更高。除了承担更大的风险，采矿还会污染环境。但是矿产大多出自"无法种田的深山幽谷"，"对耕地的伤害很小，甚至根

---

* 老彼得·勃鲁盖尔（Pieter Brueghel de Oude），佛兰德斯文艺复兴时期最杰出的画家，擅长绘画自然景色和农耕场景。——译者注

本没有伤害"。不过，高产是有代价的。一样东西数量越丰富，价值就越低。这种现象挑战了人们的传统认知，人们以往认为商品有其天然固有的价值，每样商品都存在一个公道的价格。这种与普通大众的认知相反的观念在当时被称作"悖论"（paradox）。在特立独行的陶匠伯纳德·帕利西（Bernard Palissy）看来，工业生产的玻璃纽扣和廉价木版宗教画在市场上泛滥成灾，必然会让手艺精湛的工匠生活更加难以为继。他说如果炼金术士真的做到把贱金属变成黄金，"黄金会多到被人不屑一顾，再也没有人会愿意用面包或酒换取黄金"。

帕利西认为，价值源于手艺——源于像他这样高明的陶匠的双手——而不是自然。与他同一时代的布莱斯·德·维吉尼亚（Blaise de Vigenere）借用经院哲学反对高利贷的逻辑，称金属这种东西是"没有生产能力"（sterile）的，因为金属自己"造不出任何东西"。道学家们说，地下的宝藏以物质的诱惑让人变得贪得无厌，盲目追求新潮，对时尚顶礼膜拜。阿格里科拉认为这些说法都是无稽之谈。地下的宝藏非常重要，"如果我们不使用金属，我们就完全无法保护和维持我们的健康，无法保持我们的生活方式。如果没有金属，人类在野兽之中会活得惊惶而凄惨，人类只能回到森林里重新过上采果摘莓为生的日子……"明矾（alum）——对染布很重要的一种矿物——的开采以事实证明了阿格里科拉的观点。15 世纪 50 年代，奥斯曼土耳其切断了长期以来福西亚（士麦那湾靠近内陆的一个城市）对欧洲的明矾供应。但是，1460 年罗马北部的托尔法（Tolfa）发现了丰富的可以露天开采的明矾矿。教皇相信这一发现是上帝的旨意，他宣布采矿的利润将被投入十字军东征。事实上，这些利润充实了教皇的金库和垄断开采权的银行家（美第奇家族，以及后来的阿戈斯蒂诺·基吉*）的腰包。基吉为矿场雇了 700 个工人，又为这些工人建立了阿卢米耶雷（Allumiere）村，还买下了锡耶纳的一个码头用来出口明矾。他还为教皇尤利乌斯二世和利奥十世的选举提供了经费，并且为他们的军事行动提供贷款。商业资本家不用别人教就懂得积累财富、管理企业、保护自己的投资免遭政治手段的干涉，但是他们的目光总是放在投机上，过于短视。

默兹河谷（Meuse valley）的煤炭开采量从 1500 年到 1650 年增加了四倍。煤渣堆与教堂的尖塔不相伯仲。1600 年时大量的"海煤"（sea-coals）从纽卡斯尔被运往伦敦和大陆上的港口。铜、锡、铅、砷、硫黄和水银的开采量与运输量是从前做梦都不敢想象的。不断扩张的市场需求驱动着对原材料的探索，黄金和白银在这一时期令整个社会改头换面。

黄金与白银

黄金和白银被赋予了无与伦比的神秘感。用金线织成的布匹和壁毯在光照下熠熠生辉，黄金和白银让雕像与油画大放光彩，金银制成的徽章、珠宝和餐具述说着贵族与生俱来的美德。寻找贵金属是欧洲海外扩张的动力。1534 年，雅克·卡蒂埃（Jacques Cartier）开启了他的第一次远航，他的目标和上一代人中的哥伦布一样，也是"找到那些据说或许可以发现大量黄金与其他珍宝的岛屿和陆地"。马丁·弗罗比舍（Martin Frobisher）1576—1578 年前往纽芬兰的航程也是为了

---

* 阿戈斯蒂诺·基吉（Agostino Chigi, 1466—1520），锡耶纳银行家。——译者注

寻找贵金属。沃尔特·雷利爵士（Sir Walter Raleigh）深知，腓力二世的西班牙帝国不是建立在"塞维利亚柑橘贸易"上的，"是西印度的黄金让他有能力给欧洲各国造成威胁和破坏"。

再者，金银即货币。铸币权被出售给地方企业，因此地方铸币厂生产着五花八门的钱币。法国大约有20家铸币厂，卡斯蒂利亚有6家。意大利几乎所有诸侯国和德意志的许多城市都铸造自己的钱币。铸币是手工完成的，需要用锤子击打手持的模具。这样生产出来的钱币边缘不平整，不同铸币厂的产品在重量和厚度上也会有极大的差别，因此通过"发汗"和"削边"来作假的空间相当大，*就连货币兑换商也很难察觉铸币合金和重量上的差异。巴黎铸币厂尝试用过轧机和冲切机来给硬币加一圈齿轮纹，但是这一新发明耗资过高、浪费严重，所以没有投入使用。尽管这种方法在防伪上的价值引发了人们的讨论，但在1650年之前还是没有任何一种欧洲货币采用机械制造。

货币的复杂之处在于它使用的金属不止一种，16世纪欧洲货币主要依赖三种金属：黄金、白银和银铜合金。钱币的币值不仅由面值决定，也受到重量和成色的影响。银铜合金硬币是最不值钱的，它只用少量的银，辅以其他廉价金属（主要是铜），这意味着它实际上不可能有什么内在价值。金币最值钱，而且用得非常少。大多数欧洲人一辈子没有用过一枚金币——16世纪20年代，一枚威尼斯金达克特可以在安特卫普的市场买到600多颗蛋或240多条鲱鱼。金币的重量和成色很容易测量，使用者主要是银行家、廷臣和富人。钱币也是权力的

---

* "发汗"（sweating）是指把大量硬币装进一个袋子里剧烈摇晃，然后把硬币上脱落的金属碎屑从袋子底部回收。"削边"（clipping）指的是把硬币边缘直接削掉一小部分。前者效果比较自然，后者更容易被发现。——译者注

象征。16 世纪早期，米兰和那不勒斯的统治者模仿古典时代的君王，把自己的头像印在钱币上，让钱币成为他们的政治宣传品。法国国王亨利二世将自己头戴征服者皇帝桂冠的头像印在银币上，这种银币被叫作泰斯通（teston），从名字（testa 的意思是"头"）就可以看出这种做法在当时的开创性。

相比之下，银币是一种通用的交易媒介，银币的扩张推动了欧洲的货币化。银泰斯通（testoons）、半克朗（half-crowns）、天使金币和克朗（以上是 1551 年英格兰币制改革前使用的银币）、先令、半克朗和克朗（以上是 1551 年后使用的银币）、西班牙雷亚尔（*réales*，含 3.19 克纯银）和尼德兰斯图尔（*stuiver*，含 0.94 克纯银）在今天的钱币收藏里俯拾皆是。比它们名气更大的是这一时期的"大额银币"（'maxi-silver' coins），比如更重的西班牙银圆（*réales de a ocho*，意思是"八块钱"，重量是 1 雷亚尔的 8 倍），或者欧洲中部使用的古尔蒂纳银币（*Guldiner*）——它是后来的约阿希姆斯塔勒银币（*Joachimstaler*，28.7 克纯银）的原型，也是更久之后的诞生的美利坚合众国所使用的美元银币（*Talers*）的原型。

铸币厂的生意来自银行家、货币兑换商和商人，这些人带着金属来到铸币厂，然后铸币厂把金属铸成钱币，并且扣除运营成本和铸币税——铸币税是国家向拥有铸币特权的铸币厂征收的税。虽然当局会监督钱币的质量，但是决定钱币数量和原料的是市场。在当时，提供充足的流通媒介——尤其是小额交易所用的媒介——很成问题。人们很喜欢把银铜合金硬币熔掉，提取其中的银，尤其是在货币不稳定和通货膨胀的时候。这一时期的"零钱问题"（problem with small change）在于零钱总是不够，零钱的质量很不可靠，而且铸币厂铸造零钱无法盈利。西班牙半岛有大量价值可疑的勃兰卡（*blanca*，卡斯蒂利亚铜币，只含有 7 克白银）。意大利北部日常交易使用的是米兰的泰林尼和塞西尼（*erline* 和 *sesine*，面值分别是 3 分和 6 分）。法国的利亚德（*liard*，1/4 分）、旦尼尔（*denier*，1 分）和杜赞（*douzain*，12 分）或是英国的格罗特（*groat*，4 便士）一般用来交过路费、买面包，或者投进捐款箱。但是，这些小额硬币就像劣酒一样流通范围不大。即使是成色最好的钱币也要加入铜，以提高柔软的贵金属的硬度。比如，这一时期英国的"标准"纯银（'sterling'silver）含有 7.5% 的铜，在法国相对应的国王纯银（*argent-le-roy*）含有 4.17% 的铜。囊中羞涩的君主急于从铸币中赚钱，于是在钱币中提高贱金属合金的含量，降低银的含量（这种做法叫"降低成色"）。或者，他们可以干脆减小货币的重量，这样就可以用一"磅"（或一马克）*的纯银或纯金铸造出更多的同等"面值"的硬币了。

  政府在计算重量成色各异的各种金属和钱币时有种统一的记账手段，叫作"记账货币"（moneys of account），在所有类型的交易中都使用它来记账。"记账货币"代表一种稳定的价值，一种钱币与另一种钱币进行比较时比的就是这个价值。比如说，全意大利通用的是记账货币单位是里拉（*lire*）、索尔多（*soldi*）和德纳罗（*denari*）。只有德纳罗才与一种实际存在的硬币相对应。其他两种都是虚构单位，它们的换算关系为 240 德纳罗等于 20 索尔多等于 1 里拉（一种名义上重达 1"磅"的硬币）**。类似的记账货币在欧洲到处都是，比如西班牙的马

---

  * 马克（marc）是中世纪德语区广泛使用的重量单位，1 马克等于 1 磅（pound）的一半。如同货币单位"镑"是从重量单位"磅"衍生出来的一样，货币单位"马克（mark）"也是从重量单位"马克"衍生出来的。——译者注

  ** 里拉（*lira*，复数形式为 *lire*）和磅（pound）都来源于罗马时代的重量单位 libra。——译者注

拉维迪（maravedí）、法国的图尔利弗尔（livre tournois）、尼德兰的荷兰盾（gulden）、英格兰的英镑。实际钱币和记账货币之间也存在汇率。不同种类的钱币和不同种类的记账货币之间的汇率并不会保持一致。当局首先设定一个汇率，然后铸币厂公示这个官方汇率，并以其作为收购价从商人手中购买金银条和金银币。但是最后决定权掌握在商人手里，因为如果这个汇率太离谱，他们可以选择不跟铸币厂做生意，而是以非官方汇率找别的买家。当时和现在一样，只有少数人懂得金银和货币市场的运作原理，而且只有更少的人——他们聚集在欧洲刚刚出现的金融中心——懂得如何以此牟利。

欧洲的贵金属市场经历了两次巨变。首先，15世纪70年代，葡萄牙人来到了西非几内亚海岸。1481年，一支由11艘船组成的舰队来到此地，只用了几个星期的时间就建起了圣若热·达·米纳（São Jorge da Mina）城堡（今日加纳的埃尔米纳城堡），在这里葡萄牙人同西非人换取"苏丹"黄金，这些黄金是当地人从塞内加尔河、尼日尔河与沃尔特河流域开采出来带到海岸的。1509年，葡萄牙设立了"几内亚办公室"（Guinea Office）来监管当地贸易，从他们的账本里我们可以确定当时的商业规模（1500年到1520年的贸易顶峰时期，年均贸易额大约是770千克黄金）。其后，美洲殖民地开发了新的黄金来源。仅仅一代人的时间，安的列斯群岛（Antilles）河沙里的黄金就被淘光了。截至1550年，从新世界运到塞维利亚的黄金多达66.4吨，按照当时的汇率相当于708.5吨白银。

虽然欧洲缺乏金属的货币经济得到了大量的输血，但是实际影响并没有看起来这么大。从西非运来的黄金可能只是分流了原本会由穿越撒哈拉的商队通过地中海的港口运到欧洲的黄金，而且葡萄牙人还要用一部分黄金来给他们与印度、印度尼西亚的贸易做担保，这是不可或缺的一项开销。但是，与此同时还有另一项变化影响了欧洲的贵金属供应——欧洲中部的银矿和铜矿突然兴旺了起来——它与海外黄金流入基本始于同一时期（15世纪60年代），在16世纪40年代达到了最高点。图林根、波希米亚、匈牙利和蒂罗尔有一些铜矿与银矿的存在早已为人所知，但是直到这时开采成本才下降到经济上可行的程度，原因在于两项与白银商品价值上升有关的技术创新。

  第一项创新是新的化学工艺，即在银铜矿石冶炼时可以加入铅把银从铜里分离出来；第二项是排水技术的改良，效率更高的抽水机可以利用水力和马力把深井里的水抽干。16世纪30年代，白银产量达到顶点，平均每年产银88.18吨。艾斯勒本、安娜贝格、马林贝格、约阿希姆斯塔尔（Joachimsthal）和库特纳霍拉（Kutná Hora）变成了淘银热之城。奥格斯堡的富格尔家族在一片繁荣中发了大财，正是欧洲经济繁荣的发源地孕育了路德的宗教改革。*

白银、贸易与战争

  白银开采过程复杂，成本也高，而且重量又大，难以运输。种种困难解释了为什么1530年之前欧洲几乎没有从新世界进口白银。但是，之后事情有了巨大的改观。1521年西班牙人到达墨西哥南部，之后欧洲的远征队挺进了奇奇梅卡（Chichimeca）。1546年，当地人给

---

* 马丁·路德1483年出生于艾斯勒本（Eisleben）。艾斯勒本、安娜贝格（Annaberg）和马林贝格（Marienberg）都属于萨克森。路德最重要的支持者和保护者是萨克森选帝侯约翰·腓特烈。——译者注

其中一支队伍的首领（胡安·德·托洛萨，一名巴斯克贵族）送了一块白银矿石作为礼物。同一年，一个小型采矿点在海拔2 400米的萨卡特卡斯（Zacatecas）建立了起来。1550年，由于不了解当地习俗，探矿员引发了与萨卡特克人（Zacatecos）和瓜奇奇尔印第安人（Guachichile Indians）的边境战争。探矿员还在瓜纳华托（Guanajuato）和帕丘卡（Pachuca）找到了更多银矿。银矿石产银量下降的问题引发了西班牙商人巴托洛梅·德·梅迪纳（Bartolomé de Medina）的好奇心，他在1554年从西班牙带来了新的提炼工艺（真正的起源可能在德意志）。新工艺首先需要修建一个平台，然后将磨碎的银矿石与水银和盐水溶液混合铺在平台上。这种黏滑的混合物要在太阳下暴晒数个星期，直到白银与水银完全混合。墨西哥白银的开采与提炼仰赖于从欧洲进口的材料、技术和装备。这些装备包括钢铁制成的工具、发热灯和灯油、碎石机以及马匹。水银需要从西班牙南部的阿尔马登（Almadén）用皮袋运过来，从1563年到1645年，当地的水银生产都由富格尔家族负责。

与此同时，离太平洋640公里的上秘鲁（今天的玻利维亚）的西班牙人定居点开始了另一场大繁荣。1546年，安第斯山脉中海拔超过3 900米的小镇波托西（Potosí）旁边的里科山（Cerro Rico，意思是"富饶之山"，这个名字如今已家喻户晓）发现了银矿。16世纪50年代后期，地表的矿石开采殆尽，西班牙人开始使用混汞法处理低品位的矿石。1572年，第一座人工水库落成，后来附近的山上修建了20多座水库，储蓄了成千上万立方米的水，用来驱动水压锤把矿石粉碎。截至1600年，这里已经有大约125个矿石工坊，小镇已经成长为居民人数超过10万的城市。没有第二座山产生过这么丰富的财富。

1570年，墨西哥和秘鲁有1.5万名矿工，从事赶骡、赶车、制盐等工作的人有这个数量的3倍之多。矿工和与危险的水银打交道的工人的死亡率十分骇人。1590年到1620年是中南美洲白银生产的鼎盛时期，官方年产量超过220吨，但是这个数字有严重遗漏——可能有多达三分之二的产量没有得到登记。17世纪同时代的尼德兰报纸登载的从西班牙美洲殖民地进口的白银数量与官方数字差距太大了，因此大约在1620年后官方通报的塞维利亚到岸白银数量体现的生产显著下滑可能并不像我们从前以为的那样如实反映了欧洲白银流入的衰落。无论如何，到1600年，波托西生产的白银大约有四分之一翻越安第斯山，通过拉普拉塔河，到达巴西、里斯本和欧洲市场。其余的大笔白银则跨过太平洋来到马尼拉，然后前往中国。欧洲海外扩张的早期成果之一是，欧洲人成了全球白银贸易的主导力量。

这种投机生意在欧洲最大的获益者是西班牙王室。它承包了跨大西洋的水银供应并且从中获利，它向生产出来的每一根银条征税（在墨西哥是10%，在秘鲁是20%），而且还要收一笔手续费。这些白银在殖民地港口转运时，在到达塞维利亚接受殖民办公室（Colonial Office）登记时，在从塞维利亚出口到欧洲其他地方时，都要向西班牙王室交各种杂税。王室收入的增长让查理五世有经费在意大利、北非、地中海、德意志和佛兰德斯展开军事行动。查理五世的帝国建立在与供应商的合约（*asientos*）的基础上，合约提供了帝国所需的一切，从水银、贷款（*asientos de dineros*）到所有军事物资。卡斯蒂利亚财政部（*Hacienda*）的一项重要任务就是使收入和支出相配，有时收入是不规律的，而支出却是紧急而必需的。事实上，王室把白银当成了领主田地上的庄稼，想收割或需要收割的时候就会出手。在困难的时候，王室会把到达塞维利亚的私人白银直接扣留，强迫所有者接受公债（*juros*）作为回报。王室把可以预见到的白银收入换算成公债利息，公债利率非常诱人（5%～7%），所以总有人愿意接受公债。当王室无法执行合约的时候，它也把应付款项转换成长期公债。随着贵金属的涌入，卡斯蒂利亚财政部的借款能力节节攀升。西班牙哈布斯堡皇室的财务主管不仅可以依靠西班牙的商业银行家，也可以向全欧洲查理五世帝国治下的其他银行家借款（奥格斯堡的韦尔瑟家族和富格尔家族、安特卫普的谢茨家族等）。后来，王室出现债务违约，这些银行家族损失惨重，于是受西班牙影响的北意大利城市热那亚和克雷莫纳的商业银行家（比如斯皮诺拉家族、格里洛家族、阿菲塔迪家族）把他们取代了。

到了16世纪下半叶腓力二世统治时期，国家借贷已经复杂到了令人目眩的程度。西班牙哈布斯堡帝国的军费继续扩张，尤其是在西地中海和佛兰德斯。政府公债发行数量之大已经威胁到了国家的偿债能力。尽管腓力二世三次宣布国家破产（1557年、1575年和1596年），但他还是确保公债持有者能按时领到利息，他之所以能这么做，唯一的后盾就在于新世界源源不断的白银收入。腓力四世（1621—1665年在位）时期金融危机不断，白银收入下滑，但是美洲来的白银仍然保证哈布斯堡治下的西班牙能获得充足的偿债能力去参与三十年战争。新世界白银的重要性随着其他收入来源的衰落变得更加突出。当白银船队到岸的消息抵达宫廷，马德里会宣布举行公开庆典。因为王室在白银船队没能到岸时扣留了大量塞维利亚的商人资产，所以1621年到1640年王室多发行了500万杜卡多（*ducados*）的公债。

可以想见，美洲白银就像给欧洲各政权打了一针肾上腺素，刺激了他们对战争的胃口。美洲贵金属不仅支撑了哈布斯堡帝国的野心，也为它的敌人提供了资金。贵金属的开采和运输过程是由商人主导的，不是由国家主导的。塞维利亚的船主、船长和商人构成了强大的美洲殖民商业行会（被称作 *consulado*）的核心。塞维利亚的商人行使了银税包税人的职责。他们订立合约提供船队，支付船员的薪水。在经手塞维利亚从美洲进口和向美洲出口的商品、估测在殖民地出售什么可以盈利等方面，他们承担了不可缺少的角色。当时外国商人会通过驻塞维利亚的代理人赊账购货。等船队从新世界抵达，这些账目就可以用白银收入结清。美洲白银流到塞维利亚，但是旋即又流向四面八方——法国、英格兰、佛兰德斯的商人用谷物、纺织品、盐和制成品与白银交换，然后这些商品又进入美洲市场。直到17世纪早期之前，塞维利亚商人都担当了北方欧洲商人的代言人。

此外，往来于新世界的贸易网络和白银网络变得很像老旧的供水管道——到处都是漏缝，而且压力越大，漏得越厉害。尼德兰与英国的走私者（"interlopers"）建立了可以直接与西班牙美洲殖民地做生意和破坏西班牙白银船队的基地。白银逐渐从秘鲁经陆路渗入今天的阿根廷，然后从那里运往欧洲市场。走私几乎成了一种制度化的行为，以至于腐朽的西班牙垄断者不得不容忍美洲殖民地的这种状态。哈布斯堡军队在佛兰德斯的存在导致的贵金属转移更是激化了这一趋势。西班牙、意大利、德意志的雇佣兵，甚至连尼德兰自己的雇佣兵，都通过与供应商签订合约的方式得到了武器、给养和装备，所有合约都以新世界的白银（或用白银购买的黄金）来结算。实际上白银向西北欧的流散加速了这一地区的货币化。它打破了原有的经济平衡，让欧洲发达的北意大利-莱茵兰轴心向北迁移。它为西班牙的敌人提供了资金，三十年战争结束时,这些敌人击败了西班牙。

新世界的贵金属满足了不断增长的军事冲突的需求。这些贵金属也有通过加强商人手中的权力产生社会变化的潜力。在一些地方(比如新生的尼德兰共和国),此类社会变化确实发生了,但是它们并没有在更大范围内发生,因为欧洲各国把太多货币财富投入了军事冲突。这种投入造成了社会货币转移(socio-montary transfer)。货币被投到别的事业中,比如军功霸业、贵族世家、官员精英,以及保卫宗教正统。白银流入了西班牙哈布斯堡的将军和军队的腰包,满足了帝国的官员及其家属、外交官和眼线的生活方式。西班牙的社会精英——贵族和显贵、教会和慈善组织——大量买入政府公债,这些公债持有者在哈布斯堡王朝面临困难时提供了极为重要的政治忠诚。西班牙的敌人也出现了相似的社会货币转移过程。这一过程在尼德兰共和国的类国家结构(state-like structure)中也造就了一批显贵精英,他们不想炫耀自己的财富,甚至觉得富有令他们感到尴尬不安,于是他们把财富投到另一套保守主义价值观中。法国作为一个兴起的绝对主义国家,本身就是一个强大的货币转移工具,它将金钱转化为官僚特权和军饷。波旁王室让新老贵族的豪宅、美服和贵族作风等炫富方式都变得正当了。

贸易与信贷的基础

这一时期欧洲几项最大的转型恰恰最为人所忽视,西欧和中欧部分地区金融的复杂程度不断加深。人们对信贷的态度有所放宽,债务在私人和公共生活中开始起到更大的作用。最重要的是,商业的交易成本下降了。运输变得更容易，借款变得更简单，携款转移的成本也降低了。人们可以在主要港口为货船和船上的货物投保（安特卫普的保费是每月每艘船及船上货物的价值的 1%），和平时期保费也下降了。信息的采集来源和传播范围比以前更加广泛，这样的信息流减少了贸易风险。到 1600 年，商人可以在欧洲许多贸易中心了解到公开的大宗商品价格和汇率。利率经历了一场"静悄悄的革命"。只要一个地方的政治局势稳定到市场可以运行的程度，那里的利率就会下降。新的金融工具的出现让人们可以用多余的财富进行更广泛的投资。商业行为变得更加复杂多元。零售业也趋向于专业化，尤其是在奢侈品行业。在欧洲的主要城市，专业零售店的发展促进了消费的拓展和深化。这让人们更加注意如何确保市场上的商品可以买到和送达，更加注意与之相匹配的信贷关系。但是，无法预测的意外——特别是战争和政治动荡——仍然是最主要的交易成本。

人们对借钱负债的态度的变化很难被书面记录下来。几乎每个人在人生的某一阶段都需要借钱，就连在经济没有完全货币化的地方也有许多债务需要打理。嫁妆和歉收会让农民背上债务，贸易衰退会令工匠失业，给地方的债务管理机制增添负担，无法预测的风险会造成各种商业债务。比如在罗马，1582 年一年就有大约 6% 的人因为债务原因被关进监狱。1550 年以后的一个世纪，债务诉讼都是伦敦最常见的诉讼案。威尼斯很多平民百姓会上小额钱债法庭（Justicia Vecchia）打债务官司，其中接近 40% 的原告控诉的是拖欠工钱，20% 多一点的案件与零售业债务有关，特别是酒商和药剂师控告赊购的顾客不付钱。还有 20% 的案子与各种服务业债务有关。拉伯雷的名著《巨人传》（Gargantua and Pantagruel）中，庞大固埃（Pantagruel）问巴纽朱

（Panurge）："你什么时候才能还清你欠的债？"巴纽朱答道："当炼狱冻成冰，全人类都心满意足，你是你自己的继承人的时候。"

一个人的社会地位越高，债务可能就越重。在伊丽莎白一世时期的英格兰，诺福克公爵、什鲁斯伯里（Shrewsbury）伯爵、埃塞克斯伯爵等贵族经常把他们的银盘、珠宝和不定期的收入抵押贷款，以维持他们的奢侈生活。英格兰在册贵族（England's peers）1642年的收入大约是73万英镑，但是他们的负债是这个数额的两倍。欧洲贵族的宫殿既体现了他们的债务管理能力，又反映了炫耀性消费在维持他们的社会地位中的重要性。引领贵族潮流的是欧洲的君主，而且君主们的债务远远超过他们的先辈。

债务和信贷在人的生活中是有道德内涵的。破产被普遍认为是欺诈的后果，关于破产的法律条文数量的增加似乎反映了破产频率的上升。高利贷使信贷多了一层矛盾的道德属性。人人都同意高利贷是一种宗教意义上的罪，多数人认为它也是一种法律意义上的罪。但是人们在什么样的贷款才算高利贷上无法达成共识。在宗教原则和世俗法律中，高利贷指的是放贷后保证回款、收回的钱比本金多、贷方不用承担任何风险的贷款行为。人文主义者和神学家开始从《圣经》基础和逻辑基础两个角度质疑这种定义。《旧约》的规则对基督徒有约束力吗？如果有的话，宗教意义上的罪只有在行动与意图相同时才会发生。以财产年金（抵押贷款的一种）为例，人们可以说，钱被用来购买借出去的钱产生的利益的权利。年金可能看起来是一种贷款，但是实际上它是对权利的买卖，权利来自土地或资产，而后者的价值是真实存在的。

通常来说人们会透过宗教的视角来讨论这些问题，宗教是人们审视、经历和评判现实世界的棱镜。在这场辩论中，新教神学家既有内部分歧，也有与天主教神学家的分歧。路德的心态比较保守，他对宣传高利贷的说法非常不信任——为此他和好与人争论的天主教神学家约翰·埃克（Johann Eck）展开了论战。不过路德承认在某些情况下放款生息是合情合理的（比如学生贷款）。加尔文则受到了精明的法国法学家夏尔·杜摩兰（Charles Dumoulin）的影响。杜摩兰认为高利贷应当依据贷款的情形区分对待，问题的关键在于利率的合理程度。他说，对以钱生钱的人放款生息本身没有什么不对的。加尔文在1545年的一封私人信件中吸收了这一观点，不过他告诉收信人不要让外人知道这封信。

1550年出版于英格兰的小册子《市场，又名高利贷者的集市》(*The Market, or Fayre of Usurers*) 嘲讽了斯特拉斯堡的新教改革家马丁·布策尔（Martin Bucer）的观点。这本小册子是一篇想象的对话录，辩论双方是帕斯奎尔（Pasquil）与高利贷者，后者（布策尔的化身）主动论证高利贷未必是一种罪："我说的不是你想的那种利率奇高的高利贷，而是一项合理的、体面的幸福事业。"帕斯奎尔的答复反映了这一时期对这些问题的传统思维。世上只有两种贷款：一种出于"基督徒的善心"，是为上帝之爱的缘故自愿借出的，另一种出于贪婪之心——对贷款收利息无异于盗窃。到了对利率立法的时候，讨论就必须以现实世界的实际状况为基础了。1545年英格兰议会通过法案允许利率最高不超过10%。尼德兰共和国政府只会管控反社会的高利贷，但是荷兰归正会（Dutch Reformed Church）1581年颁布教令规定绝不允许放贷者（包括他们的仆人和家人）参与圣餐礼，除非他们公开宣布他们痛恨这种放贷的营生。

货币市场还没有完全开放，而它的复杂和精细程度已经有了显著增长。年金制度拓展了欧洲的信贷来源，人们可以将他们的土地"永久"抵押（也就是说这份年金可以让后代继承）。比土地年金更有吸引力的是公共收入年金，一个贷款人可以向市政府或国家政府一次性借出一笔钱，从此每年都可以从政府领取年金，期限为"永久"或"终身"。这种年金非常流行，而且对双方都有好处。1520年，教皇宣布年金不违反高利贷法，属于合法行为。此后教皇国便充分利用年金来筹资，其他政府也是如此。到17世纪的前十年，教皇国以年金形式负担的各种债务（monte）高达1 000万斯库多（scudi），支付年金利息差不多占用了政府经常收入的一半。1600年时热那亚的应付年金高达391.65吨白银，它对于这个资源不算丰富的城邦来说是一笔巨大的开支。

尼德兰的公债发行开启了一场金融革命，先是荷兰省的城市（阿姆斯特丹、多德雷赫特、豪达、哈勒姆、莱顿），然后是荷兰省本身成为哈布斯堡领主债务的担保人。这场金融革命重新定义了尼德兰统治者与被统治者的关系，荷兰省从此走上金融独立之路，后来尼德兰起义期间这种金融独立对尼德兰的生存发挥了重大作用。据估算，1557年6月腓力二世宣布破产时，卡斯蒂利亚的经常性收入（1559年为5.3亿马拉维迪）负担了5.427亿马拉维迪的公债利息。每次破产都会导致公债规模扩大，因为与债权人的协议总会包含将短期债务转换为长期年金的安排。因为卡斯蒂利亚王国的全年收入都被用来支付公债利息，所以可支配的收入只剩下从东西印度群岛来的财富、不定期的教会补贴，以及三年一次的卡斯蒂利亚等级会议（Castilian estates）拨款。

自1522年起，法兰西王室也发行年金，发行单位是巴黎市政府一个据称独立的部门——巴黎市政厅年金局（*rentes sur l'hôtel de ville de Paris*），年金利息由专项财政收入支付。仅亨利二世（1547—1559年在位）一朝就发售了大约680万利弗尔的年金。截至1600年，法国发行了2.97亿利弗尔的年金，这个数字是王室年收入的15倍。法兰西王室发售的年金（法语为 *rentes*）越多，贴现发售的频率越高，王室收入负担的利息支出就越高，于是就会出现利息到期未付（实际上意味着王室破产了）。同盟战争结束之后，亨利四世的财政大臣叙利（Sully）公爵安排了一次有选择的利息违约。天主教同盟（Catholic League）战争期间贴现发行的年金就这样被单方面取消了。1600年之后，法国的一大问题是，如何约束拥有最高统治权的国王偿还他欠臣民的债务，或者到底存不存在办法约束国王。

需要借钱的城市居民可以求助于各种各样专业或兼职的典当商和放债人。消费的增长使人们有种类和数量更加繁多的商品可以用来抵押。许多地方的金匠、银匠和珠宝匠都兼任放债人。在意大利半岛以外，放债人经常被称作"伦巴第人"（许多街道名称反映了这一历史传统），另外尤其是在德意志和东欧，犹太商人也提供了范围广泛的金融服务，但特别值得注意的是，在欧洲南部出现了越来越多的慈善机构以保护穷人免遭高利贷者的侵害。作为意大利半岛宗教改革运动的自然产物，这些宗教基金会——公典行（Monti di Pietà）——的规模和数量在接下来的一个世纪里都得到了增长。大多数公典行的资本来自慈善捐赠，有时捐赠者会指定善款只能作为对穷人发放的低息贷款。大型公典行积累起可观的资本（罗马、维罗纳或都灵的公典行资本金都远超50万达克特）并且提供储蓄业务，出于某种尚不明确的原因，这种面向穷人的银行业在阿尔卑斯山以北发展得很不完善。原因肯定不是有心人不够努力。英格兰议会1571年考虑过此类提议，而佛兰德斯编年史作家兼企业家彼得·范·欧德格斯特（Pieter van Oudegherste）1576年向腓力二世提交了一份在西班牙帝国全境设立银行和典当行的方案。这一方案从来没有得到实施，不过尼德兰市镇确实建起了一些贷款行，最有名的是1614年建立的阿姆斯特丹贷款行（Huis van Lening）。1600年后，西属尼德兰建立了更多贷款行。

私人储蓄银行也出现了，它们大多由商业银行家及其代理人运营，业务局限于大型城市中心。16世纪70年代，随着直接转账银行（giro-banks）发展到了一定程度，银行开始接受存款转移（girata），可转让支票（polizze）才缓慢地在意大利出现。所有这些私人银行在贷款方面通常都采用部分储备金制度（fractional-reserve system），理论上应该可以保证他们的稳定性。可是实际上有许多银行倒闭了，储户的存款也有去无回，结果加深了人们对"银行就是骗傻子钱"的印象。

对于商业精英而言，更重要的是汇票的普及。汇票是一种现成的工具，让商人可以相互远程汇款。随着汇票的法律地位和市场信用逐渐稳固，它成了商人兑换外币、偿还外债、实施交易的主要手段。"做生意不能没有汇票，"一个安特卫普的商人说道，"就像航海不能没有水一样。"精明的商人可以从汇票交易中获利，因为处理汇票需要时间，如果在这一时间段里汇率出现了变动，交易双方的其中一方就可以得到一笔合法收益。法庭逐渐承认汇票可以在不同行为主体间转让，这种认可从采用普通法的英格兰开始推广，随后扩散到整个欧洲。于是，商人发展出自己的长期借贷方式，或者反复改写（re-scripting）同一张汇票，或者用不同的贴现率转让汇票。到1650年，汇票已经成为复杂的多边商业支付体系中一个重要的组成部分。

贸易和金融的繁荣需要新闻的滋润,来自其他贸易中心的"最新建议"在商业决策中有举足轻重的地位。欧洲商业精英留下来的档案文献充满了时事通讯和书信,内容从家长里短到商品价格不一而足。1568 年到 1605 年奥格斯堡富格尔家族的 1.6 万份通讯让我们可以见识这个对行业了如指掌的家族是如何获取新闻的。富格尔家族在几大商业中心(安特卫普、科隆、威尼斯和罗马)都设有代理人,他们手抄的报纸涵盖了全欧洲乃至新世界、印度和中东的各种新闻。这些报纸翔实地记载了各类事件,从新王的加冕典礼到普通的街头犯罪,应有尽有。其中一期写到这样一个故事,一个债务人在盛装游行中扮演基督,却被打扮成犹大的债主抓住了。1582 年,多期报纸连篇累牍地报道了伊斯坦布尔为了庆祝时任苏丹穆拉德三世(Sultan Murad)15 岁的儿子穆罕默德(Mehmed)的割礼而举行的为期 51 天的庆典。报纸也开始定期通报大宗商品价格和汇率,这是我们能看到的能反映 1600 年时欧洲主要贸易中心的最早例证。

当时这些贸易中心一般都会有一间交易所,在这样的建筑里商人一年四季都可以做生意,而且附近还有其他商店设施。那不勒斯的交易所位于集市广场(Piazza del Mercato)的凉廊,威尼斯的交易所位于里亚尔托广场(Campo di Rialto),那里是城市商业区的中心。汉堡 1558 年建立的交易所模仿了安特卫普 1531 年开业的交易所,1569 年落成的伦敦交易所楼上有很多商店(有些还是女性开的)。商店与市场和集市并立,反映了欧洲零售业正在日益复杂化。伦敦的齐普赛街(Cheapside)在 16 世纪是全城最长最宽的大街,也是伦敦市场区的心脏。食品市场占了半条街,文具店和书店占了另外半条街,街边楼房的一楼门面被用来出租。1599 年,来自巴塞尔的医学生托马斯·普拉特（Thomas Platter）欣赏橱窗时赞叹说，他在"赤裸的男孩"、"平底煎锅"和"蚂蚱"（这些都是齐普赛街的店名）里看到了"琳琅满目的珍宝和大量的金钱"。室内商店能提供一种剧场式的购物体验。威尼斯的新工厂（Fabbriche Nuove，修建于1550—1554年）是位于里亚尔托的一栋全新的大楼，正对着大运河（Grand Canal）。意大利北部的小城（伊莫拉、朋波内斯科、卡尔皮和加佐洛）都留下了这一时期重新设计、商店林立的中央街道与广场的痕迹。图书经销体现了更为广泛的趋势。1600年时，印刷商、出版商已经发展出了一套批发手段来把他们的产品推向市场，这些手段涉及广告、国际展销会上分发的图书目录、代理和经销等方方面面。但是，越来越多的在店售书的书商才是最了解地方市场的人。

"资本"（capital）这个词在这一时期指的是商人或机构得到的资金，不过其他相同含义的术语其实更加常用。这一时期欧洲的资本主义不是围绕金融结构（银行、信用状等）、工业生产和雇佣劳动的增长而组织起来的。信用、商业和交易都是由私人机构完成的，而欧洲的商人更愿意投资于土地、爵位、官职或慈善事业而不是工业生产，因此他们的投资是不可变现的（无法轻易地转化为流动资产）。个人关系和因人而异的信誉评估总是必不可少。欧洲商人的企业是家族形成的网络，而且企业之间常有民族或宗教上的联系。这些家族企业为欧洲的商业联系起到了一定的稳定作用，不过其中大多数都秉持机会主义，无论什么有可能盈利的生意都会插一手，而且寿命往往不超过三代人。

欧洲的金融体系在变化万千的环境下发展得越来越好。它不需要代议制机构，不过稳定的国家有利于它的运行。政府欠债不还，它也能坚持下去，不过政府降低成色扰乱货币的做法会对它造成巨大的破坏。它对利率不是特别敏感，而且它为能提供专业服务的代理人和中间人创造了充足的机会。到 1650 年，经纪人在任何地方都比以往更加重要。有这么多的金融家及其代理人，这么多不透明的交易，诈骗的出现在所难免。整个体制并没有看起来那么安全。

水涨船高

通货膨胀是 16 世纪到 17 世纪早期一个无法逃避的现实。巴黎市场上 1 塞提埃（setier，谷物用的容积单位，等于 12 蒲式耳或 0.44 立方米）上好的小麦的价格从 1500 年的 1 利弗尔多一点涨到 1550 年的 4.15 利弗尔，再到 1600 年的 8.65 利弗尔，直至 1650 年的 18 利弗尔。虽然年均涨幅并不算大，但是累计来看，这是有史以来最长的持续的通胀时期。这一现象挑战了基督教世界对"什么构成了财富和回报"的认知。

围绕是什么引发了史无前例的"高物价"，16 世纪的人展开了热烈的讨论。他们发现了货币存量的增长与物价的上涨之间的联系，尽管他们仍不清楚数量充裕和价值下跌之间的关系。波兰天文学家尼古拉·哥白尼（Nicolaus Copernicus）全面论述了国家铸币时降低成色产生的后果，他指出"货币数量太多就会贬值"。弗朗西斯科·洛佩兹·德·戈马拉（Francisco López de Gómara）在 1552 年出版的《印度通史》（Historia General de las Indias）中推测，美洲物价的上升是"印加帝国的财富流到西班牙人手中的结果"。萨拉曼卡大学著名的奥古斯丁派（Augustinian）教授马丁·德·阿斯皮利奎塔（Martín de

Azpilcueta，又被称作"纳瓦鲁斯"，因为他出生于比利牛斯山脉西部的纳瓦拉）在1556年出版的论高利贷的专著中总结出这一论点："其他条件相同的情况下，适销商品——甚至连同人的劳动——的价格在货币匮乏的国家比在货币充裕的国家要低得多。"在阿斯皮利奎塔和其他萨拉曼卡大学教自然法和道德神学的学者眼中，问题在于怎样既服从这种市场的力量，又兼顾社会正义的需求，保证公平的物价和保护穷人的利益。

通货膨胀究竟是不是从新世界流入的白银造成的？有据可查的物价上涨和白银流入之间的联系并不如我们以前认为的那么紧密。通货膨胀早在16世纪白银流入之前就开始了，而1600年后的白银漏报又打破了此后两者的相关性。但是，这些出入并没有推翻我们通常的认识——通货膨胀确实与货币供给的大规模增长有巨大的联系，这是有扎实的经济学依据的。与之相关的问题则是：货币供给的变化为什么没有造成失控的通货膨胀，而只是造成了逐步的物价上涨？我们只能怀疑，也许是一系列重大而偶然的巧合，让欧洲的贵金属横财中很大一部分被用于鼓励与远东和俄国的贸易去了。没有后者作为安全阀，欧洲的"白银时代"会迅速演变成一场灾难。

当然，欧洲统治者对于这些一无所知。欧洲各类君主铸币时降低成色的做法充分反映了这一点，他们的做法对货币供给造成的影响与白银流入毫无二致。降低成色的目的是减轻硬币的重量，或者说减少硬币中贵金属的含量，由此以同样数量的贵金属铸出更多给定面值的硬币。这种做法的好处如此诱人，以至于每隔一段时间君主就会故技重演。1521年至1644年间，勃艮第-哈布斯堡政府12次降低银币的成色和重量。从1520年左右到1650年，英格兰铸币的含银量降低了 35%，其中大部分是亨利八世统治后期开始的"大贬值"（Great Debasement）政策造成的，1544—1553 年这十年，英格兰经济陷入了疯狂状态。法国连续多年采取降低成色的做法，以至于 1650 年左右法国主要银币白埃居（écu blanc）的含银量不及 1488 年的一半。德意志的铸币厂仗着自己的特许权大肆降低铸币成色，民众相信他们痛恨的"假币"和"伪币"都是这些铸币厂生产的，他们把这一时期称作假币时代（Kipper und Wipperzeit）*，并且相信这是世界末日到来的前奏。就连在整个 16 世纪都没有降低过铸币成色的西班牙王室，也在 1607 年决定降低小额硬币的成色，结果酿成了灾难。

　　降低成色的做法激起了时人的讨论。英格兰的托马斯·史密斯爵士（Sir Thomas Smith）在（早已写成但 1583 年才出版）的《盎格鲁共和国》（De Republica Anglorum）中将其视为君主编织的骗局。海峡对岸的法兰西王室的货币专家、马莱斯特鲁瓦（Malestroit）领主让·谢吕耶（Jean Cherruyer 或 Jean Cherruyl）认为，连年的降低成色意味着通货膨胀"想象"的成分比现实的成分更大。物价上涨是一个悖论（也就是说，民众的幻觉）。物价没有上涨，排除掉降低成色造成的影响，同样数量的白银买到的谷物其实和以前一样多。两年之后，他的观点遭到了崭露头角的法国法学家让·博丹的反驳。博丹对马莱斯特鲁瓦的"悖论说"的"回应"以实证数据为基础，指出确实存在严重的通货膨胀。博丹（至少在第二版著作中）倾向于认为这是美洲白银流入的结果。他甚至更加坚定地认为，这是暴政——君主为了伪造货币不

---

　　*　硬币造假的常见做法是将足值银币切割熔化，混以其他廉价金属然后重铸为新的硬币。Kipper 指的是切割硬币的行为，Wipper 指的是通过摆弄天平将足值的硬币挑出来的行为。——译者注

惜牲公共利益——的迹象。人们理应持有贵金属含量与面值相当的钱币。博丹知道铸币政策与良好政府之间有着莫大的关系，但后来，共和国的价值观逐渐被他要求人民服从于君主的绝对意志的越发严厉而专制的口吻遮蔽了。

到 17 世纪，已经有人把矿物财富视为斟满毒酒的金杯。"哥伦布曾向我们的一位先王献上黄金，"英国政治思想家詹姆斯·哈林顿（James Harrington）写道，"幸好他并未轻信，而另一位君主饮下了这杯毒酒，害了他自己的人民。"* 杰出的西班牙外交家迭戈·德·萨维德拉·法哈多（Diego de Saavedra Fajardo）在 1640 年出版的《政治事业》（*Political Maxims*）中赞成这样的观点：上帝特意将贵金属精确地掩埋在土地中，这样人们使用的贵金属的数量就刚好不会超过商业用途的需求。无限的财富——比如来自墨西哥和秘鲁矿藏中的贵金属——都是"愚人金"（fool's gold）。"谁会相信新世界的黄金可以用来征服旧世界？"他这句话是对尤斯图斯·利普修斯** 那句名言的呼应。

比金钱价值的辩论更深一层的，是人文主义者以古典思想为基础关于事业（negotium）与闲暇（otium）的正确关系的大讨论。亚里士多德曾教育说，积聚财富是良好家政的自然组成部分，但是不应超过必需的限度。否则，积聚财富的人会受到财富的腐蚀。但是，也有人——比如荷兰政论家德克·弗尔克松·库恩赫特（Dirck Volckertszoon Coornhert）——认为，商人也可以是好基督徒，只要他

---

* 1489 年哥伦布曾派自己的弟弟向英格兰国王亨利七世争取过远航的资金，但是遭到了拒绝。——译者注

** 尤斯图斯·利普修斯（Justus Lipsius, 1547—1606），佛兰德斯人文主义者，哲学家。他在《政治六论》（*Politicorum sive Civilis Doctrinae Libri Sex*）中写道："想要盟友或士兵吗？有钱就行。任何东西都可以用金钱收买。想要消灭敌人攻取城镇吗？有钱就行。没有什么东西坚固到不能被金钱征服。……简而言之，神的世界与人的世界都服从于美好的财富。"——译者注

积累财富是为了用于有益的事业。然而到了 17 世纪，这场讨论发展到了一个新阶段。17 世纪 30 到 40 年代的法国知识分子大胆地提出：自爱（*amour propre*）可以促使人做出合乎道德的行为，在共有却自利的追求之上也可以建立起友谊，追求财富本身并不一定导致腐败，它反倒符合全人类的利益。荷兰法学家胡果·格劳秀斯（Hugo Grotius）认为，自然最基本的法则是自我保护，所以最自然的人权就是自利（self-interest）。因此，追求自己的利益（包括积累个人财富）并不必然是一件坏事。虽然这些想法尚未成为主流，但是它们作为一种标志可以反映出 1650 年时的欧洲从宗教改革前夜主导基督教世界的道德共识出发已经走了多远。

曾与法国知识分子共事的托马斯·霍布斯在 1651 年出版了《利维坦》（*Leviathan*）。书名"利维坦"指的是《圣经》中的一种海怪，人们通常认为这种怪物极其可怖，负责看管地狱的大门。在霍布斯的笔下，"利维坦"是道德中性的主权者，主宰着芸芸众生，众生则依照自己的欲望和愿望行事。这些欲望和愿望在霍布斯看来是无所谓善或恶的："这些词从来都和使用这些词的人有关，任何事物都不可能单纯地、绝对地是善或是恶。"在自然状态下，所有人对所有事物都拥有权利，"甚至包括对另一个人的身体的权利"，所以自然状态是一个相互竞争的丛林，"人的生命孤独、贫困、污秽、残酷而短暂"。按照霍布斯的说法，恰恰是自利者审慎的合作，创造了主权者的权力，人类同意放弃他们一部分的竞争本能以换取法治，从而建立一个文明社会。然而，在霍布斯的书中，唯独主权者可以规定追求财富和利润本身是善还是恶。当时的读者从这本书的字里行间窥探到了一种全新的政治观——社会的道德规范全凭君主，君主说怎样便是怎样。

第五章

贵族的追求

骑士精神的命运

贵族存在的意义在于以武力保卫基督教世界，骑士制度是教会为了这个目的建立起来的。它的核心在于册封（或祝祷）仪式，骑士通过这一仪式蒙受恩典，从而有能力去履行作为基督徒的使命。军事团体的仪典和礼节所推崇的贵族骑士守则在中世纪后期逐渐发生了变化——某种程度上是受到了诸多指导手册和迅速发展的方言浪漫文学的影响——发展为一种更普遍化的道德风气。对骑士精神正在衰落的抱怨在1500年时已经司空见惯，但是早期以方言出版的骑士传奇诗歌与散文仍然大行其道，最经典的一部是《高卢的阿玛迪斯》（*Amadis de Gaule*，法国骑士冒险小说，改编自更早的西班牙故事）。这是年轻的腓力二世最喜欢读的一本书，1548年在班什*安排的亚瑟王式传奇

---

* 班什（Binche），尼德兰南部城市，位于今天的比利时。1549年8月，查理五世与王储腓力驾临班什，时任尼德兰总督、查理五世的妹妹玛丽组织了一场为期七日的盛大庆典。庆典以一名骑士闯入皇家宴席、请求腓力援救一座被邪恶的魔法师控制的城堡开始，继以连日的马上比武与舞会，最后以腓力本人如亚瑟王般拔出神剑打败魔法师告终。——译者注

就是为了满足他的骑士之梦而策划的。册封仪式和马上比武这种骑士仪典在宫廷里十分流行，直到 16 世纪末才逐渐式微，这进一步证明，在贵族精英从日渐残酷的战争里抽身而出之后，骑士精神为他们提供了一个虚幻的世界，在这个世界里只有完美无瑕、温文尔雅的骑士，没有烦人的教士和抗议的平民。

所以，骑士精神并没有烟消云散，而是像基督教世界一样改变了含义，最后化为一种幻象。骑士精神转变为贵族的宫廷行为守则，这套守则反映出政治权力性质的演变，也反映出世俗精英被期待表现出的服从和效劳。随着保卫基督教世界抵御外敌的战争让位于基督教不同分支的竞争和各王族为推进王朝大业而展开的斗争，作为军事风气的骑士精神已经不复存在了。同一时期，贵族也发生了巨大的变化。贵族开始等同于世袭的社会地位，与军事能力脱离了关系。16 世纪到 17 世纪，大部分欧洲贵族从来没在战斗中折断过一根长枪，但是他们仍然要求保持骑士的尊严。佩戴刀剑、加入骑士团、身着骑士的标志、遵循骑士的规矩成了他们强调贵族身份的符号。

焦万尼·德拉·卡萨（Giovanni Della Casa）1558 年出版的《加拉泰奥》（*Galateo*）是一本指导贵族身份与举止的问答集，展现了骑士应有的道德准则。在个人经历和反宗教改革运动双重混乱的背景下，托尔夸托·塔索（Torquato Tasso）于 1580 年出版了史诗《耶路撒冷的解放》（*Gerusalemme Liberata*），把第一次十字军东征再度搬上舞台。爱情、英雄主义与自我牺牲在这个道德败坏的世界里成为贵族的真正标志。诗中的一个场景激发了克劳迪奥·蒙特威尔第（Claudio Monteverdi）的灵感，他在 1624 年创作了开拓性的歌剧二重唱《坦克雷迪和克洛林达之战》（Combat between Tancredi and Clorinda）。路易·德·卡蒙斯（Luís de Camões）1572 年出版的《卢济塔尼亚之歌》(Os Lusíadas)用骑士传奇歌颂了葡萄牙人发现通往印度航路的创举，而埃德蒙·斯宾塞（Edmund Spenser）的《仙后》(Faerie Queene, 前三卷出版于1590年，后三卷出版于 1596 年)将骑士精神置于一个魔幻现实主义的世界之中，当时的读者可以发现作者是在美化伊丽莎白一世对爱尔兰和尼德兰的远征。

骑士传奇之所以流行，是因为它们联系起了贵族的现实与幻想。在所有骑士传奇中，有一部作品最能揭露现实与幻想间的鸿沟。米格尔·德·塞万提斯·萨维德拉（Miguel de Cervantes Saavedra）亲身经历了一个贵族想要保卫早已不存在的基督教世界而感受到的格格不入，他把自己的感受写进了《奇想联翩的绅士堂吉诃德·德·拉曼恰》(El ingenioso hidalgo don Quijote de la Mancha, 第一卷出版于 1605 年，第二卷出版于 1615 年)中。塞万提斯出身于一个新贵家族，祖父是科尔多瓦（Córdoba）的一名商人，父亲是西班牙宗教裁判所财政处的律师，（多亏了贵族的荫蔽）同时也是上诉法庭的法官。当时有人问到塞万提斯家是不是贵族，答者说，反正他们家好像从来不用交税，穿得起丝绸衣服，而且"经常看到他们家的孩子骑着强壮的骏马参加长枪比武"。后来塞万提斯家族时运不济，家道中落，这些孩子们既要设法保持体面，又要出门闯荡世界。他们总是受到生活的欺骗。塞万提斯在塞维利亚待了一段时间，想要前往西班牙美洲殖民地，却遭到了拒绝。1568 年，塞万提斯因为在马德里宫廷所在地与人决斗而遭到通缉，于是逃往国外，先是前往罗马追随一位枢机主教，然后又去了那不勒斯。

与许多同时代的人一样，塞万提斯也在权衡做执笔贵族好还是执剑贵族好:"尽管舞文弄墨比舞刀弄枪更能让人发家致富,但是军人与文人相比仍然有种不可言喻的优越性以及某种任何人都不能比拟的光荣。"这一判断促使他与弟弟罗德里戈投身海军,参加了勒班陀战役。战斗中塞万提斯左手骨折,胸部重伤。1575 年,他在返回西班牙途中被海盗捉住了,随后在阿尔及尔的牢房里被关了五年,海盗提出了高达 5 000 埃斯库多(escudos)的赎金*。他的家人变卖了家产想要筹措赎金,并且向御前会议请愿希望得到援助,但是徒劳无功。塞万提斯自己策划的几次逃亡都是十足的冒险行动,最后三位从巴伦西亚受遣来解救基督徒奴隶的仁慈圣母会修士(Mercedarian)从一个恶名昭彰的希腊变节者海盗手中救出塞万提斯,实在纯属侥幸。塞万提斯再也无法提剑,只好拾起了笔,1587—1588 年他作为无敌舰队的军需总管派驻安达卢西亚,却因为被人怀疑贪污而被投入监狱,与此同时他的弟弟正在佛兰德斯凭着微薄的收入努力过活。

  在狱中,塞万提斯提笔写下了那部冒险小说的最初几章,小说的主角叫阿隆索·吉哈诺(Alonso Quijano),是拉曼恰地区一个农村的退休乡绅,他读骑士小说读得入了迷,茶饭不思,夜不能寐,以至于"脑汁枯竭,完全失去了理性"。他决意成为一名游侠骑士,于是穿上盔甲,给自己起了新名字叫"堂吉诃德",让一个叫桑丘·潘沙(Sancho Panza)的农民做他的侍从,驾着一匹名为"驽骍难得"(Rocinante)的瘦马上了路。堂吉诃德在这个看起来已不再是基督教世界的世界里竭尽所能地做他想象中的游侠骑士,结果屡战屡败。小说中最有名的一幕是,堂吉诃德见到地平线上出现了几个风车——埃

---

* 此处作者有误,实际上赎金是 20 万马拉维迪,相当于 500 埃斯库多。——译者注

斯特雷马杜拉十分常见的景物,同时也是西班牙帝国内叛乱的尼德兰的象征。"命运的安排比我们期待的还要好,"堂吉诃德说,"看呐,桑丘·潘沙,我的朋友,看那三十多个野蛮的巨人,我要跟它们打一仗……这是高贵而正义的战争,能把如此邪恶的怪物从地球上抹除,是为上帝立下大功。"永远讲求实际的桑丘·潘沙告诉他,这些根本不是巨人,然而堂吉诃德满脑子盲目乐观地答道:"显然你对冒险一无所知。"桑丘·潘沙的答复出现在小说接近尾声的时候:"我听说命运女神(Fortune)——别人是这么说的吧——是个喝醉了酒的婆娘,喜怒无常。"16世纪到17世纪早期,贵族的命运确实不在于保卫基督教世界,而是取决于命运女神的无常。

身份的标志

欧洲分层社会的困境在于如何缓和人与人之间的恨意。在财富十分有限、一方赚钱另一方就会亏钱的社会里,家族世仇和社会嫉恨的破坏力十分强大。宗教改革造成的宗教冲突更是强化了这种破坏能力。一个解决方法是,将举止化为仪式,将礼节化为文化,将行为方式化为社会身份。在一个有序社会里,基督教世界的凝聚力便以这些身份的标志在日常生活中表现出来。

1580年,波兰大贵族斯坦尼斯拉夫·西琴斯基(Stanislaw Siecienski)从马佐夫舍(Masovia)搬到波兰东南边境的普热梅希尔(Przemyśl),这个城镇紧邻穿越喀尔巴阡山脉通往匈牙利的要道,周围都是当地贵族的大庄园。他在这里以一处庭院为中心建造了一座崭新的宫殿。宫殿的四边象征了世界的四大洲,四角矗立的四座椭圆形塔楼象征了社会秩序的四个支柱："上帝之塔"、"教皇之塔"、"国王之塔"和"贵族之塔"。宫殿入口面朝一个湖，湖上架了一座桥连接大门和道路，大门之上有一座方形钟楼。1608 年，来访的波兰国王西吉斯蒙德三世和王后奥地利的康斯坦丝（Constance of Austria）就是在这里受到欢迎的。迎来送往是有序社会礼节的重要部分。这些礼节最为繁复的地方就是号称"贵族天堂"（nobleman's paradise）的波兰－立陶宛。在迎接的过程中要进行好几种鞠躬、握手、亲吻和跪拜礼仪。钟楼的目的在于让仆从可以观察大路，提前通报来访的贵族，这样主人好在大门迎接贵宾。帽子在礼节中是一个很重要的道具，摘帽鞠躬时帽子要刚好扫到地面。按照波兰的正式礼节，每次提到国王或教皇都要脱帽致敬。拥抱起初多多少少被认为是庶民的习惯，后来成为贵族社交礼节中不可或缺的一部分。按照礼节农民必须亲吻领主的手，而小贵族也被认为应当亲吻大贵族的手，大贵族根据对方的级别可以摘手套也可以不摘。

走路、穿衣、说话、骑马的方式都是一个人身份的标志。礼仪手册教人如何利用身体语言掌控自己的情绪和周围的空间。有一些姿势并不为这些手册所接受，尤其是这一时期的油画里经常出现的贵族男性昂首阔步的姿势。而另一个姿势———一只手拿着手杖、皮鞭或是皮手套，重心落在一条腿上，另一只手放在臀部——既可以表现政治家的自制风范，也可以暴露一个人的虚荣自负。不论如何，这个姿势都能表现出对空间、道德和政治的坚定态度。弗兰斯·哈尔斯（Frans Hals）1624 年创作的《微笑骑士》（Laughing Cavalier）并不是在对我们微笑，他是在冲着我们的脸捅他的胳膊。

家庭教师们谆谆教导何谓贵族风范，这个概念大约从 1600 年开始越来越被骑术和剑术学校所重视。它的教育常常是通过舞蹈实现的——波兰贵族引领了波洛奈兹舞（Polonaise）的兴起，旅行者常把这种舞蹈称作"行走之舞"（walking dance）。上层阶级的人更难违背社会习俗。波兰士绅曾取笑国王西吉斯蒙德三世对踢足球的喜爱。现存的波兰贵族家谱里记载了详细的礼仪规则，从如何邀请邻居一起打猎，到如何为逝者致以慰唁，再到如何祝福别人归途平安。欧洲对交流的需求是一场无声的革命，它让人们对社会身份的存在和拉开社会群体距离的各种方式有了更强烈的认识。正如克拉西琴宫（Krasiczyn palace）的四座塔楼所暗示的那样，宫廷和天主教会对表现社会身份的礼节的制定有着巨大的影响。但是影响同样深远的，是对建设一个人人清楚自己的地位并各司其职的"虔诚的共和国"（godly commonwealth）的追求。这种追求是西蒙·斯塔罗夫斯基（Szymon Starowolski）写作的动力，他出身于一个破落的立陶宛贵族家庭，一生都在为大贵族家的子嗣做家庭教师。他在《改革波兰风俗》一书中提出了一个理想化的世界，在这个世界里社会各等级的区别在于承担不同的责任。

  以社会身份为基础建立和谐社会的梦想在波兰并不是什么新鲜事。米克瓦伊·雷伊（Mikołaj Rej）是一个自学成才的波兰贵族，他的家庭并不富有，而且他本人笃信新教，后来他却晋身为一个大贵族，拥有数个村庄和一座名为雷约维茨（Rejowiec）的市镇。雷伊著述颇丰，其中1543年创作的长诗《地主、村长和神父三人之间的小争论》(*Short Conversation between a Squire, a Bailiff and a Parson*)揭露了当时的几大社会罪恶——无知的教士、贪财的律师和腐败的政治。雷伊认为世界正在变得越来越复杂，实现美德与社会和谐的理想比以前更加困难了。他想要相信贵族之家可以实现这种理想，在家内主待仆以诚，仆报主以忠，但是他在诗剧《商人》(*The Merchant*)中又颠覆了传统道德剧的惯例。剧中的商人是一个社会寄生虫，他抛弃了第一任妻子"良知"，与第二任妻子"财富"生下了儿子"利润"。在全剧最后一幕末日审判（这一幕戏仿了波兰的领主法庭）中，君主、主教和官员抬出自己的品德为自己辩护，然而徒劳无用，反而是商人得到了拯救，因为他坚信基督的恩典。简而言之，当把理想与现实世界相比照时，没有什么简单的非黑即白。

然而这不能阻止欧洲精英尽力追求非黑即白，他们推出了一系列禁奢法令，管辖范围涉及社会行为的方方面面，从用餐到着装，从葬礼上应当怎么流泪，到婚礼上什么行为是破坏秩序。欧洲立法者的精力越来越集中于这些法令上，法令的密度逐年攀升，恐怕恰恰证明他们明白自己正在打一场必败的战争。这些法令并不是假模假式的，可真正的问题在于，立法并不是阻止人们逾越社会身份的有效方法。法律管不了奢侈，反复推行的禁奢法令只是反映了对社会凝聚力衰弱的日益担忧。而且立法者们还有一个进退两难的问题——某种奢侈是应当被鼓励的，因为它可以展现统治精英的权力。17世纪上半叶的诸多悖论之一在于，一方面"有序社会"(society of orders)日趋复杂的礼仪风靡了整个上层阶级，另一方面强制执行这些礼仪的法律手段却失去了力量。有的国家（比如英格兰在1604年）撤销了禁奢法令，有的国家（大部分国家）则悄悄地把它们束之高阁。

有序社会需要下层以上层为榜样，可是这又造成了新的问题，因为它在强化阶层边界的同时也可能鼓励了逾越边界的行为。如同塞万提斯家族一样，做一个绅士意味着行为和衣着都要像绅士一样。比如，弗朗切斯科·桑索维诺（Francesco Sansovino）把他所在的威尼斯社会理想化为一个全然和谐的社会，贵族在公共场合仅穿黑色长袍，彰显共和国的生活多么井然有序。但是他也提到当时的人竞相豪奢，故意穿昂贵的衣服来引人注目。毕竟在这个城市，一个地位低下的造桨工人1633年时的遗产都能包含装满43件衬衫的6个衣箱，市场上可以轻易买到所有类型的布料，连二手服装市场都出现了。威尼斯人不仅仅会在狂欢节时盛装打扮。焦万尼·巴蒂斯塔·莫罗尼（Giovanni Battista Moroni）约1565年创作的油画《裁缝》（*The Tailor*）中的主角身穿一件华美的紧身上衣和一条深红褐色的马裤，手持剪刀正准备用一块黑色天鹅绒裁出一件贵族托加袍。这位绅士到底是谁？放眼欧洲各地，界定高贵出身的身份标志都在变得越发复杂。这是一个我们不难理解的悖论：人们愈加固执地表达着对有序社会的憧憬，不断下降的社会凝聚力却在阻碍理想的落实。

血统

欧洲贵族是一个差异巨大、根深蒂固、适应力强的群体。对财富、权力和地位的掌握需要他们时时刻刻做出调整，有时这种调整是残酷无情的。在欧洲一些地区，贵族的资源基础集中于土地所有权；在另一些地区，贵族的资源还包括其他投资与活动。这是一场适者生存的竞争，毕竟在整个欧洲社会里没有比贵族更具破坏力的阶层了。这个阶层里最弱小的成员——血统或许深厚但资源匮乏的穷困贵族——纷纷走投无路，再也无法维持他们地位所需的生活水平。取代他们的是新鲜血液，这些新贵或者因为有功于王室或国家而被拔擢为贵族，或者通过下嫁婚姻（地位高的女性与地位低的男性的婚姻）跻身贵族——如果没有下嫁婚姻的保护，欧洲贵族肯定早就绝迹了。支撑贵族等级与特权的思想并不立足于对基督教世界的贡献，而是立足于血统。

系谱学具有极强的《圣经》合法性，《圣经》中从《旧约》里的先祖到基督本人是一脉相承的。系谱学基本上只看父系，因为《圣经》里的系谱多数都是父子相承。不是只有贵族或上层阶级才讲究血统，甚至不是只有人类的血统才值得重视。血统既是个人的，也是团体的，就连动物界也有自己的血统。系谱学对现实有直接而实际的影响（谁继承遗产，谁继承爵位），但是它也是继承权与合法性理论的关键。欧洲所有的习惯法最在意的都是血统的延续问题，不过有很多种方法可以确保血统得到延续。这一时期，血统是合法性最有力的依据。祖先崇拜提供了维持现状的正当理由，而且祖先崇拜激励人们为不负祖先之名而奋斗。德文郡有个家境一般的贵族家族，很不幸地姓萨克比奇（Suckbitch），他们知道他们之所以要保留这个姓是因为——正如16世纪后期一位家族成员所言——"在千千万万个姓氏中保留一个姓氏（他们这个姓氏），在一个地方世代相传，是蒙神喜悦的。"基于这个理由，他们有资格鄙视他们的贵族邻居考特尼家族（Courtneys），尽管后者比他们有钱得多。

记述祖先是一项重要的工作。17世纪早期的古物研究者乔治·欧文·哈里（George Owen Harry）提议威尔士所有"下层"(meaner sort)绅士把自己的家族血统抄录一份送给他。如果一个绅士记不全自己祖父母和外祖父母的双亲的姓名，他肯定"连自己也不爱"。士瓦本贵族克里斯托夫·冯·齐默恩（Christoph von Zimmern）苦心孤诣地为他的家族编纂了一本编年史，书中充满了色彩鲜艳的纹章。血统之所以重要，是因为祖先遗留的权利在财产纠纷和特权争议中经常占据重要地位。祖先可以替你争取到贵族扈从的职位，可以为你在家族的教堂或墓地中保留一席之地，也可以帮你进入学院或大学。人文主义作家借着时兴的思潮，宣称真正的高贵在于美德与教育。听起来似乎很有道理，但是人人都知道，现实中血统重要得多，所以才有人不遗余力地宣扬它、证明它。

游行、油画、徽章和文件以不同的形式体现着血统的存在。法国国王弗朗索瓦一世在1515年的庆典中进入里昂城时，迎接他的是一幅以耶西之树*表现瓦卢瓦王朝的油画。大公夫人伊莎贝拉（Archduchess Isabella）1615年进入布鲁塞尔城时，随她一同进城的是一顶镌刻有她祖先形象的熟铁华盖。从祭坛到中殿再到壁炉，慈善组织为系谱的自我展示提供了许多舞台。欧洲建筑和物质财富中随处可见盾徽与纹章。菱形丧徽和纪念碑、彩色玻璃和陶瓷、银器和家具，贵族在他们身边各处都打上自己的印记，这是一种对过往价值的建设性重估，这些器物的流传也是为了维系贵族的现状。

这些流传的东西有时是很有创意的，有时甚至是凭空发明的。古老家族的旧瓶子里装了新贵的酒，拉塞尔、霍华德、塞西尔、西德尼或霍利斯（Holles）家族（仅举英格兰贵族为例）积极声张自己有多高贵，以避免让同时代的人检视得太仔细，其实他们的主张根本站不住脚，有些主张全凭证言。出生于约克郡的托马斯·温特沃思爵士（Sir Thomas Wentworth）深得国王查理一世的宠幸，他的家族的高贵祖先

---

* 耶西（Jesse）是大卫王的父亲、耶稣的祖先。耶西之树是一种以树状图的方式展现耶稣系谱的经典画法，中世纪时经常出现在各种基督教艺术中，是后来家族系谱图的原型。——译者注

是这样被证明的：他的父亲报告说他"曾听闻我辈的姓氏与先祖的子嗣早在征服者威廉的时代以前就已美名远扬，受人尊敬"，他含糊地追忆说"直至今日低地国家的某些城镇里仍保存了相关的记录"。但是，贵族必须适应新的现实——书面记录越来越被重视。统治者想要有本登记簿来确认谁才是真的贵族。在英格兰，执行这个任务的是纹章官，1555 年英格兰专门设立了"纹章院"（college of arms）供他们履行职务。托马斯·贝诺尔特（Thomas Benolt）是纹章院第一位实施地区性普查的纹章官，所有声称自己有盾徽的士绅——在册贵族除外——都要向他亲自提交书面证据。普查并不主要是为了扼制新贵族的产生，而是为了规范相关特权并从中获益。

在海峡对岸，身为贵族意味着免于税赋，所以冒充贵族的人十分遭人痛恨。为此，法国统治者任命了专员来调查贵族爵位，家族必须证明他们的爵位可以追溯至祖先三代。从 1500 年到 1650 年，下诺曼底的贵族经历了八次检查，其结果出人意料。1534—1634 年对卡昂（Caen）的检查发现 994 个家族中有 114 个不能证明自己的爵位。欧洲其他地方的类似调查进行得草率许多。1626 年瑞典国王古斯塔夫二世·阿道夫（King Gustav Ⅱ Adolf）单方面否认了四分之三的贵族（从 400 家锐减为 126 家）的地位，理由是他们太穷了。

血统狂热促使贵族们委任专门的古物研究者去研究他们的血统并把成果刊印出来。出生于柯克比马勒姆（Kirkby Malham）的约翰·兰伯特（John Lambert）有个同名的孙子是克伦威尔手下的少将，老约翰认为自己算个业余系谱学家，他发现征服者威廉有个战友叫雷纳夫·德·兰伯特（Ranulph de Lambert），并且认为自己是雷纳夫的后裔，还印了一些假凭证——这些凭证可能是他自己杜撰出来的。伊丽莎白一世的国务大臣威廉·塞西尔（William Cecil）出钱资助系谱研究，试图证明自己是曾与哈罗德国王共同作战的威尔士君王的后裔，而他的儿子罗伯特觉得这项工作非常无聊（"这些毫无意义的玩意儿……太荒唐了"）。然而到了 17 世纪初，没有人再对塞西尔家族的祖先有所怀疑。1650 年时，贵族作为一个精英阶层已经越来越等级明确、边界清晰，他们的血统构成了他们所有权和统治权的基石。

系谱的表现形式多种多样，问题在于如何同时反映两种事实：血统和血亲。后者十分重要，特别是为了防止近亲通婚。罗马法学家有一种画法可以表现血亲，但是它完全忽视了血统，只强调与其他家族的横向联系。这种画法重视的是婚姻，这说明血统并非只能通过父系反映，事实上血统确实是父母两方的传承。德意志的系谱树有时会从女性的腹部画出新的线条。英格兰系谱的习惯是把婚姻画成两个菱形的握手，父母的后代从握紧的双手中延伸出来。这两种画法突出的都是婚姻关系。

贵族怎样打造一场完美的婚姻？这个过程就像与一个不靠谱的搭档打定约桥牌。有太多的变量需要考量：女方的年纪、女方产下继承人的可能性、女方的亲属与人脉、女方的地产如何与男方的相补充、女方成为娘家继承人的可能性。在这种情况下，爱情很少能够成为婚姻的基础，哪怕有不少证据表明婚姻可以产生爱情。独身主义常常受到贵族的青睐，而这样一来，血统的延续就会受到威胁。意大利北部一些地区（比如威尼斯共和国内陆地区和米兰公国）的习俗是每代人里只有一名男性可以结婚，这样横向联系就不会过于泛滥。宫廷是上层贵族最好的婚姻市场，外交官、地方官和财务顾问是最精明的媒人。但是，君主可能会出手干涉。法国国王时不时就会阻止一场婚姻或是强迫不情愿的家庭联姻。英格兰的王室监护法院（Court of

Wards and Liveries）建于 1540 年，王室利用它来获取贵族孤儿继承人的监护权，这让王室有机会得到这些孤儿的领地，并且影响他们的婚姻，1646 年内战即将结束时，王室监护法院随着整个封建领地制被一起废除了。上层贵族是有望用好婚姻市场的，但是作为一个整体不可或缺的中下层贵族就遇到了巨大的困难。急剧攀升的嫁妆成本——这一时期所有贵族群体都面临这一问题——让他们更难跟上婚姻市场的步伐。

贵族生活

有序社会的核心在于贵族特权，这是"贵族生活"（living nobly）必不可少的部分。贵族特权在欧洲不同地区差异巨大，而且常常与平民的某些权利相重叠。此外，特别是在欧洲西部政权强大的地方，贵族特权遭到了国家权力的侵蚀。贵族特权经常成为争论的对象，这些争论直接或间接地触发了对贵族本质的敏感和焦虑。

几乎普遍存在的一项特权是携带武器权，这里的武器通常是指剑。没有什么比细长的夹钢轻剑的问世更生动地记录了基督教世界面临的挑战。这种武器非常轻便，用一条皮带就可以系在腰上，它的用武之地在于操场而非战场。想要与同样使用轻剑的对手决斗，需要大量的技巧和练习。除了有指导手册可以提供技术建议，从 16 世纪 70 年代起，还有雕版画册把决斗变成了一门科学。吉拉德·蒂博（Girard Thibault）1626 年出版的《击剑学校》（*Academy of the Sword*）是一本非常华贵的图集，收录了 46 幅双人决斗动作的雕版画。事实上，优秀的击剑教练是什么都无法替代的，而欧洲有许多击剑教练，据说最好的教练来自意大利，欧洲的王公贵族都喜欢雇他们。

在欧洲一些地区，决斗成了贵族意识的一种表达形式。自古以来决斗就是比武审判的一部分，比武审判是贵族之间一种合法的解决争端的方式，当事人请求上帝通过战斗的结果施行裁决。历史上最后几次比武审判中，有一场发生在1547年7月10日的巴黎，这场备受瞩目的决斗一方是拉沙泰涅尔领主（sieur de La Châtaigneraie）弗朗索瓦·德·维沃纳（François de Vivonne），另一方是雅尔纳克（Jarnac）男爵盖伊·夏博（Guy Chabot）。另一方面，绝大部分决斗都是私人决斗，这在欧洲一些地区——从意大利到法国再到英格兰——极为流行。尽管流行，但是这种决斗遭到了统治者的强烈反对。特伦托会议禁止私人决斗，1576年法国国王亨利三世宣布私人决斗可判死罪，詹姆士一世同样把它定为非法行为。巴黎的皮埃尔·德·莱斯图瓦勒（Pierre de L'Estoile）1609年在他的日记里写到，估计过去20年有七八千名法国贵族在决斗中丧命。他的估计可能有些夸张了，但是要知道他笔下的法国经历了40年断断续续的内战，贵族的宿怨和分歧在内战中越积越深。

事实上，决斗折射出贵族的荣誉守则已经发展得多么深奥微妙、根深蒂固。决斗爱好者认为决斗是公开捍卫荣誉的表现，耶稣会士也为决斗辩护，理由是荣誉同财产一样宝贵，人有权为保卫荣誉而战。讨论贵族荣誉以及如何捍卫荣誉的文章汗牛充栋，大部分都像莎士比亚的《皆大欢喜》中"试金石"（Touchstone）讽刺的那样枯燥晦涩、难以卒读。实际上意大利的大多数决斗都没有拼个你死我活，而是巧妙地走个过场，为体面的和解留出余地。安尼巴莱·罗梅（Annibale Romei）1585年出版的论著（1598年被翻译为英文《廷臣学院》）开头就提出不应该进行决斗,决斗是被法律禁止的。所以书中有章节专门讲解如何达成和解,有哪些保全面子的套话可以用来解决争端。

传统上,免税权是贵族的重要标志。实际上从来不是只有贵族才有免税权,许多平民也享受免税权。比如,当三十年战争中瑞典国王想要鼓励芬兰农民或波罗的海海滨的波美拉尼亚农民参军入伍时,他就对后者的土地给予了世袭免税权。而且,也不是所有的贵族都有免税权。托斯卡纳、威尼斯、东普鲁士和不列颠群岛的贵族是需要纳税的,但他们无疑仍是贵族。免税权往往以这样或那样的方式被打折扣。随着国家有了更多的资源来征收间接税,贵族会发现他们难免还是交了税。1529 年、1541—1542 年和 1557 年,萨克森贵族多次被要求缴纳地产税,1622 年他们又被要求自愿向君主的金库"捐款"。贵族不能领兵出征时必须纳税替代兵役,此外他们也可能作为总佃户(tenants-in-chief)被要求缴纳封建税费。很多情况下,免税权从属于具体的贵族财产而不是贵族本人。活跃的土地交易和贵族代际继承的影响导致贵族身份与免税权不相匹配的状况变得十分普遍。

在有的地方,凭借军事和行政能力为君主效力的人也会被赋予贵族免税权,这意味着法律和医学专家也能成为贵族。在西班牙,免税权是对宗教裁判所世俗成员的奖励。在法国,免税权是对王室官员的奖励,而且随着法国国家机器的体量在这一时期不断增长,行政人员的数量也不断增加。官职是可以买卖的,所以从属于官职的直接税豁免权同样可以买卖。法国王室官职的一大好处就是它不受地产习惯法的管辖,在法律上被视为"动产"(movable goods)。因此官职可以被当作嫁妆或贷款的担保金,或者被用来偿还债务,或者送给无权继承遗产的幼子让他心里感到平衡。除此之外,如果一个人可以证明他的家族连续三代都是享受免税权的贵族,那么他的直接税豁免权就可以成为世袭特权。一个新生的统治集团正在冉冉升起,这群人能言善辩,口才了得,17世纪早期他们有时被称作"穿袍贵族"(nobility of the robe),这个称呼来源于法官和官员身着的长袍。

由于各国都面临新的需求,欧洲各地纷纷出现了类似的动向。从17世纪初起,西班牙哈布斯堡帝国的各个委员会与法庭都开始大量聘用上过大学的文士(letrados)。同英格兰的情况一样,随着公职人员队伍的膨胀,公职人员越发受到人们的尊重,因为他们与权力和影响力的关系有如近水楼台。许多西班牙的高级文士都被授予了贵族爵位。堂迭戈·拉米雷斯·德·普拉多(Don Diego Ramirez de Prado)1641年在给他的一个兄弟的信中写道:"如果说以前是贵族的地位高于文士,那么现在文士都变成贵族了。"他对他谈论的这种现象十分了解,因为他的另一个兄弟堂阿隆索(Don Alonso)曾是卡斯蒂利亚委员会(Council of Castile)的成员,既拥有贵族身份又享受官职的好处,直到1607年因为侵吞公款被捕入狱。文士家族的崛起挑战了对贵族的传统认识。文士认为他们的高贵在于正直而非勇武,人文主义教育教会了他们自律自制,这比拔剑自卫更加重要。而这种教育面向所有的有才之士开放,并不局限于贵族出身。

贵族的数量

统计1650年之前的贵族数量并不容易,各地数量差异巨大且原因复杂。法国阿朗松(Alençon)周边地区贵族密度相对高——1667年时每1 000平方公里有230个贵族,这个密度是邻近的安茹的5倍,利穆赞（Limousin）的 16 倍。但是，在法国和其他基督教世界中心地区，比如德意志、波希米亚、下奥地利、尼德兰和意大利半岛，贵族占人口比例并不大。除了少数特例（比如巴斯克和纳瓦拉）之外，这些地方的贵族占人口比例通常不会超过 5%，多数时候都比这个数字低，有时甚至低于 1%。欧洲各共和国在册封贵族上极其悭吝。16 世纪初，威尼斯贵族仅限于 28 个出身高贵的家族，只有精挑细选的极少数人可以名列《金册》（Golden Book）——一本 1577 年建立的贵族名册。瑞士各州、某些城邦（比如热那亚）和巴尔干部分地区（尤其是塞尔维亚和保加利亚）称它们根本没有本地贵族。

在基督教世界的边疆，抵御外敌的需求仅仅是贵族数量较多的原因之一。边疆地区从来没有实行过封建领主制，所以贵族仅仅是个人头衔，不受法律上贵族必须拥有一块终身封地的限制。而且在东方的某些地区，集体授衔被当作鼓励人们定居边疆并承担军事义务的奖赏。在另一些地区，授衔只是因为国家力量太弱，只好默认自行封为贵族的行为罢了。卡斯蒂利亚市镇可以自行产生贵族，一个家庭的家长在缴纳一笔费用之后就可以被承认为"平民骑士"（*caballero villano*），之后他们便可以免交地方税。

在人口稀疏的边疆地区，贵族占人口比例居高不下，甚至逐年增长。1591 年，西班牙北部的布尔戈斯（Burgos）省和莱昂省有超过 46% 的人口是贵族，在布尔戈斯城等市镇里贵族的比例超过一半。在波兰的马佐夫舍和波德拉谢（Podlachia），贵族占人口比例达到 20% 以上。有的农村全村都是贵族的佃农（仅马佐夫舍就有 1 600 个这样的村子），他们租赁、耕种的都是贵族的田地。但是，分割继承制造成的地产分散化让有的贵族沦落到近乎无地的程度，形成了拥有贵族身份的农民这种奇特的现象。

人口日益增多的匈牙利贵族也在遭遇类似的现象。1526年土耳其占领多瑙河下游之后，匈牙利西部的哈布斯堡统治者开始把能够骑马抗击奥斯曼土耳其的平民封为贵族，农奴就这样一夜之间变为贵族。但是在包括多瑙河流域在内的欧洲很多地区，习惯法以极端的分割继承制来保证血统不会断绝。女儿同儿子一样有权继承地产，女儿继承的部分最高可以达到总地产的四分之一。而且习惯法严格限制将贵族地产抵押或出售的行为。于是，像波兰的情况一样，许多匈牙利贵族逐渐失去了所有土地，从某一时刻起变成了雇佣兵、商人、手艺人，或是给别的贵族做仆人。匈牙利没有降低身份法令（规定有贵族身份的人不得从事某些"卑贱"工作的法律），许多贵族最后以务农为生，跟他们的农民邻居一样连签名也不会。随着拥有的土地和经济资本逐渐衰落，这些小贵族变得越发强烈地在乎他们的文化资本。他们住在由枝条建造、茅草铺顶的陋室里，沉迷于战功赫赫的历史神话（他们相信自己的祖先是马扎尔人、萨尔马提亚人、罗斯人），总是用狐疑的眼光看待外部世界。

更引人注目的转变发生在欧洲上层的有爵贵族中——特指公爵和在册贵族。1500年之前，贵族爵位仅仅作为一种特殊权利授予王室家族的成员，王族之外极其罕见。但是到了17世纪30年代，贵族爵位成了国家接纳新的家族成为最高级别贵族的手段。在册贵族的兴起是君主企图控制贵族的结果，而且从君主的角度来看，这是一件大好事。授予在册贵族的王室制诰（letters patent）不用花一分钱，反而可以为君主带来利益，因为爵位可以标价出售，也可以作为对功劳的奖赏。其结果是荣誉的通货膨胀，这跟货币通货膨胀一模一样，"荣誉"

的价值也遭到腐蚀，开始逐步贬值。

有的地方历史上第一次出现贵族爵位（匈牙利、瑞典、丹麦），有的地方贵族爵位出现了大规模膨胀。17世纪初英格兰王室大肆出售准男爵爵位和在册贵族爵位。詹姆士一世即位后把英格兰骑士的数量扩充到了原来的3倍。法国在册贵族的膨胀包括提拔外国家族，这引发了法国人的争议。批准加入圣米歇尔骑士团（Order of St-Michel）成了对在16世纪后期的内战中为国王效力的人的一种回报方式。由此引发的骑士团荣誉地位的贬值和愤愤不平的贵族对国王的抗议，使得瓦卢瓦王朝最后一代国王亨利三世于1579年建立了圣灵骑士团（Knights of the Holy Spirit），这个骑士团在任何时候都只有100名骑士。西班牙王室扩张贵族爵位始于1520年（西班牙贵族称作 *grandes* 或 *títulos*；贵族旁系称作 *segundones* 或 *mesnaderos*）。由三大骑士团授予会服的骑士（*caballeros*）数量也与日俱增。这些骑士团资金雄厚，它们接收新人入团成为会服骑士（*caballeros de hábito*），相当于保证这个人拥有作为贵族（*hidalguía*）的基本素质。这种身份非常抢手，因为若想要获得它，就必须向骑士团的总会提交严密的证据，证明此人没有一丝一毫犹太人或摩尔人的血统，祖上也从未有人被宗教裁判所定过罪。在西班牙社会，加入骑士团可以大大提升一个人结一门好亲事的可能性。但是，腓力四世和首相奥利瓦雷斯伯爵－公爵出于保卫帝国的需求，公开出售骑士团的准入权。1625年，国王对国务委员会说："没有赏罚，帝国便无法维持。奖赏可以是金钱，也可以是荣誉。金钱我们是没有的，所以我们觉得通过增加荣誉的数量来补上这个缺口是合理的，也是必须的。"奥利瓦雷斯伯爵－公爵说获得特权的那些人凭自己的美德本来就应该被视为贵族。对血统纯正的检查毕竟放松了，因此王室被批评为导致贵族腐化的始作俑者。

在欧洲许多地区，最顶层的贵族（同其他贵族相比较）从国家获取的资源多得不成比例。除了土地资源之外，贵族变得更加依赖廷臣、省长和郡长职位的俸禄，以及其他有油水的收入来源，比如领导包税财团或投资政府公债。他们也在争取独立的政治身份。在一些贵族已经占据省级议会上下两院的国家（阿拉贡、匈牙利、波希米亚），有爵贵族还想要禁止其他人进入上议院。瑞典国会的贵族自1626年起分成三个等级分别投票。16世纪末，苏格兰议会（Scottish Parliament）中的地主与贵族尽管同在一个议会，但是各有各的座席。小贵族不信任等级高于他们的廷臣和大贵族。16世纪上半叶，波兰的小贵族结成军事同盟，利用国家议会（Sejm）和省议会（sejmiks）迫使国王收回过去一点点卖给大贵族的王室土地。1548年到1563年，反大贵族情绪达到高潮，小贵族们因此有了一种政治目的感。

贵族的贫富差距比社会其他阶层的贫富差距拉得更大。贫穷贵族的存在是贵族身份与财富不相匹配的结构性后果。人们普遍意识到它所带来的政治问题，而且这一问题正在变得日益突出。弗兰西斯·培根1605年写道："贵族过多会导致国家贫困，因为他们的花销是一笔额外的负担。而且，随着时间的推移，许多贵族不可避免地会走向家业衰败，这会造成一种荣誉与财富不相称的情况。"福斯塔夫（Falstaff）和堂吉诃德在舞台与书本上是喜剧角色，某种程度上说明贵族是可以嘲弄的对象。在洛佩·德·维加（Lope de Vega）1612年至1614年创作的戏剧《羊泉村》（*Fuenteovejuna*）中，同名村庄（现在叫作 Fuente Obejuna）激愤的村民为了报复当地领主费尔南·戈麦斯·德·古斯曼（Fernán Gómez de Guzmán）——他还是卡拉特拉瓦骑士团（Order of

Calatrava）的一名队长（*comendador mayor*）——的压迫而杀死了他。这样的情节不是一出黑色喜剧，而是一篇社会评论。在科西嘉西南部，少数几个封建贵族牢牢掌握着代表热那亚共和国向农民抽税的权利。得益于距离权力中心遥远而独立的地理位置，他们对手下农民的权力无比强大。博齐（Bozzi）、多纳诺（d'Ornano）和伊斯特里亚（Istria）三个家族的农场筑有防御工事，他们与当地人争执不休，偷当地人的羊，尽一切可能从当地人身上榨钱。热那亚共和国对此一直睁一只眼闭一只眼，直到 1615 年 5 月，农民一把火烧了博齐府，对博齐家族上上下下展开了屠杀。每当国家与地方居民起冲突的时候，反抗势力中通常都会有这样的贵族（往往很难判断他们是被迫参与还是主动参与）：血脉悠久，深孚民望，自视甚高，然而一贫如洗，干扰并藐视司法机关和司法程序，总觉得世界对他有所亏欠。

贵族的财富

富有的贵族和贫穷的贵族总是并存的，两者的关系决定了贵族财富的演化，也决定了两者与社会其他阶层的关系。如果对 16 至 17 世纪最富有的人（国君除外）做一个福布斯排行榜，那么，从 1500 年到 1650 年，榜上非常富裕的贵族的数量应该有很大的增长。贵族获取和汇集财富的机会比以前更多了，因为他们发现了新的方式来利用不断扩张的国家权力，利用欧洲的资本市场（并因此背负了庞大的债务），以及充分利用拥有土地所带来的权力。贵族的财富与君主的权力有很大关系，后者增强时前者也增长，后者摇摇欲坠时前者也岌岌可危。

说到 16 世纪末 17 世纪初欧洲最富有的贵族，肯定要提到第七代梅迪纳西多尼亚（Medina Sidonia）公爵阿隆索·佩雷斯·德·古德曼·埃尔·布宜诺--苏尼加（Alonso Pérez de Guzmán el Bueno y Zúñiga）。他拥有西班牙最古老的贵族爵位，也是那个时代最富有的人之一。他的财富部分来自他的家族在安达卢西亚的广大地产，家臣多达9万人左右，地租总收入高达15万达克特，韦尔瓦省（Huelva）一半的土地权益归他所有。1588年，圣克鲁斯（Santa Cruz）侯爵阿尔瓦罗·德·巴桑（Álvaro de Bazán）去世，腓力二世指定梅迪纳西多尼亚公爵来接掌最幸运的舰队*。历史学家往往难以理解这一决定，因梅迪纳西多尼亚公爵自己都承认他"对航海既不了解也没有经验"。但是，他的雄厚财力才是关键因素，因为他的财富使他有能力承担无敌舰队的开支。梅迪纳西多尼亚公爵在管理地产和利益上很有才干，而且他在宫廷里的角色也为他带来了一笔收入。早在1574年，他就已经签下了建造和运营西班牙桨帆船队的大单，有一部分原因在于，如果从新世界回程的珍宝船队没有按时抵达加的斯，他愿意免收延迟的利息。1588年当他力图谢绝无敌舰队司令的职位时，他说不可能承担这一责任，因为他还有90万达克特的债要还，他"拿不出一个雷亚尔来发动远征"。可是到了关键时刻，这位好公爵还是以某种方式筹到了700万马拉维迪的巨款，为那场缺乏准备和资金的远征提供了担保。

到了17世纪40年代，他的孙子、第九代梅迪纳西多尼亚公爵加斯帕尔·阿方索（Gaspar Alfonso）发现保住自己的财产变得困难多了。

---

* 1588年，腓力二世为了入侵英格兰，派出了一支由130艘战舰组成的远征舰队，他将其命名为最幸运的舰队（Felicissima Armada），后世常称之为"无敌舰队"（Armada Invencible）。战役的结果是无敌舰队惨败而归，入侵计划无果而终。——译者注

由于参与1641年夏的安达卢西亚叛乱,他被剥夺官职并被逐出了自己的领地,还被迫耻辱地向国王敬献了一笔"仁慈之礼",即便如此,他也没有保住他的亲戚阿亚蒙特侯爵(Ayamonte)的性命,后者供认自己协助过建立安达卢西亚"共和国"的计划。处死阿亚蒙特侯爵同1632年法国处死蒙莫朗西公爵亨利二世一样都是杀一儆百,旨在打消其他意欲造反的贵族的念头。虽然17世纪中期贵族领导了投石党运动和其他叛乱,但是国家的掌权者对贵族通常还是宽大处理,因为他们发现把贵族留在宫廷里更有助于削弱他们的政治潜力。唯一的例外是英格兰贵族,内战结束后,所有英格兰贵族都在1646年失去了爵位,他们的封建税费全部废止,而且他们大部分的地产和收入都被没收。考虑到英格兰在册贵族曾经占有全国四分之一的农村土地(只有中欧才有上层贵族占有如此多土地的情况),这是1789年之前全欧洲规模最大、意义最重大的一次对贵族统治精英的颠覆。

扬·扎莫伊斯基(Jan Zamoyski)在欧洲最富有的贵族中也占有一席之地。他出身于马佐夫舍的一个并不富裕的士绅家庭,后来变成了首屈一指的波兰-立陶宛大贵族第一代扎莫希奇(Zamość)公爵,他可能是这一时期最被严重低估的政治人物。他受过良好的教育(曾就读于巴黎大学和帕多瓦大学),并充分将其所学都写进一系列著作之中——其中包括《罗马元老院》(The Roman Senate)一书,他本人便力图仿效罗马元老院的统治原则——自1578年起有半生时间都在担任波兰大首相(Grand-Chancellor,负责对内与对外事务),自1581年起兼任大盖特曼(Grand Hetman,执掌军队)。他一手建立了扎莫希奇城,希望把它打造为一座模范城市,城市由意大利建筑家贝尔纳多·莫兰多(Bernardo Morando)设计,居民包括塞法迪犹太人

(Sephardic Jews)。城市的中央是扎莫伊斯基宫（Zamoyski Palace），集中体现了贵族遗产国中之国的地位。1605年去世之前，扎莫伊斯基是一位拥有11座城市、200座村庄（遍布约6 500平方公里的土地）的大贵族，更是一位王室管理人，在112座城市和612座村庄拥有广泛的利益。他精明地把波兰－立陶宛共和国里具有改革思维的中小贵族团结到自己周围，某些人把这个圈子叫作"扎莫伊斯基的人马"（zamojczycy——"扎莫伊斯基"的形容词形式）。16世纪的欧洲没有人比他更算得上是一个造王者了（他策划了三位波兰国王的选举）。他晚年反对瓦萨王朝的西吉斯蒙德三世的绝对主义倾向，很想将这个由自己送上王座的国王推翻。一代人之后，也就是1648—1667年的"波兰大洪水"（Polish Deluge）时代，当扎莫伊斯基的庄园（和其他波兰－立陶宛大贵族的庄园）被瑞典军队蹂躏时，人们再次想起扎莫伊斯基的远见。

这些瑞典军队的指挥官是马格努斯·加布里埃尔·德·拉·加尔迪（Magnus Gabriel de la Gardie），他当时在瑞典国王面前炙手可热。德·拉·加尔迪从三十年战争末期开始担任瑞典军队统帅——为此国王给予了他22 500瑞典元（riksdalers）的奖励，没有任何一位瑞典将军得到过这么高的奖赏——后来还成为立窝尼亚总督（Governor-General）。1650年在克里斯蒂娜女王（Queen Christina）的加冕礼上，德·拉·加尔迪献上了一个纯银王座。他只是三十年战争时期凭借军事企业发家的贵族之一，除此之外还有约翰·巴内尔（Johan Banér）、萨克森-魏玛的伯纳德（Bernard of Saxe-Weimar）、孔代（Condé）亲王路易等。他的收入相当于瑞典王国收入的五分之一，而他用这笔钱来大兴土木。他最大的一座城堡（他有很多城堡）有248个房间。1652

年，他继承了父亲在斯德哥尔摩的马卡洛斯宫（Makalös Palace），这是整个首都最奢华的私人宅邸，他把它改造成了一个宝库，用以展示他在战争中从中欧掠夺的奇珍异宝。最后瑞典的小贵族终于对他发动了反击，1675 年他们成立了一个调查委员会来调查德·拉·加尔迪的财富，结果他们根本不知从何查起。最终调查委员会查出他和他的同伙侵吞了 400 万瑞典元的公共资产，决定对他处以 352 159 瑞典元的巨额罚金。

枢机主教黎塞留同样出身于家境一般的贵族家庭，但他的运气比前面提到的人好得多。1642 年他去世的时候财产完好无损，而且死前仍然深得国王信任。他的财产至少有 2 000 万利弗尔，其中包括 400 万利弗尔现金，这个数目相当于普通农村贵族年收入的 4 000 倍。1500 年时，枢机主教是欧洲最富有的群体之一，对他们来说，16 世纪的宗教改革就如同没有发生一样，因为改革后他们仍然是欧洲巨富，只不过黎塞留本人的财产来自国家和教会多方利益的组合。继承黎塞留首相和枢机主教职位是儒勒·马萨林（Jules Mazarin），他发现自己想要保住获得的财富比黎塞留要难得多。投石党运动期间，人们指责他在法国陷入动乱时投机牟利，于是他主动离开法国，把财富换成了容易转移的资产（尤其是钻石）。他去世的时候财产估计有 1 800 万 ~ 4 000 万利弗尔。

仅仅着眼于抓人眼球的大贵族财富以及贵族的贫富差距，会让我们忽略这一时期另一个更为重要的主题——中等贵族的巩固与扩张。他们的成功主要是集体的成功而非个人的。贵族一方面追寻祖先的足迹，一方面吸收新鲜血液，寻找和开发现有的人力资源与生物资源的新方式。对这一时期诺曼底省巴约（Bayeux）地区的贵族的一项研究揭示了这幅图景。从 1523 年到 1666 年,贵族群体的总体规模大幅度增加,477 个家族晋升为贵族,其中半数是移民,通常是从省内其他地区移民过来的。被他们取代的老贵族有的后继无人,有的因为贫穷而无法支撑"贵族生活",脱离了贵族阶级。这种消亡尽管十分残酷,但规模并不大。1700 年时萨伏依公国接近 50% 的贵族有可靠证据表明他们早在 1563 年之前就已经是贵族了(有 20% 多的贵族来源不明)。博斯*的贵族(根据 1667 年的一项调查)只有 42 家是 1560 年后成为贵族的,剩下的 87 家都是 1560 年之前成为贵族的。整个 16 至 17 世纪,英格兰士绅拥有的土地从英格兰的四分之一左右增加到一半左右。士绅的崛起不是英格兰独有的现象,不过英格兰士绅最能清楚地代表这一主要趋势。

领地的成功

中等贵族之所以能够壮大,是因为他们通过管理自己的主要资产——土地——从经济变化中得到了好处。贵族的考验在于如何在更大范围内有效管理自己的领地。西欧的贵族将一部分土地直接开发,另一部分则承包给别人。东欧的贵族利用农奴劳役实现了更大面积的领地开发。缴纳给领主的费用(同经济货币化的大趋势一样)越来越多地采用现金而非实物。一旦货币化,这些资源也开始受到通货膨胀的影响。总体而言,领主收益占地产总值的比例早在 1500 年之前就开始下降,而且在此后的 150 年间下降速度越来越快。但是,领地带

---

* 博斯(Beauce)是巴黎西南方的广大农业区域,盛产小麦,是法国的粮仓。——译者注

来的一些不定期收入还是相当可观的,尤其是一个农民把地契转让给另一个农民时需要上交的"免役租"(quit-rents,法语是 cens)。领地开发的方式还包括蚕食公地和侵蚀农民使用公地的权利(尽管这有可能引发地方反抗)。地主还会发展领地的边际经济优势,特别是森林和垄断权。16 世纪到 17 世纪初木材价格上涨得到了这些地主的充分利用——这门生意的好处还在于出售木材换到的是现金。

贵族想要购进更多的土地,他们尽量以实惠的价格购买,如果有必要的话他们也准备抵押自己的土地以贷款购买新的土地。现代早期欧洲变革的一个不引人注意却非常重要的驱动因素是空前活跃的领地交易市场。这一时期的交易规模直到 18 世纪末才重现于欧洲。君主为了国家能有资金进行竞争性扩张,把仅有的王室土地也抛售给贵族。1575 年到 1625 年,奥地利哈布斯堡王室把大部分王室地产都卖掉了。法国王室也想变卖王室领地,但是在宫廷内遭到强烈反对,不过在宗教战争期间,法国终于还是制定出一套保全面子的法律方案,把领地合法转让出去了。

随着普鲁士新教改革的展开,1525 年,条顿骑士团(Order of Teutonic Knights)的广大领地被"世俗化"(secularized)了:骑士团的土地被归与新的"普鲁士公爵"(duke of Prussia),其中一部分土地保留在改信路德宗的骑士的手里,另一些则被卖掉了。1618—1620 年,波希米亚王国企图推翻哈布斯堡家族的统治,但是没有成功,之后哈布斯堡王室把波希米亚大约一半的地产没收并转卖给了自己的贵族。1621 年西班牙人把普法尔茨的君主赶出莱茵普法尔茨(Rhine Palatinate)后没收了后者的土地。17 世纪 30 年代后期帝国军队北上波罗的海沿岸时,也用类似的没收手段来威胁当地领主。不到 20

年后,得胜的瑞典军队指挥官得到了他们刚打下的瑞典波美拉尼亚(Swedish Pomerania)省份的地产作为奖励。在德意志、低地国家和英格兰,国家接管修院地产随后转手卖出,领地出售与新教改革齐头并进。不到 20 年间(1536—1553 年),英格兰的土地大约有四分之一被到期转让。

与此同时,都铎王朝以一场失败的叛乱为借口,加强了它对爱尔兰当地家族及其首领的权力,把英格兰的个人产权法拓展到爱尔兰——在爱尔兰这个国家,家族一向不承认个人产权。按照"先缴后赐"(Surrender and Regrant)的原则,爱尔兰家族首领被要求先放弃他们的世袭权利,然后英格兰再把这些权利赐还给他们,让他们成为英格兰国王的总佃户(*ex dono regis*)。这种看起来无伤大雅的法律拟制实际上是一次大规模的土地没收,奠定了此后一个世纪英格兰在爱尔兰的殖民基础。领地的地契从爱尔兰领主名下转到了英格兰国王名下,既然是国王赐予的,国王就可以把它收回再赠予他人。一马当先的是居住在早已被英格兰人主导的都柏林周边地区——佩尔地区(the Pale)——的英裔爱尔兰(Anglo-Irish)士绅。1557 年,他们凭借在英格兰的商业利益,推动政府单方面没收了莱伊什(Leix)和奥法利(Offaly),把它们变成了女王郡(Queen's County)和国王郡(King's County),其中三分之二的土地都被重新分封给英格兰殖民者,成为他们的庄园。这是最早的一批"种植园"(plantation),这事实上发生于信仰天主教的玛丽一世统治末期。所以说,宗教不是英格兰殖民爱尔兰的最重要因素,尽管宗教无疑越来越成为殖民的借口和依据。

英格兰贵族与佩尔地区的冒险家和官员合谋,伪造系谱来证明他们有权占有爱尔兰的土地。盖尔首领们坚定地起兵反抗,但是最后在都铎王朝的军队面前不得不退却。德斯蒙德伯爵杰拉德·菲茨杰拉德（Gerald Fitzgerald）1586 年 * 发动了从芒斯特省（Munster）到威克洛山脉（Wicklow mountains）的大起义，起义失败后芒斯特几乎全境都被没收，然后分封给一小批投机的"承办人"（undertakers），他们与英格兰殖民者合作建立了种植园，并把爱尔兰人逐出家园。短期来看，这种方法似乎十分奏效。1609 年，蒂龙（Tyrone）伯爵和蒂尔康奈（Tyrconnel）伯爵逃离爱尔兰，都铎王朝又没收了阿尔斯特 2 000 平方公里的土地，交给英格兰人和苏格兰人（多数是长老会信徒）进行殖民，后者让移民的社会基础变得更加广泛，因为来自低地苏格兰的长老会异议者通常不属于社会精英。

斯图亚特王室确信种植园是正确的，有效的。出身英格兰的首席顾问约翰·戴维斯爵士（Sir John Davies）解释说早期的英格兰殖民之所以失败，是因为没有以决定性的军事征服为目标，没有以推行法律作为后续手段。征服和法律对主权都至关重要。爱尔兰必须"先被一场战争打垮，然后才能建立良好的政府"。在约翰·戴维斯爵士看来，爱尔兰的法律习俗证明爱尔兰人"不比食人族强多少"："他们的任何财产都是不确定的"，"每个生下来的男人，不管是私生子还是合法儿子，都被他们当成绅士"。英格兰殖民爱尔兰是有道理的，不仅因为这是上帝对新教徒的旨意，是国王詹姆士一世的旨意，而且因为这是在把爱尔兰人变成文明人。这种理由和弗吉尼亚公司（Virginia Company）及其支持者在伦敦为殖民北美洲辩护的理由没有什么两

---

* 此处作者有误。第十五代德斯蒙德伯爵杰拉德·菲茨杰拉德领导的起义爆发于 1579 年，结束于 1583 年。杰拉德死于 1583 年 11 月 11 日，英格兰从此剥夺了菲茨杰拉德家族的德斯蒙德伯爵爵位，直到 1600 年才让杰拉德的儿子詹姆士重新担任新的德斯蒙德伯爵。——译者注

样。17世纪20年代末至30年代，查理一世和他在爱尔兰的总督托马斯·温特沃思爵士把种植园政治推行到了极致，他们没收了康诺特（Connaught）、克莱尔（Clare）和奥蒙德（Ormonde），让盎格鲁殖民者可以在爱尔兰中西部建立新的种植园，他们还力图消除阿尔斯特的长老会的影响，实现斯图亚特王室的收支平衡。这种做法在爱尔兰本地人和早先来到爱尔兰定居的人那里都引起了激愤。于是，1641年10月叛乱爆发，叛军的残杀让当时的人将其与1622年3月22日英格兰殖民者在弗吉尼亚遭到的屠杀做比较，两起事件都和土地转移有关。

领地转移是西班牙对墨西哥、秘鲁和智利进行殖民的主要特点，西班牙人建立了大授地制，又称委托监护制（encomiendas），模仿了塞维利亚周边的埃斯特雷马杜拉地区的大型农场地产——它们是埃斯特雷马杜拉农业经济的重要组成部分。地主权被赋予被称为委托监护主（encomenderos）的西班牙殖民者。葡萄牙在巴西的殖民地（特别是1580年以后）主要种植甘蔗，后来是烟草，再后来发展为种植园，领地农业达到了一种从前想象不到的商业规模和复杂程度。说回欧洲，天主教会的土地很容易落到平信徒手里，特别是在某些地区，保护教会人士抵御新教徒的屠杀为土地转移提供了一个很方便的理由。在法国，教会的财富在内战中连续五次被剥夺，不过在很多情况下，教会有机会在后来的售卖中回购回来。在西班牙，教会失去了数十万村民，因为它售出领地以向哈布斯堡王室捐钱，让后者可以在北方与新教徒作战。

领地转让交易对欧洲的世俗贵族有利，尤其对中等贵族有利。17世纪贵族延续的关键在于高效地开发地产。尽管（特别是在17世纪30到40年代的南欧）土地的价格止步不前甚至有所下跌，但是土地的利润仍然好过其他投资。然而利润离不开管理和开发，因此，人们开始重视起土地管理人的能力和信用，这反映在新出现的针对此类问题的建议手册中，这些手册重点指出了制订和审查年度账目、通过逐年对比账目明确发展趋势的重要性。贵族的土地资源在法律上往往有各种前提条件和替代条件的约束，目的是保证地产完整性，将其用于抵押贷款或充作嫁妆，以及帮助遇到困难的家族成员。因此，贵族遇到紧急情况时很难动用领地财富。因而才有这样的悖论（在1640年前的意大利半岛和西班牙半岛特别明显）：拥有大片庄园的富有贵族，在长期货币不稳定和实际租金下跌，更别提还有各方面的需求让他们的资源左支右绌的情况下，终于陷入了危机。1650年时，一部分上层贵族开始暴露出自己的弱点，部分原因在于他们利用国家资源和扩大领地时太损人利己了。但是贵族作为一种秩序，变得更加安全、更加强大、更占据优势地位。如果没有贵族，欧洲衰弱的社会凝聚力会造成更具破坏性的严重后果。构成1660年后欧洲旧制度（ancient régime）的基础的社会契约，正是在贵族血统和土地上建立起来的。

掌握世界

第六章

世界中的欧洲

世界帝国

西塞罗曾说，罗马帝国是统治世界的帝国（an *imperium* over the world）。他的意思是只有在罗马保护之下的人才归属于一个连贯的文明与政治共同体。基督教世界这个概念的出现让"归属"（belonging）与信基督教画上了等号。外人（outsiders），也就是亚里士多德和希腊人教西塞罗应称之为"野蛮人"（barbarians）——因为他们缺乏"文明"（civility）——的那些人，如今等同于"异教徒"（pagans）。到了中世纪中期，神圣罗马帝国皇帝和教皇发展为统治基督教世界的帝国（an *imperium* over the Christian world）的世代相传的历史与宗教权利的保管人。意大利作家安德烈亚·阿尔恰托（Andrea Alciato）把基督教世界和罗马帝国遗产的联系说得相当明白："因为……过去所有在罗马生活的人都成为罗马公民，所以现在所有基督徒都是罗马人民。这一原则排除了生活在亚洲、非洲或其他行省并且不信基督的人获得公民身份的可能性。他们是罗马人民的敌人，他们丧失了罗马公民（*civitas*）

的权利。"十分矛盾的是,欧洲海外扩张的起步,恰好与基督教世界普世主义以及支撑它的制度的解体同时发生。海外扩张引发了一场关于"归属"于欧洲意味着什么的辩论。人文主义者承认,共和国(*res publica*)意味着共和国的公民(*civitates*)与非公民之间存在区别。但是欧洲人1520年后开始逐渐接触的民族是否有"文明"(如果有的话,理由是什么,文明到什么程度)变成了一个人类学问题,后来又变成了关于欧洲人意味着什么的主观判断问题。

早期的欧洲殖民者并不愿意放弃基督教世界的普世主义理想。葡萄牙人和卡斯蒂利亚人对海外领地的主张是建立在教皇许可的基础上的,西班牙人占领新土地时举行的仪式有意展现出基督教世界帝国(the *imperium* of Christendom)的延续感。因此,蒙特祖马二世(Moctezuma II,有时也拼成"Montezuma")被要求在临死前按照西班牙人事先编排的情景遥向查理五世献上自己的帝国,这样就印证了《圣经》的先例,显示了帝国的延续性。赫拉克勒斯之柱和"Plus Ultra"(走得更远)的横幅被置于哈布斯堡纹章周围,"普世帝国"(universal monarchy)就这样与皇帝查理五世结为了一体。在基督教世界向海外扩张的背景下,"普世帝国"意味着"世界帝国"(world monarchy)。尽管1556年查理五世退位,神圣罗马帝国从此与西班牙国王腓力二世及其子孙继承的这个王国(*monarchia*)脱离了关系,但西班牙帝国(Spanish empire)仍然保留了相当一部分统治全世界的权力主张。

不过,教皇和皇帝对"世界帝国"的合法化认证变得越来越无关紧要了。法兰西王国对皇帝的认证权发出了挑战。弗朗索瓦一世相当于向查理五世提了这样一个问题:亚当的遗嘱里哪一条规定要留给皇帝半个世界？英格兰王国则无视两者的认证权，提出自己有独立的认证权，理由是王国有义务教化未开化的人，让没有信仰的人信仰真正的基督教。理查德·哈克卢特（Richard Hakluyt）在1584年撰写的《向西殖民论》（*A Discourse on Western Planting*）中宣称，"如今英格兰的国王和女王负有信仰守护者（Defenders of the Faith）之名"，他们有义务"维护和支持对基督的信仰"（这里指的是新教）。次年，哈克卢特饱含热情地写下了"弗吉尼亚事业"（Virginia Enterprise）的三大目标，即"传教、贸易、征服"。三大目标是具有内在联系的。正如乘上"五月花号"的先驱爱德华·温斯洛（Edward Winslow）在1624年出版的《来自英格兰的喜讯》（*Good Newes from New England*）中所写的那样，亚美利加是"宗教与利润共同繁荣"之地。但是各个目标是独立并相互影响的，人们对此争论激烈，出现了相互对立的解读，因此不能仅仅把欧洲扩张解释为彰显普世主义。随着地理上的扩张，人们越来越意识到，这个广阔的世界上有不同的文化和国家，有的文化和国家（奥斯曼、中国、印度）比起基督教世界不仅地理范围更广，而且更加复杂成熟，尽管它们的文化价值和宗教体系与基督教世界大相径庭。以这种新的全球视角来看，企图以基督教世界的陈旧基础来建立普世权力，按照1625年胡果·格劳秀斯毫不客气的说法就是愚不可及（*stultum*）。

西班牙帝国在美洲的统治一开始就引发了一个更基本的合法性问题。多明我会神学家弗朗西斯科·德·比托里亚（Francisco de Vitoria）在萨拉曼卡大学做过一场题为"论美洲印第安人"（*De Indis*）的讲座。他问道："西班牙人有什么权利（*ius*）要求野蛮人服从他们的统治？"教皇要求推翻某个他想推翻的世俗政权的权利，肯定仅仅适用于基督徒而不适用于异教徒。有一种答案是，美洲原住民自愿将统治权拱手让与西班牙帝国，但是这就要求大家无视征服者（Conquistadors）在中南美洲的蓄意劫掠、原住民不愿屈服的种种证据。另一种可能的答案是，西班牙统治印第安人的合法性正是在于后者已经被前者征服这一事实，这样西班牙人就可以把收复失地运动（Reconquista）中用过的说法搬出来再用一次。但是，这种答案同样可以为其他欧洲列强所用。它们也可以说，因为它们征服了世界的某一地区，所以它们有统治该地区的合法性。这一论点使提出对新的海外土地的所有权——而不仅仅是"发现"（discovering）它们——变得更加重要。

欧洲殖民者建立海外殖民地的方式取决于发现者来自哪个国家和想要建立什么类型的领地。1511年，多明我会修士安东尼奥·德·蒙特西诺斯（Antonio de Montesinos）对伊斯帕尼奥拉岛（Hispaniola）的殖民者说，他们如此野蛮地对待原住民，注定"像摩尔人或土耳其人一样"得不到拯救。于是，西班牙国王就如何最好地在美洲建立统治听取了一些法律建议。从此以后西班牙要求征服者在接受原住民的臣服之前必须宣读一篇名为《要求书》（Requerimiento）——1573年后改为《服从与附庸管理办法》（Instrument of Obedience and Vassalage）——的文件（如果原住民不接受文件条款，那也得在"发动攻击"前读一遍文件）。这种宣读文件的政策很荒谬地假定原住民听得懂文件所用的语言和用词，并且认可这份文件要加在他们身上的领主关系。作为对他们认可领主关系的回报，文件承诺西班牙王国的代表会"准许你们的女人和孩子自由活动，你们和你们的妻儿都不会被人奴役，可以想做什么就做什么……而且我们不会强迫你们改信基督教"。但是，如果原住民拒绝，西班牙王国的代表保证会"在上帝的帮助下对你们拿起武器，让战火烧遍各地……令你们戴上枷锁，向教会与国王陛下臣服……夺走你们的妻儿，使他们成为奴隶……抢走你们的财产……对你们施以领主对反抗他和否认他的封臣可以施加的一切灾难与伤害"。这样的文本既遵循了当年收复失地运动时的做法，又反映了西班牙帝国想要把原住民（即使是以貌似和平的手段）转化整合为西班牙殖民地的一部分的新实际情况。西班牙提供给印第安人的"自由选择权"如此荒诞，使巴托洛梅·德·拉斯·卡萨斯（Bartolomé de las Casas）感到震惊，他说自己简直不知"该笑还是该哭"。西班牙官员禁止使用"征服"这个词来描述西班牙建立统治的行为，他们要求换一个无害的词——"安抚"。

法国殖民者非常谨慎地想要把自己的事业与西班牙《要求书》所代表的那种武力征服区别开来。法国人采用了天主教的祝福礼作为原住民自愿臣服于法国统治的标志。出于这个想法，1612年7月当弗朗索瓦·德·拉齐利（François de Razilly）的远征军到达亚马孙河口时——他们登陆的这座岛屿后来发展为马拉尼昂州圣路易斯市（São Luis de Maranhão）——他向当地的图皮族人（Tupi）派了一个代表团，问"他们是否愿意一如过去那样接纳法国人"。得到原住民的同意后，法国人才登上陆地，砍下一棵树，做了一个十字架，带着它列队穿过各个村庄，然后把它插在地上"作为每个（印第安）人接纳基督教的见证，也作为一个永久的纪念，告诉他们和其子孙为什么我们以耶稣基督之名占有了他们的土地"。

与之相对，葡萄牙航海家对于占有的认识反映了他们以海洋和海岸为基础主张领地的特点。1500年，一支葡萄牙船队到达巴西海岸，船长尼古劳·科埃略（Nicolau Coelho）上岸与图皮族原住民做生意，与此同时,船队的天文学家和领航员也上岸测量正午太阳的高度,记下星星的位置,砍下当地的木材做了一个十字架以标记他们的地点(然后他们就可以在地图上也标出这个十字架)。在葡萄牙人这里,十字架既是海岸线的标志,又是对海洋霸权的声张。1562年英国伊丽莎白一世对葡萄牙人的认识提出了异议。当时葡萄牙大使请求伊丽莎白承认葡萄牙对"葡萄牙王国发现的所有土地"拥有主权,她予以拒绝,理由是"在葡萄牙发现的所有土地上……葡萄牙都没有优势"。(按照伊丽莎白女王的理解而不是葡萄牙人的理解)"发现"不等于"占有"。葡萄牙人主张对通往东方的航路有所有权,因而形成了香料垄断,1529年,出生于法国迪耶普(Dieppe)的航海家让·帕门蒂尔(Jean Parmentier)带领两艘船驶往苏门答腊,就是希望打破葡萄牙人的香料垄断。他说葡萄牙人"野心过于膨胀",就好像"上帝单独为他们创造了大海和陆地,其他国家没有资格航行似的"。

坚持反对葡萄牙的主张的评论者包括荷兰法学家胡果·格劳秀斯,他在1604—1605年创作的《论捕获物与战利品》(On the Law of Prize and Booty)中提出,葡萄牙人"因为发现了海洋,所以拥有航路的使用权"的说法是在把自己与他人隔绝开来,强制执行一条大自然中不存在的边界。不过格劳秀斯承认,在海外发现全新的陆地,在法律上相当于获得无主财产——就像在大街上发现一枚硬币一样。尼德兰殖民者一丝不苟地标出他们主张拥有的土地的精确纬度和轮廓,以此证明那确实是"未知之地"(terra incognita),或者(如果不是未知之地的话)他们会指出,他们的合法性在于当地人让出了这片土地,或是他们与当地人谈判取得了这片土地,而且他们在这片土地上有固定的贸易、占领和投资活动。相比之下,早期北美英国殖民者的优势在于，他们可以说他们得到的是无人占领的土地，它自古以来不属于任何人，他们没有从任何人手中夺取它。他们在当地建屋扎篱，划分出了自己的"种植园"，就像在爱尔兰一样。他们殖民的理据是，有效利用土地是在彰显神的荣耀，既然原住民不愿意做，那就应该让他们来做。

世界地图上的地名承载了这一时期欧洲海外扩张所留下的深远影响。哥伦布热衷于为他发现的岛屿、海角和河流命名，他的继承者在扩大西班牙美洲殖民地时也继承了他的做法。第一位研究西班牙殖民帝国的历史学家贡萨洛·费尔南德斯·德·奥维多（Gonzalo Fernández de Oviedo）说，读西班牙航海图的感觉就像在读"一篇顺序排得不太好的圣人历或圣人录"。葡萄牙人选择把原住民的地名欧洲化，而尼德兰人、英国人和法国人的命名策略则反映了他们家乡的情况。尼德兰人和英国人倾向于用市镇、省份、探险者和统治者的名字命名。法国人在北美起的地名表明，背后有靠山的殖民者更能促进殖民地的发展。殖民者的竞争也会带来地名的更迭。詹姆士敦（Jamestown）的建立者是英国殖民者约翰·史密斯（John Smith），他向查理王子（Prince Charles）申请特许状，授予他权力抹除其他国家在北美起的所有地名，只保留英格兰人起的地名。尼德兰人认为，其他国家的人使用他们起的地名（比如源于"巴达维亚"的雅加达，后来变成哈德孙河的"莫里茨"河），佐证了他们对这些地方的所有权。但是，伊丽莎白女王对此不以为然。1580年她对西班牙大使说："给一条河或一个海角命名……并不能赋予他们（西班牙人）这条河或这个海角的所有权。"物质上的占有和以武力守住殖民地的能力才是关键。1650年之前，欧洲各海外帝国的扩张过程体现出一种讲求实效、占有欲强、竞争心重的不稳定状态。并没有任何各方同意的法律框架或最高上诉法庭可以裁决事实占领（de facto occupation）、法律特许状、外交承认、历史、地图、边界、占领仪式的效力，有的只是声明和反声明的口水仗，这占据了外交官们的大量精力，而且也让与帝国利益攸关的人有机会为他们的私利表达重商主义的呼声。

帝国代理人

在欧洲的海外帝国起步的时候，权力是很分散的。起初，一小批探险者——没有任何经验，只有一纸授权书，但是拥有火药技术——掌握了先机。从1519年在韦拉克鲁斯（Vera Cruz）登陆算起短短两年时间，征服者埃尔南·科尔特斯（Hernán Cortés）和他500名左右的骑兵就已有能力击败拥有超过1100万居民的阿兹特克帝国。他在登陆时亲自建立了韦拉克鲁斯"镇"*，小镇的官员以西班牙国王的名义授权他开展军事活动。1530年，弗朗西斯科·皮萨罗（Francisco Pizarro）效仿科尔特斯，带领一支在与墨西哥的胜仗中初尝劫掠滋味的团伙向秘鲁发起了远征，一开始他手下的雇佣兵人数比科尔特斯少。三年之后，在1533年11月的一个午后，皮萨罗夺取并洗劫了库斯科（Cuzco），印加帝国的命运就此走到了尽头。命运十分眷顾这几个无耻狂徒。从库斯科掠夺的黄金填满了皮萨罗及其同伙的腰包，让他们富得超乎自己的想象。但是长期来看，他们的成功开启了一个激烈而血腥的斗争时代，直到一代人之后西班牙政府才勉强介入，终于

---

* 韦拉克鲁斯市（Veracruz）如今已经发展为墨西哥东岸重要的港口城市。它所在的韦拉克鲁斯州同样以 Veracruz 为名。——译者注

开始自己管理殖民地，这个问题才得到解决。

与此同时，第二任葡属印度"总督"（governor）阿方索·德·阿尔布克尔克（Afonso de Albuquerque）在印度洋沿岸建立了若干要塞，借此控制印度洋的海上贸易。在十余年的时间里，他和同僚以从不超过 15 艘船和 3 000 人左右的兵力，为新"国家"葡属印度（*Estado Português da Índia*）制订了一直沿用至 17 世纪的方向和战略。他们在科钦（1503 年）与果阿（1510 年）建立了军事堡垒和海军基地，以慑服当地商人。然后他们又控制了印度洋的战略入口好望角、红海的入口索科特拉岛（Socotra），以及波斯湾的霍尔木兹和巴林。他们通过征服东非的一些穆斯林小国、马达加斯加岛和毛里求斯岛，巩固了自己的影响力。接着，阿尔布克尔克于1511 年武力攻陷了马六甲——远东地区重要的贸易国家、中国南海的锁钥。这些非凡事迹充分证明，坚定地使用小股武力奠定海上霸权可以实现的可能性。

但是葡萄牙人的成功终归是不完整的。他们没有建立起对香料、丝绸、棉布贸易的长期控制，最主要的两点原因是，东南亚商船仍然可以把摩鹿加群岛产的上好的香料通过巽他海峡送到苏门答腊北部的亚齐（Atjeh），而且葡萄牙人始终没有占领红海入口的亚丁。然而，葡属印度的根基在于一个重要的现实状况：参与亚洲内部贸易（intra-Asian trade）所获得的利润（主要来自向当地商人发放安全通行证来索取保护费）足以抵消他们维持存在的开销，而且可以减少从欧洲进口金银来支付他们运回欧洲的亚洲商品的需求。印度消费东南亚香料的数量可能是欧洲的两倍之多，而中国消化了苏门答腊胡椒产量的四分之三。掌握亚洲内部贸易的控制权是葡萄牙商业优势的根本原因。

四处打劫的荷兰人和英格兰人了解垄断性海上帝国的好处，更深知亚洲内部贸易的重要性，1600 年后两国开始竭尽所能地破坏葡萄牙的商业帝国。16 世纪末 17 世纪初，比葡萄牙人更专注、更坚决、资源更丰富的荷兰人开始控制胡椒和香料生产的咽喉，自己主导亚洲内部贸易。1596 年，第一支重装荷兰舰队横穿印度洋，穿过巽他海峡，抵达爪哇的重要港口万丹湾（Bay of Bantam）——爪哇岛盛产胡椒，同时也是东南亚的海上枢纽。1602 年，一群荷兰冒险家成立了联合东印度公司（Vereenigde Oost-Indische Compagnie，简称 VOC），这个商业财团在成立的前十年平均每年出资向东方派出约 13 条船，后来极为成功地发展为一个利润巨大的常设性准国家机构。1612 年，东印度公司转型为股份制公司，公开发行有期限股票，期限长达数年。公司高管宣示效忠于尼德兰国会（States General of the Netherlands），承诺向国会通报亚洲事态，并且同意在紧急情况下将船只、资本和人力交予荷兰政府使用。作为回报，他们有权缔结协议、建造要塞、征募士兵和海员。这样，公司既是国家的膀臂，又与国家保持距离。

　　早期派出的商船除了一艘之外其余的满载而归，并且带回了信息和经验，它们累积起来对荷兰在东方发展自己的势力起到了巨大作用。直到 1610 年股东才第一次领到股息，可是，因为股份极少开放给初始投资者以外的人，所以股份的价值不断增长。而且，投资者在公司治理架构中享有特权，所以拥有股份意味着此人已经是一名举足轻重的寡头。公司的 17 位董事负有设计远东运营计划的复杂任务，他们会在一年三次的董事会议上做出微妙的商业和政治决策。

　　荷兰人在东印度群岛的运营基地一开始设在万丹，后来他们与岛上内陆势力关系恶化，于是基地转移到了雅加达。总督扬·科恩（Jan

Coen)把葡萄牙人建立垄断商业霸权的经验带到了荷属东印度。肉豆蔻（nutmeg）和其干皮只出产于班达群岛（Banda Islands），当地居民发现，他们不仅可以把香料卖给葡萄牙人，也可以卖给英国走私者，而且价格比荷兰人提供的合同价更高。1621 年，科恩利用日本雇佣兵对班达群岛发起突袭，当地居民或被杀或逃亡，人口从 1.3 万～1.5 万人骤降到 1 000 人左右。代替原住民的是奴隶、囚犯和契约工，他们支撑起了新的荷兰香料种植园。荷兰逐渐把亚洲和欧洲的竞争者赶出了摩鹿加群岛香料的收购生意。从日本和马尼拉流出的白银对荷兰人很有吸引力，于是他们以摩鹿加群岛为基础开始扩大自己在东方和中国南海的影响。与此同时，荷兰人与英国人利用了葡萄牙在印度东部海岸——科罗曼德尔（Coromandel）海岸——的弱点，把葡萄牙人和缅甸海盗清出了孟加拉湾，获得了孟加拉的贸易特权，由此把这个富饶的地区引入繁荣的欧亚贸易。东印度公司的创始成员彼得·范·登·布鲁克（Pieter van den Broecke）1616 年终于在公司所谓"西区"*的红海入口设立了"代理处"(factories)（设防的据点）。1614 年时范·登·布鲁克在摩卡（Mocha）尝到了"某种又辣又黑的东西"，于是成了第一个品尝咖啡的尼德兰商人。

  各种各样的人都与欧洲的海外帝国利益相关。"商业帝国"（merchant empire）这个词名副其实，就连对西班牙的美洲殖民帝国也同样适用，因为正是欧洲货币中心的银行家和他们在各个启运港的代理人在提供资本、决定购买和出售的商品种类。无论是从东方进

---

* 荷兰东印度公司将其海外据点分为三个大区：最重要的"东区"（Eastern Quarter）覆盖东印度群岛；"北区"（Northern Quarter）包括日本、中国（含台湾岛）；"西区"（Western Quarter）包括印度半岛、波斯和阿拉伯。——译者注

口胡椒、香料、丝绸和棉布，还是从新世界进口贵金属、毛皮、染料和糖，都少不了他们的代理人的参与。驾船的水手、造船厂的工人、为船制造火炮的工匠、帮助海船找到航路的制图师和仪表匠，所有这些人的知识和经验合在一起，彻底改变了欧洲的航海技术与科技。

1650 年之前去往海外的欧洲人一直不多，而且许多都是暂居海外。尽管定居者源源不断地向外流出——比如西班牙港口每年都有前往美洲的移民——但是一年很少超过一两千人。1600 年时从索法拉（Sofala，东非的葡萄牙堡垒）到澳门的葡萄牙人应该不会超过 1.5 万人。1650 年之前定居在东印度群岛的尼德兰"自由市民"（free burgher）应该也不超过这个数目，也就是说，约翰·马特索科尔（Joan Maetsuyker）——锡兰总督（1645—1650 年在任）、任期最长的荷属东印度总督——雄心勃勃的殖民计划彻底失败了。然而，到 17 世纪中期，尼德兰的新阿姆斯特丹（纽约）可能已经吸引到了大约 7 000 名欧洲人，而且从英格兰前往美洲的移民潮稳步推进着殖民者的增长（1643 年康涅狄格有 5 500 人，马萨诸塞有大约 1.6 万人，弗吉尼亚有大约 1.5 万人）。相比之下，定居于加勒比海外岛的欧洲人数量惊人。作为种植园主的定居者能以优惠的条件租到肥沃的土地，而且种植烟草、槐蓝和棉花很快就可以赚到钱。截至 1640 年，巴巴多斯的欧洲人口超过 3 万人，圣基茨岛（St Kitts）也超过 2 万人——这样的人口密度可以同欧洲最发达的经济区相提并论。

欧洲第一批海外帝国都是由节点连为一体的。非洲海岸和远东的代理处设在战略位置，它们作为闸门，把守着供应点和贸易点。美洲殖民地则有转运港、启运港和政治中心。到 1620 年，中南美洲建起了大约 200 座城市，网格状的城市规划反映了当时的人对理想市镇的观念。它们是当地的司法中心和行政中心，而且名义上是自治实体，有殖民地会议这样的机构，但是实际上听命于派驻当地的检审庭（audiencias）和总督（viceroys）。总督一职最早出现于 1535 年的新西班牙（墨西哥），然后 1543 年秘鲁也设立了总督，其出现表明，尽管有万里之遥，但是国家下定决心尽可能直接地按照欧洲的方式控制殖民地。

在大多数节点内部，欧洲人都是少数，节点之外更是如此。只有在加勒比群岛（原住民被大量屠杀后欧洲人才进驻）和北美英国殖民地（在殖民过程中原住民被驱赶到内陆），欧洲人才占多数。远东葡萄牙代理处的欧洲定居者与不同民族和宗教的当地人通婚成家。比如在果阿，葡萄牙人与古吉拉特商人、穆斯林商人、亚美尼亚商人、犹太商人、不同种姓的印度教徒、聂斯托利派（Nestorians）基督徒、马来亚商人和中国商人比邻而居。在这种情况下葡萄牙人竟然没有被当地社会完全吸收，这是很不同寻常的。不过这也体现了以商人为基础的移民社群的力量，而且葡萄牙人的广泛分布解释了为什么葡萄牙帝国衰落之后葡萄牙语仍然是亚洲海上贸易的通用语言。

尼德兰的巴达维亚和西班牙的马尼拉也是一派相似的景象。到 1650 年，巴达维亚 17 世纪 30 年代修建的城墙快被居民挤破了，尼德兰人开始与原住民同居，因为愿意千里迢迢来到远东的欧洲妇女实在太少。他们的孩子成了有一半欧洲血统的混血儿（mestizo，荷兰语叫 mestiezen）。公司董事坚持要求欧洲人只能娶受洗的基督徒妇女，他们的孩子（"尽量也包括他们的奴隶"）要培养为讲荷兰语的基督徒。尼德兰定居者的邻居是爪哇人和其他某种程度上吸收了欧洲文化的亚洲人（mardijkers）*，还有能讲葡萄牙语但是完全遵循自己传统的中国人。西班牙美洲殖民地的征服也造成了少数欧洲定居者和大量印第安原住民混居的情况，尽管西班牙人费尽力气想要把两者隔离开来。矿井和种植园既需要印第安熟练工和非熟练工，也需要从非洲引进的奴隶。久而久之，美洲出生的欧洲人（Creole，西班牙语叫 criollo）变成了墨西哥和秘鲁精英中最重要的组成部分，并且构成了独特的美洲殖民地认同感的基石。

欧洲殖民地人民的认同直到1650年仍在逐渐形成之中，与他者的相遇和与欧洲本土的持续对话都在塑造他们的认同。殖民地定居者希望让自己跟当地原住民拉开距离，很大程度上是为了回应家乡人民的批评。背井离乡的欧洲人对异族之"野蛮"的感觉最为强烈，他们十分想要确定自己的优越性。洛佩兹·德·戈马拉在《印度通史》中用一种改良式语言为征服伊斯帕尼奥拉岛和新西班牙辩护，理由是印第安人已经证明自己毫无能力像西班牙定居者一样改造这一地区："我们到达西印度时一个蔗糖厂都没看到，而我们用自己的勤奋劳动在很短的时间内就建立起了现在的这一切。"美洲印第安人身上具有他们没有并且不应成为的那种人的一切特质。印第安人行为野蛮、相信异教、恣意挥霍、不可信赖、缺乏勤奋和理性，（王家法令怎么说都好）不配得到悉心善待，他们的抗议（比如1610年在巴伊亚、1640年在圣保罗和里约热内卢发生的暴乱）证明他们果然不可信。

荷兰东印度公司的董事再三强调应该公平对待亚洲人，这恰恰说

---

* 马戴客（mardijkers）指的是生活在巴达维亚和其他东印度贸易点的获释奴隶后裔。他们多数是基督徒，说葡萄牙克里奥尔语，民族成分十分复杂，有的拥有葡萄牙血统。此处原文为 mardikers，疑为笔误。——译者注

明后者没有得到公平对待。巴达维亚官员写的答辩书中记录的决策里经常用贬义词（比如"卑鄙""吝啬"）来形容印度尼西亚人、中国人和穆斯林。有感而发的荷兰博物学家雅各布·邦修斯（Jakob Bontius）抗议他的同胞把亚洲人贬为"瞎眼的异教徒""奸诈的摩尔人""软弱的野蛮人"。1615年，一位荷兰归正会牧师在安汶（Amboina）比较了不沾酒的穆斯林和爱酗酒的欧洲同胞。尼德兰海军船长皮特·海因（Piet Hein）是尼德兰对抗西班牙的八十年战争中的英雄人物，17世纪早期他先后服役于东西印度。他亲眼见证了原住民有多么仇恨傲慢的欧洲人："他们深深地感觉到自己遭到了不公正的对待，这就是为什么他们变得比原先更野蛮、更凶狠了。兔子急了也咬人。受到伤害的印第安人找人报复难道很令人惊讶吗？"就在海因写下这些文字之前，1622年弗吉尼亚发生了印第安人对欧洲人的大屠杀，包括这次屠杀在内的一系列民族和种族冲突事件极大地刺激了欧洲人的感情。后来当上荷属东印度总督的赖克洛夫·范·戈恩斯（Rijcklof van Goens）对身为欧洲人感触颇深，他在1655年写道："所有亚洲民族都恨死我们了。"

当殖民者比较他们自己与遥远的祖国时，他们一下子觉得殖民者们之间的差异远远小于殖民者与各自祖国人民之间的差异。这是基督教世界分解蜕化时的一个小小环节。西班牙美洲殖民地的许多早期殖民者想要重建一个与他们故乡一样的世界。另一些人（比较出名的是传教会中的方济各会，以及在完全不同的环境下短暂地存在于巴西和佛罗里达的法国新教团体，后来还有新英格兰的新教分离派和巴拉圭的耶稣会）想要建立一个比他们抛弃的故土更美好的欧洲式秩序。方济各会希望实现基督教世界的千禧年之梦。早期耶稣会把美洲视为再造伊甸园的契机。"如果世上真有乐园,"一个在奇异的动植物和蛮荒的地理环境面前茫然无措的耶稣会士于 1560 年写道,"我敢说,它就在巴西。"

让印第安人信教,是在上帝末日审判之前需要完成的属灵工作。但是,实实在在的信教不是外表上遵循教规就足够了的。洗礼之前要先完成信仰入门、布道说理、教理问答和知识教育,然后还要让他们适应欧洲人的思考和行为方式。实践证明这些任务几乎不可能完成。以手头有限的资源对几十万印第安人提供教育、解答和洗礼,只能采取简单粗暴的做法。说服或强迫印第安人搬到城镇里,使其围绕专为他们保留的教堂和修道院组织起来,以便教会他们欧洲人的生活方式,这不是没有代价的。这种做法产生了一种混合式基督教,它与欧洲中世纪晚期的神圣图景有些相似之处,只不过圣母崇拜被叠加到了谷物女神崇拜和大地母亲崇拜之上,或是干脆与后者混为一体。异教的生育仪式被基督教化的结果只是多了一出简陋的弥撒与游行,但是当地人仍然可以辨认出他们在进行的到底是什么仪式。这种混合状态越来越与后宗教改革时代的归正基督教(或天主教)格格不入。当方济各会回过头来看他们的努力,以及在对待印第安人问题上与西班牙美洲殖民地世俗当局保持的通常很重要的关系时,他们的千禧年之梦消散了。他们的幻灭是"西方基督教世界是一个信仰共同体"这种既有观念崩溃的一部分。在新教改革后信条冲突的新环境下,新英格兰清教徒继承了期盼基督的国降临的希望;巴拉圭耶稣会士也是如此,他们决心利用全球化的天主教的资源完成使印第安人变为基督徒的大业。

基督教世界在远东遇到的情况大不相同。16 世纪,欧洲人越发明显地感觉到伊斯兰教对基督教世界的挑战，不仅仅是因为奥斯曼帝国威胁到欧洲的东南翼。欧洲人在印度洋和远东与伊斯兰教的近距离接触也是原因之一。在伊斯兰教扎稳脚跟的地方，基督教传教士的工作变得更加艰巨，当地人对葡萄牙人也转为敌对态度（到17世纪对尼德兰人和英国人也是如此，只是程度较轻）。非洲东部海岸和远东都有这样的地方。比如在班达群岛，穆斯林传教士的数量比基督教传教士还多，只有在没有伊斯兰化的印度部分地区，或是在（方济各·沙勿略1546年去过的）安汶等伊斯兰教还没有渗透的海岛，基督教才有一席之地。在印度尼西亚其他地方，尤其是在印度教退却的地方，伊斯兰教都在高歌猛进。爪哇沿海的穆斯林商业苏丹国对马六甲的葡萄牙征服者恨之入骨。同样，16世纪伊斯兰教在印度南部的扩散也威胁到了葡萄牙的在当地的势力，就连果阿也不例外（1569年起果阿经历了为时两年的围城）。

那时，反宗教改革运动也波及印度。殖民当局有意禁止非基督徒担任公职。1560年葡萄牙人在印度也设立了宗教裁判所，调查叛教者和异端，聂斯托利派基督徒发现自己被当成了异端。1599年在戴拜（Diamper）召开的葡萄牙天主教会会议上，聂斯托利派被正式斥为异端，有一段时间聂斯托利派有组织的社群都被强行解散了。大多数改宗基督教的印度人来自低种姓群体，因为他们想要逃离种姓社会体系的压迫。传教狂热使当地人像痛恨海盗和迫害狂一样痛恨葡萄牙人。如果说17世纪早期远东的尼德兰人没有引起如此巨大的仇恨，那是因为归正教会缺乏传教热情，而且尼德兰殖民者利用了当地伊斯兰势力与葡萄牙人的斗争，从中渔利。

海外帝国离不开船。塞维利亚和加的斯的船队从瓜达尔基维尔河

(Guadalquivir)启程前往西班牙美洲殖民地,里斯本的船队从塔霍河(Tagus)出发前往远东,提供资金、组织船队的都是商人。1505—1506年里斯本建立了印度事务部(India Office),用以监督葡萄牙与亚洲的贸易。西班牙也有类似的部门,建立的时间稍早几年。随着殖民事务的发展日益复杂化,商业帝国的文书工作也越积越多。前往亚洲的船队风险很大,对毅力的要求也很高。一支船队不超过10艘船,它们每年2月至4月间从里斯本出发,踏上全程4万公里的漫漫旅程(这个长度相当于沿赤道绕地球一周),它们要在夏季赶上来自南美海岸的赤道季风和洋流,绕过好望角,努力到达非洲东海岸,停靠在莫桑比克岛的葡萄牙贸易港,这是它们第一个赚大钱的地方。即使没有发生任何意外,这一段旅程也是漫长而艰难的。新鲜食材迟早用尽,关节和牙龈都会肿痛,而且在船上经常会感染痢疾。这样一程下来,多达三分之一的船员丧命不是什么稀罕事。从莫桑比克出发,船队经过索马里北端的海岸,然后穿越印度洋。到达果阿和科钦后,葡萄牙船队最终抵达马六甲,季风可以帮它们走完最后这段路。尼德兰船队的船只数量更多,尺寸更小,有时一支船队有100艘排水量600吨左右的小船,相比之下葡萄牙人的大帆船排水量通常为1 000吨。

过完圣诞节后,船队于次年初启程返航,这样可以搭上有利的冬季季风,到达大西洋后,东南风可以一路把它们带到低气压的赤道无风带,到了这里船队只能自求多福,希望有海风和洋流把它们带回亚速尔群岛和欧洲海岸。至少有16%的船没有平安回家。船队从欧洲出发时装的是压舱物、贵金属、铜,还有一些贸易品,以及公司带给代理处用来建造堡垒的补给品。回到欧洲的船只吃水深得多,舱板之间装满了一箱箱香料(肉豆蔻、丁香、肉桂、肉豆蔻干皮)、一袋袋黑胡椒、一捆捆丝绸和棉布。

只有极高的利润才值得人们投入这样的心血。从香料群岛购买丁香然后在印度市场出售，利润往往高达 100%，肉豆蔻干皮在卡利卡特（Calicut）的价格是大班达岛（Great Banda）的 10 倍到 15 倍，肉豆蔻的价差高达 30 倍。印度的纺织品卖到远东，价格可以翻一倍。大量利润都是在远东获得的。在欧洲市场出售香料需要围绕香料的稀缺性和神秘感做许多营销工作，所以需求有一定的弹性。但是这种需求不是无限的，荷兰东印度公司和英国东印度公司的竞争造成香料供过于求，价格走低，直到尼德兰加强了他们在远东的垄断，英国内战打乱了英国商人在东印度的活动，情况才有所改变。香料一直是一种风险很高的商品，特别是因为商人要提前一年多投入资本进货装运。所以不足为奇的是，葡萄牙人把香料生意卖给了意大利、德意志和佛兰德斯的商业银行组成的财团，让他们分担这一风险。西北欧的商人出资开展香料贸易，成为他们建立自己的东印度公司直接参与香料贸易的前奏。

西班牙美洲殖民地船队的运营方式与东方贸易并不一样。船只往返中美洲一次只用九个月，因此在美洲维持一个西班牙殖民帝国就有了现实可能。从 16 世纪中期开始，船只都被编为舰队，以免遭到法国人——后来还有英国人和尼德兰人——的抢劫，这些掠夺者都在加的斯湾虎视眈眈。西班牙船队有海军护航，通常一年派出两批。一批前往新西班牙，在韦拉克鲁斯城外的圣胡安德乌卢阿岛（San Juan de Ulúa）上的港口靠岸，另一批先在今天哥伦比亚加勒比海沿岸的卡塔赫纳德印第亚斯（Cartagena de Indias）稍做停留，然后前往巴拿马地峡北岸的农布雷德迪奥斯（Nombre de Dios）或波托韦洛（Portobelo），从秘鲁到阿卡普尔科的商人都会来到这里登船。早在16世纪20年代，每年就有接近100艘船满载商品穿越大西洋往来于西班牙及其美洲殖民地之间，它们的运载能力大约是9 000吨。到1600年，年平均船只数量增加到150～200艘，总吨位则高达3万至4万吨——船舶尺寸加大了一倍，使得运载能力大大提升。从欧洲出发时船队装的是殖民者需要的物资，返航时，船上除了新世界的贵金属，还有毛皮、槐蓝、胭脂虫和蔗糖。尽管船运量起起伏伏，但是长期而言欧洲贸易规模的增长非常大。欧洲海外帝国的产品拓宽了欧洲消费品市场，神学家认为这种变化威胁到了基督教价值的传承。

挪亚的子孙

亚欧大陆上所有文明都有过奴隶制，奴隶制是中世纪欧洲社会的特征之一。但是1500年的时候，基督教世界里大多数人都是自由身。矛盾的是，正是在这个时候，欧洲与外部世界相遇并且重新发现了奴隶制，不过这次奴隶制的基础与以往不同，私产制度和种族歧视成了新基础。奴隶被视作主人的"动产"（movable property），而且欧洲法律赋予了奴隶主随意对待奴隶的空前自由。

只有非洲人会被奴役，他们的肤色成了社会隔离的标志。16世纪欧洲富人的家庭里常常能看到黑奴，特别是在沿海地区和南欧。葡萄牙经济变得非常依赖私人奴隶。佛兰德斯人文主义者尼古拉斯·克雷内斯（Nicolas Cleynaerts）受埃尔南多·哥伦布（探险家哥伦布之子）之命来到葡萄牙时被震惊到了："到处都是奴隶，所有的工作都由这些被俘获的黑人和摩尔人完成。葡萄牙挤满了这样的人，我相信里斯本的黑人比自由的葡萄牙人更多。"奴隶主包括国王、贵族、教士，甚至普通平民。奴隶们在地里劳作，在船上卖力，在医院打扫，在家中做工。六七十个奴隶贩子靠从赤道非洲运送奴隶到里斯本发了大财。奴隶们戴着手铐、颈环和枷锁在大街上被公开出售，买家和掮客通过谈判确定他们的价格。他们想要摆脱奴役只有两种可能，要么成功逃跑，要么由主人解放。

到了16世纪末，在任何有欧洲人定居的地方，欧洲人都实施或接受了以种族歧视为基础的奴隶制。这种模式是在16世纪的前20年在加那利群岛的殖民过程中确立下来的。查理五世于1518年颁发执照，允许通过塞维利亚（它像里斯本一样有大量的黑奴人口）向西班牙殖民地引入黑人。但是从1530年起，奴隶从非洲直接运往美洲，以减少海运过程中死亡的人数。到1650年，移民新世界的大部分都是非洲奴隶。

亚里士多德哲学为"非洲黑人奴隶制为什么是自然秩序的一部分"提供了理论依据，而且历史上十字军东征的先例也可以用来为奴隶贸易辩护。《圣经》上挪亚的三个儿子——闪（Shem）、含（Ham）和雅弗（Japhet）——的故事成了理解种族差异、证明种族主义有理的出发点。挪亚因为某些事对含发出的诅咒被当成了黑皮肤的原因*，欧洲人的法律歧视和文化态度更加深了黑人继承诅咒、本性低劣的印象。在1578年出版的讲述马丁·弗罗比舍开辟西北航道的游记中，弗罗比舍的副官乔治·贝斯特（George Best）提到了含的诅咒，说"含的所有

---

* 《旧约·创世记》记载，挪亚一家人回到陆地上之后，有一天挪亚喝醉了酒赤身躺在地上，含看到了父亲赤身的样子，就告诉了自己的两个兄弟。闪和雅弗倒退着给挪亚盖上了衣服，所以没有看到他赤身的样子。挪亚酒醒后对含的做法十分愤怒，于是诅咒含的儿子迦南做闪和雅弗的奴隶。——译者注

后代都会黝黑可憎,恐怕这副模样会永远延续下去,让全世界知道不顺从会是什么下场"。西班牙哲学家弗朗西斯科·德·比托里亚认为只要奴隶是在正义战争中俘获的,奴隶贸易就完全具有合法性:"这足以在现实中和法律上使一个人成为奴隶,我买下他也不会有丝毫不安。"到17世纪中叶,经济必要性也成了奴隶制的存在理由之一。当尼德兰人于1634—1638年攻占葡萄牙人在巴西的甘蔗种植园,建立"新荷兰"(New Holland)殖民地时,指挥官拿骚-锡根的约翰·莫里茨(Johan Mauritz of Nassau-Siegen)生出一个想法,认为伯南布哥(Pernambuco)的蔗糖厂应该使用自由白人劳动力。但是他很快就接受了被他赶走的葡萄牙人的观点:"在巴西没有奴隶什么都干不成……在任何情况下都不可能不使用奴隶。如果有谁觉得这是错的,那也只是徒劳无益的道德顾虑。"

印第安人的问题更加复杂,《要求书》已经把他们转化为西班牙王国的仆人。德·比托里亚说,攻击他们或奴役他们都相当于对塞维利亚宣战。问题在于,他们属于人类中的哪一类?欧洲人的第一反应是——就像看到新世界的动植物一样——根据外表上的相似性把他们归为一个已知类型。第一位记录西印度历史的历史学家奥维多认为,印第安人很像北非蛮族"埃塞俄比亚人"。他们或许并未因为被征服而沦为奴隶,但是他们符合亚里士多德分类法中的"自然奴隶"(natural slaves),这个概念是德·比托里亚在巴黎留学时学到的。自然奴隶指的是智力不足以控制和管理情绪的人。按照新世界第一个殖民地法庭(在圣多明各)的法律专家兼法庭官员的胡安·奥尔蒂斯·德·马廷索(Juan Ortiz de Matienzo)所言,他们"能参与理性和感知理性,但不能拥有理性或遵循理性。"面相学的流行让哲学家和神学家倾向于根据身体外表给人归类。他们很容易根据印第安人的面相就推断印第安人属于被激情操控的人。印第安人不懂为未来做好准备。印第安人的心灵（或者说"灵魂"）就是这样，他们只能通过他们的主人才能成为完全的人（也就是说拥有"德性"）。结论就是，基于上述原因，自然奴隶拥有自由才是一件不自然的事。

麻烦之处在于，欧洲人对印第安人了解得越多，把他们归为自然奴隶的分法就越来越成问题。弗朗西斯科·德·比托里亚属于萨拉曼卡学派（Salamanca School），这一学派的哲学取向是研究"自然法"（law of nature）——也就是说，不仅要理解神在创世时赋予世界的基本原则，还要理解与之相关的使我们成为人的法则。德·比托里亚在大学授课谈到这个问题时，他的听众正在为秘鲁印第安人所受的虐待感到不安，而他希望把"西印度问题"（affairs of the Indies）和"全世界共和国"（republic of the whole world）联系起来。他想要确定的是，印第安人是否得到了"神法"（God's Law）所规定的对待（自然法是神法的映射）。他首先证明，印第安人有领土权利的概念，有一套管理自己事务的合理秩序，有某种可以辨识的有关婚姻、官员、统治者、法律、产业、贸易、礼貌、文明的文化。在每个门类中，德·比托里亚都强调并明确什么是"欧洲人"——他所理解的真正的"人"——的决定性特征。他的思想是欧洲这片土地上的人的思想的缩影，他们通过与他者相遇，把自己带到了基督教世界的信仰共同体之外，从而理解自身。

德·比托里亚是大学教授，他要认真考虑正反两方的观点。他承认，针对"像对待欧洲人一样平等对待印第安人"这一主张，正反两方论据都很充分。印第安社会没有成文法，印第安官员软弱无力。印第安人容许一夫多妻、母系继嗣和当众裸体。最重要的是，有证据表明印第安人食人，欧洲人对这一问题着了迷，因为食人同鸡奸和兽奸一样，看起来都是违背自然法的行为。哥伦布曾从阿拉瓦克人（Arawaks）那里听说"加勒比人"（Caribs）会"吃人"。墨西哥各地举行的人牲献祭之后应该会有食人狂欢，巴拉圭的瓜拉尼人（Guaraní）和尤卡坦的玛雅人据说都会食人。1554年有传闻称巴西的图皮南巴人（Tupinambá）吃人吃到"最后一片指甲也不放过"。欧洲人相信这些故事，因为他们想要相信这些故事。这样就可以把复杂到无法解决的"什么使印第安人不同于欧洲人"的问题简单化。食物决定一个人的本质，吃得越好，德性就越高。因此印第安人离欧洲人所理解的完全的人还有很长的路要走，德·比托里亚如此总结。这不是简单地改信基督教就可以解决的。印第安基督徒在某种意义上仍然可能是"野蛮人"，因为他们无法正确地分辨对错（比如食物问题）。按照方济各会修士胡安·德·席尔瓦（Juan de Silva）的说法，他们就像无法分辨"蓟花和莴苣"一样无法分辨"对与错"。他们需要"教化"，教化意味着教育，不过这里指的不仅仅是上学，而且是个人心灵的彻底革新，这需要一个长期的过程。在此期间，"野蛮人"不能被承认为欧洲人，但是可以被承认为欧洲秩序"之内"（within）的存在。

巴托洛梅·德·拉斯·卡萨斯让这些问题得到了更大范围的关注。1502年前往新世界时他才28岁，起初是一个种植园主，后来成了征服者的随军牧师，他亲眼看到西班牙的征服给印第安人带来了多少苦难。他最初的反应是打算建立一块乌托邦式的殖民地，希望打造一个理想的基督徒共同体，在那里印第安原住民是被说服改信基督教的，他们与殖民者和谐共处，有医院和教堂，能学会如何在西班牙农场主的土地上劳作。他在今天委内瑞拉北部海岸的库马纳（Cumaná）进行了一番尝试，但是由于缺乏可行性，尝试最后以惨败告终。1523年，拉斯·卡萨斯加入多明我会，开始为美洲印第安人（Amerindian）奔走游说。他的论点和德·比托里亚一样，只是他能比德·比托里亚提供更详尽的证据：征服之前的美洲印第安社会符合亚里士多德对文明社会的各项要求。所以应当说服印第安人改信基督教，而不是以武力强迫他们，而且他们的劳动应当是自由的。他最大的两个成功，一是说服教皇于1537年3月29日颁布诏书《天主崇高》(*Sublimus Dei*)，宣布奴役美洲印第安人是非法行为；二是激励查理五世宫廷的改革者推出1542年新法（New Laws），对新世界殖民地种植园的印第安人劳役做出了规范。

第一任秘鲁总督布拉斯科·努涅斯·贝拉（Blasco Núñez Vela）贯彻落实新法，导致愤怒的地主发动叛乱。领导叛乱的是征服者三兄弟之一的贡萨洛·皮萨罗（Gonzalo Pizarro）。叛乱的殖民者推翻并杀害了总督，宣布秘鲁脱离西班牙的统治。直到新任总督佩德罗·德·拉·加斯卡（Pedro de la Gasca）叙任，承诺废除新法，西班牙的统治才得到恢复。拉斯·卡萨斯刚被委任为新设立的恰帕斯（Chiapas）教区的主教，恰帕斯所在的墨西哥殖民地就爆发了大规模叛乱。他于1547年返回西班牙，表面上在巴利亚多利德的多明我会修道院隐居了起来，实际上却在学界和皇帝身边发起了一场托起道德高地的运动。1547年他向印度委员会（Council of the Indies）提交了《三十条建议》(30 Juridical Propositions)，希望利用皇帝查理五世与腓力对继承问题的分歧实现保护印第安人的目的。

胡安·希内斯·德·塞普尔维达（Juan Ginés de Sepúlveda）是腓

力的家庭教师，也是一位受过人文主义教育的亚里士多德主义者，曾在意大利生活过一段时间。他成了反对拉斯·卡萨斯的人的喉舌。塞普尔维达认为自己才知道哈布斯堡的"世界帝国"（world monarchy）需要什么样的主张。他呼吁对土耳其人发动十字军东征，进而（在一次1544年左右的对话中）提出，根据征服的法律原则，美洲就是属于西班牙的。按照同样的法律原则，美洲印第安人就是西班牙人的奴隶。必须依靠强制力阻止印第安人的食人、乱伦、人牲、裸体……以及印第安人犯下的其他显而易见的反自然罪行。既然建立宗教裁判所、镇压新教异端是合理的，那么用（法律、道德和物质上的）强制力迫使印第安人改信基督教也是合理的。1550—1551年印度委员会在巴利亚多利德的圣格雷戈里奥学院（San Gregorio College）举办了一场学术会议专门讨论这一议题。论战双方竭尽所能，双方都认为自己更有道理。现实中，委员会（于1552年）决定保留一份稀释版的新法。即使巴利亚多利德的论战真的对他们有什么影响，其实更影响决策的是他们担心印第安奴隶无法成为银矿所需的熟练工。

拉斯·卡萨斯还有最后一番话要说。1552年的某一天，一本未经许可的出版物出现在了塞维利亚，标题为《西印度毁灭述略》(*Brevísima relación de la destrucción de las Indias*)，这是他早在十年前就写完的一本小册子。他的心意在于"极度需要让全西班牙知道我亲眼见证的真实发生的事和我诚挚的想法"。他在回顾征服美洲的过程时说，西班牙人就像"有仇要报的豺狼虎豹"一样冲进了"羊圈"，这正是1520年6月15日教皇诏书《愿主兴起》(*Exsurge Domine*)中批判路德的语言。印第安人"被毁灭"的真实故事——西班牙的权势、贪婪和金钱——

预示了基督教世界的崩溃和世界末日的降临。拉斯·卡萨斯的小册子是一部站在征服对立面的历史（a counter-history of the Conquest）。16世纪70年代后期，这本书被翻译成法语在安特卫普出版，1583年又被翻译成英语和荷兰语，新教徒将其纳入了攻击西班牙帝国的"黑暗传说"（Black Legend），强化了海外殖民地的征服与暴虐和欧洲的宗教冲突与屠杀之间的联系。于是，关于奴隶制、改宗和殖民主义的辩论，逐渐进入了关于权力与暴力的本质的主流辩论中。

拉斯·卡萨斯的理念在新世界扎下了根。他相信印第安人也是亚当和夏娃的子孙，与欧洲人平起平坐，甚至可能比欧洲人更好，因为他们改信基督教之后就可以返璞归真了。他们会不会也是失落的以色列支派（Lost Tribes of Israel）*的后裔，如果是的话，发现新世界不就是神即将在新千年降临的确凿预兆？自从1524年来到新世界，第一代方济各会传教士都抱持着这个信念。这群"归正的"（也就是"属灵的"）方济各会修士在新世界不用像在旧世界那样受到教会当局和宗教裁判所权威的束缚，他们以使徒的热忱接下了传教的挑战。16世纪末，新世界方济各会的千禧年之梦消散了，但是美洲印第安人或许是失落支派的后裔的想法在接近17世纪中叶时又在新英格兰流行起来。关于让美洲印第安人改宗的辩论通过宗教改革和反宗教改革的斗争不断延续下去，这样的碰撞让人不断反思作为欧洲人究竟意味着什么。

---

* 据说，以色列王国被亚述帝国征服后，以色列十二支派中有十个支派流散四方。——译者注

欧洲之东

中世纪时,基督教世界的边界是由其承载的信仰共同体所划定的。奥斯曼土耳其的崛起、十字军的复兴、地中海和东南欧延绵不断的冲突使这些地区的政治、文化和宗教分歧变得更加尖锐,但是波兰–立陶宛共管领土(Polish-Lithuanian condominium)以东的欧洲斯拉夫边疆和波罗的海地区并没有这些问题。自然地理上并没有一道边界将欧洲土地上的居民和亚欧大陆其他地区分割开来。随着西方基督教世界走向四分五裂,东正教传统边界的理论基础也开始动摇。与此同时,莫斯科公国(Muscovy)*的崛起复制了西欧的政治过程,它的发展壮大模糊了欧洲的东部边界线。

1480年起,莫斯科人(Muscovite)的君主停止向蒙古金帐汗国(Golden Horde)进贡。接下来的一个世纪是他们巩固和扩张的关键时期。伏尔加河上游地广人稀,波雅尔贵族地产的定居农业不断发展,留里克王朝的"大公"(grand dukes)以此为基础,开始宣称自己是统治罗斯全境的"沙皇"("恺撒")。神圣罗马帝国皇帝封大公伊凡三世为国王,但是遭到了后者的回绝。东西基督教世界各走各的路。伊凡三世说,他们君主的权力直接来自上帝。所以他于1503年安排了自己的加冕,使用的是拜占庭帝国的仪式和礼节,并把拜占庭的双头鹰作为自己的纹章。

莫斯科公国 / 沙皇国在16世纪得到了极大的发展。它的人口在1462年只有可怜的43万人,到1533年时已增长到280万人,1584年

---

* 莫斯科大公1547年后自称沙皇,改国号为莫斯科沙皇国。——译者注

时沙皇治下已有 540 万人。扩张巩固了其在西南方向波属东南部乌克兰的势力，基督教世界在当地的权威在克里米亚鞑靼人的进攻下已经朝不保夕。莫斯科沙皇国同样加紧了对伏尔加河下游流域的控制，于 1552 年消灭喀山汗国，1556 年将势力延伸至里海沿岸。许多石堡城镇拔地而起，用木材建成的小型要塞也相继落成。16 世纪尚未结束，一路向东的俄罗斯人已经开始殖民西伯利亚西部，要塞和城堡标志着他们的领土扩张。1600 年时，莫斯科沙皇国的统治范围北至白海之滨的阿尔汉格尔斯克（Arkhangelsk，英语有时也写成 Archangel），南至里海伏尔加河口的阿斯特拉罕（Astrakhan）。

莫斯科沙皇国的权力基础是沙皇的独特权威。神圣罗马帝国皇帝马克西米利安一世（Maximilian I）想要知道，伊凡三世有什么是他没有的，他得到了这样的答案："我们俄罗斯人忠于自己的国君，无论他仁慈还是残暴。"这样的忠诚源于沙皇保卫罗斯抵挡中亚游牧民族进攻的角色。沙皇权力的巩固有赖于 16 世纪莫斯科公国／沙皇国军队建制的发展，特别是伊凡四世（Ivan IV）1550 年前数年引入的职业化火绳枪兵（俄语为 *streltsy*，意为"射手"）部队，还有一些西欧已经普遍采用的集权国家的标志。它还得益于伊凡四世建立的保皇派组织，组成这个组织的 6 000 个密探——禁卫军（*oprichniki*）——宣誓效忠沙皇，向沙皇通报任何反对他的密谋和传闻。禁卫军制度为他带来了"恐怖伊凡"（the Fearsome）或"伊凡雷帝"（the Terrible）的绰号，从 1565 年到 1572 年，在这一制度存在的七年间，俄罗斯贵族在他面前卑躬屈膝。

莫斯科沙皇国的巩固让欧洲边界问题变得更复杂了。他们向东方和南方扩张，进入中亚的森林与河网，新的可能性就此打开。"欧洲"（在"欧洲化"国家的支持下）也在进行扩张，陆上扩张虽不像后来发现美洲那么有名,但是重要性丝毫不逊于后者。如同在美洲一样,这一过程不是简单直接地由国家主导的。莫斯科沙皇国的巩固造成了人口大迁徙,那些迁徙的人或是主动选择离开罗斯人的土地,或是为环境所迫不得不逃离。这些人包括逃亡的农奴、破产蒙羞的地主及其仆人(禁卫军制度的受害者)、普通的逃犯,以及战俘。一些年轻的俄罗斯人选择"去当哥萨克"(go cossacking),也就是去为顿河和雅克河(Yaik)*的哥萨克人服役,然后再回国参加莫斯科沙皇国的军队。有人被做生意吸引,前往第聂伯河、顿河与伏尔加河的下游买卖丝绸、毛皮和马鞍,只有愿意迎接挑战的人才能赚到钱。17世纪早期,南方大草原上各个民族交错杂居——莫斯科人、波兰人、切尔克斯人(Circassians)、摩尔达维亚人,还有少量的德意志人和斯拉夫人——反对沙皇的"冒充者"叛军也在这里蠢蠢欲动。镇压叛乱后来进一步助长了沙皇的权势。1649年,沙皇阿列克谢(Tsar Alexis)颁布了一部简短但重要的莫斯科沙皇国法典——《会议法典》(*Sobornoe Ulozhenie*),他希望通过把农奴束缚在土地上,阻止促进俄罗斯向南方和东方扩张的大规模农民迁徙。

与此同时,莫斯科沙皇国的巩固使欧洲主体与罗斯的交往变得更稳定了。历代沙皇都积极鼓励这样的交往,他们欢迎尼德兰和英国的使节访问他们的宫廷,希望获取欧洲的火药技术。他们一次次受到无法直达波罗的海的束缚,通过阿尔汉格尔斯克打通白海和北冰洋的航路终于改善了对外关系的状况。美洲白银既促进了欧洲与远东的贸易,也促进了它与莫斯科沙皇国的贸易。16世纪下半叶,俄罗斯物价开始上涨。

---

* 雅克河是乌拉尔河的古称。1775年普加乔夫领导的哥萨克起义被镇压后,叶卡捷琳娜二世为了让雅克河畔的哥萨克人彻底遗忘这段历史,把雅克河改名为乌拉尔河。——译者注

莫斯科沙皇国的主粮黑麦1550年左右的市价是每彻特伏尔特（chetvert'）23京吉（den'gi），1586—1588年粮食歉收时黑麦售价竟超过80京吉，16世纪最后十年的售价也大大超过40京吉。与此同时，神圣罗马帝国皇帝和教皇知道，一个强大的莫斯科公国/沙皇国是抗击土耳其人的重要盟友，所以以此为目标向其派出使团争取建立更紧密的联系。

但是同美洲的情况一样，与俄罗斯更稳定的联系强化了欧洲人对自己身份的认同。西方教会和东正教会的传统界线在波兰和立陶宛开始瓦解，因为一部分东正教会宣布拒绝莫斯科沙皇国的监护权。1558年，也就是立窝尼亚战争（1558—1583年）的第一年，在波兰的影响下出现了一位"基辅与全俄罗斯"都主教（Metropolitan archbishop "of Kiev and all Russia"）。这位基辅都主教成功收获了立陶宛东正教人口和俄罗斯西部一部分心怀不满的贵族的忠诚，尽管俄罗斯农民不为所动。1595年，波兰国王宣布这个东正教会与教皇实现共融，这对罗马反对宗教改革运动、统一全球基督教的计划是一剂重要的强心针，不过大俄罗斯腹地（Greater Russian hinterland）仍然效忠于莫斯科的都主教。

东西方基督教内部如今都出现了持不同意见的教派，因此东正教和西方基督教的区别不再是基督教世界的划界依据。如果说确实存在一条界线，那么这个界线某种程度上是划分在了每个欧洲人的心里，所以总是模糊不清、无法定论的。欧洲在与美洲和世界其他地区交往的过程中萌生的认同感在决定欧洲与欧洲之东（European East）的关系时也发挥了作用。与美洲印第安人的"凶猛""野蛮"形成对照的是俄罗斯政治文化与社会的"残酷""专制"。英国探险家杰罗姆·霍西（Jerome Horsey）在留里克王朝最后两位沙皇的宫廷里待了17年，对这个国家知根知底,其霸道和残忍令他感到震惊。他在报告1569—1570年沙皇伊凡四世的军队围攻诺夫哥罗德时提到,3万名鞑靼人和1万名火绳枪兵彻底蹂躏了这座城市,这帮人"肆无忌惮地强奸妇女和女佣,破坏、抢劫、糟蹋了城里的所有珠宝和财富,不分老少地杀人如麻,7万个男人、女人和孩子遭到屠杀,最后他们还将一切付之一炬"。如果他的记载可信的话,这场大屠杀可以让1572年发生在巴黎的圣巴托罗缪之夜(St Bartholomew)大屠杀相形见绌。他认为这足以证明俄罗斯不属于他所熟悉的欧洲。数年之后立窝尼亚战争接近尾声时,波兰国王在写给女王伊丽莎白一世的信中也表达了同样的观点:"我们迄今为止之所以可以战胜他(沙皇)全凭这个——他对艺术粗鲁无礼,对政策一窍不通……我们这些与他为邻并了解他的人要及时地告诫其他基督教君主,不要把自己的尊严、自己与臣民的自由和生命出卖给这个最野蛮最残忍的敌人。"

贾尔斯·弗莱彻(Giles Fletcher)是16世纪后期访问俄罗斯的英国商人之一,他是一名伦敦市官员,1588年6月作为大使被派往莫斯科,维护莫斯科公司(Muscovy Company)为英国商人争取到的特权。莫斯科公司成立于1551年,目的是寻找通往中国的东北航道(Northeast Passage)。1553年5月10日,三艘船从伦敦出发,船长是休·威洛比爵士(Sir Hugh Willoughby),他所带领的两艘船行驶到摩尔曼斯克附近海域时被冰困住,可怜的船员全都冻死了。理查德·钱瑟勒(Richard Chancellor)驾驶的那艘船找到了白海的北德维纳河(Northern Dvina)入海口,船长上岸后在护送下跋山涉水(走了超过960公里)到达莫斯科,与沙皇伊凡四世见了面。钱瑟勒带着伊凡四世对贸易特权的承诺返回英国。等到贾尔斯·弗莱彻访问俄罗斯的时候,莫斯科公司已经在阿尔汉格尔斯克、霍尔莫戈雷(Kholmogory)、沃洛格达(Vologda)和莫斯科建立了货栈,每年有12艘船往来于英国和俄罗斯之间,一趟旅程花费的时间和去新世界一样长。

1589年弗莱彻回国,把他的经历写成了《论俄罗斯国家》(*Of the Russe Commonwealth*)。俄罗斯什么东西都那么极端——这个国家的大小和潜力,当然还有冬季的严寒——令他印象颇深。在所有城镇中,他对莫斯科的记忆最为深刻:莫斯科比伦敦还大,三层城墙保卫着4万多所房屋。大多数建筑都是木头筑成的,一栋房子的木材成套出售,一天之内就可以搭好。作为一个好清教徒,弗莱彻写到,是上帝的旨意让这里有如此充足的木材供应,房屋成本如此低廉(不过上帝显然没有把火灾隐患考虑进来)。弗莱彻与商业精英保持着很好的联系,他们的商业中心规模之大令他感慨不已,因为商业反映了这个国家广阔的潜力。谷物充足而廉价,畜牧业创造了过剩的牛油和牛皮。俄罗斯北部毛皮产量丰富,每年在圣尼古拉斯湾(St Nicolas Bay)*对海豹的选择性宰杀提供了大量的海豹油(用于生产麻布和肥皂)。尽管经济的主导者是莫斯科商人,但是外省商人也富裕了起来。索利维切戈茨克(Solvychegodsk)——意思是"维切格达河(Vychegda)的盐"——是一个远离莫斯科、靠近阿尔汉格尔斯克的聚落,弗莱彻听说了那里的三兄弟的故事,他们就是斯特罗加诺夫兄弟(Stroganovs),尽管弗莱彻当时还不知道他们的名字。斯特罗加诺夫兄弟属于最早一批挺进西伯利亚的先驱。

---

* 1553年8月24日,钱瑟勒的船终于在白海之滨的尼古拉-科雷尔斯基修道院外的码头安全靠岸,因为修道院纪念的是水手的主保圣人圣尼古拉斯,所以16世纪的英国人都按照钱瑟勒的命名法把白海称作圣尼古拉斯湾。——译者注

弗莱彻知道这个偏远的东方国家资源极为丰富。但是他把这本书写成了一封谏书，警告伊丽莎白一世提防俄罗斯。俄罗斯是"一个真正的怪异的暴政国家（Tyrannical state），（与您的统治完全不同）俄罗斯并不真正了解上帝，它没有成文法，也没有常理意义上的正义"。它的政府"与土耳其的风格非常相近……都是纯粹的暴政"。弗莱彻知道英国宫廷里正在兴起一股反清教徒的（而且在他看来还是绝对主义的）暗流。他的著作本想夸赞女王的仁政，但是因为这本书太直言不讳，所以女王下令禁止出版。然而几代人之后，这本书在英国内战期间出版，起到了抨击保王党人的作用。1650年前欧洲出现了一批把自己对外国的详细知识付梓出版的旅行家、外交官和商人，弗莱彻只是这群人中的一员。他们的著述加固了人们对俄罗斯的印象——它的国家和社会可能与欧洲有几分相似，但是价值观却迥异于欧洲。

以世界为镜的欧洲

发现亚美利加之后，欧洲的乌托邦文学成为一种新的文学类型。托马斯·莫尔借水手拉斐尔·希斯拉德（Raphael Hythloday）——据说是亚美利哥·维斯普奇（Amerigo Vespucci）手下的一名船员——之口描述了"新岛"乌托邦，乌托邦（Utopia）在希腊语中的意思是"乌有乡"（No-Place）。《乌托邦》这本书把读者带出他们熟悉的环境，用意在于让他们从外部重新审视欧洲的真实面貌。乌托邦代表了人文主义者托马斯·莫尔希望当时的基督教世界成为的模样。乌托邦的公民热心公益、遵纪守法、勤勉工作。他们每一个人都厌恶浪费，过着有道德的生活。"无可否认，乌托邦之外的人也在大谈公共利益，但是实际上他们只关心私利，"希斯拉德说道，"在乌托邦，没有任何东西是私有的，但是他们认真地关心公共事务。"乌托邦没有发生过为了个人利益圈占公地这种事，其统治者不会为了自己王朝的目的发动战争，乌托邦也没有耀武扬威、损公肥私的世袭贵族。莫尔用柏拉图式的寓言，把这个新发现的土地变成了一面镜子，反射出欧洲的个人贪欲正在动摇法律、道德和基督教世界赖以维持的共同信仰。莫尔希望这本谈话录给读者留下的收获是：改革共和国的艰巨任务应当马上开始，即便不可能尽善尽美，但也好过什么都不做。这本小册子最初以拉丁语出版于1516年，自16世纪40年代后期起被翻译成其他语言（1548年意大利语，1550年法语，1551年英语，1553年荷兰语），这一时期欧洲的地区间冲突第一次开始与信条冲突重合。

随着欧洲的宗教分歧愈演愈烈，发现一个远离欧洲的海岛城邦的想法成了逃避新产生的矛盾的方法之一。在意大利半岛，柏拉图主义哲学家弗朗切斯科·帕特里齐在1553年出版的书中创造了一个名为"幸福城"（Happy City）的虚构世界（托马斯·莫尔笔下的乌托邦在意大利语中被翻译成"Eutopia"[*]）。反宗教改革运动兴起之后，把可能遭到批评的思想写成乌托邦文学变成了作者的一条出路。洛多维科·阿戈斯蒂尼（Ludovico Agostini）在1580年左右撰写的《无限对话录》（*Dialoghi dell'Infinito*）中提到了一个虚构的海岛共和国，而托马索·康帕内拉1602年在那不勒斯的监狱中写出了《太阳城》（*Città del Sole*）。康帕内拉描绘了改革后的西班牙帝国可能成为的样子。在他的想象中，有国营的修院农庄和神学院改造成的劳动救济所，美洲

---

[*] 在希腊语中，词根 eu- 表示"美好"，参见英语中的 eulogy（颂词）、euphoria（欢愉）。eutopia 的字面意义是"幸福的地方"，而 utopia 的字面意义是"不存在的地方"。——译者注

印第安人学会了手工技艺，变成了流动的劳动力，所有这一切都服务于天命所归要统治世界的西班牙帝国。洛多维科·祖科洛（Ludovico Zuccolo）在 1625 年出版的书中用两个虚构的海岛"贝卢齐"（Belluzzi）和"埃万德里亚"（Evandria）呈现了改革后的威尼斯可能达到的成就——真正"尊贵"（Serene）的共和国[*]。

托马斯·莫尔的《乌托邦》同样感染了新教欧洲，特别是当宗教改革造成的政治和宗教矛盾达到顶峰的时候。对神意的信仰使新教的乌托邦多了一层千禧年主义属性，这些乌托邦与新教中欧地区转型中的化学医学家和神秘主义神学家的联系往往加强了这种属性。"布拉格掷出窗外事件"（Defenestration of Prague）的发生和 1618 年下半年巨大彗星的出现让中欧陷入了狂热气氛，在这样的氛围中，约翰·瓦伦廷·安德烈（Johann Valentin Andreae）出版了《基督之城》（Christianopolis），那是一个遥远的海岛上的模范基督教社会，那里的居民告诉远道而来的陌生人，他的到来"是神的旨意，神想让你知道，没有必要作恶，没有必要按照野蛮人（这里说的是'欧洲人'）的习俗来生活"。安德烈规划的城市中央是一座教育研究机构——有趣的是这个机构有点像丹麦天文学家第谷·布拉赫 16 世纪 70 年代后期在文岛建立的乌拉尼亚堡（Uranienborg）天文台。安德烈认为，改革学习的重要意义在于用人类知识改善人的境况，而不是把知识优先转化为武器投入信条冲突。在他梦想的这个开明而团结的社会里，学院的周围是维持社会运行的作坊、粮仓和公共设施。弗兰西斯·培根的《新大西岛》出版于 1624 年，他在创作时借鉴了安德烈的《基督之城》。塞缪尔·哈特利布（Samuel

---

* 威尼斯共和国的正式名称是"最尊贵的威尼斯共和国"（Serenissima Repubblica di Venezia）。——译者注

Hartlib）以这两本书为基础创造了"玛卡里亚"（Marcaria）岛。哈特利布出生于埃尔宾（Elbing），因为三十年战争的缘故逃难到伦敦，他这本书出版于1641年10月，当时正值长期议会（Long Parliament）的第二次会期、英国内战爆发前夜。包括哈特利布在内的很多人都发现，在美洲建立殖民地和在现实中建立一个基督之城式的开明政权之间是存在联系的，未经改革的欧洲反而拒斥这些价值观。

胡格诺派牧师让·德·莱里（Jean de Léry）1556—1558年花了两年时间近距离观察了巴西的图皮南巴人，他写道，如果被称作新世界的美洲只不过是欧洲从前了解不深的某个地方，那么"我们也可以把亚洲和非洲叫作新世界了"。美洲的不同之处在于，古代没有留下任何关于这块大陆的文字资料。对于想要挑战主流的亚里士多德主义哲学共识，主张经验胜过传统观念的人，美洲的发现成了一句斩钉截铁的答案。耶稣会历史学家何塞·德·阿科斯塔（José de Acosta）发现自己在热带正午的阳光照射下居然觉得冷。按照亚里士多德的气象学，这是根本不可能发生的事。*但是阿科斯塔相信自己的感觉，"哈哈大笑并且嘲弄亚里士多德和他的哲学"。

有关新世界的出版物汗牛充栋，流传甚广。游记和探险记非常畅销。比如，埃尔南·科尔蒂斯的书信早在1525年之前就已经以五种语言出版。1526年，奥维多的"印度"（the Indies，指的是美洲）自然史"概述"初版付印。1530年，彼得·马特·韦尔米利**写出了第一

---

* 阿科斯塔穿越赤道时正值3月。亚里士多德认为赤道的气温无论何时都应该高到动植物无法生存。——译者注

** 此处作者有误。彼得·马特·韦尔米利（Peter Martyr Vermigli, 1499—1562）是意大利神学家，从来没有去过美洲。彼得·马特·德安吉拉（Peter Martyr d'Anghiera, 1457—1526）是意大利历史学家，参与过西班牙的地理大发现，他撰写的《新世界》（De Orbe Novo）于1530年出版。两人都以13世纪维罗纳的殉道者彼得（Peter Martyr）为名，故有此误。——译者注

部完整的新世界发现"史"。1534年,弗朗西斯科·赫雷斯(Francisco Jerez)的《征服秘鲁的真相》(*True relation of the Conquest of Peru*)以西班牙语、德语和法语出版;同年,奥维多更为全面的自然史的第一卷也出版了。但是他的著作跟安东尼奥·德·埃雷拉(Antonio de Herrera)17世纪初(1601—1615年)出版的《西印度通史》(*General History of the Indies*)——这套书通常被简称为"数十年"(decades)——或者胡安·德·托尔克马达(Juan de Torquemada)1615年出版的《印第安君主制》(*Monarquía Indiana*)——这是美洲原住民历史的一座里程碑——比起来,都算是小巫见大巫。焦万尼·巴蒂斯塔·拉穆西奥(Giovanni Battista Ramusio)1550年出版的《航海与旅行》(*Navigationi et Viaggi*)采用了"合集"(collection)的概念,用新世界游记合集借代发现新世界的全过程。他将这套书献给吉罗拉莫·弗拉卡斯托罗,因为弗拉卡斯托罗"不像很多人那样光是模仿,或是抄袭、微调、转写然后就把别人的东西据为己有"。弗拉卡斯托罗是个真正的"发现者",他曾"周游四海,搜集到了许多闻所未闻的新鲜事物"。

欧洲人遇到欧洲之外的其他人类自然会做出评价。观察者必须把自己放置于同其他人类的关系之中,这种放置是相对的、复杂的、感性的,也是理性的。每个人都相信(因为亚里士多德和古典时代大多数人都这么教育他们)人性是同一的。所以,欧洲人越近距离接触新世界的人(乃至非洲人和东半球的原住民),就越从他们身上发现自己的影子,并且把他们的差异和欧洲内部的分歧联系起来,用他们的差异来解释或者夸大欧洲的内部分歧。

德·比托里亚发现欧洲有一类人与印第安人很相似,那就是农民——"就连在我们自己的人民当中,我们也能看到许多农民跟粗野的动物没什么两样。"1550 年起，耶稣会传教士在给罗马的信中多次提到意大利农村的"这帮印第安人"：这里的农民过得跟"野蛮人"（savages）一样，他们的信仰和印第安人没什么区别，而且他们像印第安人一样抗拒反宗教改革运动所提供的"教育"。16 世纪上半叶意大利战争期间，意大利人把来自阿尔卑斯山以北的侵略军叫作"蛮族"（barbarians）。法国学者艾蒂安·帕基耶（Étienne Pasquier）强烈反对把法国人叫作"蛮族"，不过他又用这个词来说德意志人。旅行家用来渲染自己游记的"怪物们"（亚马孙人、阴阳人、食人族、巨人、独眼巨人、穴居人、俾格米人、有尾人）逐渐被带回欧洲，成了形容其他欧洲民族的固定用语。鲁汶医学教授科尼利厄斯·杰玛（Cornelius Gemma）在 1575 年出版的著作列举了各种各样的怪物种族，不过他指出："不用到新世界去看这些东西，在我们周围就有其中的大部分物种，连更丑陋的你也能找到，在我们周围，正义之治被完全践踏，人性被完全蔑视，宗教被完全撕碎。"他可能想到了当时的宣传文学，在那种宣传小册子里（举个例子）法国人说英国人像野人一样长尾巴，天主教徒把新教徒当成怪物，新教徒也把天主教徒当成怪物。

16 世纪下半叶，尤其是 1580 年（西班牙在海外帝国方面完全战胜葡萄牙，弗兰西斯·德雷克刚结束他的"环球航行"）左右，法国和尼德兰的作家和雕版画家重新发表了拉斯·卡萨斯等人的著作，塑造出了"善良的野人"（good savage）这一形象：这些印第安人被西班牙征服者欺压，后者是我们与印第安人共同的敌人，我们应当与印第安人联盟，一起对抗西班牙人的"马基雅弗利主义"暴行。1580 年，蒙田发表了著名散文《论食人部落》（On Cannibals），他用书斋中的绅士的语调，思忖着外部世界造成的困惑。蒙田提到他在鲁昂与一个图皮南巴人会面,并且试图与这个人交流。他用这次经历来作为他看待当时法国的比较标准。

蒙田选取的法国案例来自新教牧师让·德·莱里刚出版的对1573年桑塞尔(Sancerre)被围的记录。围城期间,莱里来到一名教徒的家中,那个人饥饿至极,竟然吃了自己三岁女儿的肉。莱里看到盘中她被烤熟的舌头,心里感到奇怪:为什么他现在发自内心的厌恶与1556—1557年他跟随维尔盖尼翁(Villegagnon)远赴巴西研究图皮南巴印第安人的食人行为时感到的厌恶并不相同?作为一个优秀的加尔文宗信徒,他清楚地知道"我们"和"他们"的界线在哪里,他确信两者之间不仅有文化意义上的界线,更有神学意义上的界线。最终只有上帝才知道谁能得救而谁不能,加尔文说得很明白:"即使是最野蛮的民族、最残忍的种族,也相信世上有一个神。"但是,图皮南巴人的迷信已经根深蒂固,这是从他们祖辈那里流传下来的,因为他们是被诅咒的含的后裔。莱里把印第安人的啸叫解释成"魔鬼附体"。总而言之,他们无可救药。

然而,回到欧洲,事情竟没有什么两样。欧洲也有食人,这就是蒙田的论点。"我不是说我们不应该觉得他们的食人行为骇人听闻,"蒙田说,"但是我真心感到不应该的是,我们正确评断了他人的错误,却看不见我们自己的错误。"让·德·莱里回忆印第安人的舞蹈仪式时并没有简单地把它抨击为魔鬼附体:"听着这么多人缓慢而匀称的和声,尤其是歌声中的顿挫和节制,每唱完一节他们都会延长余音,唱道 *Heu, heuaure, heura, heuraure, heura, heura, oueh*——我站在那里,感到心旷神怡。每当我想起那一刻,我的心都会战栗。"发现美洲,使欧洲人意识到什么是"稀奇古怪",什么是"美妙绝伦",以及什么是"原始野蛮"。野人成了欧洲人身份的一部分。

第七章

观察天地

自然与多样性

　　大发现时代指的不仅是探索和殖民新大陆，走遍全世界的大洋，找到欧洲在其中的位置，大发现还包括对自然和宇宙产生一种新的认知。基督教世界的神学家相信，自然秩序臣服于上帝，受造宇宙是神圣意志的体现。上帝利用自然使我们赞美他的伟大，敬畏他的创造和他的全能。圣奥古斯丁用埃特纳山永不停歇的火山活动和火蜥蜴浴火重生的传说作为上帝干涉自然的例证，提醒我们上帝有能力让人永受炙烤之苦。《圣经》里的记载充分证明神可以在自然界中制造异常事件。陨石、彗星、畸形怪胎以及其他奇异现象都应被认作上帝之怒或大事将至的信号。最起码人们必须承认，自然是难以预测、变动不居、没有规律的。

　　中世纪中期，基督教世界重新发现了希腊哲学家的学说，特别是亚里士多德和盖伦（Galen）的学说，并且把它们同已知的托勒密地心说结合了起来。自然变为一种有序可解的空间，成为普世的、蒙神认可的真理的一部分，这些真理和神学都是我们可以确切知晓的东西，它们构成了所谓的"知识"（scientia）。因为神的真理和人的真理是一回事，所以自然哲学便是基督教世界信仰结构的内在组成部分。考虑到自然世界（和作为自然一部分的人体）的复杂性，亚里士多德主义自然哲学和盖伦主义医学的重心在于概述某些现象背后的原因。如果不这样的话，就有可能破坏知识的确定性，面临无穷无尽的无法解释的变量，乃至跨入一个充满不确定性的危险世界。所以中世纪哲学家按照自己的形象重新打造了一个亚里士多德。他们把亚里士多德的一些成果（物理学、气象学、动物学、生物学和自然史学论著）边缘化，力捧他的另一些成果（形而上学论著）。同样，（通过伊斯兰医学文献的拉丁文译文重新发现的）盖伦主义医学着重解释人体生理和疾病成因，不讨论治疗实践（practica）。亚里士多德主义的形式、元素和基本质料——热、湿、冷、干（也是盖伦主义体液病理学的基础）——使自然顺从于"科学"。

但是，对确定性的需求迫使人们承认：自然并不受确定不移的"法律"的制约。理论必须为自然界中可能发生的变量留出空间。自然服从于"规律"（regula）而非法律，它是上帝设立的"能工巧匠"（Artificer），它的习惯和喜好是自然界出现运动、孕育、生成和衰败的原因。亚里士多德主义-盖伦主义的解释框架让人感到心安。这个框架使大图景（宏观）和小图景（微观）、整体和局部相互联系了起来。在这样自我平衡的有机的宇宙中，没有任何事物挑战上帝的无限和大能。人人皆可观察到的现象和过往的经验都可以为这种真理证明。

人类看到头顶的天空明显在做圆周运动，于是用天空的旋转给时间下了定义。他们并不认为地上的事物会像天上一样。在地上，某些重物会落到地面，某些不会。固体和液体、气体的作用方式不同。亚里士多德主义哲学对这种地上与天上事物行为的差异做出了解释。天体是由单一元素（以太）构成的，以太的自然运动是圆周运动，以太的密度或高或低，但永远不会有本质上的变化。天空像神一样，亘古不易。偶尔昙花一现的彗星是大气上层的气象现象。与此相对，大地是由不同的元素（土、气、火、水）构成的，它们的本质、运动和变化决定相互之间的差异。地上物质复杂多端，但再复杂也有一个限度。地上物质的运动和变化是有限的，而且被天上的以太所包裹。万事万物皆有自己的相对位置，重物可能会下落，但是下落速度是确定的，而且它们最终都会到达宇宙为它们规定的安息之地。固体可能液化，液体可能气化，而它们的新状态不过是它们固有"形式"（form）的一种，是明确而受限的。空是不存在的，因为空间本身就是由赋予物体形式的长、宽、高所定义的。学者甚至认为大自然厌恶真空（*horror vacui*），这种厌恶使大自然抗拒真空的出现。

16 到 17 世纪出现的自然和以往的自然完全不同。这时的自然是丰饶之角，它的多样性使得它在概念上、方法论上和制度上都不可能被亚里士多德主义者所理解的科学所涵盖。16 世纪的博物学家重在发现个体，这也是人文主义语文学和古文字学研究的对象之一。希腊语中"历史"（historia）的意思是"探索学习"，自然史则是"发现"（discovery）的一种表达方式。最有名的古代自然史出自老普林尼（Pliny the Elder）之手。与普林尼同一时代的迪奥斯克里德斯（Dioscorides）是一名为罗马军队服务的希腊医生，他也写了一部百科全书，记载了动物、植物、矿物以及它们的药用价值。两人的著作都引起了人文主义编译者的注意。医学界也开始注重个体，医生在诊断疾病时总会记下他们看到的症状。但是，他们在阅读刚编译的希波克拉底的文字时发现，这位古希腊临床医生重视疾病的症状胜过诊断病因。

对个体的研究从文本延伸到大自然。为了搞清楚普林尼和迪奥斯克里德斯文字中指的是什么植物，人们必须在现实世界有这种植物的样本，于是人们必须进入自然去找寻这种植物。同样，希波克拉底的著作促使医生开始写病例说明，记录病人的状况，并且研究个别的"疗法"。这些疗法往往和帕多瓦等地的温泉有关。每一个温泉专门治疗某一种疾病。与此同时，人们越来越重视药用植物的价值。医学界希望掌控药剂师的活动，药剂师的商业成功证明了药草（"simples"）应用知识和复方药（"compounds"）制备知识的成功。医学界的监管势必造成其对药剂师的模仿，医学院也开始任命药用植物学教授，这个职位到16世纪50年代时已经十分普遍了。

医疗的发展推动了植物园的建立。其中一座植物园位于帕多瓦的医学院，1545年启用，设计者是意大利建筑家达尼埃莱·巴尔巴罗（Daniele Barbaro）。这座圆形植物园参考军事建筑的设计，由一圈外墙包围，需要穿过地道才能进入园圃。学生站在外墙上可以俯瞰这个由几何形状交织而成的自然世界。巴尔巴罗编译过维特鲁威（Vitruvius）的著作，所以受他启发将园圃设计成了迷宫。这一方案固然构思精巧，但是它隐含的意思是：药草是一个封闭的世界，已经没有更多的药草可以发现了。后来的大学植物园设计得更加灵活。1590年建立的莱顿植物园的第一任园长是夏尔·德·莱克吕兹（Charles de l'Escluse）——拉丁文名为卡罗卢斯·克卢修斯（Carolus Clusius）。园内可容纳1 000多种植物，篱笆围着的苗圃用来种植最珍稀的品种。

蒙彼利埃大学的植物园采用了皮埃尔·里歇尔·德·贝勒瓦尔（Pierre Richer de Belleval）的设计，可以创造各地气候，扩大植物品种的范围。

比萨大学药用植物学教授卢卡·吉尼（Luca Ghini）可能是欧洲第一个制作植物标本的人，他采集植物，将其压平风干，粘贴在卡片上，这些卡片就构成了一个脱水版的植物园，也就是"腊叶集"（herbaria）。吉尼把所有卡片装订起来做成了一本百科全书，他称之为 *hortus siccus*（"干燥花园"）。16世纪30到40年代的腊叶集收集了大约800种维管植物（具有可以运输水分的维管组织的植物）。巴塞尔植物学家卡斯帕·博安（Caspar Bauhin）1623年出版的植物名录列举了5 000多种植物。这一时期的腊叶集或者作为工具书，或者作为装饰品保存至今，充满了参见项的注释和不同维管的说明。博洛尼亚大学化石及动植物教授乌利塞·阿尔德罗万迪（Ulisse Aldrovandi）推动了博洛尼亚大学植物园的建立，也撰写过多部自然史，1617年他把自己的藏品公开展览，成立了欧洲第一个公共科学博物馆，他将自己的藏品称为"自然的汇编"（*Pandechio di natura*）。参观者称赞这些藏品是"世界第八大奇迹"。

之所以能有这么多藏品，多亏了博物学家们通过通信实现的信息交流和标本交换。一个人研究自然，说明他有资格加入"书信共和国"。书信共和国是一个虚拟的共同体，它的社会成分是流动的（包括药剂师、医生、学者、印刷商、出版人、绅士学者和爱好者——贵族女性只占一小部分）。以这种方式研究自然的一大好处在于可以回避欧洲的政治与宗教分歧。这方面的名家不可能被控告为无神论者，因为（这些人也如此强调）他们发现了神在自然中的证据。博物学家们知道自己在从事一项集体事业,他们明白自己不可能独自掌握自然的多样性。在 1576 年出版的《西班牙珍稀植物自然史》(*Rariorum aliquot stirpium per Hispanias observatarum historia*)的序言中,身在莱顿的克卢修斯说新标本的到来让他欣喜若狂。与他同一时代的阿德里安·范·德·施皮赫尔(Adriaan van de Spiegel)与他感同身受:"一个人再聪明也不可能获得全然完整的植物知识,因为植物的种类多得数不清。"

从药用植物学中独立出来的植物志(*florilegia*)被给予了越来越丰富的细节和插图。汉斯·魏迪兹二世(Hans Weiditz II)为奥托·布伦费尔斯(Otto Brunfels)1532 年出版的《活植物图谱》(*Herbarum vivae eicones*)创作了木版插画,帮助读者辨认标本。莱昂哈特·富克斯(Leonhart Fuchs)1542 年出版的《植物史》(*De historia stirpium*)是一本小开本植物索引,供实地考察时使用。17 世纪大开本的植物志集中收录某一地区甚至某家植物园的植物。植物学摘录本成了博物学家管理不断扩充的信息的必备工具。

罗马贵族费德里科·切西(Federico Cesi)出资赞助新科学的研究。1603 年,他建立了林琴科学院(Academy of the Lynxes),院名来自"阿尔戈号"(Argonaut)上那位目光敏锐的英雄林叩斯(Lyncaeus)[*]。科学院的会员们收集标本,考察并记录观察结果,而且通过特殊的加密信件交流自己的发现。林琴科学院会员法比奥·科隆纳(Fabio Colonna)率先使用蚀刻法制作植物插图,这比铜版雕刻法更能表现植

---

[*] 希腊神话中伴随伊阿宋乘"阿尔戈号"前往科尔基斯寻找金羊毛的英雄都被称为阿尔戈英雄,林叩斯是其中一员。一说林琴科学院的院名来自猞猁(lynx)之眼,因为猞猁视觉敏锐,明察秋毫。林琴科学院的院徽是一只猞猁。——译者注

物的形态和质地。伽利略·伽利莱1611年被选为科学院会员。他依靠科学院保护他的天文学发现，1624年还给科学院同事寄去了他制作的occhialino（显微镜）。伽利略把望远镜技术反了过来，发明了一种观察自然的新方式，透过显微镜看到的自然比通过肉眼看到的更丰富多彩。他写道："我在奶酪颗粒上看到了这些小动物，这真的太不可思议了。"科学院会员们用显微镜来研究蜜蜂。佛罗伦萨豪门巴尔贝里尼家族的纹章是三只蜜蜂，1623年8月，马费奥·巴尔贝里尼（Maffeo Barberini）成为教皇乌尔班八世（Pope Urban VIII）。林琴科学院的会员们不会放过这个向教皇证明他们可以把"提高教皇的声望"和"在自然中发现神的能力"结合起来的机会。1625年出版的《蜜蜂图解》（Melissographia）在献给教皇的序言中解释说："伟大的奇迹出现了……眼睛已学会怀有更深的信心。"在随书附上的出版物中，林琴科学院夹了一封恳求包容他们的新研究方法的请愿书。显微镜穿透肤浅的表象，让人看到自然在深层结构中分解成了几何形状。蜂眼的网状结构与蜂巢的六边形巢室如出一辙。林琴科学院这本图集中的剖面图反映了他们对内部结构的关注。

17世纪早期，常识性的动植物分类法正在瓦解。博物学家的方法强调形态描述和差异的重要性，凸显了自然的多样性，但是这对完善分类法没有帮助。因为大量方言变体的存在，植物的命名起初十分混乱，后来才逐渐被归类为通用分类。地方性知识由此变得更加普世化，可是以表面外观（颜色、质地、大小）为基础的分类法似乎已不再适用。博物学家看得越多，越觉得仅凭外观得出的分类法并不可靠。伽利略等自然哲学家都坚持认为，感官证据过于主观，无法揭示自然世界的隐藏常量。

动物学的发展方向同植物学一样，蒙彼利埃大学的杰出医生纪尧姆·朗德勒（Guillaume Rondelet）的鱼类研究和法国鸟类学家、旅行家皮埃尔·贝隆（Pierre Belon）的鸟类研究以观察为基础描绘动物的种类，把他们所见的动物和古人发现的动物对应起来，确认哪个是最符合层叠累积的神话故事和早期基督教幻想故事的动物。他们惯于为自然中的事物赋予象征意义，但是当他们遇到欧洲之外的异域自然时，他们被迫把这些象征意义"剥除"。而且，随着动物界的门类越来越庞大，自然哲学家们开始很难想象挪亚方舟到底是什么样子。伊甸园、巴别塔、所罗门圣殿、大洪水等《圣经》故事曾经被用来表现人类智慧和受造秩序的无限可能，如今却成了限制性的框框。自然哲学家仔细阅读每个故事，却发现冒出的问题比得到的答案更多。让方舟装下这些新品种动物实在违背了物理法则。

当时的传统观念认为博物学家是在"重新发现"先贤的智慧。加斯帕尔的哥哥约翰内斯·博安（Johannes Bauhin）和另一位来自巴塞尔的植物学家约翰·海因里希·克勒尔（Johann Heinrich Cherler）合著的《植物通史》（Historia plantarum universalis）出版于1650—1651年，这本书的扉页上画了一座花园，外围是一圈古代名人——泰奥弗拉斯托斯（Theophrastus）、迪奥斯科里德斯、普林尼、盖伦，他们都是激励"现代人"（moderns）的榜样。但是事实上，现代人是在以新的方式发现新的知识。自然史需要收集陌生之地的"珍稀物种"（rarities）。寻找标本需要出门远行，越来越多的医师会带上他们的学徒去偏远的地方采集植物。有几位博物学家走出了欧洲——弗朗西斯科·埃尔南德斯（Francisco Hernández）去了墨西哥，莱昂哈德·劳沃尔夫（Leonhard Rauwolf）去了近东，普罗斯佩·阿尔皮诺（Prosper Alpino）去了埃及，加西亚·达·奥尔塔（Garcia da Orta）去了印度——但是多数欧洲之外的动植物都只能通过旅行者的笔记和标本来间接了解。即便如此，不断增长的新物种资料很快就超出了古代记录的涉猎范围。这些新物种包括：奇异獠牙的俄罗斯海象、跟欧洲任何动物都大不一样的驼鹿、惊人的南美洲食肉植物、据说从来不落地所以没有脚的极乐鸟。印度榕（Ficus indica）的枝条同时向上下两个方向生长。

新世界的疗法似乎有无穷的潜力。西班牙医生尼古拉斯·莫纳德斯（Nicolás Monardes）出版了他对在新世界见到的药用植物的研究。这本于1565年面世的《我国西印度领地特产的药用研究》（Medical study of the products imported from our West Indian Possessions）第一次记录了西班牙人称之为"烟草"的植物的治疗作用。这本书在1577年被翻译成英文出版，书名被改成了乐天的《来自新世界的好消息》（Joyfull Newes out of the Newe Founde Worlde）。直到17世纪，博物学家才开始对欧洲以外的世界有了大量一手经验，因此他们才有能力剔除他们的象征主义世界观、不充分的信息来源、将欧洲以外的世界视为"怪异"（strange）的固有观念造成的种种谬误。

家门口也有自然。康拉德·格斯纳（Conrad Gessner）为了写作植物史常进山采集材料。他说登上卢塞恩附近的皮拉图斯山（Mount Pilatus）顶峰有如发现了一座乐园。花园变成了自然哲学家的静思之所。自然的真理不在大学的教室里，不在亚里士多德的书卷里，而是在花园里、厨房里、农村里、收藏家的陈列室里。自然研究的空间拓展了，自然研究的受众也拓宽了。城市空间的扩张衍生出城市花园的增长。与此平行发展的是贵族化的园艺学和树艺学，果树嫁接和培育杂交植物体现了对自然的征服。大自然异国情调和与众不同的一面激发了普通读者的热情,让原本只有植物学爱好者感兴趣的自然类图书打开了更广阔的市场。罗马的耶稣会士焦万尼·巴蒂斯塔·费拉里(Giovanni Battista Ferrari)1633 年出版了第一部专门介绍装饰性花卉的著作《花卉种植》(*De Florum Cultura*)。书中收录了几幅"中国蔷薇"(*Hibiscus mutabilis*,即木芙蓉)的插画,这种花一天之内就会变换花色,费拉里是在欧洲环境中种植这种花的第一人。郁金香在尼德兰成了投机生意。人们愿意付天价购买色彩艳丽的稀有品种,栽在花园和窗台花箱里,直到 1637 年泡沫破裂。

帝王的宫廷对奇珍异兽兴趣十足。宫廷里有狮子、老虎、土耳其母鸡(Turkish hens)、侏儒、小丑,以及各种各样的自动人偶。珍稀物种像宗教圣物一样受到重视,成为世俗当局和教会当局的炫示的一部分,也可以作为逃避无聊的宫廷生活的娱乐(*divertissements*)。贵族和宫廷收藏家的志趣在于征服自然世界,珍稀物种给予了他们所需的"占有感"(possessing)。朱塞佩·加布里埃利(Giuseppe Gabrieli)1543 年成为费拉拉大学的"药物学"(materia medica)教授,他在就职演讲中强调,这门课"不仅面向地位低微的人,也面向一切因其政治权力、财富、出身和知识而引人注目的社会阶级,比如国王、皇帝、贵族。"他对埃斯特家贵族(d'Este princes)的资助大加赞扬,说自然史已经从"最厚重的黑暗中昂起了头",成为"唯一具有神圣之源的科学,因为它是由神赋予世人的"。

统治者们竞相争取博物学家为自己效力。1544 年,第一代托斯卡纳大公科西莫一世·德·美第奇(Cosimo I de' Medici)邀请卢卡·吉尼从博洛尼亚来比萨打理他的植物园。教皇意识到他可以把自己表现为一个拥抱整个自然的全球基督教(global Christianity)领袖。16 世纪

60年代，米歇尔·梅尔卡蒂（Michele Mercati）受邀创立了教皇植物园，并且担任矿物博物馆（Metallotheca）的馆长。卢卡·吉尼在比萨的园长职位由梅尔卡蒂的老师安德烈亚·切萨尔皮诺（Andrea Cesalpino）接任，1593年梅尔卡蒂去世后，切萨尔皮诺离开美第奇家族，开始为教皇服务。切萨尔皮诺当时以准确地为植物分类和描述血液循环而闻名于世，他的研究预示了威廉·哈维的发现。不甘人后的腓力二世委任他的御医弗朗西斯科·埃尔南德斯前往墨西哥采集动植物和矿物。1576年，埃尔南德斯向西班牙寄回了16大卷手稿，以及数千份标本和插画，他雇了阿兹特克原住民帮助他完成这些工作。这些材料太过庞杂，有一部分在埃斯科里亚尔（Escorial）的图书馆损毁遗失了，但是有一部分被送到了罗马，得以由林琴科学院出版。与此同时，瓦卢瓦王朝历代国王都让安德烈·泰韦（André Thevet）担任枫丹白露的王室奇珍收藏总监（Overseer of the Royal Collection of Curiosities）。到17世纪，拿骚-锡根的约翰·莫里茨在"新荷兰"（荷属巴西）建立了动物园、植物园和博物馆。约翰·莫里茨委托格奥尔格·马格拉夫（Georg Margraf）创作一部自然史（出版于1648年），并且将其副本作为礼物赠人。宫廷艺术家为他们的观众描绘出了一个极其迷人的自然世界。佛罗伦萨的雅各波·利戈齐（Jacopo Ligozzi）、曼图亚宫廷的特奥多罗·吉西（Teodoro Ghisi）、为皇帝马克西米利安二世和鲁道夫二世作画的朱塞佩·阿钦博尔多（Giuseppe Arcimboldo）等人营造出了一个可以逃避政治和宗教分歧的自然世界，而枫丹白露画派（School of Fontainebleau）的艺术家着意描绘自然的丰饶场面，自然的富足暗喻了法兰西王室的慷慨。

收藏自然奇珍既是一种消遣，也是了解自然进而开发自然的手段。植物园和解剖学教室得到了"珍品陈列馆"（cabinets of curiosities）的美誉。随着收藏的魅力越发扩大深化，反宗教改革的教士——如罗马学院博物馆（Roman College Museum）创始人耶稣会士阿塔纳修斯·基歇尔（Athanasius Kircher）——和地方官员——如艾克斯（Aix）的尼古拉-克洛德·法布里·德·佩雷斯克（Nicolas-Claude Fabri de Peiresc）——也加入了医生、药剂师和自然哲学家的行列。打造最大最全的陈列馆需要君主的资源。16世纪后期最有名的陈列馆包括曼图亚的贡扎加家族（Gonzaga）的宫殿、属于蒂罗尔大公斐迪南二世的安布拉斯上城（Upper Castle at Ambras），以及马克西米利安二世在维也纳的皇宫和鲁道夫二世在布拉格的皇宫。鲁道夫二世的藏品如此丰富，以至于在他死后，继承皇位的马蒂亚斯（Matthias）说服他的兄弟们，让家族里最年长的族人继承这些藏品，并且建立一个专门的宝库（Treasury）保管它们。

怪物、奇迹与魔法

在中世纪亚里士多德主义的框架内，人们都相信，自然虽然遵循自己的"规律"，但是难免会生出一些意外结果，比如六根手指的孩童、大气上层的彗星等。这些事件可能像《圣经》里的干旱、蝗灾、天使显灵和先知之梦一样是上帝给予选民的启示，但它们同样有可能是魔鬼干的好事，《圣经》也说过魔鬼能派出"假先知"（false prophets）。剧烈的征兆会对自然造成破坏，而人们很容易相信是魔鬼的力量在作祟。"怪物"（比如连体双胞胎）的出现是人类违背道德的后果，背后定有魔鬼。同样的，自然也可能产生"奇迹"（marvels），也就是"奇观"（prodigies），奇观是异于自然的（与自然的事物秩序相悖的），而不是超自然的（由神安排的奇迹）。问题在于如何解读自然界中的征兆。

问题的后果是，人们十分看重自然的特殊怪异的一面，而且这一问题直到1650年都没有得到解决。它也是欧洲人艰难地理解欧洲以外新奇并且显然有差异的各种现象的副产品。新世界不仅广阔，而且充满奇迹和怪物。固有的、常识性的对动植物和自然事件的分类法因为怪物的发现而土崩瓦解。看重自然的"奇观"，是"自然的"（natrual）和"非自然的"的二分法开始模糊的另一种表现方式。珍品陈列馆里常常设有"怪物"（monstrosities）展览，观众总会猜想它们畸形的原因。曼图亚贡扎加家族的藏品里有一个连体小狗标本，还有一个经过防腐处理的有四只眼睛和两张口的婴儿。安布拉斯城堡（Schloss Ambras）藏有一幅"野人"（wild man）油画。画中人物来自加那利群岛，他和他的女儿得了一种遗传病，体毛过多，所以人们猜测他们肯定是可怕的食人族。当林琴科学院的科学家解剖一只雌雄同体的老鼠或是研究一只畸形的雏鸟时，自然的珍稀与异常之间的界限并不是很清晰。

新教改革期间，关于怪物和奇观的文献突然井喷，尤其是在意大利北部和德意志。这些文献的措辞越来越强调属灵改革和《圣经》知识的必要性，并把非自然事件解释为上帝对人的罪的震怒。基督教世界似乎危在旦夕。怪物和噩兆的成文记录给人一种事件越发频繁的印象。新教改革，加上土耳其越来越咄咄逼人（被解释为上帝对基督教世界行将就木发出的预兆），彻底改变了怪物和奇观的文化内涵。在德意志与新教改革同时爆发的非自然事件，在拥护新教改革的人看来就是上帝发出的启示，表明世界已经走到末日。"现在是末后的时代，福音书对教皇发出洪亮的抗议。"路德写道。他的对头约翰尼斯·科克拉乌斯（Johannes Cochlaeus）1529 年把路德描绘成《启示录》里的七头之兽。路德派的鼓吹者报之以木版画《七头教皇兽》（Seven-Headed Papal Monster），画中的野兽爪下踏着《圣经》，大口（形似狮口——暗指教皇利奥十世[*]）威胁要吞食列国。宗教改革的乱局让时人对自然界的迹象更为敏感，他们相信正在发生的事都是上帝计划的一部分。

随着新教改革争论的激化，关于怪物、奇观和预兆的辩论也越来越激烈。新教徒把它们视为上帝的警告，但是天主教徒把它们解读为魔鬼发出的伪征兆。宗教矛盾让双方都将上帝的干涉范围说得更大，使在区分神力造成的后果和自然本身的不规则时的冲突更加尖锐。16世纪 50 年代后期起，自然史中的预兆和奇观多得惊人，给人一种末世的焦虑感。这些自然史的作者发展出了一种名为 "teratoscopy"（对自然奇观的研究）的伪科学。菲利普·梅兰希通[**]的亲戚卡斯帕·波伊克（Caspar Peucer）1553 年发表了一部综述，分析了 "神圣的预言" 同 "自然的预测" 和 "撒旦的诡计" 之间的区别。他是为了证明，尽管魔鬼损害了占卜的准确性，但是有的征兆和预兆确实是上帝发出的。巴塞尔的康拉德·李柯斯泰尼（Conrad Lycosthenes）花了 20 年时间编纂了一部记录奇观与预兆的编年史，1557 年以《预兆与征兆的编年史》（Prodigiorum ac ostentorum chronicon）为名出版。在这本书中，"征兆"（sign）、"奇观"、"奇迹" 和 "显灵"（manifestation）这些词交换使用，指的都是暴烈、可怕或奇异的事件，它们都是上帝发出的征兆。而且

---

[*] 利奥（Leo）在拉丁文中是狮子（lion）的意思。——译者注
[**] 菲利普·梅兰希通（Philipp Melanchthon，1497—1560），德意志宗教改革家，马丁·路德的合作者。波伊克是梅兰希通的女婿。——译者注

因为这些事件有十分之一都发生在 1550—1557 年这一时期，所以李柯斯泰尼认为他的编年史就是基督教世界大难临头的证据。宗教、政治的混乱与预兆和奇观的文献交织的情况一直持续到 17 世纪上半叶，不过这种情况到了新科学名家的沙龙里化成了一种好奇与娱乐，外加一点怀疑的新文化。

针对缺乏解释的现象，研究古代哲学另类流派的人也提出了截然不同的解释。伊壁鸠鲁学派、斯多葛学派、柏拉图主义和皮浪主义的作品纷纷付印，希伯来学家（Hebraists）也开始探索卡巴拉的秘传哲学与技术。这一时期，对古典的探索使人们开始以一种历史的视角审视亚里士多德的生平和著作。非亚里士多德主义的哲学流派浮出水面，为攻击亚里士多德提供了可靠的哲学基础。其中，新柏拉图主义认为自然中发生的"奇迹般的效果"（marvellous effects）可以用另一种宇宙运作模型来解释。生命能量（life-forces）在大自然中无所不在，它无法用亚里士多德主义的形式与质料的分类法归类。世界是一个"有感知能力的生灵"（feeling animal），有生命的、自然的"灵魂"（souls）是那些能量的作用工具。这种能量——通常被称作气（pneuma），不能算物质也不能算精神——连接了微观与宏观，让无形和有形的事物达到一种神秘的和谐。高手可以通过自然魔法的力量洞察到这种和谐。魔法师能够通过音乐、数学、精神与心理上的魔法，进入一个更高层次的属于数字与天体影响的世界，在这个世界里，人类可以借助想象力获得上帝置于自然中的深层真理。

自然魔法的涉猎范围非常广。事实上，新柏拉图主义者们对于各自做法的定义和细节都意见相左。这些人没有一个共同的纲领，他们光凭自己无法取代亚里士多德主义共识。他们总是很容易被骂成欺世盗名、假装懂得神秘的天体力量的骗子。但是他们的影响已足够实在，至少到了1650年，人们需要一种以更透明、更实际的自然法为基础的对宇宙的解释，这种需求开始让人们意识到了他们的存在。新柏拉图主义的解释看起来有更强大的数学作为支撑，有能力以几何与代数的形式表现复杂的关系。新化学哲学的行家也在新柏拉图主义的解释中发现了一种泛灵论的复杂的语言和视野，这种语言和视野为尝试解释化学变化提供了基础。新柏拉图主义者把反亚里士多德主义作为话语纲领为自己所用。而且，他们给出了大量例证来证明他们的解释对自然有效。他们每次都强调，他们（与亚里士多德主义者不同）的目的在于拿出一些实际的东西，他们相信实验并开展实验。最重要的是，新柏拉图主义者对自然现象的包罗万象的解释并不排除神在宇宙中的力量。他们塑造的有生命的、自然的图景反而强化了"上帝就在身旁"之感，上帝是自然的伟大的创作者，他在宇宙中做工。然而，出于同样的理由，新柏拉图主义者不得不承认，这种自然能量可能会被甘为魔鬼爪牙的人所利用。而且在后宗教改革时代两极化的氛围中，魔鬼变成了残存的基督教世界越来越显眼的敌人。

1533年，海因里希·阿格里帕[*]出版了增订版的《神秘哲学》（De occulta philosophia），这部书几经再版，被翻译成多种语言，成为"自然魔法"的经典之作。阿格里帕巧妙地把艰深的作品通俗化，这些作品来自意大利新柏拉图主义者，特别是焦万尼·皮科·德拉·米兰多拉（Giovanni Pico della Mirandola）和马尔西利奥·费奇诺（Marsilio Ficino），犹太卡巴拉学者，赫耳墨斯·特里斯墨吉斯忒斯，毕达哥拉

---

[*] 海因里希·科尼利厄斯·阿格里帕·冯·内特斯海姆（Heinrich Cornelius Agrippa von Nettesheim，1486—1535），德意志医学家、法学家、神学家、神秘主义作家。——译者注

斯和琐罗亚斯德。阿格里帕是1512年至1518年这六年在意大利北部为帝国服务时了解到这些人的著作的。他写道:"这种魔法是自然的,在观察了一切自然事物和所有天体的力量之后,在通过艰辛的求索发现了这些事物的和谐一致之后,这种魔法就可以解开隐匿在自然深处的魔力。""所谓的'魔法'指的是'像充满魔力的诱饵一样连接下层事物与上层事物之馈赠'的东西。"他继续写道,"惊人的奇迹就这样发生了,不是凭借技巧,而是凭借自然——是自然在产生这些奇迹——魔法技巧仅仅起到辅助作用。"

魔法不是魔法师的本领,而是自然在他们的辅助下达成的效果。阿格里帕在谈到连接下层物体与上层物体的魔法时强调了占星术的作用。他说:"魔法与占星术的联系与结合是如此之深,以至于相信魔法却不相信占星术的人什么都做不成。"阿格里帕拔高"神秘"哲学地位的工作做得比16世纪任何人都多。为了展示自然魔法的潜力,他在他的哲学中加入了许多实验。他用磁石、血石、蛇怪、龙、电鳐、风茄、鸦片、铁筷子、龙蒿(tarragon)来展示自然中的神奇力量,他声称借助自然魔法就可以理解和掌握这种力量。

阿格里帕知道这种力量落到错误的人手中就会变成巫术。他的书的出版是违反多明我会宗教裁判的命令的,他非常清楚在越来越多人被控使用巫术的情况下被说成是研究魔鬼的人会有严重的后果。1526年,阿格里帕首次出版他的另一本名著《论科学之不确定与无价值》(*De incertitudine et vanitate scientiarum*),指责人文艺术和科学(特别是占星术)毫无用处,在经院神学家和贪婪的教士手中尤其如此。他在1533年的修订版中小心翼翼地加上了一篇公开宣布放弃魔法哲学的声明。阿格里帕本人倾向路德派,在路德的宗教改革的语境中,阿格里帕想要说的是除了信仰《圣经》以外别无真正的知识。可是他在《神秘哲学》中又显示出了相反的观点,他给读者造成的这种混乱让《神秘哲学》恶名远扬,有人因此指控他一定是与魔鬼达成了交易。传说中的浮士德博士(Dr Faustus)的某些细节就来自阿格里帕。

神秘哲学对欧洲越来越多的非主流思想家影响尤甚,他们的职业——如医生、炼金术士、占星家——给他们提供了思考的平台。吉罗拉莫·卡尔达诺(Girolamo Cardano)是一名训练有素的医生,毕业于帕维亚大学和帕多瓦大学,他在米兰闯出了数学教师的名声,后来转职为一名成功的医生。他早已作为探索出概率论定律的代数学家享有大名,1550年时又出版了《事物之精妙》(*De subtilitate rerum*)。出版商在广告上说这本书能告诉读者"超过1 500种不同的、罕见的、深奥的、隐匿的、美妙的事物的原因和动力及性质"。卡尔达诺自己强调说,阅读他的书就像走进一间珍品陈列馆,他在1554年版(这一版已经增订成"2 200种非常美妙的事物"了)中警告读者:"读的人会很多,但完全读懂的人会很少,可能根本就不会有人完全读懂。"

卡尔达诺是一个严肃的占星家,他利用观测到的太阳、月球和已知行星的运动的知识去预测和解释世界历史,用时人和先人的星象算命。与此同时,他知道这可能对他的声誉造成危害。如果他的预言落空,他的"敌人们"就可以借此"害"他。卡尔达诺建议说,占星咨询费一定要高,而且一个字也不要出版,"因为出版预言的人就算预测对了也会变得声名狼藉"。然而,卡尔达诺没有遵守自己的建议,他的第一本书就是1534年出版的《预言》(*Prognostication*)。那一年木星合土星,预示着"世界即将彻底重生。注意了,《圣经》和占星术已确凿表明,我们的贪得无厌要到头了"。四年之后,他又成为第一个出版名人"星盘"（genitures，即星象）集的占星家，这些星盘取自在世或过世的名人出生时行星的方位。《预言》是一本挑衅性的文学著作，书中宣称名人（包括尼禄、路德、丢勒、萨伏那洛拉）的错误和命运早已反映在群星之中。这本书恰如其分地遭到了批评者的狂轰滥炸，但是它也为卡尔达诺招徕了许多王公客户（包括英格兰国王爱德华六世），这些王公相信最好在事情发生之前早点从星辰中预读未来。

卡尔达诺有意与亚里士多德主义自然哲学拉开距离。他不止一次写过自传，把自己的人生当作独立存在的科研对象进行检视。神秘力量既有心理影响也有物质影响，他对解梦这种"绝妙的占卜"的兴趣和他的相面术（根据前额特征预测人的行为）、相手术（读掌纹说预言）等理论一样深厚。他和阿格里帕一样知道魔法力量落入恶人手中可能造成的危险。他强调说这种知识唯一正当的使用方式是用来改善人类的生活条件。1557年，卡尔达诺的《事物之精妙》遭到了另一个自然哲学家尤利乌斯·恺撒·斯卡利杰（Julius Caesar Scaliger）的攻击。面对责难，卡尔达诺辩解的理由是，有一种他无法解释的神秘理想在指引着他前行。然而，这个理由不足以说服博洛尼亚宗教裁判所，1570年，卡尔达诺被关进监狱，原因是他打算为基督占星。

伊丽莎白一世时期的魔法师兼数学家（magus-mathematician）约翰·迪伊（John Dee）热衷于占星术。从他1547年前往鲁汶求学开始，他就一直在记录行星的位置，并且利用它们来算命。他在自己出版的第一本书（一部数学占星格言集）中把宇宙比作里拉琴和谐的共鸣。接着，他追随阿格里帕的脚步，探索了犹太秘传的传统卡巴拉。卡巴拉的教诲是，创世是从神的完美堕落为物质世界的不完美的过程。希伯来字母同时也是数字，它们是创世的砖瓦，是解开《圣经》的钥匙。

把词语转换成数字，再用运用卡巴拉的诠释技术，就可以发现宇宙中潜藏的数字和谐。迪伊最负盛名的著作是 1564 年出版的《象形文字的单位》(Monas Hieroglyphica)，这本书展示了如何从一个几何符号（象形符号）构建出所有其他的符号。它建立了一套符号系统的基础，并提供了相关注释。1570 年，亨利·比林斯利（Henry Billingsley）翻译了欧几里得的《几何原本》(Elements)，迪伊为这个大受欢迎的译本作了一篇《数学序言》(Mathematical Preface)，序言中他凭借自己对卡巴拉符号操作的了解向读者请愿，希望读者运用数学发现所有的知识。

约翰内斯·开普勒（Johannes Kepler）同样怀抱这个目标，他放弃了神学学业，转而迷上了运用数学发现天空的和谐。他在教学时突发幻觉，并受幻觉启发创造了一套象形符号，这套符号同迪伊的类似，可以用来解释为什么上帝决定只有六颗（已知的）行星，为什么上帝让它们按轨道旋转。开普勒起初在格拉茨（Graz）做数学教师，1600 年他拜访了鲁道夫二世的御用数学家第谷·布拉赫并成为后者的助理。一年之后布拉赫去世，开普勒留在布拉格接任了他的职位，由此继承了布拉赫的行星观测记录《鲁道夫星表》(Rudolphine Tables)。开普勒为行星数量和轨道之所以如此找到了一个答案。他的象形符号基于五种正多面体，即"柏拉图"立体（"Platonic" solids）。根据欧氏几何的原理，各面全等的三维物体只有这五种。*因此，当上帝让这些立体形成行星的球体时，只可能存在六颗行星，而且它们轨道的相对位置也被这些立体的形状所划定了（开普勒采纳了哥白尼的日心说）。

---

* 柏拉图立体更准确的定义不仅要求各面全等，还要求每个顶点相接的面数相同，因此柏拉图立体只有正八面体、正二十面体、正十二面体、正四面体、正六面体五种，开普勒认为它们依次对应着水星、金星、火星、木星、土星。——译者注

他在1596年出版的《宇宙的奥秘》(*Mysterium cosmographicum*)中概述了这一套"几何卡巴拉"。

三年之后，开普勒开始撰写他的大作《世界的和谐》(*Harmony of the World*)。1619年这本书终于写完并出版时，开普勒已经把他的新柏拉图主义宇宙论进一步扩展，吸收了毕达哥拉斯主义的天体和声论（Pythagorean harmony of the spheres）。他的阐述从分析音乐上的和声开始。书中也有长长一节讨论天体和声如何影响地上的自然，尽管开普勒对行星相合可以决定地球上的事这种过分单纯的想法保持怀疑，但他仍坚定地相信占星术。到了这个时候，凭借他和布拉赫的天文观测，他已经确信行星轨道不是圆形而是椭圆形的了，不过他还是设法用新柏拉图主义来解释这个问题。

为了理解行星围绕太阳的公转运动，开普勒采用了类似磁力的概念。伊丽莎白一世的御医威廉·吉尔伯特（William Gilbert）在1600年出版的《论磁石》(*De Magnete*)中考察了磁力。吉尔伯特瞧不起亚里士多德主义的学习方式，他认为自己受惠于伦敦的数学家和航海家——"那些发明并推广了水手必需的观测用的磁力工具与可行方法的人"和那些出海远航的人。但是引导他发现"磁力哲学"（magnetic philosophy）的人是卡尔达诺，"磁力哲学"认为地球被灌注了一种隐藏的能量，被埋入了一个巨大的磁体，这个磁体是活动的，围绕着自己的轴心自行运动。为了证明这一点，吉尔伯特找到了存在于世界中的"微观"实例，也就是天然磁石，到了这一步，吉尔伯特才从实践者那里得到了用来开展"实验"（他喜欢用这个词）的工具，发现了海员早已自己学会的知识：地磁北极与地理北极不重合，指南针在不同经度有不同倾角。

占星家、天文学家、魔术师和数学家,就像宇宙学家和博物学家一样,成了在欧洲宫廷里备受尊敬的人物。教皇保罗三世是16世纪几位聘用常设占星家的教皇之一。米歇尔·德·诺特达姆(Michel de Nostredame)——拉丁文名为诺查丹玛斯(Nostradamus)——在普罗旺斯的萨隆(Salon)是一个有名的医生,1550年,他开始撰写自己的年鉴。1555年,他出版了《预言集》(Prophecies),又名《诸世纪》(Centuries)。当时的法国王后凯瑟琳·德·美第奇(Catherine de Médicis)在佛罗伦萨宫廷长大,因此对决疑占星术和自然魔法之力相当认同。她请诺查丹玛斯为她的孩子进行王室占星。当她成为太后兼法国摄政时,她拔擢他为宫廷御医,并且为她的家族向他征询吉时。伊丽莎白女王的加冕选在1559年1月15日是遵照了约翰·迪伊占星的结果。从此女王让迪伊不要远离她的周围,而他却忙于为英国莫斯科公司和殖民北美的冒险家担当顾问。为了抗议有些人对他的诽谤,为了证明他没有在做"非基督徒"(unchristian)的事,迪伊接受了波兰贵族阿尔布雷希特·瓦斯基(Albrecht Łaski)的邀请前往波兰,瓦斯基承认迪伊是最伟大的魔法师——迪伊一向如此标榜;迪伊还被冒充灵媒的爱德华·塔尔博特(Edward Talbot)——又名爱德华·凯利(Edward Kelley)——这个骗子玩弄于股掌之中。

后来,迪伊又想转投皇帝鲁道夫二世,1584年8月,他和凯利来到布拉格。他得到了皇帝的接见,并且告诉皇帝,他可以通过他的灵媒(凯利)与天使谈话,天使曾说他是上帝拣选的先知。他邀请皇帝也加入与天使的谈话。如果鲁道夫愿意为自己的罪忏悔,并相信迪伊将要传达的信息,就将克敌制胜,打败土耳其人,成为全世界最伟大的皇帝。皇帝沉迷于自鸣钟、永动机、炼金术,热衷于采集矿物和收集植物，以及把当时最有名的神秘哲学家和炼金术士招募到他的宫廷里来。一名政敌曾说："陛下只对巫师、炼金术士、卡巴拉学者之类的感兴趣。"然而迪伊失望了。帝国的政治局势很脆弱，鲁道夫想要保持宗教和平。迪伊拐弯抹角地想要成为皇帝的魔法师兼告解神父，让他倾吐秘密然后下定决心采取行动。但是鲁道夫对魔法的兴趣产生于他的消极顺从和悲观主义。教廷大使坚信迪伊是一个"变戏法的人、破产的炼金术师"，在他的坚持之下，皇帝于 1586 年将迪伊驱逐。

回过头来看，16 世纪末年是占星家在欧洲宫廷名望的巅峰，从那以后他们对宫廷的影响力就下降了。他们的科学所依赖的宇宙隐藏的同源性，在三十年战争中看起来格格不入、无关紧要，政治和军事冲突迫在眉睫，而占星家们没能预见到它们的走向。为了迎合日心说，他们的科学需要进行大规模的改动。数学家提供了一门更实用也更可靠的科学，特别是在弹道学方面。占星和占卜仍然很流行，但是在哥白尼学说得到广泛接受后，占星学很难与日心说的机械论模型相适应。此外，16 世纪末天主教会的反宗教改革果断地打击了新柏拉图主义的带头人物，先是批判了一位重要哲学家的著作（弗朗切斯科·帕特里齐），然后烧死了第二位（乔尔丹诺·布鲁诺），再囚禁了第三位（托马索·康帕内拉）。就算是在新教欧洲，也有人对神秘学的从业者持反对态度。新教神学家梅里克·卡索邦（Méric Casaubon）对着迪伊的《象形文字的单位》沉思许久，最后绝望地放弃了。"我完全读不懂它，也感觉不到书中有任何（正确而可靠的）理性。"他这样写道。

到 17 世纪初年，自然魔法已经在瓦解亚里士多德主义共识上发挥了很大的作用。自然魔法师们拓宽了知识空间，让实际知识及探索变得更受人尊重，而且在哲学家与技术人员之间建立了更加积极的关系。自然魔法的传统拓展了数学的范围，加深了数学作为理解宇宙的方式的意义。最重要的是，自然魔法扭转了后宗教改革时代把一切反常现象当作超自然事件——上帝的警示或魔鬼的力量——的趋势。魔法让人们得以有更多空间来理解自然。

炼金术革命

炼金术的技巧和实践获得了极大的重视。它们对"白银时代"至关重要。混汞法展现了贱金属转化为稀有金属的可能性，铸币厂主和银匠金匠需要试金工艺和灰吹法。炼金术士的专业知识对枪炮、硝石、玻璃、油墨、漂白剂和染料的生产者都必不可少。炼金术在医药方面也变得越来越重要，但是并没有什么正规的炼金资格考试。掌握炼金技艺既需要经验，也需要阅读日益增多的书籍，这些书籍包括解释具体配方的技术手册，也包括中世纪传下来的（常常是阿拉伯文的）权威文献汇编。

炼金术也越来越成为一种工艺与程序的集合，它成了化学哲学和化学医学的基石。化学哲学将自身与占星术和自然魔法联系起来，让人将上帝理解为一位神圣的化学家。创世是一个化学过程，而世界的终结也会是一个化学的高潮。化学医学公开挑战盖伦主义医学的主导地位。可以想见，传统医学界对化学医学十分敌视，他们抓住炼金术士长期以来的恶名，说后者是一群诈骗犯。化学医学和化学哲学的命运不可避免地与新教改革息息相关，特别是与一个人有极深的关联。

这个人就是德奥弗拉斯特·博姆巴斯茨·冯·霍恩海姆（Theophrastus Bombastus von Hohenheim），他在1529年出版的早期著作《对欧洲宣布的预言》(Predictions Pronounced upon Europe)中自称"帕拉塞尔苏斯"(Paracelsus),意即"超越塞尔苏斯"(Surpassing Celsus),塞尔苏斯是一名古罗马医生。帕拉塞尔苏斯在生活和工作上都拒绝主流知识权威。他出生在苏黎世旁边的一个小镇爱恩西顿(Einsiedeln),后来随他当医生的父亲搬到了奥地利的菲拉赫(Villach),他在那附近的一座富格尔家族所有的银矿做学徒工,后来又接受了医学训练,成为一名军医,之后被巴塞尔市任命为执业医生。他根据自己的经验,出书论述了矿工疾病的疗法、外伤的新处理办法,以及梅毒的治疗方法。他宣称真正的知识不是来自医学教科书,而是来自平民百姓("我从来不觉得向游民、屠夫和剃头匠学习有什么可耻的")和实践经验("我告诉你们,我脖子上一根毛懂的比你们所有作者都多,我的鞋扣蕴含的智慧超过盖伦和阿维森纳*")。

巴塞尔的职位让他有权在巴塞尔大学讲授医学。因为耻于与医学教授为伍,他拒绝穿着学士服。他不用拉丁语而用他的德语瑞士方言讲课,不用教科书,而且还把其中一本教科书(阿维森纳的《医典》)扔进了篝火里,这种公开挑衅的姿态让人想到五年前的路德。在被巴塞尔驱逐后不久,他就恢复了漂泊异国的旅行生活,他在后来的著作中歌颂这是认识事物唯一正确的方式。他用"根据我说的,而不是根据你们说的"这样的话来嘲弄医学权威。他此前已经去过意大利、荷兰、普鲁士、波兰、斯堪的纳维亚和黎凡特。这一次他又游历了阿尔萨斯、巴伐利亚、波希米亚和奥地利,最后在奥地利的萨尔茨堡辞世。但是,他的生活与传统的游学之士大不相同。有传言说他酗酒荒

---

* 伊本·西拿(Ibn Sīnā, 980—1037),拉丁文名为阿维森纳(Avicenna),波斯大哲学家,伊斯兰黄金时代最重要的思想家之一。——译者注

淫,可能还发了疯;有传言说他打扮成乞丐或农民或贵族;有传言说他 1533 年在瑞士阿彭策尔(Appenzell)对农民宣讲异端教义,激怒了当地政府。

帕拉塞尔苏斯认为医疗是抗争的一种形式。在他去世前大多数以他的名义出版的著作都在论述以行星相合、日食月食和彗星为基础的预言。一颗新星曾预示基督的降生,宗教改革的混乱和(在他看来)社会即将崩溃的可能性一定也会被天上的征兆反映出来,那将是审判日来临的信号。1531 年,这样一颗新星(哈雷彗星)出现了。8 月 21 日,帕拉塞尔苏斯在圣加仑(St Gallen)仰望天空时看到了它。"征兆和预示正在宣告诸国行将毁灭。"他这样写道。但是基督施行过治愈的奇迹,所以归向基督的真道需要恢复基督徒的治疗方式。医疗改革必须从扫清医疗的圣殿、揭露医务人员的贪婪的无能开始。他在两篇讨论梅毒的短文中,对比了两种医生,一种只会开出无效而昂贵的药方(一种名为愈创木的美洲树木,富格尔家族控制了它的供给),另一种却能提供简单的药方(用鸦片酊止痛,用水银治疗梅毒,这是帕拉塞尔苏斯最常用的两种药)。帕拉塞尔苏斯的医疗改革核心在于推进公共利益,用简易的药品关怀社会上最贫穷的人,所以虚荣和贪婪是他的两大敌人。当时有人嘲讽他是"医生中的路德",他回应道:"我是异端首领吗?我是德奥弗拉斯特……医生之王。"他反对医学权威的"石头教会"(stone-church),而是与农民站在一起(为了支持农民,帕拉塞尔苏斯还短暂地坐过牢)。

帕拉塞尔苏斯汗牛充栋的著作在他生前大多没有与世人见面。这些著作后来逐渐面世,引发许多争议,"帕拉塞尔苏斯主义"(Paracelsianism)注定影响深远。帕拉塞尔苏斯逃离巴塞尔时把许多文章留给了他的抄写员，也就是后来成为出版商的约翰内斯·奥波里努斯（Johannes Oporinus）。奥波里努斯看不惯帕拉塞尔苏斯的私生活，不觉得把他这些洋洋洒洒的瑞士德语文章出版出来有什么意义。它们就这样被放在一边，直到亚当·冯·博登施泰因（Adam von Bodenstein）出现。博登施泰因的父亲是一个激进的新教医生，他本人在被帕拉塞尔苏斯的疗法治好了间日疟之后改信帕拉塞尔苏斯的化学医学。他在被控"写书表达可耻的异端邪说"而被巴塞尔大学开除之后，开始出版帕拉塞尔苏斯的著作。斯特拉斯堡医生米夏埃尔·舒茨（Michael Schütz）是另一个投奔帕拉塞尔苏斯主义、收集并出版他的著作的人。直到17世纪初，帕拉塞尔苏斯的全集才得到出版，它们大多数用讨人厌的瑞士德语写成，而且充满了奇怪的黑话。于是出现了一批专门解读帕拉塞尔苏斯用词的业余爱好者，以求理解这种新的"chymiatria"（化学医学）。然而，帕拉塞尔苏斯的关键理念渐渐为人所知——特别是自然三"元素"（principles）硫、汞、盐，它们相当于神学上的三位一体。化学过程的基础是分离，宏观过程（创世）和微观过程（消化系统）都可以用分离来解释。"chrysopoeia"和"argyropoiea"（帕拉塞尔苏斯主义中"炼金"和"炼银"的花哨说法）就是一个在精炼金属时逐渐提纯、去除矿渣的过程。

尽管许多医生反对帕拉塞尔苏斯主义医学——海德堡（Heidelberg）的托马斯·埃拉斯都（Thomas Erastus）是最激烈的批评者之一——三十年战争爆发前它在德意志的影响仍然与日俱增。挂在帕拉塞尔苏斯名下的药方似乎有效，而且化学医学家有望身心合一地通过发现自然的秘密实现公共利益。德意志诸侯的宫廷对化学医学家和炼金术士眷顾有加。科隆大主教巴伐利亚的恩斯特（Ernst von

Bayern）是帕拉塞尔苏斯主义的重要支持者。不伦瑞克-沃尔芬比特尔的尤利乌斯公爵（Duke Julius of Brunswick-Wolfenbüttel）也是帕拉塞尔苏斯主义者的保护人。他认为炼金术士在开发领地矿产资源、对国家进行合理化改革、最大化利用经济潜力方面都可以起到关键作用。萨克森选帝侯奥古斯都（Elector August of Saxony）花重金购入炼金术书籍给自己和妻子安娜使用。德莱斯顿的宫廷节庆反映了他对化学、化学医学和园艺学的鼓励。不甘落后的符腾堡公爵弗里德里希一世（Duke Frederick of Württemberg）建立了矿业城市弗罗伊登施塔特（Freudenstadt），还在他位于斯图加特的公爵花园里为自己建了一座化学研究院。然而，化学改革越发成为新教宫廷的保留地和它们的斗争工具。

德意志的传统医生开始适应化学医学，他们删去了帕拉塞尔苏斯主义关于魔法和异端的理念，删去了后者对盖伦的攻击，同时悄悄地采纳了它的化学医学部分。德意志以外的反对帕拉塞尔苏斯的医学家则集中抹黑它的支持者，破坏它的声誉。在法国，亨利四世的御医约瑟夫·杜·谢内（Joseph Du Chesne）想要证明希波克拉底的著作里可以找到帕拉塞尔苏斯的三元素。杜·谢内的书出版于1603年，立刻遭到了巴黎医学界的抨击。赞成和贬斥杜·谢内两派之间的地盘争夺战在一代人之后仍在继续，黎塞留本人谨慎地支持化学医学家抵挡医学当权派的攻击。与此同时，其他反对帕拉塞尔苏斯的人选择向他的炼金术发起进攻。在杜·谢内出书的同一年，尼古拉·吉贝尔（Nicolas Guibert）出版了他的《被理性与经验质疑的炼金术》（Alchemy Impugned by Reason and Experience），这本书把帕拉塞尔苏斯说成"除了魔鬼之外最邪恶最彻底的空前绝后的谎言之王"。

类似的战斗也在英吉利海峡对岸展开,受盖伦主义教育的托马斯·玛菲特(Thomas Muffet)在巴塞尔变成了帕拉塞尔苏斯的拥趸。玛菲特回到英国后提议在伦敦医学院(London College of Physicians)授权的药典(Pharmacopoeia)中加入帕拉塞尔苏斯的药方。他还专精于当时的人对自然界因其种类繁多而最为困惑的一个领域——昆虫(《玛菲特小姐》*这首童谣说的就是她的女儿)。但是他的提议并没有被接受,到17世纪20年代后期,保守派在查理一世的宫廷和医学院里都占了上风。查理的御医是威廉·哈维,他"毫不关心化学医学",骂那些新潮的医生("neoteriques")都是"屎屁股"(shit-breeches)。

这些纷争掩盖了盖伦主义医学家悄然适应新疗法的事实。这在低地国家尤其显著,化学哲学对当地的医学、化学研究和工业流程都产生了影响。医学界可以控制课程和执业医师,但是遏止不住公众的兴趣。盖伦主义医学确实感到了威胁。在17世纪早期的德意志,心志坚定(pure-of-heart)的帕拉塞尔苏斯主义者逐渐在辩论中占了上风。《基督之城》作者、路德派牧师约翰·瓦伦廷·安德烈有感于当时的宗教政治矛盾,编写了一本讽刺性小册子,题为《克里斯蒂安·罗森克罗伊茨的化学婚礼》(Chemical Wedding of Christian Rosencreutz)。这本出版于1616年的小册子用炼金术的寓言彰显了新教徒对新黄金时代的盼望。当时,有几种从卡塞尔(Kassel)流传出来的可能也是安德烈创作的册子向公众介绍了克里斯蒂安·罗森克罗伊茨——天赋异禀的炼金术士、神秘的玫瑰十字兄弟会(Brotherhood of the Rosy Cross)的成

---

* 《玛菲特小姐》(Little Miss Muffet)是一首著名的英国童谣,全文如下:Little Miss Muffet / Sat on a tuffet / Eating her curds and whey / Along came a spider / Who sat down beside her / And frightened Miss Muffet away. ——译者注

员。在围绕这个兄弟会和这位神秘大师的虚构故事之下，化学改革化为一种更全面的社会转型的梦想。英国内战爆发后，这种梦想经过重新包装又在英格兰海岸再度出现。

眼见是否为实

神秘的罗森克罗伊茨受到的指责之一是，他的"好奇心"太强了。好奇心是放荡和无神论的亲戚，是"眼目的虚荣"（the vanity of the eye）。后者是英国牧师乔治·黑克威尔（George Hakewill）1608年出版的一本书的书名，这本书是为一位盲人写的。当时的人通过观看来歌颂一切周遭世界中可以发现的事物。黑克威尔则认为视力应当为观看所导致的一切恶行负责：野心、暴食、偷窃、偶像崇拜、妒忌、轻视、羡慕和巫术。他曾在加尔文宗主导的海德堡生活过一段时间，当地的宗教改革对偶像崇拜的危险极为关注，黑克威尔在论及天主教仪轨时说那是"迷信的、崇尚视觉享受（worship-in-the-eye）的仪式"。

神学家和道学家并不能肯定该怎么应对这种视觉的霸权。在反宗教改革的法国，有些人鼓吹属灵隐遁，也就是不要"观看"（seeing）这个世界，而汉堡的路德派主管约阿希姆·韦斯特法尔（Joachim Westphal）谆谆教诲牧师们要远离爱管闲事的好奇心，不仅是在政治和宗教争端方面，还包括在自然哲学方面。约翰·加尔文本人在预定论问题上与韦斯特法尔意见相左，他在1549年提醒人们警惕占星家。加尔文并不否认天上对地上的事会有影响，但是他确信人类没有能力解读那些征兆的含义，因为上帝选择不与我们分享这方面的知识。我们应当保持一种"有学识的无知"（learned ignorance），而不是妄图干犯全能者预定的安排。以为我们可以解读预兆和预言，就会走进一座"迷宫"，进而为魔鬼的诡诈打开大门。

好奇心腐蚀了基督教世界。这都是因为，虽然哲学家、博物学家和炼金术士纷纷歌颂观看的好处，但是现实并非一目了然。人人都知道，视觉可能会有重大缺陷，体液不均衡也可能引发幻觉。魔术师和艺术家可以使眼睛相信看见了其实并不存在的东西。透视图、变形画、舞台布景、三棱镜，这些东西不是欺骗又是什么呢？视觉效果是魔法的普遍特征——望远镜和显微镜同其他视觉魔法没有分别。在《新大西岛》中，弗兰西斯·培根大胆地把"透视屋"（天文台）和"感官欺骗屋"（剧场）列为所罗门之宫（Solomon's House）的研究设施。魔鬼尤为擅长欺骗我们，让我们以为眼见即为实。要不然女巫怎么能做到让别人以为她们在床上睡觉，同时自己飞去参加她们的祭典？解释所见事物的难点在于怎么解释幽灵和怪物，而解释鬼魂和梦境这些费解的问题也是同样的困难。这种难以解释所见事物的不安全状态会造成危险，因为它会让人分不清真实和虚伪。新教改革和"新学问"（new learning）的主旨都是在于区分真实和虚伪。

解剖学教室巩固了视觉的霸权地位。内科医生、外科医生和讲师们竞相以巨大的热情投入解剖研究。自从著名的佛兰德斯解剖学家安德烈·维萨里（Andreas Vesalius）1543 年出版了《人体的构造》（*On the Fabric of the Human Body*）一书以来，医学院里以教学为目的的解剖学教室如雨后春笋般出现。《人体的构造》以维萨里本人的解剖学讲座为基础，这些讲座面向他的学生，由他亲自操刀演示。他在从人体内切除器官时允许观众拿起这些器官："当然啦，先生们，仅仅通过看我的演示你们学不到太多东西，你们必须要亲手掂量一下才行。""我看见"

（I see）意味着对文本的拒绝，特别是当维萨里证明盖伦误把解剖动物时得到的知识当成人体内的真实情况的时候。近90年后，阿姆斯特丹一位富有的内科医生兼地方官尼古拉斯·蒂尔普博士（Dr Nicolaes Tulp）聘请了一位年轻的艺术家伦勃朗·范·莱因（Rembrandt van Rijn）来描绘他和几位外科医生进行解剖时的样子。伦勃朗并没有简单地美化他所看到的场景。画家笔下的蒂尔普没有在看尸体，而是提着尸体手臂上张开的肌肉和韧带（画家在这里模仿了维萨里的一幅解剖学版画）陷入了沉思。他的同行们却在专注地盯着画面另一端一本解剖学医书。伦勃朗笔下的这堂课是一场沉思，思索上帝创造的自然和人类是何等奇妙。

当时的人为他们对周遭世界的好奇心辩护的理由是，他们是在赞美神在自然中的存在。15世纪末时出现了"自然神学"（natural theology）理论，这种理论认为，上帝是造物主的证据可以用来作为保卫基督教世界基本信仰的基础。这种理论在说服穆斯林、犹太人甚至新世界的印第安人改宗时也有作用，因为它代表了所有人都能同意的讨论出发点。"自然神学"也是早年雷蒙·塞邦（Raymond Sebond）出版的一本书的书名，1569年米歇尔·德·蒙田将其翻译成法文，使其在16世纪家喻户晓。蒙田承认，自然神学提出了一项重大的哲学问题，因为它依赖于人的感官证据，而感官是很容易被误导的。所以16世纪70年代他就塞邦的自然神学撰写了《雷蒙·塞邦赞》（*Apology*），这成为他1580年出版的《随笔集》（*Essays*）中最长的一篇文章。蒙田认为，基督教基于信仰和恩典，而非理性。人类的感官有根本性缺陷，而且可以被欺骗，包括被自然本身欺骗。人类的理性同样容易犯错，我们控制意识的能力一点不比控制身体强。"为了判断我们所见的物体的外观，"他写道，"我们需要一个评判工具；为了验证这一工具，我们需要一个证据；为了验证这个证据，我们需要一个工具。我们就这样陷入了循环。既然感官不能处理我们的争端——因为感官本身就充满不确定性——那么必须让理性来做出决定。没有一条理性不建立在另一条理性之上，这样我们又回到了死循环里。"在别的文章里，尤其是在晚年写作的文章里，蒙田表示我们想要寻找的任何真理都在单纯的人那里——比如那位巴西印第安人，"最适合担任诚实的证人"，因为他"非常单纯，没有胡编乱造和花言巧语的本事"。正如帕拉塞尔苏斯（和拉伯雷）所言，真理出自游民、屠夫和剃头匠之口。

蒙田的循环说来自亨利·艾蒂安（Henri Estienne）1562年出版的一本书。那是古希腊哲学家兼历史学家塞克斯都·恩披里柯所著的《皮浪主义哲学纲要》（*Sexti philosophi Pyrrhoniarum hypotyposeon*）的拉丁文译本，该书是对皮浪思想的总结。皮浪主义诸多命题中最核心的一条就是，不相信感官经验可以得出外部世界的科学知识。这不仅是因为我们的五种感觉器官能力有限，不够精确，而且还因为（正如蒙田所说）不同的人感知失真的方向也不相同，根本没有办法调和它们。围绕这些问题的极端怀疑主义弥漫了17世纪上半叶的法国知识界，这反映在皮埃尔·沙朗（Pierre Charron）1601年出版的争议之作《论智慧》（*De la sagesse*）和勒内·笛卡尔17世纪30年代鼎鼎大名的《第一哲学沉思录》（*First Meditation*）中。如果我们连眼里看到的现象都无法达成共识，我们怎么可能在公民在国家中的职责、孰是孰非等问题上达成共识呢？这些都是16世纪晚期到17世纪早期的政治与宗教冲突所引发的问题。在这些问题面前，答案似乎并不在于参与世事，即作为公民团结起来让共和国变得更好，而是在于把信仰和理性分开，抽身于政治世界，让统治者去用武力保障和平，由统治者来决定什么是公共道德。

然而，怀疑主义扎根的时期，恰恰就是当时的人"知道"得越来越多的时期。所谓的事实越来越多，欧洲人对"事实"（fact，某种发生的事，或者某种被观察到的事）的概念阐述首见于16世纪后期的意大利。伽利略认为"事实上"（*di fatto*）的意思就是"实际上"，弗兰西斯·培根认为"事实"就是可以证实的实验。人们也在求助于表现现实世界的事实的方法：写生的油画、真实的版画、信实的史书。与此同时，人们也更加意识到悖论的存在，悖论指的是与通常观察到的现象——所谓事实——相悖的现象。最能瓦解基督教世界的悖论是，欧洲人知道得越多，理解得越少。

学术的进展

学生在大学里会学到科学确定性，大学是基督教世界智识生活的前沿。1500年时，已有78家机构设立了公共讲习所（*studium generale*）。在这里基督教世界各地的学生都可以跟随教授按照教学方案学习，在讲习所里不仅有文学硕士学位的文科课程（语法、修辞、逻辑三艺，然后是算术、几何、音乐、天文四艺），而且至少有一个提供博士学位的科系（神学、法学或医学）。这些大学多数历史悠久，是当初依据教皇诏书或皇帝的特许状建立的。但是有30多所大学建校不满百年，出资建造它们的君主知道，大学教育对于塑造上层社会阶级的年轻人变得越发重要。大学招生毫无困难，越来越多的欧洲贵族想要把孩子送来培养成未来的国家官员、律师、医生和教士。而且，被人文主义价值观逐渐浸染的文科院校又把这种价值观输送给它们的学生。德意志在建立新学校方面的成绩斐然。主要的大学多多少少都与教会有关。在巴黎、牛津等地，神学是最卓越的高等科系。这是因为学术的意义在于真理，在于基督教世界核心的信仰共同体的理性基础。大学学位也要以类似的方式按照一种基督教世界通行的课程大纲进行学习才能取得。

1500 年前一个世纪推动大学发展的动力在 1500 年后继续推动大学高速扩张。到 1650 年，大学的数量已经翻了一番，学生人数可能增长得更快。然而到 1650 年时，因为宗教与政治分歧的关系，大学的学历不再得到普遍承认。荷兰人于 1575 年建立的莱顿大学不被神圣罗马帝国皇帝承认，也不被腓力二世承认，尽管大学说有腓力二世亲自颁发的建校令（其实是伪造的）。宗教异见人士前往国外学习，他们的大规模移民让新的大学拔地而起（法国、低地国家和罗马的大学与神学院里的爱尔兰天主教徒，日内瓦、色当和奥兰治的胡格诺派）。统治者利用教育机构来让宗教变革生效。1527 年，黑森方伯腓力一世（Philip I of Hesse）在没有教皇特许和皇帝批准的情况下建立了一所大学，用来为路德改革培养牧师。都柏林三一学院建于 1592 年，目的是为巩固英国人的新教优势地位提供清教徒教育的辅助工作。瑞典新建和重建了许多高等教育学院与大学，用意在于把德意志北部和波罗的海被征服的土地整合到瑞典国家中来。

多数有权颁发学位的大学都在天主教欧洲，这些大学也扩展了它们的教育资源。耶稣会借鉴了巴黎的书院制。耶稣会的学院起初与新教机构相比有些落后，但 1600 年时它们已经赶超后者，能够提供全欧洲课程范围最广、关系最协调的继续教育和高等教育，是其他大学比不上的。不过耶稣会的高等教育学院基本上局限于自然学科，文科就由一位神学教授随便应付。这些学院只有一小部分变成了颁发学位的教育机构［比如1581年在奥洛穆茨（Olomouc），1648年在班贝格］。其他提供高等教育资源（比如神学院）的天主教修会多数选择不建立颁发学位的大学。

无论是在新教欧洲还是天主教欧洲，想要为儿子找所大学的人都清楚地知道这些形形色色的机构在目标和水平上的区别，知道入学——比如进入德意志莱茵兰加尔文宗的韦特劳诸伯爵领地（Wetterau counties）的赫尔博恩（Herborn）的王牌学院——能得到的不只是一份大学学位那么简单。他们希望给孩子提供"通识教育"（*Paedagogium*），增进他们的"兼具学识与口才的虔诚之心"。只有一小部分学生被指望进入高等学府继续深造。他们的目的不是建造和传承一座科学确定性的大厦，他们不需要亚里士多德讲解逻辑学的《工具论》（*Organon*）这种复杂的脚手架来实现他们的目标。

好在更加基础的入门书已经面世。在路德派欧洲，梅兰希通撰写的几本《辩证法》都非常畅销。在加尔文宗欧洲，风靡一时的是巴黎大学教师皮埃尔·德·拉·拉梅（Pierre de la Ramée）——拉丁文名为拉米斯（Ramus）——所写的《辩证法》（*Dialectics*）。1536年，拉米斯取得硕士学位，论文答辩时他说："亚里士多德说的每句话都矫揉造作。"八年之后，他出版了一本正面批驳亚里士多德《逻辑学》的著作，并且提出自己1543年出版的《辩证法》（*Dialecticae Partitiones*）可以取而代之。他的《辩证法》比亚里士多德的书简洁许多——篇幅只有后者的十分之一。他希望把逻辑变成交流的工具（"辩证法……教人善于辩论的艺术"）。他把修辞学与逻辑学分开，让学生专注于学习如何定义论述的主题，然后如何安排主题。他教学生最基本的方法：从一般到具体，从定义到例证。拉米斯把事物一分为二，然后把每一部分再一分为二（制作二分表格）的做法，到了他教出来的学生手中，就变得更加矫揉造作（over-contrived）了。他提出的改革方案让巴黎的教师们怒不可遏，他们告状说他是在破坏哲学和宗教。1544 年，国王命令御前会议封杀拉米斯的书，禁止他执教。他转而研究数学，而且参与创作了另一本论教学改革的著作——他以前的学生奥梅尔·塔隆（Omer Talon）所作的 1548 年出版的《修辞学》(Rhetoric)。

　　禁止执教的禁令后来终于被废除，1551 年，拉米斯得到了弗朗索瓦一世建立的法兰西公学院（Collège de France）这所享有盛名的人文学术机构的哲学及雄辩术教职。拉米斯在这座避风港里向巴黎大学发起了全面进攻，说巴黎大学教授的教职都是买来的，它的一张文凭比其他便宜的大学贵得多。腐败的教授收受贿赂，但他们的工作只是剖析早已死亡的经院哲学。拉米斯的解决方案是，以竞争的方式招聘教授，用公帑支付教授的薪水，而且要改革课程大纲。他树敌无数，而且作为新教徒在圣巴托罗缪大屠杀中成为敌人的目标，最终死在血泊之中。拉米斯／塔隆的教科书取得了巨大的成功。后来这些书成了赫尔博恩学院（和其他加尔文宗学院）教育的基础，赫尔博恩学院的一名哲学教授约翰·海因里希·阿尔施泰德（Johann Heinrich Alsted）编纂了一部野心巨大的科学百科全书，这部百科全书植根于拉米斯主义（Ramist）的教学法，但是博采百家，希望达到调和知识与宗教改革的目的。到 1650 年时这部书已经有了大约 800 个版本和改编本，接近一半又被拉米斯主义的教师用来作为教科书，这些书流行于新教欧洲，特别是加尔文宗地区。

与此同时，可以与拉米斯主义教学法的成功相提并论的是耶稣会的改革。他们的模范课程是1599年制定的《学习纲领》(Ratio Studiorum)，各个耶稣会学院广泛采用了这套课程——只要他们拥有有能力按照它授课的教师。因为《学习纲领》强调四艺（算术、几何、天文和音乐）的重要性，所以它需要具备专长的教师。部分出于信条竞争的原因，欧洲各学院的课程扩展和教学创新都突飞猛进。它们培养出了一代又一代能言善辩、多才多艺的欧洲人。而这些创新反过来又把大学推到了风口浪尖，认为高等教育机构应当保持传统结构的意见对改革造成了束缚。实际发生的改革比外界看到的改革更多，但这还是阻挡不住甚嚣尘上的批评大学固守"旧"学问的声音。

这种批评之声的立足点是"人文主义者所做的是重新发现被野蛮的'中世纪'的经院哲学忽视的古代文献和学术"，这是人文主义的核心论纲。人文主义者的学术史是一条凹陷的曲线，从古代的辉煌，到中世纪的衰落，再到当代的复兴。"拒斥经院哲学，崇尚古代学术"成了一套常见的话语体系，特别被用来推广传统上不被认为是科学的学科。按照乔治·瓦萨里(Giorgio Vasari)《艺苑名人传》(Lives of the Artists)的说法，安德烈·维萨里的解剖学著作把"过时的"经院哲学变成了推销人文主义再发现的惊人之处的陪衬。1564年，巴黎出版了拉米斯一次公共讲座的讲义，他在讲座中说道："让我们想象一个死于100年前的大学教师现在复活了。如果让他看到从他去世以来法国、意大利和英格兰的人文学术和自然科学的结晶，他一定会（因为巨变而）战栗震惊。那几乎相当于他第一次把视线从大地深处转向天空，第一次看见太阳、月亮和星辰。"

到1600年时，批评更进了一步。人文主义者不仅是在重新发现古代学术，而且是在超越古代学术。他们发现了新世界、新仪器、新技术、新哲学，这些东西都被当作"新鲜"（novel）事物被推向市场。17世纪初，安特卫普发行了一系列扬·范·德·斯特莱特（Jan van der Straet）设计的以《新发现》(Nova Reperta) 为题的版画。第一组版画的第一幅描绘了美洲、罗盘、火药、时钟、愈创木、蒸馏过程和蚕的养殖。后续的版画描绘了蔗糖生产、通过指南针倾角确定经度和铜版雕刻。"古今之争"从此起步（乔治·黑克威尔就是站在"今人"一方出场的）。"新鲜"不再被当成缺点，人们可以开始认真地推动学术的进展。

1605年出版的《学术的进展》(The Proficience and Advancement of Learning) 是弗兰西斯·培根爵士为"发现"新知识所写的第一部计划书。他的父亲尼古拉斯·培根爵士（Sir Nicholas Bacon）是伊丽莎白时代杰出的廷臣，担任掌玺大臣（Keeper of the Great Seal）之职，弗兰西斯本人受过法律训练，本指望追随父亲的脚步。不幸的是，他仕途受挫，于是就像当时其他人一样，他转而探究那些国家可能感兴趣从而让他转运的规划。这些规划包括由国家出资兴建的研究型图书馆、植物园、实验室和展示发明创造的博物馆。这些想法没有一个成真，他为此感到十分沮丧。国王詹姆士一世（曾自比神启哲人王"所罗门"）继位后，培根出版了《学术的进展》，这本书谨慎地"融合了新事物与旧事物"，把发现新世界和学术改革联系在一起。他在书中写道："航海术和大发现的进展也许会带来各种科学的更长远的发展和提高，因为看起来是上帝命令它们……汇聚到同一时代的。"他引用了先知书《但以理书》(Book of Daniel) 中的一句经文："必有多人来往奔跑，知识就必增长。"与此同时，他也写下了《新工具》（*New Organon*）——拉丁文名为 *Novum Organum*——的提纲，这本书 15 年后即 1620 年才得到出版。但到那个时候，培根已经是个大忙人了，他 1613 年被任命为总检察长，1618 年被任命为大法官（Lord Chancellor）。这本献给詹姆士一世的书并没有写完，但是它的意义正在于此。培根在序言中写道，他把他要踏上的旅程比作哥伦布的远航，称这本书的目的在于提供一个可以在茫茫大海中指明方向的罗盘。这本书的扉画描绘的是一艘船正在扬帆驶过赫拉克勒斯之柱（柱上镌着"Plus Ultra"的格言，意即"走得更远"）前去发现知识的新大陆。

《新工具》分成两卷。第一卷把亚里士多德当作靶子，毫不留情地攻击了传统学术的"缺陷"（"空想""迷信""动辄争吵"）。他在第二卷中提出了自己的解决之道——"中"道（"middle" way）。为了解释中道，他用蜜蜂做了一个比方。蜜蜂"从花园和田地的花朵那里采集材料，然后却用自己的能力改造它们，消化它们。真正的哲学学习基本上正是如此"。发现是一个合作的过程，勤劳的人们从"自然史"的仓库里收集关于现实世界的信息，通过实验（借助"设置限定条件"来学习"自然的秘密"）和逻辑推导的技巧把它们转化成丰富的有益知识。培根刻意把他的"逻辑"写成一串联系松散的"警句"——他想让每一则警句都在读者脑中点燃思想的火花。第 124 则警句这样写道："因为我要在人类的理解中建造一个世界的真实模型，它会依照世界真实的模样，而不是按照人自己的理性所认定的模样；若不呕心沥血地剖析这个世界就不可能建成这个模型……因此真理和效用在这里是一回事。"如果培根打算用他的苦心孤诣打动所罗门王，那他就要失望了。《新工具》出版后不到一年，他的政敌就在议会里通过了对他的弹劾案，令他颜面尽失。培根的方案因其对亚里士多德的无情打击而在欧洲大陆深受喜爱，英国内战时期，他的方案以一种通俗化的形式成为希望改变英国的人的改革宣言。

哥白尼主义宇宙学

尼古拉·哥白尼的《天体运行论》(On the Revolutions of the Celestial Spheres)出版于1543年。哥白尼曾在克拉科夫和博洛尼亚求学，1503年退休之后却定居在波兰波罗的海沿岸的教堂之城弗龙堡（Frauenburg）。当时天文学是核心课程的一部分，教师使用的教科书旨在解释托勒密的以地球为中心的宇宙，在这个宇宙里行星是沿本轮围绕地球旋转的，本轮的中心围绕地球公转，这个公转轨道决定了行星球层的形状。本轮——以及与之相关的"偏心等距点"（equants），还有行星沿本轮旋转的运动公式——造成了各个行星速度和亮度的区别，并引起了它们的周期性逆行。托勒密的《天文学大成》(Almagest)有拉丁文和希腊文版，但是人们认为这本书太艰深了，所以很少直接研读它。人文主义学者努力想要使它变得深入浅出，他们还补充了新的观测记录和计算方法，因为托勒密的记录太有限了。

哥白尼的工作一箭双雕地解决了一个理论问题和一个实际问题。理论问题是亚里士多德的运动学说（运动必须是线性的、匀速的）和托勒密的运动学说（它为行星运动为什么不是匀速运动提供了一种解释）之间的矛盾。托勒密的本轮和偏心等距点等说法使得行星的运动不同于宇宙中任何其他物体的运动，就像（哥白尼说的）一个手脚独立行动的怪物一样。让教会难堪的则是一个实际问题。托勒密天文学无法准确地计算日历和复活节的节期，1514年教会把哥白尼请到罗马请他给出一个解决方案。哥白尼谢绝了，他说如果不先把太阳和月球的运动问题解决，就无法解决教会的问题。哥白尼或许知道，他的最终解法里有一部分已经被阿拉伯天文学家提出来了。但是他发现，不可能换掉行星系统部分而不"拆解其余部分"。于是他重建了整个行星运动理论，把地球也列为行星的一员，这样所有行星都会进行匀速的三重运动（围绕行星自转轴旋转的自转、围绕太阳附近的一点旋转的公转、自转轴自身指向变动的轴转）。

哥白尼并不是把他的研究当作头脑体操。他在序言里坚定地说他所写的就是现实中发生的事。天体在现实中就是围绕太阳旋转的，带着其他天体旋转的行星球层也在带着地球旋转。然而，这样他的体系就与亚里士多德主义物理学、《圣经》和日常经验相矛盾了。哥白尼不愿意发表他的作品，直到1539年格奥尔格·约阿希姆·雷蒂库斯（Georg Joachim Rheticus）前来拜访他，他才第一次向外人展示他的手稿。雷蒂库斯求学于维滕贝格，当时菲利普·梅兰希通在那里教授自然哲学的研究方法。梅兰希通希望借助自然世界来理解上帝，展现上帝作为造物主施行旨意的一面，也想从自然世界中发现社会秩序的模型。堕落的人类深陷于腐坏，但天空并没有被堕落所影响。观测者可以在宇宙学中发现上帝的旨意，原因在于人类是以上帝的形象创造的，仍然保留了上帝赋予亚当的寻求知识的能力的痕迹。由于上述原因，哥白尼的文章在信仰新教的纽伦堡被维滕贝格培养的路德派信徒拥有的出版社出版，就不足为奇了。即便如此，哥白尼的文章出版时仍被附上了一篇匿名序言，序言的作者是路德派神学家安德烈亚斯·奥西安德（Andreas Osiander），但是读者以为序言是哥白尼自己写的。奥西安德考虑到这本书会对亚里士多德主义物理学造成的影响，所以强调说哥白尼的天文学体系不应被当成现实的真实反映。相反，它只是一种观察事物的数学方法。把它当成现实宇宙的真实写照的读者有可能"合上这本书时变得比翻开它时更蠢"。

哥白尼的文章是一篇技术性的天文学论文，阅读它的专业人士都采纳了奥西安德的建议。1600年之前，只有寥寥数人相信哥白尼的理论真实地反映了现实，愿意撰文支持这一观点的仅有四人。就连丹麦天文学家第谷·布拉赫也（在1587年）否定了地球三重运动论，而是提出了一个折中方案，即所有行星都绕着太阳转，但太阳绕着静止的地球转。罗马从1582年开始采用格里历（Gregorian Calendar），它是反宗教改革的天主教会希望领导基督教全球化所确定的一项落脚点，负责计算格里历的人使用了哥白尼的计算方法，但仅仅是因为哥白尼的算法更准确。

多明我会的乔尔丹诺·布鲁诺是那些公开宣布相信哥白尼主义的人中名声最大的一位。他用柏拉图式的对话录讨论了地球围绕太阳旋转的可能性，还讨论了存在无穷多个宇宙、存在多个有人居住的世界的可能性。具体是哪条异端言论导致他1592年5月在威尼斯被捕已经不得而知了，但是反宗教改革的意大利对新柏拉图主义是非常敌视的，在这种环境下谨言慎行十分重要。这就是为什么伽利略·伽利莱，一个1589年被比萨大学聘为临时教授的数学教授，起初不愿让别人知道自己对哥白尼主义的认同。但是，1597年8月，他在读完约翰内斯·开普勒的《宇宙的奥秘》后突然给开普勒写了一封信。他说这本书让他欢欣鼓舞，因为他早就相信哥白尼主义了。"在这一假设下"他"能解释许多现行假设解释不了的自然现象"。他甚至写好了一篇为哥白尼主义辩护的论文,不过却不想发表它,因为这些观点只会遭到众人的侮蔑。

伽利略所说的自然现象是在他研究运动的实验中观察到的。他的赞助人是圭多巴尔多·达尔·蒙特(Guidobaldo dal Monte),这位侯爵有一个战友是枢机主教。与圭多巴尔多合作让伽利略十分满意,他(通过在斜面上抛出涂满墨汁的球)证明了被抛出的物体的轨迹是一条对称的曲线,即抛物线或双曲线。这条曲线看起来就像一条两个端点被固定后自然垂下的链子。[*]对于伽利略而言,这一发现回答了一种针对哥白尼主义的关于地球自转的现实意义的反对意见,而哥白尼早已预见到了这种反对意见:为什么从塔上落下的物体会以直线落在塔脚,而不是落在塔的西方?伽利略的答案是,落体的轨迹就像抛体和链子一样,也是一条对称的曲线。这是伽利略第一次认识到运动的相对性,认识到运动可能受到一种匀速变化的动力的推动,而这可以用数学解释。等到给开普勒写信时,伽利略已经发展出了另一套以潮汐运动为基础的支持地球自转的论点。伽利略坚定地反对亚里士多德主义,他被哥白尼主义的数学之美所吸引,而又以现实中能否得到证实作为他的决定依据。

1609年,伽利略运用他的技术制作了一台望远镜,这台望远镜可以放大20倍。四年之后,他做出了可以放大30倍的镜筒;1615年时他已经做出了能放大100倍的镜筒。有了这样的工具,他就有能力吸引到王公贵族的赞助,并寻找能支持哥白尼主义的证据了。1610年,

---

[*] 此处作者有误,把抛物线、双曲线和悬链线混为一谈了。抛物线与双曲线虽同为圆锥曲线,但抛物线不可能是双曲线的一支。后来的数学家证明,悬链线的方程是双曲余弦函数,和抛物线、双曲线等圆锥曲线完全不同。——译者注

伽利略在佛罗伦萨出版了《星际使者》(*Sidereus Nuncius*)，成功吸引到了君主的赞助。他把这本书献给托斯卡纳大公科西莫二世·德·美第奇（Cosimo II de'Medici）。同年，伽利略就得到了美第奇手下一个报酬丰厚的职位。伽利略观测到了木星最大的四颗卫星，并用它们来证明日心说在现实中是成立的。他把它们命名为"美第奇星"（the Medicean stars），并且开始向所有人宣传他所看到的现实。这项事业并不容易，因为他打造的那几台高倍数望远镜已经被人预订了，而且这种工具使用起来也不简单。不过他为说服关键人物，特别是罗马的关键人物，准备了一套双管齐下的策略。他既要说服专家，又要消除怀疑者的影响。

起初事情正如他计划的那样。罗马耶稣会学院的著名天文学家克里斯托弗·克拉维乌斯（Christopher Clavius）1611年11月宣布他观测到了围绕木星旋转的四颗卫星。伽利略荣登教皇之城的前路已经铺好。伽利略还公布了其他补充性发现：金星的相位、太阳黑子、不规则的月面，这一切都如他希望的那样证实了哥白尼的假设。但是，他的策略的第二部分遇到了麻烦。先贤智慧、宗教正统和掌权之人都站在他的对手那边。就连在佛罗伦萨，也有人怀疑他的宗教思想是否符合正统，或许他们的怀疑其实是有道理的。与此同时，宗教裁判所启动了对他的调查并向罗马发去了报告。1615年伽利略拜访罗马时，他不得不在一个被保守主义的教皇主导的教廷上据理力争，教皇命令枢机主教贝拉尔米诺（Cardinal Bellarmine）警告伽利略必须放弃哥白尼主义的现实意义。作为廷臣，伽利略比不上他的对手，后者手里的牌更多。凭天文观测几乎不可能证明哥白尼主义，尤其是在第谷主义已有现成的解释的时候。他在试图消除反对者的影响时惹恼了耶稣会，这让他的处境更难了。从罗马回来后，伽利略心想他还是可以继续宣传哥白尼主义，只要不伤害托勒密体系就好。

伽利略盲目乐观了。一开始他的状况有所好转，1623 年，佛罗伦萨人马费奥·巴尔贝里尼被选为教皇乌尔班八世。受此激励，伽利略又写了一部专著，比较了支持和反对日心说的论点。这本书就是 1632 年以意大利语出版的杰作《关于托勒密和哥白尼两大世界体系的对话》（*Dialogo sopra i due massimi sistemi del mondo*）。这本书假想了三位同事在四天时间里展开的一场学术辩论。其中两位唇枪舌剑，但是他们的论述都朝着同一个方向：证实日心说的现实意义。第三个人"辛普利邱"（Simplicio）是个活靶子，他不断地抛出陈旧的观点，让另外两位击倒。伽利略的《对话》完全谈不上"不伤害"托勒密体系，事实上伽利略取笑了对手，而乌尔班八世认为这也是在取笑他本人。

这在 1632 年的国际政治背景下尤其危险。乌尔班的职业生涯大部分时间都在法国担任教皇使节，他认为法国是阻挡西班牙势力渗透意大利和欧洲其他地区的唯一保障。但是，1630 年 6 月瑞典在法国的鼓励下加入三十年战争，1632 年是瑞典捷报频传的一年。如果法国是教皇的盟友，那么新教徒也是教皇的盟友。乌尔班不想与佛罗伦萨的大公闹翻，但是佛罗伦萨大公是亲西班牙的。在双方都要讨好的情形下，乌尔班不希望伽利略问题成为又一个争吵的焦点。1633 年，罗马宗教裁判所对伽利略进行了异端审判，并对他发出了缓刑判决。他被要求宣誓"弃绝、诅咒并痛恨"日心说，而且被判处终身监禁（后减为软禁），他的《对话》被列入《禁书目录》（the Index）。

尽管伽利略不能再公开发言，但《对话》被翻译成拉丁文，在阿尔卑斯山以北由伽利略的朋友埃利·迪奥达蒂（Élie Diodati）的出版社出版。伽利略的物理学以及"可以解释现实世界的抽象化的数学'公理'主宰了整个宇宙"这种想法也得到了广泛传播。这多亏了巴黎的最小兄弟会（Minim）修士、数学家马兰·梅森（Marin Mersenne）。他是一个"通讯员"（intelligencer），身处一张大网的中心位置，这张大网覆盖了各种以研究自然哲学来逃避周遭世界的分裂的学者和古籍专家。名家（virtuosi，这个词在 17 世纪 30 年代非常流行）起到了一种建构性的作用。默默服从当权派在政治上或许是司空见惯的事，但是在自然哲学的问题上不然。

伽利略的《关于两门新科学的对谈》（Discourses and Mathematical Demonstrations Concerning Two New Sciences）1638 年在莱顿出版，次年被梅森翻译成拉丁文。这本书又是一部三人对话录，只是这次伽利略仿照了一种开放式讨论的写法，每个主角都竭力使自己提出的数学公理符合复杂的现实世界。讨论的话题从材料的阻力（第一门"新科学"）一直到运动（第二门"新科学"），而第二个话题中穿插了许多论述不同种类的运动的论文。伽利略想说的是，以下结论是确定无疑的：运动是匀速变化的，加速度可以定义为物体在单位时间的平方里的位移；抛物运动的轨迹是一条对称的曲线。伽利略的力学巩固了他与日俱增的声望。这也是哥白尼主义的命题越来越得到认可、机械论的宇宙图景越来越得到追捧的一个表现。

机械论的视觉

1500 年时，"mechanical"被用来形容实用的东西或从事体力劳动的人。然而，16 世纪时这个词多了一层不同的含义，它被用来形容一切与机械有关的事物。部分原因在于古代力学的复兴，特别是与阿基米德（Archimedes）有关的力学。不过主要原因是机械在人们的生活中发挥了更大的作用。这里所说的机械——天文仪器、航海仪器、罗盘、测绘装备、水泵和液压装置、计算对数的装置、钟表和日晷、眼镜、地图、堡垒和枪炮——的制造和使用几乎总是要用到数学计算，而且需要适当的训练才能够正确地操作和维护它们。

机械也变成了一种世界观。比如，钟表虽然不是非常可靠的计时器，但是他们作为自动机本身就是上帝的宇宙的一个模型。斯特拉斯堡大教堂1574年安装完成的新天文钟矗立于南耳堂内，整座钟有如一座圣堂，有18米高。天文钟上装有一个天球、一个星盘和各种天文机械装置，还有一面地球时刻表，这座钟可以显示的时间区隔细到分钟，广到世纪。每过十五分钟天使会转一次沙漏，每过一个小时就有一个代表人生四阶段之一的人像从死神面前走过，到了一天的最后一个小时，基督便会出场。时钟上的行星模型让贵族的珍品陈列馆熠熠生辉。查理五世酷爱钟表，胡阿内洛·图里亚诺（Juanelo Turriano）花20年时间为他打造了一座巨型时钟。皇帝驾崩时，这座钟还没造成，而且后来这座钟还为日历改革做了相应的修改。1561年，黑森-卡塞尔方伯威廉四世（Landgrave Wilhelm IV of Hesse-Kassel）的钟表匠埃伯哈德·巴尔德魏因（Eberhard Baldewein）制造了一座以最新的行星表为准的天文钟。被威廉誉为"阿基米德再世"的约斯特·比尔吉（Jost Bürgi）1604年为皇帝鲁道夫二世也制造了一座天文钟。这座钟以格里历为准，能显示最重要的圣徒日，它有两个钟面，一面展示以地球为中心的天象，一面展示以太阳为中心的天象。开普勒曾说，下一代人会给予比尔吉的作品同丢勒的绘画一样高的评价。在他1642年献给石勒苏益格-荷尔施泰因公爵弗雷德里克三世（Duke Frederick III of Schleswig-Holstein）的钟的盒子上，刻有哥白尼和第谷·布拉赫两人的人像。第谷下面的铭文写道："*Quid si sic?*"（"如果这样会怎样？"），哥白尼下面的铭文写道："*Sic movetur mundus.*"（"这样世界就动起来了"）

机械物件是欧洲对外关系的一个组成部分，也是基督教全球化的一个动力。从1548年起，皇帝每年给奥斯曼苏丹的贡品里都有从奥格斯堡定做的大量钟表。方济各·沙勿略在1552年的一封信中写道，派往日本的传教士应当掌握好科学知识，因为日本人对天文学和地理学知识非常着迷："他们不断地拿一大堆问题来问我们——天球的运动，日食，月盈月亏，水、雪、雨、雹、打雷、闪电、彗星的原因等。我们对这些东西的解释影响很大，我们就这样赢得了民众的灵魂。"耶稣会的利玛窦（Matteo Ricci）1583年获准居住在广州西边的肇庆，当地中国学者的注意力都被他吸引过去了，不仅是因为他在学习他们的语言，而且也因为他带来的科学仪器引起了他们的兴趣。1584年，他把一幅照顾中国人感情的世界地图和一件日晷赠送给两广总督。随后几年，他还向中国官员们赠送了多件天球仪、地球仪和日晷，之后他还在南京教授宇宙学、数学和物理学，1605年，他被邀请到北京的宫廷。利玛窦把地球的形状、两极的存在、星球的秩序和运动、地球仪的使用方法都当作了知识资本，他写道："如今知识打开了他们的眼睛，他们才看见了极其重要的事，以前他们对这些事都一无所知。"

以机械做类比在1600年左右是很常见的做法。德意志路德派牧师约翰内斯·盖格尔（Johannes Geyger）1621年出版了《政治钟表学》（*Political Horology*），他在书中把三十年战争初期混乱的时政与稳定的天空做比较："它的主人得有多么智慧和巧妙……才能以他的全能创造了这整个苍穹和时钟？"胡格诺派学者菲利普·迪普莱西-莫尔奈（Philippe Duplessis-Mornay）写道："天空当然就是一枚巨大的时钟摆轮（Wheele of a Clocke）。"天文学家约翰内斯·开普勒宣称："我的目标就是表明，天体机器……就像一个时钟。"

1600年左右开始变化的是数学公理概括现实世界的程度，或者说人类可以用数学公理来预测无论何时何地一定会发生的事的程度。液体中的物体、管中的液体、摆、张力下的杠杆、抛体、冲击锤、弦、高处落体——行为能被预测的物体越来越多了。1618年，年轻的勒内·笛卡尔加入了奥兰治亲王的军队学习兵法，当时军队驻扎在西属尼德兰边境的布雷达（Breda）。他在那里遇到了当地的自然哲学家以撒·贝克曼（Isaac Beeckman），两人一起尝试用数学解决物理问题。他们像伽利略一样——伽利略的作品那时还没有发表——提出了一条描述运动物体下落的定律。贝克曼的"数学物理学"（mathematico-physics）也启发了其他人，特别是法国人。1628年笛卡尔回到尼德兰共和国的时候，他已经确定了自己的目标：既然可以用数学解决物理问题，那么如何用相同的思路解释人类意识所知的一切？

他开始在笔记本上记下他的想法（和梦境），那本笔记本大概是贝克曼送给他的。笛卡尔也许想要跟随拿骚的莫里茨的军队前往波希米亚，他在1619年11月10日——但是现存的笔记副本可能并不准确——写到，自己发现了一门"奇妙的科学"的基础。他的体系基础是一种能支持他的数学物理学和他对人类行为进行解释的人类知识形而上学。他相信他的方法保证了确定性，因为它把自然知识建立在寥寥几条公理的基础上，这几条公理都可以用直觉保证，它们的真实性就像几何证明一样无须多言。亚里士多德主义对于重、轻、热、冷、湿、干的区别被他抛弃了。自然就是物质，物质的本质是广延，几何属性是物质仅有的属性，即形状、大小、位置和运动。梦境所启发他的方法就是那句著名的 *cogito ergo sum*（我思，故我在），他希望通过这句话来证明他的理智的存在，进而有望合理地证实上帝的存在，证明上帝为宇宙设定的规律，证实物质的存在以及现实世界的物理问题的解法。

1637 年笛卡尔出版了《谈谈方法》(*Discours de la Méthode*)，不过写书谈梦比通过研究现实世界来实现这个梦要容易得多。1629 年他就告诉梅森："我想要开始研究解剖学。"几个月后，他写道："我现在在同时研究化学和解剖学，每天我都学到一些在任何书上都找不到的知识。"他亲手进行解剖，研究人类和动物的生理机能，探索化学医学和几何学。《谈谈方法》这本书不是一门发展成熟的"方法"，而是对一种认识世界的机械论方法的三个范例（折光学、气象学、几何学）的介绍，笛卡尔后来几十年的著作都在充实这本书里提出的方法。

笛卡尔提出的是一个以运动与力的定律为中心的新世界体系（world-system）的模型。他的机械论哲学要求人们不再把宇宙拟人化，要求人们愿意把上帝在自然中的角色想象成一位与自己的造物保持一定距离的值得信赖的钟表匠。灵魂在这个模型里处于什么位置、是什么让灵魂与身体相联结，成了别人批评笛卡尔体系的主要切入口。笛卡尔体系要求彻底斩断意识与身体之间的联系，因为它不允许人们再相信上帝在物体中植入过"共情"(sympathies)、"和谐"、"神秘"等品质。理念不是宇宙的一部分。理念存在于我们的头脑中，如果现实与理念相冲突，我们就应该批判它、拒绝它。宇宙是一台自动机："宇宙中有一台物质的世界机器，"他写道，"或者更坚定一点说，世界就像一台物质的机器一样是被组装起来的。"他在书中有意地反复提到"我们身体这台机器"。"力学（Mechanics）里没有一条规律不属于物理学（生理学），力学本身就是物理学的一个特例：摆轮组成的时钟能报时，就跟种子长成的树能结果一样自然。"他这样想。笛卡尔同威廉·哈维讨论了心脏的功能，哈维对血液循环的讲解让笛卡尔想到心脏对人体器官而言好比一个水泵，从此笛卡尔更加确信力学定律适用于人体了。

眼睛是这台机器的一部分。他的解剖揭示了眼睛的生理结构，他的几何能力解释了眼睛的折光原理，他的物理定律确定了光和颜色的性质。他可以解释说，眼睛的工作方式和暗箱一样。我们在大脑里实际"看见"的东西和聚焦在视网膜上的影像完全不同。我们的大脑收到的是已经分解的信号，是大脑的认知过程把信号转化成了"视觉"（vision）。因此笛卡尔的机械论视觉说绕过了关于视觉与现实不匹配的那些辩论，提出了一种与那些辩论无关，而是关于"我们可以知道什么"的怀疑主义。如果我们看到了怪物、奇迹、梦境和鬼魂，那么它们其实是我们的认知过程的产物。它们只存在于我们的脑海之中。我们能确切知道的只有我们周围的世界：它的形状、大小、广延和运动。

与笛卡尔同一时代的托马斯·霍布斯同样极为看重折光学的科学研究，这种"机械论的视觉"（mechanical vision）成了他对人类社会的理解的核心。他的社会哲学的基础是运动和物质的基本概念。他和笛卡尔一样借用了威廉·哈维的发现，哈维说血液循环是一种"重要的运动"，心脏是"一台机器……一个轮子的运动驱动了另一个轮子的运动"。国家不再是有灵魂的共和国，它是一个有心脏的"人造的人"

（Artificiall Man），人可以像解释机械装置一样解释国家。使人产生幻觉的运动从感官传达到大脑，心脏接收到对这些运动的认知，产生了我们对疼痛和喜悦的认识，它们构成了人类社会的动力。《利维坦》那幅著名的扉画上全体臣民组成统治者的形象可能来自霍布斯17世纪40年在巴黎见到的一种光学器件。梅森的圈子里有一个叫让－弗朗索瓦·尼塞龙（Jean-François Nicéron）的人，他设计过一种多边棱镜，可以让15个奥斯曼苏丹的画像组合成一幅路易十三（Louis XIII）的肖像。国家就是一个我们想象出来的万花筒。把政治世界像自然世界和宇宙一样凝结在一起的，是被执行的法律。我们必须按我们希望的方式来理解这些法律。

第八章

了解世界

知识的地平线

基督教世界的知识曾经是少数人的禁脔，科学的范围限定了知识的性质，上等人才有机会获取和传承知识，这样的大环境限制了知识的传播。知识的定义、收集和买卖知识的场域，有机会获取知识的人数，知识传播的地理范围，在16世纪和17世纪早期都经历了一场大爆炸。知识的影响范围拓宽了。培根1624年出版的《新大西岛》书中的研究设施雇用了负责从全世界搜罗书籍、摘要、实验模型的"光之商人"（Merchants of Light），负责收集书中记载的实验的"掠夺者"（Depradators）和负责整理它们的"编纂者"（Compilers）。这种梦想在一个世纪之前是不可想象的。

三种独立而又相关的创新——旅行、邮递、印刷——改变了知识的传播。三者的互动产生了商品的流通、外交知识的流传、欧洲内外新闻的流动所依赖的基础。书信共和国也依赖这种基础。这些变化（在文化层面上）重新定义了"本地"的意义，加深了有机会学会识字并懂得如何利用识字能力的人和不识字的人之间的差异。

这种文化矛盾一直以来被理解为平民文化和精英文化之间的差异。在文化人的意识和讨论中，文化差距久已有之。魔鬼会利用文盲的"迷信"。(新教和天主教的)宗教改革爆发之后，宗教和道德上改革的迫切需要，加上海外传教的经历，显然让人们更加相信知道正确信仰和行为的人和必须被传授正确信仰和行为的人之间的差距在扩大。当局对服从的更强烈的需求——被写下、被宣誓、被记忆、被内化的教会教义都表现了这种需求——也让人们更加相信学识丰富的人和不识字的人之间的差距在扩大。这一时期与社会凝聚力弱化同时发生的是文化凝聚力的削弱。

知识就是力量，知识也是利益。知识的利益相关者（君主、赞助人、印刷厂、文具商）限制了知识的传播，但是"知识应当保密"这种文化假设正在改变。人文主义者宣传说，他们的职责是"让被掩埋在古代尘土中的知识重见天日"。新教神学家坚定地认为，宗教改革让上帝的真理变得众人皆知，把《圣经》放到人民手中，让他们自己去读。帕拉塞尔苏斯说他从医生手中解放了医学。然而同样是新教神学家认识到，人民需要引导才知道如何阅读和理解《圣经》的文本。炼金术文献和新柏拉图主义文献之所以"神神秘秘"，不仅因为它们揭示了自然中隐藏的力量，而且还因为它们的作者相信他们揭示的力量如此强大，以至于不应向普通人公开。科尼利厄斯·阿格里帕不愿公开发表他的魔法的细节，因为那样的话他的读者会指责他是巫师。修道院长特里特米乌斯（Abbot Trithemius）给他的建议是："你对庸俗的朋友就应该讲庸俗的话，高深玄妙的东西只能讲给高贵的秘密朋友听。对蠢牛喂草，对鹦鹉喂糖。"帕拉塞尔苏斯之所以把他的学说包裹在晦涩的语言中，部分原因就是不想让它落到庸医手中。

尽管大量信息往往还是被保密的，但是新一代自然哲学家和从业人员对与他人分享自己的专业知识持一种更加开放的态度。塞巴斯蒂亚诺·塞利奥（Sebastiano Serlio）是一个皮匠的儿子，他受训成为一名艺术家，绘制了纲领式的著作《建筑》（Architecture），这套书出版于1537—1551年，他说上帝给了他这样的天分，他不应该把它"掩埋在自己的花园里"。达尼埃莱·巴尔巴罗说他之所以要评注维特鲁威的著作，是因为他的知识都来自他人（比如石匠和数学家）的公开分享，他希望偿还大家慷慨的人情。制陶大师伯纳德·帕利西1580年出版了《论述极美之物》（Admirable Discourses），批评炼金术士讳莫如深的做法。

17世纪早期，知识在某些地区正在变成一种商品。学者是商人，事实是商品。耶稣会士有时会说自己在从事神圣的"商业活动"。从17世纪20年代起为躲避三十年战争而流亡到伦敦的塞缪尔·哈特利布想让知识成为一种公共商品以服务于"改革的共和国"（reformed Commonwealth）。图书管理员们会成为"促进学术的代理人或商人"，他们必须"记下他们的买卖和从买卖中得到的利润"。他仿照泰奥夫拉斯特·勒诺多（Théophraste Renaudot）在巴黎的试验性项目，提出了"地址办公室"（Office of Address）的想法，想让它成为知识流动的渠道。

参考书的出版也拓宽了人们获得信息的渠道，变成了欧洲文化生活的重要组成部分。地图集和地名索引、词典、参考书目、百科全书不计其数，就连那些专家才用得上的参考书也变得更具体和实用了。1500年以前，只有一套记录行星在天空中的运动轨迹的星表，那就是基于托莱多的少量观测数据编纂的阿方索星表（Alfonsine Tables）。到1650年时，已经有十几种不同的印刷星表供人使用。无数的非专业性参考书走向市场，它们面向的是欧洲名流，人们觉得应该备一本在身边才算受过良好教育。欧洲在1650年之前付印的词典超过150种，其中有些是单语的（拉丁语或方言），有些是多语的，可以在两种或多种语言之间互译。重印范围最广的是安布罗焦·卡莱皮诺（Ambrogio Calepino）1502年初版的《词典》（Dictionarium），词典这种类型就得名于这本书。起初它是一本拉丁语词典，1600年时它已经有了150个版本。

参考书目和出版的销售目录也是很有用的参考书，可以通过它们来记录绝版书、错版书、匿名书和盗版书。名言录收集了五花八门的提供助益或鼓舞人心的名言。第一本题为"百科全书"的书是阿尔施泰德1630年出版的《百科全书》（Encyclopaedia）。非专业性参考书成了印刷商和出版商的主要产品。这些书不仅想要把不断增长的从欧洲和全世界流入公共领域的信息收集起来，而且希望把它们整理好，以便读者查阅。用表格图制作的目录（拉米斯主义教育家很喜欢用二分表做目录）、人名、地名、主题索引、页边标志、参见项，让读者一眼就可以辨认不同内容的不同字体和脚注，这些新技术让图书可以有效组织更加庞大的信息容量。

地图学的力量

地图绘制彰显了知识边界的扩张。在领航员、水手、船长、探险家和制图师的集体努力下，印刷的世界地图变得越来越细致，越来越精确。比如，欧洲对南美海岸线的描绘经历了几代人的试错才告完成。葡萄牙和西班牙王室的海图室成了海风、洋流、水深、距离和海岸细节的记录中心。尽管他们很想把这些信息保密，但信息还是渗透到了公共领域。16世纪90年代，关于马来半岛的知识就这样从一个葡萄牙信源那里传到了佩特鲁斯·普兰西乌斯（Petrus Plancius）手中，指明了尼德兰人远征的方向。荷兰东印度公司在阿姆斯特丹的地图出版商发行的地图记录了东印度公司的地理情报——尼德兰人认为印发地图相当于声明他们对海洋航线的主导权和对领土的占有权。从1617年起，公司官方制图师赫塞尔·盖里茨（Hessel Gerritsz）确定了公司地图的统一规范，这样不同地图的坐标方格就可以直接比较了。

绘制世界地图本身是一门艺术。这方面的先行者是马丁·瓦尔德泽米勒（Martin Waldseemüller），一位来自弗赖堡（Freiburg）的受过良好教育的人文主义者。他在洛林公爵勒内二世（René II）的赞助下出版了一幅"印刷世界地图"（超过1.8米宽，是第一幅涵盖360°经线并展示非洲海岸线的世界地图），地图折叠后可以变成地球仪，他还推出了一份"宇宙学"（cosmography）入门。他引用了佛罗伦萨商人亚美利哥·维斯普奇写的一封信，这封信1505年被编辑并翻译成了德文。在这封信中，这个佛罗伦萨人把哥伦布对新世界的发现包装成自己的发现。瓦尔德泽米勒完全接受了亚美利哥的话："既然是亚美利哥·维斯普奇（Americus Vesputius）发现了（世界的）第四部分，我觉得没有人会反对以发现者Americus，这个充满自然智慧的男人，来命名他的这一发现吧，Americus之地——或者America（亚美利坚），因为Europa（欧罗巴）和Asia（亚细亚）也是女性的名字。"六年之后,瓦尔德泽米勒改了主意,认为叫它"未知之地"比较好。但是已然太迟了,关于这个大陆的神话已经扎下了根,而且当代人开始以类似的方式把欧洲理解为地球仪上写着 Europe 的那部分了。

下一代制图师进一步改善了世界地图上对各大洲的空间表示法,这些制图师集中在威尼斯、莱茵兰、佛兰德斯和巴黎——这些地方既有人才,也有愿意支持制图作坊的赞助人。他们的专业知识通过制图师家族一代代传承下去。1535—1536 年,格哈德·墨卡托(Gerhard Mercator)与雕刻家兼地球仪工匠加斯帕尔·范·德·海登(Gaspar Van der Heyden)、数学家兼测绘员兼宇宙学家雷内尔·赫马·弗里修斯(Regnier Gemma Frisius)、帝国外交家马克西米利安·特兰西瓦纳斯(Maximilianus Transylvanus)合作完成了第一个印刷地球仪。范·德·海登提供了印制地球仪表面的 12 个部分(地球仪断面)所需的铜版,把这些断面贴到混凝纸做成的地球仪上,就形成了地球表面。这种空间表示法是在赫马·弗里修斯的协调下决定的。这样做出来的地球仪据称可以如实反映当时所知的世界空间。在当时的人并不了解的地方,地球仪也印了免责声明。

接着,墨卡托在 1541 年制作了一个空前巨大的印刷地球仪。这个地球仪是献给查理五世的大臣尼古拉·佩罗内·德·格朗韦勒(Nicolas Perronet de Granvelle)的,它代表了一种新的地理学,把西班牙地理大发现的意义放入了全球背景之中。这个地球仪上还绘有一条螺旋形的恒向线,表明了托勒密北极和地磁北极的区别。墨卡托的地理学承载了政治和宗教世界变动的印记。1543 年,被怀疑成"路德派"的他被关进了鲁汶的监狱,后来他抛弃帝国的赞助人逃到了杜伊斯堡,见证了 16 世纪 60 年代席卷佛兰德斯的大危机。1566 年,作为信仰新教的于利希-克累弗公爵(duke of Jülich-Cleves)新任命的制图师,他开始思考如何将我们对宇宙的认识绘成地图。他后来回忆道:"我一开始决定完整地研究宇宙的两个部分,天上……与地上。"但是后来他意识到两者是被历史联系在一起的。于是,他的宇宙学把时间与空间联结起来,形成一部世界事件的编年史,从创世到今日,由一幅世界地图加以支撑。1569 年,这幅地图以挂图的形式出版了,它是第一幅墨卡托圆柱投影地图。不过,地图的图例没有讲清楚航海家应该怎样使用它,更没有讲清楚制图师可以怎样重制它。直到三十年后数学家爱德华·赖特(Edward Wright)提出了三角函数表,墨卡托的地图才有了个解释。墨卡托认为,这幅地图的意义只有与他的《编年史》(*Chronologia*)放在一起才能得到理解,《编年史》与地图同时出版于 1569 年。在这本书里,他把世界历史排成一部编年史,全书的高潮是即将降临的世界末日。墨卡托在全书最后预言了一个年份——1576 年,荒地十年之始(*Initium cycli decemnovalis*),这是何西阿预言过的日子,过完这十年之后,主将"向以色列如甘露"。*墨卡托的"投影"(Projection)是与欧洲空间相关的普世千禧年历史的一部分。

挂图越来越大,包含的信息也越来越多,但也变得越来越不实用。解决办法是把它分成地区图,再编成图书或图册。墨卡托 1585 年出版了一部图册,题为《地图集,又名宇宙沉思录》(*Atlas, or*

---

* 何西阿(Horsea)是《圣经·旧约》中的先知。《旧约·何西阿书》第 10 章第 12 节:"你们要为自己栽种公义,就能收割慈爱。现今正是寻求耶和华的时候,你们要开垦荒地,等他临到,使公义如雨降在你们身上。"第 14 章第 5 节:"我必向以色列如甘露,他必如百合花开放,如黎巴嫩的树木扎根。"——译者注

Cosmographic Meditations）。这批图主要是低地国家、法兰西和德意志。欧洲其他部分在墨卡托去世后被相继补上，全集出版于 1595 年。这样的地图集只有纯粹的空间信息。佛兰德斯的册页受益于赫马·弗里修斯 1533 年按照数学程序对该地区做的三角测量，佛兰德斯平坦的地形和鳞次栉比的教堂尖塔为测量提供了便利。不列颠群岛的册页记录了 2 500 个地名。当得到更加准确的信息时，可以印制新的版画替换掉对应的册页。制图师越来越强调他们的调查方法的可靠性和空间表示法的现代性。到 1650 年时，印刷地图集与欧洲地名索引一同出售，而且西欧地区细部的表示方法已经基本上被完全掌握了。

新地理学把空间和权力联系了起来。地图确定了 16 世纪法军入侵意大利的路线，也标明了亨利八世在英格兰南岸建立的堡垒地点。伊丽莎白一世的国务大臣兼财务大臣威廉·塞西尔将贵族地产、税基评估、地方政府边界都画到了地图上。可能正是他在 1573 年使克里斯托弗·萨克斯顿（Christopher Saxton）被任命为英格兰与威尔士测绘员（Surveyor of England and Wales）。类似的政治和商业需求，使尼德兰共和国和波旁法国批准发行它们的政治疆域图。地图学成了帝国的一件工具。查理五世的制图师迪奥戈·里贝罗（Diogo Ribeiro）为第一次环球航行绘制了地图。1527 年，他修订了平面天球图《皇家记录》（Royal Register），这是航海工具的第一次被画在地图上。地图上的太平洋中有一个星盘，位于东经 180° 的位置——尽管这条经线在地图上并没有标出来——星盘西边有一面小小的葡萄牙国旗，星盘东边有一面大得多的西班牙国旗。这样就通过航海经验和地图学确定了对向子午线（anti-meridian）——1494 年 6 月 7 日《托尔德西拉斯条约》（Treaty of Tordesillas）中西班牙与葡萄牙瓜分大西洋时人为确定的亚速尔群岛以西 100 里格的经线对向的那条子午线——的位置。*

葡萄牙 1512 年发现摩鹿加香料群岛，让里贝罗有证据证明，根据对向子午线的位置，摩鹿加群岛位于西班牙这边。1524 年西班牙和葡萄牙在巴达霍斯－埃尔瓦什（Badajoz–Elvas）举行谈判，尝试解决两国对摩鹿加群岛归属权的争议，但是没有成功，里贝罗是西班牙方的谈判者之一。1529 年，两国依靠地图学和航海经验解决了这一冲突，签订了《萨拉戈萨条约》（Treaty of Saragossa）。葡萄牙向西班牙支付了 35 万达克特，以换取西班牙同意将两国在东半球的分界线定在相当于摩鹿加群岛以东 17°的位置，根据里贝罗和他的同事的计算，这个位置恰好在西班牙希望得到的属于自己的香料群岛最远的岛屿的西边，1542 年后西班牙殖民了这片群岛，也就是菲律宾群岛。**欧洲意识背后的空间感正是对殖民地的主张的一部分。

经过特意安排的空间是一种统治的工具。皇帝查理五世用凸显他领地的广阔地图来震撼外国要员，公爵科西莫一世在佛罗伦萨的旧宫（Palazzo Vecchio）用地图壁画装点他的私人房间，教皇格列高利十三世（Gregory XIII）下令在梵蒂冈建造了一条约 120 米长的地图廊（Gallery of Maps）。当时有人说，教皇格列高利沿长廊而行，"思忖最好的管理和统治的方法"。长廊的尽头曾有一面镜子，镜中的图像是天花板的壁画变形而成的圣餐礼，地理权力与神圣权力以这种方式被合为一体。

---

* 此处作者有误。亚速尔群岛以西 100 里格是 1493 年教皇亚历山大六世提出的分界线，但是并没有被葡萄牙接受。《托尔德西拉斯条约》确定的分界线是佛得角以西 370 里格的经线。——译者注

** 事实上菲律宾群岛在摩鹿加群岛西北方。——译者注

旅行的科学

尽管欧洲大陆充满分裂,但是跋山涉水的人并不少,而且不是只有精英阶层才这么做。从 16 世纪下半叶起,旅行者就已经在出版旅行指南来帮助其他人。1552 年,夏尔·艾蒂安出版了他的《法国道路指南》(*Guide to the Roads of France*)。他不是一个经验丰富的旅行家,但他是一个精明的印刷商。他的排版式样可以把大量信息安排在非常小的页面上而不影响读者阅读。艾蒂安引领了旅行指南的风潮,到 1650 年时,欧洲的书店里充满了以《撷英》(*Deliciae*)、《旅程》(*Itineraria*)、《游记》(*Descriptiones*)为名的书。罗马每年接待数以万计的朝圣者。1526—1527 年的一项调查显示全城有 236 家旅馆,平均每 233 个居民就有 1 家。所以 1650 年前有超过 193 种罗马旅行指南也就不足为奇了。

旅行文学结合了冒险、新奇、文化研究、科学探索、道德教诲,一个人坐在椅子上就可以尽情享受这一切。来自新世界的旅行文学相当于科幻小说,有创新精神的编辑还喜欢将探险家的故事结集出版。拉穆西奥三卷本的《航海与旅行》让马可·波罗的旅行故事和安东尼奥·皮加费塔(Antonio Pigafetta)所写的费迪南德·麦哲伦(Ferdinand Magellan)的航行变得家喻户晓,于是这套书很快受到了模仿。英格兰的理查德·伊登(Richard Eden)出版的旅行故事被组织成四个部分(分别对应世界的四"角")。理查德·哈克卢特在他 1589 年出版的《航海、旅行和地理发现大事记》(*Principal Navigations, Traffiques and Discoveries*)中也采用了这一原则。

旅行日记也发展成熟,成了欧洲人的理想旅伴。1650 年时,已有许多旅行日记得到了出版的机会。萨默赛特郡奥德孔伯（Odcombe）的托马斯·科里亚特（Thomas Coryat）是一个教士的儿子，1611年他出版了《科里亚特杂谈》(Coryat's Crudities)，让人"一口气读完"为期五个月的威尼斯之旅。这旅程一半的路都是徒步完成的，他在回到家乡之后把靴子挂在教区教堂里证明他的壮举。与他同一时代的法因斯·莫里森（Fynes Moryson）1617年出版了他的日记，日记里记录了他过去十年的旅行历程。游记成了虚构写作的主要形式，也成了流浪汉小说的基础。日记作者对道路、城市、旅店、床铺、食物、货币都评头论足。蒙田16世纪80年代初去意大利的时候对他的秘书口述旅行日记，记下旅店的大小、舒适程度和清洁程度对他而言是很重要的事。德意志旅店是最棒的，对巴登的旅店他给了五颗星。就连在人烟稀少的欧洲农村，基本上也可以找到一张过夜的床，不过1602年有个行至莫斯科沙皇国的旅行者惊讶地发现，"走三四十公里路也遇不到一个城镇或村庄"。莫里森建议在马车里准备一张便携床，以免遇到这种处境。

旅行者们按照"旅行科学"（ars apodemica）指导书里的建议记下他们见到的新鲜事。这类指导书里的扛鼎之作是特奥多尔·茨温格（Theodor Zwinger）1577年出版的大部头《旅行方法》(Methodus apodemica)，赞美它的人可能比读过它的人还多。茨温格起初成名是因为编辑了他继父康拉德·李柯斯泰尼编纂的一部名言录。茨温格解释说，他早年的旅行纯属浪费时间，因为他当时没有做好充分准备。他的书教育年轻人如何系统地观察、理解和记录旅途中获得的知识。他曾在巴黎师从拉米斯，所以这本书由一连串难以记忆的分支表组成，这些表格列举了旅行在道德上和实际上的益处，也提供了一些做笔记的实用建议。1650年时，欧洲人正以前所未有的规模旅行于欧洲内外，以更加系统的方式记录并分享他们的经历。

写字、读书、算数

人文主义者借助"寓意画"（emblems）来用一幅图概述多重含义。这个词来自安德烈亚·阿尔恰托1531年在奥格斯堡出版的一部配有插图的警句集的书名。* 他的想法是，每幅寓意画都用一个场景来向观众传递一种暗示的或出乎意料的信息，寓意画就这样成了一种模仿装置。1621年时阿尔恰托的这本书已经成了一部1 000页的大部头，包含了无数的模仿装置。"寓意画"（Emblemata）后来进入家族纹章、藏书票、建筑物、餐具和刺绣中。举个例子，他第一幅关于墨丘利的寓意画的场景是三岔路口有一堆石头，石头后冒出一个赤裸的男性上半身，这个神的三叉戟指着路中央。对应的格言以这句话作为结语："我们都处在十字路口，我们在人生的道路上都会犯错，除非神本人为我们指明道路。"其他寓意画画家把墨丘利画成长着翅膀的为诸神服务的信使。无论如何，墨丘利这个神都成了速度和阅读写作能力的象征。到17世纪20年代，"墨丘利"（Mercurius）已经成了传播最新信息的手抄报和印刷报的同义词。

墨丘利的力量取决于读写能力。非文盲和文盲之间的鸿沟构成了欧洲社会最大的文化分裂，也构成了欧洲改革最大的障碍。在读与写这两种能力中，学会写字难度更大，耗时更长。教写字的老师和学校

---

* 安德烈亚·阿尔恰托（Andrea Alciato, 1492—1550），通称阿尔恰蒂（Alciati），意大利法学家、作家，被誉为人文主义法学派的创始人。1531年初版《寓言画集》（*Emblemata*）。——译者注

教师意识到，印刷术提供了出版自学手册的机会。其结果是出现了一大批相互抄袭创意和插图的字帖，它们以教会儿童写字为目标，内容包括指导新手如何削尖羽毛，准备墨水，划好格线，以及写完哪个字母应当提笔。许多字帖在教学时把写字和简单算术合二为一，数学老师也出版了教授算术的含有例子和插图的手册。算术手册注意到了经商可能遇到的问题，包含实际计算中需要的各种心算技巧。彼得·阿皮安（Peter Apian）1527年出版的算术书出现在了霍尔拜因（Holbein）的油画《大使》(*The Ambassadors*)中。霍尔拜因画出了书中介绍除以12的简便算法的一页，书旁边的地球仪则显示了托尔德西拉斯会议上决定的那条子午线。这提醒人们，数学能力和识字能力对各行各业都非常重要。

欧洲城市居民有非常强烈的压力要学会识字和算术。行会要求学徒会写会读。比如，伦敦的五金行会要求学徒手写誓词。从现存的1520—1550年的记录来看，72%的人能做到这一点，16世纪下半叶，这个比例增长到了94%。16世纪斯特拉斯堡第二大类出版物就是技术手册——染料生产的专著、金属加工的册子、土地测量的书籍。它们的读者是会识字的平信徒工匠，这些人的阅读能力以实用为目的。

第一代识字的人往往具有以下特征——不知餍足、一往无前，有的时候还会把事情搞砸。汉斯·萨克斯（Hans Sachs）——也就是瓦格纳歌剧《纽伦堡的名歌手》中那位同名的名歌手（*Meistersinger*）——身为裁缝之子却变成了一个鞋匠学徒。他在纽伦堡的拉丁文学校学会了识字，后来学徒期满开始游历他乡。1519年回到纽伦堡之后，他以制鞋为生，业余时间则用来写作。按照他自己的统计，1567年时他已著有4 275首名歌，208部戏剧，1 558篇寓言、对话录、赞美诗和酒馆小调。今天意大利北部的蒙泰雷亚莱瓦尔切利纳（Montereale Valcellina）的广场上有一座有趣的喷泉，形状是一轮缺了一块的奶酪，水流从奶酪的孔洞中潺潺流出。它纪念的是当地磨坊主，人称麦诺齐奥（Menocchio）的多梅尼科·斯坎代拉。麦诺齐奥也是第一代识字的人，比起听布道，他更喜欢自己读书来探索发现。他对宗教裁判说，他从阅读中推断世界的产生"就像用牛奶做出了奶酪，奶酪中出现了蛆虫，天使就是这些蛆虫，神也是蛆虫的一员"。威尼斯宗教裁判所对麦诺齐奥做出了审判，他被判有罪并被处以死刑。

许多人通过非正式渠道学会了识字。西班牙宗教裁判所的裁判记录表明很多人通过自主学习或在亲戚的帮助下学会了读写。对于16世纪的宗教改革家而言，家庭是识字能力起步的重要场所，基本识字能力对开展教理问答课非常重要。在家中和其他场合，读书都不是私人活动，阅读逐渐融入了既有的社交模式中。读要读出声，文本要背诵，酒馆的墙上贴的传单就是让人读出来的。布列塔尼农村出生的诺埃尔·迪·法伊（Noël du Fail）把他记忆中老妇人在夜晚的炉火旁唱过的或多次讲过的故事和格言整理起来，于1547年结集出版。他所出版的书只是这种不断演变的口述文化遗产的一个版本而已。艾森纳赫（Eisenach）的路德派改革家约斯特·梅尼格（Jost Menig）在1529年出版的《家计经济学》（*Household Economy*）中建议定时在餐桌旁朗读《圣经》。康布雷（Cambrai）一位信新教的亚麻纺织工1566年在法官面前解释说："带我了解福音的是……我的邻居，他有一本里昂印刷的《圣经》，他还教我背诵《诗篇》（Psalms）。"校内校外的同辈带领的口头教学、自学和记忆对掌握实用性的识字与算术能力起到了十分重要的作用。

我们对初等教育的认识是支离破碎的。小学（petites écoles）、角落学校（Winkelschulen）、商科学校（abbaco，得名于这种学校专攻的商业计算）、ABC 学校（教写字）、行会学校、私立学校、市立学校教给学生基本的学习技能，当时的人把这些学校与拉丁文学校分别开来，并且按照他们时常教学的内容对它们分门别类。城市元老认为当地的教育资源对地区的福利和地位非常重要。当 16 世纪 60 年代萨克森南部城镇科堡（Coburg）的地方官被问到如何维持三所方言学校时，他回答说："因为我们有这么多的手艺人、熟练工和园丁。"城市环境下，小学向大批男生教授基本技能，不过留下文献记录的城市很少，威尼斯是其中之一。1587 年，城中 6—15 岁的男生有至少 26% 的人上学读书，其中大半去的是方言学校而非拉丁文学校。

历史学家对于用来计算识字率的材料采取谨慎的态度，对阅读率更是如此。有签名的文件从来不缺，但是有能力签名不足以证明有能力写字，更不足以证明有能力阅读。签名也不是普遍接受的证明文件真实性的方式。比如在匈牙利，印章更为重要，因为匈牙利人信不过签名（以及任何形式的字迹）。签名很轻松的人和签名很费劲的人之间也有重大的区别。西班牙宗教裁判所的法官十分关注嫌疑人的读写能力，并据此对他们评级，法官知道只有一点基础的人和能流畅读写的人是很不一样的。

有两条泛泛之论是不会错的。第一，识字率在城镇里最为显著。16 世纪中期，可能有多达一半的伦敦市民掌握某种程度的读写能力。1600 年以前，欧洲超过 1 万人口的城镇很难达到这个水平，因为它们有大量从农村腹地来的移民。卡斯蒂利亚城市昆卡（Cuenca）在 1511 年到 1530 年出生的男子只有 25% 的人能签名，不过这个比例在 1571

年到 1590 年出生的男子中升到了 54%。在识字的平信徒主导文化的现代早期城镇，识字率突增，这些人决定了城镇居民整体上的学习模式和预期目标。这些高识字率的城市绿洲把从伦敦、低地国家到莱茵河和北意大利诸城的城市化走廊连接了起来。

第二，具有读写能力的主要是男性。16 世纪 60 到 70 年代里昂的一个小样本显示，只有 28% 的女性在公证时能签下全名。1630 年阿姆斯特丹的教区登记簿上，三分之一的男性在结婚时无法签名，三分之二的新娘谢绝签名。在匈牙利，就连贵族妇女也很难提笔写字。捷尔吉·图尔佐伯爵（Count György Thurzó）的第二任妻子在 1592 年出嫁时是还是一个文盲。两年之后，她已经能够在信里给他写几句话了，当时他正在土匈战争中围攻一座土耳其城堡，收到信的他非常开心："你已经能用你的手写字了，我的宝贝，我真高兴……我要带几样最好的土耳其物件作为给你的礼物。"欧洲的儿童无论从哪里得到基本的学习能力，都不太可能是从他们母亲的膝上学会读书的。

良好的教育

当时名气最大的知识分子伊拉斯谟这样写道："良好的教育（bonae litterae）*使人成为人。"他说的教育仅指古典教育。通过原文学习哲学、神学、历史学、古代文学，可以实现一种整全的教育，只有这种教育才能赋予学生（主要是男生）对智慧和古典美德的热爱，才能灌输他们服务共和国所需的文明的价值观和基督徒的虔诚。我们很容易高估

---

* *bonae litterae* 字面意义是 good literature（美文或典雅文学）。——译者注

人文主义教育的成果。他们的建议主要针对的是君主和长官的私人教师或为都市精英服务的拉丁文学校。

人文主义教育家的影响反映了他们的野心。老派语法教师所用的"野蛮"方法——执着于传授枯燥的拉丁文语法和句法,有时还用桦条抽打学生——被完全抛弃了。人文主义者喜欢夸大其词。"我最瞧不起平庸的语法教师浪费宝贵的光阴向孩子的头脑灌输规则这种蠢事。"伊拉斯谟在他1511年出版的小书《论正确的教育方法》(*De ratione studii*) 中这样写道。与此相对,他简要地介绍了"以学生为中心的学习"(student-centred learning) 可以多么有趣。老师应该"引导"学生,先上一堂简短的语法课,然后就带学生接触原文,原文便是"一眼清泉"。学生应该自己读原文,概括原文段落大意,把原文(像谚语一样)挂在门框上,刻在戒指或杯子上,用原文编笑话,让原文成为生活的一部分。学生会逐渐理解"他读到的每一件事实和每一种思想的意义和力量",变得有信心用这种语言来交谈和写作。练习胜过戒律,方法胜过具体内容,有组织的学习胜过单纯的记忆。这样培养出来的人是语言的使用者:能说会道(用拉丁语),有能力解读、评点、翻译原文,可以即兴发言和写作。雄辩(阿尔恰蒂后期版本的寓言画把雄辩描绘成墨丘利)是从事政治的必备技能。在受过人文主义训练的君主、官员和要人眼中,政府的关键在于说服。

人文主义教育家不仅是开列教学计划,他们也提供教学材料。其中最流行的莫过于伊拉斯谟的《格言集》(*Adages*) 和《对话集》(*Colloquies*)。前者介绍了如何概括大意和评点原文。1500年初版时这本书包括大约800条格言和简要解释,其后每次再版都有所扩充,到伊拉斯谟去世时,该书已经变成了涵盖超过4 000条摘要的巨著。其成果是一幅学术剪影，它把智慧整理成便于引用的精华，这些格言有的稀奇古怪，有的令人捧腹。有些格言直到今天都留在我们的口语中（比如"嚼马嚼子"和"无火不生烟"）。*这一时期的拉丁文学生都被要求把自己的摘要编成一本"摘抄"本（"commonplace"books），它们是便携的学术图书馆，对这些学生以后如何布道、如何写书都产生了影响。

摘抄是当时的人处理越来越多扑面而来的信息的一种方法，手写笔记是把笔记中的材料吸收到头脑里的一种方法。人们认为，买书之后应该以目录和索引为样板，按照主题组织自己的笔记，并且在页边空白处做注释。多年积累的笔记让博物学家乌利塞·阿尔德罗万迪感到不知所措。与法布里·德·佩雷塞克同时代的学者皮埃尔·伽桑狄（Pierre Gassendi）说从未见过佩雷塞克读书不拿笔的样子。佩雷塞克采用活页笔记这种常见的方法，而且每条笔记另起一页，方便以后补充。然后他给每页笔记加上一个标题，装订成册，方便以后查找相关的笔记。然而，这样整理笔记要费相当大的功夫："他经常解释说，他家里什么也没有，只有未经消化的一团乱麻。"在乱七八糟的材料中找到想要的东西是17世纪早期的学者都会遇到的困难，不过解决方法也出现了，它出自英国一名学校教师托马斯·哈里森（Thomas Harrison）之手，他是塞缪尔·哈特利布的朋友。哈里森在1640年左右的"图书发明"（booke-invention）是这样的：先用纸条对相关信息做"摘要"（epitomes），然后把它们当作事实保存在文件柜——文件的陈品陈列馆——之中。

---

　　* "嚼马嚼子"（to champ at the bit）指赛马在出发前焦急的样子，形容急不可耐。"无火不生烟"（no smoke without fire）意同中文的"无风不起浪"。——译者注

同《格言集》一样，伊拉斯谟的《对话集》一炮而红。1518年，这本书未经作者许可在巴塞尔初版时只有区区80页，它是一本帮助男生学习拉丁语会话的手册。截至1522年3月，这本书已再版了30次，一直是书店货架和学生阅读书目的必备之选。在这个旅行的时代，伊拉斯谟首先教学生练习问好和告别——从高雅有礼型（"您好，我无可替代的恩人"）到无礼挑衅型（"你好啊，你这个无底坑、贪吃鬼"），顺便介绍一些基本礼仪（"向正在打嗝或放屁的人问好就礼貌得过分了"）。伊拉斯谟在每一种交流的语域中都尽情发挥：书面、口语、手势、暗示、沉默。笑话、反讽、文字游戏，伊拉斯谟经常以批评他的人作为戏耍的对象，让机敏的读者注意到几乎每一个词每一句话都有惊人之处。《对话集》何止是一本教育手册，它是给读者的邀请函，邀请他们走进一个更加广阔的文明人的学术世界——"书信共和国"。

伊拉斯谟用"书信共和国"这个词（res publica literaria）来指代一种想象的人文主义者俱乐部。拉丁语是它的通用语，使用倾斜的意大利体而非竖直的罗马体（Roman）写字表明书写者是俱乐部会员。这种写法一开始被嘲笑为逐新求异，随后又被和异端联系在一起。但是后来意大利体出现在了印刷字体中——威尼斯印刷商阿尔杜斯·马努提乌斯（Aldus Manutius）是第一个采用意大利体的人。格哈德·墨卡托用意大利体在地图上镌刻地名。手写意大利体可以节省时间，因为意大利体允许更多字母连笔。学生的签名表明一代代学生报名参加了这个俱乐部。

会员身份是通过通信保持的。伊拉斯谟收到和寄出的信有3 000多封保存到了今天——这些信勾勒出了一幅16世纪初人文主义共和国的地图，地图上有许多节点：牛津、巴黎、安特卫普、法兰克福、巴塞尔、维也纳和克拉科夫。这是一群受过教育、有权有势的成功人士组成的自命精英的团体，其中既有神职人员也有平信徒，成员遍布中欧和东欧。欧洲地中海沿岸一些地区在宗教改革后成立了宗教裁判所，在这些地方成为通信会员会招致宗教裁判所的怀疑。但是也有很多办法避免宗教裁判所的敌意。伽利略从不直接与开普勒通信，而是通过布拉格的一个中间人进行通信。尼德兰和英格兰的许多人通过马兰·梅森作为中介进行联系。同伽桑狄和佩雷斯克一样，梅森发现夹在意大利和新教北欧之间的法国是17世纪初作为通信中介的理想地点。

图书印刷通常是合作的成果，需要有看不见的通信交流和手稿流动的帮助。比如，如果没有合作者的协助，塞巴斯蒂安·明斯特尔的《宇宙通志》就不可能出版。伊拉斯谟通过贝亚图斯·雷纳努斯（Beatus Rhenanus）了解莱茵兰中部的最新进展。纪尧姆·比代（Guillaume Budé）——伊拉斯谟称他是"法兰西的奇迹"——把他在宫廷和法国首都的朋友的一切信息都告诉好朋友伊拉斯谟。热心且识字的公众群体的诞生对于宗教改革内外的变革预期的重要性不亚于印刷机的重要性。这样一个俱乐部令相信自己不属于这个俱乐部的人、被俱乐部排除在外的人、感觉受到俱乐部的主张的威胁的人都心生不满。新教改革不仅制造了政治上的分歧，也对这个看不见的共和国造成了一定破坏，17世纪上半叶欧洲寻找战胜宗教争端的途径和语言的诸多迹象之一，就是书信共和国的逐步重建。

书信共和国唤醒了友谊的道义美德和公民美德。伊拉斯谟在一本指导教学的小册子中以维吉尔的《牧歌·其二》（Second Eclogue）作为例子。他说这首诗谈论的是平等之人的友谊,"品味与兴趣上的联系越强烈越丰富,关系就越持久"。伊拉斯谟还插入了一句话来描述他心目中志趣相投的人的友谊:"我说的是开诚布公、始终不渝、配得上友谊之名的友谊。"伊拉斯谟的书信就是这种理念的典型体现,尽管那些书信是一种以西塞罗式传统做法刻意营造出来的产物。1522 年出版的《论写信》(De conscribendis epistolis) 是伊拉斯谟另一本大获成功的书,它讲解了如何写出优秀的书信。这本书 1550 年之前就已经有 55个版本了。书信交流以物件交换为前提条件。油画、钱币、奇珍、手稿——所有在文艺复兴时期确定了价值的世俗商品——都成了交换的对象,它们超越了自身的商品价值,成为共同价值观和理念的象征。

奥格斯堡富格尔家族的会计主任马托伊斯·施瓦茨(Matthäus Schwarz)有两幅油画保存到了今天。第一幅是汉斯·马勒(Hans Maler)于 1526 年 2 月绘制的,画中的施瓦茨年仅 29 岁,头戴一顶时髦的帽子,身穿黑貂皮外衣,漫不经心地拨弄着鲁特琴。第二幅是克里斯托夫·安贝格尔(Christoph Amberger)于 1542 年绘制的,此时的施瓦茨已 45 岁,体态也发福了。画中有一杯红葡萄酒(意指施瓦茨家族靠葡萄酒贸易起家),衣着华贵的他身后有一幅文艺复兴时期的油画。施瓦茨表面上是一个人文主义者,但他似乎对生活中的实际事物比对人们的所思所读更有兴趣。从 1519 年起,他就一直在创作一部卷帙浩繁的日记手稿,题为《世界之奔》(Der Welt lauf),保存到今天的只剩下它的附录《服装之书》(The Book of Clothes),这本图集收录了 137 幅施瓦茨身着不同服装的微型画。这本书真可谓包含了从摇篮到坟墓,第一幅画是他穿尿布的样子,最后一幅画是他 1560 年在安东·富格尔(Anton Fugger)的葬礼上吊唁的样子。还有施瓦茨穿校服的样子，毕业的样子（踩在课本上手舞足蹈），穿着旅行商人的行头的样子。有一幅画是 1525 年秋的事，当时护送富格尔家族白银的施瓦茨身着一件可以反穿的外套，外面是亮红色，里面是绿色，这样行经蒂罗尔的时候他就可以把绿色一面穿在外面，因为绿色是起义农民的颜色。有一页画的是 1527 年冬的事，他穿着红黄相间的节日服装做出滑雪橇的样子，当时他在参加主人安东·富格尔的婚礼。我们或许可以把这本图集看作一本 16 世纪的私人相册，它表明了"个性"（individuality）的诞生。但是在 1526 年 6 月，也就是离他的 30 岁生日还有几个月的时候，出现了施瓦茨的两幅裸体画。当时的人相信，在审判日那天，我们在上帝面前是一丝不挂的。在现实中，施瓦茨的书是别人眼中的他——身穿衣服的他——的生活的写照。他的自我造型（self-fashioning）是自我意识（self-awareness）的外衣，但是他的赤身裸体既不反映自我造型也不反映自我意识。赤身裸体意味着他知道要对另一个世界的自己负责，在那个世界里，造型服饰和自我意识都毫无意义。人文主义者让欧洲人重新认识了自己在世界上的位置，但这并不意味欧洲人就这样触及了现代个人主义。

"十万火急"

16 世纪到 17 世纪早期，信件对欧洲的活力起到了重要的作用。王室制诰是治国的好工具；授职信为你带来政府官职或教会圣职；委任状赋予你治理外省或殖民地的权力；赦罪符保证你的罪已得到赦免（直到新教徒说这不成立）。到 1520 年，常驻外交官和他们定期收发的急件已经成了西欧宫廷的常态，这是从意大利北部诸国（先是米兰，然后是佛罗伦萨和威尼斯）那里学来的。弗朗索瓦一世1515年继承法国王位时，法国只有一位常驻大使。当他1547年去世时，法国为了与对手哈布斯堡成熟的外交手段相抗衡，已经在欧洲各地派驻十位常驻大使了。随着欧洲商业网络的扩张，大型贸易企业开始越来越多地使用行纪来经营外地的业务，信件是它们管理业务的主要手段。在威尼斯，欧洲各地传来的新闻信汇集到里亚尔托（城市的商业中心），这里是欧洲通讯的神经中枢之一，在这里，新闻就是权力，只是传统意义上的掌权者无法独享这种权力。

专人送信不是新鲜事。中世纪大学都有自己组织的邮递服务，让学生可以和家人保持联系并收到家人寄来的财物。新的变化在于驿马接力的传递路线和政府的组织让邮政更加完善，个人都可以使用这一服务，只不过要交钱（钱的多少由邮递员决定）。信封上的地址反映了邮政的覆盖范围——信封上还常有给邮递员的叮嘱："速若飞鸿"（with the speed of a bird）、"日夜兼程"（day and night）、"十万火急"（post-haste）、"疾如雷电"（non celeriter sed fulminantissime）。勃艮第公爵腓力一世（Philip of Burgundy）的邮政大臣弗朗茨·冯·塔克西斯（Franz von Taxis）负责管理哈布斯堡帝国的邮政（"taxi"这个词就是从他这里来的）。一幅创作于1514年左右的冯·塔克西斯的肖像画描绘了代表他职位的符号——带有银饰的信箱、羽毛笔、信件、图章戒指、几枚金币。1516年11月12日，菲利普的儿子查理与弗朗茨和他的侄子约翰·巴普蒂斯特·冯·塔克西斯（Johann Baptiste von Taxis）签订合约，确保他们可以长期经营从布鲁塞尔到帝国各地的"平邮"（ordinary posts）业务。合约规定的工作时间直到18世纪后期之后才得到显著提升。

1520年6月14日，就在查理被选为神圣罗马帝国皇帝前两个星期，查理授予约翰·巴普蒂斯特·冯·塔克西斯任免他领地内的邮政局长的绝对权力，并允许塔克西斯自称"邮政大臣"（General Postmaster）。于是，新闻在帝国内得以快速传播。明斯特重洗派革命的第一封报告由明斯特主教通过塔克西斯的网络寄出，送达沃尔姆斯（Worms）后再经由塔克西斯的网络传达各地。教皇克雷芒七世（Pope Clement VII）与查理五世1530年2月在博洛尼亚出人意料地会面的消息一个星期后就经过相同的路线传到了安特卫普。到16世纪初，意大利北部已经建立起了交错纵横的速递体系。1568年时，罗马有五位常驻邮政局长（西班牙国王、法国国王、热那亚共和国、威尼斯共和国和教皇本人各有一位），邮件和包裹从他们这里以至少一周一次的频率发往威尼斯、米兰、热那亚、那不勒斯和里昂（继而送往法国各地和低地国家）。安特卫普证券交易所有公开的邮递时间表。移居国外的意大利银行家普罗斯佩罗·普罗瓦纳（Prospero Provana）从1558年起为波兰国王西吉斯蒙德二世·奥古斯都（King Sigismund II Augustus of Poland）管理邮政，他的邮递员每周日从克拉科夫出发，周三到达维也纳，次周周二到达威尼斯。到17世纪初，尼德兰北部所有主要城镇都已被邮政网络覆盖。约翰·泰勒（John Taylor）1637年出版的《邮递通志》（*The Carriers Cosmographie*）画出了通往英格兰各郡治的邮政路线，并且给出了各个邮递员星期几从哪个旅店出发等详细信息。

邮政网络只服务于主要城镇。邮递价格不菲，而且当时的邮递和现在一样也有出错的时候。不过那时的人可以容忍这种程度的麻烦，当他们审阅传遍欧洲的重大事件新闻报道的时候，困扰他们的不是报道花费过长时间才传到他们手中，而是报道的数量太多而且互相矛盾。识字的欧洲人逐渐开始依赖远距离通信，而且他们阅读的不只是来自欧洲内部的消息。有了往来于美洲殖民地和东印度的商贸循环，海外传回的报告和信件很容易就在欧洲内部流传开来。耶稣会鼓励传教士传回关于自然史和奇珍的信息。耶稣会在海外（利马、果阿、澳门）的学院就像欧洲内部的耶稣会学院一样成了知识流通的节点。比如利马的圣保罗学院（San Pablo College）不仅教育传教士，而且研究当地印第安语言的语法并出版研究成果，它的图书馆是南美洲最大的图书馆之一，它的药房成了著名的本地药用植物中心。到17世纪，耶稣会定期向欧洲发回一船一船的药物与奇珍，然后从1550年左右起出版的《年度通信》（*Annual Letters*）上就会登载他们寄回的报告。

图书追求读者

印刷术被人赞颂为改变世界的重大事件。路德有句名言，说印刷是"上帝至高至深的恩典，让传福音的事业更进一步"，印刷是新千禧年降临的征兆，是"世界毁灭前的最后一团火焰"。从表面意义上来看，这些话让我们更加相信16世纪到17世纪初发生了一场"印刷革命"（printing revolution）。然而现实中，情况比这要复杂。历史悠久的"手抄出版"（scribal publication，通常是选择性地手抄多个副本以供小范围发行的出版业）技术仍然在为欧洲书信共和国的思想交流提供便捷的通道，这种出版方式很容易根据书信共和国的学术媒介做出改变，而且相对不容易受到出版审查的阻碍，需要的资本投入也很少。但是大批量精确复制文本的可能性确实带来了翻天覆地的变化，尤其是当它与印刷文化——商业印刷商、出版商、图书市场、分销网络、适应了这些存在的读者大众——同时降临的时候。这种印刷文化是这一时期的一大成就。1650 年时已无法想象没有印刷文化的欧洲会是什么样子。

　　印刷文化反映的不是技术上的成功，而是商业上的成功。1520 年时印刷术就已基本成型，几乎所有需要的技术创新都已经实现了。1650 年的印刷机、印刷厂和 100 年前差不多是一样的，发生变化的是它们的文化影响力。我们对世界范围内的印刷业仍然只能做出主观估计。1520 年，欧洲有 250 到 270 个印刷中心，几乎全部位于国际化城市、大学城，或是得到了君主宫廷的荫蔽。直到 1650 年这个数字也没有翻番，不过印刷机越来越集中于少数几个先进地区。1550 年时，巴黎和里昂主导了法国的印刷业。意大利一半以上的图书是在威尼斯出版的，安特卫普在尼德兰的地位也大抵如此。只有德意志市场没有形成一个主导性的印刷中心。你大概可以想象一下，16 世纪时这些印刷机印出了 1.5 亿到 2 亿册图书。18 世纪时这个数字大约是 15 亿册。

　　如此巨大的变化意味着出版商要寻找新的读者，说服他们买下新增的这些印刷资料。16 世纪除了有对"印刷机彰显神意"的欢呼，也有另一个问题——图书产量过剩。路德痛斥"图书和作者太多太多"，对"浩如烟海"的图书"汪洋"大发抱怨。英格兰的殉教史学家约翰·福克斯（John Foxe）对此深表赞同，他在他的拉丁文殉教史中写道："书信共和国真的被无穷多的飞来飞去的图书压垮了，这种情况下我还执笔写书好像多此一举……" 17 世纪初甚至可能出现了学术类图书的生产危机。我们往往以为在印刷业的起步时代，是读者追求图书。现实恰好相反，是图书追求读者。

　　欧洲的印刷商和书商知道怎么吸引读者。图书的外观很重要，因为对于识字的欧洲精英而言，印刷的图书不仅是用来传播思想的，也是用来长久保存的。特别是在高端市场，图书是奢侈品和保值品，是作为礼物来赠送和珍藏的。因为图书出售时通常是未装订的（in albis），书商会提供定制的装订服务。因此，扉画对印刷商和出版商具有格外重要的意义——扉画可以摆在店面里，或是在书市上钉在方便看见的地方。木版画生产成本低廉，容易加入印刷工序，印新书时回收利用也方便。铜版凹印成本高，而且铜的供给有限制。铜版的雕刻和印刷都比木版更费时间，难度也更高。但是铜版插画更清晰、更细致，这对印出促进销量的封面大有好处，所以渐渐地，昂贵的图书都采用铜版来印制扉画。

书的扉页会用耸动的话语来勾起读者的兴趣——真实的历史、惊人的奇迹、怪诞的奇观。新版图书会标榜自己可读性有所提升——更好的排版布局、索引、注释、插图。销售目录让读者了解市面上有什么书，知道排版有所改进。16世纪德意志的吕贝克有个印刷商家族（约翰·巴尔霍恩父子），再版"修订"的做法臭名昭著，所以德语中有个词叫 verballhornen，指的就是"越改越糟"。印刷一种已被广泛出版的书需要找到有别于其他竞争对手的卖点，富有经验的印刷商擅长制造这种卖点。德意志印刷商采用了一种与罗马字体相对的条顿字体，名为"尖角体"（Fraktur），这样他们的书在本地市场上就有与众不同的外观。里昂内（Lyonnais）的印刷商想要在法国市场的图书中推广一种名为 civilité 的意大利字体。克洛德·加拉蒙（Claude Garamont）模仿威尼斯的阿尔杜斯·马努提乌斯印刷厂的设计，创作了自己的罗马字体和希腊字体，现代的加拉蒙（Garamond）字体就是以加拉蒙的一个继承者让·雅农（Jean Jannon）的设计为基础的。

扉页有时会根据不同的市场做出改动，或是为了清理存货而做出修改。出版商不仅要写出能说服读者买书的序言，还要跟著名文人软磨硬泡求他们为新书题词。一些地区分化出了专门生产纸牌、贺卡、日历和相册的印刷商。法国北部特鲁瓦（Troyes）的尼古拉·乌多（Nicolas Oudot）是一个印刷商家族的创始人，以极其低廉的价格出版祈祷书、冒险故事、寓言和年历是从他开始的。这些书后来被称作"蓝皮丛书"（*bibliothèque bleue*），因为它们的封面都是蓝色的。卖书小贩（*colporteurs*）从一个城镇走到另一个城镇，在各个集市上叫卖这些书，它们就这样销遍法国北部。与乌多同时代的阿姆斯特丹、巴黎和伦敦的书商则寻找市场来销售时效性低的出版物，特别是报纸和期刊。无论在哪里，印刷商和出版商都知道，对各类读者都有吸引力的书最畅销，而他们必须培养这些读者的品味和兴趣。1650年时，一国的图书产量与它的人均国内生产总值高度相关。这种关系不是因果关系，它反映了一种新的现实：17世纪中叶，印刷成了基层经济繁荣的可靠指标。

当一个成功的出版商需要商业头脑、业务伙伴和好运气。16世纪最有胆识的印刷商之一的克里斯托夫·普朗坦（Christophe Plantin）的生涯就体现了这样的成功。与当时许多印刷商一样，他也是一个移民，出生于卢瓦尔河谷，后来迁居到了安特卫普。1555年，他开始印书，起初他还兼做制皮、装订和贩卖法国蕾丝。他从家人和朋友那里筹集资金，有些朋友也是某种程度上的"家人"，因为他们都是友爱之家（Family of Love）的成员，都相信亨德里克·尼克拉斯（Hendrik Niclaes）倡导的家庭虔诚。普朗坦在巴黎发展业务伙伴，让早期作品迎合法国市场，小心翼翼地在名贵图书和销量稳定的低端图书之间达到产量上的平衡。1566年时，普朗坦公司（Plantin and Co.）已经拥有7台印刷机，33名印刷工、排字工和校对员，工厂也从梳子街（Kammenstraat）的"黄金罗盘"（The Golden Compasses，以普朗坦的一台常用印刷机为名）搬到了星期五市场广场（Vrijdagmarkt）。普朗坦印刷厂（*Officina Plantiniana*）从此成为旅游地图上的热点——时至今日依然如此。

然而普朗坦最大的成功，在于利用与上层人物的关系确保了他在印刷业的垄断权力。16世纪图书审查政策的扩张源于印刷商想让自己的出版物免于竞争的私欲。他们想要免于竞争的"特权"（privileges），而政府意识到，特权可以成为压制宗教争议的武器。于是印刷商，出版商得到了出版物的"特许状"（imprimatur），这让他们享受了经济上的好处，但与此同时他们必须把书稿交给官方检查，而普朗坦得到的是最诱人的垄断权力。在安托万·佩勒诺（人称枢机主教格朗韦勒）的帮助下，他获得了在天主教欧洲印刷和销售《多语圣经》（Polyglot Bible）的王室补贴（1568年）和教皇特权（1572年）。1570年，他还得到了教皇授予的印刷和销售特伦托会议推荐的新版日课经（罗马教会的每日祈祷书）的独家特权。1571年，他的特权扩大到了西班牙及其海外领地。数以千计的书从安特卫普成批运出，一时间普朗坦在出版业占据了支配地位。不过没有出版商能长期高枕无忧，在激烈的竞争环境下，不受他特权影响的科隆印刷商们生产了自己的日课经。政治危机虽然刺激了图书需求，但是也破坏了供应链和销售市场。1572年尼德兰内战硝烟再起，使他几乎破产。这位最成功的出版商，在16世纪80年代后期给别人写信时署名却是"曾经发达过的"普朗坦。

图书馆是新印刷文化的化身。通过现存的藏书清单可以在一定程度上估计私人藏书的增长。在佛罗伦萨、亚眠等地，藏书的增长体现为国内印刷读物愈加丰富，特别是中等规模的城市藏书（30~200 册）的发展。为了容纳大规模藏书而专门建造的图书馆反映了图书与权力之间的联系。1515 年，威尼斯元老院决定建造一座图书馆来保存枢机主教贝萨里翁（Cardinal Bessarion）遗赠的图书。元老院的决议指出，向古人学习促进学术，才能产生"健全的政府"。弗朗索瓦一世的文化战略包括建立枫丹白露王室图书馆、王室印刷厂和法定送存制度。德意志的君主竞相建立图书馆，任命学者作为馆长。简而言之，图书馆或者成为推进公共福利的空间，或者（越来越多的情况下）成为颂扬君主威严的属于上等人的空间。

语言和共同体

无论是口头还是书面，语言既是沟通的高墙，也是沟通的桥梁。这一时期欧洲有多少种语言？答案并不明确，因为我们是根据流传到现在的语言来判定一门欧洲语言算不算语言的。近期的一项估计认为数量在 40~70 种之间。当时的人越来越认识到欧洲语言的丰富遗产。他们常常把一门语言的品质和他们认为这种语言的使用者具有的道德特征联系起来。哲学家兼地方官米歇尔·德·蒙田认为法国西南部使用的加斯科涅语很"阳刚"，与他同时代的巴黎律师艾蒂安·帕基耶认为意大利语很"阴柔"。蒙田和帕斯奎尔都认同这一条人文主义纲领——语言是教育的试金石。作家们争先恐后地推广自己的母语，抹黑别人的母语。1542 年，意大利戏剧家、知识分子斯佩罗内·斯佩罗尼（Sperone Speroni）讨论了希腊语、拉丁语、托斯卡纳语和其他意大利方言在文学创作时的相对优势。七年之后，诗人约阿希姆·杜·贝莱（Joachim du Bellay）仿照斯佩罗尼的先例，在《保护和弘扬法兰西语言》(Defence and illustration of the French Language)中谴责自己的同胞没有发扬法语的丰富意涵。在西班牙，人文主义者提出加泰罗尼亚语的高贵来自它与拉丁语的渊源，不过半岛上的其他语言也有自己的捍卫者。比如，马丁·德·比西亚纳（Martín de Viziana）力图证明巴伦西亚语和加泰罗尼亚语一样源自古代语言。1589年，古德布兰德·索尔拉克森（Gudbrandur Thorláksson）提出了冰岛语的纯洁性。几乎没有哪一种方言没有自己的拥护者。

这是否意味着方言的胜利？而现实并不是胜负分明的。口语和书面语间、地方主义的压力和大一统的追求间有种永恒的张力。多语共存一直是欧洲生活的常态。在16世纪后期的瑞士中部的恩加丁（Engadine）山谷，萨利斯（Salis）家族成员用五种语言相互交流。在外读书的儿子们以拉丁语写信回家，家中的人用德语、意大利语、法语和（女性们）本土的罗曼什语（Romansch）互相交谈。双语共存在中东欧也是很常见的现象，匈牙利语的使用者和斯洛伐克语、捷克语、德语、克罗地亚语或意大利语的使用者比邻而居。立陶宛同时存在着五种语言——立陶宛语、波兰语、德语、罗塞尼亚语和拉脱维亚语。人们很习惯自己归属于不止一个语言共同体。在什么语境下选择使用哪种语言成了特定时刻对于自己身份和归属的社会与文化声明。

拉丁语是基督教世界的语言。它仍然是定义一个人的社会身份和智识身份的最重要的"虚拟语言"（virtual language）。英格兰教师理查德·马尔卡斯特（Richard Mulcaster）说，它是"学术共同体"（the learned communitie）的语言，"学者的母语"。它是基督教世界最后一个瓦解的部件。在欧洲的双语地区，拉丁语一直是司法、行政和传播的通用语。直到17世纪，波兰的许多市政和法庭还是拉丁语的。维也纳的财政署（Hofkammer）官员与布拉迪斯拉发的财政署官员用拉丁语通信。德意志和匈牙利的议会（Diets）用拉丁语做记录。如果英国旅行者到匈牙利的旅馆里想让别人听懂他们想要什么，他们就会说拉丁语。1633年一个佛兰德斯的嘉布遣会修士在给罗马的信中写到"匈牙利的农民和牧人说拉丁语比别处许多神父还流利"。拉丁语一直是罗马天主教会的正式外交语言。1650年时法兰克福书市上卖的大多数书依然是拉丁语的。它不是唯一的虚拟语言——犹太人用希伯来语，而教会斯拉夫语（Church Slavonic）是东正教徒的通用语——但拉丁语始终是残存的衡量元素，是区分曾经是基督教世界的土地与外界的语言边境线。

新教改革的内部矛盾也反映在语言上。尽管人文主义者鼓吹方言改革的功用，但是政府无法强制推行一种语言。1539年的维莱科特雷敕令（Edict of Villers-Cotterêts）要求法国各法庭使用"法兰西母语"（maternal French language），但是敕令没有禁止其他语言。同年，波兰议会规定波兰的所有法律和敕令都应使用波兰语发布，不过这一规定对地方政府不构成影响。1536年英格兰与威尔士的《联合法案》（Act of Union）要求宣誓时必须"说英语"，可是威尔士语一直沿用到了17世纪。次年颁布的《英国秩序法案》（Act of the English Order）*限制公共场合使用爱尔兰语，导致英语成了一种遭人痛恨的殖民语言。1561年，宗教裁判所要求加泰罗尼亚必须使用卡斯蒂利亚语，因而制造了相似的不满，这种不满到17世纪40年代再度浮

---

* 《英国秩序法案》全名为《英国秩序、习俗、语言法案》（Act for the English Order, Habit and Language）。——译者注

现。17世纪,瑞典人想要限制他们的新帝国内丹麦语和芬兰语的使用,1620年白山之战后,哈布斯堡王朝也想在捷克人的土地上强制推行德语。1650年时,欧洲出现了强势的语言共同体,这反映出"本地"在欧洲得到了重新定义。也有一些语言陷入了明显的衰退,比如巴斯克语、布列塔尼语、盖尔语。对于加泰罗尼亚语、葡萄牙语、捷克语、丹麦语、荷兰语等其他语言来说,形势已经进入稳定。

知识分子面临的语言选择问题在于是要拓宽影响(用拉丁语)还是要深化影响(用方言)。伊拉斯谟毫无困难地选择了前者。他的一切著述都是用拉丁语写的,他讲话也是讲拉丁语(带有尼德兰口音)。但是,在为他翻译的希腊语《新约》所作的序言中,他鼓励人们把《圣经》翻译成方言,这样"最卑微的妇女"(omnes mulerculae)、苏格兰人和爱尔兰人、土耳其人和撒拉逊人也能读懂,农夫犁地时可以吟唱经文,织工在织布机边也可以留出一些时间读经。宗教改革时代语言方面最大的两个矛盾是:教会里应该使用哪种语言?应该如何称呼上帝?拉丁语仍然是天主教礼拜仪式的语言,但是视察教会的结果表明相当一部分的教区教士,至少在天主教的教士教育改革生效之前,不是很懂拉丁语。这个问题要不要紧,以及他们布道和说教时使用的是什么语言,我们是很难判断的。罗曼语族(Romance languages)的使用者或许比较容易理解简单的拉丁语,如果拉丁语和方言交错使用的话。我们不能肯定会众对方言会更容易理解——除非他们的神父碰巧能流利地使用他们的方言。

新教改革家选择深化影响而非拓宽影响,然而他们面临许多困难。路德主张为了教育的目的保留拉丁礼拜仪式,而且他的神学著作也是用拉丁语写的。胡尔德里希·慈运理(Huldrych Zwingli)的口语是一种瑞士方言，他认为语言是我们理解和敬拜上帝的重中之重。1525 年他改革苏黎世的礼拜仪式时，当地的敬拜者用瑞士东部各州使用的瑞士德语来唱《光荣颂》（Gloria in Excelsis）。他的神学著作里只有用拉丁语写的才有广泛的影响力。约翰·加尔文能讲拉丁语和法语方言，不过他选择奋力地用后者来写作。翻译《圣经》对所有宗教改革家来说都是一项挑战。马丁·路德想把《圣经》翻译成"平民百姓"（der gemeine Mann）都能懂的德语。但该选哪种德语？他在《桌边谈话录》（Table Talk）中承认"德语的方言太多，相隔仅 50 公里就听不懂对方在说什么了"。实际翻译《圣经》时，他选用了萨克森的迈森（Meissen）法庭所用的语言，人称"迈森官话"（Meissner Kanzleisprache）。方言《圣经》让新教在宗教改革的核心问题上产生了分歧：人应当如何了解上帝？

图像的力量

除了印刷文字之外，在木版画、雕版、蚀刻、乐谱和歌谣的出版，奖牌制作和挂毯纺织方面也有惊人的创新和提升。学者、艺术家和雕版画家知道一幅图像可以传达多层含义。机械生产技术推动了地球仪、天球仪、六分仪和天文环的大规模制造，让它们更明晰，更精确。更加可靠的（用来计算地理位置、三角函数、对数和星历的）数学表让这些仪器更加实用。二分表让读者可以一眼掌握信息的结构，图像有助于技术的传播和标准化，高质量插图和图文混排对解剖学教材、生物学手册、数学论著和地图册的成功起到了重要作用。

图画与对个体的重视相得益彰。写实的植物插图弥合了不着边际的论述自然的文字和对自然的直接体验之间的差距。维萨里监督并购买了83幅人体木版画并收录到他的《人体的构造》中,他要告诉读者"图片对理解这些事物非常重要,亲眼观察实物比最明白的文字产生的印象更加精确"。地图上的比例尺、测量结果、图注和手工上色的工艺品完善了人们对所指的现实的意识。关于世界的知识也可以用图表和公式表达,它们建构了各种观察世界、组织知识的方法。因此笛卡尔的折光学论文的插图结合了人体解剖学和折光几何学。雕版画家和艺术家在知识表达的过程中不仅是助手,更是积极的合作者,有时还在这个过程中占据主导地位。

图片不仅不会让知识静止老化,反而可以动态地表现出知识的习得过程。(老)海因里希·弗格特尔[Heinrich Vogtherr (the Elder)]第一个用纸片图层绘制解剖图以展现人体的内部和外部。汉斯·巴尔东·格里恩(Hans Baldung Grien)为瓦尔特·赫尔曼·里夫(Walter Hermann Ryff)1541年出版的描绘颅骨解剖各步骤的解剖图集贡献了10幅木版画。伽利略的《星际使者》按顺序展示了描绘他观察到的月面和太阳黑子的不规则现象的插图,作为他的天文理论的视觉叙述。

有图的书卖得好,有图的思想传得开。路德派的宣传家已经在他们的反天主教小册子里加入了人们熟悉的图像(怪物和噩兆),他们的理由是小册子"要让淳朴的人民看懂"。图像可以跨越识字与不识字的鸿沟——图画可以成为"穷人的圣经"(Biblia pauperum),就像787年第二次尼西亚公会议(Second Nicene Council)称呼的那样。然而,慈运理－加尔文宗(归正)新教对于图像问题,尤其是在宗教崇拜语境下的图像问题,有不一样的看法:图像鼓励偶像崇拜,《圣经·旧约》里的律法称图像会危害真正的信仰,必须销毁。反宗教改革的天主教则没有这种忌讳。正如耶稣会传教士所强调的那样，图像是开展说服的重要武器。1542年方济各·沙勿略来到果阿时带了圣母马利亚的木版画、油画和小雕像。

文艺复兴盛期和巴洛克早期的宗教艺术——米开朗琪罗、拉斐尔、祖卡罗（Zuccaro），以及（后来的）鲁本斯和卡拉齐（Carracci）——通过雕版画和蚀刻画传遍世界。前往日本的耶稣会传教士路易·弗洛伊斯（Luís Fróis）1584年报告说，需要发放给日本不断增长的基督教社群的宗教画数量超过5万幅，他还说这些画在印度和中国广受欢迎，可能一个神父带着1000幅画出发，没到日本就分发光了。耶稣会的解决办法是依托日本的耶稣会神学院建立一所培养本土画家的"学校"。这所学校始建于1583年，第一任校长是耶稣会士焦万尼·尼科洛（Giovanni Niccolò）。在他的指导下，日本的世俗助手把欧洲油画大量地复制成铜版画、木版画、水彩画和水墨画，许多产品都销往中国。

传教士根据特定的环境选择能产生适当效果的图像。比如在中国，图像在利玛窦传教策略中与钟表、天文学和地图一样重要。起初他不用圣母像而是用救世主像（Salvator Mundi），因为中国人分不清圣母马利亚和佛教中大慈大悲的观音菩萨。但是后来，他和他的继承者利用了两者的相似性。同他在日本的耶稣会同事一样，利玛窦也避免使用耶稣钉十字架和受难的图像，因为当地人认为这种画很耻辱。耶稣会士常提到图像如何在当地人群中激发剧烈的情绪。欧洲表现艺术的影响力非常强大，1601年中国的万历皇帝见到罗马的耶稣会作坊绘制的救世主像油画时感叹道："真活佛也。"1605年访问耶稣会士在北京的住所的人被他们看到的"图书所震惊"。他们明显觉得"这些人像是雕出来的，他们不相信这只是图画"。也有人说油画和雕版画有种超自然的魔力，因为马利亚或基督的眼睛好像会随着观看者的移动而移动。

那些相信柔性方法（il modo soave）是争取可靠皈依者的最好方法的传教士倾向于迎合当地人民的偏好。欧洲的机械复制的媒介是天主教全球化的重要助力。墨西哥的纳瓦印第安人（Nahua Indians）仿照一幅来自安特卫普的1550年的雕版画创作了《痛苦圣母》（Virgin of Sorrows）的羽毛画。1578年，有记载的第一幅墨西哥羽毛画——以一幅欧洲的《抹大拉的马利亚》的雕版画为基础——经菲律宾抵达中国。赫罗尼莫·纳达尔（Jerónimo Nadal）以16世纪50年代末或60年代初最早在罗马创作的一组绘画为基础，于1593年出版了包含153幅画的《福音故事图像》（Pictures from the Gospel Stories）。这些画在安特卫普印刷后对亚洲和拉美的传教事业起到了巨大的影响。"让人们亲眼看到这些图，"利玛窦说，"我们可以解释可能无法用言语解释的事。"

多灾多难的基督教世界

第九章

查理五世时代的政治与帝国

基督教世界的脆弱

基督教世界从来不是一个统一的政治实体。欧洲是一个政治万花筒,敌对引发冲突,教皇和神圣罗马帝国皇帝所能做的不过是调解冲突。部分原因在于,教皇和皇帝所代表的这两种体制本身也是斗争的参与方,他们的参与改变了他们自身力量的性质,使他们成为批评的目标。而表达批评的方式是要求改革。教会改革是一项长期存在的议程,体现为要求召开教会公会议的呼声。尽管公会议运动在15世纪末已经偃旗息鼓,但是利益相关方仍然可以把教会改革作为针对教皇的工具。帝国改革也是德意志土地上一个历史悠久的话题,它随教会改革一起被抬到德意志议会上,不同的人想用它实现不同的目标。有时改革被用来批判皇帝,有时改革又被用来推行那些加强帝国这个逐渐成熟的政治实体本身的措施。

16世纪上半叶,基督教世界的政治分裂已经暴露无遗,部分原因在于强敌奥斯曼土耳其的出现。正当基督教世界需要团结一致抵御外敌的时候，它却被内部的撕裂搞瘫痪了。一个前所未有的王朝帝国的形成加剧了它内部的分歧：哈布斯堡家族的查理五世1516年即位西班牙国王，1556年退位，1519年被选为神圣罗马帝国皇帝，在帝位上直到1558年去世。哈布斯堡家族的祖产占据了新兴经济中心莱茵兰的战略要地。家族的土地横跨阿尔卑斯山和比利牛斯山，沿多瑙河而下直至比维也纳更远的地方。查理五世安排自己被选为神圣罗马帝国皇帝。他享有新世界的空前财富，在不同的场合多次声称自己承载了基督教世界的希望——改革教会与帝国，抵抗奥斯曼土耳其，解决基督教世界的冲突。有人相信他的统治将应验古老的预言。他将是第二位查理曼大帝，他是罗马人民的国王（*Rex Romanorum*），他会重建教会、改革帝国、痛击土耳其，他会像大卫王一样把羊合成一群。*

但是从查理五世继承的遗产看，他的野心实现不了。他继承了哈布斯堡用来限制瓦卢瓦法国的家族联盟和政治纲领，他也继承了皇帝和教皇长久以来的相互怀疑，查理在意大利半岛的支配权和双方不一样的教会改革计划更加剧了彼此的疑心。羊圈变成了战场。查理五世独一无二的地位促使他提出要建立一个保护和推进基督教世界的新"普世"（universal）王国，不过他的企图引来了瓦卢瓦法国针锋相对的回应，后者声称，查理所谓代表基督教世界、保护基督教世界的口号只是掩饰哈布斯堡王朝野心的幌子。尽管法国人努力打造的反哈布斯堡联盟没有他们期待的那么持久，但是他们成功地塑造了一种话语，这种话语拆解了哈布斯堡的帝国统治与基督教世界的存续、教会和帝国改革的关系。

---

* 《旧约·以西结书》第37章第24节："我的仆人大卫必做他们的王，众民必归一个牧人。他们必顺从我的典章，谨守遵行我的律例。"——译者注

16 世纪上半叶基督教世界政治脆弱性的另一个关键因素是德意志的路德派运动。路德派新教徒重写了发现基督教真理的方法，对教皇权威的合法性发起了全面进攻。关于他们的运动如何缔造了跨越社会边界的新联盟，引入了新的政治角色，使帝国在政治上更成熟、更独立于皇帝，是下一章的主题。本章的主题是基督教世界的政治分裂。查理五世在这个问题上又是故事的主角，他又要完成一个不可能的任务。他感到肩上担着基督教世界的遗产，不能屈于一个重写古老传统的修士的一己之见。但是查理也必须回应路德派唤起的帝国内部的政治力量，它们的合法性来自帝国结构本身。查理通过整合教会改革议程的各个部分来调解路德派和天主教会的做法一度仿佛行得通。教皇愿意配合他的做法，尤其是当这种做法好像可以团结基督教世界抵抗奥斯曼土耳其的时候。然而，教皇内心深处怀疑帝国的动机，最终是相信路德派教义在神学上根本无法调和的一派在教廷占了上风。

16 世纪 40 年代，查理想要通过谈判解决帝国内部神学分歧的努力失败了，此后他转而使用武力解决问题。许多人——尤其是在那些保证基督教世界统一性的教会机构（宗教裁判所、多明我会、大学里的神学院）任职的人——从一开始就提出路德派教义是异端，只有击溃路德派才能维持上帝在世间的秩序。皇帝的职责是提供击溃异端的剑与盾，从而止住削弱基督教世界的政治分裂。在基督教世界碎片化的环境下，尽管新教的发展让对保护基督教世界持强硬派观点的人烜赫一时，但是他们的强硬态度加深了基督教世界深层次的分裂。

查理在 1547 年 4 月 24 日的米尔贝格（Mühlberg）之战中的军事胜利并没有打败新教。后来查理的弟弟斐迪南（皇帝斐迪南一世）在奥格斯堡与新教徒谈成了《奥格斯堡和约》(Peace of Augsburg)。和约签署于 1555 年 9 月 25 日，被载入帝国法。查理打心眼里不想把异端合法化，他也怕这会在帝国内部引发更大的抗议。他想让斐迪南签字而不是自己签字，他还把议会推迟，等他宣布退位再召开议会。斐迪南在议和上并没有拖延，这让查理更感到不安。一个月之后的 10 月 25 日，查理五世在布鲁塞尔的大皇宫（Great Palace）举行仪式，宣布了自己退位并把尼德兰的统治权传给儿子腓力的愿望。接下来腓力和斐迪南展开了谈判，斐迪南推翻了查理（在 1550 年的家族协议中写下的）想要哈布斯堡遗产保持完整的愿望。腓力放弃了继承斐迪南罗马人民的国王王位和将来的帝位的权利。更不情愿的是，他把意大利北部的统治权让给了斐迪南。作为交换，斐迪南承认尼德兰继续受到西班牙的统治。交易谈成后，1556 年 1 月 16 日，查理卸下了西班牙的王位，授予腓力卡斯蒂利亚、阿拉贡、西西里、地中海西部诸岛和新世界的统治权。基督教世界的宗教分歧在帝国内部合法化了。哈布斯堡家族的遗产一分为二，后来证明这种划分依据有致命的缺陷。基督教世界政治领导的失败从此确定无疑。

政治格局

欧洲的政治体多种多样。1520 年时，欧洲有大约 500 个某种程度上独立的政治实体。导致新国家形成的征服与合并的过程还在继续，直到 17 世纪上半叶，中等体量（有利于经济扩张和其他类型的发展）的国家才开始在欧洲占据上风。1650 年左右，欧洲的独立国家大致还有 350 个。小型政治实体包括自称海上帝国的共和国（威尼斯、热那亚），缺乏纵深的城邦（日内瓦、杜布罗夫尼克、格但斯克、汉堡），一个带着引人争议的共和遗产刚刚重建的公国（佛罗伦萨，后为托斯卡纳公国），一个新生的联省共和国（尼德兰共和国），这个共和国 1600 年时才初具国家的雏形，1650 年时已经成为一个殖民强国。还有一个古老的帝国（神圣罗马帝国），它的哈布斯堡腹地正在越来越像一个王朝国家，它其余领土上的宪制也在巩固；另有一个自称共和国（*Rzeczpospolita*）却是选举君主制的新兴联邦（1569 年的卢布林联合使波兰与立陶宛合并）。几个乡下的自治寡头政权（灰色同盟——法语称 *Grisons*，德语称 *Graubünden*——统治着瑞士阿尔卑斯山脉的一部分）和一个松散的邦联（瑞士诸州）并存。意大利半岛、比利牛斯山脉、德意志北部和尼德兰尚有无数的小诸侯国，它们在多数场合都独立自治，但也效忠于相邻的大国。有些古老的"失败"国家（勃艮第、纳瓦拉）成了火药桶。欧洲东部和北部有一些选举君主制国家（波希米亚、波兰、匈牙利、丹麦和瑞典），意大利中部最大的国家（教皇国）采用的也是一种独特的选举君主制。

边缘之地存在着自由空间，这些地区顶多是松散地隶属于那些稳定的国家。有些成群结队的波兰人和莫斯科人被称为哥萨克人，其中一部分是逃离农奴制后加入其中的，这些哥萨克人迁徙到了乌克兰的扎波罗热（意即"急流以外之地"），在靠近第聂伯河河口的地方安营扎寨。名义上他们承认波兰-立陶宛的领主地位，实际上他们自行其是，与喀山鞑靼人作战，后者是由伏尔加河畔的鞑靼人和保加尔人混合而成的族群。哥萨克人的长者召开西契拉达（*Sich Rada*），决定指挥官（盖特曼）人选。当时的人称之为哥萨克"共和国"（republic）。与哥萨克人相似的是克罗地亚的乌斯科克人（Uzkoks，克罗地亚语为 *Uskoci*，意思是"伏击者"）。他们是失去家园、逃离奥斯曼帝国统治的克罗地亚人,聚集在达尔马提亚海岸斯普利特(Split)附近的克利斯(Klis)城堡。克利斯在奥斯曼帝国的进攻下坚持了 25 年以上。1537 年,克利斯陷落,剩余的乌斯科克人在塞尼(Senj)重新站稳脚跟。他们在那里打劫商船,直到敌对的威尼斯和奥地利哈布斯堡 1617 年在马德里议和,这些乌斯科克人只好又迁居到了斯洛文尼亚的山中。*

北非海岸的巴巴里(Barbary)海盗(穆斯林海盗)强征地中海上的基督徒商船,而且劫掠基督教世界的南部海岸。最臭名远扬的是奥鲁奇雷斯(Oruç Reis)和他的弟弟亚库普奥卢·赫泽尔(Yakupoğlu Hizir)。**两人都成了传奇的主角,哥哥绰号"巴巴罗萨"或者"红胡子"。奥斯曼治下的巴巴里诸国直到 17 世纪仍是基督教世界的大患。同样的,国家政权对佩尔地区以外的爱尔兰和苏格兰高地也只有名义上的统治权,真正的统治权属于盖尔诸侯,而衡量这一时期欧洲国家形成的指标正是国家对边缘之地的侵入和更直接的控制。

少数几个西欧国家在王朝君主的统治下相互合并,逐渐成为超乎同类的强国。有些世袭君主虽然最近才建立王朝,其实自身已有悠久的历史。瓦卢瓦家族 1328 年坐上法国王位,但实际上 1515—1589 年统治法国的是它的庶系分支瓦卢瓦-昂古莱姆(Valois-Angoulême)家族。波旁家族继承瓦卢瓦-昂古莱姆王朝时,他们也继承了这一时期最复杂的王朝权力争议。1485 年,都铎家族以一场公然政变登上了英格兰王位,1603 年他们又被小邻国苏格兰的斯图亚特家族取而代之。

---

* 乌斯科克人当时是哈布斯堡王朝的封臣,他们打劫威尼斯商船,导致 1615 年威尼斯向哈布斯堡开战。1617 年和约规定哈布斯堡解除乌斯科克人的武装,禁止他们的海盗行为。——译者注

** 雷斯(Reis)是奥斯曼土耳其海军将领的一种头衔。亚库普奥卢的意思是亚库普(Yakup)的儿子;赫泽尔也是一个雷斯,他更有名的称号是海雷丁·巴巴罗萨(Hayreddin Barbarossa)。——译者注

斯图亚特王朝努力把它的王朝共管领土改造为一个复合君主国。

在西班牙半岛，特拉斯塔马拉（Trastámara）家族两个相互敌对的支系各自统治卡斯蒂利亚王国和阿拉贡王国，直到阿拉贡国王斐迪南二世（史称"天主教徒斐迪南"）和他的妻子卡斯蒂利亚女王伊莎贝拉一世（史称"天主教徒伊莎贝拉"）联姻，才把两国合二为一。1504年，斐迪南以武力征服了那不勒斯王国，他说这是为了收回1458年被他的叔叔阿方索二世（Alfonso）从阿拉贡王国分走的家族遗产。这样就形成了一个新的复合君主国（卡斯蒂利亚-阿拉贡-那不勒斯），不过这个国家在特拉斯塔马拉家族手中并没有停留很长时间，因为斐迪南和伊莎贝拉只有一个女儿胡安娜。她的丈夫是来自哈布斯堡家族的美男子腓力（Philip the Handsome），他的后裔继承了卡斯蒂利亚、阿拉贡和那不勒斯。从1385年起，统治葡萄牙的阿维什（Aviz）家族在枢机主教恩里克（Cardinal Henry）手中失去了王国的统治权，葡萄牙被并入哈布斯堡的西班牙王国，两代人之后，1640年爆发的起义让葡萄牙王位落入布拉干萨（Braganza）公爵若昂四世（John IV）手中。

14世纪后期，东欧的立陶宛大公和波兰国王都来自雅盖隆（Jagiellon）王朝——立陶宛格季米尼德（Gediminids）家族的后裔，1501年至1572年，立陶宛和波兰被同一个雅盖隆君主统治，所以联系非常紧密。亚历山大·雅盖隆（Alexander Jagiellon）1501年在兄长死后成为波兰国王兼立陶宛大公，*亚历山大的另一个哥哥弗拉迪斯拉夫二世（Vladislaus II）1471年被加冕为波希米亚国王，匈雅提（Hunyadi）家族的君主马加什·考文纽斯（Matthias Corvinus）1490年

---

* 亚历山大·雅盖隆在1492年父亲卡齐米日四世去世后即成为立陶宛大公，1501年兄长扬·阿尔布雷希特去世后成为波兰国王。——译者注

世系表1：16世纪的雅盖隆王朝

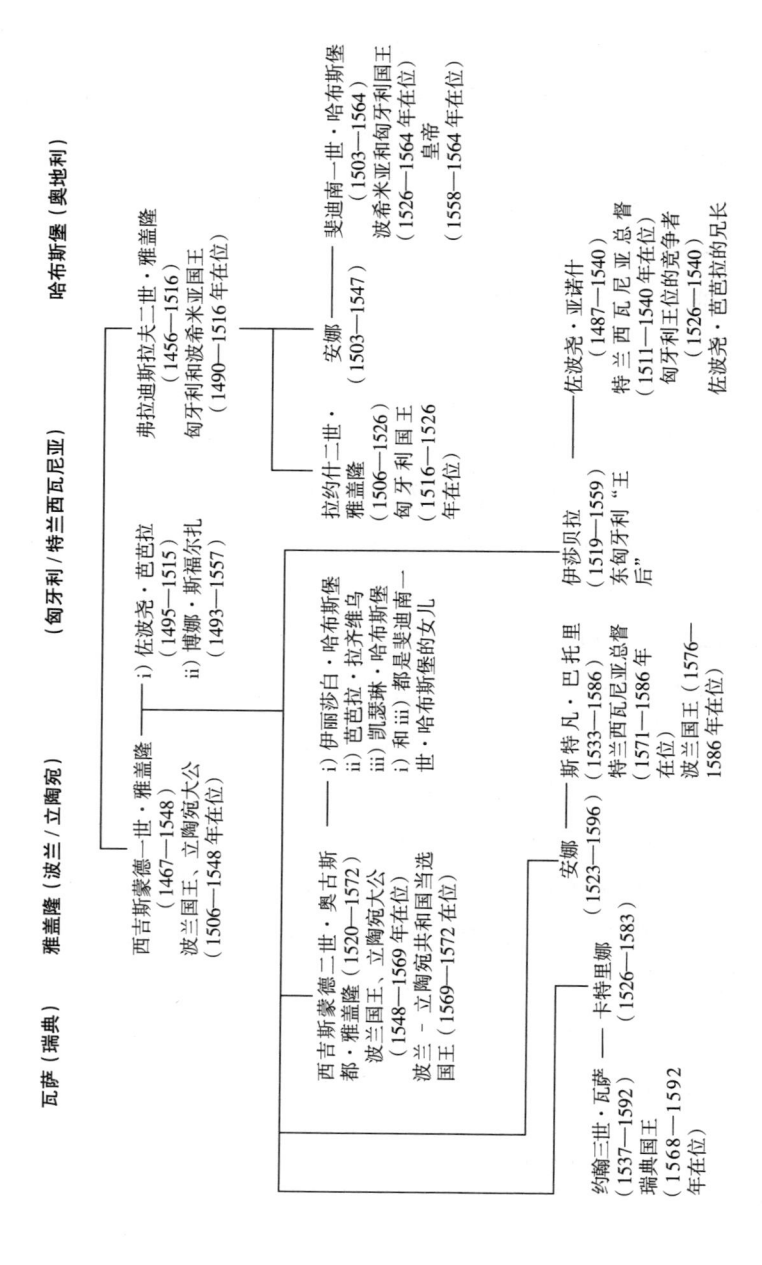

瓦萨（瑞典）   **雅盖隆（波兰/立陶宛）**   **（匈牙利/特兰西瓦尼亚）**   **哈布斯堡（奥地利）**

弗拉迪斯拉夫二世·雅盖隆
(1456—1516)
匈牙利和波希米亚国王
(1490—1516年在位)

西吉斯蒙德一世·雅盖隆 ——— i) 佐波尧·芭芭拉
(1467—1548)   (1495—1515)
波兰国王、立陶宛大公   ii) 博娜·斯福尔扎
(1506—1548年在位)   (1493—1557)

拉约什二世·雅盖隆 ——— 安娜 ——— 斐迪南一世·哈布斯堡
(1506—1526)   (1503—1547)   (1503—1564)
匈牙利国王   波希米亚和匈牙利国王
(1516—1526   (1526—1564年在位)
年在位)   皇帝
                                     (1558—1564年在位)

伊莎贝拉 ——— 佐波尧·亚诺什
(1519—1559)   (1487—1540)
东匈牙利"王   特兰西瓦尼亚总督
后"   (1511—1540年在位)
                 匈牙利王位的竞争者
                 (1526—1540)
                 佐波尧·芭芭拉的兄长

西吉斯蒙德二世·奥古斯 ——— i) 伊丽莎白·哈布斯堡
都·雅盖隆 (1520—1572)   ii) 芭芭拉·拉齐维乌
波兰国王、立陶宛大公   iii) 凯瑟琳·哈布斯堡
(1548—1569年在位)   i) 和iii) 都是斐迪南一
波兰－立陶宛共和国当选   世·哈布斯堡的女儿
国王 (1569—1572在位)

安娜 ——— 斯特凡·巴托里
(1523—1596)   (1533—1586)
                特兰西瓦尼亚总督
                (1571—1586年
                在位)
                波兰国王 (1576—
                1586年在位)

约翰三世·瓦萨 ——— 卡特里娜
(1537—1592)   (1526—1583)
瑞典国王
(1568—1592
年在位)

去世时没有子女，弗拉迪斯拉夫又被加冕为匈牙利国王。这样就形成了又一个复合国——匈牙利-波希米亚，这个王国传到弗拉迪斯拉夫的儿子拉约什二世（Louis II）手中，1526年莫哈奇之战中拉约什身亡，王国随之断绝。16世纪的前20年，波兰、立陶宛、波希米亚和匈牙利组成了一个雅盖隆王朝势力范围，就像哈布斯堡王朝一样。随着事态的发展，拉约什二世成了雅盖隆直系血统在匈牙利-波希米亚的最后一代，正如西吉斯蒙德二世·奥古斯都成了波兰-立陶宛的最后一代。他们在波希米亚-匈牙利的继承者是哈布斯堡家族——尽管母亲来自雅盖隆家族的佐波尧·亚诺什（John Zápolya）仍在挑战哈布斯堡的继承权——他们在波兰-立陶宛的继承者则是瑞典的瓦萨家族。

在斯堪的纳维亚，来自德意志的奥尔登堡（Oldenburg）家族从1397年起以王朝联合（卡尔马联盟）的方式统治着丹麦、挪威、冰岛、格陵兰、法罗群岛和瑞典。1523年，瑞典乌普兰（Uppland）地区瓦萨家族的古斯塔夫·埃里克松（Gustav Eriksson）揭竿而起，成为瑞典和芬兰的国王。1562年，波兰国王西吉斯蒙德一世的女儿、他的继承人西吉斯蒙德二世的妹妹卡特里娜·雅盖隆嫁给了芬兰公爵约翰·瓦萨，也就是后来的瑞典国王约翰三世。瓦萨王朝势力范围就此形成，波罗的海东岸直到16世纪末都处于它的统治之下，此后两代人的时间里，斯堪的纳维亚政治都因为瓦萨王朝的崛起而动荡不安。

16世纪完全不存在"民族国家"（nation state）。那种19世纪的框架与这些王朝事业全然不符，王朝事业反映的是家族利益而非民族身份。复合王国是常态而不是例外。有些复合王国是由相邻的国家组成的（英格兰和威尔士、皮埃蒙特和萨伏依、波兰和立陶宛、卡斯蒂利亚和阿拉贡）。当时的人承认领土相邻的战略价值，但并不会过分高估它。统一性（语言、习俗和制度的相似性）更加重要。无论如何，王朝动态的风云突变往往不利于相邻领土的形成，很少有国家能享受领土相邻带来的好处。

法兰西王国领土的规模和连续性都是不同寻常的，它一点点地把周边的诸侯国都吞并到自己的领地中。法兰西1453年从英格兰手中夺取加斯科涅，1477年吞并勃艮第，1481年继承普罗旺斯，1491年与布列塔尼合并，这些被吸收的部分都保留了一定的法律、制度或文化自治。法国一体化这一漫长的历史过程在17世纪上半叶重新启动，但是步骤仍是渐进式的。波旁王室1620年吞并贝阿恩（Béarn），1634年吞并洛林，1641年侵入鲁西永（Roussillon）。法兰西王国的一体化和强大实力使它成为效仿和猜忌的目标。

王朝格局好像一直没什么问题，直到法国哲学家、法学家让·博丹政治学著作中的主权学说提出了"权力属于谁"这个问题。当时的人觉得这个问题很难回答。西班牙法理学家胡安·德·索洛萨诺·佩雷拉（Juan Solórzano Pereira）把他在殖民地政府一生的经验总结成了一部汇编，为西班牙的殖民事业辩护。他的《西印度政治》（*Politica Indiana*）用博丹主义主权学说来解释西班牙帝国。西班牙对其殖民地统治符合这一模型，因为这些殖民地在法律上和行政上都是西班牙统一的一部分。但是它在阿拉贡、巴伦西亚、加泰罗尼亚、西西里和那不勒斯王国或尼德兰的统治就不符合这一模型。索洛萨诺用"平起平坐"（*aeque principaliter*）这个教会法术语来形容它们与西班牙的关系，这个术语指的是两个教区在同一主教治下联合的情况。他写道："这些王国虽然共有一位国王，但在治理和统治它们时，国王必须把自己看作仅仅是这个王国或那个王国的国王。"碎片化的主权对统治差异巨大的政治实体有好处。国王保证一国的习俗、法律和制度不变，该国的地方精英就会接受国王的复合统治。国王不在时，摄政或总督会代替他执政。这种口传圣谕的做法需要高明的手腕来保证地方父老不会感到国王疏远了他们。

复合君主国消耗了统治者与被统治者之间的纽带。1518—1520年的瑞典起义在一定程度上颠覆了斯堪的纳维亚王国。丹麦国王克里斯蒂安二世入侵瑞典南部，战争到最后，他在斯德哥尔摩屠杀了近百名瑞典精英领袖。死者包括古斯塔夫·埃里克松的父亲。于是古斯塔夫领导起义，打败了丹麦人，于1523年6月6日被瑞典等级会议（Swedish Estates）选为古斯塔夫·瓦萨国王，标志着瑞典从此脱离卡尔马联盟。

与此同时，复合君主制在西班牙也在经受考验。查理五世（在卡斯蒂利亚是查理一世）以其母亲胡安娜有精神疾病为由，要求在她母亲依然在世的情况下继任卡斯蒂利亚和阿拉贡的国王，他从佛兰德斯出发，1517年10月在阿斯图里亚斯（Asturias）登陆。但是卡斯蒂利亚和莱昂议会（Cortes）1518年1月在巴利亚多利德开会，不承认他们所听到的安排，他们继续用"殿下"（Su Alteza）称呼查理，用"陛下"（Majestad）称呼胡安娜。18个城镇的代表向查理提交了一份请愿书，要求如下：他们的女王保留她的家产；查理必须娶一个卡斯蒂利亚人并学习卡斯蒂利亚语，让西班牙人做他的随从；查理不在时他的弟弟斐迪南要留在西班牙，新世界的贵金属和所有的官职、政令必须继续由西班牙人掌握。查理接受了所有这些要求。就连王室领地都被限制性地保护起来，以避免查理五世可能的侵占。代表们给了新王一笔津贴，但是1520年当他们发现新统治者还要更多钱时，他们惊呆了。

那时，查理已经开始利用简易又便利的归化政策任命勃艮第人担任西班牙的官职。托莱多父老与其他市镇结集力量，组成城市（comunidades）间联盟（junta）。教士在布道时公开鼓励反对新政权，教堂里贴满了号召人民反抗外来国王的传单。公社（comuneros）部队击败了被派来收复托莱多的军队，人们把不满写信呈给胡安娜女王，他们只承认她是合法统治者。他们宣布，统治者与被统治者的协定神圣不可侵犯，王室的契约必须履行。忠于查理五世的人在幕后努力寻找支持查理的力量，尤其是在农村，西班牙士绅——往往是担任市议员（regidores）的头面人物——也倾向于支持查理。经历了一年的混乱和战斗之后，公社部队在1521年4月23日的比利亚拉尔（Villalar）被查理击败，危机终于解除。但是，巴伦西亚也出现了类似的局面，那不勒斯也有这样的不满，大型复合君主国有多脆弱早在那时就已经显现出来了。

女性摄政往往具备所需的优秀调解能力，为查理五世和腓力二世出色地担任尼德兰摄政的女性都证明了这一点。查理的姑姑奥地利的玛格丽特（Margaret of Austria）1507—1515年和1519—1530年担任尼德兰摄政，她死之后，查理的妹妹哈布斯堡的玛丽（Mary of Habsburg）于1531—1555年担任摄政。查理的私生女帕尔马的玛格丽特（Margaret of Parma）在1559—1567年担任摄政，但她几乎没有自主权，她的摄政期是在泪水中结束的。尽管复合君主制发展出了一种强有力的统治神话，让上层贵族相信应当对王朝保持个人忠诚，但是各国精英不可避免地因为争夺君主的恩惠而相互仇视。复合君主制的不稳定因素可以被掩盖过去，但永远无法根除。

世袭王朝是最主要的合法性来源。就算是在东欧的选举君主制国家,这一点也根深蒂固。在威尼斯这个历史悠久的共和国,寡头政权的世袭程度并不亚于欧洲的君主制社会。家族、血统和世系主宰了欧洲的上层贵族,为权力和财富、声望、影响力的代际转移提供了合法性。然而,王朝政治的代价也是巨大的。在中世纪后期,王朝政治引发了一场英格兰内战(玫瑰战争)和一场国际冲突(百年战争)。16世纪和17世纪初期,王朝政治依然成本高昂。它难以预料,又缺乏稳定。意外的死亡会造成王朝断绝,联姻又会有难以预见的后果。最重要的是,王朝利益与欧洲各处的地方利益并不天然相符。随着欧洲国家发展更愈加复杂的治理实体,这种不相符制造了许多矛盾和分歧。

古老冲突及其遗产

西欧的王朝大国利用家族的联盟和遗产以及小国间的矛盾来实现它们竞逐的雄心。它们角逐的战场成了新型军事组织、技术和不同的政治运行方式的试验田。欧洲法语区在1453年结束的百年战争中沦为沙场,直到16世纪上半叶,英吉利海峡两岸的人们都对战争的惨痛后果记忆犹新。

瓦卢瓦王朝的法国对军事惨败和国家分裂念念不忘,而在都铎王朝的英格兰,1509年被加冕为"蒙上帝恩典,英格兰和法兰西国王"的亨利八世想到兰开斯特先王亨利五世的赫赫战功,梦想自己也能收回吉耶纳(Guyenne)。1511年11月的《威斯敏斯特条约》(Treaty of Westminster)中,亨利八世加入教皇尤利乌斯二世(1503年至1513年在位)、阿拉贡国王斐迪南二世和威尼斯组成的神圣同盟(Holy League),打算协力把法国人赶出意大利。英格兰的海军行动于次年展开,对吉耶纳的远征却一败涂地。直到枢机主教托马斯·沃尔西(Thomas Wolsey)成功扭转局面,得到了亨利八世的喜爱。沃尔西的组织能力对重建英国海陆军和在1512—1513年加来东部的胜仗厥功至伟。他的外交手腕确保亨利1514年8月可以在伦敦签署和约,结束英法两国的敌对状态,基督教世界迎来了和平。这次和会是1518年秋同样在伦敦召开的一场更加盛大的会议的预演。1518年10月,法国、英格兰、神圣罗马帝国、教皇国、西班牙、勃艮第和尼德兰的代表签署了一份互不侵犯条约——《伦敦条约》(Treaty of London),基督教世界的分裂终于可以成为过去时,这是沃尔西一生最光荣的时刻。1520年6月,沃尔西在吉讷(Guînes)的"金衣之地"(Field of the Cloth of Gold)为查理五世和弗朗索瓦一世举办了一场奢华的和会,但是和平的愿望没有得到回报。这次和平在英法两国的战事中只是昙花一现,1521年意大利战争重启,英法再度兵戎相见。

英格兰再一次侵入欧洲大陆。1522年6月,亨利八世在温莎与皇帝签订条约,派军远征布列塔尼和皮卡第(Picardy),率领英国大军的是萨福克公爵查尔斯·布兰登(Charles Brandon)——那一代人里最有才干的英军将领,他一路大肆蹂躏,打到了离巴黎城不到80公里的地方。这一仗收益甚微但耗费甚巨。英格兰议会拒绝增税,沃尔西想出了一招"强制贷款"(forced loan),按照他1525年推出的善行捐(Amicable Grant)政策,所有教士要献出预计收入的三分之一,所有平信徒要献出收入的六分之一。这项征税被国人深恶痛绝,而且也没有征到它预期的水平。善行捐失败之后,尽管法国在16世纪20年代后期已经衰弱不堪,英格兰仍然退出了战斗,沃尔西注定要倒台了。

1543 年，英格兰又发起了一场远征，一路人马由诺福克公爵率领攻打蒙特勒伊（Montreuil），遭遇败绩；另一路在萨福克公爵的指挥下包围并成功夺取了布洛涅（Boulogne）。根据随后于 1546 年 6 月在阿德尔（Ardres）签订的和约，英国得以占领布洛涅八年，1554 年英国把布洛涅还给了法国，但法国也支付了一笔巨大的赎金。1557 年，玛丽·都铎（Mary Tudor）不情愿地派遣英军支援她的丈夫腓力二世防守低地国家。随着战事的发展，英国在欧洲大陆上最后一个据点加来也落入法国手中。近半个世纪的干涉没有给英格兰带来任何好处。

英国的远征只是意大利战争的插曲，意大利战争开始于 1494 年 11 月，法国国王查理八世亲率远征军翻过阿尔卑斯山"从天而降"，直抵那不勒斯。此前至少一个世纪的时间里，意大利北部和中部——威尼斯除外，它为自己的稳定感到自豪——被贵族家族撕扯得四分五裂，他们大体上分成亲帝国派和反帝国派。罗马的奥尔西尼（Orsini）家族和费拉拉的埃斯特家族拥护教皇，而他们的死敌——罗马的科隆纳家族和曼图亚的贡扎加家族——支持帝国的事业。教皇的支持者多数团结在法国周围，而科隆纳家族和贡扎加家族是查理五世在半岛的可靠盟友。米兰的维斯孔蒂（Visconti）家族也是亲帝国派，但是他们被雇佣兵将领弗朗切斯科·斯福尔扎赶出了公国，斯福尔扎在不稳定的基础上建立了一个新的公爵世家。在热那亚，对立的各家族也被共和国情结的周期性发作搞得焦头烂额。美第奇家族在佛罗伦萨力压其他家族，不过他们的权力基础同样容易受到怀念共和国的民众的攻击。意大利有太多的地方性纠纷供法国侵略者利用。

查理八世的入侵旨在实现他对那不勒斯王国的家族权利，在 1442 年阿拉贡人登陆那不勒斯建立王朝之前，是安茹家族在统治那不勒斯王国。*1486年那不勒斯贵族的叛乱点燃了法国人的希望，有些贵族跻身法国宫廷。弗朗切斯科的继承者洛多维科·斯福尔扎（Ludovico Sforza）也怂恿查理八世展开行动。法王的宣传家说法国要推翻那不勒斯国王阿方索二世的"暴政"。他们说，那不勒斯是基督教世界最容易受到土耳其人攻击的地方，法国人来这里是要终止窃行和掠夺，建立公义的政权，这是发动十字军东征、收复耶路撒冷的第一步。

就短期而言，查理八世取得了成功。1495年2月22日，法国人畅通无阻地进入那不勒斯，几天之前阿方索二世退位，他的继承者阿拉贡的斐迪南也已逃走。法国人迅速控制了那不勒斯，但斐迪南又重整军队赶跑了他们，于是法国的注意力转移到米兰公国上。查理八世没有后代，继承他的是路易十二（Louis XII），路易十二声称自己凭维斯孔蒂的血统有权继承米兰。1498年，路易的军队开进公国，推翻了洛多维科·斯福尔扎公爵，巩固了法国在北意大利的权力基础，同时把热那亚变成了法国的附庸国。然而从长期来看，法国的征伐让意大利诸邦的政治变得更不稳定了。这些军事行动重新引发了基督教世界潜藏的对统一的法兰西王国的力量的恐惧，阿拉贡的斐迪南在此后的20年充分利用了这种恐惧心理。在法国，（报纸的远祖）"简报"（bulletins）以手抄和印刷的方式四处传播，把意大利说成"人间乐园"，一枚熟透待摘的李子。路易十二的继承者弗朗索瓦一世和亨利二世的廷臣们继续相信这样的诱人神话，他们认定，骑士的气概、军事冒险的追求、解放意大利的大业、个人的利益、效力国王的使命都毋庸置疑地要求他们不断地向意大利推进。

---

* 这里说的安茹家族（Angevins）是瓦卢瓦家族的一个庶系分支。——译者注

通常所说的"意大利战争"（Italian Wars）在当时的人的体验中，是前前后后多场旷日持久的意大利半岛霸权争夺战，也是更广泛意义上的哈布斯堡与瓦卢瓦冲突的一部分。意大利战争引发了军备竞赛，军队规模日渐扩大。1511—1516年的康布雷同盟战争之后是1521—1526年的四年战争（Four Years War）和1526—1530年的科尼亚克同盟战争（War of the League of Cognac）。16世纪30年代中期，法国和帝国为了争夺米兰公国和萨伏依公国的控制权又进行了两年的战斗（1536—1538年）。意大利战争的最后阶段（1542—1546年和1551—1559年）冗长而破碎。1530年前，每次交战都有法国的干涉，1530年后哈布斯堡在半岛基本奠定了主导权。法军1513年被赶出米兰，弗朗索瓦一世执政第一年法军又卷土重来。1515年6月，他率领8 000个加斯科涅人和2.3万名雇佣长枪兵翻过阿尔卑斯山，以为期两天（1515年9月13日至14日）的马里涅（Marignan）会战推翻了米兰的斯福尔扎公爵世家，威尼斯援军的及时赶到帮助法国取得了这次胜利。随后于1516年8月在努瓦永（Noyon）签订的和约一度确保了法国在意大利北部的优势地位。

但是短短五年之后，弗朗索瓦就在卢森堡和纳瓦拉的多条战线上对新当选的皇帝查理五世发起了进攻。皇帝的回应是，通过把帕尔马和皮亚琴察许给教皇利奥十世与教皇国达成联盟，以弗朗切斯科二世·斯福尔扎（Francesco II Sforza）之名入侵米兰。驰援的法国大军于1522年4月27日在比克卡（La Bicocca）被帝国军击败。抱着"不入虎穴，焉得虎子"的想法，法国又派了一支3万多人的军队于1524年围攻米兰，但是仍然没能驱逐亲帝国派。法军败后，查理命令他的将军们把战线推到法国境内，从海陆两路进攻马赛。弗朗索瓦应对的方法是在季末领军翻过阿尔卑斯山攻打帕维亚，但是从德意志赶来的亲帝国派援军远胜围城的法军。1525 年 2 月 24 日的帕维亚之战中，数千名法军阵亡或淹死在提契诺河（Ticino）中，一万多人被俘，其中包括法国国王本人。

被俘的弗朗索瓦被抓到西班牙软禁了起来，1526 年 1 月，他签署了投降书《马德里条约》（Treaty of Madrid），正式放弃对意大利、勃艮第公国和查理的勃艮第祖先的领地的所有要求，才换得了释放。弗朗索瓦的两个儿子被扣下作为人质以保证条约得到履行，不过弗朗索瓦私下发誓说他是在出于被迫才签署条约的。被释放后仅仅一年多，这位法国国王就借勃艮第省议会（provincial estates of Burgundy）推迟批准《马德里条约》的机会否定了条约，与此同时，他的外交官为瓦卢瓦王朝找到了支持者。法国保证支持教皇国和佛罗伦萨，换取了来自美第奇家族的教皇克雷芒七世的支持，1526 年 5 月，科尼亚克同盟宣告缔结，同盟成员还包括威尼斯、费拉拉，以及帕维亚之战后重新入主米兰但不信任哈布斯堡的弗朗切斯科二世·斯福尔扎公爵。帝国军在叛变的法国王族波旁公爵查理三世的指挥下在半岛先发制人，想要推翻佛罗伦萨和教皇国。通往佛罗伦萨的路被大雪封住了，所以他们前往罗马涅，然后直接向罗马进军。罗马的城防虚弱不堪，入侵者把攻城器械都留在后方，只用梯子夺城。波旁公爵在破城时被射杀了——本韦努托·切利尼*说是他开了致命的一枪。在随后的罗马之劫（1527 年 5 月 6 日—12 日）中，约有近万名市民被杀，教堂和宫殿惨遭劫掠。

法国抓住了半岛大屠杀造成恶劣影响的机会。另一支（多达 7 万

---

* 本韦努托·切利尼（Benvenuto Cellini，1500—1571），意大利金匠、雕刻家、军人、音乐家，以自传和诗歌闻名于世。——译者注

多人的）法军于 1527 年 7 月翻越阿尔卑斯山，拿帕多瓦报仇雪恨，他们攻陷并洗劫了帕多瓦，然后南下前往那不勒斯。与此同时，海军司令安德烈亚·多里亚（Andrea Doria）夺取了热那亚，让法国以萨沃纳（Savona）港为中心建立了一个附庸国。多里亚以萨沃纳为基地集结战舰，从海路进攻那不勒斯。一时间，哈布斯堡那不勒斯的崩溃似乎已经无法避免了。但是，法国人与胜利失之交臂。瘟疫让法军损失惨重，而安德烈亚·多里亚背弃法国，用他的海军为哈布斯堡重新夺回了热那亚。萨沃纳的法军举旗投降，由圣波勒（St Pol）伯爵弗朗索瓦·德·波旁（François de Bourbon）率领的援军在 1529 年 6 月 21 日的兰德里亚诺（Landriano）之战中被碾为齑粉。就在同一个月，皇帝与教皇克雷芒议和，双方签订《巴塞罗那条约》（Treaty of Barcelona），然后皇帝扬帆前往热那亚，接着在博洛尼亚由教皇加冕（1530 年 2 月 24 日），这次会面巩固了帝国在半岛的霸权，修复了帝国和教皇严重受损的声望。

此后 30 年中，法国还会不断侵入意大利半岛，但是它们会是更广泛意义上的哈布斯堡-瓦卢瓦冲突的一部分。1530 年时，意大利战争对半岛造成的不稳定效应已经十分明显了。年轻的佛罗伦萨律师弗朗切斯科·圭恰迪尼日后会写就一部论述意大利战争的最透彻的论著，他早在 1508 年就得出结论：这些冲突"就像一团火，一场闯入意大利的鼠疫"。它们"推翻列国，摧垮了政府的形式，颠覆了国家进行战争的方式"。与圭恰迪尼同一时代的尼科洛·马基雅弗利也想要理解意大利战争的影响。它的影响不仅在于战争的物质后果，意大利诸国为一时之便与外来的干涉者结盟打击其他国家，这让意大利的政治世界更加动荡不安。

战争使意大利列国的国内政治变得更加残酷。宫廷诸派系力图用直接或间接的方法消灭政敌，政治刺杀更是屡见不鲜。驱逐敌对派系的领袖制造了更多的不稳定因素，因为流亡者（*fuoriusciti*）总想搞乱驱逐他们的政权以实现东山再起。各派系用流言蜚语相互诋毁，令对方颜面扫地。16世纪20年代，罗马帕斯奎诺广场（Piazza di Pasquino）一角的雕像成了张贴政治海报的场所。这些海报通常充满人身攻击，比如，攻击教皇利奥十世的海报把他描述或把教皇国弄破产的佛罗伦萨金融家，不可信任。16世纪中期，当教皇国开始扼制这种无法无天的政治海报时，"帕斯奎尔"（Pasquil）已经进入了政治词典，成了讽刺文的代名词，同样的地点也出现在威尼斯［里亚尔托附近的"博卡"（Bocca）］和摩德纳［市政厅（Palazzo del Commune）一角的雕像"博纳"（Bona）］。马基雅弗利和圭恰迪尼想要理解这种新型的宫廷。他们试图解释为什么威尼斯的共和制经久不衰，佛罗伦萨却做不到。他们分析了进行战争的各种方式，交战的政治和军事规则看起来并不符合基督教的道德规范。在战争中，许多事依赖好运气（*fortuna*）和赤裸裸的实力。

最重要的是，意大利战争损害了教皇和皇帝的信誉。1494年的法国入侵对教皇领地意义重大，正如它对半岛上的其他国家一样。历代教皇及其仆从利用罗马的政治声望和无可匹敌的外交资源，吸引外国提供军事和政治援助，以加强他们对领地的控制。那不勒斯王国在这一过程中非常重要，因为它理论上是教皇的封地。教皇自称有权确认那不勒斯统治者，所以他有讨价还价的能力迫使阿拉贡的斐迪南做出让步，也有能力迫使竞争那不勒斯王位的法国人做出让步。朱利安诺·德拉·罗韦雷（Giuliano della Rovere），也就是教皇尤利乌斯二世,把这种新的复杂政治把握得恰到好处,圭恰迪尼评价说,"如果他是世俗君主的话,就可以赢得无上的光荣"。他通过向竞争对手、西班牙支持的候选人切萨雷·博尔吉亚(教皇亚历山大六世的侄子 *)许诺好处,确保了自己的胜选,继任时他选择了尤利乌斯作为自己的名号。他这个名号让人们想到 5 世纪的罗马教皇亚历山大一世,他曾大胜阿里乌斯派异端(Arian heresy),在罗马召开教会公会议,修建十二使徒大教堂(basilica of the Twelve Apostles)。但是它也让人想到尤利乌斯·恺撒这位扫除阴谋诡计、建立帝国基础的罗马皇帝 **。

然后,尤利乌斯二世就把博尔吉亚家族反对他的人都抓了起来,接管了他们在罗马涅的统治权。与此同时,他加强了教皇国在翁布里亚和安科纳的权力,在 1512 年利用意大利战争中法军被赶走的机会攫取了帕尔马和皮亚琴察,也攫取了瑞吉欧(Reggio)和摩德纳 ***。1511 年 1 月,教皇亲自带兵围攻并占领了米兰多拉。他每次穿过凯旋门返回罗马时都取得了堪比尤利乌斯·恺撒本人的胜利。教皇尤利乌斯是 1508 年康布雷同盟的设计师,他把法军和皇帝马克西米利安一世拉到一起,表面上是要对土耳其人开展十字军东征,实际上是要推翻威尼斯。然后,随着法国人于 1509 年 5 月 14 日在阿尼亚德洛(Agnadello)摧毁防守威尼斯共和国的联军,教皇尤利乌斯来了一次令人咋舌的 180 度大转弯。他组建了神圣同盟,这个同盟于 1511 年 10 月公之于众,这次是联合西班牙人和威尼斯人对抗法国人。

路易十二报复的方法是组织了一场宣传战,用小册子和诗歌直接

---

* 据信切萨雷·博尔吉亚(Cesare Borgia)是亚历山大六世的私生子。——译者注
** 准确来说,恺撒一生都没有做过皇帝,第一位罗马皇帝是恺撒的养子屋大维。——译者注
*** 摩德纳和瑞吉欧公国(Ducato di Modena e Reggio)是由埃斯特家族统治的一个国家。——译者注

讽刺尤利乌斯为"众奴之奴"(serf of the serfs)——拿教皇诏书中的拉丁语头衔"天主众仆之仆"(servus servorum Dei)玩文字游戏——和"蠢人之君"(prince of idiots)。教皇被描绘成基督教世界大分裂的源头,只有法国国王领导下的世俗君主才能治疗基督教世界深重的痼疾。1511年11月,路易十二在比萨召开教会公会议,同时他的军队侵入罗马涅,横扫拉文纳。教皇尤利乌斯说比萨召开的"小小的公会议"是在"制造分裂"(schismatic),他在罗马的拉特朗圣约翰拉特兰大教堂(basilica of St John Lateran)召开并出席了自己的公会议。这场公会议变成了一次打嘴仗的大会,凸显出老一派的教会改革议程不可能取得任何进展。

意大利战争让列强充分认识到教皇国被新型政治全面感染的程度和历代教皇的精力被教皇国的世俗事务占据的程度。阿尔卑斯山以南的(ultramontane)君主对任职教皇的人越发公开地冷嘲热讽。路易十二公然说尤利乌斯是农夫的儿子,不打不听话。在意大利战争的刺激下,教皇的任人唯亲膨胀到了新的规模,而世俗统治者也适应了这一新情况。最重要的是,他们投入精力和金钱去影响教皇选举,而因为选举结果基本上是无法预测的,所以人们更加确信枢机主教(多数是意大利人)是一帮靠不住的滑头。

意大利战争也影响了皇帝的信誉。意大利北部许多地区曾经是神圣罗马帝国的一部分,其中一些地区此时依然忠于皇帝。战争初期马克西米利安一世的介入被法国宣传为帝国的扩张。查理五世对那不勒斯王国的继承权遭到罗马反帝国派枢机主教的反对,他们担心教皇会成为查理的"随行牧师"(chaplain)。不仅是在法国宫廷,在罗马、佛罗伦萨和威尼斯,人们都认为,皇帝成为米兰公爵的可能性就足以说明帝国统治全意大利的野心。最重要的是,罗马之劫玷污了帝国的事业。以路德派为主的士兵在皇帝的名义下对罗马——基督教世界的耶路撒冷——肆意破坏。他们在拉斐尔 1511—1512 年为尤利乌斯二世精心装饰的梵蒂冈宫（Vatican Palace）的房间墙壁上刻下马丁·路德的名字（这些字迹今天依然在那里）。在那些从罗马逃到威尼斯和佛罗伦萨的人的记忆中，这起事件是暴虐的皇帝对意大利的攻击。一首合唱歌曲唱道："意大利，意大利……醒来，抬起你光荣的头颅，记取你最近的悲哀。""看看你的法利赛人多么恶毒地剥夺了你残存的权威……恢复你的荣光，剿灭邪恶的匪帮、残暴的君王。"这一事件在最大程度上破坏了查理在罗马推动教会改革的努力，让原本就把帝国对半岛的影响视为外来霸权的人疑心更重了。

查理五世的帝国：神话与现实

"从来没有一个家族通过血缘和联姻得到过奥地利家族（House of Austria）这样的规模和实力。"焦万尼·博泰罗（Giovanni Botero）在 1589 年出版的《论国家理性》（*Reason of State*）中写道。与他同时代的西班牙人胡安·德·马里亚纳（Juan de Mariana）所见略同："帝国通过婚姻成长壮大。众人皆知，西班牙能变成这么庞大的帝国，依赖的是军人的勇武和统治者的婚姻。"伊拉斯谟提醒查理五世，婚姻是"人类最重要的事"，"人们通常认为婚姻是全面和平的牢不可破的锁链"。同雅盖隆家族一样，哈布斯堡家族通过近亲结婚来巩固自己的王朝；与雅盖隆家族不同的是，哈布斯堡家族的人结婚年龄更早。早婚保证了哈布斯堡家族的生殖力，近亲通婚则危害他们的健康。

王朝的复杂性在家族之上。王朝是在个人之间传承的权力和爵位的总和。王朝政治的核心是祖先的传统。查理五世在1521年沃尔姆斯议会（Diet of Worms）上发表了痛斥马丁·路德的著名演讲，演讲开头直白地引出"朕的先祖……最虔诚的皇帝，奥地利大公，勃艮第公爵"，列祖列宗都是信仰的守护者，他们"在去世后凭自然的继承权将神圣的天主教仪典转交给下一代"。王朝统治天然是保守主义的。拥有合法性的统治者不仅要主张自己的统治权，也要保护他的人民的"权利"（rights）和"特权"（privileges），后者与王朝本身是相辅相成、紧密联系的。

　　王朝的行为方式与家族类似，是统合主义和等级制的。哈布斯堡王朝建设的设计师皇帝马克西米利安一世想到自己的时候，也会同时想到他的女儿奥地利的玛格丽特和他的孙子、可能的继承人查理，"一心同体，有一样的愿望和渴求。"后来，查理也把弟弟斐迪南说成"我爱的人，我把他当成另一个我"。他告诉斐迪南，他们的敌人会想要"离间我们，让我们不和，这样我们就难以齐心协力，我们的家族就会崩塌"。王朝通常都会担心家族内斗，因为家人的纠纷可以酿成大祸。欧洲所有的统治王朝都在家族内部演化出了一种非正式的等级制。绝大多数情况下，一族的支系都承认自己需要忠于王朝族长，承认支系需要为家族的共同命运服务，这样他们的个人利益才会得到真正的保护。

　　哈布斯堡的王朝建设精妙地运用了上述原则，皇帝马克西米利安是它的总设计师。他的第一任妻子是末代勃艮第公爵大胆查理（Charles the Bold）的女儿玛丽。大胆查理1477年战死沙场，导致勃艮第公国内爆，马克西米利安继承了勃艮第的一部分。1482年玛丽早逝，马克西米利安又娶了时任米兰公爵洛多维科·斯福尔扎的侄女比安卡-马利亚·斯福尔扎（Bianca-Maria Sforza）。他得到了1550年前任何君主都无法比拟的最丰厚的嫁妆，也得到了公国的继承权，如果王朝发展如他所愿的话。他在第一次婚姻中有两个孩子：腓力和玛格丽特。他们是王朝关键的资产，而他巧妙地配置了这些资产，让他们与刚刚结合在一起的西班牙王朝联盟——卡斯蒂利亚女王伊莎贝拉和阿拉贡国王斐迪南——的孩子结婚。1496年10月，（美男子）腓力大公迎娶胡安娜公主，次年4月，约翰（胡安）王子迎娶女大公玛格丽特（Archduchess Margaret）。

所以，哈布斯堡家族的成功是幸运——或者从阿拉贡的斐迪南的角度来看是特拉斯塔马拉家族的不幸——造成的。约翰王子1497年去世，年仅19岁，某种程度上，他是为家族鞠躬尽瘁，死而后已——交媾（*copula*）过度，或者说纵欲过度——但他并没有留下继承人。伊莎贝拉公主*嫁给了葡萄牙国王，但是一年之后因难产而死。她的儿子本来可以继承伊比利亚半岛所有王国的王位，而两年之后也随她而去了。伊莎贝拉的妹妹凯瑟琳公主（Infanta Catherine）1501年嫁给了英格兰都铎王朝第一代国王亨利七世的儿子亚瑟王子（Prince Arthur），不过一年之后他也去世了，1509年凯瑟琳又嫁给了亚瑟的弟弟亨利八世，这桩婚姻看起来就像是"王朝红桃A"。然而，25年过去了，她都没有生下那个都铎恶霸想要的男性继承人，宏大的野心破灭了。

与此同时，胡安娜公主——现在是卡斯蒂利亚和阿拉贡的王位继承人——为美男子腓力生了一堆子女，每一个都给马克西米利安更多机会拓展哈布斯堡王朝的基因库和在欧洲的政治影响。女儿们嫁给了

---

* 这里说的伊莎贝拉公主（Infanta Isabel）指的是伊莎贝拉一世和斐迪南二世的长女、约翰王子的姐姐伊莎贝拉。她嫁给了葡萄牙国王曼努埃尔一世。她没有出现在下页的世系表中。——译者注

世系表 2：查理五世时代哈布斯堡王朝的势力范围

奥地利祖产 | **勃艮第领地** | **阿拉贡/巴伦西亚/西西里/那不勒斯** | **卡斯蒂利亚**

腓特烈三世（1415—1493）皇帝（1452—1493年在位）

大胆查理（1433—1477）勃艮第公爵（1447—1477年在位）

约翰二世（1398—1479）阿拉贡国王（1458—1479年在位）

约翰二世（1405—1454）卡斯蒂利亚和莱昂国王（1406—1454年在位）

马克西米利安一世（1459—1519）皇帝（1486年被选为罗马人民的国王，[1493]—1519年在位）
娶 勃艮第的玛丽（1457—1482）

斐迪南一世（1452—1516）阿拉贡国王（1479—1516年在位）

伊莎贝拉一世（1451—1504）卡斯蒂利亚和莱昂女王（1474—1504年在位）

美男子腓力（1478—1506）勃艮第公爵、卡斯蒂利亚和莱昂国王（1504—1506年在位）
娶
通称疯女胡安娜（1479—1555）卡斯蒂利亚和莱昂女王（1504—1555年在位）阿拉贡女王（1516—1555年在位）

奥地利的玛格丽特嫁
i) 阿拉贡的约翰
ii) 萨伏依公爵埃马纽埃尔-菲利贝尔

查理（1500—1558）卡斯蒂利亚国王（1516—1556年在位），皇帝（1519—1556年在位）
娶 葡萄牙的伊莎贝拉

斐迪南一世（1503—1564）皇帝（1558—1564年在位）
娶 安娜·雅盖隆

约翰（1478—1497）奥地利的玛格丽特

阿拉贡的凯瑟琳（1485—1536）嫁 英格兰王亨利八世

埃利诺（1497—1558）嫁
i) 葡萄牙国王曼努埃尔一世
ii) 法国国王弗朗索瓦一世

伊莎贝拉一世（1501—1526）嫁 丹麦国王克里斯蒂安二世

玛丽（1505—1556）嫁 匈牙利国王拉约什二世

凯瑟琳（1507—1578）嫁 葡萄牙国王，阿斯图里亚斯亲王若昂三世欧洲的国王。她们的兄弟，查理大公和斐迪南大公，把公国、王国像打桌球一样一一收入囊中。1506年查理的父亲美男子腓力去世，年仅6岁的查理继承了他祖母的勃艮第领地，其中最重要的是低地国家。后来，查理的外祖父阿拉贡的斐迪南国王在1516年去世，查理以母亲胡安娜之名继承了卡斯蒂利亚、阿拉贡和那不勒斯。丈夫的死和数月之后于1507年诞生的女儿凯瑟琳让可怜的胡安娜精神很不稳定，但男性的粗暴对待对她的精神健康也有一定影响。阿拉贡的斐迪南篡夺了她的继承权，还在1509年2月以"精神失常"为由把她囚禁于巴拉多利亚德附近的托尔德西拉斯镇的圣克拉拉修道院（Santa Clara convent）。这就是为什么1517年10月查理在比斯开湾的阿斯图里亚斯登陆后，第一件事就是去托尔德西拉斯说服胡安娜让自己以她的名义统治。

与此同时，查理的弟弟斐迪南大公也没有被人忘记，阿拉贡的斐迪南国王想让这个与自己同名的外孙继承西班牙。但是马克西米利安有别的计划，这个计划是通过1515年他在维也纳与弗拉迪斯拉夫二世·雅盖隆签署的协议实现的。此前哈布斯堡已经成功把势力范围扩大到了那些地区，而马克西米利安与弗拉迪斯拉夫的协议把哈布斯堡的婚姻外交发挥到了极致。两大家族用两条连锁婚约把遗产合而为一。斐迪南迎娶弗拉迪斯拉夫的女儿安娜·雅盖隆，安娜的弟弟拉约什二世·雅盖隆迎娶斐迪南的妹妹玛丽。1519年1月12日，马克西米利安一世去世，这一协议的意义直到签署十年之后才完全显露。

神圣罗马帝国的遗产是马克西米利安至死都未能解决的一个难题。帝国本质上是选举君主制的，皇帝由7个选举人组成的选举人团从候选人中选出。16世纪时，选举人包括勃兰登堡藩侯（Margrave of Brandenburg）、普法尔茨伯爵（Count Palatine）、科隆大主教、美因茨大主教、特里尔（Trier）大主教和波希米亚国王。这些选帝侯（Electors）有能力从候选人那里得到一份"让步协议"（capitulation）——候选人承诺当选后必须满足的要求。印刷商汉斯·魏迪兹（Hans Weiditz）在维也纳发行的广告利用了查理先祖父的人气。广告上方是赫拉克勒斯之柱和"Plus Ultra"（走得更远）的铭言，下方是查理的肖像，他被表现为一位容光焕发、用德语说话和写作的奥地利大公。德意志民族继承了罗马帝国的遗产，而他承诺保护德意志民族的特权与自由。在协议草案中他保证"不以帝国的名义与任何外来势力结盟或联合"，不得到明确同意"不引入外来军队"，只提名德意志人担任帝国官职，绝不侵吞上述选帝侯拥有的帝国领土。这些承诺后来对查理五世造成了长期困扰。

查理的候选人资格遭到了多方势力的坚决抵制，主要是弗朗索瓦一世、教皇、英格兰的亨利八世和查理自己的家族成员。亨利和弗朗索瓦都知道即将到来的选举的重要性。皇帝是基督教世界象征性的世俗领袖，基督教西方（Christian West）和平、正义和统一的保证人。而且，皇帝头衔意味着对意大利北部诸国——特别是米兰——的干涉权，因为它们曾经是帝国的一部分。亨利早早退出了抵制，但是弗朗索瓦还在继续坚持，他把自己表现为是在光复法兰克王国的遗产。他的参选得到了教皇利奥十世的支持和斐迪南大公的同情，但是诸位选帝侯并不买账。弗朗索瓦一世难道不会把帝国当作法兰西王国的附属品吗？

弗朗索瓦和查理都尽自己最大努力争取选帝侯的选票。勃兰登堡藩侯为法国的竞选摇旗呐喊，走到哪里都宣扬他有弗朗茨·冯·济金根（Franz von Sickingen）的军事支持，济金根是一个德意志雇佣骑士，此君最近一次胜仗是包围梅斯城，敲诈了一笔数额惊人的赎金。查理则把自己塑造成一个德意志君主（起初收效甚微）。但是他有士瓦本同盟（Swabian League）的支持，该"帝国行政圈"（Imperial Circle）当时正在组织军队强制执行帝国法庭决议，把符腾堡的乌尔里希公爵（Duke Ulrich of Württemberg）逐出他的领地，因为他吞并了帝国自由市罗伊特林根（Reutlingen）。而且，查理与各选帝侯谈判，让他们不要惧怕他会成为一个过于强大的君主。竞选双方都花费了巨额的贿金，查理向奥格斯堡的富格尔和韦尔泽（Welser）两大银行家族借了85.1万弗罗林（相当于2吨黄金），又向热那亚的福尔纳里（Fornari）家族和佛罗伦萨的瓜尔塔罗蒂（Gualtarotti）家族借了一些辅助资金，所有债务都以他将来在西班牙的收入偿还。查理五世欧洲帝国的决定性特征——可以调动各地的资源，但是财源只有一处（卡斯蒂利亚）——就是从这时开始体现的。1519年6月28日，选帝侯如期宣布查理以多数票当选。1520年10月23日，他在亚琛被加冕为罗马人民的国王，然后他又等了十年，在1530年2月23—24日才于博洛尼亚被教皇加冕为皇帝。

还有一个问题，那就是查理的弟弟，同为皇族的斐迪南。皇帝的顾问们敦促查理五世把祖产慷慨相赠，而查理分两次向斐迪南封地，每一次都体现了他的实用主义精神。1521年4月28日，根据《沃尔姆斯条约》（Treaty of Worms），他将哈布斯堡祖产的五个奥地利公国——上奥地利、下奥地利、施蒂里亚（Styria）、卡林西亚（Carinthia）和卡尼奥拉（Carniola）——让与斐迪南，自己保留西南德意志的其余领地——包括阿尔萨斯和布赖斯高（Breisgau）——因为通往尼德兰的道路极其宝贵，不能放弃。根据次年于布鲁塞尔签署的另一份条约，他将帝国政府交由斐迪南管理，这样他就有机会逃避自己竞选皇帝时许下的诺言。

四年之后，这一决定的重大意义以一种查理和他的顾问都不可能想到的方式表现出来了。1526年4月29日，拉约什二世·雅盖隆在抗击土耳其的莫哈奇之战中身亡，他没有留下子嗣。奥斯曼帝国尚未掌握的匈牙利领土此刻既没有国王也没有军队。查理守护基督教世界的承诺现在有了一种极度紧迫性，斐迪南以最快速度使自己当选为匈牙利国王和克罗地亚国王，1531年，查理将罗马人民的国王之位让给斐迪南，这时后者已经被选为波希米亚国王了。不管是福是祸，斐迪南成了基督教世界抵抗奥斯曼入侵的内陆防线的事实领袖。第二个哈布斯堡王朝帝国的种子已经种下，这个帝国以多瑙河为中心，面向东方。然而在这些选举君主制的东欧国家，是贵族的力量占上风，这一地区16世纪后期到17世纪初期政治和教会结构的变化让1526年栽种的多瑙河哈布斯堡帝国（Danubian Habsburg monarchy）的种子真正得到了成长。

当时的人是怎么描述查理治下如此庞大的王朝帝国，又是怎么理解帝国的目标的呢？"走得更远"这句标语是查理的御医想出来的，1517年查理从弗利辛恩（Flushing）驶往西班牙时他旗舰的船帆上也画了这句话。让这句标语的可能含义充实起来的是聪明的皮埃蒙特律师麦库里诺·阿尔博里奥·德·加蒂纳拉（Mercurino Arborio de Gattinara）。1508年，他作为马克西米利安一世的外交官与尤利乌斯二世合作组建了对抗法国的康布雷同盟，因此哈布斯堡家族早已认识到了他的能力。加蒂纳拉在修道院静修时撰写了论"新型君主制世界和基督教世界的胜利未来"（new monarchical world and the triumphal future of Christendom）的论文，并且在查理前往西班牙之前把论文交给了他。一年之后，加蒂纳拉被任命为"诸国全境御前大首相"（Grand Chancellor of all the Realms and Kingdoms of the King），这个职位他一直担任到1530年去世。他最初的任务就包括为皇帝写就职演说。1519年11月30日，演讲发表于莫利纳德雷（Molina del Rey），诸位选帝侯被告知，他们受了上帝的启示。查理将在上帝的祝福下重建帝国，恢复神圣帝国（sacrum imperium），照管基督教世界——它的宗教和共同体。

加蒂纳拉用一系列文章教育皇帝理解世界帝国的意义。他告诉皇帝："上帝对您非常慈爱，他将您提高到基督教世界所有王公之上，让您成为自您的祖先查理曼以来最伟大的皇帝和国王。"查理是"普世君王"（universal monarch），他的任务是使基督教世界成为充满神授正义（God-given justice）与和平的国度。这是一种但丁的《论世界帝国》（Monarchia）——加蒂纳拉曾想说服伊拉斯谟编辑这本书——和千禧年梦想的奇妙混合体。

这样的话，教皇怎么办？加蒂纳拉在罗马的经历，特别是与教皇尤利乌斯打交道的经历，让他和当时许多人一样对教皇非常怀疑。必须让教皇认识到召开教会公会议、进行教会改革的紧迫性。1525年帝国在帕维亚的胜利促使加蒂纳拉敦促查理对教皇克雷芒施压。他建议道："（告诉）教皇陛下，如果他不打算用他的圣职为意大利和基督教世界带来和平，那我们就不得不动用皇权了。"1526年7月，他想让查理召开自己的公会议。教皇是羊圈里的饿狼，是冲突的挑起者而不是解决者。加蒂纳拉的冠冕堂皇当时还没有被罗马之劫揭穿。

加蒂纳拉去世时，查理已经对他的建议感到厌烦了。查理本能地知道强迫罗马做任何事都太困难，皇帝知道"普世帝国"会被怎样误读为哈布斯堡家族的野心。查理是被勃艮第人用骑士荣誉守则培养长大的，他的人生观简单得多："荣誉"和"声望"决定了他的优先事项，基督教世界也可以用这两条原则解释。他在1536年的教廷（Curia）

演讲中否定了他在追求"普世帝国"这种说法。他只不过是在保护他继承的领地免受路德派基督徒、土耳其异教徒和背信弃义的法国人的攻击——他的敌人碰巧都是基督教世界的敌人。

治理帝国时，查理没有像加蒂纳拉希望的那样坚信行政秩序、法律流程和改革的优势。查理本能地认为自己是人民的代表，他怀疑体制，相信人民。考虑到领地的规模和多样性（勃艮第故地有300—400万人，西班牙有600万人，意大利有350万人，德意志领地有450万人），查理的选择可能更加现实。他的治理需要心腹顾问的帮助，起初这些都是勃艮第人，但是卡斯蒂利亚人逐渐取而代之——后者包括教会高层、卡斯蒂利亚贵族和秘书。帝国的财政资源没有富余，而且一部分还取决于同地方政治体（Estates）*达成的交易。那不勒斯王国和哈布斯堡祖产（主要是尼德兰）提供了与其人口规模相比——特别是与卡斯蒂利亚相比——堪称充裕的常规收入。但是比起那不勒斯和尼德兰的议会，查理更容易说服卡斯蒂利亚的议会拿出编外资金。最重要的是，卡斯蒂利亚有别的收入流可供查理向银行家抵押贷款。没有卡斯蒂利亚，查理的军事行动根本无从谈起。他的帝国领地的形状一直在变化，与具体人事关系巨大，一不小心就会倒塌。

但是这并没有阻止为他塑造形象的人把他和他的帝国过度包装。有些人取材于神话谱系，坚持说查理是特洛伊的埃涅阿斯的后裔，这种说法刚好切合了一种信念，即上帝将罗马帝国的统治权永远授予了埃涅阿斯的继承人。勃艮第金羊毛骑士团（Burgundian Order of the Golden Fleece）难道不是为了让人想到取得金羊毛、途中毁灭特洛伊

---

* 帝国政治体（Imperial Estates）指的是在帝国议会上有代表权和投票权的帝国成员。——译者注

的伊阿宋和"阿尔戈号"英雄们吗？英雄们的传说和维吉尔所述的埃涅阿斯的故事被他们串连到一起了。也有人把西班牙哈布斯堡霸权说成"美德之船"(ship of virtues)，查理五世是赫拉克勒斯再世，皇帝在亚琛和博洛尼亚的加冕象征了他的神圣帝国职权。他的总督和官员就是在这种虚构叙事中被培养出来的。

这种编造神话的做法在意大利的小宫廷盛极一时，它们都想在哈布斯堡的势力范围里争夺自己的一席之地。加蒂纳拉的成就之一就是抵消了法国的反帝国宣传。比如在热那亚，也就是1528年7月安德烈亚·多里亚在哈布斯堡的帮助下赶走法国人的地方，查理五世被包装成一个支持热那亚自由的"同盟者"(confederate)。热那亚雇人绘制了伊阿宋生平的油画来装饰总督宫的南立面，1536年，为了迎接查理五世的到来，热那亚又购买了一系列绣有埃涅阿斯生平的挂毯装点总督宫。1539年，佛罗伦萨立了一座皇帝雕像作为庆祝科西莫·德·美第奇大婚庆典的一部分。不甘人后的曼图亚公爵费德里戈·贡扎加(Federigo Gonzaga)为了迎接查理造访，在自己的得特宫(palace at Te)开辟了特洛伊廊(Sala di Troia)和皇帝廊(Sala del Imperator)，后者以历代征服者皇帝的画像点缀其间。与之对抗的费拉拉的埃斯特公爵家族聘请洛多维科·阿里奥斯托(Ludovico Ariosto)创作了《疯狂的奥兰多》(Orlando Furioso)，这部小说把查理五世的祖先追溯到诸神身上。这种影射在文艺复兴时期没有什么问题，宗教改革之后这种影射就有了信奉异教的嫌疑。但是，随着查理五世的政权越来越像一个帝国，他的统治在半岛内外越来越遭人憎恨。1530年起，3 000名帝国军人驻扎在伦巴第、那不勒斯和西西里，在意大利保持西班牙治下的和平(Pax Hispanica)，同时也为平定哈布斯堡帝国其他地方的问题提供了后备力量。

"强盛大国"法兰西

法兰西王国是基督教世界最大的国家,它的人口令查理五世的王朝集合体望尘莫及。法国的难处在于让其他国家相信法国对它们不是威胁。1520年左右,纪尧姆·比代撰写了专著《君主制》(*The Institute of the Prince*)。比代是学术大师,他对希腊语的知识令伊拉斯谟钦佩不已。他这本书想要说明古代世界的智慧怎样构成当代道德哲学的基础,证明通过教育和学习可以培养君主的美德。他的书从人文主义的角度补充了"君主镜鉴"(Mirror for Princes)的传统,伊拉斯谟1516年时也为年轻的哈布斯堡的查理写过类似的作品。比代的文风常常像是在鼓励王权向"绝对主义"(absolutist)方向发展,与法国君主的传统一唱一和。他岂不是对年轻弗朗索瓦说"国王不受本国法条律令的束缚……只有神法可以控制国王……(神)引导国王的自由意志,以神启的方式指引国王"吗?如果你把这些话放到上下文中,你会发现比代不是说君主可以随心所欲,这些话所指的仅仅是国王封官施恩的权力。这是国王手中一种非常重要的权力,对王国的运转有至关重要的意义。但是,国王的权力是通过法条律令和法庭执行的,多数情况下,国王自然受制于这些限制。

比代的关注点在于国王(任命权)的"分配正义"(distributive justice),因为任命权是一种"必须审慎使用的权力"。审慎意味着公平对待各人的优点和功劳,审慎是君主的品德。正如比代将要说明的那样,品德是通过学习过往的范例内化到君主心里的。但是他也承认,某些情况下君主缺乏所需的"道德智慧",比如在年幼、年迈或虚弱的时候。这时君主需要顾问,顾问的审慎可以代替君主的审慎。比代绝对没有否定顾问的重要性,他和许多当时的人一样强调只有听取建议、正确判断时机,君主的统治才能真正发挥作用。法兰西王国不是威胁,因为法兰西国王守法、审慎、从谏如流。

弗朗索瓦一世年轻时最重要的顾问之一是克洛德·德·塞塞尔(Claude de Seyssel)。1519年,他花一个月精心写出了《强盛大国法兰西》(*The Great Monarchy of France*),在国王"巡幸"(joyous entry)马赛时作为献礼呈上。塞塞尔认为,法兰西王室彰显了君主制神秘的和谐与秩序。通过与意大利北部和罗马枢机主教们做比较,他希望证明法兰西王室并不武断专制,而是尊重地方法律和教会。如果国王不尊重地方法律和教会,政教两界的高层人士就有义务表示异议并批评国王。塞塞尔说,还有其他"系带"(bridles)限制了法国国王的绝对权力。王国的体制,尤其是法官,对法国的治理起着重大作用。"法国授予其地方法官的权力超过世界上任何我们已知的国家授予它们地方法官的权力"。这些地方法官组成高等法院(Parlements),他们的任务是将国王的敕令记录在册,确保它们不会与王国的"政体"(*politia*)——既有法律——冲突或矛盾。高等法院也有责任保护王国的"基本法"(fundamental laws),塞塞尔对基本法的定义是王国的习惯法、("不可剥夺"的)王室管辖权、(萨利克法典规定的)王位继承顺序。

萨利克法典是中世纪早期萨利克法兰克人(Salian Franks)遵循的法律。法国人认为自己是萨利克法兰克人的直系后裔,百年战争时期为了排除英格兰对法国的继承权,法国法学家非常强调萨利克法典中只有最年长的男性子嗣有继承权——"长子继承制"(agnatic primogeniture)——的规则。萨利克法典的这条规则当时在欧洲独一无二,它不仅禁止女性登上王座,也不允许通过女性的血脉主张王位的继承权。1561年时,夏尔·杜·摩兰相信"萨利克法典同王位的存在一样古老"。

在正式意义上,萨利克法典是法国统一的终极保障。但是在非正式意义上,瓦卢瓦王朝跟哈布斯堡王朝一样谨慎地安排王朝的棋子,这样万一法国王室出现了百年战争时导致王国崩解那样的继承危机,它也有办法通过女性血脉找到一种可行的继承方法(见下页)。王室的旁系血脉也被稳稳地列入王朝后裔之中。

16世纪后期,法国继承危机迫在眉睫,凯瑟琳·德·美第奇就采取了这种做法。她把女儿玛格丽特——人称"玛戈王后"(la Reine Margot)——嫁给了纳瓦拉的亨利(Henry of Navarre),他来自王室远亲波旁家族,有权继承王位。皮埃尔·德·布尔代耶(Pierre de Bourdeille)——人称布朗托姆神父(abbé de Brantôme)——记载说,凯瑟琳的一个侍女很希望玛戈王后自己成为法国女王。凯瑟琳严厉地叫这个侍女管好嘴巴,但在侍女的追问下,太后承认:"我的女儿当然有能力,而且比我所知的许多男人和国王更有能力治国。"然而,宗教和政治把继承复杂化了。玛戈和她的丈夫在宗教上水火不容,在政见上大相径庭,很难指望玛戈产下瓦卢瓦家族的继承人。所以当凯瑟琳·德·美第奇1586年会见纳瓦拉时,她提出了另一种解决瓦卢瓦继承危机的方法。如果他宣布改信天主教,她就安排他和玛戈离婚,让他娶她的小外孙女洛林的克里斯蒂娜(Christina of Lorraine)。既然亨利与妻子不和,那让他改娶妻子的外甥女也是用婚姻为法国王位能有继承人再上一重保险的方法。亨利拒绝了凯瑟琳的提议,这不是因

世系表3：16世纪法国王位的继承

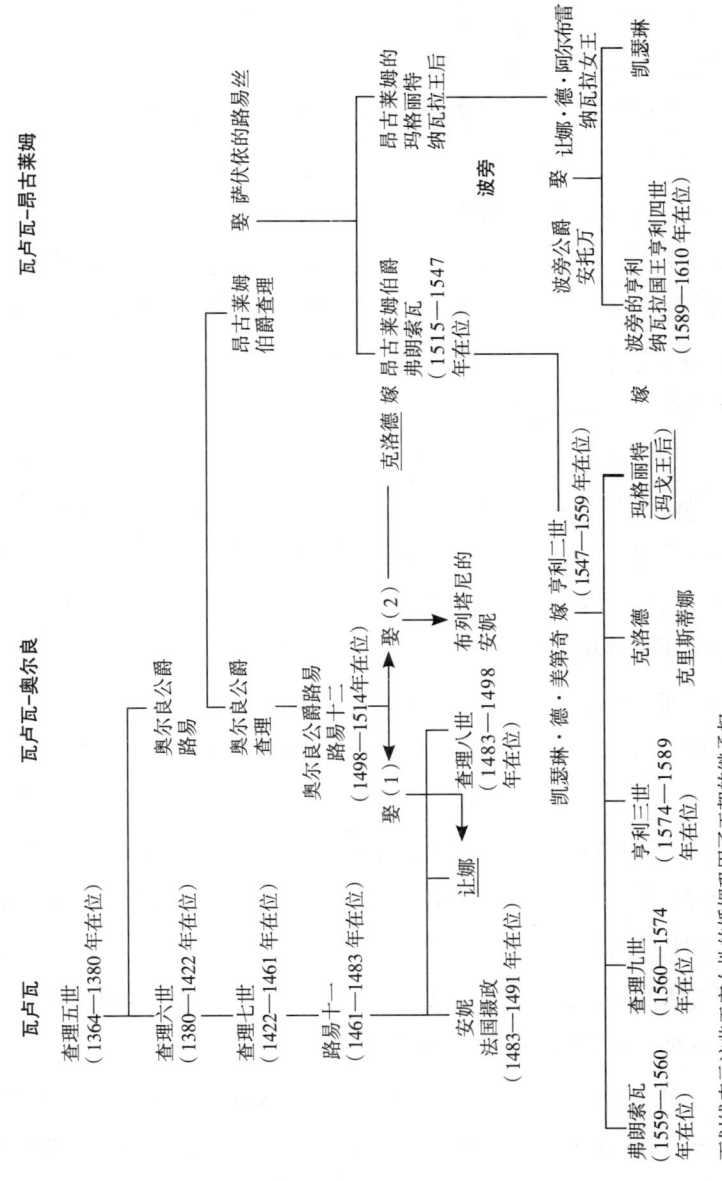

瓦卢瓦

查理五世
(1364—1380年在位)

查理六世
(1380—1422年在位)

查理七世
(1422—1461年在位)

路易十一
(1461—1483年在位)

安妮
法国摄政
(1483—1491年在位)

弗朗索瓦
(1559—1560年在位)

查理九世
(1560—1574年在位)

亨利三世
(1574—1589年在位)

瓦卢瓦-奥尔良

奥尔良公爵路易

奥尔良公爵查理

奥尔良公爵路易十二
(1498—1514年在位)
娶（1）—— 娶（2）→ 布列塔尼的安妮

查理八世
(1483—1498年在位)
↕
让娜

克洛德 嫁 ——

凯瑟琳·德·美第奇 嫁 亨利二世
(1547—1559年在位)

克洛德
克里斯蒂娜

玛格丽特
（玛戈王后）

瓦卢瓦-昂古莱姆

娶 萨伏依的路易丝

昂古莱姆伯爵查理

昂古莱姆伯爵弗朗索瓦
(1515—1547年在位)

昂古莱姆的玛格丽特
纳瓦拉王后

波旁

波旁公爵安托万

波旁的亨利
纳瓦拉国王亨利四世
(1589—1610年在位)

娶 让娜·德·阿尔布雷
纳瓦拉女王

凯瑟琳

下划线表示这些王室女性巩固了王朝的继承权

为他的新教信仰，而是因为他相信，无论如何上帝都想要亨利本人继承法国王位。他的决定使法国遭遇了这一时期最严重的继承危机。

当时的人对"强盛大国"法兰西最主要的印象在于它的疆域、组织和宫廷文化的蓬勃发展。1523年时，王室拥有540名官员，在整个16世纪上半叶付给他们的工资开支都在增长。然而这个人数还不包括王后、太后、王子与公主的随员，也不包括顾问、公证员、王室秘书、驻外公使馆人员以及一小批攀附权贵的食客。总体而言，这个人数通常超过1 000人，他们的纪律不彰被当时的人口诛笔伐，旨在管束他们的法令也反映了这一问题。

组织宫廷是一项重大工作，负责它的高级官员是宫廷总长（Grand Maître）和宫廷地方官（Grand Prévôt）。这项工作很重要的一部分在于运输，因为治理这样一个庞大而多样化的国家需要法国宫廷按照一套复杂的路程"巡回"（progress）整个王国，与地方精英接触。这种巡回让派驻法国宫廷的意大利人感到疲惫而困惑。"法国宫廷跟其他国家的宫廷完全不同，"萨卢佐（Saluzzo）主教在给佛罗伦萨的科西莫一世的信中写道，"我们在这里根本无法办正事，一点时间都没有，没有一个月、一天甚至一小时可以腾出来让任何人办正事。在这里人人脑袋里只想着打猎、女人、宴会、搬家……"家具、金银餐具、挂毯、宠物都证明了宫廷品味的时髦程度，服饰、食物、礼节和女性在宫廷里更加宽广的社交空间也反映了这一点。有些变化体现了越来越多的来自意大利的影响，但是勃艮第的宫廷传统和法国本土对更加复杂的市民社会的追求也起到了一定作用。

更大的宫廷需要更大的容身之处，这种需求和摆阔的欲望决定了瓦卢瓦后期的建筑方向。百年战争结束之后，法国贵族重建住宅时不再把防御作为第一要务。与此同时,意大利的战争让法国贵族接触到了文艺复兴盛期的古典主义建筑。弗朗索瓦一世在位期间积极推动意大利古典主义,建筑设计师雅克·安德鲁埃·迪塞尔索(Jacques Androuet du Cerceau)说弗朗索瓦"对建筑难以自拔"。起初是在卢瓦尔河谷,1528年后在法兰西岛,既有的王室城堡都得到了改头换面。布卢瓦城堡加盖了一整条侧翼,新式外立面采用了意大利凉廊(loggias),效仿了布拉曼特(Bramante)在梵蒂冈的设计。接着布卢瓦东边的御林里又建起了新的尚博得(Chambord)王宫。1528年后,弗朗索瓦一世对卢浮宫、圣日耳曼昂莱宫(Saint-Germain-en-Laye)、枫丹白露宫都进行了重修,它们的装饰极尽奢华,让人联想到法兰西王室和国家的强大。

法国上层贵族是国家常设骑兵(gendarmerie)的名义领袖,真正治国的是司法官和财务官的队伍(corps of judicial and financial officers)。16世纪,这些官职开始世袭或出售。1515年时,官员人数超过4 000名,他们是支持王室实现领土统一的中坚力量。财政压力既增加了他们的数量,也扩大了腐败对王室财政的危害。卢瓦尔河谷一些保存至今的城堡是这些法国统治精英的游憩胜地——舍农索(Chenonceau)、阿泽勒里多(Azay-le-Rideau)、比里(Bury),这些城堡证明了他们的财富与渴望,法兰西王国就是依靠他们的能力才建立起一个更加统一的国家。

法国远征意大利是对查理五世的帝国(imperium)的回应。"最为基督"的国王(Rex Christianissimus)查理八世是组织过十字军东征的圣路易的子嗣,是查理曼的真正继承人。如果查理五世是埃涅阿斯的后代,那么特洛伊人就是法国人的祖先。也有法国人说他们是挪亚长子雅弗的后裔，法兰西是应许之地。法国历代国王的长眠之地圣但尼（St-Denis）是由亲眼见过基督本尊的圣人建立的。法国统治者不需要皇帝或教皇来认证他们的帝国的合法性，它的合法性在于法国国王在兰斯（Rheims）加冕所用的圣瓶中的圣膏。法国的宣传消解了神圣罗马帝国的装腔作势，提供了一种更为积极的替代品。法兰西帝国否定皇权过渡论（translatio imperii），这种说法指的是古罗马帝国与神圣罗马帝国一脉相传。法兰西审慎、虔诚，能够立法，致力于改革教会并维护基督教世界的和平。

弗朗索瓦最优秀的外交官——纪尧姆·杜·贝莱（Guillaume du Bellay）和他的弟弟马丁·杜·贝莱——娴熟地诠释了法式帝国（French version of imperium）。纪尧姆的性格是在弗朗索瓦军中形成的，他在帕维亚之战中曾遭俘虏。他意识到，想要打造一个持久的反神圣罗马帝国轴心，需要有幕后耐心耕耘的外交。1532—1536年这四年，他在德意志把这些心得付诸实践。突尼斯战役后，查理五世吹嘘自己是"战无不胜的恺撒"（Caesar invictissimus），于是1535年纪尧姆警告德意志诸侯要提防查理五世坐到他们头上。后来纪尧姆在担任都灵总督和皮埃蒙特副主教（vicar-general）时向意大利人证明，法国的统治灵活纤细，法国国王的大门永远向被皇帝压迫的人打开。

杜·贝莱战略在弗朗索瓦一世时期播种，在他的继承人亨利二世时期丰收。亨利二世巡幸了30多个法国城市（包括1548年9月去里昂，1549年6月去巴黎，1550年5月去布洛涅）开展反哈布斯堡宣传活动。亨利的标志是一弯新月，暗示了人类历史注定经历兴衰枯荣，教会也是如此，教会的衰落已是路人皆知，但是在法国的领导下教会经过改革将会重现生机。他被画成"高卢的赫拉克勒斯"（Gallic

Hercules），锁链从他的口中流向他的臣民，说明他靠说服而非武力赢得臣民的忠诚。他的标语——是佛罗伦萨流亡者加布里埃尔·西莫尼（Gabriel Syméoni）为他设计的——"止于充塞宇内"（*Donec Totum Impleat Orbem*），是法国人对"Plus Ultra"（走得更远）的回应。哈布斯堡-瓦卢瓦斗争正在扩大化。

哈布斯堡-瓦卢瓦大对抗

16世纪40到50年代，意大利战争中涌现的冲突成了基督教世界主要的破坏性力量。16世纪30年代时，双方确实拿出诚意想要解决纠纷，但是帝国阵营知晓法国与新教诸侯和奥斯曼土耳其的外交接触后感到非常气愤。随后，没有继承人的米兰公爵弗朗切斯科二世·斯福尔扎于1535年11月1日去世，米兰公国——哈布斯堡帝国的战略心脏和通讯枢纽——的命运再次成为未知数。弗朗索瓦的提议是将公国交给自己的次子布列塔尼公爵亨利（后来的亨利二世）。查理回绝了这项提议，但是他说可以接受公国交给国王的三子奥尔良公爵查理二世。

与此同时，弗朗索瓦在里昂附近召集了一支军队，入侵了邻近的皮埃蒙特和萨伏依，还故作无辜地表示对皇帝没有敌意。作为回应，查理入侵了普罗旺斯（1536年），但是进展极不顺利，而弗朗索瓦在巴黎高等法院（Parlement of Paris）痛斥查理单方面撕毁《康布雷和约》（Peace of Cambrai），重申法国对佛兰德斯伯爵领地的古老权利。在教皇等人的调停下，双方于1538年6月18日谈成了一份为期十年的休战协议，1538年7月14日，两位元首在艾格莫尔特（Aïguesmortes）当面会见，商定了两桩婚事：查理五世的儿子腓力将娶弗朗索瓦的一个女儿；奥尔良公爵查理将娶皇帝的一个女儿或侄女，米兰将成为她的嫁妆。两位君主都同意在各自的领土上打击异端，弗朗索瓦承诺加入对抗奥斯曼帝国的十字军东征。1539年11月27日至1540年1月20日，皇帝在法国国王的陪同下走遍了法国，从巴约讷（Bayonne）到圣康坦（St-Quentin），一路上都受到热烈欢迎。不过在米兰问题上敲定协议的细节却困难得多，随着友好的热情渐渐降温，米兰问题也被搁置到了一边。

  法国人建立反帝国联盟的努力现在显出了成果。1541年，德意志新教国家的施马尔卡尔登联盟（Schmalkaldic League）欢迎一位新成员的加入：克累弗公爵威廉——1536年，莱茵兰的格德司（Guelders）公国被纳入哈布斯堡尼德兰，为了报复哈布斯堡，格德司公国投票决定将统治权移交给克累弗公爵。丹麦国王克里斯蒂安三世也与法国签订条约。低地国家东翼形成了一个紧密协调的亲法同盟，1542年1月，弗朗索瓦一世为了支援它们，进攻并占领了卢森堡的门户——摩泽尔河畔的斯特奈（Stenay）。同年晚些时候，一支4万多人的法军开往比利牛斯，皮埃蒙特的法军也被动员起来，另有两支军队准备入侵下莱茵兰。查理的军队在佩皮尼昂（Perpignan）顶住了法军的进攻，而且法军没有阻止克累弗公爵在查理大军面前投降，占据有利地位的查理大军次年对法国北部发起了协调打击。马恩河上的法军要塞——圣迪济耶（St-Dizier）、马恩河畔沙隆（Châlons-sur-Marne）、埃佩尔奈（Épernay）——相继落入皇帝手中，皇帝还大肆宣扬要直捣巴黎。弗朗索瓦竭尽所能地与查理议和，1544年9月，双方签订《克雷皮条约》（Treaty of Crépy），查理的外交官给出的条件如此宽厚，以至于当时的人不禁要问大动干戈是为了什么。他们再次提出米兰婚约，双方再次肯定婚约有效。但是奥尔良公爵查理二世在 1545 年 9 月 9 日意外去世，让婚约化为泡影。弗朗索瓦提出，放弃自己先前反对召开教会公会议的一切手段，而且如果他的前盟友施马尔卡尔登联盟不愿意接受查理的谈判要求，恢复天主教信仰，他愿意向查理提供军事支援。皇帝终于可以腾出手来一劳永逸地解决德意志的内部分歧，如果有必要的话他会使用武力。查理之所以可以在施马尔卡尔登战争中向德意志新教诸国（German Protestant Estates）军事摊牌，就是因为有《克雷皮条约》。

1547 年亨利二世继位，他重启法国的反帝国大业，而且全力以赴，为多角度攻击查理五世做足准备。他重整并加强了法国海陆军，研究了袭击西属新世界的计划，巩固了国家财政。他从英格兰手中收回布洛涅，以英雄之姿昂然入城。法国的间谍和军官潜入意大利半岛，反哈布斯堡的流亡者在法国宫廷公然出现。亨利的外交官重建了与德意志新教诸国的联系，后者的军队虽然在米尔贝格（1547 年 4 月）被皇帝击溃，但是在汉斯·冯·勃兰登堡－屈斯特林藩侯（Margrave Hans von Brandenburg-Küstrin）的带领下缓了口气。法国最了不起的成就是巴约讷主教让·德·布雷斯（Jean de Bresse）取得的，1551 年 10 月，他帮助法国与萨克森选帝侯莫里茨（Elector Moritz of Saxony）和勃兰登堡－库尔姆巴赫藩侯阿尔布雷希特·阿尔西比亚德斯（Margrave Albrecht Alcibiades of Brandenburg-Kulmbach）启动秘密磋商。三个月后，各方签署了《尚博得条约》（Treaty of Chambord），法国同意立即向德意志新教联盟提供一笔 24 万埃居的资助，以后每个月再提供 6 万埃居，作为回报，德意志新教联盟承认法国对所有说法语的帝国自由市——"康布雷、梅斯、图勒（Toul）、凡尔登，以及其他任何符合条件的城市"——的权利。法国的外交家有一个更加宏大的新帝国（new imperium）方案，它以查理曼的遗产为基础，涵盖古代墨洛温王朝的土地，还包括低地国家和莱茵兰。德意志诸侯会自愿加入这个新帝国，法国国王会成为他们的"保护者"（protector）。洛林枢机主教甚至有一枚印章，图案是德意志诸侯的纪念戳（cachets）环绕着百合花饰（fleur de lys）。

法国的准备工作换来了 1522 年对哈布斯堡的总攻。法国入侵了意大利、德意志和尼德兰，在地中海和大西洋都发动了海军攻势。国王亲自率领大部队（3.5 万多人）开进洛林。他们跨过默兹河，不费一枪就夺取了图勒。1522 年 4 月 17 日梅斯陷落，法军转往莱茵河上的阿戈诺（Hagenau）。斯特拉斯堡看来摇摇欲坠。痛风让查理无法行走，新教诸国的背叛让他意气消沉，他被迫在短时间内召集 15 万人保卫帝国。帝国大军在冬季围攻梅斯，围城持续了三个月，从 1552 年 10 月到 1553 年 1 月。最终，皇帝不得不宣布撤军。吉斯（Guise）公爵领导下的法军张扬地把帝国之鹰和赫拉克勒斯之柱捆在一起，加上一句铭文：Non ultra Metas（"止于此限"——也可以理解为"止于梅斯"）。这次撤军让查理的弟弟斐迪南意识到，为了预先避免帝国（Reich）的解体，他必须与异端达成妥协。

与此同时，法军在 1553 年侵入了科西嘉，引发了一场内战，另一支远征军为了援助锡耶纳共和国南下托斯卡纳。1552 年，锡耶纳城赶走了查理五世强设的驻军。作为报复，查理五世派遣他的将军吉安·加科莫·德·美第奇（Giacomo de'Medici）围攻锡耶纳。1554 年 8 月 2 日，皮埃特罗·斯特罗齐（Pietro Strozzi）率领的法军在阿雷佐（Arezzo）附近的马尔恰诺（Marciano）之战惨败。在三年艰苦卓绝的围城战后，锡耶纳终于投降，被形成中的托斯卡纳公国吞并。

皮卡第是法国的软肋。查理决定在那里发起他的反击，他让在梅斯战败的部队向皮卡第方向转移，想要攻克法国在佛兰德斯的前哨站——设防城镇泰鲁阿讷（Thérouanne）。泰鲁阿讷补给充足，而且近期才得到翻修，亨利二世周围的人都相信它可以经受任何考验。事实上，一场奇袭就让它陷落了，法军一败再败，一个月后，埃丹（Hesdin）也被攻陷（1553 年 7 月）。1554 年，法国组织了三支军队去扭转局势，它们把尼德兰南部化为焦土，也夺取了几座要塞。1555 年查理五世宣布退位，双方实现了短暂的休战和喘息。尽管国库空虚的迹象已经越来越显著，但是亨利二世 1556 年 9 月还是决定全力进攻意大利，领兵的是法国宫廷冉冉升起的吉斯公爵弗朗索瓦，他是从庶系分支洛林家族（House of Lorraine）来到法国宫廷的外藩（prince étranger）。次年，就在意大利的战事陷入胶着的时候，法国的皮卡第边境出现了一支西班牙大军（5 万多人），领军的是年轻的腓力二世本人。法国费尽全力也只凑到了一半数量的军队来保卫北部防线。指挥这些数量陷入严重劣势的法军的是安内·德·蒙莫朗西骑士统帅。他的军队在防守边境城镇圣康坦时被打得落花流水（1557 年 8 月 10 日）。57 面法军军旗被西班牙人俘获了 56 面，2 500 多名法军士兵被杀，其中许多都是高级军官。骑士统帅本人被俘，巴黎门户大开。吉斯公爵被从意大利召回，国王和他的内参遭到了史无前例的指责。

从这个局势中受益最多的是吉斯公爵。他以扭转乾坤的形象登场，谋划在隆冬时节突袭加来。两天的轰击后，城堡的围墙竟然破裂了。1 月 8 日，英格兰守军举白旗求和。加来在手，亨利二世有了勒索赎金和要求释放骑士统帅的筹码。法国王太子弗朗索瓦（后来的国王弗朗索瓦二世）是一个在任何和约中都可以用上的工具，如果他娶了腓力的妹妹，那两大家族的和解就有保障了。结果，王太子得到了一个更有吸引力的新娘，这桩婚事得到了吉斯公爵的极力支持——弗朗索瓦将迎娶玛丽·斯图亚特。玛丽·斯图亚特不仅继承了苏格兰王位，而且也在英格兰王位的继承顺位中，如果（后来确实如此）玛丽·都铎没有留下后代，而伊丽莎白公主因为私生女的身份被排除在继承顺位之外的话。玛丽·斯图亚特是一张王牌，就算不是红桃 A 也是红桃 Q。1558 年 4 月 19 日，订婚仪式举行。婚约规定弗朗索瓦在继承法国王位之前可以享有苏格兰国王的头衔。两大王国的纹章合为一体，1558 年 11 月，他们把英格兰的纹章也加了进来。但是婚约的秘密条款规定，如果玛丽去世时没有孩子，她对英格兰和苏格兰的权利就会传给瓦卢瓦王朝，苏格兰及其岁入由亨利继承。无论如何都会诞生一个法兰西-不列颠复合君主国（Franco-British composite monarchy）。

　　同样也在酝酿中的，是为了给这场漫长惨烈而耗资巨大的哈布斯堡-瓦卢瓦冲突划出一条界线的复杂谈判。1558 年 10 月，西班牙和法国——后来还有英格兰——的全权代表开始拿出诚意进行谈判。双重联姻起到了加固王朝和解的作用。萨伏依公爵埃马纽埃尔-菲利贝尔（Duke Emmanuel-Philibert of Savoy）娶了法国国王亨利二世的妹妹玛格丽特。这样法国国王把萨伏依-皮埃蒙特奉还给萨伏依家族就显得没那么难堪。另一桩联姻是亨利的长姐伊丽莎白嫁给腓力二世本人——1558 年 11 月玛丽·都铎去世，谈判后期腓力二世才把这一条写进条约中。事实证明，关键障碍在于怎么处置加来——1558 年 11 月，英格兰王位传到了新教女王伊丽莎白一世手中。最终，双方同意法国占领加来八年，然后还给英格兰。法国会提交 50 万埃居的抵押金证明自己的诚意,双方承认任何破坏和约的行为都会导致条款无效。

法国在洛林保留了三个讲法语的帝国主教辖区(梅斯、图勒、凡尔登),因为腓力不是皇帝,所以他只对这种侵犯帝国的行为做了象征性的抗议。法国还收回了圣康坦,并用占领的四座堡垒换取了三座尼德兰南部的堡垒。但法国放弃了对意大利的王朝主张,萨伏依公爵得回了公国。法国远征意大利的成果只剩下萨卢佐公国和皮埃蒙特的几个要塞,包括都灵。大规模王朝冲突并没有怎么改变基督教世界的国界线,但是它制造了促进新教发展的政治分裂,而且如山一样的债务加剧了参战国的不稳定。

基督教世界和奥斯曼帝国

16世纪上半叶,奥斯曼土耳其的扩张令人胆寒。1521年,他们夺取了贝尔格莱德。1526年,奥斯曼军队闯入匈牙利平原中部,布达陷落。三年之后,苏丹苏莱曼一世(苏莱曼大帝)包围维也纳。匈牙利东部已经落入奥斯曼土耳其手中,名义上独立的属国特兰西瓦尼亚看来也要不保。哈布斯堡家族和雅盖隆家族不再有缓冲国的保护,它们被推到了基督教世界的前线。

与此同时,奥斯曼土耳其扩大了它在地中海的势力。1517年征服叙利亚和埃及给他们带来了地中海东部的漫长海岸线和许多港口。他们以这些港口为基地,与巴巴里诸国协同作战。当时基督教世界在意大利半岛的内斗正趋于白热化,而且卡斯蒂利亚-阿拉贡-那不勒斯复合王国和后来哈布斯堡帝国的成形使地中海的交通成了关键的战略问题。1522年,奥斯曼土耳其围攻耶路撒冷圣约翰东征骑士团(Crusading Knights of St John of Jerusalem),把他们逐出了罗得岛。在短短一代人的时间里,威尼斯失去了它海洋帝国的大部分疆域,1537年至1540年间丧失了希腊群岛其余岛屿中的绝大部分。只有塞浦路斯、克里特和亚得里亚海的几个基地还在威尼斯手里,而它们也经常遭到袭扰。基督教世界有理由畏惧奥斯曼土耳其。

奥斯曼土耳其的宣传助长了这种情绪。他们的征服促进了一种帝国意识形态的发展和扩散,这种意识形态既为他们的征服提供了依据,又宣扬了他们对统治世界的野心。苏丹利用了伊斯兰教义中的"圣战"(ghâzâ)原则——特别是在占领麦加和其他伊斯兰教圣地、吞并埃及马穆鲁克(Mameluks)之后——继承了"两圣地之仆"(servant of the two sanctuaries)的头衔和古老的哈里发国对伊斯兰之家(dâral'Islâm)的保护权,他一心想要让全世界改信伊斯兰教。自从苏丹穆罕默德二世(Sultan Mehmed II)起,奥斯曼朴特[*]就在培育一种征服君士坦丁堡时植根的帝国雄心(imperium)。意大利肖像画家真蒂莱·贝利尼(Gentile Bellini)将穆罕默德二世画成亚历山大大帝的后裔,他在画的底部写上了"世界的皇帝"(Imperator Orbis)。

苏莱曼一世继承了这些传统,以及"世上诸王的废立者"(Distributor of the Crowns of the Great Monarchs of the World)的头衔。1529年,他把佐波尧·亚诺什扶上伊什特万国王的王座,让他戴上匈牙利王冠——它差点被偷运到维也纳,但是被奥斯曼土耳其截住了——做奥斯曼治下的匈牙利的国王,证明这个头衔并非浪得虚名。

---

[*] 奥斯曼朴特(Ottoman Porte),又称庄严朴特(Sublime Porte),指代奥斯曼帝国中央政府。这个名字来源于从前东方的统治者在宫殿门口(Porte)宣读政府决议或裁决的惯例。——译者注

苏莱曼接见大使时不再叉腿坐在矮长沙发上,而是坐在一个镶嵌宝石的王座上。大维齐尔易卜拉欣帕夏(Grand Vizier Ibrahim Pasha)命威尼斯的金匠打造一顶仪式用的战盔,1532年,战盔制造完成。战盔上有四层同心王冠(比教皇还多一层),巨大的珍珠光彩夺目,它的用意就在于让教皇和神圣罗马帝国皇帝的帝国(imperium)主张黯然失色。1532年,哈布斯堡的使节看到这顶战盔,"哑口无言,犹如尸体"。基督教世界位于维也纳和威尼斯的针对奥斯曼世界的情报站传来了令人忧心的报告,说苏丹有志征服罗马。奥斯曼的占卜师与绘图师利用了地中海沿岸改宗伊斯兰的犹太人和基督徒广为接受的千禧年预期,把苏莱曼表现成穆斯林救世主(mahdi),苏莱曼的统治意味着伊斯兰的千禧年(Islamic millennium)即将到来(1591—1592年)。

奥斯曼土耳其的扩张坐实了这些焦虑。1480年,意大利南部的奥特朗托(Otranto)遭到洗劫,提醒人们意大利半岛现在也变成了前线。每次看到奥斯曼舰队或每次听闻巴巴里海盗上岸来袭,地中海沿岸基督教社区的危机感都在加剧。出于对土耳其人兵临城下的恐惧和对近期城市遭到劫掠的反应,教皇保罗三世命安东尼奥·达·桑加罗(Antonio da Sangallo)围绕罗马城修建一座巨型城墙。查理五世在那不勒斯的总督佩德罗·德·托莱多(Pedro de Toledo)开始沿海岸修建瞭望塔和防御炮台。费兰特·贡扎加(Ferrante Gonzaga)在西西里沿海监督建造了137座防御塔。

担忧奥斯曼土耳其进犯的情绪通过印刷品、征兵令、布道、图画和流行歌曲在意大利半岛和东欧广泛传播。在克罗地亚这样的边境社会,作为一线抵抗力量的当地贵族把他们的焦虑感传给了背后的哈布斯堡帝国。后者尽管内部分歧重重,但在面对来自东方的威胁时还是担起了团结和动员的责任。1529年,苏莱曼打到维也纳城下的消息传到斯特拉斯堡,市议员(其中许多是新教徒,就算不是新教徒的人也不信任皇帝)没有在该不该支援上多费唇舌,而是立刻讨论能在多短时间内征到多少兵。不是只有最靠近危险的地方才有对土耳其人的恐惧,法国人与英格兰人的文学里和心中也充满了对土耳其人的恐惧,那些大概从来没有见过土耳其人的人也在滔滔不绝地表达他们的恐惧。

基督教世界关于"土耳其人"的固有印象坚定了以十字军东征反对穆斯林的想法。这种印象在公众和精英的话语中大为流行,也反映在国际外交和政治分析中,而且进一步助长了一种被普遍接受的对抗性逻辑。土耳其人是基督的敌人,正如教皇利奥十世在他的1517年4月的诏书《会议陈词》(*Constituti iuxta*)*中指出的那样。他号召基督教世界的统治者们放下内部纠纷,抗击那些"因为思想顽固而无视救赎的真光"的"土耳其人和其他异教徒",抗击那些"充满仇恨的上帝之敌,怙恶不悛地迫害基督教的人"。1535年,查理五世向卡斯蒂利亚议会宣布他要率军远征突尼斯,他说这是一项对抗"神圣天主信仰的永恒之敌"的事业。

这种集体焦虑经常通过世界末日的话语表达出来。中世纪时,基督教世界毁于伊斯兰军队之手的前景常常被表现为末日将临的征兆,但是现在这个说法有了新的具体关切。意大利北部各城的激进派牧师呼唤基督教世界的道德改革和社会改革,呼唤一个勇猛的君主的出现,希望他能发起十字军东征,在"宇宙之战"中痛击土耳其人。谈论噩兆和预言的流行文学大行其道,让土耳其之祸的普遍焦虑有了一

---

* 该诏书可能发布于1517年3月,第五次拉特兰会议结束时。标题原文为 *Constituti iuxta verbum*。——译者注

层紧迫感。基督教世界政治领袖和属灵领袖没能保护基督教世界,他们的失败从一开始就激化了对奥斯曼扩张的恐惧,助长了末世焦虑。

他们的失败有目共睹。随着威尼斯的海上帝国日益萎缩,威尼斯的元老们忧心忡忡讨论对奥斯曼土耳其是应该绥靖还是应该反抗。"我们与土耳其人打仗就没赢过。"1538年,一名元老这样说道。他们投书罗马、维也纳等城市,寻找盟友来对抗"共同的敌人"。这些元老在威尼斯共和国内陆地区有大量产业。在意大利战争中保护这些产业意味着需要联合一些人反对另一些人,而不是团结一致以御外敌。16世纪上半叶,结束君主冲突的和约通常都会以各方希望发起十字军东征的辞令来作为议和的理由。因此,被俘的弗朗索瓦一世和皇帝在《马德里条约》(1526年1月)中庄严重申他们的"主要意图"是结束具体的不和,集中力量实现"抗击土耳其人和其他异教徒"这个"普世"目标。三年之后,《康布雷和约》(1529年8月)的序言庄严重申签字各方团结起来对抗"土耳其人的入侵"的必要性,"基督信仰的敌人已经在基督教世界兄弟阋墙时乘虚而入了"。《克雷皮条约》(1544年9月)中弗朗索瓦一世承诺提供600名骑兵和1万名步兵去匈牙利"驱逐土耳其及其势力"。这些和约条款的辞令的本质在于,使基督教世界的领导们为自己无法实现各方普遍赞成的共同事业所感到的沮丧公之于众。

教皇国一向致力于将世俗君主团结到十字军东征的大旗之下,因为它确信自己的使命是基督教世界的属灵领袖和国际和平的调停者。但这一职责越来越难实现了,因为教皇国君主的世俗利益要求他保护和推进教皇国的利益,自身变成意大利半岛及其他地方的冲突的参与方。宗教改革进一步增加了它达成使命的难度,因为教皇几乎无法唤起新教君主的忠诚感。教皇越是疾呼基督教世界的当务之急是十字军东征，越是暴露出他缺乏领导基督教世界的能力。不过这没有阻止教皇国在这个方向上继续努力。教皇保罗三世认为，让基督教世界君主化干戈为玉帛，以及巩固和平所需要的教会改革，是发起十字军东征重要的先决条件。奥斯曼土耳其的威胁一是使教皇派往全欧的使节在游说时在一定程度上言之有物，二是让教会在1536年谨慎地推开了改革的大门，三是令教皇同意在1539—1541年配合帝国与路德派诸国握手言和。一时间，教皇国的努力似乎就要成功。查理五世和威尼斯共和国愿意给和解一次机会。1538年5月，保罗三世本人充当中介，让查理和弗朗索瓦在尼斯和谈，各方承认君主之间的不和给"可怜的基督教世界"带来了危机。然而好景不长。在德意志，与路德派的交涉陷入僵局；弗朗索瓦和查理的关系又一次恶化；1545年特伦托会议的召开给教会改革再添变数。1549年保罗三世去世的时候，不论教皇国自己怎么想，它都不再是基督教世界的教长了。

奥斯曼土耳其对哈布斯堡帝国构成了直接威胁，然而这却使皇帝团结基督教世界其他诸侯发起十字军东征的任务复杂化了。因为"十字军东征"意味着向奥斯曼帝国进攻，所以进攻的具体目标是什么就不是很明确。夺回君士坦丁堡是想都不敢想了，收复耶路撒冷也是不切实际的。可是比较有限的目标就不可避免地与哈布斯堡家族的王朝利益和物质利益联系在一起。拉拢其他诸侯去实现这些有限的目标就相应地困难很多。1532年，保卫维也纳的任务提供了一个焦点，而且匈牙利要塞小城克塞格（Kőszeg）的顽强抵抗让查理五世有时间集结一个大同盟防御维也纳。这支大联军事实上没有跟土耳其人作战，不过它的成功仍被表现为一次十字军东征的胜利。

三年之后，巴巴里海盗堡垒提供了另一个目标。1528 年 7 月叛逃到哈布斯堡旗下的热那亚海军佣兵队长（condottiere）安德烈亚·多里亚加强了查理五世在西地中海的海军力量。1530 年，皇帝以每年献上一只猎鹰为条件，允许耶路撒冷圣约翰骑士团在马耳他安家落户，骑士团的桨帆船也壮大了皇帝的海军。1535 年 6 月 15 日，大约 3.5 万人的帝国联军在 100 艘战舰和 300 艘各式舰艇的护送下登陆突尼斯。一个月的围城之后，哈克阿瓦迪（Halq al Wadi）被攻破，突尼斯城落入查理之手（也多亏了城内奴隶起义）。因为巴巴罗萨的舰队正在附近蠢蠢欲动，所以皇帝本人在确保突尼斯城安全之后就撤回了意大利。他在那里像征服迦太基的西庇阿在世时一样大摆宴席。然而查理五世刚刚证明自己有发起十字军东征的资质，他的注意力就被吸引到别的地方去了。1538 年 9 月 27 日，罗马与威尼斯的神圣同盟联军在希腊西北海岸的普雷韦扎（Preveza）遭遇惨败，土耳其在希腊的地位从此不可动摇。1540 年，威尼斯与奥斯曼朴特议和。

次年，查理发起了他最后一场对奥斯曼土耳其的远征。这次同样是水陆两栖作战，目标是北非要塞阿尔及尔。500 艘战舰载着 2.5 万人的部队出发时就延误了，恶劣的天气打乱了他们的登陆行动。阿尔及尔人趁他们乱作一团的时候主动出击，远征军陷入了包围。一些人拼命撤到了停靠在马提夫角（Cape Matifu）的船上，但这简直是一场溃败：远征军损失了 17 艘桨帆船、130 艘大帆船和数千条人命。

同年的布达保卫战也以哈布斯堡的战败告终。1526 年莫哈奇的惨败打散了支持雅盖隆王朝的贵族，也宣告了雅盖隆家族在匈牙利的谢幕。战后初期，土耳其人退回了多瑙河之门（Danubian Gate）后方，给匈牙利留下了权力真空，斐迪南大公提出自己拥有"王家"匈牙利（"royal"Hungary）的继承权，但是匈牙利掌权的贵族精英不支持斐迪南，而是支持一名本地贵族——佐波尧·亚诺什，他看起来最有能力重建匈牙利王国。1526 年 11 月 10 日，塞克什白堡议会（Diet of Székesfehérvár）如期选举他为匈牙利国王亚诺什一世。然而不到一年，佐波尧就遇到了斐迪南大公煽起的一场严重的民众叛乱，叛乱领袖是一个自封为沙皇的塞尔维亚佣兵，名为约万·内纳德（Jovan Nenad），（因为胎记）人称"黑人"（the Black）。1527 年 7 月 25 日，在特兰西瓦尼亚的帮助下，一支来自匈牙利北部的军队在苏德法尔瓦（Sződfalva）之战中击败了黑人的部队，不过那时匈牙利的分裂已经暴露出来了。数月之后的 1527 年 9 月 27 日，一支德意志人、奥地利人和匈牙利人组成的联军以斐迪南大公的名义在托考伊（Tokaj）战役中击败了佐波尧，他逃亡到了波兰。斐迪南开始逐步与匈牙利西北部的贵族家族建立联系，这些联系决定了今后奥地利哈布斯堡的命运，奥地利哈布斯堡以布拉迪斯拉发为基地，依靠这些联系构建自己的中央机构，斐迪南和他的继承者以后就利用这些机构统治匈牙利。

多数匈牙利贵族都出席了斐迪南 1527 年 11 月 3 日在塞克什白堡的加冕仪式。但是佐波尧还在附近，他就像一根匈牙利和特兰西瓦尼亚反哈布斯堡民众势力的避雷针。被苏丹扶上匈牙利王座之后，他巩固了匈牙利东北部对他的支持。1540 年，佐波尧在今天塞尔维亚的塞贝什（Sebeş）去世。但就在一年前，他娶了伊莎贝拉·雅盖隆，他去世前两个星期，她为他在布达诞下了一个儿子——西吉斯蒙德·亚诺什（John Sigismund）。伊莎贝拉·雅盖隆以王后的身份安排儿子在议会被加冕为匈牙利国王，并且在奥斯曼土耳其的支持和一个叫"捷尔吉修士"（Friar George）的人的辅佐下以儿子的名义治国理政。斐迪南大公觉得此刻正是灭掉竞争者、宣示他才是匈牙利的保护者的好时机。他集结了一支大军（大约由5万名德意志人、奥地利人和其他人组成），指挥官是他的首相威廉·冯·罗根多夫（Wilhelm von Roggendorf）。1541年夏，联军包围布达，但是围城遇到了困难，更糟糕的是，8月21日，奥斯曼军队也到达战场。斐迪南的军队被打败了，此后150年里，匈牙利中部都归奥斯曼土耳其统治。布达变成了一座穆斯林城市。伊莎贝拉和她的婴孩继承人（还有捷尔吉修士）被送到了特兰西瓦尼亚。斐迪南向兄长查理求助，查理却置若罔闻，如何击退东南欧的奥斯曼势力一度成了兄弟俩争执所在。哈布斯堡家族自己都无法团结自己土地上的力量抗击土耳其，遑论团结基督教世界。

没有什么比法国与奥斯曼土耳其之间的"不虔诚的"联盟（"impious"alliance）更清晰地反映基督教世界与奥斯曼帝国的冲突的变动本质了，1530年查理五世在意大利半岛的霸权巩固之后，这一联盟逐渐成形。作为瓦卢瓦家族结盟反对他们认为的哈布斯堡王朝帝国主义的政治手段的一部分，起初法土和解是非正式的，是由巴巴里海盗作为中介实现的。查理五世早就知道了，他还犹豫是该公开斥责这种行为，还是私下说服弗朗索瓦一世放弃这种行为。突尼斯战役之后，1536年，皇帝袭击普罗旺斯，弗朗索瓦叫苏丹在西地中海的盟友巴巴罗萨派他的海军打击安德烈亚·多里亚在热那亚的海军。法国和土耳其计划1537年联合入侵意大利半岛，那几年教皇保罗三世急切推动和解的直接原因就是担心法土缔盟造成的威胁。1537年袭击科孚岛（Corfu）奥斯曼海军舰队有13艘法国桨帆船位列其中。1543年7月，巴巴罗萨110艘桨帆船组成的舰队出现在马赛海岸，船上有法国驻朴特大使，他们来这儿是为了参加法国与土耳其对尼斯（当时是萨伏依公国的一部分）的进攻，基督徒与土耳其人并肩攻打基督徒。同年9月，巴巴罗萨要求让他的舰队在一个法国港口整修，于是弗朗索瓦把土伦交给他处置。除了户主之外所有居民都被要求离开土伦，整座城镇有八个月的时间都在充当奥斯曼帝国的营地。

畸形统治

基督教世界的世袭国家有一个政治悖论：它们都是父权制的，但是女性对它们的王朝战略至关重要。一方面，权力主要是通过男性表现的。让·博丹（一个厌恶女性的人）表达过一个当时许多人都认为不证自明的观点：是家庭——构建社会和国家的基石——使男性权力制度化的。"所有的法律和习俗，"他写道，"都规定丈夫主宰妻子的行动，丈夫享有妻子继承的财富。"这种婚姻绝对主义并不赋予"任性的丈夫"为所欲为的自由处理权（carte blanche），但是博丹很清楚，法律站在丈夫这边。另一方面，女性统治在王朝国家中是一个经常存在的现实，而且在这一时期更甚从前。1515—1621年，欧洲出现了16位女性摄政，加在一起她们统治了140年。此外还有五位女王自己担任国君。女王拥有自己的住所、收入和地位，文艺复兴使赞颂女性的美与德成为一种时尚。基督教世界已经习惯了女性的统治。

女性对王朝国家的政治非常关键。出生是政治事件，性是宫廷政治的一部分，新婚之夜是公开的，公证人也要在场。弗朗索瓦一世和教皇克雷芒七世看着14岁的亨利二世和凯瑟琳·德·美第奇"在婚床上搏斗"。布朗托姆神父自称看过法国国王弗朗索瓦二世在与玛丽·斯图亚特同房时"失败了好几次"——这个 14 岁男孩的睾丸还没有从骨盆降下来。王室的生产会引发许多猜想。这么重要的事情自然有许多仪式要遵守。待产妈妈会穿上对王朝历史有重要意义的袍子,吉利的圣物也被用来帮助分娩——这些仪式不足为怪,因为(举个例子)16 世纪哈布斯堡王后一半以上都死在产床上。葡萄牙国王若昂三世可怜的妻子生产了九次,但只有一个孩子活到 20 岁。亨利八世头两次婚姻记录在案的怀孕有十四次,但是只有两个女儿活了下来。王朝国家受制于一个生物学现实:怀孕不难,真正威胁王朝延续性的,是顺利分娩极为不易。

将权力交与摄政女王反映了王朝的家族性。摄政得到多少权力取决于具体情况。从查理五世与他姑姑奥地利的玛格丽特还有他妹妹匈牙利的玛丽的通信来看,虽然她们听从他的话,但他也给了她们相当多的自由。1529—1532 年和 1535—1539 年担任西班牙摄政的伊莎贝拉王后则完全不同。查理对公社叛乱印象深刻,所以密切监视妻子的一举一动。女性摄政经常被说服——或者主动选择——把权力交给别人。1566 年的夏天,苏格兰女王玛丽把信任投注于她的乐手和私人秘书大卫·里齐奥(David Rizzio),结果酿成了悲剧,随后发生的是这一时期最阴暗的政治事件。1565 年 7 月 20 日,玛丽嫁给了达恩利勋爵(Lord Darnley)亨利·斯图亚特(Henry Stuart),然后怀了孕。达恩利勋爵怀疑孩子是里齐奥的,于是在荷里路德宫(Holyrood Palace)当着女王的面杀了里齐奥。1566 年 6 月 19 日,这个孩子出生了(即苏格兰国王詹姆士·斯图亚特六世,后来的英格兰国王詹姆士一世),玛丽又开始宠幸博思韦尔(Bothwell)伯爵詹姆斯·赫伯恩(James Hepburn)。达恩利勋爵想要与女王和好,并且谋求"并肩王"(crown matrimonial)的头衔,这个职位比王夫重要得多。1567年2月10日,达恩利勋爵住在爱丁堡的欧菲尔德教堂(Kirk o' Field),当天夜里屋内发生爆炸,然后人们在教堂的花园里发现了达恩利勋爵和他仆人的尸体,达恩利勋爵身上还穿着睡衣。他们是被勒死的,爆炸可能是想掩盖他们被人谋杀的事实。

玛丽·斯图亚特后来变成了猖狂的博思韦尔伯爵的囚徒,人们现在怀疑他就是杀人凶手。1567年4月12日,枢密院展开了对他的诉讼,但那只不过是走个过场,当天就宣判他无罪。两周之后的4月24日,玛丽正从林利思哥宫(Linlithgow Palace)前往爱丁堡,博思韦尔伯爵突然带着800人伏击她,把她绑到了他在邓巴(Dunbar)的城堡。间接证据表明他在那里强奸了她。5月12日,玛丽封他为奥克尼(Orkney)公爵,三天之后两人在荷里路德宫大厅成婚。随后爆发了一场反对他俩的叛乱,玛丽(在6月15日)被关到了利文湖城堡(Loch Leven Castle),被迫把王位传给她一岁大的儿子。她企图夺回王位但没有成功,于是逃到英格兰投奔她的远亲伊丽莎白一世。这一系列事件凸显了身处一个分裂王国的玛丽是多么脆弱。每当事情出现差错时,第一个受到指责的就是掌权的女性。

在基督教世界大部分地区,女性都是以摄政的身份统治国家的,但是在不列颠群岛,她们自己就是女王。英格兰的独特之处在于有三位女王——如果我们把1553年7月在位仅九天的简女王,又称简·格雷女士(Lady Jane Grey),也算进来的话——先后登上王位,半个世纪都是女性在统治。玛丽·都铎在位时,新教徒很喜欢攻击女性掌权,因为她彻底终止了他们的宗教实验。克里斯托弗·古德曼(Christopher Goodman)曾是牛津的一位神学教授,后来流亡到莱茵兰和日内瓦，他在1558年出版的书中解释说女性统治是"违背上帝建立的自然和秩序的"。臣民不必服从女王，尤其是当女王迫害上帝拣选的人的时候。同年夏天约翰·诺克斯也在日内瓦写出了《反抗妇人畸形统治的第一声号角》(*The First Blast of the Trumpet against the Monstrous Regiment of Women*)。他宣称："邪恶的女人统治的帝国或政权在上帝面前显得多么可憎啊，一个奸人，一个杂种。"人人都相信他指的是两个玛丽（玛丽·都铎和玛丽·斯图亚特）。他叫她们立马下台，但他为了自己的安全，没有把名字放在扉页上。直到一年之后，日内瓦改革家约翰·加尔文才知道是谁写了这本小册子。

那时，玛丽·都铎已经去世，伊丽莎白一世已登上英格兰的王位。她并不觉得诺克斯的话有什么好笑的，她委托约翰·艾尔默（John Aylmer）写一篇还击诺克斯的文章，这个任务挺麻烦，因为艾尔默相当认同诺克斯的主旨。艾尔默在1559年出版的《忠实的真正的臣民的港湾》(*An Harborowe for Faithfull and Trewe Subjects*)中刻画了诺克斯错位的激情造成的谬误。伊丽莎白一世的统治权来自她的出身，而出身是全能的上帝的意志决定的。神意注定英格兰"不像一些不经思考的人以为的那样仅仅是君主制的，也不仅仅是寡头制的，也不仅仅是民主制的，而是三种制度的混合体"。这种混合政体正是亚里士多德欣赏的"君主政体、寡头政体和民主政体"的结合。艾尔默告诉英格兰人一个他们已经知道的道理：英格兰是一个"君主共和国"（monarchical republic），英格兰人是积极的公民，他们知道，国家的安全既依靠他们，也依靠不结婚、不生子的童贞女王。

玛丽和伊丽莎白的统治都提出了无法解决的王朝困局。玛丽的问题在于，怎样结婚，才能既在君主共和国能接受的情况下确保天主教的地位和王朝的延续，又保住她女王的权威。她的决定是在38岁时（1554年7月25日）嫁给西班牙的腓力王子（他很快就会成为腓力国王），这样解决了一部分问题，但是不久之后问题再次出现。伊丽莎白的困局刚好反过来：能不能——能的话怎么做才能——既不结婚，又保证这个共和国的稳定——共和国关心的是公共利益不受侵害，与新教的和解可以存续下去。半个世纪里这些难以估量的事占据了英格兰政治的核心地位，英格兰的反应直接影响了新教改革。

第十章

大分裂

新教改革的出现

新教改革是一场宗教大分裂，就像11世纪西方基督教与东正教的大分裂一样，只是情况更加混乱。它重塑了基督教世界的精神图景，使信仰有了一层新的含义。当时的人从来没有经历过这种事，他们无从理解这种转型。基督教世界基础架构（infrastructure of Christendom）从诞生那天起就面临地方对管辖机构的反感，但这些架构接受并容忍这些反感。异端运动——起码基督教世界基础架构把那些敌意认定为异端——也是中世纪后期图景的一部分，尽管它们的支持者都被迫害和击垮了（波希米亚的胡斯派除外），只留下局限于一地的残余。通过公会议运动表现的教会改革议程在15世纪时引来了欧洲世俗权力的参与，后者利用这一议题追求自己的政治目的。不过议会改革来了又走，只对德意志政权造成了影响。1500年的基督教世界处于空前正统的状态。

16世纪的宗教叛乱并不是以毁灭基督教世界为目标的。它的第一位主角马丁·路德认为自己是在拯救基督教世界摆脱它内部的敌人。他要从事的宗教改革本来应该是教皇和主教们进行的,而他们无所作为,所以他是在防止神的怒气降临。1520 年之前,路德读了人文主义者洛伦佐·瓦拉(Lorenzo Valla)揭露《君士坦丁御赐教产谕》(Donation of Constantine)是伪造品的文章(和其他著作),逐渐相信罗马等级制是一种服务于敌基督的暴政。本该负责改革的人却是改革最大的障碍。1520 年 3 月,路德写了《论善功》(*Treatise on Good Works*),这本书在语气上并没有怒斥教皇,而是阐述了基督徒的责任,在形式上它一部是对十诫的注释。但是,当他谈到服从"属灵的权柄"(也就是教皇和主教们)的时候,路德对基督教世界的思考的激进一面就体现出来了——这些掌权之人"对待自己责任的做法就像抛弃孩子、追逐情夫的母亲一样"。执掌属灵权柄的人"各方面"都比执掌世俗权柄的人"还要世俗"。他们行的是他们应当阻止的事,他们的做法和指示违背了十诫的前三条,基督教世界从他们身边开始败坏。在这种情况下,"一切有能力的人"都应当救助基督教世界。他号召国王、诸侯和贵族"为了基督教世界的利益,制止以上帝之名行亵渎之事的行为",反抗"穿朱红衣的巴比伦淫妇"(教皇)。他说,这真的是"我们唯一能做的事了"。

1520 年 6 月这本书出版的时候,路德的批判才刚刚开始发挥影响力。路德宣称教皇可能犯错,教会基础架构掌握在外人手中,教会公会议也无法倚靠,于是他开始思考基督教世界的权柄究竟立于什么基础之上。上帝的道(Word)在耶稣基督中化成肉身,人类历史在这一瞬间发生了翻天覆地的变化。基督是基督教世界权柄唯一的来源。随着这一瞬间的过去,腐坏的可能性上升了,寻求真理变得越来越难。

不过,《圣经》保存了上帝的道,《圣经》是神启的中介与内容。《圣经》不需要讲解员,任何相信上帝救恩的人都会在《圣经》中找到显明的真理。路德激进地把传统一笔勾销,这是新教改革与以往的异端运动的不同之处。

国王亨利八世在 1522 年出版的《为七圣礼辩护》(*The Defence of the Seven Sacraments*) 中承认了这种不同之处,他这本书是对路德 1520 年出版的《教会的巴比伦之囚》(*Babylonian Captivity of the Church*) 的回应。英格兰国王把自己打造成基督教世界的捍卫者。他用《圣经》和教父神学的论点维护七圣礼,说对七种圣礼的支持在历史上是同时出现的,这只可能是圣灵显现的结果。路德的回应毫不留情,一针见血:如果基督信仰的真确性仅仅依赖于人们相信它的历史的长短,以及人们的共识与习俗,那么它与土耳其人或犹太人的信仰没有什么区别。传统习俗不过是闲言碎语(*Menschen Sprüche*),亨利八世就像一个"把头装在麻袋里"的蠢货。

新教改革不同于以往宗教异见运动的另一个主要原因在于路德对基督教世界各等级(Estates of Christendom)——国王、诸侯和贵族——的吁请。路德的宗教改革唤起了更强大的支持变革的政治和社会力量,这些力量在德语欧洲实现了联合。福音新教运动从神圣罗马帝国的政治分裂和邻近的瑞士邦联(Swiss Confederation)汲取力量。新的角色——牧师、市政官员、印刷商和宣传家、城市和农村的群众运动——登上舞台,印刷术和其他传播形式让这些运动的动力和支持运动的政治与社会力量显得比现实中更强大、更团结。早期新教改革蕴含的分裂趋势与它一开始释放的力量一样有重大意义。新教改革的存续和演化取决于 1520 年路德寻求帮助的政治力量。

神圣罗马帝国与瑞士邦联

它们是政治版图上最复杂的实体,就连它们的名号都含糊不清。帝国(Reich)既是罗马帝国(Imperium Romanum),又是基督帝国(Imperium Christianum),还是普世帝国(Imperium mundi)。"瑞士"(Schwitzerland)这个词最早指的是卢塞恩湖边施维茨(Schwyz)地区的几个盟国,它们是旧瑞士邦联的创始成员。接着,其他相邻的州和社区加入了这个核心,不过这个核心依然承认皇帝的领主权。后来,哈布斯堡对邻近的瑞士的主张和野心激发了两者的裂痕。皇帝马克西米利安一世想要吞并毗邻瑞士的地区,但是争议地区的居民建立了三个联盟,其中两个在1497年和1498年加入了瑞士邦联。它们之中得到更有效的组织的是灰色同盟。瑞士土地上的哈布斯堡势力——尤其是皇帝马克西米利安的改革——造成的威胁进一步扩大了裂痕。瑞士人形式上仍然是帝国的臣民,但是就连靠近德意志土地的瑞士城邦——巴塞尔和沙夫豪森(Schaffhausen)——在1530年以后也不参加德意志议会了,瑞士自治已经成为既成事实。1648年的《威斯特伐利亚和约》承认了瑞士的独立。

瑞士与帝国的边界只是两者边界无数复杂之处的一个例子而已。帝国名义上有三位大宗宰(arch-chancellors):美因茨大主教、特里尔大主教和科隆大主教。他们分别负责德意志事务、勃艮第事务和意大利事务,1500年时只有第一个还在发挥作用。帝国在北意大利早已没有管辖权,它在勃艮第的管辖权也已经被哈布斯堡家族和瓦卢瓦家族各自的领地瓜分,即便是低地国家的事务基本上也与帝国无关。就连在帝国边界最清晰的德意志东北部,事情也没有那么简单。波美拉尼亚、勃兰登堡和西里西亚是皇帝的采邑。参加过东征的古老的条顿骑士团的土地则不属于皇帝，1525年，骑士团的普鲁士分支发生世俗化，它的领地落入骑士团大团长（Grand Master）霍亨索伦手中。所以说，普鲁士与帝国的从属关系来自勃兰登堡的霍亨索伦家族对普鲁士的拥有权。

勃兰登堡以南是波希米亚王国的领地，包括西里西亚公国、摩拉维亚藩侯领地和卢萨蒂亚（Lusatia）藩侯领地。1526年，哈布斯堡家族继承了这些土地，但是它们在帝国中的地位比较微妙。波希米亚是帝国的属地中唯一一个王国。波希米亚国王是选帝侯之一，因此他的土地不受帝国管辖，但是身为国王的他不直接参与选举人团的评议。波希米亚人坚持认为他们的国家是选举君主制的。就算是查理五世的弟弟斐迪南一世在1526年继承王国时，波希米亚议会（Bohemian Estates）也要在形式上"选"他当国王，这一做法凸显了波希米亚与帝国半分离的关系。

瑞士邦联的边界是由组成它的自治共同体决定的，它们的共同之处仅仅在于它们都独立于其他君主和统治者。边界最常发生改变的地方是东边的苏黎世州和西边的伯尔尼州。苏黎世当时并不大（1520年时大约有7 000人），1498年城市宪章规定苏黎世是一个自治政体，城镇和农村腹地都派出参政代表。苏黎世是邦联在德意志土地上行事的外交工具和政治工具，它在南德意志诸城打探谁有可能被说服加入瑞士邦联，而且苏黎世也与伯尔尼共同商定（比如1516年和1521年）为法兰西王国派遣雇佣兵的条约，尽管苏黎世对这种事不是很情愿。伯尔尼不比苏黎世大多少，其城市宪章没有苏黎世的那么鼓励民主参与。伯尔尼的寡头享有法国王室的保护，而且希望利用法国的保护取得对日内瓦湖周边邻居的领主权。1536 年伯尔尼吞并了沃州（Vaud）、托农（Thonon）和泰尼耶（Ternier），日内瓦成了一座孤城。

瑞士和帝国都没有宪法。瑞士邦联的 13 个全权成员在议会（Diet）这个重要的论坛上讨论事关全体成员的大事，有些议题可能使邦联分崩离析，起初是雇佣兵问题，后来是宗教改革问题。帝国是选举君主制的，七位选帝侯从皇帝候选人中选出皇帝。皇帝被期望定期召开议会或者德意志政治体会议，1495 年一份名为《永久和约》（Perpetual Peace）的协定要求皇帝（在选帝侯的许可下）召开议会。

第二院的参会者数量时有波动，但是大约包括 25 个主要的世俗诸侯国，90 个大主教辖区、主教辖区和修道院，以及 100 个左右的伯爵领地。教士代表反映了一个事实：帝国约有 16% 的土地受采邑主教（prince-bishop）和大主教的统治，他们的教区往往比他们的辖区更大，这使它们与周边政权产生了许多纠纷。第三院的参会者是大约 65 个帝国自由市，其中既有大都会，比如科隆，也有小城镇，比如丁克尔斯比尔（Dinkelsbühl），居民不到 5 000 人。1500 年时，议会程序已经固定下来了。开幕式上首先宣读帝国"提案"（proposition），也就是政治体会议的议程。然后各政治体分别开会，如果他们就某项建议达成共识，这项建议就被呈给皇帝。闭幕时，议会决议（和皇帝对决议的认可）会以议事录（Recess）的形式印发。每一部议事录都是一部帝国法。其他有权出席议会的还包括帝国骑士，他们因拥有的采邑而直接对皇帝效忠。他们大多数来自士瓦本、弗兰肯和莱茵河的上游及中游，这些人是皇帝与大诸侯国讨价还价的筹码。

司法体系是帝国有别于瑞士邦联的一大特点。帝国司法体系的最新发展源自 15 世纪后期的帝国改革运动，这场运动是帝国成员国界定与皇帝关系的宏观动向中的一个侧面。改革运动在沃尔姆斯议会和奥格斯堡议会中结出果实。议会变成了一个更加正式、更受认可的实体。新成立的帝国高等法院（Imperial Chamber Court）独立于皇帝和他的宫廷。虽然皇帝有权任命它的首席法官，但是普通法官由各政治体提名。帝国高等法院接管了帝国特权，它的职权是维护和平与正义，裁决皇帝封臣的纠纷。在特殊情况下，人们默认皇帝有废除法律或剥夺法团特权的绝对权力，但是为德意志诸侯和城市担任顾问的律师普遍认为，皇帝受制于自然法和神法，而且他只能为了公共利益行使权力。在通常情况下，皇帝作为帝国最高法官的"公共个人"（public person）身份已经交与帝国法庭，帝国法庭以罗马法作为帝国法律实践的基础。1500年，帝国设立六大行政圈（区域性领地集团），从而建立了一种用来执行帝国法庭判决和帝国议会决议的区域性结构。

　　查理五世1519年的选举树立了另一个先例。作为选前谈判的结果，他与选帝侯签署了一份让步协议。他只有在选帝侯和议会同意时才能使用皇帝特权。他确认了选帝侯在皇位过渡期和皇位空缺期的权利。他承诺尊重所有人的权利和尊严，履行帝国《永久和约》的条款。对外条约必须在选帝侯的同意下才能签署。查理承诺住在德意志，任命德意志人担任帝国官员，绝不在帝国外召开议会。他致力于与罗马协商降低德意志人的教会税，建立一个新的帝国治理委员会，通过委员会开展更深入的帝国改革。这些接受选帝侯和议会监督的承诺开创了一个先例，以后所有皇帝都必须签署类似的文件。查理的承诺（还有他长期不在德意志的问题）成了处理新教大分裂时的又一个限制。

所以，与瑞士不一样的是，德意志帝国有一套成熟的政治和司法实体。只有在帝国内，教会改革和帝国改革才相互交织。《西吉斯蒙德改革敕令》(*Reformation of Sigismund*) 是当时最受欢迎的印刷品。1439年左右，这份文件在巴塞尔起草，1522年前被重印了九次，它想象了一位名为弗雷德里克的教士国王 (priest-king)，他会领导一场改革，在这场改革中诚实的"德意志"民众会战胜压迫他们的人，战胜"拉丁人"和他们的狡猾。因为教会改革和帝国改革加入了帝国成员界定他们与皇帝关系的变局，所以路德对宗教改革的呼吁在德意志的反响特别强烈。

诸侯尽管不是改革的发起者，却是改革的获益者。帝国的新变化让诸侯有机会把自己表现为帝国的主要立法者与和平的维护者。与此同时，德意志贵族伯爵的数量逐渐减少，因为一小批上层贵族世家通过继承和兼并，整合了他们的土地和爵位，为自己积累出了国君的权力。黑森方伯就是一个典型的例子。1518年，14岁的黑森的菲利普名下统治着诸多原先独立的伯爵领地——卡岑埃尔恩博根 (Katzenelnbogen)、齐根海因 (Ziegenhain) 等——和黑森诸侯国 (上黑森和下黑森)，它们组成了一个随意拼凑起来的大诸侯国。与地方性和地区性的贵族群体、城镇、教会法团签署的协议，以及限制家族土地和爵位分散化的家族契约，促进了领地的整合。德意志诸侯开始在自己的领地内引入上诉法庭，凭借这种新生的政治实践，一种与之相关的观念得到了强化：他们不再是帝国诸多封臣中的一员，而是领地的统治者。

早在新教改革之前，诸侯和帝国自由市就在试图强化对势力范围内的修道院和教区的掌控。瑞士也是这样，苏黎世州城挑选教士，推动修道院改革，控制平信徒对教会的奉献，利用降临节（Advent）和大斋期的布道的赞助权操控布道者和布道内容。诸侯也在挑战教会和教皇在他们土地上的权威。比如，阿尔布雷希特萨克森公爵乔治（Duke George of Albertine Saxony）强迫迈森教区的教士服从他的要求。勃兰登堡藩侯阿尔布雷希特·阿基里斯（Margrave Albrecht Achilles of Brandenburg）强行对他领地内的教区征税。黑森方伯菲利普想方设法解除美因茨大主教辖区在他土地上的治权。德意志诸侯在1511年的议会上联合法国国王路易十二呼吁教会改革。皇帝为了消除批评，自居为教会改革和帝国改革事业的领导人。皇帝马克西米利安一世在1518年的奥格斯堡议会上带头反对罗马为了资助在匈牙利对抗异教徒的战事而对帝国征税，他说只有教会认真地进行改革，他才会批准它对帝国征税。如此看来，教会改革在路德登场之前就已经是德意志政治中的一个活跃议题了。

基督教世界的神圣图景

宗教体验对基督教世界的生活现实非常重要，但是没有什么比探明人们对宗教的真实想法更难的了。在平信徒之中，有文化的人的宗教和不识字者的宗教就有非常大的区别。当时的人对什么是迷信、什么是魔法的讨论（受宗教改革影响而更加激烈了）体现了这种区别。平信徒的关注点受到教士的关注点的影响，两者大致重合（但不是同一时期出现的）。教士是社会中一个多种多样的群体，有些是"在院修士"（regulars），生活在修道院社区里，有些是"教区修士"（seculars），维持教区的教会生活。人们信仰的证据是暧昧不清的，因为分析范畴

（"平民""精英""迷信""魔法""神圣""信仰"）本身就很简略。16世纪方济各会修士开始在新世界传教时，他们的宗教体验和美洲人的宗教体验天差地别。宗教改革前夕欧洲没文化的人和识字的人之间、平信徒和教士之间的差别就没有这么大。数个世纪以来精英与非精英之间的互动构建了基督教欧洲，印刷术强化了这种互动。新教改革前夕，宗教体验的多样性和强度都相当可观。

当时识字的人对这一点心知肚明。1517年，意大利枢机主教的秘书安东尼奥·德·贝亚蒂斯（Antonio de Beatis）随枢机主教造访阿尔卑斯山以北。来到科隆后，他观赏了"美轮美奂的大教堂"里"数不胜数"的圣骨匣，以及圣乌尔苏拉（St Ursula）教堂独一无二的颅骨藏品——1.1万名处女的遗骨。* 在方济各会修道院的唱诗席，他参拜了中世纪哲学家约翰·邓斯·司各脱（John Duns Scotus）的遗体，方济各会修道院旁边就是竞争对手多明我会修道院，在那里他透过高坛下的玻璃板，看到了司各脱反对的大阿尔伯特（Albert Magnus）的遗体，还见到了大阿尔伯特讲课时坐过的椅子。在城市的一座山丘上，他见到了一个女性教士团，他发现尽管女性教士吃住都在修道院里，但白天她们会结伴行走在大街上。贝亚蒂斯把目之所见与他的故乡意大利做对比："他们这么注重敬拜上帝，重视并新修了这么多教堂，想想意大利目前宗教的状态……我太羡慕这里了，想到我们意大利人那少得可怜的虔诚，我就感到心痛。"

贝亚蒂斯发现，莱茵兰认为"神圣"（holy）的东西和他的故乡那不勒斯认为"神圣"的东西不一样。其他证据也表明了这种差异。遗

---

* 相传圣乌尔苏拉带领 1.1 万名处女用人游历欧洲朝圣，在科隆遭匈人尽数屠杀。——译者注

嘱记录了人们愿意从财产中选出哪些捐给教会。大量前宗教改革时代的图画、壁画、祭坛画和雕像保存到了现在。我们非常了解大众对宗教圣地的喜爱和对朝圣之旅的重视。历史学家可以在一定程度上描述宗教怎样规划人们生活的模式，但是对神圣之物的看法的差异使我们很难衡量宗教改革前夕宗教究竟意味什么。

人们大批量地购买宗教书籍。1509年亚眠一家书店的存货清单让我们对什么书流行有了些许认识。清单上有41种书，共1 240册，宗教作品占了绝大多数。其中最多的是辅助家中祷告的手册：近800本时祷书，其中300本是孩童用的大字本。其他的还有圣咏集（赞美诗的合集）、弥撒书和注释（指导《圣经》阅读的评注，每个主日一篇）、宗教导论（教理问答的前身）、阐述十诫和圣礼价值的小册子。此外还有许多书介绍了圣徒的生平，其中最畅销的是雅克·德·沃拉吉内（Jacques de Voragine）所著的《黄金传说》（*The Golden Legend*）。但是这些证据只能表明（识字的）人们被认为应当读什么，以及什么书卖得好。亚眠书架上的许多书都是拉丁文的。这些书无法告诉我们买的人读懂了多少，也无法说明他们怎么把书和经验结合起来。

教会的基石是教区。教区覆盖了西方基督教的每一个角落。绝大多数人在自己的教区望弥撒、捐献、告解，一年领一次圣餐。然而，教区基督教不仅是一种宗教体验，它还是一系列圣俸权，圣俸权是垄断收益（以各种方式收取的什一税）的关键，圣职的推荐者、任命者和当选者对这些收益都有份。而且每个教区教堂背后都有教堂执事，他们照看教堂建筑，管理教区资金，组织主保瞻礼。教区在城市居民生活中的地位不像过去那么重要了，但是遗嘱证明城里人对自己受洗的教堂——往往也是祖先安葬的教堂——仍然很有感情。教区代表了一种假设,它是宗教义务之地,但不一定是宗教虔诚之地。宗教改革前夕,美因茨郊外一个小教区的在职代牧解释说,他的教众里十个有九个没有忏悔他们的罪,所以复活节时没有领圣体。

宗教改革以前的教会时不时会进行教区巡视,留意违反教规的行为。他们也会关注教士的旷工状况(十分普遍,有时是因为正当原因,比如执行教区任务去了),如果当地人向他们举报的话,他们也会关注教士不检点和不称职的问题。但是根据现存的巡视记录来看,宗教改革以前,后两个问题没有后来新教徒批评的那么夸张。现实情况是——至少在欧洲农村地区——狂热、禁欲、读书太多的教区教士可能会引起居民的疑忌。神父的角色更像一个父老,调解家庭纠纷,起草遗嘱,借钱给农民。当地人想要一个理解他们的人。

平信徒无法选择自己的教区,但是可以选择加入哪个信徒团体——致力于宗教和慈善事业的平信徒兄弟会。宗教改革前夕,这种团体越来越多,更增添了地方宗教体验的差异性。比如在诺曼底,因为某种原因,信徒"慈善团体"在利雪(Lisieux)教区和埃夫勒(Évreux)教区要比在阿夫朗什(Avranches)、库唐斯(Coutances)和巴约这些沿海主教辖区多得多。信徒团体在城市比在农村普遍,尽管没有发现它们与工匠行会之间的相关性,但是两者经常融为一体。以鲁昂为例,宗教改革前夕鲁昂大约有4万人,全城有131个信徒团体,其中许多都与城市的工匠行业重合。

这些信徒团体的社会多样性和职责多样性一样显著。在少数地区,乞丐有自己的团体,不过更常见的信徒团体包含社会各个阶层,社区内的重要人物会组成一个非正式的领导集体,管理行政和财务。除了在困难时期接济团体成员,信徒团体也负责安葬信徒,为他们的灵魂脱离炼狱（Purgatory）而祷告。维护信徒团体的侧祭坛（side-altars），举行年度弥撒，点亮还愿蜡烛，这些是宗教改革前夕信徒团体宗教体验的共同之处。圣歌、神秘剧、鞭笞游行［意大利北部的自笞（battuti）］、赎罪仪式，信徒团体有这么多引人注目的活动，很难想象有什么宗教体验是绝大多数人没有定期或不定期地经历过的。

教区的礼拜仪式、启应祈祷和圣徒日也反映出类似的多样性。我们很容易理解当时的人对迷信（大概意思是操纵神圣的力量以满足世俗目的）的担忧。基督教的信息是否在纷繁复杂的仪轨和奢华的神圣图景中遗失了？比如，比利牛斯山卢龙（Louron）谷地的人怎么理解他们教堂内外的壁画？我们不知道画家的名字，只知道这些壁画作于宗教改革前夕的某个时候。壁画让我们对教会如何回答我们如何得救和谁能得救这两个问题有了粗浅的认识。敬拜者走进蒙镇（Mont）小教堂时会走过一幅最后审判的湿壁画。末日之时，基督犹如一位庄严的法官，端坐于审判世界的法庭，他身边是律师和司法的天平（魔鬼努力地使天平往自己这边倾斜）。天使正在吹响号角唤醒炼狱的死者，让他们接受审判。被画成怪物的魔鬼已经准备好迎接被打入地狱烈火的罪人。但是蒙镇的好人们可以放心：天堂满当当，地狱空荡荡。毕竟这是人们进出教堂时观看的画面，教堂的责任就是拯救罪人。谷地对面的另一座小教堂里的祭坛上画有耶西之树，它提醒人们神圣事工的悠久世系。这些图画是"穷人的圣经"，这是中世纪基督教创作宗教艺术的理由。但是，当地居民能不能理解、怎么理解这些图画，又是另一回事了。

神学家彼此争论救赎是如何实现的（他们的工作就是这个）——

我们人类在多大程度上，或者说到底能不能，促成自己的得救。讲道和听人告解的牧师更倾向于夸大人的作用，就像卢龙的壁画表现的那样。壁画、油画的作者与讲道者发现死亡和审判的景象销路甚广，他们造成一种（可能是夸张的）印象：基督徒满脑子都想着得救。讲道者也强调人的责任和人在自己得救中的角色的重要性。同卢龙的壁画一样，布道也生动地描绘炼狱和地狱里的痛苦惨象。不过他们也说，忏悔和代祷可以缓解这种痛苦。

教会是这种忏悔生效的主要场所。基督有赦罪的权力，他将这种权力传给教皇，让教会去施行这一权力。圣餐能赦免活人的罪，并为死者的灵魂做出辩护。人们经常请求为死者的灵魂举行安魂弥撒。遗嘱表明安魂弥撒变成了一种商品，你买得越多，你的得救就越有保障。去基督教世界的重要圣所朝圣，包括远赴圣地（Holy Land），都是很流行的事，但是地区性圣地在悔罪方面也有相同的地位。信徒的精心捐献的还愿祭品（*ex-voto* offerings）证明了这些圣地的人气。教皇以可购买的赦罪符的形式发放这种赦免，筹得的钱被用来建造医院、教堂，甚至（在尼德兰）堤坝，这是绝对赦免权的一种延伸。赦罪符要求悔罪者做出表示痛悔的个人举动，然后作为对被赦免的报答，承诺参与慈善事业，这样被资助的机构可以将帮助带给更多的人。宗教改革前夕，这种赎罪的做法有上升之势，它们不是像新教徒说的那样仅仅因为自私自利或唯利是图。没有证据证明宗教改革的出现是教会的"滥用职权"（abuses）的结果。所有证据（施工、捐献、朝圣、精致的三联祭坛画）都表明教会欣欣向荣，而且教会拥护正统，同时支持多样化的礼仪和体验，尽管教会自命垄断了真理和救赎。当马丁·路德提出另一种真理和另一条救赎之路时，一切都改变了。

路德之道

"风起于青蘋之末,在众人的轻侮之中,一个男人独自承受了全世界的恶意和冒渎。"第一位研究新教改革的历史学家约翰内斯·菲利普松·冯·施莱登(Johannes Philippson von Schleiden,又作 Sleidan)在 1555 年出版的《实录》(Commentaries)中这样描述新教改革初年的景象。他感受过新宗教运动的振奋之情。作为斯特拉斯堡的一名律师和外交官,他目睹了施马尔卡尔登战争(1546—1547 年),冲突的一方是在政治上是斯特拉斯堡的保护者,另一方是皇帝,施莱登想尽量做到不偏不倚,他把施马尔卡尔登战争解释为上帝有意通过路德教训皇帝。批评路德的人把他看成一股要把基督教世界撕碎的邪恶势力。施莱登读过其中一位——约翰内斯·科克莱乌斯——写的路德传记。科克莱乌斯亲眼见过 1521 年沃尔姆斯议会上的路德,他在书中把路德写成魔鬼的盟友,受肉欲驱使,对推翻当局有无法餍足的渴望。双方都在宣传一种神话:新教改革是从萨克森一个默默无闻的修士这里开始的。然而,新教改革并不是一场独角戏。就算没有马丁·路德,宗教变革的大潮也会找到别的催化剂——路德出席沃尔姆斯议会之时,变革之潮已经在莱茵兰和瑞士涌动了。但是如果没有路德这个超级催化剂,宗教变革不会变成新教改革。

路德本人对于自己的人生巨变忧喜参半。一方面,他觉得他的贡献并不突出:"我只是教书、传道、写作……除此之外并没有做任何事……都是道(the Word)的功劳。"天上没有异象,路德也没有行治疗的神迹,新教神话制造者不得不在他死后编出这种故事。16 世纪,他的出生地经历两次大火却幸免于难,一个"伟大的征兆"。三十年战争中他的一幅油画"遇火不燃"。不过,路德很想把自己看成上帝奇妙做工的特殊工具。1531 年,他引用了异端扬·胡斯(Jan Hus)受刑之前的话——"我可能是一只弱小的鹅(在捷克语中,胡斯=鹅),但是更强大的鸟群会在我之后来到"——来形容自己:"1415 年他们烹了一只鹅,但是一个世纪之后,它已变成了一只天鹅。"约翰·布根哈根(Johann Bugenhagen)在路德的葬礼上重复了这个比喻,提醒天主教对手们路德是在自己的床上静静去世的:"你们可以烹一只鹅,但是 100 年后会出现一个你们烤不动的人。"他的意思是上帝的真理是无法掩埋的。我们回头来看,从回忆到逸闻,路德给了我们些许机会看到他是如何发现上帝的真理的,不过观察它们就像看一张张发黄的陈年照片。先看看 1505 年 7 月,雷暴中的一场濒死体验让路德动弹不得,他向圣安娜起誓如果他活下来他会成为一名修士。再看看路德"尤里卡时刻"的情景,他在公厕旁边的城墙塔楼三楼自己的书房里工作时实现了神学突破——路德著名的"塔楼体验"(Das Turmerlebnis)。我们不知道后者的日期,而且当时的情景也许不是我们想象的那样。路德发现了什么,是什么时候发现的,其重要性有多大,已经成了一门独立的学科。

路德的故事广为人知,在某些方面平淡无奇。路德与他那个时代的许多教士没有区别——中等家庭出来的聪明男孩,而且是常去教堂的那种。他说自己是个农民,但是我们要清楚,他的父亲(汉斯)是个矿工,母亲是艾斯勒本一位当地名人的女儿。1505 年路德毕业于埃尔福特大学,同年他不顾父亲的反对,宣誓成为奥古斯丁隐修会(Order of the Hermits of St Augustine)的修士。1508 年,他开始在刚建成的维滕贝格大学教授道德哲学。1512 年,他被授予博士学位,成为

《圣经》神学教授，两年之后成为本镇神父。1525 年，他作为最后一批离开老修道院的修士娶了一名前修女，两人育有六个子女。维滕贝格就是宗教改革开始的地方。

路德只有在写作时才变成一个有趣的人。他出的第一本书是 1516 年出版的一本布道集，其中的布道创作于两个世纪前，路德相信作者是德意志神秘主义者约翰·陶勒（Johann Tauler），书中论述了如何与上帝相通，过上善的生活。这本书被称作《德意志神学》（*German Theology*）。路德写了一篇序言夸赞此书，影响了那些想让新教改革比路德希望的走得更快更远的人。接着，路德在 1517 年出版了自己的研究论文：8 月出版的《驳经院神学论纲》（*Disputation against Scholastic Theology*）和 10 月出版的《九十五条论纲，又名关于赎罪符效能问题的辩论》（*Ninety-Five Theses, or Disputation on the Power and Efficacy of Indulgences*）。可以肯定地说，后者是史上最短小、最具爆炸性的学术论文了。一个世纪之后，人们为纪念这篇文章举办了一场游行，游行的终点是维滕贝格城堡教堂。一幅 1617 年的百年纪念雕版画描绘了路德用羽毛笔在教堂门上刻下他的论纲时的场景。笔尖从教皇利奥十世的一只耳朵穿入，由另一只耳朵穿出，打落了他的三重冠。*它暗示的是，话语（Words）包含致命的真理，拥有推翻宝座的力量。

大体来说，这就是故事的经过。1518 年 4 月，路德在奥古斯丁会的分会面前进行了海德堡辩论（Heidelberg Disputations），为他在莱茵兰争取到了众多支持者。他开始出版他的布道文，《论赦罪符》（这篇比《九十五条论纲》更流行）、《论基督受难》、《论死亡》、《论做工》、

---

* 准确地说，在这幅木版画中，羽毛笔贯穿了一只写有利奥十世名字的狮子的两只耳朵，然后打落了狮子身后的利奥十世本人的三重冠。——译者注

《论婚姻》都是在 1520 年之前出版的，1520 年是路德确定自己立场的一年。他的新作层出不穷，根据一项统计，他大约每两个星期就写出一篇。宗教改革起初就是一场学术和文学事件。

一幅 1546 年（路德去世那一年）的维滕贝格地图，展现了这座有围墙、10 条街和 3 座城门的小镇。小镇很小，地图上几乎所有的建筑都是新修或重修的。南门矗立着全镇最大的房子，那是 1512 年为宫廷画家、药剂师卢卡斯·克拉纳赫所建的。西门旁的城堡是维滕贝格之所以举足轻重的关键。1485 年，萨克森在恩斯特和阿尔布雷希特两兄弟手中一分为二。"恩斯特萨克森"（Ernestine Saxony）保留了选帝侯在帝国议会的投票权，而萨克森最好的部分（莱比锡，连同它的大学和城堡）被分给了阿尔布雷希特公爵。恩斯特的儿子英明的腓特烈（Frederick the Wise）从 1486 年起统治萨克森选帝侯国，他定都于维滕贝格。腓特烈拆掉了老城堡，建了一座附带图书馆的新城堡。图书馆馆长是格奥尔格·施帕拉廷（Georg Spalatin），他是宫廷神父，也是选帝侯子女的家庭教师，担当着选帝侯与大学之间的中介。

新城堡也有新教堂，教堂里充满了收集来的圣物。1505 年落成时，它是全镇最高的建筑。腓特烈希望他的首都在地图上有一席之地，一个好办法就是把它变成宗教、学术和朝圣中心。这个战略需要建立一座堪与莱比锡大学匹敌的新大学。1502 年，新大学开门授课，腓特烈的亲戚和童年伙伴约翰·冯·施陶皮茨（Johann von Staupitz）被任命为神学院院长。次年，施陶皮茨成为路德所在修道院的副主教。这间修道院也是新开的，因为奥古斯丁会 1502 年才来到此地。维滕贝格又小又新，所以没有什么既得利益者。路德可以任命与他志同道合的教授同事，而且有选帝侯的支持，他可以按照他希望的方式塑造当地的宗教生活。

这间新修道院是路德属灵旅程的出发点。他所融入的修院管理模式、听到的布道和读到的神学都告诉他：人是有罪的，人需要救赎。神学家们以抽象概念讨论救赎如何实现，他们的"思路"(viae)有分歧，这些分歧部分反映了各自的哲学立足点。罪的表现形式千变万化，但是人们大致同意有七宗大罪，它们都源自亚当的不顺服。人类继承了亚当的"原罪"，没有能力"止息"神的公义之怒。

幸运的是，拥有绝对力量的上帝愿意——按照现代方式（Via Moderna）神学家的看法——遵守圣约，赐予人类恩典，并且把自己的力量限制在既定的渠道之内。他最重要的圣约就是差他的儿子耶稣基督来到这个世界，耶稣既是人，又是神子，所以可以代替我们实现对于神愤怒的止息。这份恩典仍然可以通过教会这个渠道和七圣礼，特别是洗礼、圣餐和告解来获得。这些可以给予基督徒等价功德（congruent merit），等价功德会和人自己的忏悔一同发挥作用，尽管"不彻底的忏悔（attrition，对罪的后果的惧怕）在神的眼中是否有价值"、"（过一段时间之后）attrition 会不会发展为真正的痛悔（contrition）"、"完美的痛悔能否永远保持"都是争论的话题。他们都同意，常存圣宠（habitual grace）是一种超自然的恩赐，当人以灵魂接受这种恩典时，它会使基督徒与基督相连，使他行事符合上帝的旨意，使他习得一种新的"习惯"，即有德之人的性情。这种恩典是充足的，因为它赋予人服从神的力量，但它不会自动生效，因为它需要人在自己的生活中将这种力量付诸实践，做"力所能及的事"（what lies within his powers）。保持恩典的状态需要永恒的努力，其中最重要的是忏悔、自我否定和自我牺牲。远离世俗的诱惑，恪守修院的誓言,是走天路的良好起点。维滕贝格的奥古斯丁隐修会士对这些事一丝不苟。

按照路德自己的说法,他是一个好修士,但是这没有用。1518年,路德这样形容他遇到的诱惑(Anfechtungen),灵魂的暗夜"如此浓稠,如此恐怖,以至于没有一种语言,没有一支笔,可以勾画它们"。1533年,他回忆起他的母亲如何处理被邻居家的女巫纠缠的事。他还在别的地方描述他是怎么在修道院里被魔鬼拜访的。路德的回答经常和粪便有关:"但是,如果你还觉得不够的话,魔鬼啊,我还有屎和尿,用它们擦擦你的嘴然后享用美味吧。"1515年5月,路德在奥古斯丁会分会前讲道,主题是修道院生活的一大问题——诽谤和中伤。"一个诽谤者,"他说,"所做的无非就是咀嚼别人的屎……这就是为什么他的粪最臭,只有魔鬼的粪比他更臭。"换句话说,魔鬼就在修道院里,在我们的口中,它无处不在。路德早年生活的每一瞬间,好像都是一处有意的提醒:拯救不是一个学术课题,而是一个关乎血与肉、生与死的问题。

在路德的多处记载中——他回忆的方式让人分不清过去还是现在——施陶皮茨,作为修道院长和(看起来是)路德的精神导师,为他指明了方向。路德记得有一次施陶皮茨说,当他太沉迷于思考上帝的公义时,他应该转而想想基督的伤口,想想忧患之子(Man of Sorrows)。*是施陶皮茨教导路德要把悔改理解为一种与怜悯的上帝的关系,而不是一种被全能的上帝审判的状态。关键不是在于探寻我们是如何被拯救的,因为我们已经被拯救,问题是在这种关系中我们如

---

* 《旧约·以赛亚书》第53章第3节:"他被藐视,被人厌弃,多受痛苦,常经忧患。他被藐视,好像被人掩面不看的一样;我们也不尊重他。"——译者注

1. 老卢卡斯·克拉纳赫,《白银时代的终结》,约 1530 年,藏于伦敦国家美术馆(photograph: Scala, Florence)

路德在维滕贝格的合作伙伴是老卢卡斯·克拉纳赫。1530 年左右,克拉纳赫通过描绘赫西俄德笔下白银时代终结的场景,为一个危机四伏的时代揭开了序幕

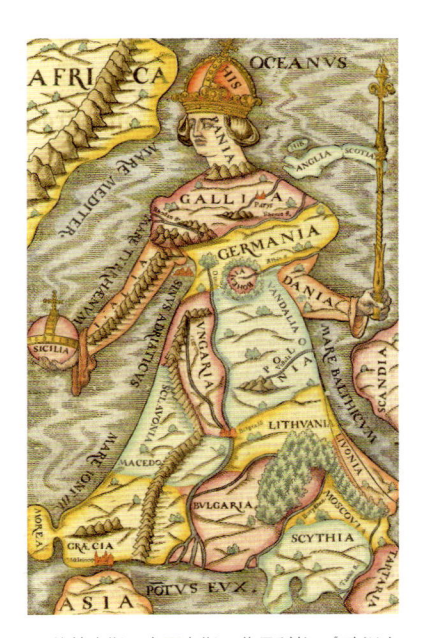

2. 约翰内斯·布西乌斯·艾尼科拉,《欧洲女王》,选自塞巴斯蒂安·明斯特尔《宇宙通志》,1570 年

人文主义者约翰内斯·布西乌斯·艾尼科拉第一次将欧洲地图画成女王的形象,他的作品出版于 1537 年。塞巴斯蒂安·明斯特尔《宇宙通志》的后期版本刊印了这幅画,让这种形象流行了起来

3. 托马斯·考克森的版画《基督教世界的狂欢》(约 1609 年)讽刺了 1609 年签署《十二年停战协定》之际的国际政治(photograph: private collection/The Bridge Art Library)

4. 安尼巴莱·卡拉奇,《吃豆的人》,约 1580/1590 年,藏于罗马科隆纳画廊(photograph: De Agostini/Bridgeman Art Library)

安尼巴莱·卡拉奇日常题材的油画深受人们的欢迎。16 世纪 80 年代初创作的《吃豆的人》描绘了一个正在用木勺大口吃豆的意大利人。他这顿饭还包括面包、蔬菜、洋葱和一杯酒

5. 艾萨克·克拉斯·范·斯万恩伯格(Issac Claesz van Swanenburg),《纺织羊毛》(*Spinning and Weaving Wool*),约 1600 年,藏于莱顿布料厅市立博物馆(Stedelijk Museum De Lakenhal)(photograph: De Agostini/Bridgeman Art Library)

斯万恩伯格在 16 世纪创作了一系列油画,描绘了织布的各个步骤。这些画后来成了莱顿布料厅的装饰,布料行会负责检查和监管布匹的生产

6. 汉斯·冯·黑姆森（Hans von Hemssen），《吕贝克市政厅接见室》(The Audience Chamber of the Rathaus of Lübeck)，1625 年，吕贝克圣安嫩博物馆（copyright © St Annen-Museum/Fotoarchiv der Hansestadt Lübeck）

1625 年左右的吕贝克市政厅（市法院所在地），一处面朝市场广场的拱廊下的会见。画中一名女士正在向市法官们陈述案情

7. 格奥尔格·赫夫纳格尔（Georg Hoefnagel），下奥地利圣帕尔滕（Sankt Pölten）地图，选自布劳恩与霍根伯格《世界城市概貌》，1618 年

圣帕尔滕是下奥地利的一个城镇，《世界城市概貌》最后一卷收录了这幅城市风景图

8. 特奥多雷·德·布里（Théodore de Bry）仿雅克·勒·穆瓦纳（Jacques Le Moyne），描绘美洲驼驮波托西银矿开采的白银情景的插图，选自《美洲》（*Americae*），1602年（photograph: Getty Images）
秘鲁波托西银矿开采的白银由美洲驼运往海岸，这是白银通往欧洲和远东之旅的第一步。这幅版画出自地理学家特奥多雷·德·布里1602年出版的《美洲》

9. 特奥多雷·德·布里仿雅克·勒·穆瓦纳，描绘食人情景的插图，选自《美洲》，1592年，藏于万塞讷海军历史档案处（Service Historique de la Marine）（photograph: Giraudon/The Bridgeman Art Library）
特奥多雷·德·布里在对美洲的描述中介绍了图皮南巴人，他说他们热衷于社交生活。图皮南巴人食人的做法让欧洲人感到震惊和困惑，因为这让后者想到新教改革后在欧洲发生的大屠杀

10. 日本画派，一幅描绘葡萄牙人来到日本的南蛮屏风（Namban Byobu），展示卸货情景的局部，1594—1618年，藏于波尔图苏亚雷斯·多斯·雷伊斯国家博物馆（Museu Nacional de Soares dos Reis）（photograph: Giraudon/The Bridgeman Art Library）
以欧洲以外的人的视角观察欧洲商人的到来。这幅日本屏风的局部反映了"南蛮"葡萄牙人在日本卸货的场景

11. 贝尔纳迪诺·德·萨阿贡，在家中召唤魔鬼的异教仪式的插图，选自《新西班牙风物通志》，16世纪，国家人类学与历史研究所大神庙博物馆曼努埃尔·加米奥图书馆（Bilioteca Manuel Gamio Inah Museo del Templo Mayor）摹本，墨西哥城（photograph: De Agostini Picture Library/The Bridgeman Art Library）
方济各会人种学家贝尔纳迪诺·德·萨阿贡雇受过欧洲写实技巧训练的阿兹特克画家为《新西班牙风物通志》绘制插图。画家在这幅图中描绘了在家中召唤魔鬼的异教仪式

12. 老博纳文图拉·佩特斯（Bonaventura Peeters the Elder），《阿尔汉格尔斯克港》（*The Port of Archangel*），1644年（copyright © National Maritime Museum, Greenwich, London）
1644年，老博纳文图拉·佩特斯描绘了俄罗斯北部一处欣欣向荣的海港（可能是阿尔汉格尔斯克）。猎人们带着货物来到此处，在港口装货的大船挂着丹麦国旗

13. 马托伊斯·施瓦茨,《服装之书》,第 113 幅和第 136 幅插图,16 世纪,藏于不伦瑞克安东·乌尔里希公爵博物馆(Herzog Anton Ulrich-Museum)下萨克森艺术馆(Kunstmuseum des Landes Niedersachsen)(photographs: Museumsfotograf)

16 世纪奥格斯堡有产者马托伊斯·施瓦茨的两幅精彩插画,他的手稿记录了他一生中穿过的衣服

14. 老海因里希·弗格特尔,《解剖学,又名女性身体的真实再现》(Anatomy, or, a Faithful Reproduction of the Body of a Female),1544 年,藏于弗朗西斯·A. 康特威医学图书馆(Francis A. Countway Library of Medicine)波士顿医学图书室(ff QM 33.A16)

在印刷术的诸多新型应用中,医学生用的大册页是其中之一——本图 1544 年出版于斯特拉斯堡)。这些插图使用了纸片图层,只要掀起纸片,就可以看到解剖面的印刷图片

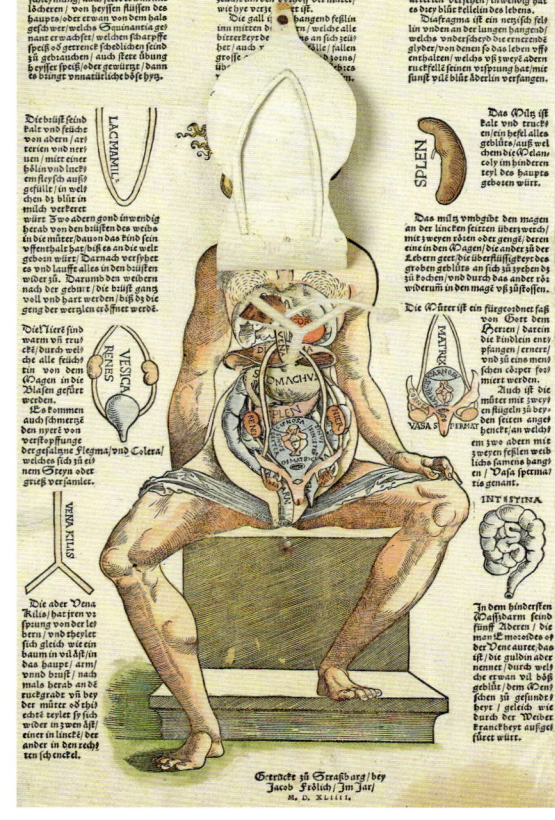

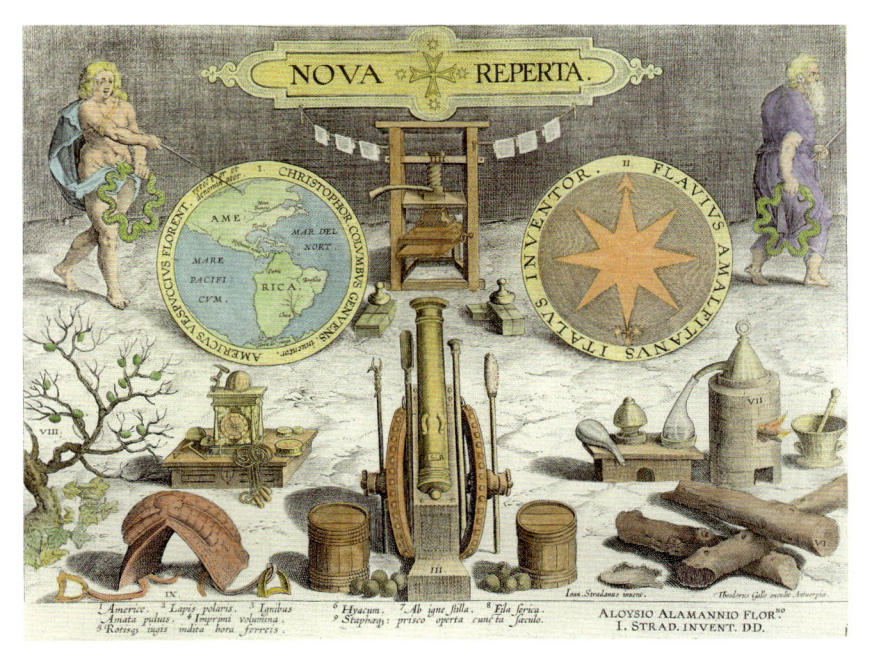

15. 扬·范·德·斯特莱特,《新发现》,约 1599—1603 年（photograph: Namur Archive, London/Scala, Florence）
佛兰德斯出版商扬·范·德·斯特莱特（斯特拉达努斯）编著的畅销书《新发现》的扉页版画。画上新世界的发现占据了最重要的地位，其次是现代世界的其他奇迹。亚里士多德小心翼翼地从舞台右侧退场

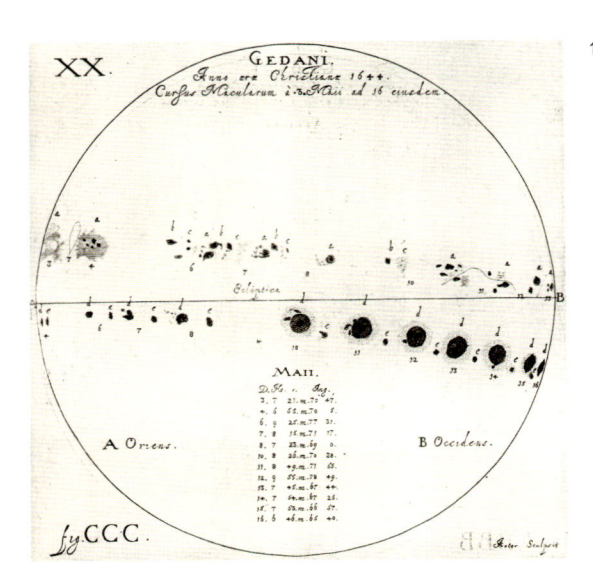

16. 约翰内斯·赫维留斯,《1644 年 5 月太阳黑子观测图》,选自《月面学》(*Selenographia*),1647 年（photograph: Namur Archive, London/Scala, Florence）
望远镜让观测者可以精确地找到太阳黑子的位置。格但斯克天文学家约翰内斯·赫维留斯把太阳黑子观测图结集收录到《月面学》中（初版于 1644 年，此图选自 1647 年版）,确认 17 世纪中期太阳黑子活动变得非常罕见

17. 拉维尼亚·丰塔纳（Lavinia Fontana），《安东涅塔·冈萨雷斯》（*Antonietta Gonzales*），约 1583 年，藏于布卢瓦城堡博物馆（Musée du Château）（photograph: Bonhams, London/The Bridgeman Art Library）

自然的奇观和反常现象撩动着欧洲宫廷人士、哲学家和博物学家的好奇心。安东涅塔·冈萨雷斯继承了她父亲的基因畸变。1583 年拉维尼亚·丰塔纳画了这幅画之后，冈萨雷斯出了名，这幅画也被纳入乌利塞·阿尔德罗万迪的怪物藏品中

18. 阿德里安·范·斯塔布穆特（Adriaen van Stalbemt），《科学与艺术》（*The Sciences and the Arts*），17 世纪早期，藏于马德里普拉多国家博物馆（Museu Nacional del Prado）（photograph: Scala, Florence/BPK, Bildagentur für Kunst, Kultur und Geschichte, Berlin）

阿德里安·范·斯塔布穆特 17 世纪早期创作的这幅描绘贵族珍品陈列馆的油画以其想象力向观众表明，自然、科学和艺术如何能够诱惑和欺骗人的感官

19. 老卢卡斯·克拉纳赫,《马丁·路德与他的妻子卡塔琳娜·冯·博拉》(*Martin Luther and his wife Catherine von Bora*),1529 年,藏于佛罗伦萨乌菲齐美术馆(Galleria Degli Uffizi)(photograph: Scala, Florence, courtesy of the Ministero Beni e Att. Culturali)

1525 年,奥古斯丁会修士马丁·路德娶了前修女卡塔琳娜·冯·博拉。路德知道这件事在论战中的意义,所以鼓励通过图画将此事宣扬开去。诸如此类的夫妇肖像(这一幅出卢卡斯·克拉纳赫的工坊)广为流传

20. 佚名,《教皇与魔鬼》(*The Pope and the Devil*),约 1600 年,藏于乌得勒支卡塔里娜修道院博物馆(Museum Catharijneconvent)(photograph: akg-images)

1520 年时路德已经确信教皇就是敌基督。此后新教的反教皇宣传无数次地使用了这一主题。这幅阿尔多布兰迪尼家族的教皇克雷芒八世的肖像画绘制于 1600 年禧年前后,画中教皇是伪装起来的魔鬼

21. 克劳斯·霍廷格（Klaus Hottinger）在他人的帮助下拆除了施塔德尔霍芬（Stadelhofen）的十字苦像，插图选自海因里希·布林格《宗教改革》（*Reformationsgeschichte*），1605—1606年，藏于苏黎世中央图书馆（Zentralbibliothek）（MS B 316 fol 99r）
新教改革伴随着基督教世界神圣图景的毁灭。1524年，胡尔德里希·慈运理的支持者克劳斯·霍廷格找来一个织工和一个木匠，一起拆除了苏黎世城外的十字苦像。他们想要把木头卖了救济穷人

22.《1562年4月12日桑斯大屠杀》（*The Massacre of Sens, 12th April 1562*），让·佩里森（Jean Perissin）与雅克·托尔托雷尔（Jacques Tortorel）出版的印刷画，1570年，藏于巴黎国家图书馆（Bibliothèque Nationale）（photograph: Giraudon/The Bridgeman Art Library）
1562年4月12日勃艮第城镇桑斯的大规模暴力揭开了内战的序幕。这幅图是1570年让·佩里森和雅克·托尔托雷尔在日内瓦出版的一系列印刷画之一。反新教暴行的许多细节都出自一本当时的宣传册

23. 马丁·路德的一个追随者在维滕贝格出版的反土耳其宣传册，1664 年，藏于奥格斯堡国立市立图书馆（Staats - und Stadtbibliothek, 4 Gs 2359-237）恐土情绪（Turcophobia）是 16 世纪到 17 世纪早期宣传册的一个主要题材。在德意志，与奥斯曼人的战争被同国内宗教政治冲突联系在一起，反映了一种末世焦虑

24. 皮埃尔·达恩与一名土耳其人或柏柏尔人交谈，选自皮埃尔·达恩《巴巴里及其海盗的历史》，1637 年，私人藏品（photograph: The Bridgeman Art Library）皮埃尔·达恩是法国圣三一会修士，圣三一会创建的目的是从海盗手中和奥斯曼的土地上解放基督徒俘虏。1637 年出版的《巴巴里及其海盗的历史》收录的故事和版画鼓励读者支持争取基督徒解放的事业

25. 佚名，《1571 年勒班陀之战》（*The Battle of Lepanto, 1571*），16 世纪后期（copyright © National Maritime Museum, Greenich, London）
神圣同盟在勒班陀湾大胜奥斯曼（1571 年 10 月 7 日），带来了潮水一般的宣传攻势。这幅油画以一张 1572 年威尼斯产的宽幅印刷品为基础，充满想象力地再现了战斗的场景，点出了主要的参与者

26. 马尔科·韦切利奥（Marco Vecellio），《博洛尼亚的和平》（The Peace of Bologna），16 世纪，藏于威尼斯总督宫十人议会廊（Sala del Consiglio Dei dieci，Doge's Palace）（photograph: Cameraphoto/Scala, Florence）
查理五世是最后一位被教皇加冕的神圣罗马帝国皇帝。他的加冕仪式于 1530 年 2 月 24 日在博洛尼亚举行。这幅 16 世纪后期的威尼斯油画描绘的就是这一情景

27. 意大利画派，《教皇格列高利十三世主持下关于历法改革的讨论》（Discussion of the Reform of the Calendar under Pope Gregory XIII），16 世纪后期，藏于锡耶纳国立档案馆（Archivio di Stato）。（photograph: Roger-Viollet, Paris/The Bridgeman Art Library）
为了与季节相合，历法改革从儒略历中删去了 10 天。在特伦托公会议的建议下，1582 年教皇格列高利十三世听取专家委员会的意见通过改革方案。从那以后，新教欧洲和天主教欧洲用上了不同的日历，在不同的时间庆祝复活节

28. 蓬佩奥·莱奥尼（Pompeo Leoni），《西班牙的腓力二世》（Philip II of Spain），约 1580 年，这个银制头像在 1753 年被巴尔塔扎·斐迪南·莫尔（Balthasar Ferdinand Moll）装了陶土胸像上。藏于维也纳艺术史博物馆艺术收藏室（Kunstkammer, Kunsthistorisches Museum, Inv.-Nr. KK_3412）

蓬佩奥·莱奥尼是西班牙宫廷的御用雕塑家。1580 年左右，他用白银为腓力二世铸造了一个头像。这尊雕塑被奥地利哈布斯堡的鲁道夫二世买下，他很钦佩腓力二世这位亲戚，而且模仿了腓力的艺术收藏

29. （据称）图伊桑·迪布雷伊，《法国的亨利四世正如制服九头蛇的赫拉克勒斯》（Henry IV of France as Hercules Crushing the Hydra），约 1600 年（copyright © RMN, Paris – Grand Palais（Musée du Louvre）/ Stéphane Maréchalle）

赫拉克勒斯代表了阳刚、高贵的品质，宣扬了君主的英雄领袖气质。亨利四世长期被宣传为"高卢的赫拉克勒斯"。在这幅图伊桑·迪布雷伊 1600 年左右创作的油画中，国王像赫拉克勒斯一样杀死勒拿九头蛇（Lernaean hydra），象征他完胜天主教同盟

30. 法国画派，《西堤岛上的神圣同盟游行》（The Procession of the Holy League on the Ile de la Cité），16 世纪，藏于巴黎卡纳瓦雷巴黎市立博物馆（Musée de la ville de Paris, Musee Carnavalet）（photograph: Giraudon/The Bridgeman Art Library）

天主教同盟通过游行来动员法国各城的支持。这幅据称是小弗朗索瓦·比内尔（François Bunel the Younger）创作的油画描绘的可能是一个月后国王入城之前巴黎最后一场游行（1593 年 2 月 4 日）

31. 瑞典的古斯塔夫·阿道夫的宣传画，1630 年，藏于不伦瑞克安东·乌尔里希公爵博物馆（Herzog Anton Ulrich-Museum, PRollos AB 3.4）1630 年适逢新教《奥格斯堡信条》100 周年，古斯塔夫·阿道夫有意在这一年选择进入德意志。他的宣传家也利用了他作为军事指挥家的声望。这张以国王的名义发行的宣传画强调他是神的神圣计划的一个工具

32. 佚名，《伦纳特·托尔斯腾松》（Lennart Torstenson），1648 年（copyright © Nationalmuseum, Stockholm, Inventory No. NMGrh 1949）1641 年后担任陆军元帅的伦纳特·托尔斯腾松是"三十年战争"后期主要将领中的一个典型。到这幅画创作的时候（1648 年），他已经成了瑞典西部省份的总督

33. 塞巴斯蒂安·弗兰克斯（Sebastian Vrancx），《劫掠村庄》（Pillage of a Village），1640 年，藏于巴黎卢浮宫（photograph: akg-image/Enrich Lessing）
军队的劫掠是艺术作品的一个主要题材，它在人们的经历和想象中都占据重要地位。安特卫普艺术家塞巴斯蒂安·弗兰克斯在这幅画中描绘了强盗杀人的场景，弗兰克斯本人经历过尼德兰和德意志的劫掠

34. 莱昂纳德·克恩,"三十年战争"一幕,约 1656—1659 年,藏于维也纳艺术史博物馆艺术收藏室(Kunstkammer, Kunsthistorisches Museum, Inv. KK 4363)

    德意志微型雕塑家莱昂纳德·克恩擅长为贵族的珍品陈列室制作小型雪花石膏像。这件作品刻画了"三十年战争"中的一次暴行

35. 让·塔塞尔(Jean Tassel),《一个修女的肖像(凯瑟琳·德·蒙托隆,第戎乌尔苏拉会创始人)》[Portrait of a Nun (Cathérine de Montholon, founder of the Ursuline order in Dijon)],约 1648 年,藏于第戎美术馆(Musée des Beaux-Arts)(photograph: akg-images/Maurice Babey)

    凯瑟琳·德·蒙托隆属于新一代虔诚的法国女性。她出身于一个显赫的法国家庭,1611 年丈夫去世后在第戎加入乌尔苏拉会,她提出只要他们接受特伦托公会议对修女艰苦朴素的要求,她就捐出她丰厚的嫁妆

36. 安东尼·范·戴克爵士(Sir Anthony van Dyck),《玛丽·德·美第奇》(Marie de Médici),1631 年,藏于里尔美术馆(Musée des Beaux-Arts)(photograph: Giraudon/The Bridgeman Art Library)

    玛丽·德·美第奇的宫廷是其他王后学习的榜样。1631 年她从法国流亡到安特卫普后,安东尼·范·戴克创作了这幅画,捕捉到了她在逆境面前那种带有王室风范的桀骜和无奈

37. 多梅尼科·加尔朱洛（Domenico Gargiulo），《朱塞佩·卡拉法死于 1647 年 7 月 10 日马萨涅洛叛乱》（The Killing of Father Giuseppe Carafa during the Revolt of Masaniello, July 10, 1647），藏于那不勒斯圣马蒂诺修道院（Certosa di San Martino）（photograph: De Agostini Picture Library/The Bridgeman Art Library）画家多梅尼科·加尔朱洛用画笔记录了 1647 年那不勒斯居民反对西班牙外来统治、战争重税和与他们沆瀣一气的本地贵族的民众暴乱。当地贵族堂朱塞佩·卡拉法（Don Giuseppe Cafara）就是暴徒的一个主要目标

38. 瓦茨拉夫·霍拉为亨利·皮查姆（Henry Peacham）所作插图《意见主宰世界》，1641 年。（copyright © The Trustees of the British Museum; all rights reserved）
《意见主宰世界》是 1641 年英国内战前夕出版的一幅宣传画。它戏仿"正义女神"画了一个"意见女神"，坐在一棵长满宣传册的树上——矛盾的是，这幅画自己就是一个例子

何相信神。

路德对他读到的东西所做出的反应是有选择、有比较的。随着他的思想的演进,他接受的种种教育披着难以预料的伪装再次出现。他逐渐相信,唯一有价值的神学是可以理解这个世界及其复杂性的神学。在这个过程中,经院神学被他抛弃了。到1517年时,路德已经在公开批判经院神学的空洞范畴。但是它对他仍有一定的影响,特别是现代方式神学对神之主权与人之罪恶的两分法。两分法在路德的思想中一向十分重要,经常以成对词(word-pairs)和悖论的形式表现出来,读者通过这些成对词和悖论应当理解人与他人、人与神的联结方式。这些关系永远是动态的,在这些关系中,我们是潜能和欲望的矛盾体:自由,同时又受限制;有罪,但罪已被赦免;可以做出最堕落的恶行,但是(通过神的恩典)也可以继续爱与被爱。路德的悖论让与他同时代的人感到迷惑,伊拉斯谟说他不会为任何路德的悖论步入险境。

代替经院思维的是深度研读《圣经》,投入时间学习希腊文和希伯来文,以及购置伊拉斯谟1516年版《新约》。路德研究的重点是《新约》中的保罗书信和《旧约》中的《诗篇》,他用注释法这种当时向学生授课使用的方法来理清他对相关经文实质含义的解读。在这个过程中,他对神的话语有了新的想法。人类的言语行为(speech-acts)不算什么。没错,它们是社会的基石(誓言、承诺、赦免),包含了生命中重要的事。但是,我们是心口不一的,我们许下承诺却不履行。《圣经》包含了神的应许,而神是完全可信的。我们不用选一个特殊的角度看它,不用费心诠释它,不用把它变成法律或围着它创造一套形而上学。记号就是现实,神已经预备好了,就等着承认这一点的信心。路德说,拥有这一信心,你就拥有比任何一张纸、任何赦免书、任何知识构建的范式更强大的东西。无论发生什么,你都可以紧握神的应许。"赦罪符问题"(Indulgences Affair)及其后续事件把这一洞见转化成了一个更加鲜明而尖锐的信条:"唯独圣经"——《圣经》是检验什么符合神的真理的根本标准。

路德在保罗的《罗马书》第 1 章第 17 节(这一节又引用了《旧约》的经文)*找到了信心的本质:"因为神的义正在这福音上显明出来,这义是本于信,以至于信,如经上所记:'义人必因信得生。'"在他 1545 年出版的拉丁文版全集序言中,路德说,一直到他 1519 年第二次讲授《诗篇》的时候,他才领会这段经文的含义:神的义不是对罪人施行审判的法官的义,而是喜欢公平胜过审判,除了信心别无所求,想让我们过属灵的生活作为回报的慈父的义。"我觉得我彻底重生了,"他写道,"就像我进入了天堂敞开的大门。"但那已经是 1519 年,赦罪符问题发生后两年。他是否像许多研究路德的学者的推测那样更早意识到这一点,比如在他刚开始授课的 1513 年,或是他第一次解决《罗马书》问题的 1515 年?

路德的讲义在帮助我们解开这个谜题上只能做这么多。我们可以看到他选择点评什么,阅读谁的书:克莱尔沃的圣伯纳德(St Bernard of Clairvaux)、让·热尔松(Jean Gerson)、加布里埃尔·比尔(Gabriel Biel)、约翰·陶勒、希波的奥古斯丁。最后一个人格外重要,这位 4 世纪的神学家花费了极大的努力使基督教会相信,堕落之后的人类不值得拯救,神救赎哪个人的决定(对于我们人类)是完全主观的。神会拯救他拣选的人,利用我们也许拥有的无论多么微小的能力来使

---

* 《旧约·哈巴谷书》第 2 章第 4 节:"迦勒底人自高自大,心不正直;唯义人因信得生。"——译者注

我们归向他，以他的恩典逐渐转化我们。一些神学家认为，路德之道仅仅是奥古斯丁主义的重复——既然中世纪从未忽视奥古斯丁，那么路德的创新不过是哑炮而已。但是，在实践中，路德的教导是不一样的。他说，我们得救是因为基督的义。唯独信心（sola fide）——信心本身是神的恩赐——可以得到这义。我们获得这信心是一瞬间的事，不是一步步的事。凭借信心，我们进入与神的动态关系。路德在1522年说，信心是在我们里面的"神圣工作"（divine work）。

也许后来，直到他在因为赦罪符问题遭受攻击之后，路德的新思想才在他脑海中完全成形。他把它称作"十字架神学"，1518年4月，他在海德堡奥古斯丁会的会议上面对自己的同侪阐述了这种神学。在场的一名多明我会修士马丁·布策尔（后来他在莱茵兰和英格兰为宗教改革做出了巨大的贡献）被路德的话惊呆了。"荣耀神学把恶说成善，把善说成恶。十字架神学还原事物的本来面目。"他接着解释说，启示的神（a God of revelation）高高在上地叫我们该怎么做，该做些什么，这是荣耀神学，它不可避免地把"善"定义为神告诉我们当做、当说的。与此相对，爱人的神（a loving God）为了拯救人类，变成了一个弱小无知的人来到世间，"隐藏在苦难之中"（hidden in suffering）。在另一个场合，他讲解了《出埃及记》第33章，摩西求见神的荣耀，却只见到神的背。对于路德来说，这就是关键。没有人看见神的面还可以存活，所以神在最不可能的地方以最不可能的方式显现自身。神虽隐藏，但每当我们的人生陷入混乱时，他都会行动。路德让神学绕开大学和书房，通往医院、卧室和工作场所。他说我们每个人都是自己的神学家，"信徒皆祭司"。如果这一原则顺利实现，宗教改革会使基督教脱胎换骨。

书籍之战

路德造访海德堡是他第一次直接接触莱茵兰人文主义者的文化圈,这个圈子成了"路德问题"(Luther Affair)的回声室。正当路德用自己的方式在维滕贝格寻找福音时,另一群《圣经》学者也在用他们的方法做同样的事。他们的中心在巴塞尔、苏黎世和斯特拉斯堡。巴塞尔是一座伟大的大学城,伊拉斯谟1515年在这里完成了《新约》的编辑工作,同年沃尔夫冈·卡皮托(Wolfgang Capito)成为大教堂讲道人、教授和伊拉斯谟的助理。同样是在1515年,约翰内斯·厄科兰帕迪乌斯(Johannes Oecolampadius)——希腊语的意思是"小羊羔",德语原名是约翰内斯·胡斯根(Johannes Huszgen)——受伊拉斯谟的印刷商约翰·弗罗本(Johann Froben)的邀请来到巴塞尔。厄科兰帕迪乌斯帮助伊拉斯谟完成了他对《新约》的笔记和评注。大约同一时期,胡尔德里希·慈运理来到巴塞尔拜访"最有学问的学者"(伊拉斯谟),购置《新约》,并且定居下来学习希腊文以掌握《新约》。四年之后,慈运理前往瑞士东部大州苏黎世的首都,登上大教堂(Great Minster)的讲席。1523年,卡皮托去斯特拉斯堡担任圣托马斯教堂的教士长,这是一个牧师会主持的教堂,他的同僚包括马丁·布策尔、同样毕业于巴塞尔的卡斯帕·赫迪欧(Caspar Hedio)和马蒂亚斯·策尔(Matthias Zell)。他们是上莱茵兰宗教改革的推动者。

伊拉斯谟的《新约》成了一部三卷本的大部头。他最初的想法是写一些学术型注释,帮助《圣经》阅读。他痛恨以往的评注,想要提供一种带领读者回到经文原意的注释。但是他写着写着,意识到武加大拉丁文译本达不到他的要求。他需要一个新译本来解释他的注释。

然而，为了证明他自己的翻译是正确的，他又需要提供希腊语原文，于是，最终成书接近1 000页。三卷本需要三篇序言。第一篇序言是"对虔诚读者的鼓励"（encouragement to the devout reader）。伊拉斯谟说，在这本书的字里行间有基督教的真理，"基督的哲学"。你不需要变成教授或神学家才能发现它，你只需要做一个善于倾听的虔诚读者（还得懂拉丁语和希腊语……）。怎么做到这一点，是第二篇序言"论方法"（On Method）的主题。关键在于进入正确的思维框架，了解语言的沟通力。第三篇序言是"辩护"（Apology），因为他预感到会有批评。他指出了武加大译本的1 000多处错误，知道骂声会铺天盖地，因此他将此书献给教皇利奥十世，以获得上位者的保护。

批评者果然蜂拥而至，特别是因为伊拉斯谟抢先了一步。1514年1月托莱多大主教枢机主教西斯内罗斯（Cardinal Cisneros）已经在西班牙的阿尔卡拉（Alcalá）出版了《新约》，弗罗本想要为伊拉斯谟的版本争取帝国特权来抢占先机。与此同时，另一场书籍之战在莱茵兰如火如荼。这场战斗的主将是约翰·罗伊希林（Johann Reuchlin），人称"Capnion"（希腊语的意思是"一阵烟"，也就是 Reuchlein）。罗伊希林缺乏伊拉斯谟的聪明，更没有伊拉斯谟的表演天分，但是他有语言和哲学方面的技能。1515年时他是欧洲北部一流的希伯来学者。

罗伊希林正在撰写一部研究卡巴拉的巨著，那就是后来出版于1517年的《卡巴拉之艺术》（De arte cabbalistica）。当时他正面迎击了批评他的人。批评者中最显要的是来自纽伦堡的犹太人约翰内斯·普费弗科恩（Johannes Pfefferkorn），此人已改宗为基督徒，1504年在科隆受洗。他靠出版反犹书籍成名，他的第一本书是《犹太人的镜子》(The Mirror of the Jews)。书中都是我们熟悉的下作指控（仪式屠杀、谋害儿童、死不悔改的异端),而且反犹太人运动已经在德意志发挥影响了。犹太人1469年被逐出奥地利,1498年被逐出纽伦堡,在巴伐利亚也遭到威胁,后来在1519年也被逐出巴伐利亚。这样产生的流离失所的犹太人社群制造了种族与宗教矛盾,普费弗科恩的"镜子"反映并放大了这些矛盾。1509年,普费弗科恩鼓动没收犹太书籍,次年,罗伊希林写了一篇报告,从法律和实质两方面批驳了他的鼓动。罗伊希林成为众矢之的,科隆和巴黎的神学家谴责他的著作,皇帝封杀他的作品,公开烧毁他的书籍,他本人被迫在美因茨的宗教裁判所出庭受审。1515年,就在他的案子等待上诉的时候,乌尔里希·冯·胡腾(Ulrich von Hutten)的《无名小人的书简》(*Letters of Obscure Men*)面世了。胡腾(和他的朋友们——这是一本集体著作)的这本书伪装成虚构的无名小卒用不规范的拉丁文(dog-Latin)向普费弗科恩的支持者写的书信,它嘲笑罗伊希林的敌人,狠批老派的讲师和修士,以粗俗诙谐的语言描绘教廷及教廷对德意志人的剥削。文化界人士纷纷旁观并加入这场论战。"罗伊希林问题"(Reuchlin Affair)是一场更大规模的书籍之战其中的一次公开冲突,这场书籍之战后来成了新教改革的起点。

路德问题

路德的那些想法本来可能只会停留在他的头脑里。它们后来影响世界,是1517年至1521年间的事件的意想不到的后果之一。路德问题被人称作"一场意外的革命",但这是一出迟早会发生的意外。问题的导火索——赦罪符——不是新鲜事物。在这起事件中,发行赦罪符的正当理由是重修罗马的圣彼得大教堂。重修开始于70年前,一直没有完工。教皇利奥十世知道符号的力量（和力量的符号），所以亲自批准了这一计划。他用赦罪符来为重修工程筹资，但是资金来得很慢，而且一些统治者在阻挠他的计划。

霍亨索伦家族年轻的成员勃兰登堡的阿尔布雷希特（Albrecht of Brandenburg）不打算跟教皇唱反调。他年仅23岁就被提名为美因茨大主教、马格德堡采邑大主教和哈尔伯施塔特（Halberstadt）代理主教，成为帝国的一名选帝侯、大宗宰，身兼一国之君。但是他需要罗马颁发的教皇特许状，而特许状是收费的。因此双方达成了一笔交易。阿尔布雷希特负责在德意志销售八年的赦罪符，一半的收入用于重修圣彼得大教堂，另一半收入用来向借钱给阿尔布雷希特支付特许状费用的商人还款。具体的销售工作交给多明我会修士约翰·特策尔（Johann Tetzel）负责，他有15年推销救赎的经验。然而，萨克森选帝侯国是一个禁止兜售赦罪符的国家，而且霍亨索伦家族跟萨克森选帝侯的韦廷家族（Wettins）关系也不好。不过，特策尔在非常接近萨克森边境的于特博格（Jüterborg）传道，吸引了大批信众。

路德的回应是给特策尔的大主教——勃兰登堡的阿尔布雷希特——写了一封信，随信附上了简短有力的《九十五条论纲》，批判了他认为的对赦罪符的滥用。究竟这篇论纲有没有如梅兰希通在路德葬礼上布道时所说的那样在1517年10月31日那天被钉在维滕贝格大教堂的门上，我们不得而知。路德不打算让萨克森选帝侯在政治上为难，也并不打算让这篇论纲变成对全德意志的呼召。阿尔布雷希特自然而然地这样应对：他把论纲送到美因茨大学进行审查，而且抄送了一份给罗马。与此同时，未经路德授权的副本被印了出来，还被翻译成了德语。多明我会和其他人立刻跳出来为特策尔辩护。于是又一场书籍之战爆发了。

对于路德来说，问题在于恩典和拯救。对于他的敌人，问题在于教皇的权威。书籍和宣传册鼓励德意志受过教育的人发言选边。1518年奥格斯堡议会之前，要求教会改革的言论十分汹涌。教皇利奥十世可以在罗马耐心等待声势过去，但是《无名小人的书简》（1517年教皇诏书要求烧掉这本书）和伊拉斯谟同年在斯特拉斯堡出版的《和平之控诉》（*Complaint of Peace*）中对教皇穷兵黩武的尖锐谴责，都让他十分恐慌。《无名小人的书简》是匿名出版的，而伊拉斯谟又有身居高位的朋友，教皇暂时奈何不了他们。相比之下，路德只是萨克森一介无名的奥古斯丁会修士，教皇肯定不难说服选帝侯腓特烈。萨克森离布拉格不远，胡斯派异端在布拉格的血迹还没有干。何不拿路德杀一儆百，让别人知道教皇的权威不容儿戏？于是多明我会对路德发起了异端指控，1518年8月，他被召至罗马。

利奥十世的计算并非全错，但是他忽视了两个非常重要并且相互关联的要素。他低估了选帝侯腓特烈保护路德的决心，他也误读了正在产生的支持路德的运动。腓特烈毫不屈服，因为他意识到自己作为君主负有德意志帝国选帝侯的责任。而且，1519年1月皇帝马克西米利安一世去世，德意志政治势力的天平动摇了。在接下来的选举中，腓特烈的一票在七票中至关重要。教皇不想支持两个领跑者（弗朗索瓦一世和查理五世）中的任何一个，他起初支持一位本土候选人，那就是腓特烈。对路德的异端指控被推迟了——在这重要的时期，路德更广泛的后盾浮出水面。

维滕贝格大学和路德的修会弟兄——他们早就想要修理多明我会了——理所应当地一开始就是路德的大后方，但是有些路德的支持者来自意想不到的群体，比如帝国的独立骑士，有一名骑士主动提出可以为保卫路德的事业召集军队。已经集结在罗伊希林身后的知识分子也与路德站在同一战线。德意志人对意大利人的文化傲慢和经济剥削积怨已久，此刻也发挥了作用，尽管他们并不会因此尊重犹太人的特权和文化。胡腾起初觉得赦罪符问题这种小事不值一驳，但是1519年7月路德在莱比锡与埃克辩论之后，他意识到这是一个痛骂教会不改革的好机会。1518年8月奥格斯堡议会召开，教皇派出的特使是多明我会会长托马索·德·维奥（Tommaso de Vio），又称枢机主教迦耶坦（Cardinal Cajetan），议会上愈演愈烈的抗议让他难以招架。等到下一次议会（1521年4月的沃尔姆斯议会），他的继承者已经被抗议声淹没了："全德意志都公开造反了。九成的人在喊'路德！'，剩下一成的人在喊'罗马教廷去死！'"

路德从不低估自己的对手，他们的本事在于把辩论的内容从拯救转成权威。第一次是在奥格斯堡与迦耶坦辩论，第二次是与约翰·埃克辩论，路德不得不面对一些他此前从未专心思考过的议题。埃克是英戈尔施塔特大学（Ingolstadt University）的副校监（vice-chancellor），当时可谓如日中天。在埃克《锥标》（*Obelisks*）对路德《星标》（*Asterisks*）这次笔战和1519年7月在莱比锡这次当面辩论之中，路德发现自己的战场比以往宽广得多：他否定了教会法中隐含的主张——罗马主教依照神授权利担当教会之首；他断言，教会公会议可能犯错，而且确实犯过错；他相信，胡斯的信仰有许多方面是"最基督徒的和最福音的"（most Christian and evangelical）。他说任何形式的权威，公会议也好，教会法也好，神父也好，都应当臣服于《圣经》的绝对权威。

1520年是路德的奇迹年（*annus mirabilis*）。"沉默的时代结束了，言谈的时代到来了。"他在《致德意志民族的基督教贵族书》(Address to the Christian Nobility of the German Nation)中写道。这封公开信是当年最有名的三篇宣言之一。他在德意志议会上思考过教会和帝国改革这个更广泛的政治问题,这是他第一次公开阐述这一问题。他通过德意志贵族向新皇本人发出呼吁,叫他们"尽基督徒的职分,保护教会,抵抗教皇,务必召开大公会议,改革教会和基督教等级(the Christian estate)"。与此同时,路德也呼吁比贵族更广大的"民族"(nation)将德意志从罗马的暴政下解放出来,建立一个真正神圣的秩序。在《论基督徒的自由》(The Freedom of a Christian)中,路德认为改革和与罗马教会和解都已不再重要。重要的是,基督徒既然无法通过善行获得功德,那该如何过上基督徒的生活?路德的答案是悖论式的:我们既自由又不自由,我们已经脱离"教士的暴政……教会的囚牢",因为我们与上帝建立了直接联系。我们的束缚在于,这份自由伴随着基督徒"在世间完成上帝的爱"的责任。到目前为止,路德回避了"我们对统治者和教会的服从会因此受到什么影响"的问题。

到《论基督徒的自由》出版的时候,路德已经不可能与罗马教会和解了。科隆和鲁汶的大学都谴责他的著作。教皇1520年6月15日发布诏书《愿主兴起》,威胁路德和胡腾,如果不公开宣布放弃的话,就革除他们的教籍。路德把诏书和他的对手们写的各种书一起烧了,作为对他们在莱比锡焚烧他的书的回应。事情发展到"世俗权力"(secular arm)要在沃尔姆斯议会执行诏书,路德被要求出席议会。帝国顾问们想要避免路德问题成为教会改革讨论的主要问题。政治体会议拒绝在当事人有机会发言回应指控之前审议在德意志实施教皇禁令的问题。双方都没有实现自己的目标,不过最终达成的妥协是,德意志议会有权决定如何处置发生在德意志的影响教会的事务和教义问题。路德在帝国的保护下前往沃尔姆斯，这趟旅行变成了一场胜利大游行。路德的书被摞在年轻的皇帝查理五世本人面前，书名被一一朗读出来。路德被请来指认它们，并说明是否支持书中的观点。路德在答辩中把这些书分成三类：那些论述信仰和道德的书就连他的敌人也是认可的，否认这些书等于否认基督教世界本身；那些论述教会的邪恶和教皇的腐败的书关乎如何治理基督教世界，否认这些书等于否认所有治疗基督教世界的方法；只有第三类书，那些与反对者的论战，路德承认写它们的时候可以更宽厚一点。当被要求给一个明确的答复时，他说他不会收回这些书，除非有人能用《圣经》证明它们错了，因为他的良心已"被上帝的话语所征服"（captive to the word of God）。印刷版的答辩中还有这样一句壮怀激烈的话："这是我的立场，我别无选择。"（Here I stand, I can do no other.）

宗教改革的过程

宗教改革在德意志和瑞士开始了。在 16 世纪 20 年代爆炸性的十年里，宗教改革通过多种媒介传播，对不同的人造成了不同的影响。它创造了跨社会群体的新联盟，将新角色引入了政治舞台。修士和修女大批离开修道院的现象，教士结婚引发的争议，以及反对"祭司的娼妓（妾）"的论战为早期宗教改革注入了一种解放感，一种迸发的性活力，维滕贝格画家卢卡斯·克拉纳赫——路德的多年好友和支持者——那些令人心神不宁的裸体画就反映了这种活力。1530 年以前，宗教改革就已经设法联合了一批新生的教会和新的教义，这是一个了不起的成就,但这也是有代价的。一致性是通过规定一种主流的"权威的"(magisterial)宗教改革*、剔除不服从主流者的方式实现的。这些矛盾到20年代末演化成了在下列几个问题上的巨大分歧:教会应该如何组织与管理,教会和世俗当局的关系,还有圣餐这个无法弥合的大分歧。

新角色诞生的部分原因在于本来应该起决定作用的人没有起到决定作用。沃尔姆斯议会一结束,查理五世就离开了帝国,直到十年后的1530年才回来。他远程干涉的唯一作用是阻挠了德意志政治体会议希望通过全国性教会公会议解决分歧的努力。查理在沃尔姆斯议会提名弟弟斐迪南担任帝国摄政。但是,斐迪南和他兄长的关系很复杂,他和查理都是马克西米利安一世膝下的王朝继承人,他希望分到一笔足够大的遗产并被选为波希米亚国王和罗马人民的国王。然而,查理对"哈布斯堡家族正在想办法暗中窃取帝国"的指控非常敏感,他在沃尔姆斯同意分给斐迪南5个奥地利公国。然后他又在1522年2月将蒂罗尔、士瓦本的前奥地利(Vorlande),以及最近被士瓦本同盟占领、临时归哈布斯堡管理的符腾堡公国让给了斐迪南。协议中符腾堡一条是保密的,当1525年该条款公之于世时,哈布斯堡对帝国的企图让人起了疑心。与此同时,斐迪南巩固了他在奥地利的权威,顶住兄长的压力在1526年参加波希米亚国王选举。维特尔斯巴赫家族的巴伐利亚公爵威廉(Wittelsbach Duke Wilhelm of Bavaria)在国际支持下也推出了自己的候选人。斐迪南需要各位选帝侯的支持和政治体会议的默许才能取胜,所以他已经准备好搁置路德问题了。斐迪南还

---

* 权威的宗教改革运动,教会史用语,指路德派和加尔文宗教会,区别于重洗派等较极端的派系。——译者注

继承了匈牙利的一部分,因此奥斯曼土耳其的威胁也削弱了他领导帝国的能力。

按照让步协议的要求,查理同意设立一个治理委员会(Governing Council)。在这个新机构中起决定权的是政治体会议,但是它必须与斐迪南合作。事实证明这非常难。帝国改革计划中有一项是开征名为"公共芬尼"(Common Penny)的帝国税用于军费开支,这个设想没有成功。治理委员会寸步难行,帝国的领导权又回到了政治体会议身上,但是各政治体在如何应对路德改革上也是一团混乱,就连《沃尔姆斯敕令》(Edict of Worms)的实施也成了一个问题。*选帝侯腓特烈得到了无须在自己的领地上执行敕令的豁免权。只有哈布斯堡领地、阿尔布雷希特萨克森、巴伐利亚和不伦瑞克为落实敕令采取了一些手段。其余地区都当敕令不存在。几个帝国自由市(斯特拉斯堡、乌尔姆和纽伦堡)带头希望筹备一场全国性的教会公会议,1524年在施派尔举行,但是它们内部不睦,方案也无疾而终,对于诸如此类的德意志帝国内部分裂,路德派既是主要原因,又是最终受益者。

在政治舞台上的新角色中,路德是一个矛盾的角色:一个非政治的民族英雄(a non-political national hero)。路德在离开沃尔姆斯的路上从公众视线中消失了,因为萨克森选帝侯为了他的安全把他抓到瓦尔特堡(Wartburg)关了十个月。路德在那里笔耕不辍——论圣礼、论修院誓言、论《诗篇》,他还把《新约》翻译成了德语。但是,路德1522年重新出现在人前之后,无意成为民众运动的领袖,也无意参与帝国自由市的全国公会议方案。他乐观地认为,话语的传播足以

---

* 1521年5月,查理五世颁布《沃尔姆斯敕令》,宣布马丁·路德是异端,应当立刻逮捕,而且禁止传播路德的观点。路德在议会闭幕之前就已离开沃尔姆斯。——译者注

摧毁"教皇政权的成群爪牙"。他最关心的是鼓励基督徒不受诸侯妨碍地改革自己的共同体。他很鄙视诸侯,说他们"基本上是最蠢的蠢货或是世上最坏的坏蛋","对他们永远要做最坏的打算"。

但是不管路德本人怎么想,他都成了宗教改革的一块试金石。在维滕贝格大学内,在萨克森选帝侯国的官员、莱茵兰和德意志南部城市的人文主义者中,他都有支持者。他的话语通过所在的奥古斯丁会,通过更广泛的传道者群体向外扩散。新教改革的前十年德语地区的印刷宣传册(*Flugschriften*)展现了改革的过程。宣传册方便携带,定期发行,市场竞争非常激烈。半数以上的宣传册只有 8 页,售价只需一个学徒工日薪的六分之一。四分之三的宣传册扉页都有木版画。文学形式的多样性证明它们借鉴了其他媒介,包括布道、书信、诗、歌、祈祷文、申诉书和劝喻文。尽管宗教是这些宣传册的主要主题,但是其他题材宣传册也有涉猎,比如与土耳其人的战争、平民的起义、奇迹和预言、利息和高利贷。1500—1530 年间已知的宣传册超过 1 万种,绝大部分都是 1517—1527 年面世的,其中多数是新教(*eveangelical*)的。1518—1525 年市面上的宣传册大约有 300 万册。对于 1 200 万的总人口而言这个数字好像不算什么,但是考虑到识字的人数,这个数字相当惊人。尽管宗教改革对欧洲各地都造成了影响,但没有任何地方的印刷品产量有这里这么高。恐怕只有在 16 世纪 50 到 60 年代的日内瓦,印刷业和宗教改革才融合到这种程度。

宣传册不是新教说服大众的唯一方式,甚至不是最重要的方式。最有效的交流者大概是早期的新教传道者。他们将当下这一时刻戏剧化,告诉听众这是"喜乐的黄金"时代,"福音已自由地飞向先前否认基督的全世界"。上帝如今亲自动工,最后的审判和上帝的国（the Kingdom）已近在咫尺。他们讲述自己发现"基督福音真理"（evangelical Christian truth）的经验，邀请听众做出积极的回应。他们说，真正的教会在信徒的共同体之中。福音（Gospel）不属于神父，平信徒在信心上与神父平起平坐，甚至更高一筹。

路德没有给出宗教改革的路线图。他鼓励各地基督教教团自己想办法，所以其他人物有了登场的机会，在16世纪20年代的福音运动中，这些人把路德的教导移植到了自己的关切点和目标上。维滕贝格的宗教改革较早地反映了这种移植可以制造多大的分裂。因为路德被锁在瓦尔特堡，所以维滕贝格的运动由他的大学同事领导。其中一名同事安德烈亚斯·博登施泰因·冯·卡尔施塔特（Andreas Bodenstein von Karlstadt）醉心于对圣奥古斯丁的解读和后来路德的超凡魅力，决定破釜沉舟。12月，学生们和其他一些人闯进教区教堂，扔掉弥撒书，拆毁了祭坛。然后他们冲进市议会，要求终止弥撒。作为回应，卡尔施塔特启动了"基督之城维滕贝格"（Christian city of Wittenberg）。他鼓励修士和修女离开修道院，而且还在1521年节礼日宣布与一个15岁的女孩订婚。弥撒应该被换成某种平民参与的活动，因此平民活跃起来。一群群织工——后来路德不屑地称他们为"空想家"（Schwärmer）——来到维滕贝格，他们深信——路德似乎这么说过——上帝在他们这一边。他们对圣餐是奇迹这种想法不以为然，饼和酒不过是符号（"图像"），相信任何别的东西都是"偶像崇拜"。在这个问题上，卡尔施塔特的言论很有煽动性。他在1522年出版的《论清除图像》（On the Removal of Images）中否认"图像是穷人的书"这种看法。他敦促他的读者毁掉图像，免得图像毁掉他们。

这一切都让选帝侯腓特烈感到愤怒，让路德感到错愕。路德获释离开瓦尔特堡，回到维滕贝格进行了为期一周的布道。他说，我们的内心世界是我们自己的，不是别人的。我们没有人可以做到为他人而死，如果我们还充当审判他人的法官，维滕贝格就会变成另一个迦百农。*关于基督徒的自由的教导意味着我们应当做出必要的改变，但不是迫使他人跟上我们的速度以至于违背了他人的良心。如果修士和修女的良心命令他们还俗结婚，他们就应当还俗结婚。图像只有在被人崇拜时才有危害。神叫摩西不要崇拜图像，但神没有说："撕掉它们。"维滕贝格的好人受到了不良影响。路德训斥他们，说他们被假先知诱惑了。

  早期宗教改革的主要问题是实施变革需要确定的议题、步调和权威。路德认为这些问题应该各地自行解决。1523 年，萨克森选帝侯国的市镇莱斯尼希（Leisnig）询问路德应该怎样开展改革，他叫他们把教会和教区金库掌握在自己的共同体手中。1524 年，弗兰肯村庄文德尔施泰因（Wendelstein）的村民起草了教会条例，并且在新上任的教士面前宣读，提醒他："你是我们的侍者和仆人……不是你命令我们，是我们命令你"。但在茨维考（Zwickau）这个选帝侯腓特烈的"明珠""小威尼斯"，选帝侯国最大的市镇，这一过程就充满了冲突。施内贝格（Schneeberg）银矿的发现改变了这个市镇，使从新财源中获益的人和没有获益的人之间的差异更加尖锐。市财政局长赫尔曼·米尔福特（Hermann Muhlfort）借经济繁荣捞取利益，他的账本记录了重修市政厅、铺设道路、建造新梅毒医院等规划。1520 年，从维滕贝格

---

* 耶稣数次在迦百农传道，但迦百农的居民不知悔改，因而遭到耶稣点名责备。《新约·马太福音》第 11 章第 23 节："迦百农啊，你已经升到天上，将来必坠落阴间，因为在你那里所行的异能，若行在所多玛，它还可以存到今日。"——译者注

来了一个将来会变成路德派的助祭,名叫托马斯·闵采尔。起初他在茨维考毛纺织区的小教堂布道,他反对教皇的语言吸引了大批听众。随着暴力事件的增加,茨维考的父老开始感到不安。他们指控闵采尔与"乡巴佬"和"酒友"为伍,这帮人一心渴望杀人喋血。他们被叫作"茨维考先知",其中包括一个刚进城的织工,名为尼克拉斯·斯托希(Niclas Storch)。斯托希和闵采尔一样教导说《圣经》本身没有指导人的力量,人必须受圣灵启发。据说,先知们在(织工区的)"神之小路"(God's Lane)的居民中招募了十二使徒和七十二门徒。茨维考父老封杀运动领袖,加强对教会的权威,成功夺回优势,把激进派赶出城外。

卡尔施塔特、闵采尔和斯托希把关于圣灵的教导带到了别的地方。卡尔施塔特去了耶拿南边的奥拉明德(Orlamünde),他在那里清除教堂里的圣像,拒绝给孩子洗礼,而且把圣餐解释为对基督之死的纪念。1524 年,他出版宣传册《论缓行》(On Going Slowly),回应了路德在维滕贝格的布道。"如果你见到一个小孩子拿着一把锋利的刀,你不会说'让他留着吧,为了兄弟间的爱'。你会拿走刀,免得他伤到或杀了自己。"他沉浸在中世纪晚期神秘学家的著作中,得出了一套属灵新生的神学,他认为人必须向神拜伏,洁净自己的灵魂,然后接受(比喻意义上的)割礼,通过圣灵转化成一个新人,实现属灵的重生。洗礼和圣餐是属灵新生的记号。小孩子不可能经历这种重生,所以婴儿洗礼是违背《圣经》而不能实施的。饼和酒都是象征,因为没人会相信基督的身体会到处都是。路德回应说卡尔施塔特生吞了圣灵、羽毛和一切乱七八糟的东西。

类似的势力在瑞士的苏黎世州和伯尔尼州也风生水起。胡尔德里希·慈运理在苏黎世左右大局,伯尔尼官方传道人贝特霍尔德·哈勒尔(Berthold Haller)是狂热的早期慈运理派。16世纪20年代,慈运理凭借清晰的思路和敏锐的头脑,把苏黎世城和苏黎世州规划为宗教改革的前沿阵地。慈运理理解的"改革"(reformation)不仅是教会内部的改革,它还是教会所象征的全体共同体的改革。所以,改革的代理人是共同体的负责人——共同体的官员。1523年1月20日苏黎世市政厅的公开大辩论就反映了这一点。主席台上坐的多半是新当选的市议员、地主、商人、成功的工匠。摆在他们面前的是67条论纲(Articles),这是一份新教徒提交给市镇议会讨论和批准的"规划申请"。慈运理与他的支持者和他的书也在现场,还有600多人挤在大厅里旁听讨论。慈运理的对手准备不足,讲得也很差。它们质疑市议会没有处理此类问题的权力,而慈运理反驳说市议会是"基督徒的议会"(Christian Assembly),是"主教的集会"——慈运理的《新约》释经强调主教的意思是"监督人"(overseer)。在圣礼和礼仪问题上,他的主张大获全胜。结果不出所料,慈运理的规划申请被批准了,他的布道得到了认可,全州教士必须遵照他的布道。

苏黎世的宗教改革是分阶段完成的,三年之后才废除弥撒。但是早在1523年9月,慈运理的朋友莱奥·尤德(Leo Jud)就在布道中指出,东正教和西方天主教对十诫的编号是不一样的。东正教追随犹太教,将雕刻"偶像"(graven image)列成一条单独的诫命,以凸显它的地位。*西方天主教在这个问题上比较温和,把它放在第一条诫命之下。尤德发表这篇文章时,慈运理已经开始落实偶像崇拜的禁令,他

---

* 《旧约·出埃及记》第20章第4节:"不可为自己雕刻偶像,也不可做什么形象仿佛上天、下地和地底下、水中的百物。"

把音乐也算作听觉上的偶像崇拜。慈运理一边清除一切可以被"象征"（embodied）为记号的活动，一边对圣餐有了新的认识。1525年夏末，他出版了法学家兼荷兰省议员科尼利斯·胡恩（Cornelis Hoen）1521年写的一篇书信。胡恩认为，圣餐有关的经文（"这是我的身体"云云）*是象征性的。慈运理的"象征论"（symbolic）视角把圣餐象征论（Sacramentarian）的激进观点变成了主流做法，引发了巨大的争议。

伯尔尼的宗教改革也是这样展开的。1523年，伯尔尼贵族要求传道人贝特霍尔德·哈勒尔只能讲授《圣经》中的内容。1525年，市议会废除了赦罪符、教士会费和教士在财政与法律上的特权。地方官员掌握了任免本州教士的绝对权力。次年爆发了一场农民起义，起义后哈勒尔发现自己成了伯尔尼民众运动的领袖，运动影响了1527年的市议会选举，让地方寡头政权发生了有利于新教的转变。牧师被允许结婚，安魂弥撒被废止，1528年1月举行了一场公开辩论，使伯尔尼的宗教改革跟上了苏黎世的进度。

后来苏黎世与周边的天主教各州进入了激烈的对抗，1531年10月11日慈运理在阿尔比斯附近卡佩尔（Kappel am Albis）战死，凸显了苏黎世宗教改革的与众不同，也预示了即将爆发的国际宗教冲突。慈运理的继承者海因里希·布林格（Heinrich Bullinger）宣称慈运理是苏黎世的先知，也是苏黎世第一位殉道者。苏黎世宗教改革的特点包括圣餐象征论、忌偶像、忌色彩、忌和声。这时，苏黎世更激进的边缘分子开始以其反对婴儿洗礼的立场得名——慈运理叫他们"反对洗礼派"（Catabaptists），我们今天称之为"重洗派"（Anabaptists）。慈运

---

* 《新约·路加福音》第22章19节："又拿起饼来，祝谢了，就擘开，递给他们，说：'这是我的身体，为你们舍的，你们也应当如此行，为的是记念我。'"——译者注

理没能改变他们的信念,地方官员把他们抓了起来,依据1526年通过的一项法令起诉他们,威胁要把他们淹死。第一个被定罪的是苏黎世大教堂咏礼司铎的私生子费利克斯·曼茨(Felix Manz)。1527年1月7日下午,他被带到利马特(Limmat)河的一条船上,手脚被捆在一根棍子上抛入水中。他的同伴多数都逃走了,这是第一次重洗派大流散。

苏黎世的宗教改革不止影响了伯尔尼,它的波及范围超出瑞士各州,扩散到了德意志南部,即康斯坦茨湖对岸的多瑙河与莱茵河流域。多数帝国自由市在这一区域,仅上莱茵兰就有18个,士瓦本有30个。这里也是神圣罗马帝国的中心地区,半数以上的帝国议会都在这里举行。重要城市有纽伦堡、奥格斯堡、斯特拉斯堡和乌尔姆,其次是一系列中等市镇——沃尔姆斯、康斯坦茨、海尔布隆(Heilbronn)和讷德林根(Nördlingen)。贵族不断地跟皇帝说,这些地方正在"变成瑞士"(turning Swiss),这是当年灰色同盟带领瑞士脱离帝国那场运动的延续,他们对那次分裂记忆犹新。德语区南部的宗教改革者受到瑞士邦联的吸引,也纷纷成立基督教联盟(Christian Federations)。

然而,帝国南部诸城发现苏黎世式的宗教改革会给它们造成麻烦。它们的官员不得不承认皇帝和帝国机构的权威。比如,纽伦堡(德意志南部最大城市)是帝国最高法院(Imperial Supreme Court)的所在地,保管着帝国御宝。城市官员开展宗教改革时必须平衡市民和同侪的压力,以及上级和城内保守派的影响。1521年和1522年的法令邀请新教牧师进城,对发放救济做出了限制。城内一些人公开加入路德派。但是,1524年时,市政当局感到了不安。主要是因为教皇对城市发出了禁令,帝国也在施加压力,农民也不交什一税了。当局要求牧师停止讲道，限制印刷品的出版。可是等到这一年皇帝的使者在纽伦堡议会（Diet of Nuremberg）上命令城市官员禁止城内新教活动的时候，他们已经管不住了。纽伦堡颁布了洗礼法令，而且在 1524 年 6 月 1 日引入了归正弥撒（Reformed Mass）。

在德意志西南部，新教改革引入了其他政治角色和社会联盟。1522—1523 年的帝国骑士起义受到了路德的感召，起义领袖也是新教的。弗朗茨·冯·济金根在（卡尔斯鲁厄附近的）埃伯恩堡（Ebernburg）的城堡成了新教的印刷中心，也成为（继维滕贝格和纽伦堡之后）第三个进行新教改革的地方。1519 年士瓦本同盟与符腾堡公爵乌尔里希交战的时候，济金根见过胡腾，现在胡腾也成了济金根的支持者。胡腾把济金根推举为民族运动的领袖——一个路德拒绝承担的角色。胡腾和济金根希望利用帝国骑士和小贵族的不满建立一支军队，在莱茵河中游地区"迎接福音的降临"（create an opening for the Gospel）。贵族世仇在士瓦本和韦特劳诸伯爵领地催生了一大批贵族联盟。1522 年 8 月，大约 600 名莱茵兰骑士齐聚兰道（Landau），宣誓在济金根的领导下结为"兄弟"之盟。然后济金根向特里尔大主教选帝侯宣战，但是他期待的大起义没有出现。济金根没能攻陷特里尔，反而于 1523 年 5 月在兰德施图尔（Landstuhl）的要塞南施泰因堡（Burg Nanstein）被围，本人战死沙场。胡腾逃到了苏黎世湖（Zürichsee）的一个小岛上，1523 年 8 月，他在那里死于梅毒。各政治体没有让骑士暴动（Knights' Revolt）的失败危及他们作为帝国内部固有秩序一部分的命运。

1524—1526 年的德意志农民战争是一个更复杂、规模更大的现象，它加剧了德意志宗教改革初期的紧张局势。占星家已经预言了高潮的来临。1524年2月,所有行星落入双鱼宫,人们将之视为天下大变的征兆,或许一场新的大洪水即将到来。1523年预测灾难降临的印刷品大约有50份保存到了今天,其中一部分预言将会爆发一场民众暴乱。阿尔萨斯的一些叛军声称他们不过是神意的使者,神的意志都在星辰上写明了。

为了启发思考,农民战争经常被笼统地称为"农村宗教改革",相对的是"城市宗教改革",不过事实上这种区隔完全是人为的。路德思想的影响超出了城市的范围,贵族充当了新教理念的传播渠道。路德思想的一部分在农村地区,在那些存在教士地产、教士权利和修道院的地方,得到了广泛欢迎。"教会财富是以欺骗手段获得的"这种想法扎下了根。慈运理的影响更加明显,他说福音是宗教改革的检验标准,于是人们开始质疑什一税,《圣经》中哪里有支撑什一税的正当理由? 1523年,莱茵兰和弗兰肯开始拒缴什一税,而且这一风气开始向南扩散。在苏黎世,抗缴什一税成了那些嫌改革太慢的人的标志,维蒂孔(Witikon)和措利孔(Zollikon)这两个邻湖村庄开风气之先,它们得到了威廉·罗伊布林——最雄辩的重洗派教徒之一——的支持。

农民战争这个称谓很难概括这场极其广泛的农村和城镇平民的运动的特点,这场运动旨在纠正一些司空见惯的不公平现象,在参与者的眼中,帝国操纵非自然的(罗马)法侵害他们的习惯权利。他们使用的手段多种多样:大规模政治集会,请愿书和表达不满的"条款"(articles),抵制什一税和其他税赋,抢劫修道院和贵族财产。只有在运动后期,农民团体才结成"军队"。我们很难描述这种人民的力量(people-power)爆发的复杂过程,因为不同地区差异很大,而且结果取决于当地环境。1524 年夏天在黑森林，富有的圣布拉辛（St Blasien）修道院、卢普芬（Lupfen）和施蒂林根（Stühlingen）两个伯爵领地成了拒缴什一税运动的焦点。瓦尔茨胡特（Waldshut）也加入了运动，这是一个莱茵河边位于巴塞尔上游的小镇，镇里有一个激进的牧师，叫巴尔塔扎·胡布迈尔。*

随着运动发展到上士瓦本，它的新教色彩越来越显著。1525 年 2 月大斋期前夕，许多大型农民团体在一种狂欢的氛围中聚在一起。农民首领与梅明根这个小型帝国自由市新任命的牧师克里斯托夫·沙佩勒尔（Christoph Schappel）联合了起来。梅明根刚刚结束一场与奥格斯堡主教的冲突，赢得了自己任命牧师的权利。梅明根官员支持沙佩勒尔，既是因为自己同样越发倾向于新教，也是因为行会施加的压力。沙佩勒尔的拥护者中有一名毛皮工叫塞巴斯蒂安·洛策尔（Sebastian Lotzer），作为一个直言不讳的宣传册作家，他在讲道中说世界末日就要到了，他能认识到福音，就是他预言能力的征兆。梅明根周围村庄的农民首领来到城中，沙佩勒尔或洛策尔（更有可能是后者）把他们的苦衷写成了著名的《梅明根十二条款》，于 1525 年 3 月出版。数月之内，这篇文章就被重印了 25 次以上，成了申诉的纲要和战斗的口号。

这些条款让我们了解到宗教语言和目标如何与其他不满混合在一起形成一种"社会动乱的福音"（gospel of social unrest）。有一条贯穿所有条款的主线，那就是平民（而非农民），他们独立于上级强加的权威，依靠本地共同体的意识。这种共同体背后是一种"神圣律

---

* 巴尔塔扎·胡布迈尔（Balthasar Hubmaier），重洗派最著名的神学家之一。——译者注

法"(divine law)的观念,神圣律法体现在传统正义和共同体正义之中。想要界定这种农民抗争中的宗教要素,就好比把化合物分解为化学元素,这是一种不得要领的做法。宗教作为纽带,为运动赋予了动力、活力和杀伤力。农民当然有政治诉求。在最激进的宣言中,农民战争表达了平民有废除不虔诚的统治者的权利。一本纽伦堡出版的题为《致农民全体大会》(To the Assembly of the Common Peasantry)的宣传册设想了专制统治者被推翻的景象,取而代之的是农民的自由共同体、城市公社和贵族一同生活在仁慈而遥远的皇帝的权威之下。"变成瑞士"一直是农民战争梦想的一部分。

在托马斯·闵采尔人生的最后几个月,农民战争的激进主义以另一种方式展现了出来。他在1521年被逐出茨维考,兜兜转转到了布拉格,最后来到萨克森的一个小型设防飞地阿尔施泰特(Allstedt),他在这里领导了一场激进的宗教改革,并且痛骂路德是维滕贝格的官僚。1524年7月13日,他对图林根萨克森(Thuringian Saxony)的共同摄政、腓特烈的弟弟兼法定继承人约翰公爵发表了一篇极具煽动性的布道。他引用《但以理书》第2章的经文,把但以理的梦解释为拿起武器推翻压迫福音的君主的号召。* 他用很短的时间建立了一支500名市民组成的队伍,1524年8月7日夜里到8日凌晨逃出城外,转移到了图林根的小型帝国自由市米尔豪森(Mühlhausen)。他在那里筹备暴乱,建立了永久神圣同盟(Eternal League of God),在后者的帮助下于1525年3月16日推翻了市政府,选举了新的永久议会(Eternal

---

* 之后路德写信敦促萨克森诸侯驱逐激进派。约翰公爵审讯了闵采尔等人,阿尔施泰特的官员感到风向不对,立刻撤回了对闵采尔的支持,闵采尔觉察到了风险,决定再次流亡。——译者注

Council）代替政府执政。他在米尔豪森向支持者写下了预示世界末日的书信，要求他们起兵碾碎他们的敌人。

5月10日，闵采尔带着他的部队前去支援一支在弗兰肯豪森（Frankenhausen）集结的农民军，他以为自己是基甸再世,* 却把他的追随者引向了灭亡，5月15日，贵族军队在城外击溃了他们。闵采尔本人被生擒，12天后在城墙外被斩首示众。这虽然不是农民战争的终结，但也是一个决定性的月份，特别是因为路德在这个月发表了短文《反对抢劫杀人的农民暴徒》（*Against the Robbing and Murdering Hordes of Peasants*）。路德某种程度上出于对闵采尔起兵号令的回应，谴责农民犯了"可怕的罪"。新教的春天结束了，分裂已然产生。我们今天所知的"激进宗教改革"（radical Reformation）从起源上讲不是一个孤立存在的运动，而是一种令人焦虑的关系的一方，如今这种关系走到了尽头。

早期宗教改革的动态凸显了两个现实：第一，宗教变革有能力创造一种关于未来政治与社会的替代性设想；第二，宗教改革为这种变革创造了广泛的联盟。这些联盟在农村有如昙花一现，在城市则有不同的走向。如果联盟由积极的工匠和户主组成，由敢于同当局正面对抗的鼓动者领导，那么宗教改革运动就能成功推翻现存政权；如果组织良好的联盟遇上愿意妥协的政权，结果往往是谈判和解，以一种较为渐进的方式改革教会，旧秩序的捍卫者会吸纳并消解新联盟；如果联盟本身很弱小，领导又无能，又遇到坚决的镇压，运动就会失败。城市中社会与政治动乱反复出现，产生了一系列政治与宗教妥协。

---

* 基甸（Gideon）是《旧约·士师记》中记载的一位士师，曾率领三百勇士大破米甸人。——译者注

16世纪30年代后期,运动开始有结果。弗兰肯、德意志中部、莱茵兰和瑞士边境的几十个帝国自由市的官员立法接受新教改革。苏黎世州和伯尔尼州也不例外。在新教一度势力强大的德意志南部,1530年之前出台法令改革教会的帝国自由市屈指可数。在德意志北部和波罗的海地区,新教运动刚刚起步,不过最终它们会造成同样巨大的影响。德意志大国诸侯很少有人在运动初期改宗路德派,萨克森选帝侯——1525年坚定的约翰(John the Constant)继承了英明的腓特烈的选帝侯之位——和黑森的菲利普是两个异数。德意志北部最活跃的诸侯仍然反对路德派,他们相信各政治体总有办法统合帝国改革与教会改革。更多的诸侯处于骑墙状态,既忠于旧教会,也不阻挠新教在他们的领地内传教,只要他们自己的权威不受到威胁就行。

1525年条顿骑士团的普鲁士领地的世俗化是一个独特的案例,因为它并不完全是帝国的一部分,而且它之所以接受宗教改革,是因为它既有的秩序在两大威胁——内部的农民骚乱和外部的波兰入侵——面前崩溃了。大多数诸侯国的犹豫似乎与1526年施派尔议会的议事录相符,后者决定,在教会大公会议召开或全国大会召开之前,各政治体应当"依照自己希望并相信可以对神和皇帝陛下交代的方式"处理自身的宗教问题。

这赋予了各政治体——诸侯和自由市——决定臣民宗教的权利,这种权利后来被称为"改革权利"(ius reformandi)。以此为基础,黑森的菲利普和萨克森的坚定的约翰开始筹划在自己的领地上建立领地教会,梅兰希通和路德为他们提供了理由——君权神授,君主负有基督徒的义务在自己统治的土地上传播福音。但是施派尔议事录是临时性的,是可以被推翻的。16世纪30年代后期,帝国的领主们开始依信条抱团。1529 年的议会仍然在施派尔举行，这次帝国天主教阵营壮大了。斐迪南大公在德意志南部重建了哈布斯堡联盟。萨克森公国的乔治公爵（Duke George of Ducal Saxony）——北德意志天主教诸侯中最雄辩的一员——公开要求诸侯尽自己的职责。上帝的复仇之怒会降在把异端带到基督教世界的"马丁派"（Martinians）身上，没有做到捍卫基督教世界的人不会得到他的善待。1529 年的帝国议会撤销了先前的议事录，并要求在一切可能的地方推行《沃尔姆斯敕令》。多数政治体同意，并且确实禁止了任何进一步的宗教创新。帝国全境封杀慈运理派（Zwinglianism），任何为成人施洗的人都将被处死。

一些政治体反对新议事录，1529 年 7 月 19 日，几位诸侯和 14 座帝国自由市的代表签署并发表了一项少数派决议，称为"抗议"（Protest）——"抗议宗"（Protestantism）的名字就是这么来的。这份抗议提出：区区多数派决议不能否决上届议会的全体一致决议，而且宗教良心的决定属于个人与上帝的私人关系。从此，这份抗议成了路德派改革的基础。次年举行的奥格斯堡议会开了半年时间（1530 年 4 月至 9 月），查理五世本人也有出席。大宗宰请出席者就宗教问题作做出书面陈述。路德派新教徒提交了《托尔高条款》（Articles of Torgau），主要论述了教会组织问题。出席议会的菲利普·梅兰希通也提交了一份教义声明，它得到了 11 位诸侯和两座帝国自由市的签名，1530 年 6 月 25 日被呈给政治体会议，后来这份文件被称为《奥格斯堡信纲》(Confession of Augsburg)。莱茵兰的"新教"政治体和德意志西南部诸城——慈运理主义在这些地方赢得了许多追随者——提交了自己的信纲，史称《四城信纲》(Tetrapolitana)——四城指的是斯特拉斯堡、康斯坦茨、梅明根和林道（Lindau）。路德派宗教改革现在是一场独立的运动了。

路德派改革的政治

  各政治体的新教少数派面临着艰难的使命。尽管整个 16 世纪 30 年代皇帝都不在德意志,但是他通过低地国家加强了在北部和西部的权威。在西部,洛林公爵的天主教信仰和哈布斯堡家族的勃艮第伯爵领地(county of Burgundy)巩固了他的权威。就连与他作对的巴伐利亚维特尔斯巴赫家族也得到了安抚,因为 1534 年符腾堡公国被还给了乌尔里希公爵。德意志许多领地的统治者仍然坚信帝国的概念,对皇帝保持忠诚,相信他是帝国政治稳定和秩序的保障。新教在贵族中的扩散只能逐渐地改变势力均衡。

  1531 年,一些新教少数派领地政权组建了施马尔卡尔登联盟,这在帝国政治中是一个新现象——一个跨地区的信条联盟,有自己的金库、部队、议会,到 16 世纪 30 年代末,还形成了自己的外交政策。大多数聪明人仍相信帝国的分歧是暂时的,适度改革德意志教会就可以解决这些分歧。对于相信必须恢复政治统一才可以在其他方面取得进展的人,教会改革似乎是最可靠的选项。这就是为什么神学家、法学家、外交家在奥格斯堡议会(1530 年)与雷根斯堡议会(1541 年)期间和前后以及两次议会之间,不厌其烦地在各种场合会面讨论。他们的努力没有一次成功,每次会谈都变成相互攻讦。人们花了很长时间才意识到,德意志诸侯和诸城必须在支持宗教改革还是反对宗教改革中做出抉择。

  国际背景和德意志诸侯的天主教同盟促使皇帝查理五世决定用武

力扭转路德派悄然前行的态势。这个决定具体是什么时候做出的，我们不得而知，但是 1541 年莫里茨公爵（Duke Maurice）继承萨克森公国为这个决定奠定了基础。他单刀直入的风格激励了帝国内的天主教徒，使施马尔卡尔登联盟感到更加焦虑，这时联盟已经在走下坡路了。黑森的菲利普的重婚削弱了他所谓"履行君主的基督徒义务"的说法，黑森和萨克森选帝侯国对不伦瑞克－沃尔芬比特尔的联合进攻掏空了他们的共同金库。教皇下令 1545 年在特伦托召开教会大公会议，使人们不再寻求通过召开地区性公会议解决帝国分歧。最重要的是，《克雷皮条约》（1544 年 9 月）给了查理最需要的"法国不会为施马尔卡尔登联盟出头"的保证。

皇帝对新教徒的军事行动有精心的策划和成功的执行。他对萨克森公国和巴伐利亚许以选帝侯的资格，从而获得了它们的支持。而且他还提出巴伐利亚公爵威廉的儿子与斐迪南的一个女儿联姻，并把利润丰厚的马格德堡教区和哈尔伯施塔特教区的行政权交给莫里茨公爵。接着，他在 1546 年 7 月雷根斯堡议会召开前夕向新教诸政治体宣称，他必须对"不服从的诸侯"采取行动，并且宣布剥夺黑森方伯和萨克森选帝侯的政治权利，因为据说他们破坏了帝国和约。这一招巧妙地把政治体的问题变成了维护帝国法律和司法权的问题。施马尔卡尔登联盟的南方成员意识到军事摊牌即将来临，于是集结了 5 万多人，此时重要的选帝侯（美因茨、科隆、特里尔、勃兰登堡）声明保持中立。皇帝的部队花了一段时间才集结到位，不过联盟军并不接近他们。斐迪南的部队动员遭到了波希米亚叛乱的妨碍，而莫里茨公爵的部队一开始还拒绝与西班牙人一同作战。然而，最终萨克森和波希米亚的联军还是攻入了萨克森选帝侯国，在米尔贝格大破选帝侯的军队（1547年4月24日），生擒选帝侯本人。5月19日，路德去世才一年多，帝国军就兵不血刃地踏进了维滕贝格。卡斯蒂利亚历史学家路易斯·德·阿维拉-苏尼加（Luis de Ávila y Zúñiga）在1549年出版的《评德意志战争》（Commentary on the German War）中说，帝国军跨过易北河让他想到恺撒跨过卢比孔河。1548年，提香在画皇帝骑马像时借鉴了丢勒的天启骑士图。

查理五世借着胜仗的余威召开了奥格斯堡议会。大军在握的他颁布了《1548年临时敕令》（Interim of 1548），尽管对新教徒敏感的问题做了些许让步，但是本质上重新确立了天主教的地位，威胁了那些反抗他权威的人的特权。新教诸国大多数屈服了，然而马格德堡不服，因为它很早就接受了宗教改革（1524年），而且是施马尔卡尔登联盟的长期成员。在《临时敕令》的影响下，大量难民涌入马格德堡，城市也加强城防准备迎击萨克森公国莫里茨公爵的军队。在一年多的围城战中，公爵的部队烧毁郊野，击退援军，损失了4 000人，直到1551年11月马格德堡同意谈判并投降。在被围攻的城内，一场惊人的转型正在发生，转型的策划者是一群以外地人为主的神学家和宣传家。哈特曼·拜尔（Hartmann Beyer）、马蒂亚斯·弗拉齐乌斯·伊利里库斯（Matthias Flacius Illyricus）和尼古劳斯·冯·阿姆斯多夫（Nikolaus von Amsdorf）撰写宣传册，宣布自己是路德的教导的真正属灵继承人，马格德堡是"我主上帝之法庭"（Our Lord God's Chancery）。尼古劳斯·加卢斯（Nikolaus Gallus）1550年撰写了《忏悔、教导与警告》（Confession, Instruction and Warning），提出城市官员身为帝国的"次要官员"（lesser magistrates），有责任反抗皇帝不合法、不公正的行为。

马格德堡围城战是信仰政治的一次体现，宗教认同与政治忠诚紧密联系，两者都通过植根于历史中的救赎神话表达出来。马格德堡的反抗表明基于宗教立场的武装反抗是可以成功的。围城一旦结束，忠臣就变成了反贼，莫里茨公爵在1552年掀起了另一场反对皇帝的诸侯叛乱，把"次要官员"论挪为己用。查理五世被迫在法律中承认了他一直想用武力废除的改革权利。1555年的《奥格斯堡和约》为德意志后期宗教改革提供了框架，赋予了路德派在既有权力下的合法地位。

新教的分裂

宗教改革使把握人的信心和行为之间的关系这一问题得到了格外的重视。书面"信条"（Confession）的意义正在于此。第一份书面信条——1527年发表的《施莱特海姆信条》（*Schleitheim Confession*）——是重洗派的，这完全不是巧合。农民战争失败之后，重洗派流落四方，在否定他们相信的一切的人的压力之下，他们努力贯彻自己对教会的愿景，仿佛生活在使徒时代的基督徒一样，他们大部分都是农村人。《施莱特海姆信条》有其时间性和地域性，许多后来的重洗派还会发表自己不一样的信条。重洗派神学在他们的生活方式中往往属于次要问题。在此世生活，但又不过属世的生活，会遇到许多困难。这些问题包括要不要和在什么情况下承认诸侯的统治——他们认为这些诸侯根本不是基督徒。重洗派的另一个共同理想是基督徒财产公有（a Christian community of goods），不过他们追求这一点时采取了不同的方式。对于瑞士和德意志南部的重洗派，这一理想与家庭在生活和信仰上的中心地位是相符的。但是在摩拉维亚，重洗派进一步的流散使他们开始向小城——尼科尔斯堡（Nikolsburg）、布尔诺（Brünn）和兹诺伊莫（Znaim）——传教，进而（在内部分裂之后）在贵族领地定居。他们自称是来自普斯特（Puster）山谷的重洗派传奇人物雅各布·胡特（Jacob Hutter）的真正的追随者，过着 500 人左右的社区生活，由长者管理公共的住房、托儿所、学校和手工生产，他们隔绝于外部世界，外部世界大体上也与他们互不相干。重洗派在德意志、奥地利和瑞士同迫害——来自新教和天主教的都有——做斗争。随着时间的流逝，他们学会了适应：他们逃避兵役，不纳不符合他们良心的税，但是表面上遵守君主的宗教，他们保证孩子只和重洗派结婚，以保住自己的信仰。地域化、信条化的宗教鼓励这种表面服从，因此重洗派在欧洲中部得以作为少数派存在下去。在当地条件合适的地方，比如在摩拉维亚东南部，或是局势混乱的尼德兰北部独立省份，到 1 600 年时约有 10% 的人口属于重洗派。君主的迫害和城市官员的监视没有摧垮他们。重洗派代表了宗教改革提出了但未解决的问题。

新教神学不断发展，神学家起草了路德派和慈运理派的信条，巩固了"权威的宗教改革"（magisterial Reformation）。事实上，定义宗教改革信仰的论文早已开启了这一过程。路德认定的标准信仰见于他 1529 年 4 月出版的《大教理问答》（Large Catechism），这是为维滕贝格越来越多的神学生准备的研习材料。后来路德又写了适于家庭环境和学校使用的《小教理问答》（Small Catechism）。宗教改革改变了宗教信仰的意义。信条化基督教（Confessional Christianity）成了一种信经的宗教，对于此，世俗当局与宗教当局都感到有必要管理信仰和监管信徒的行为。

新教诸侯抓住了定义信仰的先机。施派尔议事录发布之后，黑森的菲利普于 1526 年 10 月将教士召集到洪堡，在来自阿维尼翁的前方济各会修士弗朗索瓦·朗贝尔（François Lambert）的协助下宣布了自己领地上的宗教改革，包括改革学校、医院和济贫法。路德不同意他的做法，而是与选帝侯"坚定的约翰"合作，进一步完善维滕贝格模式，这种模式得到了选帝侯国的采纳和路德派地区的广泛复制。教会仪式被标准化为路德的德意志弥撒，世俗当局监管修道院和教堂的结构，指派传福音的牧师，还建立了一套定期的教区巡视程序，将君主对宗教改革的控制落实到各个教区。毫不令人奇怪的是，德意志诸侯国的集中化和新教诸侯通过宗教变革巩固自己的统治往往同时发生。

诸侯宗教改革在北欧同在德意志一样较为保守，瑞典的宗教改革正是如此。古斯塔夫·瓦萨刚刚通过叛乱摆脱丹麦的统治，就剥夺了教会的土地，撵走了丹麦的上层教士，用自己人取而代之，在他实施的宗教改革里，瑞典弥撒保留了祭坛、苦像、蜡烛、祭衣、童贞马利亚和圣徒日。唯一的改变就是拉丁语被换成了方言，圣餐兼领圣体圣血，还有禁止焚乳香、洒圣水。事实证明谨慎的宗教改革更加持久，但稳固是有代价的。它依靠的是世俗力量主导的自上而下的宗教结构。这种情况出现之后，对"外人"（一开始是天主教徒，后来也包括非路德派）的恐惧就变成了对"秩序"的执着的一个侧面，它体现在管理人民社会行为和宗教行为的立法之中。

相比之下，宗教改革的爆炸效应在城市环境下更为持久。在城市里，尤其是在莱茵兰的城市里，慈运理给出了另一种不那么保守的模式，它对权力和传播的关系有不同的理解。这一关系主要是指话语和事物之间的关系，属灵世界和现实世界之间的关系。路德和慈运理在这一问题上持不同立场，而且都毫不妥协。1529年10月初，黑森方伯菲利普举办了马尔堡会谈（Colloquy of Marburg），希望双方达成和解，慈运理、路德和许多相关的神学家都出席了这次会谈。辩论的主题变成了有关圣餐的礼文（Eucharistic "words of institution"）。路德戏剧性地用粉笔在桌上写下了"这是我的身体"（*Hoc est corpus meum*），然后各方激烈地辩论这句话应当怎么理解，应该按字面意义还是按隐喻意义，大家的想法根本走不到一起。路德感到政治压力要求他做出妥协，但是他"被上了镣铐，无法逃脱，因为道（Word）太强了"。慈运理的"联合"（Union）之梦破碎了，宗教改革分裂成两派。不仅是基督教世界发生了大分裂，（无意中）分裂基督教世界的运动本身也发生了大分裂。

第十一章

反动、压迫、改革

基督教世界有其文化、社会和政治的基础,这些基础反映了支撑基督教世界结构与生命的制度和思维习惯。因此,在拉丁基督教世界的腹地是许多相邻的意大利主教辖区(与基督教世界其他地方的主教辖区加起来一样多)和宗教组织,它们连同地区性强权教皇国一起决定了意大利半岛对新教的反应。伊比利亚半岛的边疆遗产决定了它的反应。作为少数派存在的犹太教徒和穆斯林,以及在基督徒的收复失地运动影响下改宗基督教的犹太人和摩里斯科人(Morisco),决定了大陆这一端对新教理念的反应。在阿尔卑斯山和比利牛斯山以北,不同的环境条件对宗教变革的方向有不同的影响。

抵挡一切对社会及其价值的威胁,一直是支撑基督教世界的动力。这种抵挡在16世纪非常复杂,有两种不确定性相互交织:第一是教会改革的性质,许多个人和群体致力于宗教改革,但是他们的道路多种多样,并没有达成共识;第二是新生的这种新教主导的教会改革,我们很难对它做出评估。它是否如马丁·路德所言是改革的唯一选择?还是说,它是对基督教世界的重大挑战?新教徒自己的意见也不统一，所以这些问题很难回答。有时新教徒说的已经有很多人想到了，就连"因信称义"（更确切地说是"上帝的救恩"，这是奥古斯丁神学中一个始终延续且受人尊敬的主题）和"唯独因信称义"（"善功"无用论）两者的区别也是慢慢才显出重要性的。比如在意大利北部的帕多瓦，有一群居住在卡西诺山（Monte Cassino）修道院的本笃会修士，这个改革派团体史称"卡西诺修会"（Cassinese congregation），他们研究早期希腊神父的著作，想要证明这是一种错误的二分法，要将人的本性恢复到上帝所希望的样子，人的工作和上帝的恩典都是不可或缺的。所以人们在意的主要是新教表述观点时的语言和语气。

从 1521 年起，路德派就被教皇、鲁汶大学、索邦神学院（Sorbonne）和科隆大学斥为异端，但政治局势和路德派的自身动力使即刻消灭路德的宗教改革变成了不可能实现的事，因此现存制度对路德派的反应就变得复杂了起来。世俗当局和教会当局的看法并不相同。而且，新教也不是基督教世界面临的唯一威胁。在欧洲地中海沿岸，奥斯曼土耳其才是最大的问题，新教徒只能放在第二位。许多人希望让别人去处理新教问题，或者希望祷告和改革可以让新教徒与教会实现和解。想要遏止新教扩散的人和想要适应新教、以子之矛攻子之盾的人之间也有分歧。在这种内部争论激烈的地方，对宗教改革的反应就很摇摆。

稗子与麦子

奥古斯丁不仅启发了新教改革，也是主张宗教不宽容的人喜欢引用的神学家。面对北非多纳徒派（Donatists）的威胁，这位希波主教说，可以合法地使用强制力迫使顽梗的人看到他们的路线错误。奥古斯丁引用基督在宴席上的比喻（《路加福音》第 14 章第 23 节 *），说《圣经》告诉我们"勉强人进来"（compelle intrare）是合法的，使用武力强迫异端分子是可以的，这是一种止血药，能促使走上邪路的人悔改。但是万一他们不悔改呢？后来的教父作家（Patristic writers）明确表示，拒不悔改的异端必须被革除教籍，如同截肢以保证身体其余部分的健康。西班牙方济各会修士阿方索·德·卡斯特罗（Alfonso de Castro）把"勉强人进来"作为《圣经》支持殖民主义的论据。后来他成了皇帝查理五世的顾问，在 1534 年出版了一部异端百科全书。他 1547 年出版的《论对异端的公正刑罚》（On the Just Punishment of Heretics）为他赢得了异教徒之"灾"（scourge）的名声。这本书是在特伦托公会议结束后他返回故乡萨莫拉（Zamora）的路上写的，他惊讶地发现人们在公开地批评皇帝对德意志新教徒的战争。

卡斯特罗打算证明他们错了。死刑是对顽固异端的一种合法惩罚。如果把路德处决了，德意志的乱局就根本不会发生。对异端太谨慎只是把问题推到未来——如果谁觉得只能让神来降罚，那他一定是疯了。关于稗子的比喻（《马太福音》第 13 章 **）说的就是这个道理，主张对新教强硬的人往往以这个比喻作为出发点。后来卡斯特罗把"勉强人进来"付诸实践。他生命的最后几年都在安特卫普传道，这是尼德兰最大的城市，也是异端毒蛇的巢穴。西班牙半岛对宗教改革的反应是很不同寻常的，国家机器成功地击退了新教"异端"。宗教

---

* 《路加福音》第 14 章第 23 节："主人对仆人说：'你出去到路上和篱笆那里，勉强人进来，坐满我的屋子。'"——译者注

** 《马太福音》第 13 章第 38 节："田地就是世界，好种就是天国之子，稗子就是那恶者之子。"——译者注

第十一章 反动、压迫、改革

改革在这个基督教世界腹地最大的王朝帝国的遭遇与在其他地方大不相同。

西班牙例外的基础在于它作为边境国家的历史。在西班牙半岛的一些地区，穆斯林作为主要人口生活了数个世纪。基督教国家和穆斯林国家里都有犹太人，三种宗教形成了一种复杂的共存（convivencia）。但是，半岛上的基督教国家一心一意要收复失地，这场运动以1492年格拉纳达的陷落宣告完成。共存从此成为历史。犹太人被下了最后通牒，要么改宗基督教，要么离开这个国家，不久之后穆斯林也面临类似的通牒。其结果是人口外流和大量人口受洗成为基督徒。受洗之后，曾经的犹太人（conversos）和穆斯林（moriscos）就变成了"新基督徒"（New Christians）。两种"新基督徒"都养成了这样的宗教传统：表面上服从，但在私下保持原本的惯例和信仰。可是，一旦国家机器开始管制信仰，伪装就不好使了。伪装在别人看来就是不服从。1478年，斐迪南和伊莎贝拉建立了西班牙宗教裁判所，作为他们直接管理的教会法庭，用法来解决这一问题。1536年葡萄牙国王若昂三世也如法炮制。宗教法庭（Holy Office）和中世纪的宗教裁判所完全不同，他是一个国家政府部门，其成员是接受过教会法训练的官员，它在教皇特许状的授权下运作，但是通常独立于罗马当局。它最初的职能是监视新改宗的人，并且得到了相应的资源——当地线人、看守港口和边境的官员、监管印刷业的人手、监狱和档案馆。按照现代标准，它的效率很低，而且往往铺得太开，时常遭到半岛上的议会和教会的批评，但是它颇有势力，并且建立了一种关于行为和信仰的正统观念。

我们可以通过人们读什么，怎么得到读物，来判断它的效果。印刷术作为一种外来技术很晚才被引入西班牙半岛。比如在塞维利亚，克龙贝格（Cromberger）家族（最初来自德意志）三代从事新世界的印刷业，这是一项利润丰厚的生意，他们小心地不印刷任何异端邪说，以免害了自己。印刷业仅限于大城市和大学城，这方便了对本土生产的监管。宗教裁判所采用印刷执照系统有效地管控了印刷和进口的内容。1551年御前会议初版的《西班牙禁书目录》（Spanish Index of Prohibited Books）可谓应有尽有。

西班牙对《圣经》和宗教读物的需求非常旺盛。伊拉斯谟和其他作者满足了这种需求，然而他的成功倏忽即逝。从1525年起，伊拉斯谟的作品就被怀疑鼓励了那种被裁判所所长（Inquisitor General）认为属于"光照派"（Alumbrados）的信仰。在新卡斯蒂利亚的城市中心，在萨拉曼卡的大学城，在上层贵族的家中，人们结成私密的祈祷团体秘密地进行内心忏悔，以求实现完全降伏于神的爱。对于宗教裁判所来说，这种做法挑战了信仰和行为的双重服从。尽管没有证据表明光照派读新教的书，但是他们也被冠以了路德派的名声。

光照派得到了比较温和的对待。尽管有宗教裁判所的存在，但是他们的影响在非公开的场合一直延续了下来。后来担任查理五世首相的西班牙人文主义者阿方索·德·巴尔德斯（Alfonso de Valdés）不觉得私下与路德和梅兰希通保持书信往来或者在教皇为1527年罗马之劫辩护后痛骂教皇有什么问题。然而宗教裁判所一直注意着他，如果他没有在1532年就去世的话，宗教裁判所很可能会采取行动。那时他的弟弟胡安·德·巴尔德斯（Juan de Valdés）已经前往罗马以便安全地写作，胡安此后写的一系列文章在西班牙和意大利广为流传，成了判断异端的标准。

1550年之前，只有一人因为新教原因被宗教裁判所处决，不到

40人被调查。但是在1557年,一批信件和日内瓦的反教皇著作落到了错误的人手中。塞维利亚围捕关押了一批嫌疑人。消息被禀报给查理五世,他给儿子腓力二世写的几乎最后一封信,就是要求拿抓到的人来杀鸡儆猴。在令人忧虑的国际局势下,从1559年5月21日起,巴利亚多利德举行了一系列信仰审判(*autos-da-fé*,来自拉丁文的 *actus fidei*,即 Act of Faith),新王腓力二世出席。被逮捕的人中最有名的是西班牙主教长、托莱多大主教巴托洛梅·卡兰萨·德·米兰达(Bartolomé Carranza de Miranda)。卡兰萨被控为异端,受政治动机影响,对他的调查产生了许多传票和嫌犯。宗教裁判们发现情况比他们此前想象得更严重,更有组织性。在国外大学留学的学生被召回国内,出入境的人被严加审查。外国印刷工也遭到怀疑,他们大多数是因为道听途说才变成异端的,虽然他们与书本打交道,但是他们并不是读了书才变得不服教规因而招致怀疑的。那是新教改革在西班牙半岛发生转折的年代。到最后,1559年到1566年间西班牙被处决的新教徒也只有100人左右——不到约同一时期玛丽·都铎处死人数的一半,亨利二世在法国处死人数的四分之一,仅仅是低地国家这些年处死人数的十分之一。大约1560年之后,寥寥可数的西班牙新教徒流亡到阿尔卑斯山以北,他们的文章让腓力二世和宗教裁判所臭名远扬。

称义而活

1543年,一本作者佚名的题为《论耶稣基督被钉十字架的恩泽的最有用的专著》(*Il Beneficio di Cristo*,以下简称《基督的恩泽》)的书在威尼斯上市。这本神秘的书谈的是称义是什么感受,普通人有能力说基督是自己兄弟意味着什么。如果意大利有宗教改革的话，这本书就是改革中最畅销的书。宗教裁判所对这本书的清缴如此决绝，以至于几乎没有留存下来的，直到 300 年后，剑桥大学一所书院的图书馆里发现了一个孤本。这本书的故事反映了意大利对新教改革充满矛盾的历史过程。

这本书在威尼斯印刷并不令人意外，这座城市的出版业享有盛名。威尼斯共和国没有被哈布斯堡家族统治，也与罗马保持了一定距离。与西班牙的边境不同，意大利的边境很容易渗透，新教思想流传甚广。北方的学生翻越阿尔卑斯山前来威尼斯的大学求学，商人习以为常地与阿尔卑斯山以北的人做生意。一切迹象都表明，至少在《基督的恩泽》出版的时候，意大利北部的人是知道并且能买到新教改革家的书的。

是谁出于什么原因写了《基督的恩泽》？1566 年 8 月，彼得罗·卡尔内塞基（Pietro Carnesecchi）在罗马宗教裁判所的庭审上招出这本书为"堂贝内代托"（Don Benedetto）所著，后经马尔坎托尼奥·弗拉米尼奥（Marcantonio Flaminio）修订。卡尔内塞基曾是教皇秘书，他的通讯录让宗教裁判所掌握了灵觉派（*spirituali*）——想要从教会内部进行改革的人——的身份。通讯录中有弗拉米尼奥的名字，这引出了意大利福音派（Italian evangelism）的其他大人物，意大利福音派这个现在引人争议的词指的是一群希望找到无须走向新教也能实现教会改革的道路的人。弗拉米尼奥是一个来自威尼斯的诗人和哲学家，1528 年他住进了改革派主教吉安·马泰奥·吉贝尔蒂（Gian Matteo Giberti）的家中。那一年，吉贝尔蒂隐退到了他的维罗纳教区，维罗纳是威尼斯内陆的富庶城镇中的一个。吉贝尔蒂早已是罗马圣爱会（Roman Oratory of Divine Love）和戴蒂尼会（Theatines）这些属灵团体的积极成员。现在他准备建立一个模范教区，他和许多其他人的行动被称作天主教改革（Catholic Reformation），指的是从教会内部进行改革的行为。据说弗拉米尼奥也鼓励平信徒研读《圣经》、传道和勤领圣体。1539 年，弗拉米尼奥因健康原因退休前往那不勒斯，加入了以胡安·德·巴尔德斯为主的圈子，圈子里的男男女女都倾向改革，尤以贝尔纳迪诺·奥基诺（Bernardino Ochino）和朱利亚·贡扎加（Giulia Gonzaga）最为出名，这些人痛饮巴尔德斯主义（一种伊拉斯谟派、光照派和路德派神学的混合体）的醇酒。弗拉米尼奥在那不勒斯见到了"堂贝内代托"，意大利历史学家经过探究，发现他是卡西诺修会的一个修士。《基督的恩泽》里可以发现卡西诺修会的影响，这本书初版于 1539 年左右。

1541 年巴尔德斯去世，弗拉米尼奥等人离开那不勒斯北上，住到了雷金纳德·波尔（Reginald Pole）家中。波尔是一名英格兰贵族、枢机主教，1521 年他第一次来意大利，在帕多瓦留学，1532 年，他作为抗议亨利八世离婚的流亡者重返意大利。他的社会地位使他成了加斯帕罗·孔塔里尼（Gasparo Contarini）的知己，后者是一名威尼斯贵族和大使，1535 年被教皇保罗三世任命为枢机主教。16 世纪 30 到 40 年代，波尔和孔塔里尼两人相互交流，产生了意大利改革的虚假希望。教皇期望召开一次大公会议，作为准备，他在 1536 年建立了教会改革委员会（Council for the Reform of the Church），波尔和孔塔里尼（还有吉贝尔蒂）都是委员会的成员。可委员会的报告是废纸一张。1541 年，孔塔里尼被任命为教皇使节，被派去参加雷根斯堡会谈（Colloquy at Regensburg），人们又有了新的希望，孔塔里尼与德意志的新教神学家展开直接谈话，达成了一份各方都认可的因信称义声明。谈判破裂后，孔塔里尼被描绘成了一个危险的妥协派。

1542年孔塔里尼的死疑云密布，有些人说他是被仇敌毒死的。作为意大利最有名的"哲学新教徒"（philo-Protestants），贝尔纳迪诺·奥基诺和彼得·马特·韦尔米利惧怕新成立的教皇宗教裁判所（Papal Inquisition），相信他们的未来在阿尔卑斯山以北，所以决定逃亡，从此，一大批可能成为改革家的知识分子和属灵精英都离开了意大利。这时，《基督的恩泽》的修订版出版了，它被指控为路德派的纲要。这本书的意大利读者中恐怕没有多少人知道它有多少思想来自新教。16世纪40年代同时见证了这本书的高人气与秘密新教徒（crypto-Protestant）的信仰可能引发群众运动的威胁。在摩德纳、贝尔加莫、锡耶纳、卢卡和托斯卡纳的其他地方，粮食匮乏、社会矛盾与宗教异见如影随形。在威尼斯、帕多瓦和费拉拉，秘密新教徒的非法聚会变得越来越公开化。与此同时在罗马，孔塔里尼的反对者（他越来越少的支持者称这些人为"狂热派"）占了上风，这些人的领袖是那不勒斯人吉安·彼得罗·卡拉法（Gian Pietro Carafa），也就是未来的教皇保罗四世。他们想要证明灵觉派都是些幼稚的妥协者，此时（1542年）罗马宗教裁判所恰逢其时地诞生了。16世纪40年代末，反动的影响越来越明显。大多数遭到怀疑的人都与自己以前的信仰划清界限。能跑或感到非跑不可的少数人加入了阿尔卑斯山以北的流亡者的行列，其中越来越多人去了日内瓦。在萨伏依和皮埃蒙特的山谷中，以及在卡拉布里亚的那不勒斯南边的蒙塔尔托（Montalto）周围，瓦勒度派（幸存的中世纪后期异端的一种）与日内瓦的新教徒建立了联系。他们依据新教重塑了自己的信仰，还提供了一个地下新教网络，这个网络在1560年之后依然存在。

一小批流亡知识分子被阿尔卑斯山以北的自由所吸引，但忍受不了日内瓦的信条约束。其中就包括莱利奥·索齐尼（Lelio Sozzini），他的父亲是帕多瓦的法学教授，他自己也在帕多瓦上过学。1547年，他跨越威尼斯边界来到瑞士阿尔卑斯山，他一生撰写许多手稿却从未发表，在这些手稿中他相信只有义人可以复活，不义之人的灵魂会和肉体一起死去。这种猜想令苏黎世和日内瓦的改革家感到不安，而且索齐尼对三位一体的看法也遭到了他们的怀疑。1562年他去世之后，他的侄子福斯托·索齐尼（Fausto Sozzini）继承了叔叔未竟的事业，而且居然同时还在安静地为托斯卡纳的美第奇家族担任秘书。1574年他离开意大利后出版了叔叔的手稿，并且游历特兰西瓦尼亚和波兰，他传播的思想到16世纪后期被称为反三位一体的索齐尼主义（antiTrinitarian Socinianism）。

意大利没有发生宗教改革，历史学家不禁要问这是为什么。是不是因为意大利太胆怯、太礼貌、太贵族了？是不是存在着领导或意识形态上的失败？但是这些问题是在根据德意志发生的事情来评判半岛上发生的事情。《基督的恩泽》的故事引出了其他问题：在半岛处于断断续续的国际冲突的焦点的年代，从内部进行改革而不引发宗教分裂的困难，以及怎样既传播新教又保持教会改革的火苗不要熄灭，即使反动力量不断上升。

檄文前后

新教改革在意大利和在法国的遭遇有一些相似之处。如果说意大利的宗教改革是从未发生的宗教改革，那么法国的宗教改革就是本来有可能发生的宗教改革。同在意大利一样，路德的思想在1519年后通过书籍、学生和牧师迅速传遍法国。1524年8月，纪尧姆·法雷尔（Guillaume Farel）用法语出版了《主祷文与信经》（*Lord's Prayer and Creed*），事实上它的内容就是路德1522年出版的《小祈祷书》（*Little Book of Prayers*）的翻译。这本书就在索邦神学院的眼皮子底下出版，是1534年之前在法国面世的最大胆的新教书籍。16世纪20年代全法国出版的路德派书籍不超过80种，我们知道同一时期仅巴黎就出版了2 500种书籍，两相比较之下前者犹如沧海一粟。纪尧姆·法雷尔在1524年的一封信中写道："好心的神啊，我看到欧洲大部分地区都这样认识到了神的纯粹恩典，心中多么喜悦！我希望基督最终会带着他的祝福来到法兰西……"然而，正当他表达这样的愿望时，敌视路德的势力也在集结，他们的主事者是神学教授诺埃尔·贝达（Noël Béda），他是巴黎一所学院的院长，也是索邦神学院的院长。后来的法国宗教改革（French Reformation）的主旋律是，既有对宗教变化的焦虑，也有对自然灾难的恐惧——1524年特别惧怕的是第二次大洪水。图卢兹的一个地方官对大洪水深信不疑，甚至为自己制造了一艘方舟以防万一。

在莫城（Meaux）教区，改革理想与反动力量正面冲撞。莫城主教纪尧姆·布里索内（Guillaume Briçonnet）对教区的设想和马泰奥·吉贝尔蒂对维罗纳的设想如出一辙。除了教区巡视和教会会议，他还有一些更不同寻常的做法。他决心要重整教区的农村布道体制，所以建立了许多传教站，传教士是一批众所周知持改革观念的人，这就是莫城小组（Meaux Circle）。这群人里最重要的是雅克·勒菲弗·戴塔普勒(Jacques Lefèvre d'Étaples),他是一名《圣经》学者,也是伊拉斯谟的朋友。其他人多数都是他的朋友和门徒。布里索内是国王的姐姐纳瓦拉的玛格丽特(Marguerite of Navarre)的告解神父,所以他依靠的是她的庇护。但是这还不够,弗朗索瓦一世在帕维亚被俘之后,王太后萨伏依的路易丝暂摄政事(1525—1526年)。莫城作为一个布匹城镇,经济不景气,于是开始自行推动宗教改革。天主教的招贴被撕了下来,反对教士的歌声在市集回响。勒菲弗逃到了斯特拉斯堡,巴黎派遣法官对布里索内的教区展开异端审查。在这次"莫城事件"(Affair)爆发之后,布里索内和与他意气相投的人文主义改革家全凭纳瓦拉的玛格丽特的人际网才得到了保护。

尽管意大利的改革也有女性的荫庇,但是玛格丽特的影响是其他任何人都无法比拟的。她是一位公主,继承了庞大的家产,而且用这些家产为那些不愿被打上"路德派"或"新教徒"标签的改革派创造了安全的空间。她的第一本书是《罪恶灵魂的镜子》(Miroir de l'âme pécheresse),11年后,另一位公主伊丽莎白·都铎把它翻译成了英文。这面镜子反映的不只是玛格丽特的灵魂——对教会暴虐的批评和犹疑不定的教义——也反映了基督徒可以凭自己走向上帝的道路。更能展示她内心(尽管是对着镜子观看,模糊不清*)的是她后来的著作,出版于1547年的《公主们的雏菊的雏菊》(Marguerites de la Marguerite des Princesses),这本作品集收录了歌谣(chansons)、诗和剧本,明显是早期所作。作为持进步宗教思想的法国人的事业的保护者和推动者,玛格丽特还诉诸自己作为公主的权利,不对信条明确表态。16世纪30年

---

* 《新约·哥林多前书》第13章第12节:"我们如今仿佛对着镜子观看,模糊不清,到那时,就要面对面了。我如今所知道的有限,到那时就全知道,如同主知道我一样。"

代初期，审慎的行动让"新教徒"得以发展壮大。这是一场不事声张的宗教改革。

"檄文事件"（Affair of the Placards）打断了改革的发展。1534年10月17日深夜至18日凌晨，一篇匿名的题为《论教皇弥撒恐怖、严重、不可容忍之流弊的真实论纲》（*True Articles on the Horrible, Great and Insupportable Abuses of the Papal Mass*）的布告（*placard*）被贴在了巴黎和其他城市，甚至（不久之后听说）连国王在昂布瓦斯的城堡的卧室门上都被贴了一张。有两张布告保存到了今天，（现在我们知道）作者是安托万·马克特（Antoine Marcourt），他是一名来自纳沙泰尔（Neuchâtel）的牧师，纳沙泰尔是全欧洲第一个改宗新教的法语城市。檄文攻击"教皇党人"（papists）"假装"弥撒是一场"献祭"（sacrifice），用一个"大词"——圣餐变质说（transubstantiation）——"捏造"了基督的肉体存在于被祝圣的饼和酒中这样的谎言。巴黎的天主教徒暴跳如雷。他们举行了多场赎罪游行，逮捕了两三百人，12月还组建了一个特别法庭来搜查和审判那些有责任的人。有一场赎罪游行是国王本人亲自带队的，六个人被当众烧死，一场公开镇压从此展开。"檄文事件"帮了敌视改革的人的忙。玛格丽特一直待在昂古莱姆和内拉克（Nérac），与事件保持距离。她的随行人员中有一个教会小吏的儿子，受过人文主义的法学训练，他就是约翰·加尔文。1534年末或1535年初，他去了巴塞尔。

约翰·加尔文与日内瓦

加尔文是自愿流亡的。巴塞尔给了他安全，但给不了他安全感。

好在他的亲戚皮埃尔－罗贝尔·奥利韦唐（Pierre-Robert Olivétan）住在这儿。奥利韦唐和加尔文一样倾向新教，他正在翻译《圣经》的法语译本，加尔文为之作序。这本书献给"热爱耶稣基督和他的福音的人"，这句献词让人想到神创造的一切。奥利韦唐版《圣经》出版于纳沙泰尔（瓦勒度派出资），是一件了不起的成就。加尔文后来修订了它，但是尽量不改变奥利韦唐的译法，奥利韦唐在翻译希伯来文时有意不使用来自旧宗教的词。"主教"（bishop）换成"监督"（surveillant），"祭司"（priest）换成"牧师"（pasteur），"杯"从 chalice 换成 cup，"教会"从 church 换成 temple，诸如此类。法国新教正在创造自己的词汇。

巴塞尔的一些印刷商致力于出版新教书籍。1536年3月，两名印刷商出版了一本书的拉丁文初版，这本书将会（以一种十分不同的方式）与加尔文的名字联系在一起。它最初的书名叫《有关基督教的要义》(*Of the Christian Religion, the Institution*，以下简称《要义》）。加尔文应该在来巴塞尔的路上就已经有了它的手稿或腹稿。形式上，这本书是一本新教正统教义手册，不过加尔文也想把它作为法国"新教徒"抗诉檄文事件后的压迫的申辩。他在献给弗朗索瓦一世的序言中反驳了他们是16世纪的恐怖分子这种偏见。《要义》这个书名暗示它是一本"手册"，但是也有"基础"之意。加尔文告诉国王，新教徒支持基督信仰的支柱。造成问题的不是他们，错在别人身上。他借用《列王纪上》第18章的说法，说："不是我们误人子弟，招致祸乱，是那些与上帝的权力作对的人造成的。"＊

这本书的第一句话的结构取自西塞罗："几乎一切神圣学说都包

＊《旧约·列王纪上》第18章第18节："以利亚说：'使以色列遭灾的不是我，乃是你和你父家，因为你们离弃耶和华的诫命，去随从巴力。'"

含两部分：认识上帝，认识自己。"这两种认识的结合"不是别的，正是一种坚固的信念，它让我们确信，上帝的真理是确实的，他不可能违背他的圣言"。加尔文这句话是对保罗的《罗马书》第10章第11节的释义，*四年之后他完成的第一部《圣经》注释就是1540年3月出版的《罗马书》注释。那时他已经把《要义》完全修订了一遍，第二版正式更名为《基督教要义》(Institution of the Christian Religion)，出版于1539年，他把它定位为对他的《圣经》注释的补充。这本书的用意在于"为有志研究神学、解读神的话语的人提供准备和指导"，这本书包含了"宗教的方方面面"，这样等他阐述经文的时候，他就可以"精简"一些，因为基本结构已经在《要义》里讲明了。后来，加尔文生前最后一版拉丁文《要义》(书名改为我们熟悉的 Institutes) 文本量更大了，囊括了他毕生所学和《圣经》注释需要的所有内容。在后续版本中，重要的全书第一句也经历了微妙但重大的改动。加尔文为第一章拟的标题是"认识上帝和认识自己是密切相关的"，第一句话改为"我们拥有的几乎一切智慧……"意即我们这些堕落的被造物能够掌握的对上帝的认识。加尔文的神学不是上帝的真理，而是我们企图把握上帝选择赐予我们的真理的不完美的尝试。上帝在《圣经》中"对我们说话如同保姆对孩童作小儿语"，为的是"将他的知识简化到我们极其有限的能力所能理解的程度"。

在加尔文看来，注释者的职责是理解作者。他通过《罗马书》进入大数的保罗（Paul of Tarsus）的思想：我们无法从本质上认识神，我们只能通过他的造物和他代表了公义和恩慈这一事实来认识他。我们

---

* 《新约·罗马书》第10章第11节："经上说：'凡信他的人，必不至于羞愧。'"——译者注

人类向往公义和恩慈,但是我们没有能力做到公义和恩慈。我们活在罪的"无底坑"(abyss)中,活在自己亲手打造的"迷宫"里,神以公义定我们的罪。加尔文认为,保罗书信的实质是"称义"(justification),也就是神对我们这些不义之人的挽回。神找到了这样做的方法,正如他为亚伯拉罕曾做过的那样。他让基督"内住"(indwell)于我们之中,这样我们才能"接在基督上"(engrafted in Christ)*或"与基督联合"(coalesce with Christ)。圣礼是滋养我们信仰的"器具"(instruments),是将神的许诺印在我们心上、确认恩典的真切的"印证"(seals)。这些事依神的喜悦而行,并不会发生在每个人身上。在以撒的双胞胎儿子中,神选择了雅各,拒绝了以扫。这也属于神的公义,尽管我们无法理解,但我们可以肯定的是,既然经上说了,神拣选信他的人,那么不被拣选的人就不会被拯救,人的功德与是否被拣选无关,而神绝不会放弃他呼召的人。

　　加尔文的激进之处就在于此:双重预定论,即一些人会得救,另一些人不会。它采纳了基督教世界把人分成核心的信徒和边缘的不信者的二分法,然后又把基督教世界的核心人群再分成两部分。尽管如此,预定论并不是加尔文思想的重点,虽然后来他的一些追随者把它当成了重点。后来的那些人生活在分裂程度更深的欧洲,对预定论产生了共鸣。对加尔文来说,预定论不是鼓励人去为神的审判感到焦虑,而是彻底终止这样的焦虑。对于"我得救了吗?"这一问题,他的回答是:归属于教会,从心里认识基督,就是被拣选的记号。这是从焦虑中的解脱,没有必要建造方舟。剩下的就是与基督一同生活在

---

* 《新约·罗马书》第 11 章第 24 节:"你是从那天生的野橄榄上砍下来的,尚且逆着性得接在好橄榄上,何况这本树的枝子,要接在本树上呢!"——译者注

这个世界，这个充满人类激情的残酷迷宫。但是，上帝的造物不是没有秩序的，在人类事务中我们负有对邻居、公民、统治者的"爱的义务"（duty of love），即便他们不是基督徒。保罗书信的写作对象——那些四散的社群——成为加尔文笔下在世上受难的虔诚之人的模范。

1536年加尔文偶然来到日内瓦做《圣经》讲座，虽然日内瓦并不符合他的理想。它是一座有大约1.2万人口的中型城市，多数居民说法语，拥挤地住在刚重修的城墙内，整座城市建在俯瞰日内瓦湖西端的山丘上。它以前由萨伏依公爵名下的一个采邑主教统治，但日内瓦人在1526年拒绝了自己的主教，地方官员没收了教会的财富。而人们对宗教改革该怎么继续产生了分歧。莫城小组的前成员纪尧姆·法雷尔嫌莫城不够激进所以离开了。1532年他第一次来到日内瓦，他是一个一如既往地爱好冲突的人，能活着离开真是他的幸运。1536年5月21日，日内瓦人停止了罗马天主教的敬拜仪式，摧毁圣像，正式开始宗教改革。加尔文或——更有可能是——法雷尔起草了"教会法令"（Ecclesiastical Ordinances）和"信条"（Confession），地方官员规定所有市民必须宣誓遵行。这些誓词和以强制力迫使人们服从新法的手段产生了负面后果。当城市当局要求他们的新"牧师"遵循瑞士邻邦、昔日的"保护者"伯尔尼州的圣餐仪式时，法雷尔和加尔文拒绝主持复活节圣餐，于是遭到了驱逐。直到1541年，加尔文才在自己的条件得到接受的前提下勉强回到日内瓦。中间这段时间，他在斯特拉斯堡接受马丁·布策尔的指导，这三年对他来说是一场培训，让他学习如何建立一个培养每个人最好的一面但又不违背自己核心价值的教会，如何在苏黎世和维滕贝格的信条攻击下生存下来，如何在莱茵河上游和瑞士西部边陲的不稳定的政治中获得尊重。

这些训练对加尔文在 16 世纪 40 年代适应新教诸共同体的宗教分歧起到了帮助。前几次特伦托公会议表明，他们再也不用指望与天主教和解了。加尔文已经把查理五世当作尼布甲尼撒再世，相信他是上帝派来惩罚不团结的新教徒的。1547 年 4 月路德派在米尔贝格的战败似乎证明他是对的。然而，鉴于维滕贝格和苏黎世对圣餐大相径庭的观点，团结新教徒看起来是几乎不可能的事。加尔文在《短论》(Short Treatise) 中阐述了他对圣礼的主张，这篇文章写于斯特拉斯堡，但是他回到日内瓦后才发表它。圣礼是上帝俯就我们微弱的理解力的途径，它们是外在的记号，本身并无力量。不过，它们通过我们对待它们的做法和信心的力量，象征了信心代表的一切和信心在我们里面所做的一切。因为这种象征性，圣餐不仅仅是一个记号。他在 1543 年版的《要义》中表示，"让我们学会不要剥去记号象征之物"，因为"真理绝对无法与记号分离"。这使得加尔文更难说服苏黎世"大祭司"(Antistes) 海因里希·布林格与日内瓦达成一致了。加尔文拜访了一次布林格后给他写信说："尽管我从心里认识到我与基督在圣礼中有一种比你用言语表达的更内在的联合，但是这不应该妨碍我们相信同一位基督或我们在他里面合一。可能只有通过这种内在的共识 (consensus) 我们才能彼此相连。" 1549 年，加尔文成功了，他签署了《合一信条》(Consensus Tigurinus)。这份由 26 条论纲组成的文件是一次神学上的妥协。反对它的人说这是"调和论"(syncretist)——伊拉斯谟最初使用这个词来指双方为了对抗共同的敌人达成实用性的协议。他们说的基本上是对的。然而它也催生了一项新的事物：一种双头（加尔文和布林格）"归正"(Reformed) 新教传统，当时，路德派在信条立场上越发强硬，这种传统提供了一个利于防守的神学遗产。

加尔文着手为日内瓦教会建立一套章程。1541年11月20日，市政官员在提出几处修订以保护他们的权威的情况下同意了他的草案。"教会法令"创造了一个自我调节的有形的信徒共同体，会众由牧师领导，但是牧师由平信徒任命，受平信徒监督。这个神权政体有一种相互"造就"（edification）的过程在其中。其他职位包括负责教学事务的"教师"（doctors）、负责济贫事务的"执事"（deacons）和负责教会事务的"长老"（elders），他们也要经过相同的任命过程，也要受平信徒监督。这种安排体现了加尔文对早期保罗教会（Pauline Church）的研究和他的法学背景，反映了他对牧师会治理体制的青睐。牧师被要求每周聚会一次讨论《圣经》——这就是"牧师团"（Congregation of Pastors）的起源，后来牧师团成了一个令人生畏的机构，在城内和国外都让人不可小觑。教会的核心是"宗教法庭"（consistory），这是一个自我管理的由平信徒和教士组成的议事会，监督共同体的道德和健康。苏黎世、巴塞尔和伯尔尼这些新教城市已经建立了"婚姻法庭"（marriage courts）来解决以前由教会法庭处理的问题。加尔文的宗教法庭的不同之处在于，它监督的是会众的整体道德。在实践中，牧师变成了日内瓦国家的有薪公仆，他们对国家效忠，长老的任命也需得到市议会的批准。只有革除教籍的权力牢牢掌握在宗教法庭的手中。

加尔文要为教会寻找新牧师。空缺很多，符合他严格标准的候选人却很少。塞巴斯蒂安·沙蒂永（Sebastian Châtillon）——又称塞巴斯蒂安·卡斯泰利奥（Sebastian Castellio）——就是一个早期的受害者。加尔文早已邀请他来日内瓦学院教书并担任牧师，这看起来是一次不错的任命。但是他们的关系由于神学分歧恶化了，这反映了加尔文的不安全感。直到其他流亡者到来，日内瓦牧师团才变成一个忠诚而稳定的宣教团体。有了他们的帮助,加尔文才有能力对付想要败坏他的名声并把他赶走的反对派。反对他的人中有些是身居高位的日内瓦市民,1546年,大批难民涌入,变成了他们第一步发难的对象。在这山雨欲来的时期,米格尔·塞尔维特(Miguel Servet)——又称塞尔维特(Servetus)——问题正是加尔文很难正确处理的问题之一。塞尔维特是一名来自巴斯克农村的医生,他正在躲避宗教裁判所,加尔文早就知道他离经叛道的死后灵魂"睡眠"的观点。1542年,塞尔维特出版了自己翻译的《圣经》,这个译本借鉴了犹太教、诺斯替派、泛神论和新柏拉图主义的《圣经》注释传统。不久之后,他写了主要著作《基督教的复兴》(Restitution of Christianity),系统性地阐述了他的神学。塞尔维特希望他的反三位一体神学可以帮助犹太人回归基督教。这本书在出版之前就已有副本流传开来,索齐尼就是它的读者之一。1547年,塞尔维特给加尔文寄去了一些选段请他评论,加尔文读完之后很不以为然。1553年此书出版时在序言中使用了加尔文的评论。自己的名字和这本被他认为渎神的书联系在一起让加尔文大发雷霆,他想方设法让法兰克福书市禁掉这本书,并且通过一名中介向法国(塞尔维特生活的地方)教会当局发出了警报,让他们逮捕书的作者。塞尔维特逃到了日内瓦,1553年8月,他在日内瓦被捕并投入了监狱。

审判是必须要有的。代表加尔文出庭的是他的秘书尼古拉斯·德·拉·方丹(Nicolas de la Fontaine)。书面证词和口头证词一一呈上,塞尔维特也出色地为自己做了辩护。日内瓦的传道人们集中攻击塞尔维特早期作品的章节,想要证明他对三位一体的解释是渎神,应当判处死刑。然而,渎神罪是很难证明的,特别是当这个人几乎没来过日内瓦、不是日内瓦的居民的时候。加尔文拉来了其他归正教会的大人物对市政官员施压，1553年10月27日，市政官员宣布塞尔维特有罪，当天就把他烧死了。加尔文余生都被塞尔维特问题所折磨。他发表了一篇文章想要（特别是从意大利流亡者社群中）揭发那些想法或许同塞尔维特一样的人。他与合适的市政官员正面交涉，想让他们严惩异端。他尽量不要让自己的语气太像阿方索·德·卡斯特罗，所以他区分了强迫人改变信仰和捍卫真正的教义之间的区别。谈到后者时加尔文宣称，《圣经》要求诸侯必须用剑维护共同体内正确的宗教信仰。

次年初，加尔文遭到了一本题为《论异端以及是否应当迫害异端》(*Concerning Heretics and Whether They Should Be Persecuted*) 的书的正面抨击，卡斯泰利奥的这本书以化名出版，连出版商名称也是假的。书的主要内容是各类文本的合集，它们多数来自新教改革家（包括加尔文）的著作，他们全都反对对异端采用死刑。这本书（献给符腾堡公爵克里斯托弗）的致词中先描述了一个假设的情景。假设公爵宣布即将访问他的臣民，他命令大家身着白衣以示对他的尊敬。如果他发现，他们彼此争吵，以他的名义相互砍杀，目之所及不见一件白衣，他会有何反应？他难道不会觉得这种做法应当受到谴责吗？然而，如果基督（他本人就是因为异端罪被处死的）回到世上，这就是他会见到的景象。基督徒应当审视自己的灵魂，而不是定他人的罪。市政官员的职责是维持市民社会，不是评断神学。这本书迅速在法国引发了反响。难道加尔文不是放弃了立场，为法国国王以"在自己国内维持正确宗教信仰"的名义对新教徒为所欲为开脱吗？

日内瓦的反对派的心思集中在另一个问题上：是否应当允许新来的流亡者购买市民阶层的权利和地位。允许的话，城市财政会收获一笔横财，但是它也会改变城市的政治构成，巩固加尔文的控制力，因为流亡来的人都是他的追随者。1555年5月18日晚，反对加尔文的日内瓦人发动了一场暴动，却以失败告终。暴动领袖被审判并处死，其他人纷纷逃亡。市政官员同意难民加入市民阶层，城市政治向对加尔文有利的方向复杂化了。在他生命的最后十年（他死于1564年），加尔文在日内瓦的宗教改革在政治上可谓安然无虞。

加尔文每个星期都会讲道（有速记员记下他说的话），他谈论时事要闻，把时事与日内瓦人联系起来，提出宗教改革蕴含的期待与承诺。市政官员用立法落实教会的决定，改变了公众的生活。他们宣布舞蹈非法，控制剧场演出，限制受洗人数，加重了对淫乱、渎神和酗酒的刑罚。不过新法也并不都是压迫性的。加尔文帮助起草了新的婚姻法，新法令堪称开明实际。它降低了结婚的法定年龄，承认女性在择偶时的地位，准许在特定条件下离婚。宗教法庭使加尔文的宗教改革成为一场社会变革。它每周开庭一次，长老审理的案件数量逐年增加，这个趋势几乎一直保持到加尔文去世。这样的趋势解释了为什么日内瓦人觉得教会越来越干涉他们的私生活。日内瓦作为虔诚的"新耶路撒冷"声名远扬，拥护它的人有多爱戴它，批评它的人就有多蔑视它。与蒙田同时代的波尔多官员弗洛里蒙·德·拉蒙（Florimond de Raemond）讥笑法国新教流亡者成群结队地前往他们口中的"Hieropolis"（圣城）。

失败的压制，迟缓的宗教改革

1539年之后的法国宗教改革在当时的人面前呈现出一种悖论。这个欧洲最强大的国家有心压制宗教改革，却失败了。《枫丹白露敕令》（1540年6月）之后，异端在法国成为犯罪，法国通过全面的1551年《沙托布里扬敕令》（Edict of Châteaubriant）进一步强化了相关立法。法国不需要宗教裁判所，因为它的地方官员承担了这一职责。1545年4月在（普罗旺斯的）梅兰多尔（Mérindol）和（维奈桑伯爵领地[*]这个飞地的）卡布里埃（Cabrières）对瓦勒度派的残酷灭绝就是一个证据。然而，就连这个特殊的例子也凸显了压迫的难度，因为对此事负责的官员事后又因为滥用权力遭到特别法庭调查。这只是法国压制政策的不连贯性的一个体现。16世纪40到50年代，面临司法调查的人总是可以（暂时地）越境逃往莱茵兰和瑞士西部边疆的流亡者社区。从1549年起，日内瓦开始登记申请成为城市居民（$habitant$）的难民。1560年之前登记在册的名字超过5 000个，大多数都是户主。流亡者的总数想必是这个的两倍不止，他们让这个城市的人口翻了一倍。

法律出台得太少太迟了，这在控制新教印刷品的问题上尤为明显。迟至16世纪40年代初，法国当局已经或多或少地控制住了局面。然后，一批以巴黎人为主的印刷商利用自己的专长帮助日内瓦的流亡者扭转了市场形势，促进了加尔文的著作和日内瓦《圣经》及圣咏集的大规模传播。法国当局没能阻止成桶的商品进入国境，没能阻止流动商贩把它们带到书市和集市，也没能瓦解日内瓦为零售商提供的贷款链条，更别提把手稿带进国内的信件网络了。1555年后本土的新教出版社在里昂和鲁昂站稳脚跟，准备好为法国新教1560—1562年的"奇迹年"（wonder years）的需求大开印刷机。16世纪50年代，

---

[*] 维奈桑伯爵领地（Comtat Venaissin）是环绕阿维尼翁的另一块直属于教皇的飞地。——译者注

法国法院调查的嫌犯减少了，定罪的就更少了。就连将囚犯从一个辖区转移到另一个辖区都变成了一件危险的事，因为自发的新教民团有能力伏击救人。

国内的异端立法正在走向失败，但法国的政治领导人似乎忽视了这一点。他们关注的是国外形势，而且国王追究异端的承诺总是受制于更紧要的国际外交压力。法国对莱茵河以东的外交政策依赖德意志诸侯，主要是新教诸侯的支持。就算是在纳瓦拉的玛格丽特于1551年去世之后，亨利二世仍然对他随行人员的异见表示宽容。法国的统治集团有种天真的乐观心态，仿佛只要情况需要，他们完全有能力消灭异端。法国地方官员为了自身考虑很怕制造殉道者，法官知道极刑的震慑作用很容易被殉道文化所抵消。圣徒传记的传统使人们对基督教殉道者的形象非常熟悉，但是对异端的司法镇压创造了一个殉难者的舞台，而且确实有新教徒愿意扮演这一角色。1554年8月23日，日内瓦印刷商让·克雷斯潘（Jean Crespin）向日内瓦官员呈上了一部殉道者所受审判的汇编，请求出版许可。官员担心书中措辞的影响，建议把"圣徒"和"殉道者"这些词换成色彩不那么鲜明的词。加尔文加入讨论，反对官员的意见，克雷斯潘的书得以原样出版。在序言中，克雷斯潘强调了圣徒叙事的教化价值。这本书不是老式的圣徒传，记载那些已化为白骨的圣徒的故事，而是一部讲述当代人的遭遇的圣徒传，他们是平凡的有血有肉的人，在极端的环境下尽自己所能地捍卫和解释自己，他们是信心的见证者，也是审判他们的当局的掘墓人。《殉道史》（*Book of Martyrs*）是一本令人着迷的书。1609年之前，它几经增订和重印，为新教殉道者传记的共同遗产做出了贡献。

16世纪40年代末以后，法国的新教变得与加尔文宗的扩张难以区分。加尔文宗提供了反抗的语言，讽刺尖锐而又立场坚定。比如，阿让（Agen）的校长告诉学生，在教堂里点蜡烛是异教的遗俗。后来他的一个学生在街上嘲讽神父说："去干活吧，神父，你该照管你的葡萄树啦！"另一个同城的年轻人在路上遇到参加完弥撒的女士们，说她们"刚领了一个饼神"。1552年诸圣节（All Saints' Day）这天，一伙男子出现在鲁昂大教堂门口，闯入布道现场，高呼"一个大傻瓜！"他们坐在长椅上的同伴则喵喵地学猫叫。1559年在普罗万（Provins），天主教徒在街头被公开嘲笑为"麻风病人"（cagots）。匿名的破坏偶像活动到处都是，公墓、路边神龛、教堂外墙的圣像都遭到了玷污。1547年8月的一天夜里，加尔文的出生地努瓦永当地教堂墓地里的一座基督雕像被拆了下来，拖着脚一路拉到城镇中心广场，然后被吊在了绞刑架上。这些举动是对当局的挑战，它们要昭告天下：掌权者管不了异端了。天主教徒是怎么回应的？神父阿蒂斯·德西雷（Artus Désiré）在16世纪50年代写了很多宣传册，他指明了一条路。他用印刷品反攻新教徒，创造了一种对这些"畸形"（deformation）的"突击步兵"（francs-staupins）的固有印象，他说这些人是敌基督的阴茎崇拜的先知（priapic prophets of Antichrist），在即将到来的世界末日之前的宇宙之战中他们会被统统剿除。

　　加尔文对此类发展的反应是很矛盾的。他并没有鼓励他的同胞公开反抗，而是自己犹豫不决。他想要加尔文宗各共同体互相支援，但是他建议谨慎行事。许多"品尝过神的真理"的人最终"陷入万劫不复"。他们不应该急于建立教会，更不应该在任何情况下直接与国王的权威抗衡。日内瓦的传教事业——向这些教会派遣受过训练的牧师——起步得非常晚。所以，法国宗教改革并非"产自日内瓦"，甚至有人说加尔文把事情搞砸了，他的谨小慎微使得运动发展到他没法引导和管理的地步。日内瓦没有对这些新生的法国教会强加自己的教会秩序、纪律和信条。但不管它喜不喜欢，日内瓦都成了法国四分五裂、群龙无首的新教会的权威来源，它们需要日内瓦的教义和纪律来提供安全感。法国教会逐渐从1555年的阴影中走出，无论是国王还是日内瓦都无法有效地控制它们。在这个过程中，教会领导权落到了法国贵族手中，这个结局是加尔文万万没想到的。

莱茵兰与尼德兰：官员、难民、革命

巴塞尔以北的莱茵兰为宗教改革提供了一个避难所。问题不在于理解宗教改革在成功之地的成功——比如在斯特拉斯堡（1529年）和法兰克福（1533年）的成功——而在于解释失败之地的失败。在这碎片化的土地上，一处的宗教改革会引发另一处的反弹和抵制，人口流动、强迫或自愿流亡发生了，它们如同对撞的水流，推动或阻碍宗教改革的前进。有一次，事情发展到了无法收拾的地步。莱茵兰是哈布斯堡王朝帝国信息和军队的交通要道。一些地区是哈布斯堡家族的祖传领地，另一些地区则是他们的兵源地。哈布斯堡家族在这些地区尽可能地反对宗教变革，当地既得利益者也会帮助他们。

对被植入宗教改革的莱茵兰城市的官员而言，问题在于对变化实施管控。这种事并不容易，特别是在孵化了各派宗教观点的斯特拉斯堡这种地方。这里没有发生大规模社会动乱，是因为市政要员意识到了自己权力的限度。在斯特拉斯堡城内，除了马丁·布策尔1547年被迫离开前主导的权威的宗教改革，你还能遇到路德派、信奉圣餐象征论的慈运理派、成人洗礼派、灵觉派、伊壁鸠鲁派（即开明人文主义者）、法国新教徒、英格兰和尼德兰的流亡者，还有批判什一税、高利贷和修院制的人，以及千禧年派（Chiliastic millenarians）。

1529 年，来自士瓦本哈尔（Schwäbisch Hall）的偏执的皮货商梅尔希奥·霍夫曼（Melchior Hofmann）在斯特拉斯堡第一次接触重洗派。他在 1526 年出版的《但以理书》注释中称最后的审判将在七年后降临。以出神状态出名的乌尔苏拉与林哈德·约斯特夫妇（Ursula and Lienhard Jost）和芭芭拉·雷布施托克（Barbara Rebstock）——"小牛巷（Kalbsgasse）的大先知"——令霍夫曼深信不疑，他相信不只是世界末日将会到来，他本人就是以利亚再世。霍夫曼宣称斯特拉斯堡是属灵的耶路撒冷，基督会在这里建立他在世上的国。他被官员关了起来，后来几次设法逃到下莱茵兰和尼德兰去传播他的救世主思想。1533 年他回到斯特拉斯堡，随即被捕。市政官员决定放他一马。他只不过是一大批有志于激进的宗教变革的个体中的一员而已，官员要盯的人太多了。

法国、尼德兰、英格兰和苏格兰的难民在莱茵兰可以形成"外国人"教会（"stranger" church），组成一个与周围的路德派区隔的共同体。1538—1564 年，有 14 家这样的教会在活动，主要的几个位于斯特拉斯堡、巴塞尔、法兰克福和韦泽尔（Wesel）。它们实行会众自治，吸引那些正在寻找纯洁的道德与教义的人。它们请求加尔文解决它们的争端，因而变成了第一批日内瓦以外的加尔文宗教会。这种"难民宗教改革"扩散到了城镇之外。在佛日山脉之中和洛林公国边缘的圣玛丽欧米讷（Sainte-Marie-aux-Mines）附近的列夫尔（Lièpvre）谷地有一片采矿社区，16 世纪时，采矿业在这里蓬勃发展。16 世纪 30 年代，苏黎世来的重洗派到这里定居，在谷地高处务农为生。后来来了一群说德语的路德派矿工，再后来又来了一批说法语的加尔文宗难民。这个教派多元共存的山谷不知怎么在16世纪后期躲过了周边兴起的信条化宗教的区域一体化运动和冲突，谷地领主和山谷本身的默默无名保护这里免遭迫害，成就了这样一个特例。

尼德兰的官员面临的挑战与斯特拉斯堡有些类似，但是也有决定性的不同。他们的领主是哈布斯堡家族，他们的财富是皇帝军事行动的保障。根特是佛兰德斯最大的城市，布拉班特（Brabant）的明珠安特卫普紧随其后。相比之下，荷兰最大的城镇阿姆斯特丹只是一个小地方，不超过2 500户人家。在某种程度上与欧洲其他地方不同的是，这里的繁荣依赖商品贸易。随着成捆的佛兰德斯布料在维滕贝格的市集上出售，路德的著作也被运到了尼德兰。1530年之前，30多部路德的书被翻译成荷兰语，还有其他新教改革家的许多著作以荷兰语、法语的形式被推向瓦隆和尼德兰市场。

精英的文化态度影响了不同阶层的人群。人人都被指望会读书、思考，为自己行动。保存到现在的异端调查的证据说明普通人在用一种务实的方式理解宗教。莫尼肯丹（Monnickendam）的文德尔穆特·克拉斯多赫特（Wendelmoet Claesdochter）备受尼德兰新教徒崇敬，她觉得为病人涂圣油的做法毫无意义，说那些油"唯一的用途就是做沙拉或抹在靴子上"。安特卫普的石板工埃洛伊·普鲁伊斯丁克（Eloy Pruystinck）1525年造访维滕贝格，与梅兰希通吵过架，他认为每个人都有圣灵，而信心就是希望邻人得到自己想要得到的东西。平民百姓重复他们在街头或酒馆里听到的话：教士毫无价值，禁食让人头痛，饼和酒变成圣体这种说法是胡言乱语。

安特卫普、根特和阿姆斯特丹的贵族家族怎样管理这样的异见？城市文学和共同体文化离不开尼德兰官员的参与，市政府赞助的由艺术家、工匠和商人组成的修辞院（Chambers of Rhetoric）集中体现了这种文化。16世纪中期，低地国家基本上每个城市都有一个这样的社团，安特卫普有好几个。根特每年举行一次比赛，给定一个主题，选出最优秀的剧本。现存的剧本反映了这种市民文化。剧本里讽刺的对象（毫无价值的神父和大腹便便的修士）和说教的口吻都是我们所熟悉的。1539年根特大赛的指定主题是"一个人临终时最重要的愿望是什么？"安特卫普的桂竹香院（Gillyflower Chamber）献上了自己的戏剧，对这个问题给出了斩钉截铁的新教回答。

戏剧上演的数周之内，根特爆发了起义。皇帝对贵族特权的侵犯一直令一些贵族愠怒不已，1515年皇帝"巡幸"根特时强迫他们接受的宪章就是这种侵犯的体现。其他人或是归属新教圈子，或是因为查理五世出征的"自愿贷款"(voluntary loans) 不断增高的花费火冒三丈。一群行会成员把据传与皇帝达成进一步侵犯城市特权的秘密协议的贵族绑架了起来。在计日工的叫喊声中——所以他们被称为"尖啸派"（Screamers）——那份令人憎恶的宪章在市政厅前被剪得粉碎，一个新的市政委员会立法改革，第一件事就是强制以公道的价格出售谷物。根特的起义没到年末就偃旗息鼓了。1540年大斋期开始时，查理五世访问根特城，重写了城市特权，废除了它的修辞院。根特集中体现了尼德兰宗教改革初期的特点：低级的口水战、街头暴力和市民抗争。

查理五世决意在尼德兰铲除异端。他成功了，但是也付出了代价。正如后来意大利的经验所证实的那样，一个地方接受宗教裁判所需要非常特殊的条件。当腓力二世试图在米兰引入宗教裁判所时，米兰市民发起暴动。1547年，那不勒斯人民威胁发动叛乱，迫使当局暂时收回计划。尼德兰也发生了类似的反抗，不过反抗没有阻止皇帝建立一个市政、教会、教皇三方组成的特别法庭，专门执行针对新教的敕令（Placarten）。新的立法创造了一种对异端的混合式定义，异端被定义成一种比伪造钱币更恶劣的叛国罪。一个人一旦被定罪就再也没有回旋的余地了，悔罪只能改变行刑的方式。叛国罪意味着犯人的财产会收归国有。

贵族认为这种做法十分可怕，有些贵族自己就被新法抓了个正着。安特卫普拒绝颁行1550年4月的反异端敕令，因为敕令要求没有天主教（Catholicity）证书的人不能在城内居住。这损害了安特卫普与信奉新教的英格兰和波罗的海地区的贸易。格罗宁根（1536年才被并入尼德兰）同样对来自布鲁塞尔的干涉表示不满，异见人士纷纷逃到格罗宁根躲避风头。1530年之后的异端敕令痛斥警察的疏忽或地方官员的宽容。被派来调查异端的特派员和地方宗教裁判很难展开工作。在地方的反抗之中，还有这么多人被送上绞刑架实在令人吃惊——1523—1566年间大约有1 300名男男女女被处以绞刑。定罪率非常高（在佛兰德斯被调查的人60%都被定了罪），减刑的可能性很低（被特赦状释放的人不到1%）。镇压消灭了潜在的新教领袖，让贵族不服也得服。在法国失败的地方，尼德兰似乎成功了。

这样的成功是以疏离为代价的。人们恐惧起义，被疏离的人在1560年之前找不到任何愿意支持他们的贵族作为领导，因此这种疏离并没有公开体现出来。从低地国家逃到不来梅、巴塞尔、埃姆登（当时的北方新教"日内瓦"）和伦敦的人数从16世纪40年代起不断上升。这样产生的"外国人"共同体支撑起了一套新教徒人脉和教会的地下网络，这种网络较不容易遭到当局的打击。查理五世迫害的成功剥夺了发育中的新教运动自然得到保守派领袖的机会。因此，不那么依赖精英的重洗派运动就有机可乘了。正是因为尼德兰的重洗派运动缺乏可以控制它的市民阶层的领导，它才发展出了别处未曾见过的激进力量。

梅尔希奥·霍夫曼的末世论对尼德兰工匠产生了很大的影响。1530 年，霍夫曼来到东弗里斯兰，为埃姆登等地的成年人施行重洗。他叫他们通过"约的真正记号"（再洗礼）"与世界分离"，这样才能在即将到来的世界末日中成为得救的人。霍夫曼有一个门徒叫扬·福尔克特松（Jan Volkertszoon），是一个来自霍恩的木鞋匠，这人回到阿姆斯特丹，在当局的眼皮子底下说服别人"抛弃世界和肉体，紧紧依靠上帝，爱你的邻居"，并且为这些人重洗。当局最终在 1531 年 12 月把他和其他人一起在海牙处决了。大感震惊的梅尔希奥·霍夫曼下令停止再洗礼，直到 1533 年——他预计的世界末日——降临为止。

被霍夫曼重洗的人中有一个哈勒姆的面包师叫扬·马蒂斯（Jan Matthys），他没有听从这条指令。他让自己和其他阿姆斯特丹的梅尔希奥派（Melchiorites）都相信他真的是《启示录》中预言的先知以诺，*1533 年诸圣节这天，他为来到他身边的人施行重洗，并且休了他的（"泼妇"）妻子，另娶新妻。然后他派遣他的追随者两人为一组去宣告世界末日的来临。其中两个门徒，格里特·伯克宾德尔（Gerrit Boeckbinder）和扬·范·莱顿（Jan van Leyden），驶过须德海（Zuider Zee）去了明斯特，这座位于尼德兰以东的主教管辖的城市最近才改宗

---

* 《新约·启示录》第 11 章第 3 节："我要使我那两个见证人，穿着毛衣，传道一千二百六十天。"有人认为这两个见证人分别是摩西和以诺。——译者注

新教。他们于 1534 年 1 月到达之后宣布自己是以诺和以利亚,此地就是新耶路撒冷,一个月之后马蒂斯和其他尼德兰重洗派也与他们汇合。随后发生了一场"大逃离"(Great Exodus),尼德兰有 1.4 万到 1.6 万名信徒结伴准备逃离"埃及"。大约 3 000 人乘坐 27 艘船离开莫尼肯丹,沿兹瓦特河(Zwarte Water)来到上艾瑟尔(Overijssel)的海讷默伊登(Genemuiden)附近,许多人在这里被当即俘获并解除武器。没有一个人抵抗,因为他们相信耶利米会带他们到迦南地。1534 年 2 月 22 日,明斯特的重洗派市议会选出了两位新的市长,其中一位是个名叫贝恩特·克尼佩尔多林(Berndt Knipperdollinck)的布料商人,在他的鼓励下,马蒂斯重洗了明斯特城的大部分人口。

之后,一场绝无仅有的宗教改革开始了。人们劫掠修道院和教堂,砸毁圣像。在主教和威斯特伐利亚诸侯的军队围城的压力下,不愿接受再洗礼的路德派和天主教徒被驱逐出城。他们的财产被搬到城中心的仓库里,白银被熔铸成新钱币,币上刻着"道成了肉身住在我们中间"。*居民被命令以"弟兄""姊妹"相称,住在以爱结成的共同体中。人们建立了财产公有制,服从公家指定的劳役。一个质疑行动合法性的铁匠被人刺伤,然后在市议会开会时被扬·马蒂斯当场射杀。

1534 年复活节之后,扬·博克尔松(Jan Bockelson)赤身裸体跑过城镇,在狂喜中失去了语言能力。三天之后他又能说话了,他说这个城市应该建立一个新的由十二名使徒长老组成的公会(Sanhedrin)政府。8 月,博克尔松提出一夫多妻制应当合法化,因为《圣经》有

---

* 《新约·约翰福音》第 1 章第 14 节:"道成了肉身,住在我们中间,充充满满地有恩典有真理。我们也见过他的荣光,正是父独生子的荣光。"——译者注

"生养众多，昌盛繁茂"的律法。*这个提议没有被长老立即接受，一场暴动之后它才变成法律。9月，博克尔松自封"锡安的先知王"（Prophet-King of Zion），街道和城门都被重新命名以庆祝新耶路撒冷的诞生。礼拜日和圣徒日都被废除，一周七天被按照字母顺序重新排列。博克尔松的正妻迪瓦拉（Divara）被封为王后，她和他一起在集市开庭审案，集市上矗立着新耶路撒冷的王座。支持这个重洗派王国的宣传册被偷运出城，煽动其他地方一起叛乱。在阿姆斯特丹，11个裸奔者（Naaktloopers）在街道上奔跑，宣扬明斯特事件"赤裸的真理"。围城持续了17个月，直到1535年6月24日明斯特投降。重洗派信徒被网开一面，但是他们的首领被判处死刑。克尼佩尔多林等人被当众用烧红的铁酷刑折磨，他们的尸体被关在笼子里，吊在圣兰贝特教堂（St Lambert's church）外，那些笼子至今还在那里。扬·博克尔松在地下室里被人发现。之后的几个月，他作为一个奇物被戴枷游遍德意志，最后他也被折磨至死。

梅尔希奥派是宗教改革中没人爱的养子。天主教徒拿明斯特作为宗教改革是魔鬼的工具的证明，权威的宗教改革则抓住一切机会撇清自己的关系。重洗派修史时把梅尔希奥派排除在外，说它徒有虚名，没有合法性也不具代表性。事实上，梅尔希奥派没有在明斯特一蹶不振。它的一个支派继续存在了一段时间，这个支派认为扬·范·巴滕贝格（Jan van Batenburg）——一个海尔德兰（Gelderland）小贵族的私生子——是大卫再世。巴滕贝格的信徒相信神的国将通过武力实现，而且也认为一夫多妻是合法的。梅尔希奥·霍夫曼继续从他在斯特拉

---

* 《旧约·创世记》第9章第7节："你们要生养众多，在地上昌盛繁茂。"——译者注

斯堡的牢房里向外偷运宣传册，唱着"你们斯特拉斯堡这帮不信神的文士有祸了"。被卷入明斯特事件的包括一个维特马瑟姆（Witmarsum）的名叫门诺·西蒙斯（Menno Simons）牧师。他相信婴儿洗礼是没有《圣经》依据的，在传道时反对"引进异端"、篡夺基督王的权柄的"假教师"。* 在他的影响下，尼德兰重洗派被领上了"属灵再生"（spiritual resurrection）之路，他富于表现力地写到，属灵再生是在神的家里重生之后的新生。他对家和属灵征战的强调对其他尼德兰的分离主义教会产生了影响，特别影响到了大卫·约里斯（David Joris）和亨德里克·尼克拉斯，后者的"友爱之家"在16世纪渗透到了一些不可思议的地方，比如英格兰小镇和伊丽莎白的宫廷。明斯特叛乱让人想起了新教改革提出但没有解决的问题：神学、社会和政治秩序的来源和保障，以及上帝对世界的旨意。

舶来的宗教改革

在中东欧，新教改革是舶来品，它的成功依赖于有利的环境，特别是它对语言和文化环境的适应、当地的支持，以及它所引发的冲突能以幸运的结局收场。传统与合法性的守护者被证明对改宗新教的人成功与否至关重要。我们知道后来发生了什么（天主教复兴和三十年战争），所以我们很容易忽略这一事实，那就是天主教会在大片地区（波希米亚北部、摩拉维亚、西里西亚、卢萨蒂亚、波罗的海沿岸、大波兰部分地区、匈牙利北部和东部）被削弱成了无足轻重的少数派。

---

* 《新约·彼得后书》第2章第1节："从前在百姓中有假先知起来，将来在你们中间也必有假师傅，私自引进陷害人的异端，连买他们的主他们也不承认，自取速速地灭亡。"——译者注

16世纪格但斯克最大的新教教堂是圣玛丽教堂——一栋巨大的砖楼，波兰王室只能在旁边修一座小小的天主教堂，免得他们造访港口时无处敬拜。

新教不仅挑战了天主教会，也挑战了国王的权威。东欧的选举君主制国家大多数都谨守旧宗教，他们把旧宗教与围绕他们的统治存在的传统和神话联系起来。只有特兰西瓦尼亚这个莫哈奇之战后出现的新领地的总督（voivodes）改宗了新教。然而在波兰，有两次已经改宗新教的人被选为波兰国王，分别是佐波尧在特兰西瓦尼亚的继承者斯特凡·巴托里（István Báthory）于1575年，以及西吉斯蒙德三世·瓦萨于1587年。

选举制君主的权威需要倚靠地方政治体（local Estates）。在波希米亚及其相关的王室领地（摩拉维亚、西里西亚和卢萨蒂亚）、波兰、匈牙利和奥地利诸大公国，权力在贵族手中。其结果就是教会权力遭到削弱，王室倾向于将宗教决定权让与地方解决，以保障贵族特权的名义接受教派多元共存的现实。在波兰，国王西吉斯蒙德二世·奥古斯都为了与波兰议会达成缓和，放下了一切需要放下的个人倾向。1555年敕令和1562—1563年的其他决议削弱了教会法庭。到1569年，新教徒在波兰参议院（Polish Senate）里的数量几乎与天主教徒持平了，双方必须达成某种协议。1573年1月，天主教、新教和东正教的代表签订《华沙会盟》（Confederation of Warsaw），同意各宗教和平共处。1573年瓦卢瓦的亨利（Henry of Valois）被选为波兰国王时确认了会盟的条文，他的三位继承者也相继确认，几乎把它变成了一部基本法。

在波希米亚，国王的军队和财政权力同样依赖与波希米亚议会达成的协议。法律只有在各等级（Estates）的同意下才能颁行，而且最高法院和省级政府都是贵族的代表组成的。省级政府获得了教士的大部分财富和提名本地圣职的权力。如果他们提名了新教传道人，谁也阻止不了他们。在摩拉维亚，议会、最高法庭和地方官僚全都掌握在地方贵族手中。地方贵族想要反对国王斐迪南一世强行恢复天主教是不费吹灰之力的。摩拉维亚总督瓦茨拉夫·卢达尼克（Wenceslaus Ludanic）在1550年的布尔诺议会上为新教教义辩护，提醒国王不要忘了自己的加冕誓词。斐迪南面临一个大多数人都反对他的局面，只得接受在协商下保持教派多元共存，因此摩拉维亚成了神圣罗马帝国《奥格斯堡和约》的化身。

新教在中东欧欣欣向荣，赢得了地方贵族的支持。正是因为在地方贵族的土地上，在他们的影响下，新教才能蓬勃发展——立陶宛大盖特曼、立窝尼亚总督尼古拉斯·拉齐维乌亲王（Prince Nicholas Radziwiłł）是加尔文宗在波兰的守护者，新教的发展在他的领地保护下尤为可观。在斯特凡·施利克伯爵（Count Stefán Schlik）及其家人等大贵族的影响下的新教就发展得稍微低调一些，施利克伯爵是约阿希姆塔尔银矿的发现者，在西波希米亚的洛克特（Loket）附近有产业。施利克家族建立新教文法学校，聘用路德派传道人。在这里同在其他地区一样，新教的传入伴随着德意志人在玻璃制造、亚麻和纺织方面的专业知识的传入。

新教输入的程度可以用方言《圣经》的产量来衡量。方言《圣经》对新教事业的成功非常重要，但是中东欧地区语言多种多样，许多地方语言没有稳定的书写形式，斯拉夫语言还有很多套字母，这些都给创造方言《圣经》增加了难度。（保证了新教在西欧的成功的）书籍生产商业化在东欧困难重重，因为每种译本的市场都很小，印刷和分销的基础设施也并不完善。因此，书籍生产格外依赖贵族的赞助、教士的协作和方言翻译的可行性。在一些地区，方言《圣经》在1650年前都没有出现。19世纪以前没有马其顿语或保加利亚语的《圣经》译本，1739年以前没有爱沙尼亚语《圣经》，第一本拉脱维亚语《圣经》出现于1689年。第一本芬兰语《新约》出现于1553年，但是全本《圣经》直到1642年才面世。相比之下，卡尼奥拉的新教改革家普里莫日·特鲁巴尔（Primož Trubar）的成就相当惊人。他在流亡期间创作了最早的两部斯洛文尼亚语著作，分别是一本新教教理问答和一本识字手册，然后他完成了《新约》的翻译。同样了不起的还有安东尼乌斯·达尔马塔［Antonius Dalmata，又作安东·达尔马廷（Anton Dalmatin）］与斯特耶潘·康祖尔（Stipan Consul）合作翻译（使用格拉哥里字母）并印刷的克罗地亚语《新约》，该书1562年出版于图宾根。新教《圣经》在波希米亚遇到的困难比在其他任何地方都大。波希米亚在中东欧的独特之处在于它已经有了一部前宗教改革时代的方言胡斯派《圣经》，也有教会组织来为新译本提供资金。在已经有两部不完整的捷克语《新约》存在的情况下，扬·布拉霍斯拉夫（Jan Blahoslav）翻译的完整《新约》于1564年面世，后来它变成了"克拉利茨圣经"（Kralice Bible）的一部分，后者在捷克弟兄合一会（Czech Unity of Brethren）的资助和协调下于1579年出版。

新教在中东欧通过德意志文化传播开来。德意志商人共同体主宰了波罗的海沿岸的汉萨同盟市镇。德意志矿工在波希米亚和匈牙利工作，萨克森贵族在波希米亚西北部拥有地产和利益。新教文理中学在他们的努力下拔地而起，成了埃尔宾和约阿希姆塔尔这些城镇的骄傲。但是新教也通过间接的方式渗透进来，透过商人的联络和在维滕贝格的东欧留学生（1530年时维滕贝格有88个波希米亚学生）向东欧传播，而且从1550年起，越来越多的东欧学生选择去德意志的加尔文宗学院。中东欧也有许多有德意志血统的社区因为与德意志文化的亲缘关系而改宗路德派。凯日马罗克（Kežmarok）是萨克森人13世纪建立的城镇，坐落于匈牙利北部的喀尔巴阡山脉脚下。当地的牧师托马斯·普莱斯纳（Thomas Preisner）1521年在讲坛上宣读路德的《九十五条论纲》。今天的斯洛伐克中部受到德意志影响的矿业城镇——班斯卡什佳夫尼察（Banská Štiavnica）、克雷姆尼察（Kremnica）、班斯卡比斯特里察（Banská Bystrica）——密切注视着宗教改革的动向。这些影响在多数情况下没有发展出一个高出地方水平的完善的教会组织，不过16世纪30年代在波罗的海的汉萨同盟市镇出现了新教法令、公用礼拜仪式以及教义，后来在波希米亚、匈牙利和波兰也出现了类似的发展，信条差异烙下了自己的印记。

人们根据对德意志文化的态度决定与何种宗教的人联合，这限制了新教的传播。马扎尔人、斯拉夫人、克罗地亚人、斯洛文尼亚人和波兰人不认同德意志文化。犹太人的认同在于犹太教，罗塞尼亚人认同东正教，鞑靼人认同伊斯兰教。与地方性认同联合得最好的是宗教改革的异见教派，因为一方面新教异见人士容易被赶到很远的地方，另一方面当地人也更加认同非德意志路德派的新教。因此匈牙利有大量的重洗派和活跃的加尔文宗。16世纪后期特兰西瓦尼亚变成了一个加尔文宗国家。

加尔文宗在波兰也是影响力最大的新教教派，扬·瓦斯基［Jan Łaski，又称约翰·阿·拉斯科（John à Lasco）］有一定的功劳。他是唯一一个有国际声望的波兰新教神学家，他在巴塞尔和埃姆登的"外国人"教会待过一段时间，后来从 1550 年到 1553 年担任伦敦"外国人"教会的主管，他的足智多谋在调解纠纷和起草满足需求的章程与信条时发挥了很大的作用。玛丽·都铎登基时，他随一船难民离开英格兰，在勃兰登堡定居了一阵子，然后于 1556 年回到故乡波兰。他在这里充分发挥自己的天分，游说上层人物（他成了国王西吉斯蒙德二世·奥古斯都的秘书），拉拢波兰士绅改宗加尔文宗，团结路德派、加尔文宗和流亡的波希米亚弟兄会，使各方于 1570 年在桑多梅日（Sandomierz）签署了一份共同协议。这是一份针对反三位一体派（神体一位论派）的协议，神体一位论派当时是一股不容小觑的力量。在波兰，他们在 1556 年从羽翼未丰的加尔文宗教会中分裂出来，建立了自己的"小教会"（Ecclesia Minor），或称"波兰弟兄会"（Polish Brethren）；在特兰西瓦尼亚，佐波尧·亚诺什·西吉斯蒙德（John Sigismund Zápolya）总督毫不掩饰自己的一位论派倾向。与瓦斯基并驾齐驱的神学家福斯托·索齐尼 1578—1579 年冬作为私人来宾住在乔治·比安德拉塔（George Biandrata）府上，后者是特兰西瓦尼亚在克卢日-纳波卡（Cluj-Napoca）的宫廷的御医，后来索齐尼去了波兰，在那里成了波兰弟兄会的发言人，为他的论敌所惧怕，而且不断地给信条化的新教制造麻烦。

中东欧的宗教改革吻合既有的民族、政治和社会轮廓。宗教改革在这里不太活跃，没有产生殉道者，也没有清晰的边界。波希米亚是一个例外，它的本土宗教改革在之前那个世纪就发生了。它已经有了一套新的教义（扬·胡斯的教义）和独立于教皇的饼酒同领（in utroque specie）教会，它的支派他泊派（Taborite）的社会神学主张激进变革。但是到 1520 年的时候，激进的他泊派已经威风不再，并入了弟兄合一会，后者拒绝暴力,更重视内心的属灵争战。尽管弟兄会有主教和长老,但是正如它的名字暗示的那样,它是一系列密切联系的教会,在这些教会里平信徒权力更大。饼酒同领派教会变成了捷克的一种教士当权集团,他们在接受路德派方面慎重到了短视的程度,只有一小批饼酒同领派教会成员对新教敞开怀抱。不过,弟兄合一会与路德派新教形成了友好的关系。弟兄合一会 1535 年的信仰宣言反映了《奥格斯堡信纲》的内容,他们与德意志路德派的亲密关系也加强了他们的力量。

1547 年,波希米亚各政治体的贵族领袖想要把这种亲密关系发展为一场政治运动。斐迪南国王利用档案馆火灾的机会重写了当选时的条约,想要隐晦地建立世袭制。作为回应,贵族领袖宣布他们支持萨克森选帝侯约翰·腓特烈和施马尔卡尔登联盟,拒绝斐迪南为帝国军队提供兵员和武器的要求,直接发动叛乱(太草率了,因为他们没有得到摩拉维亚、匈牙利等地的支持)。施马尔卡尔登联盟 1547 年 4 月在米尔贝格大败,他们自己也步了后尘。弟兄合一会、各市镇和德意志路德派的领导人为叛乱付出了代价。弟兄合一会遭到放逐(一些人去摩拉维亚寻求庇护,另一些人去了波兰南部),市镇失去了它们的自治权,路德派诸伯爵被剥夺了产业。贵族总体上得到了赦免,各政治体的"自由与特权"在表面上得到了维持,但是他们遭到了严厉的警告。在 1549 年土地法令的"Recess"(决议)中,波希米亚各政治体的贵族承认"波希米亚土地的特权包含如下原则,即每位国王的长子都应当在父王去世后成为波希米亚国王"。16 世纪下半叶,中东欧大体上没有经历西欧那样的政治动荡。然而这一条意味着选举君主制在波希米亚终结的条款 70 年后还会在三十年战争爆发时给贵族带来更多麻烦。

不列颠群岛的宗教改革很大程度上也是舶来品。与东欧不同的是，强大的君主国主宰了这片地区——南方是都铎王朝，北方是新近变强的斯图亚特王朝。这一特点掩饰了不列颠受外界影响的程度，尤其是因为宗教改革是从"国家行为"（Act of State）——国王亨利八世与阿拉贡的凯瑟琳离婚这件"大事"（Great Matter）——开始的。后来发生了很多始料不及的事。亨利八世离婚的时机对教皇和皇帝查理五世（凯瑟琳的外甥）来说相当不妙，而他俩处理得也很不好。国王的大臣托马斯·克伦威尔（Thomas Cromwell）引导英格兰议会通过法律手段废止了教皇在英格兰的权力。1533 年的《上诉限制法案》（Act in Restraint of Appeals）禁止向罗马上诉，宣布"各种古老而权威的历史与编年史清楚地……表明英格兰是一个帝国"。这句话声称英国君主与皇帝平起平坐，帝国式（闭合式）王冠可资证明。*此外，它将这个帝国视作一个"自然而谦卑地臣服于国王"的"划分为教俗两界的政治实体"。1534 年的《至尊法案》（Act of Supremacy）宣称国王"依据当前议会的权威……是英格兰教会（Church of England）这片土地上的唯一至高领袖。"

克伦威尔充分利用这种权威，顶着民众的反抗在不到五年的时间里瓦解了英格兰的修院结构。但是，他的任何动作都算不上一场充分的新教改革。亨利八世政权从来少不了自吹自擂，无论是对自己的臣民还是对外国。斯蒂芬·加迪纳（Stephen Gardiner）1535 年发表的《论真正的服从》（On True Obedience）和亨利自己的《大抗议》（Protestation）被塞进了每个大使的公文包。此前教皇授予亨利国王"信仰守护者"的头衔

---

* 中世纪的欧洲王冠多为开放式王冠（open crown），即中空的环形金属王冠。神圣罗马帝国的帝国式王冠（imperial crown）则为闭合式王冠（closed crown），中间如帽子般闭合，可以加装更多装饰和宝石。——译者注

以奖励他写的《为七圣礼辩护》。所以亨利想要保存基督教世界的共同信仰，尽管他的教会必须由君主领导，而且不能再有那些激起过批评者愤慨的元素。至高领袖没有考虑过路德派。他身边那些更倾向于新教的人——比如大主教托马斯·克兰麦（Archbishop Thomas Cranmer）——或陷入了绝望，或成为亨利一朝政治交锋的牺牲品（安妮·博林和克伦威尔）。英格兰早期热心宗教改革的少数派中有一位牛津大学毕业的学者叫威廉·丁道尔（William Tyndale），新教信仰使他流亡海外，几乎可以肯定他去了维滕贝格和莱茵兰。在那里他把《圣经》翻译成了通俗易记的英语——还能看出他的格罗斯特（Gloucester）方言的影响。亨利八世痛恨这个译本，托马斯·莫尔爵士也是如此。丁道尔被捕时，莫尔正被关在伦敦塔。如果莫尔没有付钱给那个最后背叛丁道尔的人，那就是低地国家的宗教裁判利用了国王本人作为刽子手。

但是亨利八世管不了自己入土以后的事。他的儿子和继承人爱德华六世幼年继位，1547年登基时只有9岁。这个"虔诚的小恶魔"（godly imp）得到了金钱能买得到的最好的教育。他的家庭教师包括古典学者约翰·切克（John Cheke），切克1547年宣布自己信仰新教。爱德华的舅舅爱德华·西摩（爱德华国王的母亲、亨利八世的第三任妻子简·西摩的兄长）成为护国公（Protector），国王的摄政委员会里全是像切克一样曾经把自己的新教信仰藏得很好的人。1547—1553年这6年的宗教改革实验是一场借来的改革，用一位当代历史学家的话说，是"在一个新舞台上演的大陆旧剧的第二幕"。不过这场改革是折中主义的，结果偏离了轨道，在地方上受到抵制。

大主教托马斯·克兰麦招募了许多海外神学人才。帝国军队在米尔贝格大胜之后正是招贤纳士的好时机。贝尔纳迪诺·奥基诺被偷偷运出奥格斯堡，得到一套新衣服和想要的书，并在坎特伯雷大教堂获得了一个非常驻职位，他与伦敦的"外国人"教会也建立了联系，他的著作经过合适的翻译造成了巨大的影响。他的同胞彼得·马特·韦尔米利也被招募到牛津大学任职。主教们都是他的朋友——拉蒂默[*]、里德利[**]、波内特[***]和胡珀[****]。他关于圣餐的神学通过克兰麦被纳入了1552年版的《公祷书》。其他外国人包括马丁·布策尔（在剑桥大学获得教席）、希伯来学家以马内利·特雷梅利乌斯（Immanuel Tremellius，意大利语作 Tremellio）——韦尔米利在卢卡的同事之一——和扬·瓦斯基，克兰麦的想法（他1552年3月想到的）是召集众人召开教会大公会议，压倒特伦托公会议。这一计划从未实现，英格兰的新教随着爱德华六世1553年突然去世而夭折了。同样半途而废的还有"法律宗教改革"（Reformation of the Laws），韦尔米利、威廉·塞西尔等人在这个工程上费了很大的功夫，希望以此替换教会法。正如从其他角度来看一样，这一点也说明国王去世时英格兰的宗教改革刚刚走到一半。

他的继任者玛丽·都铎在一场反对新教少数派的政变中上台，少数派仍希望通过主张简·格雷女士的继承权来坚持下去，但是简·格雷很快就被忠于玛丽的势力抓获并处决了。少数派知道英格兰新教实验危在旦夕。1553年9月托马斯·克兰麦建议韦尔米利等人离开英格兰。正当他们收拾行装的时候，坎特伯雷大主教、约克大主教、伦敦

---

[*] 休·拉蒂默（Hugh Latimer，约1485—1555），1535年至1539年任伍斯特主教。——译者注
[**] 尼古拉斯·里德利（Nicholas Ridley，约1500—1555），1547年至1550年任罗彻斯特主教，1550年至1553年任伦敦和威斯敏斯特主教。——译者注
[***] 约翰·波内特（John Ponet，约1514—1556），1550年至1551年任罗彻斯特主教，1551年至1553年任温彻斯特主教。——译者注
[****] 约翰·胡珀（John Hooper，约1495—1555），1550年至1553年任格洛斯特主教，1552年至1554年任伍斯特主教。——译者注

主教、伍斯特主教都被投进了监狱,这是抹杀新教改革的第一步。玛丽所做的一切都依赖于利用英格兰国家对教会的至高地位打击教会,精确瞄准新教的组织结构,战斗目标是实现一种她想要的"真正的服从"。她依靠招徕回国的枢机主教雷金纳德·波尔来实现这一目标,波尔1554年11月作为枢机主教使节回到英格兰。他有意大利的经验,最了解怎样阐述服从这一概念,才能使玛丽治下的关键辩题不是赢得民心,而是确保统一。我们永远无法得知这场英格兰再天主教化运动能进行到什么程度。1558年11月玛丽去世,她的运动也戛然而止。300多人被烧死在火刑架上,大部分都在英格兰南部。其他人逃离这个国家,加入了莱茵兰和瑞士的"难民宗教改革",其中一人是英格兰殉教史学家约翰·福克斯。他记录了玛丽一朝的迫害,并将其置于上帝干涉历史的宏大图景之中,他的作品构成了新教英格兰与生俱来的权利的一部分。

福克斯没有告诉我们的是,1558年时,当局已经处决了大部分留在国内的新教领导人,难以发现、已经沉寂的残余分子——运动的"维持者"(sustainers)——也在遭到肃清。如果玛丽活得再久一些,很难想象英格兰新教能轻易复兴,它不会得到法国或低地国家的帮助。当时在苏格兰,洛林的玛丽(Mary of Lorraine)1554—1560年的摄政期走向结束,她女儿(玛丽·斯图亚特)与瓦卢瓦王太子弗朗索瓦二世在1558年结婚。随着法兰西-苏格兰共主国在1557年成立,苏格兰看起来注定会成为法兰西王朝帝国的一部分。1558年11月,伊丽莎白一世登上苏格兰王位,颠覆了所有的安排。西欧进入了史无前例的政治动荡。随之出现的希望建立欧洲基督教诸共和国的跨国政治宗教联盟与从前的基督教世界有天渊之别。

彼此相争的基督教诸共和国

第十二章

以神之名的冲突

基督教世界的新边界

宗教改革之后,基督教世界元气大伤。它的普世理念失去了光泽,它的基础机构也开始动摇。罗马教会面对新教的攻击一开始没有一个连贯的反应。想要保卫基督教世界的皇帝被分裂本身所利用,他既没有能力组织力量抵抗奥斯曼土耳其,也没能阻止新教在帝国内的扩散。基督教世界的裂隙看来已经无法弥合,就连"宗教"(religion)这个概念也反映出宗教的核心分歧。1500年以前,"宗教"(religious)被用来形容修士,就是那些隶属于常规修会、本职工作就是为基督教世界祷告的人。基督教人文主义者根据古罗马文献,用"宗教"这个词来描述各种对神的信仰,不一定指基督教。新教改革家用这个词来强化基督徒的"真"宗教和批评他们的人的"伪"宗教之间的区别。"新宗教"和"归正宗教"(Reformed religion)成了常见用语。与此相对,天主教徒仍然认为只有一种信仰,其余的都是"异端分子"或"分裂分子",按照英格兰耶稣会士罗伯特·珀森斯(Robert Persons)的说法,"除他们的宗教以外的所有宗教都是虚伪、有罪的"。

　　一场关于哪个教会是基督教世界的正当继承者的论战自然地爆发了。威廉·塞西尔起草、女王伊丽莎白一世1559年颁布的《皇家诏令》(Royal Injunctions)要求英格兰各教会:"你们当为基督的至圣至公教会(Christ's holy Catholic Church)祷告。即,你们当为分散在全世界的基督教人民全体会众祷告,特别是为英格兰和爱尔兰的教会祷告。"每个人都同意,只有一个真正的至公教会,但是它是取决于罗马所说的使徒统绪(Apostolic Succession),还是取决于上帝赋予个别教会的恩典,才是争执所在。当一个不参加国教礼拜的英格兰天主教徒因为自己的宗教遭到审讯时,他被问道:"你是教皇党人、新教徒还是清教徒,或者你信什么宗教?"他对该怎么回答毫无头绪,只能答道:"我不过是个可怜的天主教徒(Catholique)。"这个答复被审讯者认为暴露了他倾向教皇的立场。正是因为"宗教"已经变成一个混乱不清的范畴,所以确定外在服从表现的"信条"宣言和惩戒诏令才变得重要起来。宗教变成了信经所称之物。

　　一条宗教新边界出现了,或者说,因为宗教改革是一场基督教的板块运动,所以这条边界更像是剧烈震动形成的多条参差不齐的断层线。后宗教改革时代,宗教世界的界线如同政治一样动荡而复杂。统治权包含一系列权利,这些权利的范围不一定与一块连续的地域对应。教区边界很少和政治边界重合。教士任命权被出售或转让到贵族等人手中,这些人不一定与圣职所在地的统治者属于同一教派。无论如何,人民都不再必然地与领主拥有同一信仰了。

　　随着时间的流逝,最重要的边界其实是人们头脑中的边界,相互冲突的宗教认同在对抗的过程中形成了这些边界。这些边界是通过教育和灌输树立起来的——传教、教理问答、十诫、教堂礼拜、主导公共生活的充满宗教意味的从众行为。在分裂的共同体中，谈判协商和立法形成了这些行为，协商和立法是在争执的阴影下实现的，正是因为一开始有争执，所以才需要协商和立法。对于那些在 16 世纪后期的政治宗教争执中成长起来的人，他们所做的政治和宗教选择没有什么是不可逆的，特别是在新生的新教北欧和天主教南欧之间的震区。从西边的苏格兰（1560 年一场加尔文宗宗教改革的风波第一次震动一个君主制国家）到东边的匈牙利和特兰西瓦尼亚，人们的宗教忠诚都陷入了疑虑，共同体和国家的归属成了争夺的目标。16 世纪 60 年代，这些争执影响了法国、苏格兰、萨伏依和尼德兰等基督教共和国，16 世纪最后十年，它们激化为更广泛的国际冲突，其中一场冲突反映了白银时代的终结、新出现的经济混乱和下降的社会凝聚力。军事活动的地震仪在 16 世纪 90 年代监测了一个罕见的高峰，预示着 17 世纪中期更大规模的战争高峰的来临。

国家与教会中的基督教共和国

基督教世界在宗教改革后已然式微。反宗教改革的天主教会仍然在自己的轨道内维护着基督教世界的普世主义主张，尽管这些主张后来实际上被重新加工成了一种基督教全球化运动。基督教世界仍然是一个常见用词，特别是在表达奥斯曼土耳其引发的焦虑的时候。它也继续被用来指一个基督教诸共和国的集体，各个共和国体现了各自版本的活在信仰共同体中的意义，尽管这种用法越来越少见了。"基督徒君主"（Christian prince）和"基督教共和国"都是很重要的政治理想,自称君主镜鉴、官员指南的书里都会使用这两个词。"官员"(magistrate)在当时被用来指一个共和国内一切执掌"剑之权力"(ius gladii)——惩罚的权力——的人。

 为统治者提供建议的书都强调自己不仅是为统治者而写的。每位读者、每位公民都可以把书捧在手中,就像一个人用镜子照自己的脸一样,从文本中学习。这些书都会描述一种理想的统治方式,为的是指出现实与理想之间的差距。马基雅弗利的《君主论》(The Prince)被认为是那个世纪最不道德的书,恰恰是因为它颠覆了这种体裁,竟然在纯现实的环境下探讨统治的美德。塞内卡有一句深受喜爱的格言:"人民的爱戴是君主最牢不可破的堡垒。"马基雅弗利要证明它的反命题:"君主被人惧怕好过被人爱戴。"在伊拉斯谟1516年出版的《基督教君主的教育》(Institution of a Christian Prince)中,"人民"不再仅仅是一个比喻。人民的利益决定一个统治者是否会被认为是僭主,统治者"为公共利益而生"。从前,统治者是"在人民的同意下被任命的"——"惩罚权"被交给了共和国的各位官员。随着16世纪的人文主义古籍专家对"高卢人"、"撒克逊人"、"苏格兰人"和"萨尔马提亚人"(波兰贵族自称源自萨尔马提亚人)的早期历史有了更多了解,他们发现了更多权力源于人民的证据。

 僭主就不是这样,他们通过篡位或政府掌权,忽视人民的利益,随自己的喜好追逐私利。在伊拉斯谟著作的几乎每一页里,人民都好像希腊悲剧中的歌队,反复咏唱着统治者与被统治者间的相互义务。他说,在一个基督教共和国内"存在着君主与人民之间的相互交流"。公共利益为基督教共和国内的权力赋予合法性、德性与道德。(作为公共概念的)人民是政府赖以存在的生活现实。

德意志历史学家倾向于把这一时期称作"信条化"（confessionalization）时期。不是仅有天主教和新教两种信条，除了路德派的《奥格斯堡信纲》之外还有许多归正（加尔文宗）信纲。截至 16 世纪 60 年代初，归正信纲包括 1534 年的《巴塞尔信条》、1536 年的《日内瓦信条》、1549 年的《合一信条》、1557 年的《匈牙利信条》（Hungarian Confession）、1559 年的《高卢信条》（Gallican Confession）、1561—1562 年的《比利时信条》（Belgic Confession）、1563 年英格兰的《三十九条信纲》（Thirty-nine Articles of Religion）。从论战的言辞来看，路德派与归正派新教徒之间的怨恨至少与新教徒和天主教徒之间的怨恨一样恶毒。1565 年 11 月教皇庇护四世在诏书《吾等受令》（Iniunctum Nobis）中宣布的《特伦托信条》（Tridentine Profession of Faith）为天主教给出了一个统一的回应。除了想要统一信仰，人们也想要推行同一种宗教仪式：歌唱同样的赞美诗，背诵同样的祈祷文，庆祝同样的圣徒日。这些内容由教会的规章、会议和公会议确定下来。基督教诸共和国的问题是：它们要信条化基督教（become confessionally Christian）到什么程度？不这么做会威胁到"正确的宗教"这种认识的存在，这么做的话又有可能被宗教分歧撕裂，共和国重视的协调、和平、和谐也会被粉碎。这个难题没有答案。

使这个问题更复杂的是一个现实是诸共和国正在进化。宗教改革之后，国家和教会结合得更加紧密，新教基督教世界里国家对教会事务的控制力越来越强。国家不仅是对教士的任命和监督有了更大的权力，也开始承担济贫、教育和（通过管理婚姻、家庭生活和公共道德行为的法规）臣民日常生活的责任。在一些地方，这种进化已经达到了有意识的国家构建（state-building）的程度——官僚化、自上而下的服从在维滕贝格这样的小邦运作得比在伊丽莎白时代的英格兰这样的大国更好。无论是在想要为自己的事业赢得支持的贵族手中，还是在把自己表现为选民共同体的带头人的虔诚的统治者手中，信条化都成了展现更加强烈的基于宗教的认同感的方法。

但是，更强烈的宗教认同并不一定能创造政治团结。16世纪后期最强大的政治神话莫过于英格兰反天主教神话。它因为伊丽莎白一世的继承问题而迅速产生，伊丽莎白的继承权始终都遭到天主教徒的怀疑。教皇庇护五世在1570年2月25日以《至高之治》(*Regnans in Excelsis*)对伊丽莎白革除教籍，很大程度上促进了英格兰反天主教情绪的复苏。英格兰新教徒描绘的天主教形象反映了他们自己的不安。他们丝毫没有展现民族团结，反而在想象的敌人面前感到十分不团结。16世纪70年代末到80年代，英格兰天主教海外流亡者策划的各种推翻伊丽莎白的阴谋——有些得到了教皇的鼓励——为他们的恐惧提供了证据。西班牙舰队充分证实了每一个阴谋。但是，伊丽莎白的国务委员会的成员倾向于夸大敌人的团结，误读敌人的意图。她的首席国务大臣弗朗西斯·沃尔辛海姆爵士（Sir Francis Walsingham）非常信赖间谍、破译员、坐探的情报网，这些人的情报加深了已经很普遍的焦虑感。这种焦虑感有可能永久性地疏离英格兰人口中相当一部分人，他们忠于旧信仰，但也准备效忠新政权。英格兰的反天主教情绪造成了想要瓦解耶稣会的不合理恐惧，耶稣会士被说成煽惑能力神乎其神的"一窝害虫"。新教徒每次打败他们认为的潜藏的敌人的威胁——1588年击败西班牙舰队，1605年挫败火药阴谋（Gunpowder Plot）——都不会为新教英格兰的安全得到保障而欢欣鼓舞，而是为差一点就没躲过去而感到后怕。每次胜利都加固了对可能发生的灾难的永久记忆。英格兰新教徒的宗教没有带来民族团结，反而表达了他们的怀疑和焦虑。

教会之中是否亦有一个共和国呢？基督教共和国的概念是后宗教改革时代教会学的一个论题，也是16世纪后期冲突的核心问题之一。罗马天主教会主张司铎权力，将其列为特伦托公会议决议的中心纲领。加尔文宗则提出了一个新模型：教会即共和国，教会对其长老会（*presbyterium*）——加尔文用来指代主教职位的术语——负责，受其长老会监督。真正的至圣教会只有一个，但是这个教会分为多个地方教会，每个地方教会都是神的恩典拣选的，基督是他们的头。按照加尔文的说法，真正的教会是神的话语得到纯正宣讲、圣礼得到正确施行的教会。他在日内瓦的继承者泰奥多尔·德·贝兹（Théodore de Bèze，又作Beza）加上了第三条标准，即教会纪律，他要强调教会的独特性。真正的教会是有神圣秩序的教会。执行长老会指示的教会官员——组成"宗教法庭"（consistory，这个词来自"教会元老院"的拉丁语）的牧师和长老——代表了这种神圣秩序。其中特别是长老有权起草和执行对会众适用的法律，在"自由而合法的（也就是公开的）选举"中选出牧师，争取会众同意自己的选择。按照模范的1559年高卢准则（Gallican Discipline），他们也有权出席教会会议（synods）。宗教法庭-教会会议型教会治理体制对神授权利（divine-right）主教制和基于传统的司铎权力（其他形式的权力依附于司铎权力）造成了威胁，这就是为什么加尔文宗处于16世纪后期基督教世界争执的中心位置。

宗教战争

这一时期通常被称作欧洲的"宗教战争"(wars of religion)时代。它们其实是政治争执,宗教是身处国家和教会关系中的共和国表现冲突的方式。宗教信仰和实践的分歧是多变难测的,这些分歧既是宗教成为公共与私人事务的核心动力的原因,也是这种变化的结果。异见表现在各个层次,撕扯着统治者与被统治者间的相互义务。充满敌意的教义教条冲突衍生出新的形式,常常集中在哪里可以找到"真正的教会"这个问题上。武装冲突化为内战、破坏偶像的暴动、地方市民骚乱、贵族领导的叛乱的农民起义。"象征性"的对抗(烧毁雕像、有组织毁书等)、言语暴力和视觉暴力、司法压迫、极端暴行(屠杀)都在摧毁基督教诸共和国,试炼基督教诸教会。殉教史记录并纪念了惨遭极端暴行的人。宗教建筑、敬拜的权利、竞争的社会空间、祈祷文、游行和庆典都是冲突的外在表现形式,这些冲突挑战了共和国内官员、牧师和神父的权威,让人们质疑基督教世界是否还能代表共同价值。

管控宗教可能引发的分裂是很复杂的一件事。人们不指望一个基督徒官员"宽容"(toleration),更不指望传"道"者"宽容"。路德把"宽容"这个词引入德语,就是为了拒斥宽容。路德有两句悖论,"信心不容异心,神道不容异道"(Faith suffers nothing, and the Word tolerates nothing),意思是神的话语不容许一点折扣。在人们的期望中,官员不应容忍另一种宗教的存在,就如同不应容忍魔鬼作祟和巫术存在一样。宽容意味着容许邪火熊熊燃烧,因为宽容者没有扑灭它的信念或权力。没有一种宗教信条在根本上容忍其他宗教的存在。官员总是不断地收到劝告，要他们用手中的剑之权力维护领地上一个教会及其信条的权威和地位，消灭其他教会。统治者几乎不需要人来告诫他，将他的土地和人民团结在一个毫无争议的信仰之下是公义公正的。人们的普遍认识可以用法国律师艾蒂安·帕基耶的这句话来描述："（国家的）整体基础主要依赖于宗教的建立，因为敬畏宗教比君主亲临更能管束全体臣民。因此官员最重要的事是防止异端，禁止一国之内出现多种宗教。"异端的存在会招来神的烈怒。

把16世纪后期叫作宗教战争时代，低估了宗教异见的多变性，也低估了人们在多大程度上开始透过宗教观察权力问题和认同问题。它忽视了同等重要的教派多元共存的体验，宗教异见不一定引发冲突。当时的人知道宗教是唤起人民忠诚感的表面口号，是人们追求个人利益的烟幕弹。总之，以宗教之名的冲突使人们对敌人的丑恶伪善极度敏感。人人都同意，激化分裂的残酷冲突是基督教世界混乱的一部分，但是很多人认为，教派多元共存是基督教衰败和行将就木的更隐秘的征兆。

宗教与论战

1566年，日内瓦的印刷机印出了一本讽刺书。它提供了一幅挂图以及对"教皇的世界"（Papal World）的描述，其中有各种各样的城市和省份（"善功王国""教士诸省"等）。教皇的监狱被写成"炼狱"，罗马的圣天使城堡（Castel Sant'Angelo）被说成敌基督的宝座。这代表一种地狱式的宇宙论，世界被分为善恶两部分。一只张开大口的章鱼向四面八方伸出触手，控制脆弱的新教诸国，领导新教诸国的24

位"改革家"(对应世界末日时的长老*)正在赤手空拳地为保卫真理而战。这幅版画的用意就是震撼读者,它夸大了敌人的力量,想要制造一种焦虑感。它的作者利用末世论来展现罗马对各国的威胁。在对抗黑暗力量的战争中,新教真理的正义之军有理由拿起武器,因为,新教徒在世界冲突中岂不是神的使者吗?

这本书的作者化名"Frangidelphe Escorche-Messes"("热爱自由的烧焦群众",或者用粗俗幽默的说法,"烧焦废物")。事实上它的作者是让-巴蒂斯特·特伦托(Jean-Baptiste Trento),他的职业生涯是16世纪后期新教争议者的典型代表,他是一个来自维琴察的难民,曾经扮作毛皮商把新教书籍偷运到意大利,后来流亡到伦敦,住在英格兰间谍首脑弗朗西斯·沃尔辛海姆家中,担任他的遗嘱执行人。为这本书雕刻版画的是皮埃尔·埃斯克里希(Pierre Eskrich),祖籍德意志,移民到了里昂,后来作为新教徒流亡到了日内瓦。他曾负责绘制日内瓦《圣经》中的地图,也为纪尧姆·朗德勒的鱼类自然史绘制过插图,所以懂画章鱼。特伦托和埃斯克里希属于教育好、天赋高的移民小圈子,这些移民有宗教信念,参与宗教改革论战。对掌权者心存戒备的他们将怒火指向他们眼中的滥权和谎言。

16世纪末,来自拉丁语的"争议"(controversy)有了一种新的特殊意义,来自希腊语的"论战"(polemic)看来指的是关于教条和礼仪的言论之战。当时的人罗列了骂人用的词。天主教徒威廉·范·德·林特(Willem van der Lindt)1579年在科隆出版了第一本词汇目录(超过100个词),除了我们熟悉的"路德派""慈运理

---

* 《新约·启示录》第4章第4节:"宝座的周围又有二十四个座位,其上坐着二十四位长老,身穿白衣,头上戴着金冠冕。"——译者注

派""教皇党人"和"重洗派",还有"创新派"(innovator)、"放荡者"(libertine)和"走中派"(*moyenneur*)。人们也是透过异端或伪装的透镜看待渎神的,因为言语伤人的能力本身也被重写了。图像和音乐以新的方式为言语注入了力量,礼拜圣歌和颂歌遭到戏仿。新教殉教史学家说受难者通过高唱圣咏或灵歌来反抗当局。克莱芒·马罗(Clément Marot)翻译成诗行的法国新教圣咏集一夜之间成了法国宗教改革"奇迹年"间的畅销书。1566 年 8 月撞开安特卫普城门的人手里也拿着圣咏集。1561 年,苏格兰女王玛丽从法国被护送回荷里路德宫时,是在集结人群的天主教连祷声中穿过爱丁堡的街道的。后来在天主教同盟战争期间的巴黎,天主教歌曲集被印刷出来,让参加群众游行的人能跟上歌词。宣传册成了法国内战和低地国家叛乱的特点。在街头,在战场上,在印刷厂里,言语对冲突的意义和行动一样重要。

尼德兰的奇迹年与暴乱时代

一个安特卫普人把 1566 年命名为"奇迹年"(*jaer van wonder*),那是基督教的"残暴动乱"和贵族的"大叛乱"之年。它是从佛兰德斯南部开始的,8 月 10 日,也就是圣劳伦斯日,帽匠塞巴斯蒂安·马特(Sebastiaan Matte)在斯腾福德(Steenvoorde)的圣劳伦斯修道院外领导了一次室外新教祈祷会。马特祷告完毕,人群冲进修道院,砸烂了他们找到的一切圣像。"圣像破坏运动"(*Beeldenstorm*)爆发了。

运动从佛兰德斯西部向其他地方扩散。8 月 20—21 日,身在安特卫普的英格兰观察家理查德·克拉夫(Richard Clough)写到,这里就像"地狱,一万多支火炬在燃烧,噪声之大仿佛天地碰撞"。第二天,正处赶集日的根特发生了暴乱，人们动手破坏偶像。孩子们把圣徒像摆到街上，命令它们："说'乞丐万岁'，不然我们就砍了你们的头。"然后孩子就砍了它们的头。里尔附近的纺织业村镇也依葫芦画瓢，然后运动向北蔓延到荷兰和海尔德兰。地方当局不得不独自应付这场规模和性质都史无前例的危机。8月23日，身体抱恙、"心里烦闷"的摄政帕尔马的玛格丽特同意发表宣言（Declaration），敷衍了贵族一番。佛兰德斯和阿图瓦执政（Stadholder of Flanders and Artois）埃格蒙特（Egmont）伯爵拉莫拉尔（Lamoral）报告了武装叛乱和公开集会的传言，还说人们要求像德意志的《奥格斯堡和约》一样完全的"宗教和约"（Religionsvrede）。海尔德兰执政兼佛兰德斯海军司令（Admiral of Flanders）霍恩伯爵菲利普·德·蒙莫朗西（Philip de Montmorency）和奥兰治亲王威廉都收到了圣像破坏运动和叛乱的报告。随着革命的进一步发展，瓦朗谢讷和图尔奈传来计划说要筹集300万弗罗林，这样它们就可以简单地从腓力二世手中赎回自由。1566年12月，安特卫普等地的新教会议组织力量要发起大叛乱，忠于摄政的城镇只能自保。在接下来的决战中，叛军在安特卫普城外被击溃，北方的运动也遭遇惨败。瓦朗谢讷坚持了一段时间，指望法国的新教徒前来支援，然而援军从未到来。

作为后人，我们比当时的人更能看出这场暴乱是可以预见的。在佛兰德斯的纺织业村镇，居民卖出多少半成品布料决定了他们下星期能买到多少口粮。1565—1566年冬，波罗的海的骚乱破坏了布料和谷物市场。但是这场暴乱不仅是一场粮食暴乱，失望、长期存在的反教士情绪和当时产生的焦虑感都掺杂到了运动之中。数千人聚集在篱笆后面或田地里听牧师讲道。老彼得·勃鲁盖尔的油画《施洗约翰的讲道》(*The Preaching of John the Baptist*)描绘了这样的时刻。男人、女人和孩子穿着他们最好的衣服聚在牧师周围。这些自封的牧师在这样有组织的运动中带头是一个奇迹。

上层政治正在酝酿一场巨变。腓力二世委任他的大臣格朗韦勒枢机主教安托万·佩勒诺负责建立宗教裁判所，严格执行异端法，霍恩伯爵、埃格蒙特伯爵和奥兰治亲王走到了格朗韦勒的对立面。这些贵族察觉到自己势单力薄，于是想要组织一个非正式同盟，推动国会阻止从西班牙发出的新财政政策。一年之内，不知从哪里冒出了许多反对格朗韦勒的传单。紧接着又出现了笨蛋高帽（模仿枢机主教的四角帽）以及刻有六支箭捆在一起（"团结就是力量"）的徽记的纽扣。他们的宣传运动奏效了，1564 年格朗韦勒遭到解职。1565 年 1 月，乘胜追击的贵族们委派埃格蒙特伯爵前去西班牙谈判，争取更多的让步。埃格蒙特伯爵带着腓力二世的口头承诺回来了，他相信被奥斯曼帝国围攻马耳他搞得焦头烂额的腓力一定会默许他们要求的让步。其实埃格蒙特伯爵被骗了。随着马耳他得到解围，一支满载白银的舰队从西印度返航，1565 年 1 月 17 日和 20 日，腓力在塞哥维亚森林（El Bosque de Segovia）的王宫签署了"塞哥维亚书简"（Segovia Letters），表示绝不妥协。

贵族对他们感觉到的公众情绪做出反应。数日之内就出现了宣传册和传单，贵族们争取到了对一份全国请愿书——所谓"和解协定"（Compromise）——的支持。人们亲自签名请愿，旁观的人也为进宫呈书的贵族喝彩。三天之后，布雷德罗德（Brederode）伯爵借用了把"和解派"（Compromisers）说成"乞丐"（*gueux*）的说法，新成立了一个乞丐骑士团（Order of Beggar Knights），自封为创始成员。乞丐纪念品也上市出售。我们甚至可以把这个团体说成一个政党，如果不是人们的期待的增长超过了组织或目标进度的话。贵族闯入大众政治加剧了局面的不稳定性，进而证明贵族控制不了事态的发展。

1567年初，叛乱自行瓦解。西班牙决定必须让这场"异端叛乱"付出沉重的代价。阿尔瓦（Alba）公爵费尔南多·阿尔瓦雷斯·德·托莱多（Fernando Álvarez de Toledo）领导了镇压。他曾为西班牙帝国戎马半生，1567年8月22日，他率领好几个团的大方阵（tercios，西班牙陆军步兵单位）进入布鲁塞尔。尼德兰以前招待过查理五世的军队，但是从来没有被他的军队占领过。进城之后，阿尔瓦公爵下令从布鲁塞尔议会桌前抓走埃格蒙特伯爵和霍恩伯爵。两人都被判刑，1568年6月5日，两位伯爵在布鲁塞尔主广场被当众斩首。1567年9月，阿尔瓦公爵建立了一个委员会——当时称为"除暴委员会"（Council of Troubles）——来处置参与叛乱的人。大搜捕开始于1568年3月3日这个圣灰星期三，老彼得·勃鲁盖尔的《滥杀无辜》（Massacre of the Innocents）画的就是这一场景。就在处刑持续进行的时候，从1568年到1569年，奥兰治的威廉和他的弟弟拿骚的路易（Louis of Nassau）从德意志进行军事反攻，但是屡战屡败。据除暴委员会的文件记载，总计12 302人接受审判，这个数字低估了实际人数，因为许多在地方上遭到调查的人没有被委员会统计进来。在这些人中，1 000多人被处死，9 000多人的财产被没收。阿尔瓦公爵后来说他的镇压为西班牙国库收集了50万达克特。教区改革作为再天主教化的第一阶段开始推行。各个社区被要求修复受损的教堂，缴纳各种新税以支付占领费用，最引人争议的新税是"什一税"（Tenth Penny），一笔百分之十的消费税。等级会议（Estates）拖延时间，1569年才投票批准临时征税。1571年7月政策到期，阿尔瓦公爵自己动手征税，谁不交税他就派部队住到谁家。

叛乱与镇压的记忆在流亡到德意志和英格兰的人心中生根发芽。他们和1566年以前就已经流亡他乡建立加尔文宗教会的人走到了一起。1568年10月，来自不同流亡组织的63个加尔文宗代表齐聚韦泽尔召开代表大会（Konvent）。三年之后，29名流亡领袖于1571年10月在埃姆登召开教会会议，商定了《五十三条论纲》，确定了荷兰归正教会的纪律、神学和结构。在官方层面上，他们不支持奥兰治亲王意图推翻阿尔瓦公爵的军事进攻；在非官方层面上，他们成了事实和动力的记忆的守护者。

法国的大屠杀与无法实现的和平

1559—1560年，王朝危机、财政崩溃和宗教分歧撼动了法兰西王国。困扰法国的冲突演变成内战，战争开始于1562年，此后便周期式爆发，部分原因在于战争自己的内在动力。内战的第一阶段伤亡惨重，制造了巨大的分裂，参战双方以死相搏，不过只持续了13个月。王室想要借议和夺回主动权，于是在1563年3月谈成了《昂布瓦斯和约》（Peace of Amboise），结束了第一阶段的战事。1567年，战斗再次打响。1568年3月和1570年8月双方分别在隆瑞莫（Longjumeau）和圣日耳曼两次和谈，但是没过多久又再起刀兵。1573年战火重燃，之后是1576年5月的《博略和约》（Peace of Beaulieu）——很快就被人称作"殿下和约"（Peace of Monsieur），因为基本上是国王的弟弟谈成的——和 1577 年 9 月的《贝尔热拉克和约》(Peace of Bergerac)，还有 1598 年 4 月的南特和谈（Pacification of Nantes），这几次和谈都吸取了先前的教训。

1559 年 6 月 30 日，国王亨利二世在为庆祝保障《卡托 - 康布雷齐和约》(Peace of Cateau-Cambrésis) 的联姻而举行的比武大会上意外身亡。继承王位的是他 15 岁的儿子弗朗索瓦，但是短短 18 个月后，弗朗索瓦二世因为耳部感染不治身亡。1560 年 12 月，弗朗索瓦 10 岁大的弟弟继位，他就是查理九世。可以想见，此后十年未成年的国王都需要由他人代为理政。法国新教徒相信这些变故都是上帝对瓦卢瓦家族的制裁，他们的统治被打上了问号。

王室还有债务尚未偿还，对新教异端的镇压没能带来所承诺的统一，这个问号画得更大了。1558 年 4 月，在另一场瓦卢瓦家族的炫耀式婚礼中，弗朗索瓦娶了苏格兰的詹姆士五世与吉斯的玛丽（Mary of Guise）的女儿玛丽·斯图亚特。与过去一刀两断的弗朗索瓦二世依靠他笃信天主教的姻亲们来谋划前进的道路。这两位姻亲分别是洛林枢机主教吉斯的查理（Charles of Guise）和查理的哥哥吉斯公爵弗朗索瓦。他俩的得势意味着过去 30 年大部分时间都在主宰朝政的安内·德·蒙莫朗西的没落。所有此后十年将会成为法国新教运动军事领袖的人物都出自蒙莫朗西的家族和势力范围。他们包括孔代亲王路易·德·波旁、庶系王族让娜·德·阿尔布雷——纳瓦拉女王、孔代亲王的哥哥安托万·德·波旁的妻子——和沙蒂永领主（sieur de Châtillon）加斯帕尔·德·科利尼（Gaspard de Coligny）。1560 年，首次出现了对吉斯家族的匿名诽谤、诗歌和传单，说吉斯家的"常春藤"

在吸吮瓦卢瓦王室的血液，洛林的"尖塔"将把王室取而代之。*

这些贵族与新生的新教运动达成同盟，1558年，加尔文亲自争取他们的支持。让娜·德·阿尔布雷可能早在1555年就已秘密改信新教。1558年8月，孔代亲王路易访问日内瓦。科利尼和他的弟弟弗朗索瓦利用圣康坦之战后被俘的时间阅读和思考加尔文的著作。但是许多贵族都还没有做出决定，包括安托万·德·波旁，尽管他1558年3月来到宫廷时随行牧师是一个新教徒，而且甚至他参加过新教的集会，却一直没有做出选择，看起来他比别人更警惕新教可能给法国造成的危险。

1560年3月的一场密谋证明了这种危险的存在，有人密谋从吉斯家族的"囚禁"中"救出"国王。密谋者的头目是佩里格的一个乡绅，拉雷诺迪耶领主（seigneur de La Renaudie）让·杜·巴里（Jean du Barry），他的新教信仰不比他输了一场官司引发的不满和他对吉斯家族的刻骨仇恨更深多少。他把不满的人召集到一起，与巴黎的新教牧师搭上了线。孔代亲王和加尔文没有明确地鼓励过他。为了有接触国王的机会，拉雷诺迪耶领主想要以上呈新教请愿书为由在昂布瓦斯面见国王。最后时刻密谋被挫败了，首领们都被吊死在城堡大门上。随之发生的镇压加深了人们的怨恨和吉斯暴政的神话。1559年5月下旬，法国加尔文宗组织了他们的第一次教会会议，62个教会的代表批准了《信条与纪律》（Confession and Discipline），决定采用长老制和教会会议制的教会治理体制。等到1561年3月普瓦提埃（Poitiers）举行第二次教会会议时，他们已经有数百个教会了。他们虽然主攻城镇，但

---

* 洛林枢机主教吉斯的查理的纹章是爬满常春藤的尖塔。——译者注

是在下诺曼底和从拉罗谢尔向南向东直至日内瓦的弧形地带吸收到了足够多的信徒。这场运动的扩大看起来势不可当，与之伴生的教派矛盾也似乎难以遏止。"胡格诺派"（Huguenot）这个被滥用的词在 1560 年赢得了大量关注，"胡格诺"这个名字可能来自图尔城的雨果门（la Porte Hugon）周围的一个城区，新教徒曾经在那里聚会。

凯瑟琳·德·美第奇 1560 年 12 月以儿子查理九世之名开始摄政，她想要达成一个共识来解决不断累积的教派矛盾和政府债务。她的做法是 1560 年 12 月在奥尔良召开王国国会，也就是三级会议（Estates General）。首相米歇尔·德·洛皮塔尔（Michel de l'Hôpital）在 1560 年 12 月三级会议上著名的开幕词搬出了友爱（amicitia）和慈爱（caritas）的传统智慧。他说："温和比严酷更有效。让我们不要再用这些魔鬼般的党派名称和煽动性词语就是了，'路德派''胡格诺派''教皇党人'全部不要，让我们只保留一个名字，就是'基督徒'。"代表们没有谈成任何事情，于是 1561 年夏天大家在蓬图瓦兹（Pontoise）又开了一次会。教士（三级会议的一个等级）迫于压力，不情愿地提出愿意负责偿还债务，不过条件是拒绝同意宗教协和的原则。

在没有得到三级会议支持的情况下，凯瑟琳执行了她的"温和"策略。她废除了宗教压迫政策，1562 年 1 月，她颁布敕令赋予新教徒聚会和敬拜的权利。她的每一步都刺激新教徒提出更多要求，并且引发地方上的对抗。破坏偶像运动暴露了法国宗教改革的无政府主义和渎神的趋势，而且变得越来越有组织，在一些地方显示了反王室的色彩。在奥尔良，刚刚过世的弗朗索瓦二世的心脏被人挖出并油炸，最后扔给了狗。路易十一的女儿让娜·德·法兰西（Jeanne de France）是一名准圣人（proto-saint），葬在布尔日（Bourges），她的坟墓被人拆毁并付之一炬。

天主教徒以暴力还击。第一场对新教徒的屠杀发生在桑斯（Sens），一个多明我会（"雅各宾会"*）修士煽起了当地群众的怒火。1562年4月12日，100多名新教徒被绑在杆子上淹死。新教徒在图卢兹短暂地占过上风，1562年5月，天主教徒夺回了这座城市，数千人在袭击中屈辱地死去。一些人相信他们是在行使上帝的旨意，因为末日近了。更多的人在随后的战争中失去了性命。地方教会组织并资助了一些新教军队，他们与王室军队大动干戈。安托万·德·波旁在鲁昂围城战（1562年9月至10月）中殒命。1562年12月19日德勒（Dreux）之战结束时已有数千人战死，孔代亲王和蒙莫朗西被俘。孔代亲王的大本营奥尔良被围时，吉斯公爵被让·波尔特罗·德·梅尔（Jean Poltrot de Méré）射杀，后者是一个渗透到王室军队中的一个新教徒。他在严刑拷打之下说是加斯帕尔·德·科利尼指使他干的。无论真实与否，吉斯家族与科利尼的世仇是结下了——内战之中这样的家族仇杀还有许多。

早期的和谈敕令低估了事情的难度。1563年的敕令只有15条；35年后，南特颁布的敕令有95条，另有56条特殊条款专门规定细节。1563年，赋予新教徒的"特权"受到了限制，而且主要是为了满足新教贵族的要求。敕令的具体应用被交给御前会议的成员负责，而他们又尽量让省长和副省长来协助他们解决。他们把很多问题推给国务委员会，后者已经不堪重负了。国王的立法步入了充满争议的领域，比如，控制牧师在讲台上布道的内容，控制市议会里不同宗教的

---

* 多明我会第一个法国总部设在巴黎圣雅克街，所以多明我会在法国被称作雅各宾会。——译者注

议员人数。敬拜地点和安葬地点都成了引发争论的议题。很多新教徒怀疑自己成了和平的牺牲品,地方共同体花了很长时间才学会与异己者共存。在一些地区,两个教派都选出了自己的地方议员。在其他地区,特别是在地方共同体受到实际存在或想象的外部威胁的地区,领导人同意互相"团结友爱"。法国分裂为对立的两部分并非不可挽回。

凯瑟琳·德·美第奇在与查理九世巡行全国时利用了这些积极因素。1564 年 1 月,宫廷离开巴黎,1566 年春才返回首都,1566 年 2 月的《穆兰法令》(Ordinance of Moulins) 相当全面,旨在以"虔诚""正义"为基础重建王国,这是青年国王的座右铭的两个柱石。御前会议在穆兰让亨利·德·吉斯[*]与科利尼之间达成和解,科利尼发誓说他"从来没有同意或导致过对吉斯公爵的刺杀"。然而事实证明,这次和解好景不长。1567 年 9 月,新教领袖提出了"解放"青年国王的又一个计谋——莫城阴谋(Conspiracy of Meaux)。阿尔瓦公爵在尼德兰的镇压让孔代亲王、科利尼和他的兄弟感到不安,而且自己没能援救他们的同教弟兄让他们十分困窘。坊间据说要把他们消灭的传闻让他们非常紧张,他们推测法英两国在巴约讷的会谈肯定讨论了这一计划。1567 年 6 月,教皇庇护五世宣布胡格诺派有罪,他们相信这就是计划的第一炮。但是,胡格诺派向来擅长想象针对自己的阴谋,却不是很擅长实施自己的阴谋。莫城阴谋在最后时刻失败了,还让查理九世和凯瑟琳·德·美第奇觉得胡格诺派真正的目的是谋杀国王,实现自己的野心。

随着安内·德·蒙莫朗西骑士统帅 1567 年 11 月 1 日在圣但尼

---

[*] 亨利·德·吉斯(Henri de Guise,1550—1588),吉斯公爵弗朗索瓦的长子,新一代吉斯公爵。——译者注

之战中战死，王室军队的领导权转移到了国王的弟弟安茹公爵亨利·德·瓦卢瓦（Henri de Valois），也就是将来的亨利三世身上。当时刚满 16 岁的他吸引了许多年轻的天主教积极分子前来效力。安茹公爵指挥了法国西南部的战役，在 1569 年 3 月 13 日于雅尔纳克（Jarnac）大败胡格诺派军队。受伤的孔代亲王准备投降，可是安茹公爵的一个官员无情地把他刺死了。1570 年 8 月的《圣日耳曼和约》（Peace of Saint-Germain）让安茹公爵的手下深感失望，和约规定新教徒有权在国内保留 4 个要塞作为对他们安全的保证。次月，毫不掩饰地希望以武力消灭新教徒的教皇庇护五世对凯瑟琳说："总有一天陛下会后悔答应了这么危险的和约。"现在领导新教徒的是科利尼和让娜·德·阿尔布雷，他们也讥讽这个"一瘸一拐、坐都坐不正的和约"——他们和谈时的对手是跛脚的马拉西内领主比隆元帅（Marshal Biron and the sieur de Malassise）。强硬派的天主教徒打算伺机破坏这份和约。

巴黎给他们提供了这样的机会。巴黎曾向国王贷款，而且自己出资负责自己的城防。动员市民守城的需求将首都的权力转移给了本地民兵的组织者。巴黎教区保留了有独立思想的天主教教士，他们的事业与这座城市连在一起。1569 年，3 个巴黎人因为私下非法组织新教集会被判处死刑。处刑之后，他们的住所也被夷为平地，在原址上建了一座塔以纪念此事。按照 1570 年和谈的要求，国王不情愿地同意迁走这座塔。1571 年 12 月 2 日，石匠正准备动工，却遭到了一伙人的阻止。12 月 19 日夜至 20 日凌晨，塔终于在军队的护卫下被迁走，次日便引发了暴乱。巴黎变成了一个火药桶。

这没有解释 1572 年 8 月 24 日圣巴托罗缪日清晨开始的那场大屠

杀。事态的发展超出了任何一个人的控制。凯瑟琳·德·美第奇通过谈判安排了她的女儿玛格丽特（"玛戈王后"）和让娜·德·阿尔布雷女王的新教徒儿子纳瓦拉的亨利的联姻。这是一桩高调的婚事，夫妻双方两种信条的融合意在巩固和解。7月8日，亨利来到巴黎；8月18日，婚礼在巴黎圣母院隆重举行。音乐、诗歌、盛典构成了一出婚礼奇幻剧。在8月20日的比武大会上，新教贵族和天主教贵族在"爱的天堂"（Paradise of Love）中装模作样地把酒言欢。

接着，8月22日，海军司令加斯帕尔·德·科利尼参加完国王的会议，在走回住所的途中遭人射伤。科利尼想要在国际上恢复法国反哈布斯堡的势头。1568年8月，科利尼和孔代亲王与拿骚的威廉和他的弟弟路易签署了一份合作协议。1569年，两兄弟帮助法国新教徒作战，在他们的军队中身居要职。这份恩情是要报答的，1572年5月24日，法军远征佛兰德斯支援海上乞丐（Sea Beggars），后者上个月已经攻下布里尔（Brill）。菲利普·迪普莱西-莫尔奈起草了一份备忘录，说远征干涉尼德兰可以把整个法国团结起来。御前会议审议科利尼的提议时，法军已经开始陷入泥潭，于是拒绝了他的提议。科利尼的目标和举动使他变成了国际矛盾的焦点。

想要刺杀科利尼的人是莫尔韦尔领主（sieur de Maurevert）夏尔·德·洛维耶（Charles de Louviers），他从一栋吉斯公爵的家庭教师拥有的房子里向科利尼开枪。莫尔韦尔领主是一个有前科的杀手，没有人知道他到底是自作主张，还是（如胡格诺派猜测的那样）为吉斯家族做事。胡格诺派贵族觉得自己有危险，扬言报复。查理九世会议桌边的人相当重视他们的威胁，8月23日某时，他们举行了一次或多次面谈，决定选择性诛杀胡格诺派的领袖——这个决定是集体做出的，为的是保护国王和他的国家。凯瑟琳·德·美第奇肯定有参与，但是（同样肯定的是）其他人也有份。当时的人指控国王的弟弟安茹公爵亨利和国王手下的意大利人是幕后黑手。屠杀是仓促准备匆忙执行的。巴黎市长（Provost of Paris）受命关上城门，把塞纳河上所有船只锁到右岸，把守桥梁，召集民兵。当天晚上，年轻的吉斯公爵和其他人从卢浮宫出发，带着一伙军人前往科利尼的住所。一个来自波希米亚的上尉刺杀了科利尼，他们把他被阉割和斩首的尸体抛到街上，最后丢进河里。其他新教要人也遭遇了类似的命运。接下来的三天时间里，城门一直紧闭，屠杀继续进行，塞纳河水被遇难者的鲜血染红。仅凭塞纳河下游捞起的尸体无法完整统计死者的人数，可能有多达 3 000 个巴黎人惨遭杀害。幸存的新教徒后来不愿讲起这段惨痛的经历。

国王承认自己参与了这一事件，8 月 26 日，他在高等法院面前宣布："近日之事是国王明确下令执行的，不是因为宗教，亦不违反国王的和解敕令……而是为了预先阻止海军司令实施……对国王本人及其国家……的邪恶可鄙的阴谋。"新教徒认为这是暴君之举，受难者是殉道而死。这场大屠杀在国际上引发了巨大争议，极大损害了下一位国王的和平努力。

巴黎大屠杀在 20 多个市镇引发了新的屠杀，至少又有 3 000 人遇害（很可能多达 6 000 人）。耶稣会士埃德蒙·奥热（Edmond Auger）是一本宗教战争手册的作者，1572 年米迦勒节（Michaelmas Day）这天，他在波尔多大教堂的讲台上说："是谁在巴黎执行了上帝的审判？是上帝的天使。是谁在奥尔良执行了上帝的审判？是上帝的天使……是谁将在波尔多镇执行上帝的审判？将是上帝的天使。"30 多年后，为天主教同盟创作宣传册的路易·多莱昂（Louis Dorléans）把圣巴托罗缪大屠杀称作一场"挽回的燔祭"（propitious holocaust）。法国北部许多新教徒改信天主教，但是新教在法国南部仍然活力充沛，贵族豪门依旧是他们的靠山。最重要的是，新教运动在卢瓦尔河以南有几座城市要塞。拉罗谢尔是一座拥有大约2万人的海港城市，它拒绝服从王室权威，准备背水一战。被海洋和沼泽保卫的它只有北面容易遭到攻击。王室军队攻城时集中力量攻打北面，战斗持续了六个月（1573年2月至7月），最终也没能攻下来。

胡格诺派早已有了原始的军队和政府。1573年12月，他们打算更进一步，遂召集代表在米约（Millau）开会。97名代表赴会，多数来自法国南部，包括士绅、牧师、官员和城市元老。他们抨击诸侯，认为官员有责任限制统治者的权力，因而同意为他们的"党"建立一个总体结构。他们以三级会议和他们自己的教会会议式政府为基础，将权力赋予代表大会，代表由省议会选出，每六个月开会一次。大会的职责是立法、决定战争与和平、调整税收水平、以大会名义批准贷款、选举政治领导人、选派代表组成委员会监督领导人的行动。有一段时间，地方活动人士掌握了领导权。1574年7月第二次代表大会在米约召开，代表们选出路易的儿子亨利·德·波旁–孔代（Henri de Bourbon-Condé）作为他们的"首长、总督（governor-general）与保护者"。数月之后，他们出于战术原因与"心怀不满"的朗格多克省长亨利·德·蒙莫朗西–当维尔（Henri de Montmorency-Damville）达成合作，一年之后，他们又联合了重要的天主教王族，国王的弟弟弗朗索瓦·德·阿朗松（François d'Alençon）。这些新教活动人士比任何人都清楚如何有效利用他们对本地地形和资源的了解。即便如此，他们也只是"次要官员"中的"次要官员",来自小镇小村的普通人,他们没有丰富的经验,对公共事务没有信心。他们知道法国内战的模式是短暂交火后必有缓和,所以他们也没有兴趣自己建立一个新的国家。

因此,法国内战的强度在 1572 年后提升了一段时间。但是心怀不满的人和新教贵族领导人一直没有关上和解的大门,没过多久,法国王室伸出了橄榄枝。1576 年 5 月的《博略和约》数月之后即告报废。1577 年的《贝尔热拉克和约》又称"国王和约"(King's Peace),国王(亨利三世)本人不牢固的权威和他被人误解的改革措施使和约效力大减。整整一代人都活在内战造成的恐惧里,16 世纪 80 年代后期,新的冲突爆发。回过头来看,只有经过反反复复的记忆与遗忘、和解与重建,法国人才开始拿出诚意,在 1598 年签署了《南特和约》(Peace of Nantes)。

胡格诺派与海上乞丐

16 世纪后期,欧洲军事化程度最高的宗教纷争发生在最发达的国家。这是因为这些国家的权力经常通过复杂的方式——官职、包税、雇佣兵或海战中的私掠船——外包给个人。反抗国家的教派从这种私人化的权力中获益,他们把这种权力国际化,然后化为己用。最能体现这一过程的莫过于大西洋上发生的故事。沿河国家早就习惯于鼓励商人打造船舶,在战时通过"私掠许可证"(letters of reprisal)租赁这些船,或者容许他们袭击外国船只,然后国家收取一部分战利品。海外帝国建立之后,帝国统治者没能如愿做到限制殖民地与本国的直接贸易,个人冒险时代就此展开。私掠船船长和支持他们的人认为,

1494年教皇亚历山大六世武断地划分世界，这样的殖民"好像上帝把海与陆地交给西班牙人和葡萄牙人独享似的"。拉波佩利埃尔领主（sieur de La Popelinière）亨利·朗瑟洛·德·瓦赞（Henri Lancelot de Voisin）就是这么想的，他是一个新教历史学家，却想要做一名海盗。他用一本书让许多人相信存在一个尚未被发现的"terra australis"，也就是"南方世界"，他还完全驳斥了西班牙和葡萄牙可以把世界其余部分当作自己私家采邑的想法。16世纪50年代后，他支持他的同胞出海远行，建立自己的殖民地，并且以打劫西班牙船只牟利。

私掠变成了法国和尼德兰的冲突发展的一部分。16世纪60年代，以英格兰为基地的海盗变得非常活跃，伊丽莎白一世和她的大臣们对此保持缄默，否认参与其中。法国新教徒用私掠的收入支付战争开支。尼德兰的战士在第一次起义失败后也走上私掠之路。1568年，拿骚伯爵路易需要私掠船的支持才能规划进攻弗里斯兰，但是这次战役的失败使他丢掉了私掠船员——奥兰治的威廉叫他们 Watergeuzen（"海上乞丐"）——在埃姆斯河（Ems）河口的基地，于是他们转移到英吉利海峡，与英法船只为伍。1570年时尼德兰活动的私掠船大约有30艘，它们从英格兰的港口出发，船长在自己乐意的情况下听从奥兰治的威廉指挥。1571年，伊丽莎白一世开始受到把它们逐出英格兰港口的压力，1572年3月1日，她正式下令驱逐。乞丐们必须找一个新的活动基地。拉罗谢尔被封锁了，1572年4月1日，他们在默兹河口福尔讷（Voorne）岛上的小渔港布里勒登陆。他们打下了城镇，洗劫了它的教堂。这本不是一次民众起义，却引发了一场反对遭人痛恨的西班牙"什一税"的暴乱。

对什一税和阿尔瓦公爵的政权的不满主要集中在艾河（Ij）以北

的荷兰和阿姆斯特丹。西班牙撤回了军队以应对胡格诺派的南征。于是，奥兰治的威廉7月7日从他的祖先在莱茵兰迪伦堡（Dillenburg）的土地出发，开始了又一场进攻。这一次，布拉班特和佛兰德斯有更多城镇宣布起义。随着西班牙增援的到来，优势回到了阿尔瓦公爵这边，奥兰治的人马没能解除蒙斯之围，阿尔瓦公爵洗劫了梅赫伦（Mechelen）。阿尔瓦公爵说这场洗劫是一次合法报复。1572年12月11日，西班牙军队开始围攻哈勒姆，它是荷兰"北区"（Northern Quarter）的陆上大门，奥兰治带着他残余的军队退到北区，已经"打算葬在这里"。

在地狱的绝望中 [*]

当时的人面对这些事件感到不知所措。阿尔瓦公爵呼召荷兰省议会（provincial States of Holland）的议员来海牙，他们却选择在多德雷赫特自行集会，人们应该怎么称呼这群人呢？腓力二世和马德里政府称他们为叛军。伊丽莎白一世以傲慢的神色接见他们的代表。菲利普·范·马尔尼克斯（Philip van Marnix）代表奥兰治亲王对这些议员提出一个简单的目标："让低地国家有朝一日恢复它们曾经的繁荣和古老的自由"。在他所规划的省政府中，奥兰治亲王将担任执政，新教徒和天主教徒将和平共处。但这只是一个草案，财政安排还不充分，而且事实证明信条不统一的共同体很难维持。议员们相信阿尔瓦公爵是"暴君"，派特使去豪达（Gouda）"取回荷兰的特许状"，为他

---

[*] 该句出自威廉·布莱克名诗《泥块与卵石》："它只为别人奉献安宁，在地狱的绝望中建造天堂。"——译者注

们的特权制作副本。1575年,荷兰议会创建了自己的大学(莱顿大学),与泽兰缔结联省条约。尼德兰的宣传册作家指责腓力二世妄图"随心所欲"地统治低地国家。奥兰治的威廉在1581年的《辩护》(*Apology*)中为腓力二世对自己定的罪辩护,而且反过来把西班牙国王描绘成一个暴君。"随他当卡斯蒂利亚、阿拉贡、那不勒斯的国王,随他当印第安人的国王,随他在那些那他能任意操纵的地方称王称霸;他乐意的话随他当耶路撒冷的国王,随他在亚洲和非洲当个息事宁人的总督,但是无论如何我不承认他在这个国家有那样的权力……他曾宣誓尊重我们的特权,这些特权限制了他的权力。"

1581年7月,尼德兰国会颁布《断绝关系法令》(*Plakkaat van Verlatinghe*),宣布尼德兰统治权从缺,原因是腓力"抛弃"了尼德兰人民。法令禁止腓力的名字出现在法律文件中,宣布官员不再效忠于国王,而应宣誓效忠于国会。法令的序言来自迪普莱西-莫尔奈的1579年的《论反抗暴君的自由》(*Vindication against Tyrants*),它为这一决议提供了法律基础,法令也引用了弗里斯兰人文主义者哈该·范·阿尔巴达(Aggaeus van Albada)和豪达著名的政治家弗朗索瓦·维朗克(François Vranck)的论述。阿尔巴达论证的出发点(来自西班牙文献)是"一切形式的政府、王国、帝国与合法当局都是为公民的公共福利而不是为统治者的福利而建立的"。这个共同体已经遭到自己君主的压迫,既然它不能寻求别的领主的救济,那么它"有权以武力反抗"。维朗克讨论了国会的代议制权力,他认为国会是一个"彰显全国和全体居民意志"的机构。

尼德兰起义变成了一场残酷的内战,关于它的记忆在历史中成了新生的尼德兰共和国的建国神话。今天在哈勒姆的圣巴弗(St Bavo)

教堂里，加尔文宗圣餐桌背后本来是祭坛所在的位置立着一幅油画。绘在黑色背景上的文字描述了基督最后的晚餐，让加尔文宗信徒想到他们即将领到的饼和酒。油画背后是一条回廊，非本教派（non-confessing）的市民从这里走过。面向回廊的油画背面有另一段引人深思的文字，它的开头是这样的："如果与饥饿的搏斗没有那么艰苦，暴虐的西班牙人已被赶出哈勒姆。"这首67行的诗记录了城市被包围八个月（1572年12月至1573年7月）时的苦难。城市投降之后，60个市民和大部分守城士兵被吊死，这次围城变成了哈勒姆的身份认同的不可分割的一部分，体现在新的城市格言（"美德战胜力量"）中，而且与哈勒姆人的十字军东征传统联系在一起——13世纪十字军围攻杜姆亚特（Damietta）港时，是哈勒姆人打破了僵局。*通过这样的纪念，保卫加尔文宗和保卫市民自由变成了起义的主流叙事。

在实实在在发生的围城、劫掠、洪灾、叛国、流亡和忍耐面前，高尚的宗教和有原则的政治都要退居次席。奥古斯丁会修士沃特·雅各布松（Wouter Jacobszoon）原本来自豪达附近的施泰因（Stein），1572年6月乞丐占领施泰因的时候他逃到了阿姆斯特丹。他详细记录了自己的所见所闻。他说："我为我们生活的这个混乱、痛苦、野蛮、凄惨的时代感到震惊。"他认为，上帝对尼德兰下达了一个恐怖的判决。"只要人们的外在自由和福利有保障，"1572年9月4日他这样评论乞丐的暴行，"他们就不关心上帝的圣殿有没有遭到掠夺，圣像有没有遭到破坏，神父作为上帝的仆人……有没有被人取笑……上帝离

---

* 传说1218年第五次十字军东征打到埃及的杜姆亚特时，海军被海港的锁链所阻无法进攻，是哈勒姆造船师想到在桅杆上装锯子，锯断了锁链。哈勒姆市纹章上的两个钟和圣巴弗教堂里的两个钟都是为了纪念此事。——译者注

弃了我们。"他在阿姆斯特丹记录了乞丐在街头的虚张声势,记录了他们铸的讽刺硬币、他们唱的歌、他们梦想实现的计谋,甚至记录了孩童玩的游戏。1574年6月3日,沃特神父的日记记录了他目睹的阿姆斯特丹北面"沃特兰"(waterland)的大火,一个旅行者说那里的沟渠里发现了30具赤裸的尸体,都是被乞丐伏击杀害的。他觉得这比在土耳其人治下的生活更加悲惨。

这种事会怎么收场?腓力二世的答案是必须以击败叛军收场,但是他认为政治的重要性不亚于武力。阿尔瓦公爵理解后者,却不理解前者,所以腓力撤下了阿尔瓦公爵,换上了西属伦巴第总督(governor of Spanish Lombardy)堂路易斯·德·雷克森斯(Don Luis de Requesens)。1573年11月,雷克森斯带着6万人的军队来到佛兰德斯,他确信他可以迅速夺取北区,只要他可以决堤放水。但是腓力二世拒绝了这一提议,理由是"我们会因此背上残暴的骂名"。而雷克森斯却被欠饷引发的哗变大潮淹没了。战争双方都有哗变这个问题,因为佛兰德斯军(Flanders Army)的规模更大,而且士兵驻扎在城镇里,所以影响也更严重。哗变起于老兵聚会宣传他们的不满,继而发展为扣押居民作为人质。1575年11月,腓力二世决定暂停为债务支付利息,*雷克森斯知道自己命不久矣,他死于1576年3月5日,灾难爆发了。

1576年7月25日,哗变的西班牙士兵洗劫了阿尔斯特(Aalst)镇,与其他部队勾结到了一起。11月4日,星期日,接替雷克森斯的奥地利的堂胡安(Don John of Austria)来到卢森堡,腓力二世授权他

---

* 1575年,腓力宣布西班牙政府破产,停止向热那亚的银行家支付利息,于是银行冻结了支付西班牙军队粮饷的汇票。——译者注

带领军队回国，允许他为议和做出任何让步。就在同一天，西班牙军队打进了叛军把守的安特卫普城。在数日的焚烧和掠夺中，1 000 多座房屋被毁，7 000 多人丧生。如同圣巴托罗缪大屠杀一样，关于这一事件的雕版画和新闻信广为流传，使"西班牙之怒"（Spanish Fury）成了反对西班牙的"黑暗传说"的一部分。四天之后（11 月 8 日），尼德兰国会（包括荷兰和泽兰的代表）同意了根特和谈（Pacification of Ghent）和驱逐占领军。不过如果他们没有决定推迟关于宗教分歧的讨论的话，尼德兰起义可能就此了结了，但是三年之后宗教分歧打破了和平的局面。

在奥兰治亲王和愿意加入乞丐事业的荷兰与泽兰诸城的协议中，宗教和平是一个重要的特点。尽管 1573 年 2 月荷兰议会禁止公开的天主教敬拜，但是天主教徒、路德派、重洗派和其他教派事实上私下里可以按自己的方式敬拜。然而新秩序下的"官方教会"（authorized Chruch）只有加尔文宗。归正教会如雨后春笋般出现，取代了原本的教会结构，把组织交到牧师、执事和长老的手中。可是，加尔文宗实际上的地位并没有纸面上那么牢固。宗教法庭发往伦敦的信件揭示了另一种现实：传道人短缺，战乱使集会无法进行，会众的数量也少得可怜。"荷兰和泽兰属于加尔文宗"的程度就和"今天西欧部分地区信仰基督教"差不多。1576 年荷兰议会的教会法令也明确说明，官员对牧师人选、布道内容和教会结构的维持有最终决定权。不仅是加尔文宗社区的教派成员，所有的人都可以接受洗礼，因此教堂和墓地在某种意义上变成了市民空间。

1577 年尼德兰南部城市亲奥兰治势力崛起的动力与这种"市民加尔文主义"（civic Calvinism）无关。人民的生活与过去十年相比变得一团乱,这种幻灭感推高了奥兰治亲王在这里的人望。1577年10月28日,根特的两个加尔文宗官员抓捕了阿尔斯霍特(Aerschot)公爵和他的仆人,发起了一场城市革命,权力被交给工匠组成的特别的"十八人委员会"(The Eighteen)。1578年2月,根特的加尔文宗向外输出革命,朝奥德纳尔德进发,并且在科特赖克(Kortrijk)、布鲁日和伊普尔策划了几起小型革命。在他们成功的地方,原有的官员被加尔文宗信徒取代,天主教徒被迅速驱逐,圣像也被摔得粉碎。最重大的事件发生在1578年5月26日,阿姆斯特丹的加尔文宗发动政变,拘捕并驱逐了天主教官员和教士。现在看来,一年多前腓力二世对尼德兰国会的让步好像是一个错误。随着佛兰德斯加尔文宗革命的爆发,他对"异端统治"(heretic rule)的本质最坏的恐惧变成了现实。1577年8月,地中海已恢复和平,55艘船组成的珍宝船队带着200多万达克特的白银从新世界返回,腓力有了再一次干涉所需的资源。而且,1578年9月堂胡安去世,腓力可以任命一个新的人来顶替他的位置,这个人既是天才的将军,又是杰出的政治战略家,他就是帕尔马和皮亚琴察公爵世子(1586年成为公爵)亚历山大·法尔内塞(Alexander Farnese)。

法尔内塞是腓力的亲戚,*曾与堂胡安一起在西班牙宫廷受过教育。他从1577年起跟随堂·胡安一起行动,所以对问题有第一手认识。他的策略是让时间和事件的内在逻辑为自己服务。事态果然如他所料,1579年1月6日,埃诺(Hainaut)、阿图瓦和瓦隆佛兰德斯的省议会脱离尼德兰国会,它们责怪"异教徒火气太大"。九个月后,这

---

* 法尔内塞是腓力的外甥。他的母亲是腓力的姐姐帕尔马的玛格丽特。——译者注

些政治体在阿拉斯（Arras）与法尔内塞签订协议，重申自己服从腓力二世和支持天主教，以换取西班牙军队的撤离。法尔内塞同意了，因为他知道它们迟早会需要他。他以那慕尔的要塞为基地，每当有城镇求援他就前去支援，每次干涉成功之后他都与当地市民签订协议。他不搞打击报复。作为回报，每个城镇都同意回归天主教，给予新教徒离开的权利（ius emigrandi）。与此同时，他以赦免的承诺和养老金诱引贵族归降，一个感到沮丧的尼德兰指挥官说这是腓力二世的"黄金子弹"。法尔内塞的战略开始成形：沿斯海尔德河（Scheldt）收复城镇（梅赫伦、安特卫普、根特），打造一条守卫佛兰德斯省和布拉班特省的防线。

帕尔马公爵最大胆的行动是攻打安特卫普。1576年的劫掠让这座城市愤恨难平，光靠让步是无法挽回它了。帕尔马公爵的围城持续了一年多（1584年7月至1585年8月），他在斯海尔德河上建了一座浮桥（730米长），在桥的两端修起土垒。尼德兰人想用火船和一种叫"止战者"（Finis Belli）的战舰撞毁这座桥，但是没有成功。西班牙部队破城后军纪严明，容许新教徒在两年内离开。仅仅是安特卫普就有数万人远走他乡，统计数字虽有出入，但是从尼德兰南部迁往北部的远超10万人。莱顿和阿姆斯特丹挤满了瓦隆人、布拉班特人和佛兰德斯人。法尔内塞推动的南方再天主教化确定了新分裂出来的尼德兰的轮廓。教士重拾权威，官员恢复原职，他们一个个向哈布斯堡表示忠诚。但是今时不同往日，因为尼德兰人封锁了斯海尔德河，而且战后重建花费了很多年的时间。法尔内塞食言了，他没有撤走他的部队。16世纪90年代，新一波的哗变引发了大规模的动乱。尼德兰南部同欧洲其他地方一样陷入了十年的粮食短缺。在当时人的日记中，粮食匮乏才是最紧要的新闻，毕竟与北方的军事行动已经陷入僵局。

尼德兰北部的未来花了更长时间才尘埃落定。1579年1月23日，荷兰、泽兰和海尔德兰在乌得勒支签订盟约，他们以早在1572年建立的荷兰与泽兰联省政府为模范，同意在和平与战争的问题上永远"像一个省份一样行动"。乌得勒支同盟（Union of Utrecht）的成立使各省有必要任命一个委员会以及财政官等官员，但是在其他方面，盟约明确保障了各省充分的自治权。其他省份是否加入全凭事态发展。1581年7月26日，各省以国会剩余的权力一致决定断绝腓力二世的主权。这样理论上可以使权力更方便地移交给法国国王最小的弟弟，新任安茹公爵弗朗索瓦·德·阿朗松，1581年8月，他恰逢其时地带着一小股军队来到了尼德兰。

然而荷兰与泽兰拒绝承认安茹公爵的"主权"（主权问题专家让·博丹是他的顾问之一），因此国会不能把治理权交给他。1583年1月17日，他从西班牙人手中夺取了敦刻尔克、迪克斯梅德（Diksmuide）和奥斯坦德（Ostend），但是没有拿下布鲁日和安特卫普。安特卫普之战的"法兰西之怒"（French Fury）最主要的伤亡不在平民，而是在法军自己——大约有2 000名法军被杀。安茹公爵对尼德兰的干涉仅仅是扩大了法尔内塞再征服的目标。1584年6月10日，安茹公爵去世，一个月之后奥兰治的威廉在普林森霍夫宫（Prinsenhof）被人刺杀，这座宫殿从前是一座修道院，代尔夫特市把它送给威廉作为省政府的主要办公地点。西班牙雇的刺客开了三枪，两枪射偏一枪命中。谁能以什么理由、用什么方法指挥与法尔内塞的战争成了有待决定的问题。

1585年后的20年里，这些问题在与西班牙扩大化的斗争中——

得到解决，这场斗争把英格兰、爱尔兰和法国都卷了进来。尼德兰联省共和国（United Provinces of the Netherlands）的7个省份不是因为宗教联合在一起的。1578年7月，奥兰治亲王就已经提出宗教和平，乌得勒支同盟默认了这一原则，宗教不是战斗的口号。北方的城镇和省份确实常常发现，地方上驱逐天主教徒的想法会危害它们的安全，流亡到南方的人（比流亡到北方的人少）巩固了天主教佛兰德斯。尼德兰并不像后来17世纪时自己想象的那样是宗教自由的避难所。但是，在政治文化和近来斗争的鲜明记忆的基础上，在奥兰治的威廉的儿子拿骚的莫里茨和他的堂兄威廉·路易（William Louis）打胜仗的帮助下，尼德兰联省共和国学习建立了一个类国家结构，欧洲其余部分都必须与这个结构打交道。

西班牙王国及其领地

腓力二世于1556年登上西班牙王位，继承了欧洲和海外的广大领地。他从小到大没有学过别的，就是以做一个理想的西班牙国王来调整自己，他憧憬着这个帝国可以带给他的机遇。1543年，他成为西班牙摄政，身为米兰公爵（1540年起）、西西里和那不勒斯国王（1554年起），他对实务有充分了解。1554年，他作为玛丽·都铎的王夫在英格兰居住过几个月。1555年10月25日，他从英格兰横渡海峡来到布鲁塞尔参加父亲移交权力的典礼。不到两年，1557年8月10日，腓力的军队在圣康坦痛击法军。签署了《卡托-康布雷齐和约》（1559年4月）之后，他南下借道他的意大利领地前往卡斯蒂利亚。

他的顾问们在表述腓力二世之治的概念时遇到了一定的困难。把它称为帝国会破坏腓力与他叔叔斐迪南之间微妙的关系，被选为神圣罗马帝国皇帝的斐迪南 1558 年才终于得到议会的认可。但是顾问们相信而且认为，基于无可否认的事实，腓力二世在基督教世界内比其他掌权者地位更高。1563 年特伦托公会议闭幕式上，费尔南多·巴斯克斯（Fernando Vázquez）看到西班牙代表以此为由要求自己的位次优于法国人。一年之后，他写了一篇文章解释说，西班牙的"权势、统治权和广袤领土"证明它有理由在基督教诸共和国中享有优越地位（praelatio）。不仅如此，西班牙王国的优越地位更来自腓力二世可以为基督教世界效力的程度，以及他代表天主教人民心声（vox populi）的能力。不仅是法国，神圣罗马帝国也应当承认西班牙的优越地位。

腓力决定把王室放在卡斯蒂利亚，这样可以巩固他父亲的帝国的资源组织工作，它造成的问题比解决的问题更多，因为他继承的领地中还有那么多在西班牙半岛之外。卡斯蒂利亚的人文主义者吸纳了基督教共和国相互义务的观念，不过他们不清楚这种观念怎样在如此庞大的规模上付诸实际。卡斯蒂利亚的法学家则重视王权作为法的来源的重要性，这为腓力二世以"国王的绝对权力"发布敕令（pragmáticas）提供了理论基础。腓力二世在不同王国推行同一种法律的能力赋予了西班牙王国概念框架及合法性。为国王打造形象的人用挂毯、版画、雕像、巡幸、建筑和音乐丰富它们的细节。

它们的主题包括王朝的延续性和遗产，以西班牙天主教国王的传统包装起来，再加上一些哈布斯堡的神话。西班牙的国君传统不包括加冕礼、涂油和御触。国君形象是在活动中塑造出来的，它的顶峰出现在吞并葡萄牙的时候。1581 年国王巡幸里斯本的典礼上有一座凯旋门上的图案是雅努斯（Janus）交出圣殿的钥匙，"如同交给世界之王"，另一座凯旋门上有一句话："曾经……分裂的世界现在合二为一，因为你是东方与西方的万物之王。"阿隆索·德·埃尔西利亚（Alonso de Ercilla）曾在圣康坦之战中效力，后来又去了秘鲁，他写了一首以阿劳卡尼亚战争（Araucanian war）为题材的史诗，作为腓力二世的王国的典范。1583 年打造的一枚奖牌一面是国王肖像，另一面是地球，环绕地球的铭文是 *NON SUFFICIT ORBIS*（"此世不餍"）。

这种全球性的神话———一个不敢称自己为帝国的普世王国——集中体现于腓力的王国之心埃斯科里亚尔。从 1563 年起花了超过 21 年才建成，它既是修道院，又是宫殿，也是陵墓，它的建筑影射的是所罗门的圣殿。它的仪式空间、典礼空间和物理空间的组织方式体现了国王是上帝和世界的中介、殉道基督的守护者、西班牙诸王万圣的后裔。它强调了统治者彰显神意的无可置疑的权力。腓力二世拒绝巡行全国，认为这有损他的威严，而且他变得越来越遁世。埃斯科里亚尔图书馆有一幅彭多哈·德·拉·克鲁斯（Pantojà de la Cruz）为他创作的晚年画像。画中苍白的人物身着黑灰色服装置身于缥缈的空间中——剥离了背景的抽象权力。埃斯科里亚尔蕴含了一种结合了神圣权力与世俗权力、等级权力与祭司权力的理念。难怪埃斯科里亚尔这个缩影所代表的帝国形象成了新教徒恐惧的焦点，也难怪埃斯科里亚尔的权力观变成了一个牢笼。

悖论在于，尽管腓力二世承载的帝国理念有非常浓厚的西班牙的色彩，但是他的帝国并非如此。他的帝国是一个复合型企业，因为西班牙（1580 年前指卡斯蒂利亚和阿拉贡，1580 年指整个西班牙半岛）缺乏建造帝国所需的人力和自然资源。这些资源在其他王朝遗产、海外领土和卫星国领地那里非常丰富。圣康坦之战中只有 12% 的士兵是西班牙人，大部分是德意志人（53%）、尼德兰人（23%）和英格兰人（12%）。1572年阿尔瓦公爵动员的佛兰德斯军有6.7万人，其中1.8万是德意志人，2.9万是尼德兰人，只有1万是西班牙人。如此多元化的征兵方式在这一时期很常见。区别在于，西班牙士兵已经预先在帝国其他地方服役受训。西班牙"军队的肌腱"大方阵尤其如此，他们被授予了全帝国通行的特权。

为帝国提供专业技能和服务的人往往来自意大利——会计、制图师、地理学家、装备制造商、造船商、引航员和工程师。1585年围攻安特卫普时法尔内塞想要在斯海尔德河上建造的浮桥如果没有吉安巴蒂斯塔·皮亚蒂（Gianbattista Piatti）和普罗佩尔齐奥·博拉奇（Properzio Boracci）两位意大利工程师的技术专长是不可能实现的。1581年国王身边的一个官员对国王说，西班牙的御用工程师全是外国人。16世纪90年代在西班牙半岛监制青铜炮的是一个德意志人，开辟大西洋航路的引航员是葡萄牙人、巴斯克人和德意志人，带领无敌舰队前往英吉利海峡的是法国引航员。在勒班陀与奥斯曼土耳其激战的船只大部分都是在意大利半岛造的。帝国的金融纽带也掌握在非西班牙人（主要是热那亚人）手里。

距离和资源决定了帝国的习惯，腓力卓越的情报工作是世所公认的。1569年10月15日，*他在宫廷里"面带微笑"告诉法国大使雅尔纳克之战的胜利，后者的政府一个星期后才得到这个消息。西班牙外交官从欧洲各国宫廷最高层那里窃取情报。英格兰驻巴黎大使爱德华·斯塔福德爵士（Sir Edward Stafford）——1587年1月起开始秘密

---

* 此处疑为笔误，雅尔纳克之战发生在3月13日，法国大使不至于10月15日还不知道消息。——译者注

领取西班牙薪水——提供的信息让腓力二世准确地知晓了英格兰海军准备工作的细节。如果这一消息来得再早一点,他的部队就可以阻止德雷克在 1587 年 4 月 29 日突袭加的斯港了。

距离仍然是西班牙帝国的大敌,因为它的地域太辽阔、太多元了,根本没有任何人可以解决这个难题。需要以帝国之名管理的承诺和交涉越多,帝国的理念就变得越强。军人、外交官、教士和行政官越是频繁地来往于各个领地,他们对这个理念投入得也就越多。西班牙帝国在美洲是作为行政国家运行的,行政国家意味着决定都要在数千公里之外做出。得到的信息越多,筛选、分析和决策就越难,解决办法就是拖延。从腓力二世书房里流出的急件中的批注体现了这样的压力。他表达了他的犹豫,而且也在思考这个职位的负担,他本能的责任感逼迫他要对全帝国进行微观管理。

那些想象力丰富、能向西班牙拿出复杂的计划的人的机会来了,他们逐渐成了帝国的一大谣言工坊。宗教分歧引发的怀疑加剧了本已激烈的国际矛盾,在这种背景下他们博取了人们的信任。大使经常遭到撤回或立即解雇,常规的外交渠道时常中断。有的人想要为自己的利益扩张帝国的疆界,这种压力很难控制。胡安·德·奥尼亚特(Juan de Oñate)是一个征服者的儿子,娶了埃尔南·科尔特斯的外孙女,他向新西班牙总督路易斯·德·贝拉斯科(Luis de Velasco)提议将墨西哥的边界沿格兰德河(Rio Grande)向北拓展 1 600 公里。他承诺自己提供远征的资源。总督在跟马德里商讨之后主动提供了牧师和炮兵,并且授予他新土地的总督(*adelantado*)的头衔。1598 年 1 月,他踏上征途,将这片土地称作"新墨西哥",他代表西班牙接受普韦布洛印第安人(Pueblo Indians)的臣服,并且残酷镇压敢于反抗的人。

帝国这次扩张有什么道理吗？就连新西班牙总督也觉得这是一片"毫无价值的土地"。在普韦布洛人的新统治者看来，新西班牙在帝国内得以存在，有赖于普韦布洛人的温顺（和病弱）。

比奥比奥（Biobío）河以南的智利可一点也不温顺。1550年，佩德罗·德·巴尔迪维亚（Pedro de Valdivia）和他的手下在河的北岸建立了一座要塞，后来发展为康塞普西翁（Concepción）。从这里出发，他们一路向南打击当地人民，将其分割为各个领地。圣地亚哥的探矿者和矿工接踵而来找寻金矿。图卡佩尔（Tucapel）的印第安人不为所动，他们设计诱杀了巴尔迪维亚并且吃了它，随后印第安人爆发起义，起义的第一阶段持续四年，几乎把西班牙人逐出了智利。1598年，智利总督也被阿劳卡尼亚的印第安人伏击、擒获和吃掉了，接着智利南部已经臣服的印第安人自行叛乱，摧毁了所有西班牙城镇。1600年时智利大约一半的西班牙人口都已被杀。就在这一年，西班牙上尉阿隆索·冈萨雷斯·德·纳赫拉（Alonso González de Nájera）来到智利，报告阿劳卡尼亚冲突的情况。他的解决方案是：一连串堡垒，一支常设军队，消灭当地印第安人，代之以安静的非洲人。与阿劳卡尼亚人的战争继续进行，他的报告被埋没在全球帝国的档案室中，这只是马德里坚持有最后决定权的几百个问题中的一个，但是因为距离、后勤和损耗的原因，马德里无法给出明确的答复。

维持普世王国的重负需要一个共同事业作为理由。在现实中，大部分时候帝国依靠的都是卡斯蒂利亚及其海外领地的资源，这种挖东墙补西墙的把戏被人误以为是"大战略"。张力源于在地中海保护帝国抵御奥斯曼土耳其的需求。1560年夏，西西里总督派往北非杰尔巴（Djerba）岛的哈布斯堡舰队遭到奥斯曼舰队的偷袭。西班牙的情报人员指出，奥斯曼势力对地中海西部交通造成了严重威胁。于是西班牙开始了超大规模的桨帆船建设，桨帆船数从1562年的55艘上升到1574年的166艘。16世纪70年代，桨帆船舰队的成本与整个佛兰德斯军的成本相当，两条战线同时开战是不可持续的，结果就是1575年9月腓力二世宣布停薪（破产）。

1580年吞并葡萄牙领地后，西班牙帝国的"资源包"（resource envelope）变得更大了。1578年，葡萄牙国王塞巴斯蒂昂在摩洛哥的阿尔卡塞尔－凯比尔（Alcácer-Quibir）之战中阵亡。塞巴斯蒂昂没有直系子嗣（据传他太怕自己阳痿以至于不愿做爱），阿维什家族就此断绝。塞巴斯蒂昂的王位由叔父枢机主教恩里克（Cardinal Henry）继承，他已经66岁了，而且膝下无后。

争夺王位的人非常多。人称"克拉图修道院长"（Prior of Crato）的安东尼奥（António）是阿维什家族唯一的直系男性子嗣，但是他是塞巴斯蒂昂另一个叔父的私生子。亨里克去世后，1580年6月葡萄牙议会第三等级（Third Estate）的代表承认了安东尼奥的王朝继承权，但是他在政治战场上的实力仍然不够，余生只能在流亡中觊觎王位。凯瑟琳·德·美第奇的律师认为她也有继承权，1582年，她组织了一支海军保护院长，结果海军在亚速尔海岸遭遇失事。抱着同样目的出发的英格兰远征军1589年遭受了同样的命运。仅剩的另一个来自葡萄牙本土的王位争夺者是布拉干萨公爵夫人卡特里娜（Catherine）。他们都敌不过西班牙的腓力二世，腓力的父亲（查理五世）娶了枢机主教恩里克的姐姐伊莎贝拉。1580年8月，腓力封锁里斯本港口，从陆上进攻里斯本城，迫使安东尼奥逃亡。1581年4月，他在托马尔（Tomar）被确立为葡萄牙国王腓力一世。从此以后还有许多的"假塞

世系表 4：1580 年葡萄牙王位的争夺者

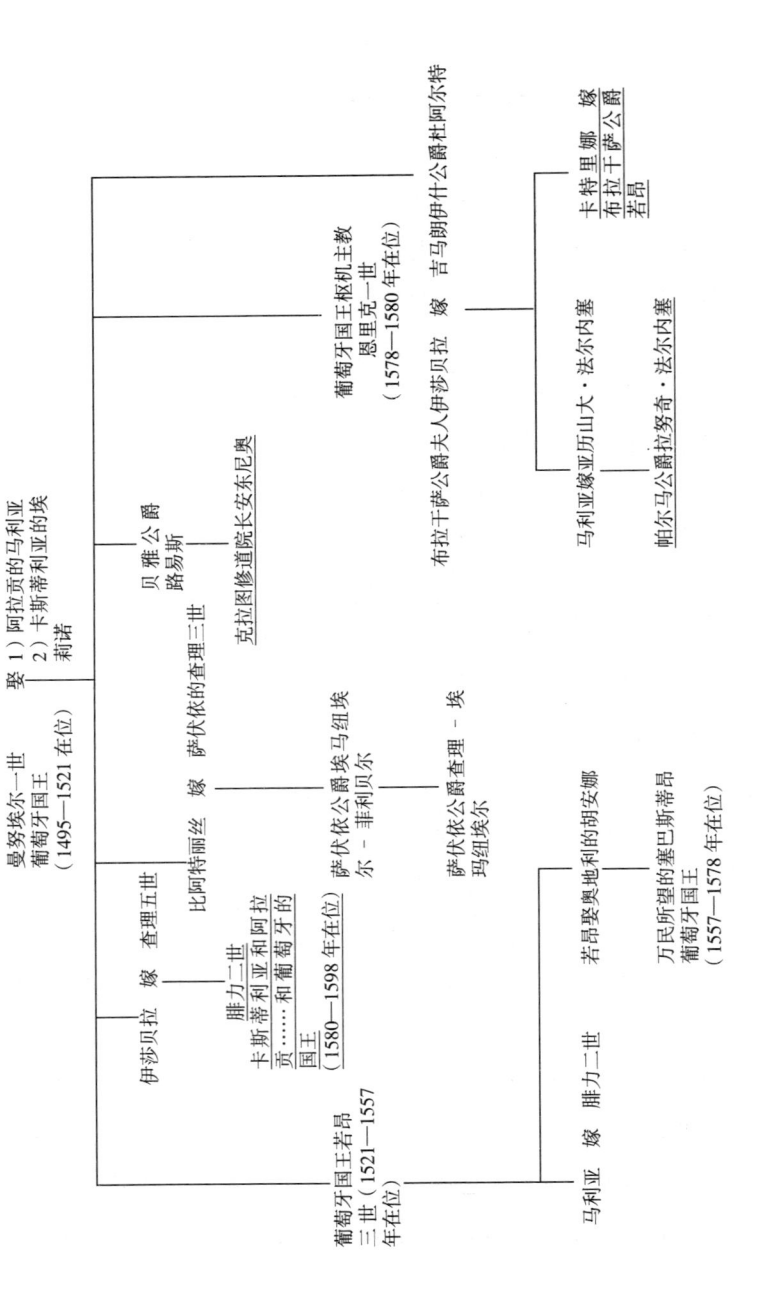

曼努埃尔一世
葡萄牙国王
（1495—1521 在位）
娶 1) 阿拉贡的马利亚
2) 卡斯蒂利亚的埃莉诺

子女：

- 葡萄牙国王若昂三世（1521—1557 年在位）娶 伊莎贝拉
  - 腓力二世，卡斯蒂利亚和葡萄牙的……国王（1580—1598 年在位）
- 查理五世 娶 伊莎贝拉
  - 腓力二世
  - 马利亚 嫁 腓力二世
- 比阿特丽丝 嫁 萨伏依的查理三世
  - 萨伏依公爵埃马纽埃尔-菲利贝尔
  - 萨伏依公爵查理-埃马纽埃尔
- 贝雅公爵路易斯
  - 克拉图修道院长安东尼奥
  - 万民所望的塞巴斯蒂昂，葡萄牙国王（1557—1578 年在位）
- 葡萄牙国王枢机主教恩里克一世（1578—1580 年在位）
- 吉马朗伊什公爵杜阿尔特 娶 布拉干萨公爵夫人伊莎贝拉
  - 马利亚 嫁 亚历山大·法尔内塞
  - 帕尔马公爵拉努奇·法尔内塞
  - 卡特里娜 嫁 布拉干萨公爵若昂

马利亚 嫁 腓力二世

巴斯蒂昂",他们为反抗西班牙统治的民众起义赋予了合法性。腓力二世尊重葡萄牙的制度,葡萄牙贵族(已经与西班牙人通婚)得到了呵护,商业殖民精英得到了保护,就连葡萄牙的王朝传统也被融入了西班牙哈布斯堡王朝的传统中。

吞并葡萄牙之后,维持西班牙帝国所需的资源就更多了。尽管葡萄牙本土实现了政权的和平转移,亚速尔群岛却仍然承认塞巴斯蒂昂的私生子堂兄克拉图修道院长安东尼奥。在英法两国的支持下,亚速尔一直坚守,直到西班牙海军以一支60艘船的舰队在圣米格尔(São Miguel)岛附近以少胜多消灭了安东尼奥的舰队。1583年,一支更大的西班牙舰队(98艘船,1.5万多人)拿下了顽抗到最后的特塞拉(Terceira)岛。

英法两国同样越来越深地参与到北方的佛兰德斯战争中。安茹公爵在尼德兰的事业失败,本人也去世之后,伊丽莎白一世在1585年8月20日与尼德兰签订协议。她同意提供6 000名士兵,支付他们四分之一的国防开支,考虑到奥兰治的威廉已经遇刺,她还愿意派遣一个司令指挥战事。西班牙对付英格兰和法国的手段如出一辙。首先是异议团体主动向西班牙献计献策,他们为西班牙的干涉描绘了一幅乐观的前景。在英格兰问题上,希望破灭的天主教流亡者充当了沟通渠道。1563年特伦托公会议最后几次会议讨论了推翻伊丽莎白并把苏格兰女王玛丽扶上王位的想法,腓力二世对罗马提出的不切实际的方案逐渐感到了厌倦。但是1580年之后,他又开始相信这样的干涉是(按照他的话说)"尼德兰战争,最神圣的战争"的必要部分。在法国问题上,比利牛斯山另一边,西北国境外(皮卡第、香槟)的天主教徒希望从西班牙这里取得人力和金钱来扭转内战的局势。在这方面腓力二世也开始相信，先发制人地阻止异教的纳瓦拉的亨利登上法国王位（1584年安茹公爵去世后他变成了直接继承人）不仅势在必行，而且也是上帝的旨意。

两件事都有种"冷战"的雏形，其典型特征是外交矛盾和密谋。佛罗伦萨金融家罗伯托·里多尔夫（Roberto Ridolf）1569年曾参与英格兰的"北方伯爵叛乱"（Rising of the Northern Earls），1570年，他又怂恿阿尔瓦公爵和腓力二世入侵英格兰，推翻伊丽莎白。这个阴谋被发现后，里多尔夫的信使遭到了逮捕和拷问。按照他提供的证据，诺福克公爵也被抓捕，在1572年被处决。1583年11月，女王首席女侍的亲戚弗朗西斯·斯罗克莫顿（Francis Throckmorton）被判密谋刺杀女王，意图把苏格兰女王玛丽推上王位，支持这次密谋的是玛丽的姻亲吉斯公爵亨利[*]和西班牙人。1584年9月，吉斯家族想要掌握先机，亨利和他的两个弟弟洛林枢机主教路易和马耶讷（Mayenne）公爵查理在南锡（Nancy）会面，结成天主教同盟，同盟由心怀不满的极端天主教贵族和巴黎人的一个外围运动组成，他们深信自己有义务阻止异端纳瓦拉的亨利登上法国王位。1584年12月（或者更有可能是次年1月），亨利·德·吉斯在吉斯家族位于香槟地区茹安维尔（Joinville）的祖宅与西班牙签订秘密条约。西班牙承诺每年支付20万埃居的养老金，条件是在位国王亨利三世去世后吉斯家族要设法将一位信天主教的王族（波旁枢机主教查理）送上王位。1585年10月，随着另一出刺杀伊丽莎白女王的密谋［巴宾顿阴谋（Babington Plot），以英格兰天主教徒安东尼·巴宾顿（Antony Babington）为名，阴谋事发导致苏格兰

---

[*] 此处作者有误。吉斯公爵亨利是苏格兰女王玛丽的表弟，不是姻亲（in-law）。——译者注

女王玛丽1587年2月8日在福泽林盖（Fotheringay）被处死］成形，腓力二世全身心投入"英格兰大计"（*Impresa da Inglaterra*）。

西班牙入侵英格兰的计划可以追溯到1559年夏天，腓力南下横渡英吉利海峡借道尼德兰来西班牙的时候。但是后来他放弃了这个想法，认为它风险太大，并不明智。1557—1558年英格兰重建海军有他的功劳，所以他知道英格兰海军的潜力。一个由伊丽莎白一世统治的温和新教政权是可以容忍的，只要它不要影响腓力领地的安全。然而16世纪80年代初，这个看法发生了转变，因为1577—1580年德雷克实现环球航行，英格兰海盗在大西洋和加勒比海越发猖獗，英格兰在亚速尔群岛支援葡萄牙叛军，最后英军还在1585年远征尼德兰。于是1586年初，在从未正式宣战的情况下，西班牙开始了无敌舰队的筹备工作。建造这支预想的海军花费了两年多时间，几乎是从零开始。巨大的工程束缚了西班牙国家的活动和资源，迟至1588年季末舰队才出发。即便是7月底，这支122艘船的舰队从陆地尽头（Land's End）[*]出发时，行动的战略困难仍未解决。帕尔马公爵一再警告，称直到他在尼德兰海岸收复一个足够大的海港之前这个行动都是不可能实施的，而且这个行动会分散尼德兰战役的资源。1588年的整个初夏，他都被要求把军队保持在靠近海岸的位置，他最终放弃了希望，解除了自己船队上船员的警戒，而这时无敌舰队正在赶来英吉利海峡的路上。

6月和7月，英军两次企图在西班牙水域袭击无敌舰队，但是比斯开湾的风暴使英军的进攻化为泡影。英格兰很怀疑无敌舰队真的这

---

* 无敌舰队启程的地方是菲尼斯特雷（Finisterre），意即"陆地的尽头"。——译者注

么迟才离港，所以无敌舰队出发时，66艘船组成的英格兰舰队正在普利茅斯湾（Plymouth Sound）补充给养。但是在一长串庞大的西班牙舰队北上英吉利海峡的路上，英军成功地追上了它们。尽管英军无数次发起进攻，倾泻了相当多的炮火，但西班牙舰队守住了阵线。它接近尼德兰海岸时只损失了两艘船（都是因为意外事故）。然而，8月6日，梅迪纳西多尼亚公爵选择在加来下锚。这给了英军组织火船（fireship）攻击的机会，而且强风把西班牙舰队吹到了北海。西班牙损失了4艘船，但是大多数船只都成功逃往北方。西班牙舰队大部分损失都是在舰队绕不列颠群岛一周回国时发生的。

这次失败让人不再相信西班牙所向无敌，特别是对于尼德兰叛军和法国天主教同盟的反对者。1590年和1592年，西班牙军队两次分兵援助法国天主教同盟。随着西班牙军事活动的扩张，西班牙的战略舞台越来越大——布列塔尼、皮卡第、诺曼底、朗格多克，以及（通过萨伏依公爵）多菲内（Dauphiné）和普罗旺斯。与此同时，尼德兰执政拿骚的莫里茨也发起进攻，想要把西班牙人赶出尼德兰东北部，夺取沿河的堡垒。

法国天主教同盟

法国王位最后一个直系继承人（安茹公爵弗朗索瓦）在1584年6月10日去世，围绕继承权的争夺就此展开，这场斗争与宗教断层线相结合，动摇了王朝政治的根本。没有人设想过一个君权神授的单一制王朝国家的继承权居然会落到一个新教君主手中，也就是纳瓦拉国王，波旁家族的亨利。亨利继承了庞大的领地，大部分属于从他的母亲让娜·德·阿尔布雷那里继承到的阿尔布雷-富瓦-阿尔马涅克（Albret-Foix-Armagnac）。纳瓦拉这个比利牛斯山中的王国基本上已经被西班牙瓦解了，但是国王的头衔保存了下来，依附于独立的贝阿恩亲王国（principality of Béarn）。在这里，女性可以继承王位，以女王的身份亲政，统治者可以因为不守习俗而被推翻。在让娜女王的影响下，亲王国变成了一个加尔文宗的堡垒。亨利从母亲那里继承的新教信仰与贝阿恩的命运相互交织，但是他从父亲（安托万·德·波旁）那里继承了遥远的法国王位继承权，以及拒绝一切信条束缚的传统。1562年，安托万在攻打鲁昂时身负重伤，驳船沿塞纳河把他送到雷桑德利（Les Andelys），他在那里向天主教教士领了弥撒和临终圣礼，又说他愿依照《奥格斯堡信纲》活着与死去，所以他最后让一个加尔文宗医生为他朗读《圣经》。

1572年，纳瓦拉的亨利娶了天主教徒玛格丽特·德·瓦卢瓦为妻（他的母亲反对这桩亲事），圣巴托罗缪大屠杀之后，他宣布放弃新教信仰，但是四年之后他离开法国宫廷时又恢复了新教信仰。19世纪80年代中期，他招募了一批支持波旁家族继承法国王位的新教徒和天主教徒，他在国内国外都宣扬自己注定要成为法国国君。亨利拒绝改宗迎合时势，而且他把他的拒绝作为表明他的权威高于其他人的手段。

这里说的其他人是指吉斯家族——弗朗索瓦之子亨利和吉斯家族的其他成员，特别是他的两个弟弟，查理和路易。吉斯家族的财力远不如纳瓦拉国王，但是他们向亲戚洛林公爵和家族以外的西班牙寻求帮助。吉斯家族被亨利三世排挤，他们的不满更推动了他们对天主教事业的支持。他们希望可以在更大的战场中打败新教异端。1587年4月2日，吉斯公爵在给西班牙驻法大使堂·贝尔纳迪诺·德·门多萨

(Don Bernardino de Mendoza)的信中发誓,说他会"马不停蹄地战斗",直到法国恢复天主教,他的敌人尽数毁灭的那一天。两个月前他的表姐玛丽·斯图亚特在英格兰被处死了。这个消息1587年3月1日传到巴黎,被当作英格兰天主教徒遭到"残酷对待"的证据(以及纳瓦拉国王登上法国王位会有什么后果的依据)大肆宣扬。这件事证明一个两次加冕的头颅也是可以被砍掉的,只要能够避免宗教与国教不合的人登上王位(这正是玛丽·斯图亚特被处死的原因)。巴黎传遍了中伤亨利三世的流言,攻击他不救自己的嫂子。这些流言是"十六委员会"(la Seize,因为政策安排把巴黎分为16个区)的杰作。波旁保王党的历史学家把这个组织的成员说成一群疯子,但事实上这些人得到了上层市民的拥护。多亏一位线人的情报,亨利三世在1587年2月和3月两次逃过政变。1587年9月2日的政变差一点就成功了。天主教同盟是一次传媒事件,巴黎的印刷商一马当先,随后法国其他印刷中心也跟上了步伐。

吉斯家族与十六委员会的关系十分矛盾,这个组织并不是他们创建的,也不受他们控制。亨利·德·吉斯除了调动天主教徒的忠诚之外没有别的计划,他可能更希望把精力投入战场。事实上,他开始展开宣传,强调他的威严,并把自己的意志强加给国王。这是一场危险的游戏,特别是当这位国王知道吉斯家族在领西班牙人的钱,怀疑坊间流传的他与宠臣(mignons)有同性关系的流言也是这场正在发生的猫鼠游戏的一部分的时候。1588年5月9日吉斯公爵进入罗马的典礼变成了一场胜利大游行。国王下令瑞士雇佣兵5月12日日出之前进入首都以防止发生暴动,结果他们正好遇上了暴动。锁链、铺路石、木桶和木桩构建的街垒蔓延到各条街道。当天下午,吉斯公爵走上街头,不是作为战斗的指挥官,而是身着白缎马裤,以巴黎救世主的身份接受市民的欢迎。第二天,亨利三世从杜伊勒里花园逃出首都,他的耻辱无以复加。

这场猫耍老鼠的游戏一直持续到年末。权威扫地的亨利三世于1588年10月16日在布卢瓦召开三级会议,希望夺回主动权。然而,吉斯公爵利用与会代表们倾向天主教同盟的情绪,又一次借机压倒了国王。12月23日早晨,亨利·德·吉斯被叫到国王的住所,亨利三世的侍卫刺杀了他,第二天早晨枢机主教吉斯也以类似的方式遭到杀害。国王把这件事叫作"王者一击"(coup de majesté),艾蒂安·帕基耶将其称作政变(coup d'état)。教皇西克斯图斯五世(Pope Sixtus V)称其为暴君之举,于1589年5月24日将亨利三世革除教籍。

随着两个吉斯的死讯传开,天主教徒自发叛乱反抗国王。1月1日,首都的圣热纳维耶芙(Sainte-Geneviève-des-Ardents)教堂出现了一幅描绘这场刺杀的壁画。次日,几个宠臣的坟墓被人劫掠,市内房屋上的国王纹章也被人拆除。24小时后游行爆发,后来这样的游行不断上演。1月7日,索邦的神学家批准对亨利三世"收回服从",人们现在把亨利三世称作"亨利·德·瓦卢瓦"(Henri de Valois),巴黎牧师让·甘塞特(Jean Guincestre)还颠倒该词的字母顺序造出了"丑恶的希律"(Vilain Hérodes)这个词。1月13日,高等法院遭到清洗,第一任院长阿希尔·德·阿尔莱(Achille de Harlay)被关进监狱,公认的保王党人都逃出了巴黎。天主教同盟组建了新的市政府,与联盟委员会(Council of the Union)一起协调其他宣布支持同盟的城市的活动。作为没有死在布卢瓦、逃过国王仇杀的吉斯兄弟之一,马耶讷公爵几乎没有开口,就得到了一个战斗的理由,一个可以合作的省政府，以及一个需要打败的敌人。

这个敌人就是法定的国王，这使得天主教同盟和马耶讷公爵听起来比实际上更加反对君主制。别无选择的亨利三世与纳瓦拉的亨利达成合作，两人组织了一支 4 万人的军队，在 1589 年夏天包围巴黎。8 月 1 日早晨，修士雅克·克莱芒（Jacques Clément）在国王位于圣克卢（St-Cloud）的大本营拔刀刺杀国王，一天之后国王伤重不治。克莱芒本人也被国王的侍卫杀死了。对于天主教同盟而言，克莱芒是一个受神感召的殉道者，他们对最后一代瓦卢瓦国王开始了洪水一般的咒骂。回过头来看，这一事件是同盟的顶峰，他们想要结合天主教和王权的难题其实才刚刚开始。

他们希望送上王位的人是纳瓦拉的亨利的叔叔，年过八旬的查理·德·波旁（"查理十世"）。纳瓦拉国王一直把他关在马耶赛（Maillezais）的堡垒里，不准他与外界联络，而且他也没有直系子嗣，1590 年 5 月 9 日，他在堡垒中去世。在他的名义和拟制的权威下，马耶讷公爵和天主教同盟组织了一个省政府。这种国家与国王分离的法律拟制制造了很大的困难，因为不清楚马耶讷公爵在多大程度上能行使提名官员、仲裁有争议的市选举、以国王之名任命主教等属于国王的权力。这些问题困扰着巴黎的同盟，十六委员会在巴黎已经变成一个市政权力集团，是他们在管理这座城市。马耶讷公爵没有打下一场胜仗，他的统治受到越来越多的批评，于是他在 1590 年 3 月清洗了巴黎的总委员会（General Council）。

马耶纳公爵打败纳瓦拉国王最大的希望最早出现在 1589 年 8 月。保王党贵族没有加入纳瓦拉国王这边，这位新教国王兵力不足 1.2 万人，只得撤退到迪耶普等待英格兰援军。1589 年 9 月 21 日，马耶讷公爵用两倍于敌人的兵力也没能把他从阿尔克（Arques）城堡周围的战壕里撵出来。10月30日，纳瓦拉国王的人马出现在巴黎城下。1590年3月14日，马耶讷公爵和纳瓦拉国王的军队再次交战，这次的战场是伊夫里（Ivry）。纳瓦拉国王的兵马这次仍然不如对手的多，但是他只用了一个小时就把马耶讷公爵打跑了。天主教同盟有6 000多人在这场战斗中丧命，一个神话诞生了。战斗前夜亨利四世告诉他的部队，如果军旗都被俘获了，那就跟随他头盔上独特的白羽饰。为亨利四世塑造形象的人把这件事当作上帝认可他的王权的标志。

伊夫里之战后，巴黎进入准围城状态。1590年9月，帕尔马公爵的援助终于打破了封锁，但是这时已有3万名巴黎人饿死了。人们越发相互指责，有传言说纳瓦拉国王在城内有奸细，也有传言说他可能会改宗天主教。持宽容态度的保王党——被政敌称作政治家派（politiques）——成了怀疑的目标。1591年秋，十六委员会中的活跃分子新组成的十人委员会（Council of Ten）加强了巴黎的治安。他们开列了一份"红色名单"（papier rouge），决定了嫌疑人的命运——"P"是绞死（Pendu），"D"是捅死（Dagué），"C"是摔死（Chassé）。1591年11月15日，委员会下令将巴黎高等法院的领导和另外两位法官收监，他们在监狱里被草草处决。1591年11月18日，马耶讷公爵回到首都，标志着十六委员会走到了尽头，他撤换了巴士底狱的狱长，解散了十六委员会，绞死了其中的三个首领。剩下的人不是逃走就是藏了起来。

马耶讷公爵清算十六委员会不仅因为是巴黎发生的事。1591年9月2日，十人委员会向腓力二世写信，邀请他接手法国王位。这又一次提出了那个马耶讷公爵无法解决的问题——王位继承。查理十世死后，天主教的支持者只能假设他们现在处于王位空缺期，只有三级会议才能选出新一位统治者。1593年1月，马耶讷公爵终于在巴黎召开三级会议（毋宁说是一个残缺不全的立宪会议）。1593年2月，费里亚（Feria）公爵作为腓力二世的私人特使来到巴黎，提议选举西班牙公主伊莎贝拉·克拉拉·尤金妮亚（Isabella Clara Eugenia）成为法国女王。这个提议是有一点王朝逻辑作为支撑的——她是亨利二世和凯瑟琳·德·美第奇的外孙女，但是这样也太明目张胆地干涉法国事务了。费里亚公爵确实对马耶讷公爵做了各种承诺，只要后者愿意支持这一提议。5月14日，公主的候选资格被正式提交给三级会议。

三天之后，也就是5月17日，纳瓦拉的亨利宣布他愿意改宗天主教。他选择这个时机做出决定，是为了增强同盟会议（League Estates）和其他地方不断上升的支持纳瓦拉派的声音。6月20日，同盟会议宣布他们不能接受外国人做他们的国君，一周之后，也就是6月27日，巴黎高等法院一致决定要求马耶讷公爵尊重王国的"基本法"萨利克法典。这边巴黎牧师还在痛斥纳瓦拉国王是个毫无信用的异端变色龙，那边一篇题为《梅尼普的讽刺》（Satyre Menippée）[*]的嘲讽同盟会议的文章开始流传，这篇文章开玩笑说会议代表们嗑一种叫"万灵丹"（catholicon）——形似西班牙金币的小药丸——的药磕高了。1593年7月25日，纳瓦拉国王终于在法国王陵圣但尼改宗天主教。国王从未说过"巴黎值得一场弥撒"，尽管这句话暗示了"国家理性"（reason of state）这种新政治逻辑，"国家理性"正在成为一个应对政治宗教冲突的新回答，但他确实把自己的改宗称作"翻筋斗"

---

[*] 梅尼普是生活在公元前3世纪的一个犬儒派讽刺作家，梅尼普讽刺体因他得名。——译者注

(somersault),说明他知道这样做的风险。放弃新教为法国缓慢的和解开启了大门,首先(他放弃新教六天之后)双方达成了初步停战,10月27日亨利四世宣布任何投靠国王的人都可以自动得到赦免。1594年3月22日破晓,亨利四世领兵进入巴黎,几乎不费一枪一炮。当国王走向巴黎圣母院的时候,剩余的西班牙守军悄悄地从另一个城门离开了。

16世纪后期,在基督教世界四分五裂的政治局面下,用武力维持信仰共同体变成了一个引人争议的问题。基督教世界的政治文化在理论和实践中发展出了一些以共和国的名义控制暴力、强化统治者和当局的合法性的理路。骑士荣誉守则区分了可以接受和不能接受的暴力,催生了一些关于战争中什么是合法行为的思想。法律文件与教会及市政当局对私人复仇、家族仇杀和其他形式的人际暴力管控得越来越严。但是在16世纪,特别是在西欧,国家在人们的生活中扮演了越来越大的角色。宗教改革为论证"各国主张的权力是有限度的"提供了环境和理由。在国家权力最大、宗教变革的斗争最激烈的地方,政治生活中爆发的暴力最严重,这不是一个巧合。流亡者和信仰政治问题最尖锐的移民社区最先提出关于暴力的论述——限制国家使用暴力的权力,赋予其他人控制暴力的责任——也不足为奇。"反抗权"和"叛乱权"的观念有一种跨国界——最终演变为跨信条——的活力,这种活力本身就是反抗和叛乱的反映。

早期新教流亡者社群都向约翰·加尔文征求意见,他很了解宗教变革引发的焦虑。他在第一版《要义》中说,只有上帝有处理僭主暴君的权柄。拒绝服从合法当局的个人应当准备好付出拒绝的代价,他建议他们最好活在暴君管辖不到的地方。但是,在神学家皮埃尔·维雷（Pierre Viret）的影响下，加尔文做出了一些修订。在1559年出版的最后一版《要义》的最后一章中，加尔文承认或许应当有像古代斯巴达的监察官（Ephors）这样的居中权威，他们的责任是"限制国王的意志"。这就是16世纪40年代黑森和萨克森的路德派主张诸侯反抗皇帝的理由，1551年马格德堡之围时这一理论再次出现。加尔文不愿意更进一步，他拒绝为个人反抗当局赋予任何合法性。

然而流亡莱茵兰的英格兰人并不这样想。约翰·波内特1557年出版的《政治权力短论》（*A Shorte Treatise of Politike Power*）、约翰·诺克斯1558年出版的《第一声号角》、克里斯托弗·古德曼1558年出版的《应如何服从在上掌权者》（*How Superior Powers Ought to be Obeyed*）都认为可以反抗现存当局，不过他们的理由有细节上的差异。诺克斯以先知的口吻宣称，女王（吉斯的玛丽、玛丽·斯图亚特和玛丽·都铎）的统治是违背神意的，自然已经向所有人宣布了这个道理。她们的行为证明她们是暴君，虔诚的人有理由拿起武器（尽管他在苏格兰语著作中没有说得这么明确）。波内特更注重法律和先例，他承认英格兰人民过去推翻过暴君，但是他建议说："基督徒应当深思熟虑，仔细考量人的戒律，而不是仓促地执行戒律，基督徒应当观察人的戒律是否与善的戒律和正义相悖或矛盾——如果是的话，那么这种戒律就是残暴邪恶的，是不应当服从的。"

天主教作家威廉·巴克莱（William Barclay）所说的"monarchomachs"——意图"推翻王权"（*monarchiam demoliri*）的人——就是从这些话语出发论证"反抗权"的。名气最大的书都是在圣巴托罗缪大屠杀之前构思了一部分，屠杀之后才出版的，它们包括弗朗索瓦·奥特芒（François Hotman）1573年出版的《法兰克高卢》（*Francogallia*）、贝兹1574年出版的《官员的权利》(*The Right of Magistrates*),以及1579年托名罗马共和国的建立者尤尼乌斯·布鲁图斯(Junius Brutus)出版的《论反抗暴君的自由》(*Vindiciae contra Tyrannos*)——这个书名可以翻译成"为反抗暴君辩护",也可以翻译成"向暴君复仇"或"从法律上控诉暴君",菲利普·迪普莱西-莫尔奈是真正的作者之一。它们不只是因时而作的宣传册,而是在整体的层面上讨论政治服从的限度这个问题。贝兹复活了法律"契约"的思想,并且把它和"圣约"这个神学概念联系起来。他认为约不仅存在于人民与统治者两者之间,也存在于上帝、统治者和人民三者之间。人民可以祈求上帝的制裁,惩罚践踏(对人民或对上帝的)约定的统治者。奥特芒利用他对法兰克人早期历史的知识证明——他是这样假定的——法兰克人曾经通过"公共议会"(public assembly)废黜滥权的国王。这种权力可以重新启用。《论反抗暴君的自由》的作者进一步提出,对于滥施暴政、破坏真正教会的君主,人民不仅应当违令和反抗,也应当呼吁信奉"真宗教"(true religion)的外国君主前来支援。

尽管没有得到公开承认,但是这些论述对相似情况下寻找限制或拒斥合法政治权威的天主教徒也起到了影响。在西班牙,埃曼努尔·萨(Emmanuel Sá)、托马斯·桑切斯·德·科尔多瓦(Tomás Sánchez de Córdoba)和胡安·德·马里亚纳(Juan de Mariana)等耶稣会士的著作也表达了类似的理念。马里亚纳曾在罗马、巴黎和低地国家游学,1574年回到西班牙,成为托雷多宗教裁判所的高级官员。他在1599年出版的《论国王和君主制》(*On kingship and its institution*)中提出,尽管主权者的权力最终来源于神,但是权力是通过共同体发挥作用的。国王必须把自己放在为人民服务的位置,人民可以依据国王的作为以上帝的名义对其做出审判。政治上的不满就是一种君主必须注意的审判，否则就要面临神召的制裁（国王可能会被这样或那样的方式赶下王位）。马里亚纳公然赞成雅克·克莱芒的弑君之举，称其为"法兰西的永恒光荣"。随着越来越多的基督教共和国的统治者遭遇行刺，统治者与被统治者的"相互义务"——确保人民爱戴君主的"相互义务"——似乎离现实越来越远了。16世纪下半叶的宗教争执在一些地方导致绝对权力的诞生，在另一些地方导致国家与信条政治拉开距离，这并不令人感到惊讶。

家乡与宗教

这一时期存在"民族意识"（nationhood），而且人们经常唤起民族意识，它成了宗教纷争的一部分。但是人们提到民族时所指的含义并不相同，有时这些含义是完全矛盾的。1547年米尔贝格之战中查理五世麾下的士兵高呼"圣地亚哥，西班牙"（Santiago, Spagna），*尽管他们之中许多人不是西班牙人，甚至并不来自哈布斯堡的领地。1576年尼德兰军队中的士兵向哗变者写信说："我们和你们来自同一个民族，我们都是西班牙人。"西班牙半岛的编年史把西班牙和卡斯蒂利亚及其语言画上等号，但是这种说法与对半岛上其他王国的归属感是矛盾的。1596年埃塞克斯伯爵俘获西班牙舰队，洗劫加的斯，腓力二世呼吁全民族做出回应，但是一年之前的卡斯蒂利亚议会就已经对这种呼吁起了怀疑，有议员说而今唯一存在的共同体（commonwealth）就是

---

* 据说这句话是收复失地运动时西班牙军队的口号，意思是祈求圣地亚哥保佑西班牙。圣地亚哥（圣雅各的西班牙语名）是西班牙的主保圣人。注意文中的Spagna是意大利语。——译者注

"大家共同的苦难"（a common misery for every one）。

然而，宗教改革给民族意识添加了新的含义。路德呼吁德意志人反抗狡猾而腐败的罗马，法国新教徒重新创造了自由高卢人的神话，有权废立统治者的议会使高卢人的自由神圣不可侵犯。在新教德意志诸侯国，家乡（patria）这个词的使用变得越来越醒目。奥兰治的威廉把自己表现为"爱国者"和"祖国"（fatherland）的拯救者。但是他出生在德意志，喜欢说法语，有人曾经指控说他在尼德兰是外国人，他不得不公开做出反驳。

对于大多数人而言，家乡意味着他们出生的城镇或省份，按照一本1562年的荷兰语词典的说法，家乡就是"每个人出生的国家、祖国、城镇、农村、村庄或任何其他地点"。在荷兰语中，祖国（Vaderland）这个词在路德《圣经》的译本中被用来指代"天国"，因此尼德兰起义的爱国情怀多了一层宗教独特性。但是起义的支持者更多是由于对西班牙的仇恨而非爱国之心团结起来的，他们在教会之内仍有荷兰人、布拉班特人和瓦隆人的区别。宗教改革中逐渐壮大的流亡者共同体催生了一种把过去浪漫化得脱离实际的爱国主义和仇外情绪，这种心理既扭曲了现在，也扭曲了未来。

相信基督教共和国的人通过民族自觉编织出了种种关于集体过往的神话，在这些神话中人民集体发挥了积极的作用。学者和古籍专家通过从早期宪章中摘取证据并与自己写的史书一同印刷，为历史增添了新的真实性。这些成果非常可观，特别是在新教欧洲，宗教改革在这里改天换地，创造了新的国家，或是让人们用新的方式观察旧的国家。截至16世纪末，已有6部苏格兰史、1部丹麦史、1部瑞典史、超过14部波兰史、5部波希米亚史和5部匈牙利史得到出版。英格兰新教作家书写过往时唤醒了各种记忆——"英格兰""不列颠""阿尔比恩"（Albion）——但是当他们将过去置于制度化的现在时，都带上了一种更加鲜明的民族中心主义。霍林斯赫德的《英格兰列王编年史》和福克斯的《殉道史》都有这样的特点。法国的学者和法学家描述了他们的民族神话如何蕴含在作为共和国一部分的活着的有机体中，特别是指主权法庭和（高卢派）教会。当英格兰普通法（common-lawyer）古籍学者唤起人们对古老宪法的记忆时，他们想象了一个他们归属于并做出贡献的共和国。然而，这个共和国正是后宗教改革时代教俗两界动荡的焦点，这种动荡让人们不再相信这个共和国。

第十三章

与宗教分歧共存

信仰与服从

"归正宗教要么就是好的，要么就是坏的；没有中间状态……归正教义和罗马空想两者黑白分明。"这是一个尼德兰加尔文主义者1579年发表的观点，在西方基督教新出现的教派的不同方，有人表达过同样的观点。英格兰耶稣会士约翰·雷德福（John Radford）认为新教和天主教的区别"有如天国和地狱"。这样的分歧经常被表现为基督和敌基督、上帝和魔鬼的宇宙之战的一部分。伦敦教士威廉·古奇（William Gouge）说，只有三心二意、犹犹豫豫的人才会不"表露出我们的神圣怒火"。这些是教士的观点，16世纪下半叶，教士带头把宗教信仰打造成加强教会权威、贯彻信条统一的工具。但是，平信徒也抱有同样的看法。1615年，尼德兰瓦瑟纳尔（Wassenaar）村的加尔文宗传道人被他自己的信众推到宗教会议上，信众申诉说他布道时"没有谴责教皇和其他教派"。乌尔姆教区的官员注意到，村民懂得论战争议中的关键问题，却背不出十诫或主祷文。越来越多的天主教与新教的殉教史和个人改宗的故事被拿来在论战中使用，但是这些故事也是在后宗教改革时代人们遭遇令人不安的宗教选择的经验中产生的。

宗教认同是在仪式和礼拜中体现出来的。它们是不同教义的记号，是许多平信徒可能并不理解的精微之处。然而，不需要很多学识就可以明白，崇拜童贞女马利亚和圣徒就是崇拜有权向神说情的圣人。同样的，平信徒领葡萄酒和圣饼或面饼作为圣餐，本身就可以迅速表明"信徒皆祭司"的立场。不过圣体应当采取圣饼还是面饼的形式，领圣餐时应当站立还是坐下，圣餐桌摆在哪里，是否应当对儿童驱魔，如果驱魔的话应当洒几次圣水，神职人员是否应当穿圣衣，这些区别引起了很大争议，如果我们不把宗教服从的意义考虑进来，是无法理解这些区别的重要性的。

新教改革在维滕贝格从一开始就带出了这样一种可能性：上帝或许没有专门禁止或要求过某些典礼和仪式。这些事情可能永远都是"可行可不行之事"（adiaphora）。"承认某些宗教问题是可以保留不同意见的"成了一场极为激烈的辩论的核心议题。德意志推行《奥格斯堡临时敕令》（1548 年的帝国敕令，路德派在帝国内合法化的第一步）之后，纯正路德派（Gnesio-Lutherans）就因为这个议题与'菲利普派'（菲利普·梅兰希通的支持者）分道扬镳，后者希望的是与皇帝和解，实现俗界和平。16 世纪后期，这一议题在伊丽莎白时代英格兰主教关于清教徒的争议中再次出现。问题关键在于，承认存在"可行可不行之事"意味着打开了个人选择的大门。随着异见风险越来越大，宗教服从（religious conformity）变得更加重要。基督教世界出现了一种从未有过的统一理想：所有地方以相同的方式同时拥有相同的信仰，进行相同的仪式。随着宗教边界变得越来越凶险，归属于一个统一程度与强烈的属灵合一感相匹配的共同体变得更加重要了。

服从根植于后宗教改革时代的社会之中。比如,它能保证——尽管我们必须假定任何时代都有一定数量的同性恋男女——我们几乎听不到当时同性恋者的声音,因为当时周围的社会和道德压力十分普遍,被发现犯同性恋罪的人会遭遇极为严酷的法律惩罚。宗教服从通常意味着与身边的会众持相同的观点。但是对于一些人而言,宗教服从的对象远不仅仅是身边的人。比如,英格兰清教徒威廉·布拉德肖(William Bradshaw)与外国的加尔文宗相处,就比与属于国教会(Church Established)的邻居相处更加自在。三十年战争初期,西班牙驻瑞士大使想到天主教全球化,对瑞士的天主教徒说"他们应该觉得跟异端或同乡比起来,跟信天主教的印第安人或非洲人更加亲近"。

对于大多数人来说,服从意味着与最近的邻居做相同的事,也就是大家一起去当地教堂,教堂的钟声代表了人们最主要的宗教体验——召集会众来教堂礼拜的钟声,或是葬礼、婚礼、公共纪念日的钟声。当地教堂与世俗生活水乳交融。教堂会组织基础教育,分发济贫物资。当地领主法庭的法令会在教堂讲坛上朗读,官方布告会被钉在教堂门廊上。不去教堂会让人怀疑你是不是共同体的成员,因革除教籍不准领圣餐是耻辱的印记。容忍被革除教籍的人——推而广之,容忍不服从国教的人——会招致神怒。而当地方社会遭遇灾难时,最现成的解释就是共同体集体犯了罪,必须做些什么来缓和上帝的烈怒。1613年,英格兰城市多切斯特(Dorchester)被大火吞噬,由此多切斯特开始改宗清教,成为内战之前英格兰的一座清教堡垒。服从的压力是在地方上产生的,随着社会凝聚力受到更大的威胁,人口恢复力下降,天气模式变得更加不稳定,这种压力或许会变得更大。

16世纪后期产生的宗教分歧边界在现实中可以把社区一分为二，并不是仅仅存在于国家之间、政治实体之间。能否管控如此产生的矛盾，取决于宗教少数派的人数和组织能力、地方社区领导的外交技巧、领袖之间达成协议的能力、外部压力的程度——包括某些搅乱局势从中渔利的人制造的压力。作为后人，我们可以看到动乱的导火索出现在何时何地。在游行、圣徒日、葬礼等场合，公共空间完全被同一宗教的人占据，而且人们紧紧地聚拢在一起。受人崇敬的物体——圣徒像、圣遗物、圣餐饼——被展示在公众面前，不参与进来的人就会成为过街老鼠。法国放荡诗人泰奥菲勒·德·维奥（Théophile de Viau）记得这样一件事，1618年，他和同样信新教的朋友来到天主教城镇阿让。在路上他们遇到一个穿着圣衣的神父带着临终圣餐（Viaticum）正要去为一个垂死的教区居民做临终圣礼，一个助祭走在神父的前面替他摇铃开路。路人纷纷除帽下跪，但维奥和他的朋友只是后退一步，仍然站着。他们的不敬引发群众的暴怒，要不是官员干涉，他们连命都没了。

阿让发生的事是在残余的基督教世界与宗教分歧共存的一种方式。大多数情况下，这类事件总是囿于一地、断断续续的，因为人们对宗教信仰的责任压不过其他责任：不能违法，应当与邻为善，接受上级的审判。教派不同的人在其他许多层面是相同的。波兰耶稣会士彼得·斯卡尔加（Piotr Skarga）在写到波兰新教徒时承认："异端是坏事，但是他们是好邻居、好兄弟，我们和他们因为对同一个祖国的爱联系在一起。"基督教世界中一个内部对立的共同体最坏可以发展到内战的程度。第一次法国内战中，新教徒占领了里昂，破坏了它的教会结构，战争结束后，国王查理九世于1564年造访里昂，当地官员坚持要让有教养的新教和天主教的孩子两两牵手列队觐见国王。两种教徒的穿着几乎相同，一同向国王表示里昂的忠诚，只有天主教孩子帽子上镶有宝石的小小十字架把他们和新教的孩子区分开来，这是一种在地方被以宗教之名的暴力撕裂后修复共同体的机制。16 世纪后期的基督教共和国非常依赖这些机制。

瑞士和德意志的教派共存与分裂

教派多元共存的最早尝试出现在瑞士和德意志。人们努力的方向有两种：第一种是通过谈判实现共享空间，包括（在某些地方）共享教堂和资源——在 16 世纪这种教堂被称为共享教堂（*simultaneum*，*simul* 的意思是同时）；第二种是社区隔离，也就是说各个社区保留自己的空间，通常与社区统治者的教派保持一致。第二种方向在德意志典型地体现为 1555 年的《奥格斯堡和约》，它最主要的原则就是宗教格局在地理空间上跟随统治者的宗教倾向——用 1586 年出现的拉丁语说法叫作"教随君定"（*cuius regio, eius religio*）。

瑞士大多数地区默认按照第二种方式划分界限。各州决定各自的信条归属，信条少数派只能选择留下并服从，或者离开并搬到别的地方住。然而在曾经历基督教世界 16 世纪最初的"宗教战争"，也就是第一次和第二次卡佩尔战争（1529—1531 年）的地方，人们决定尝试共享空间。在与苏黎世州毗邻的争议之地图尔高（Thurgau），结束冲突的 1531 年条约规定天主教会众和归正派会众共享教堂。天主教神父不加区分地为归正派会众成员施洗、主婚。修道院长也会巡视归正派教士，康斯坦茨主教的秘书处会任命归正派新教徒担任牧师。当地人民有权集体或各自选择想要归属的信仰。

图尔高打破了"16世纪是宗教战争的年代"这种认识,它的条约安排持续到了17世纪初期。按照1531年条约的土地和平令(*Landfrieden*),各方特权都得到了保障。天主教徒将其解释为保持教区神父和边界的存在,以及康斯坦茨主教的属灵管辖权。新教徒有权继续奉行他们的信仰。双方都同意各个地方社区按照多数表决的原则处理事务。条约的条文保证信守天主教的人可以私下或公开进行他们的仪式,"不受攻击或仇恨"——这一条款是共用教堂举行宗教敬拜的基础。最后双方还达成协议,按照信徒比例划分教堂财产。这样的安排之所以能够生效,是因为教派力量进入了僵持的平衡局面。不过人们也开始适应这种情况,认为这样做是正确的,合宜的。

在德意志,教派多元共存实验的规模更大,这场实验奠基于《奥格斯堡和约》。敲定和约细节的法学家发现在神圣罗马帝国极为多样的领地上容许教派多元共存是一件很难的事。尽管和约号称"永久有效",而且效力优先于其他法律和特权,但是它只适用于天主教徒和签署《奥格斯堡信纲》的路德派。慈运理派、加尔文宗和重洗派被排除在外。诸侯和帝国骑士有权决定领地内的宗教,不愿服从的人被赋予离开的权利(*ius emigrandi*)。教会对选择信仰新教的统治者的领地的管辖权被暂时中止。1552年《帕绍和约》(Peace of Passau)签署时存在两种信条的帝国自由市继续维持双信条共存。最麻烦的问题在于怎么处理教会领地,"保存教会领地"条款(*reservatum ecclesiasticum*)规定,采邑主教变成路德派时应当放弃自己的主教辖区,这一条款遭到了新教徒的一致反对。为了照顾新教诸侯的感情,斐迪南国王发表了《斐迪南宣言》(*Declaratio Ferdinandea*),保证此类教会领地内的新教贵族和城市的信仰自由。这一宣言从来不是《奥格斯堡和约》的一部分,但是新教徒后来认定它属于《奥格斯堡和约》。最重要的是，保障和约的是能从保持帝国统一的可行框架的建设中获益最大者，也就是帝国政治体、帝国官员和法学家，以及皇帝本人。

16世纪后期的帝国史是包括《奥格斯堡和约》在内的政权巩固工程塑造的结果。路德派大获成功，不断扩张；天主教在积蓄反击的力量；被和约排斥的人困难重重。尽管存在宗教服从的压力，但是德意志诸侯和他们的官员知道，帝国必须有一定程度的教派多元共存才能持续，为了保护共同的和平，宗教限制和灵活都必须有。1558年成为皇帝的斐迪南一世自然形成了这种态度。和约是他调解签署的，在哈布斯堡的祖产中他只继承了埃尔布兰（Österreichische Erblande，就是奥地利世袭领地的意思）、波希米亚和匈牙利，他统治的这个复合君主国的核心领地并没有自我支撑的充分资源。他依赖德意志政治体的资源来防御850公里长的东部边界，这条边界时刻面临着土耳其人的攻击。这一片65公里纵深的军事区需要2万多名士兵镇守要塞才能把边境入侵减小到最低范围。斐迪南1564年去世时累积了超过1 000万弗罗林的债务，这相当于整整五年的岁入。每年岁入的四分之三都要拿去还债，东部边境的卫戍每年需要100万弗罗林，他去世时军队欠饷差不多已经达到了这个数目。

在他的继承者马克西米利安二世那里，情况变得更加微妙。马克西米利安从小到大一直对查理五世愤恨不平，后者1551年还试图剥夺他德意志的继承权，因此他只要有机会就和德意志诸侯特别是路德派诸侯结成统一战线。1562年，马克西米利安被选为波希米亚国王，一年之后加冕为匈牙利国王，他的宫廷专门吸引那些不愿意被迫按照信条进行思考的人。他的宫廷牧师约翰·塞巴斯蒂安·普福

世系表 5：奥地利哈布斯堡王朝的继承，1550—1648

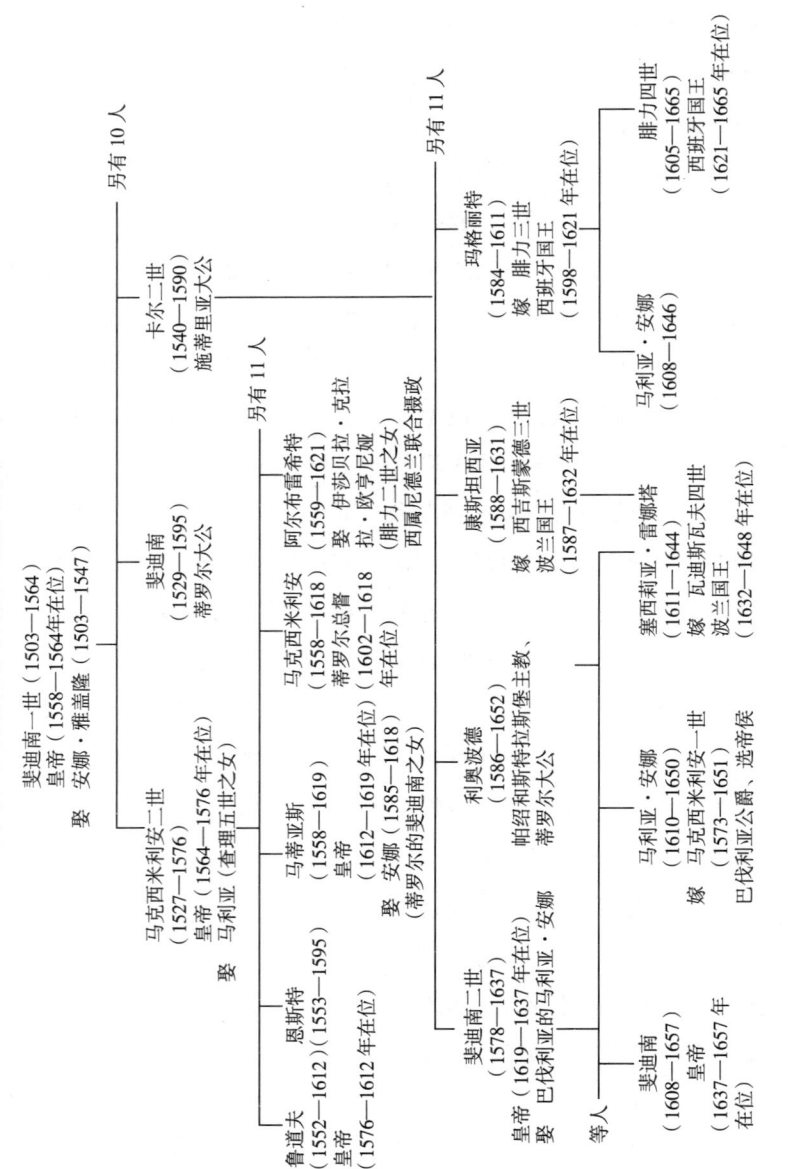

- 斐迪南一世（1503—1564）
  皇帝（1558—1564年在位）
  娶 安娜·雅盖隆（1503—1547）
  - 马克西米利安二世（1527—1576）
    皇帝（1564—1576年在位）
    娶 玛利亚（查理五世之女）
    - 鲁道夫（1552—1612）
      皇帝（1576—1612年在位）
    - 恩斯特（1553—1595）
    - 马蒂亚斯（1558—1619）
      皇帝（1612—1619年在位）
      娶 安娜（1585—1618）
      （蒂罗尔的斐迪南之女）
    - 马克西米利安（1558—1618）
      蒂罗尔总督（1602—1618年在位）
    - 阿尔布雷希特（1559—1621）
      娶 伊莎贝拉·克拉拉·欧亨尼娅
      （腓力二世之女）
      西属尼德兰联合摄政
    - 另有11人
  - 斐迪南（1529—1595）
    蒂罗尔大公
  - 卡尔二世（1540—1590）
    施蒂里亚大公
    - 斐迪南二世（1578—1637）
      皇帝（1619—1637年在位）
      娶 巴伐利亚的马利亚·安娜
      - 斐迪南三世（1608—1657）
        皇帝（1637—1657年在位）
      - 马利亚·安娜（1610—1650）
        嫁 马克西米利安一世（1573—1651）
        巴伐利亚公爵，选帝侯
      - 塞西利亚·雷娜塔（1611—1644）
        嫁 瓦迪斯瓦夫四世
        波兰国王（1632—1648年在位）
      - 等人
    - 利奥波德（1586—1652）
      帕绍和斯特拉斯堡主教，蒂罗尔大公
    - 康斯坦西亚（1588—1631）
      嫁 西吉斯蒙德三世
      波兰国王（1587—1632年在位）
    - 玛格丽特（1584—1611）
      嫁 腓力三世
      西班牙国王（1598—1621年在位）
      - 腓力四世（1605—1665）
        西班牙国王（1621—1665年在位）
      - 马利亚·安娜（1608—1646）
    - 另有11人
  - 另有10人

泽（Johann Sebastian Pfauser）是一个秘密新教徒。他的图书馆馆长卡斯帕·冯·尼德布鲁克（Kaspar von Niedbruck）时常与路德派改革家接触，与纯正路德派的马蒂亚斯·弗拉齐乌斯合著了1559年以来的基督教会史，以《马格德堡世纪》（Magdeburg Centuries）为名出版。《马格德堡世纪》收集了许多材料，把基督教世界的历史写成虔诚的少数人坚守神的真理反抗敌基督和邪恶势力的一部历史。雅各布·阿孔提俄斯（Jacob Acontius）在去瑞士和英格兰之前也是马克西米利安早期随从中的一员。阿孔提俄斯在为他的哈布斯堡恩主所作的《对话录》（Dialogue）中敦促后者做一个新的大卫王，找到自己通往基督真理的道路。教士那种把真理束缚为确定信条的做法只不过是"撒旦的诡计"*。罗马和马德里方面非常强调一个可能信新教的人当上皇帝的危险，马克西米利安二世见风使舵，在斐迪南1564年去世后成功继承皇位。

但是，一成为皇帝，马克西米利安就同他的父亲一样努力维护《奥格斯堡和约》。帝国内的新教诸侯欣赏他反对教皇的辞令，他同情路德派事业的迹象也让他们感到心安。天主教徒接受他表面上对旧信仰的忠诚，他们知道王朝压力在奥地利哈布斯堡宫廷里是对他们有利的。斐迪南皇帝的遗嘱把遗产分为三份，马克西米利安和他的弟弟们每人获得一份。马克西米利安保留了波希米亚、匈牙利、上奥地利和下奥地利；他的弟弟斐迪南继承了前奥地利（奥地利最西边的福拉尔贝格和哈布斯堡在莱茵河流域的属国）和蒂罗尔；更小的弟弟卡尔（Karl）得到了内奥地利（Inner Austria）——施蒂里亚、卡林西亚和卡尼奥拉。

---

* 《新约·以弗所书》第6章第11节："要穿戴神所赐的全副军装，就能抵挡魔鬼的诡计。"——译者注

尽管马克西米利安没有继承奥地利领地中人口最多的部分，但是他仍然控制着林茨（Linz）和维也纳，而且他可以获取波希米亚的收入。帝国以外的匈牙利仍然是负担而非利源。然而，因斯布鲁克（大公斐迪南二世）和格拉茨（大公卡尔二世）的两处宫廷成了天主教复苏的温床——两人都在支持反马克西米利安的复辟运动。现在看来，维也纳离帝国非常遥远，而且更容易遭到土耳其的攻击。因斯布鲁克卡在哈布斯堡家族现有的连接维也纳和莱茵河的道路上，格拉茨也阻断了跨越阿尔卑斯山通往意大利的联系。另一个适合作为帝国首都的地方是布拉格，马克西米利安的继承者鲁道夫（1572 年当选为匈牙利国王，1575 年被选为波希米亚国王）就在作为皇帝执政的第一年，即1576 年，把宫廷迁到了布拉格。

对于当时的人而言，鲁道夫二世比以前的皇帝更难让人捉摸。1563—1571 年，他在西班牙宫廷度过了人生的成长期，因此比他的父亲对西班牙哈布斯堡和天主教更有好感，但是他的信仰使他在必要的时候反对教皇（事实上他经常这么做）。他变得对教会事务不再感兴趣，逐渐减少参加礼拜的次数，大约在 1600 年后他再也不领圣礼了。他的身边有一群奇妙的人文主义者——大多数是流亡的意大利人，持有受人怀疑的宗教观点——和新教难民。鲁道夫公然回避他的叔叔们的反宗教改革运动。上奥地利和下奥地利是他的领地，但是它们的总督是他的弟弟恩斯特，恩斯特在那里积极地推动天主教的复兴。然而尽管鲁道夫继续在帝国内维护《奥格斯堡和约》，与温和派新教诸侯沟通，招募他们的子孙为自己效力，但是人们怀疑他的立场，这种怀疑开始动摇那些忠诚受到他依赖的人。在先皇那里受人称赞的审慎到了鲁道夫这里变成了优柔寡断，为公共利益着想的建设性模糊被人看作虚伪。《奥格斯堡和约》慢慢开始解体了。

和约对帝国政治的影响取决于各政治体履行和约的意愿。16世纪下半叶，尽管帝国改革、为防御匈牙利抗击奥斯曼所征的税收、《奥格斯堡和约》条款的难以实施常常引发激烈的争论，但是帝国议会（Reichstag）还是召开了多次建设性的会议，这是诸侯、城市和帝国骑士形成的无数联盟和组织造成的结果。这些联盟和组织是地区性的，跨越了宗教边界，为达成妥协提供了道路，它们部分反映出为维护和平与贯彻帝国决议而设的地区行政圈正在走向成熟。因为《奥格斯堡和约》被写进了帝国基本法，所以它的实施直接依赖帝国法庭，随之增加的案件数量也增强了法庭的合法性。帝国法庭从1495年创立到1555年，审理了大约9 000件案子。从1555年到1594年，帝国全境立案数量达到2万件。法官数量增加了，但审理案件的速度还是下降了。起初这种延迟并没有多大关系，因为许多案件都在庭外和解了。而且，帝国枢密院（Aulic Council）提供了另一个渠道，尽管枢密院受到皇帝的更直接控制，而且有很多天主教法官。可是它的案件数量也在上升，就连1580年后它越来越频繁地被人批评裁决对新教原告不利的时候，上升的势头也没有停止。事实证明，法律是缓和《奥格斯堡和约》产生的问题的一个有效手段。

最初的困难集中于教会领地和双信条城市。新教徒无视天主教徒恢复教会领地的要求，仍在迅速地推行主教辖区的世俗化，而帝国政治体逃避了恢复领地和移民的问题。但是，双方保持了一定的共识，既因为当前奥斯曼帝国的威胁，也因为煽动叛乱的帝国骑士威廉·冯·格伦巴赫，他想要再掀起一次骑士战争，结果不但没有成功，反而让两边的温和派走到了一起。就算是在16世纪80年代初期,《奥格斯堡和约》的解读在亚琛帝国自由市（1580—1584年）、马格德堡大主教辖区（1582年）和科隆选帝侯国（1582—1583年）都遇到争议的时候,双方还是达成了妥协。与此同时,在奥格斯堡、丁克尔斯比尔等双信条城市,不同信条也找到了共处的方法,尽管他们必须住到不同的城区。1582年,在作为天主教全球化理想的象征的格里历改革的问题上,双方实在无法达成共识。鲁道夫皇帝单方面要求帝国改用格里历,但是德意志新教徒认为这是教皇的诡计而拒绝接受。两种历法一度平行使用,奥格斯堡的路德派商人在书信和汇票上写日期时写得都比天主教商人晚十天。

然而,到16世纪90年代中期,妥协的意愿渐渐衰退了。新一代人掌握了权力,他们（没见过反例）高估了《奥格斯堡和约》的可靠性。随着新教增长停下脚步,宗教势力的平衡也渐渐发生转移。在巴伐利亚,16世纪60年代的一次国内危机瓦解了贵族内部反对统治家族的派系,公爵阿尔布雷希特五世驱逐了公国内所有不签署《特伦托信条》的贵族。之后,阿尔布雷希特五世和他的儿子恩斯特仿照新教徒为自己的家属谋取教会官职的策略,打着天主教复兴大业的幌子扩展巴伐利亚的影响。其他野心勃勃的德意志诸侯纷纷学习巴伐利亚的策略,采邑修道院长巴尔塔扎·冯·德巴赫（Prince-Abbot Balthasar von Dernbach）的努力落空了——此君1570年在一场有争议的选举中成为本笃会富尔达（Fulda）修道院的院长,然而他高估了自己的实力。1574年美因茨选帝侯大主教在他的艾希斯费尔德（Eichsfeld）领地重建天主教时,则把这个策略运用得熟练得多。

与此同时,法国和尼德兰的内战与混乱波及德意志。部队行军使莱茵兰和德意志西北部骚动不安,西班牙和尼德兰起义军都向帝国寻求军事援助和政治支持。奥兰治的威廉的弟弟拿骚的约翰四世（Johann VI of Nassau）是韦特劳的一个伯爵，和莱茵普法尔茨有紧密联系，他试图动员帝国诸政治体支持他哥哥的事业。同一时期，德意志密切关注着法国的动乱，斯特拉斯堡和科隆的出版社都在出版法国军事行动的时事通讯，以及屠杀与战斗的版画。对西班牙人的敌意早已成为德意志政治的一个要素，腓力二世的"黑暗传说"更是激发了他们的仇恨，这种"黑暗传说"早就是新教在英格兰和尼德兰主要的宣传素材了。法国新教领袖不断地向莱茵河以东寻求军事支援，而且经常可以如愿收到回应。胡格诺派的高级指挥官拿他们往往并不拥有的资源作为抵押，与机会主义的帝国雇佣军司令茨魏布吕肯（Zweibrücken）公爵巴伐利亚的沃尔夫冈（Wolfgang of Bavaria）签署协议（为了应付法军 1562—1563 年和 1569—1570 年的进攻）；后来他们又和普法尔茨的弗雷德里克三世（Frederick III of the Palatinate）的儿子、同属加尔文宗的约翰－卡西米尔（Johann-Casimir）签订协议（以应付 1575—1576 年和 1587 年的进攻）。

  这些干涉把《奥格斯堡和约》一个重要的弱点摆到了聚光灯下，那就是和约条款不包括加尔文宗。帝国少数领地和城市选择加尔文宗作为国教——早期最有名的例子是 1563 年弗雷德里克三世将加尔文宗定为普法尔茨国教——使帝国政治体中出现了新的异议之声。加尔文宗逐渐破坏了跨信条协议和妥协的效力。普法尔茨的律师们在移民问题上态度强硬，他们说《奥格斯堡和约》至少是默许了宗教异见人士留下的权利，正如它赋予了他们离开的权利一样。普法尔茨的议员们抓住机会声称天主教势力用《奥格斯堡和约》欺压新教徒，和约是一场阴谋，是花钱买通帝国当局才炮制出来的。被《奥格斯堡和约》

排除在外的代价就是，普法尔茨选帝侯在一定程度上被剔除出了选举人团。

1586年，萨克森公爵奥古斯都一世撒手人寰，标志着《奥格斯堡和约》一代最后一个主要人物离开人世。他的继承人公爵克里斯蒂安一世在首相尼古劳斯·克雷尔（Nikolaus Krell）的引导下支持约翰·卡西米尔，后者是16世纪80年代后期普法尔茨的临时统治者，也是前往法国帮助胡格诺派战斗的老将。同样是在顾问的指引下，距离较远的勃兰登堡公爵也渐渐开始倒向加尔文宗，尽管直到1613年，约翰·西吉斯蒙德选帝侯（Elector John Sigismund）才正式宣布改宗。16世纪90年代，哈布斯堡家族考虑在匈牙利对奥斯曼帝国发动大型攻势，它要求各政治体提供明确的财政支持，这时帝国的裂痕已经变得更加难以弥合了。帝国议会在需要多数表决的问题上完全按照教派投票，代表们指责皇帝说他索取的资源超过了他的需求。等级会议和帝国法律系统都越发陷入瘫痪。鲁道夫二世的弟弟马蒂亚斯大公1603年沮丧地说："德意志是个四分五裂的政体，不再是一个统一的群体。"必须有一个有预见性的皇帝以高明的技巧谈判，才能收拾这个逐渐变成制造猜疑的工具的局势。而现实中，皇帝鲁道夫面临着与弟弟们的冲突，他们的冲突即将为中欧带来一场风暴。

宗教与共和国：波兰-立陶宛

幅员辽阔的波兰-立陶宛共和国（*Rzeczpospolita Obojga Narodów*）早已习惯教派多元共存。波兰王国和立陶宛公国在1386年结为共主邦联，1454年立陶宛从条顿骑士团手中夺取了王室普鲁士（Royal

Prussia)。中世纪后期,波兰扩展到了罗塞尼亚南部(今天的乌克兰),走出了基督教世界的边界,因为大多数罗塞尼亚人都信仰东正教。之前一直信奉异教的立陶宛大公在 1385 年与波兰缔结王朝联盟时才终于加入基督教世界,直到 16 世纪,立陶宛都是基督教世界的边陲。这里教区稀少,异教色彩依然浓厚,罗塞尼亚的大部分人口都是东正教徒,特别是在白俄罗斯(White Russia)。他们使用西里尔字母,保留着对莫斯科牧首的忠诚。波兰君主觉得鼓励其他教派的人在他们空旷的乡村落脚没有什么弊端,只要有人来定居,他们就给予其社区地位和认可,而且乐于招徕具备包税、行政、管理等专长的技术人才。这些人很容易融入波兰大贵族的城市和领地,大贵族欢迎这些能为他们的家庭充当秘书、家教、图书管理员和高效地打理他们领地的人,那些正在乌克兰和白俄罗斯开辟大庄园的波兰大贵族尤为乐意。大多数教会职位的提名权都在平信徒大贵族手里,他们的子弟占据要职,因此教会的权力衰落了。众所周知,每当主教试图反对神职人员结婚,或者反抗保护他们的贵族,贵族就会带着武装扈从出现在教会法庭上震慑法官。就算法官真的做出不利于贵族的判决,Sejm(波兰议会)或地方议会也会推翻它。

没有什么比阿什肯纳兹人(说意地绪语的犹太人)的移民更能反映这一时期新出现的流动性世界主义的了,15 世纪后期到 16 世纪初期,阿什肯纳兹人从德意志、波希米亚和摩拉维亚向东移动,因为基督教世界对他们的统一的恐慌使他们时常遭到集体迫害。波兰和立陶宛成了他们的新家园,这里迅速积聚了欧洲最庞大的犹太人口(接近 25 万人)。他们首先在波兰西部城镇(克拉科夫、波兹南、利沃夫)站稳脚跟,然后东进来到立陶宛和乌克兰,和迦来特派黎凡特犹太人

(Karaite Levantine Jews)一起成为波兰殖民者的代理人和中间人。他们的社区采用祖先传下来的礼拜仪式,起初,波兰王室插手最高层的拉比的任命,使拉比统治集团一度得到了强化。随着时间的推移,部分由于波兰王室影响力的衰退,犹太社区开始主张他们有权任命自己的"杰出之人、黎巴嫩的香柏树、奥秘的贤者"(指拉比),通过犹太人的议会——"三地委员会"(Council of the Three Lands,指波兰、立陶宛和王室普鲁士)——来实现自治。

被基督教世界内部分歧驱赶到角落的其他教派也加入了犹太人的行列。16世纪40年代后期,强大的奥勒斯尼斯基(Oleśnicki)家族的所在地平丘夫(Pińczów)欢迎流亡的波希米亚弟兄会前来定居。尼古拉斯·奥勒斯尼斯基(Nicholas Oleśnicki)允许他们在他的领地上定居,后来还打算把平丘夫变成改革的耶路撒冷,变成为宗教改革问题寻找政治和社会方案的模范城市。城市中心是他的家族建立的保罗修道院,他将它变成了一个新教学院"萨尔马提亚的雅典"(Sarmatian Athens),新教《圣经》译本"布列斯特圣经"(Brest Bible)就是在这里完成的。

平丘夫只是散落各地的充满独立思想家的社区之一,这些思想家大多数都是从那场从未发生的意大利宗教改革中自我放逐的流亡者。斯坦尼斯拉斯·卢宾聂基(Stanislas Lubieniecki)是17世纪的历史学家,研究的是后来自称"波兰弟兄会"(与加尔文宗和路德派相对)的群体,他记录了他们博学的理想主义,也记录了他们频繁的激辩。平丘夫实验的灵感来自弗朗切斯科·斯坦卡罗(Francesco Stancaro)的著作,是他发起了关于基督的神性和人性的讨论。福斯托·索齐尼[又称索西努斯(Socinus)]1583年受大贵族克日什托夫·莫尔什滕

（Krzysztof Morsztyn）之邀来帕夫利科维采（Pawlikowice）定居，是反三位一体派的领军人物。马丁·切霍维奇（Martin Czechowic）来到伟大的立陶宛大贵族"恰尔内"（意为"黝黑的"）米克瓦伊·拉齐维乌亲王在维尔纽斯建立的加尔文宗学校担任校长，他改投重洗派信仰（"我相信为婴儿施洗是教皇党人无知的起源"），主张极端的非暴力。16世纪60年代后期，雅各布·巴列奥略（Jacob Palaeologus）在克拉科夫居住了几年，他提出基督徒、犹太人和穆斯林应当进行不同信仰之间的对话，后来他撤到了特兰西瓦尼亚。1555年路易吉·利波马诺（Luigi Lippomano）作为教廷大使被派往波兰，开始记录他遇到的"各类异端"，但是随后就放弃了，只写下一句"以及其他一切害虫"。当他抵达立陶宛首都维尔纽斯，这个大贵族殖民者们的主要居住地，他震惊了："这座城市是一个巴比伦，聚集了地上的所有民族……但是没有几个好基督徒。"

新教顺着这些宗教异端的渠道流入，通过文化接触与交流产生影响。王室普鲁士的德语城市到16世纪50年代已大部分变成路德派的，它们从波兰国王那里买下自己的宗教自由，并将其内化为共主邦联内部的独特认同。许多波兰大贵族支持一种他们认为的有教养的、世界主义的温和加尔文宗。加尔文宗教堂在他们的赞助下出现在克拉科夫周边及以南的地区，为他们的家人和仆人提供服务，然而多数大贵族认为没有必要理会宗教会议要求他们强迫农民上教堂的压力，他们容许农民随自己的心意保持天主教或东正教的礼拜。就连在贵族家庭内部，夫妻之间都常有宗教分歧。波兰新教没有深入的社会基础，很容易遭到内部分裂的破坏。

波兰－立陶宛共和国就像某种压力锅，压制了可能造成重大危害的各种社区之间的宗教裂痕。当罗塞尼亚政治作家斯坦尼斯瓦夫·奥热霍夫斯基（Stanistaw Orzechowski）——他的母亲是东正教徒，他的父亲是天主教徒，这在16世纪的罗塞尼亚是一种常见的搭配——为波兰政体寻找一个当代的参照物时，他想到了"睿智的威尼斯人"，波兰也有国王、贵族和平民之间的稳定平衡，国王是头颅，参议员是牙齿，贵族（什拉赫塔）是身体（他们在议会的自由投票权是心脏），平民是腿脚。如同在威尼斯一样，人文主义学者为波兰－立陶宛共和国设想了一个感性与理性兼具的政治秩序原则，这种原则不仅反映在私人论文和历史记录中，也体现在大贵族家和市政厅的壁画上。通行的建国神话认为波兰贵族是萨尔马提亚人后代，萨尔马提亚人是战争英雄，成功地击退了妄图征服他们的罗马人。16世纪后期，波兰面临瑞典扩张主义的新威胁，萨尔马提亚传说变成了对抗瑞典起源神话的武器，瑞典人相信他们起源于前基督教时代的哥特人和汪达尔人。贵族学生接受的教育是如何通过法律、语言和爱国行为来为共和国做贡献。

这样的价值观催生了1555年5月末代雅盖隆国王西吉斯蒙德二世认可的借鉴了德意志先例的《波兰临时敕令》（Polish Interim）。敕令宣布国王是宗教问题上"共同的父亲"（common father）。在国王许可召开全国会议讨论波兰教会的改革之前，所有波兰领主都可以在自己的领地内引入任何自己选择的礼拜形式。西吉斯蒙德的秘书安杰伊·弗雷奇·莫杰夫斯基（Andrzej Frycz Modrzewski）建议国王宽容一切宗教观点，因为这样能鼓励不同教派在私下而不是在公开场合处理矛盾。他在1550年出版的论著《共和国的改革》（*Reforming the Republic*）中回归到一个经常被16世纪后期的学者和各种声明重申的观点："暴力、牢房、刑柱、火焰,只能触及身体,只有上帝的话语可以触及灵魂。"1572 年,西吉斯蒙德去世,1573 年,签订《华沙会盟》的代表在圣巴托罗缪大屠杀的阴影下会面讨论安茹公爵亨利的选举问题。有传言说亨利是屠杀的策划者,所以《华沙会盟》代表们把临时敕令纳入一个神圣不可侵犯的法律框架中,框架内还有关于波兰王国选举性质的重要宣言,这个框架被称作"传统公约"(Pacta Conventa)。《华沙会盟》庄严承诺:"吾等教派不同之人(dissidentes de religione)将保持和平,决不为变更信仰或教会之事流人之血,或以没收财产、毁坏名声、囚禁或驱逐等方式迫害他人,亦决不以任何方式帮助任何官吏实施此类举动。"安茹的亨利在被选为波兰国王之前必须宣誓"我将守护不同教派之间的和平"。

1573 年这个波兰法案的惊人之处在于,它在没有发生内战的情况下将教派多元共存合法化了。法案得到了贵族的同意,但是它的实施是自上而下的,而且是违背波兰大多数人口的倾向的。这样形成的宗教共主邦联根基十分脆弱,波兰天主教的主教们拒绝签字。法案的执行主要依靠议会前后举行的地方贵族会议,是断断续续的,没能阻止宗教暴力偶尔爆发。会盟签订一年之后,天主教群众(多数是学生)在耶稣升天节这天纵火烧了克拉科夫的新教教堂布罗格(Bróg)。1591年布罗格再次被烧。1605 年诸圣节,维尔纽斯新教牧师被天主教暴徒活活打死。1594 年,反三位一体派旗手福斯托·索齐尼在克拉科夫街头遇袭,险些丧命,1598 年耶稣升天节,一伙学生闯进他在维尔纽斯的住宅,烧了他的书和文件,还把他拖到市场,威胁说如果他不放弃信仰就打死他。犹太社区,特别是在罗塞尼亚的犹太社区,经常成为人们仇恨的对象,既因为他们的宗教,也因为他们在殖民过程中发挥的作用。

共和国最终还是控制不住形形色色的教派之人，尤其是在罗塞尼亚。天主教复兴的推动者——特别是多明我会和耶稣会——逐渐削弱了王室和波兰大贵族的势力，让本已脆弱的东正教-拉丁基督教关系变得危如累卵。面对这样新生的信条鲜明的罗马天主教，与西方基督教接触最多的东正教会也想要按照类似的方式自我改革。在立陶宛首屈一指的大贵族康斯坦丁·奥斯特罗格斯基（Constantine Ostrogski）的赞助下，奥斯特罗格学院（Academia Ostrogska）在他的领地上诞生了。学院的毕业生在维尔纽斯等地的东正教父老的兄弟会学校里担任教授，学院本身的教授则翻译并出版了东正教《圣经》——"奥斯特洛圣经"（Ostrog Bible）。

1589年，生涯跌宕起伏的耶利米二世（Jeremias II）第三次被选为君士坦丁堡普世牧首，1589年他在从莫斯科回程途中——他是在莫斯科成为东正教牧首的——访问波兰共和国。抱着改革东正教主教制的目的，他罢黜了基辅的都主教，宣布在布列斯特召开罗塞尼亚罗斯教会（Ruthenian Church of Rus）宗教会议，讨论主教改革问题。会议于1595年开幕，代表们质疑君士坦丁堡牧首和莫斯科牧首的动机，而且也想从波兰国王侵犯性的资助中解放出来。1596年，他们签订了33条的《布列斯特合并条约》（Union of Brest），条约肯定东正教的仪式，但是承认罗马的权威。东仪天主教徒（Uniates）拒绝了所有在西欧激起杀戮的天主教基本礼拜仪式，教皇克雷芒八世却热情欢迎他们加入罗马天主教会，这真是咄咄怪事。不过，这份条约是天主教全球化的巨大胜利。教皇甚至希望他们接受格里历，可他们表示抗议，理由是这会引发叛乱。奥斯特罗格斯基则组织了一场针锋相对的宗教会议以反对合并条约，捍卫东正教。

基督教世界的毁灭也开始影响到东正教，而且给波兰带来了深远的后果。东仪天主教的主教们发现，尽管有罗马的支持，但是他们在共和国的议会里并不受人欢迎。在多明我会和耶稣会的劝导下，许多东正教徒径直改宗为罗马天主教徒。在罗塞尼亚（乌克兰和白俄罗斯），虽然许多上层东正教人士转变成东仪天主教徒，但是教区教士和人民并没有变。哥萨克人坚守他们的东正教信仰，而且把它变成哥萨克人不属于波兰共和国的一个标志。很多波兰人觉得1648年哥萨克叛乱是一场对他们和共和国本身发起的宗教战争。

国教会的有无：尼德兰共和国与不列颠群岛

在新教欧洲教派多元的困境之上，还有变幻无穷的政教关系。这种关系反映了导致新教崛起的变化过程，也反映了每个政权自身的独特性质。宗教和解基本上都是不稳固的，宗教少数派的地位也是如此。总体来说，教士统治教会、王权比较强大的地方，宗教少数派的地位是很脆弱的。教会比较虚弱、政教关系复杂、政治力量分散的地方，地方性和全国性的协议缔造出教派多元共存的可能性相应地就会大一些。

在新生的尼德兰共和国里，起义形势产生了一个没有国教的复杂局面。这里没有国教，有的是"公共教会"（public Church）——"荷兰语归正教会"（Reformed Church of Dutch expression），有别于它的合作伙伴"法语归正教会"，后者是尼德兰南部法语流亡者的教会。归正教会是各省各邦唯一承认的教会、共和国内不允许任何其他的公共

(*public*)宗教仪式。荷兰归正教会享有作为公共机构的特权,继承了以前天主教的教堂和地产。公共集会开幕和闭幕时要诵读它的祈祷词,世俗日历里充满了它的公祷日。然而,正因为它是公共教会,所以它的内部分歧——反映在17世纪初期的亚米纽斯派(Arminian)争议中(见第十七章)——加剧了政治辩论和社会分歧,折射出教会政府的排他结构。

公共教会的存在仍为不属于公共教会的人的私下礼拜保留了空间。这些人敬拜的场所或是公众认可的地点(犹太教堂、亚米纽斯派教堂),或是人们的私宅,在私宅聚会的教会被称作"秘密"(clandestine)教会。阿姆斯特丹的长筒袜商人扬·哈特曼(Jan Hartman)在自家的阁楼里为天主教徒建了一个小教堂,可以容纳150名会众。也就是说,公共教会在共和国里并没有排他性的权威。尽管它的人数在稳步上升,但是根据可靠的估计,1600年前后荷兰和弗里斯兰只有12%到28%的成年人口接受荷兰归正教会的信条和教规。天主教徒、重洗派和就是不想加入归正教会的人可以在市政官的主持下在市政厅结婚。他们可以按照自己希望的方式受洗和安葬。在许多村子里,所有派别信徒的新生儿都由一位归正派传道人在归正教会的教堂里施洗,这并不意味着他们加入了归正教会。因为教堂通常也是学校所在地、地方档案保存的地方和公众集会的地方,所以它变得更像一种公共空间。慕道者(*Liebhebbers*)可能会参加主日的布道,而在圣餐仪式前离开。公共教会的性质,以及它在地方社会内信条模糊不清的立场,鼓励人们在宗教问题上相互交流,人们说话和行事的方式说明,宗教与其说是信条纯洁性的问题,不如说是落实一种共同理解的公共道德的问题,何时何地讨论宗教比较得体都是有规则、有礼节的。在17世纪初期,宗教问题还是一个引发惊奇和争议的问题,接近17世纪中期时,人们就已经不那么讨论教派多元问题了。到了这个时候,人们已经可以说,尼德兰共和国的内外稳定某种程度上靠的是它对教派多元的处理方式,而且这对它的商业繁荣也有帮助。

苏格兰宗教改革是一场每个参与者都竭力想把它辩解成别的东西的政治和宗教革命。约翰·威尔科克(John Willcock)和不知疲倦的约翰·诺克斯领导的新教军队发动叛乱,对抗国王詹姆士五世的遗孀洛林的玛丽王后的摄政军,出人意料地迅速取胜。1560年6月,玛丽不幸离世,叛乱的世俗领导者、自称"会众长老"(Lords of the Congregation)的大贵族们抓住时机召开国会,国会废除了弥撒和先前一切"与上帝的神圣话语不符"的法律,采纳了新的信仰宣言,而且审议了新教会的蓝图,这份文件后来被称作《第一教规》(First Book of Discipline)。它包含了教会岁入重新分配给苏格兰教会(the Kirk)的提议,同年,苏格兰教会的议会另行核准了这份文件。玛丽的继承者是她的女儿苏格兰女王玛丽,她1561年5月才从法国回到苏格兰。虽然她拒绝批准这些已经实施的决议,但是她也不打算开倒车。

一部分原因在于,苏格兰教会这个新生的宗教法庭-宗教会议式的教会组织,离成熟还有很多年的路要走。特别是,它与政治权力的关系还没有确定下来。宗教改革之前就已发生的平信徒对教会土地的兼并侵蚀了苏格兰教会的物质基础,覆水难收。新组织也没有毁掉旧组织的结构。修道院没有被解散,而是在苟延残喘中慢慢衰落。神职人员留在原位,其中一半的人拒绝服从苏格兰教会,不过这些人还是被允许以养老金的形式领取俸禄。理论上苏格兰人三分之一的收入(*teinds*)要用来支付苏格兰教会的薪俸,不过实际上这取决于地方大贵族愿意为传道人付多少钱。虽然苏格兰王室名义上掌握了教会圣职的任命权，但是现实中平信徒赞助人仍然把教会收入当作自己的私有产权。

谁来管理苏格兰教会？这个问题仍需辩论。《第一教规》提出由10名监督管理，他们的职权与主教大致等同。教会议会提名了5个监督，但1572年1月在利斯（Leith）召开的教会议会又接受了"虔诚主教"（godly bishops）领导教会的观念，承认主教由王室提名，由国王（或摄政）认可。正当监督和主教合二为一的时候，受日内瓦影响的神职人员批评说"伪主教"（pseudo-bishops）是违反《圣经》的，是不合法的，1577年教会议会宣称："这种做法与上帝的话语相悖，上帝的话语说主教应当是牧师的牧师"。第一批宗教法庭［"长老会"（presbyteries）］开始出现。1586年之后，颁发圣职与教规裁决的权力从主教和监督转移到了长老手中，不过主教并没有完全消失。尽管1587年《合并法案》（Act of Annexation）剥夺了他们的教会财产——除了两个教区以外，他们的土地全都被贵族吞并了——但是他们仍然在苏格兰国会里保有政治势力。

因此，苏格兰教会的财政捉襟见肘，它怀疑王室并不打算给予它所需的支持，而且它也无法完全控制它的（不规则地分布在全国各地的）传道人。然而，它的经济虚弱并没有减损它在苏格兰建立一个神圣社会的理想。幸好天主教少数派没有及时发起挑战。天主教徒有贵族的支持（一份英格兰报告说，1600年时三分之一的苏格兰领主都信天主教），但是他们局限于地方，而且外国支援来得太晚，以至于任何政治反对派都无法阻止新教的崛起。此外，苏格兰教会付出了极大的努力来劝领主和家族首领改信，它宣传说其成功是它推行的神圣宗教改革的证明。与此同时，它还在苏格兰各教区建立教会法庭（Kirk Sessions），设立传道人会议（长老会），这两个维护教会纪律的机构都是为了回避苏格兰主教制残余而设的。

苏格兰教会希望在世俗权力的支持下实现它的神圣宗教改革，但是不支持也没关系，如果世俗权力反对的话，教会不惜针锋相对。尽管苏格兰国会愿意支持教会在公共道德问题上的强硬路线，而在其他方面，国会和贵族就不那么热心了。教会里的传道人反过来把基督教共和国的相互义务和自由议会的责任解释为随意公开批评王室与贵族的自由。这造成了很大的麻烦，因为苏格兰王室很穷（王室的岁入估计只有4万苏格兰镑左右，仅仅是教会岁入的十分之一）。王室的权力基础（与苏格兰贵族势力三等分的结果）已经瘫痪了有一代人的时间。苏格兰女王玛丽为王室带来了她作为法国王太后的收入，但是这笔钱是挂着线的，她成了她背后的洛林家族的牵线木偶。洛林家族无法理解她的处境，更不打算在她经历了两次灾难性的婚姻之后帮助她。在随后爆发的内战中，她被迫在1568年让位于她一岁大的儿子，逃往英格兰。她的儿子苏格兰的詹姆士六世到1578年才算长大，1584年才开始亲政。在这期间，摄政和国务委员会统治着这个国家，基督教共和国统治者与被统治者之间的相互义务制造了派系斗争、家族世仇和反抗阴谋。在此期间，苏格兰教会探索出了一种行之有效的与王室打交道的方式，并且把苏格兰贵族的派系斗争化为己用，它的自信让它在这个动荡的世界中有如一座灯塔。

詹姆士六世逐渐发现了可以用来遏制苏格兰教会独立性的方法。他的家庭教师乔治·布坎南（George Buchanan）为他讲授过苏格兰的历史，特别是"苏格兰贵族有纠正他们国王的权力"。但是，詹姆士

1598年出版的《自由君主制的真正法则》(*Trewe Law of Free Monarchies*)部分是为了回应教会的知识分子领袖安德鲁·梅尔维尔（Andrew Melville）。梅尔维尔说："耶稣基督是王，他的国是教会，国王詹姆士六世是这个国的臣民，在这个国里，詹姆士不是国王，不是领主，不是首脑，而是一名成员。"詹姆士斩钉截铁地回应说："先知大卫王称国王为诸神，*因为国王坐的是神在世上的王位。"教会说长老会是《圣经》认可的基督教共和国的模范，詹姆士回应说他们是"混乱之母，团结之敌……与王国是相悖逆的"。

安德鲁·梅尔维尔的支持者把目标定得太高，给了詹姆士可乘之机。1596年3月，教会大会公开批判国王的"咒骂和脏话"（banning and swearing）和王后的"夜间行走、举办舞会等行为"，他们还讨论了在每个教区训练民兵的计划。9月，梅尔维尔教育"上帝的蠢奴"詹姆士要服从"基督召唤并命令看管他的教会"的人。当年秋天，圣安德鲁斯（St Andrews）的传道人大卫·布莱克（David Black）被叫到枢密院，为他宣称"所有国王都是魔鬼的子孙"的布道做出解释。后来，12月17日爱丁堡发生暴乱，詹姆士借机在珀斯（1597年2月）和邓迪（1597年5月）召开议会，鼓励敌视低地长老会的高地传道人前来参会。**双方一起选定了今后参加苏格兰国会的监督（后来是主教）人选。

詹姆士想在苏格兰重建主教制，不仅仅是要把主教当成苏格兰王国传统的三个等级之一。在他成为英格兰和苏格兰共同的国王（1603年）之后，主教制成了团结"不列颠"各教会的核心元素。一个长老

---

* 《旧约·诗篇》第82章第6节："我曾说：'你们是神，都是至高者的儿子。'"——译者注

** 珀斯（Perth）和邓迪（Dundee）在爱丁堡以北，更接近苏格兰高地（Highlands）。——译者注

制的教会或许适合日内瓦这样的共和国，而不适合斯图亚特王朝"这样架构庞大的主权帝国"。在 1610 年的格拉斯哥教会大会上，主教被赋予了主持长老会和宗教会议、确认革除教籍、巡视教区和任命传道人的权力。1612 年，苏格兰国会批准该协议，扼杀了苏格兰教会想拯救长老会共和国相互义务的努力。在 1618 年珀斯的教会大会上，苏格兰教会和英格兰教会的制度统一发展为典礼与敬拜仪式的统一。苏格兰教会在"国王之怒"的威胁面前只得全盘接受《五教规》(Five Articles)——跪领圣体、私人洗礼、主教确认、守圣诞节与复活节为圣日。1621 年，《五教规》得到了苏格兰国会的批准。久而久之，长老会越来越担心苏格兰教会曾经拥有的"自由"(libertie)，"吾等教规的防波大堤"，已经被破坏了。不跪领圣体、不庆祝圣日是牧师及其会众表达异议的简单方式。尽管枢密院镇压，拒绝服从的传道人被开除，詹姆士在 1621 年议会上伸出橄榄枝，承诺"在他治下不会再不经他们的同意推行任何此类问题的更改或变动"，但是反抗运动还是诞生了，这场运动将在 17 世纪 30 年代结出它的果实。

1559 年，伊丽莎白时期第一次议会通过《伊丽莎白和解法案》(Elizabethan Settlement)，这是对爱德华六世统治的一种恢复，但是为了让尽量多的在职教士留在原位，法案做了一些让步。这是不是年轻女王的本意我们不得而知，因为她把自己的喜好掩藏了起来。问题在于和解法案在许多人眼中有两重矛盾：第一，这是以国会法案为基础决定教会和宗教问题，近年来的历史证明国会可能出尔反尔，在天主教辩论家看来，这是最关键的弱点。英格兰天主教徒托马斯·斯特普尔顿(Thomas Stapleton)说："英格兰的信仰根本不是建立在上帝和他的传道人的权柄上的信仰……而仅仅是对世俗法律的屈服，是一种可以随王国的法规做出变动的意见。"伊丽莎白的第一任坎特伯雷大主教马修·帕克（Matthew Parker）组织了一批古籍学者做出相反的论证，表示英格兰教会倚赖的古老基础恰恰是议会通过法律恢复的使徒权利。

第二，《伊丽莎白和解法案》以法律形式确立了一个基本上是天主教式的教会结构，有主教、教会法庭（Church courts）、教会法，以及天主教的礼节和仪式。不过管理教会的是新教徒，他们能从苏格兰和欧洲大陆看到真正的归正教会应该是什么样子。渐渐地，他们希望能追上它们的潮流，好把教皇的制度扫进垃圾桶。然而，伊丽莎白坚决并成功地抵制了对和解法案的任何改动，有时她不惜采取对抗的态度——许多议员在多届英格兰议会中都想通过立法修改和解法案，但都被拒绝了——更多的时候她通过现有的教会统治集团和教会结构走后门解决了这些问题。可是这让伊丽莎白的主教们十分为难，因为很多主教认识到了进一步改革的必要性，而女王对他们的声音充耳不闻。主教们并没有兴趣惩罚狂热的新教徒，但是他们非常清楚这些事情关乎他们自己的权威。1562—1563年教士大会（Convocation of Clergy）点燃的"圣衣争议"（Vestiarian Controversy）——关于在公共场合身着白色罩衣和全套教士服的争议——注定成为一场持久战。教会内外关于教士在自己的教区穿什么、说什么、做什么的辩论象征了关于基督教共和国内是否应当有一个独立的圣职牧师群体的辩论。

英格兰高级教士也知道保留教士圣衣有充足的理由，圣衣是古老权威的外在可见的记号，而且它可以防止英格兰许多倾向天主教的保守派平信徒闹事。然而16世纪60年代后期之后，为保持势力均衡而拉拢天主教徒不再那么重要了。英格兰宫廷政治因为两场婚姻而发生分裂：伊丽莎白自己的婚姻，以及苏格兰女王玛丽——她在1568年逃到英格兰——的婚姻。这些纠纷的结果迫使第四代诺福克公爵托马斯·霍华德（Thomas Howard）——一个游移不定的同情天主教徒的重要人物——逃离宫廷。1569—1570年，英格兰北部爆发了伊丽莎白时期最大的叛乱，诺福克公爵随即被捕。领导叛乱的是信仰天主教的威斯特摩兰伯爵和诺森伯兰伯爵，叛乱遭到镇压而失败了，诺福克公爵于1572年被处决。英格兰天主教徒在政治上进攻过，然后一败涂地。狂热的新教徒，不论是平信徒还是教士，都希望再一次推进教会的宗教改革。

然而清教徒——这个名字是他们的敌人对这群"更加狂热的新教徒"（hotter Protestants）的称呼——面临的是一次又一次的沮丧和失望。他们的希望是教士统治集团能以某种方式自我改革。让他们最接近成功的一次机会是1575年埃德蒙·格林德尔（Edmund Grindal）被任命为坎特伯雷大主教。但是两年之后，女王把他软禁了起来，因为他拒绝压制教会里"说预言"（prophesyings）的做法，说预言指的是教士（在平信徒在场的情况下）聚在一起切磋对《圣经》的理解。格林德尔认为这是迫切需要的改革教会的一种方法，伊丽莎白女王认为这为教士独立和平信徒不服从国教提供了机会。

1583年，格林德尔被正式罢黜，接替他的是约翰·惠特吉夫特（John Whitgift），以他为首的新一代主教更看重服从国教。有清教思想的教士本来就被更加认真的异见天主教徒所掩盖，这些新主教借助国外的帮助更是把他们都抓了起来。清教平信徒想要在东盎格利亚的一些地区建立一个长老会风格的影子教会，而被中途打断了。只有一小部分清教徒选择了"分离主义"（separatism）之路——自我流放。

到1603年,英格兰教士统治集团对清教异见人士看起来已经大获全胜。然而事实上,清教即便不是未来教会改革的蓝图,也是许多人对社会道德深入改革的理想。许多珍视这一理想的人同时也相信英格兰是基督教共和国,是一个有两个头的君主制共和国。他们觉得他们同王室一样与国家未来的决定休戚相关,他们不打算质疑王室统治的合法性。同苏格兰一样,英格兰的后宗教改革政治——对宗教分歧的处理——制造了没有解决的矛盾,这些矛盾将在17世纪长期困扰他们所有人。

信徒与非信徒的共存

英格兰清教徒活在宗教少数派的困境之中。他们的直觉反应是回望新教信仰的真实殉教者——福克斯的《殉道史》提供了许多例证——并寻找效仿的理想。基督教世界所珍视的、早期宗教改革所培养的殉教模式是拒绝放弃异见信仰,反抗世俗法律或教会法律。天主教的神父与平信徒在反抗时也借鉴了类似的传统。因此,当天主教神父威廉·哈特(William Hart)1583年3月在约克被处刑的时候,他无畏地走上火刑柱,(在死前不久写的一封信中)鼓励母亲为他欢喜,因为他很快就要成为"天国中最光荣最明亮的星"。北安普敦郡的天主教乡绅托马斯·特雷瑟姆爵士(Sir Thomas Tresham)写到,他必须支付巨额的不服国教(Recusancy)罚金也是一种殉教,他用这样的信念来安慰自己:在宗教问题上,"没有人可以给自己做个垫子让手肘有地方倚靠"。圣衣争议期间,一名妇女因为诘问伦敦主教而被"绑在像马桶椅的两把梯子上",她为自己受的刑感到喜乐,称颂主说"他令她配得上为正道和真理受迫害"。挺身而出反对不虔诚的教会或非基督教的共和国（un-Christian commonwealth）的势力，与起兵造反推翻它们之间并没有巨大的鸿沟。

但是与此同时，反抗和顺从，服从国教与不服国教之间的界线就有得商量了。英格兰天主教徒逐渐变成不宽容的目标，他们更常采取的策略是表面顺从而非反抗，他们去教堂的次数刚好足以让地方官员相信他们对政权的忠诚，不过他们完全不听布道，咔嗒作响地捻《玫瑰经》念珠，或者像赫里福德（Hereford）的酿酒师约翰·维卡斯（John Vicars）那样，在走廊里走来走去，以免听到布道内容。对宗教信条服从的专注恰好鼓励了它本应防止的掩饰行为。友爱之家派（Familists）——亨德里克·尼克拉斯的门徒——虽然参加英格兰国教会的仪式，但是恪守他们的以家庭为导向的神秘教义。持异议的清教教士找到了既满足法律上的服从又不违背良心的方法。耶稣会士以被问到"信仰是什么"这样的重大问题时给出纯正天主教的诡辩答复而闻名于世，尽管所有教派的教士都认为做尼哥底母（他"夜里"来见耶稣*）是很危险的。"共存"（cohabitation）总是可以用这些理由来辩护：保护与邻居的关系，加入这个在16世纪后期的冲突中濒临崩溃的基督教共和国。

---

* 尼哥底母是法利赛人。《新约·约翰福音》第3章第2节："这人夜里来见耶稣，说：'拉比，我们知道你是由神那里来做师傅的，因为你所行的神迹，若没有神同在，无人能行。'"——译者注

第十四章

教会与世界

教会与国家

新教改革将基督教会撕裂成信仰不同的各个会众群体，每个都宣称自己是"真正的教会"的继承者。这引发了持续不断的辩论，"救赎有赖于加入真正的教会"这种信念使辩论更加激烈。礼拜仪式、教理问答、信仰告白、《圣经》译本、教会纪律和宗教教育等新兴的教会组织为普通人详细地展示了不同教会的特点。它们都向普通人强调欧洲正在陷入新的分裂。

而且，新教在两个方面对教会的角色产生了影响。其一是影响了教会的物质结构。新教改革无论走到哪里都会破坏当地土地财产、什一税和属灵税费的既有模式。世俗当局再也不用怕夺取教会财富被说成渎神了。新教改革家已经为它们提供了托词，让他们能以打击滥权为由侵吞教会财产。1525年，路德向萨克森选帝侯保证，教会的收入属于国家，在支付教士的薪水、建设学校和慈善机构之后，盈余都是选帝侯的。1534年，符腾堡公爵乌尔里希没收修道院财产归为己用。

其他君主纷纷仿效他的做法。国王亨利八世解散了英格兰的修道院，从 1536 年到他去世的 1547 年，王室攫取了 130 万英镑的收益，而且王室还把 advowson（受俸圣职的提名权）收归己有。这些权利——还有祈唱堂（1547 年）和教堂里的金银器皿（1549—1593 年）——都被转卖给了平信徒。在丹麦，王室早在 16 世纪 20 年代就已开始把教会财产转让给贵族，这甚至早于正式实施宗教改革的时间。到 16 世纪 30 年代末，主教财产都已被王室没收，修道院都已被世俗化。1527 年时，瑞典国王古斯塔夫·瓦萨有 3 724 处地产，教会有 14 340 处地产。到 1549 年，教会已经一处都没有了。尽管慈运理和布策尔坚持认为教会财产属于所在社区，世俗统治者只是它的管理者，但是官员几乎没有尽到自己的责任。新教改革标志着财富的大规模转移和教会地产的部分瓦解。

教会角色在物质和社会方面的变化在新教地区更加显著，因为天主教欧洲没有发生程度如此之大的变化。一些天主教诸侯利用新教的威胁从他们的天主教领地那里汲取资源。在法国，教皇同意让渡一部分教会财产（这些财产日后有可能赎回）来资助王室在内战中的军事行动。巴伐利亚公爵威胁要向新教少数派让步，好从教士那里榨出更多的收益。17 世纪 30 年代，奥利瓦雷斯伯爵-公爵开始向西班牙教会征税，罗马和教会内部的反对都被他用报复压了回去。而在欧洲地中海沿岸，天主教会仍然保持着物质上的富足。天主教复兴的基础在于教士的财富和特权，如何在最需要的地方利用它们来帮助教会的事业是一个尚未解决的难题。

新教改革的第二个影响是重塑了教会和国家之间的关系。新教改革对祭司权威神学基础的批判意味着为"世俗权力"套上了一层属灵威严的外衣。在新生的新教政权中，教会事务——从牧师任命到教区生活——都由（在路德派欧洲）御前会议和它的代理人，也就是它提名的教会官员（"监督"）来管理。路德对此类问题的见解是，一切基督徒都同时是上帝创立的两个王国（zwei Reiche）的臣民。一个是信仰的属灵王国，由基督和他的话语主宰，世俗统治者在这里没有管辖权；另一个是此世的诸王国，君主拥有神授之权，有责任保障上帝交付给他们的臣民享有和平和幸福，但是无权干涉臣民的良心。然而在实践中，宗教改革的现实要求和新教徒君主的倾向给路德的奇特解释打了折扣。其他新教改革家更倾向于接受人文主义的思想：共和国是一个道德空间，在这之中神授君权的统治者有增进臣民的信仰、虔诚和正确行为的"职分"（office）。因此更重要的是向统治者提供实例，鼓励他们履行自己的义务。《旧约》里敬神的统治者和早期基督教皇帝成了模范，证明虔诚的统治者应当铲除不敬，依据上帝的律法树立真正的对上帝的敬拜。

一切都很完美，只要统治者既虔诚，又懂得这种公共责任的限度在哪里。问题在于这个时代的新教版底波拉们和希西家们往往是不及格的，*他们看起来更像《旧约》里的伪善之人和暴君。而且，新教欧洲基本上废除了教会法庭的独立司法权。教会法庭以前会处理渎神、巫术、婚姻等各类事务。现在官员必须设立新的法律，建立新的特别法庭，这些事务必须在更偏向民政而非教会的法庭里裁决。加尔文（随巴塞尔的约翰内斯·奥科兰帕迪乌斯和斯特拉斯堡的马丁·布策尔）想要在日内瓦建立一个宗教法庭并赋予其革除教籍的权力，以此更加精确地界定教

---

* 底波拉（Deborah），以色列士师，事见《旧约·士师记》。希西家（Hezekiah），犹大国王，以公义著称，事见《旧约·列王纪》。——译者注

会的权威，却遭到其他更亲世俗权力的新教徒批评，说他意在打造一个"新教皇制度"（new popery）。海德堡医生托马斯·吕贝尔（Thomas Lüber，即埃拉斯都）提出民政官员或统治者在自己的国家行使主权，教会没有强制力。事实上这在新教欧洲已经成了一种规范。

神圣君主不是新教欧洲的专利。天主教君主也成功确立了对教会的控制，尽管他们还是需要承认罗马的权威，尊重主教的管辖权。在法国，1516年的《博洛尼亚协议》（Concordat of Bologna）把法国国内106个主教座和800个修道院的任命权交给了法国王室，任命时几乎无须注意候选人属于哪个教派或是否支持改革。在西班牙、萨伏依、奥地利哈布斯堡祖产等地，君主把教会高级圣职的提名权视作王室任免权的延伸，即使人选遇到争议时也能压倒教皇。教皇只在意大利半岛继续享有直接提名主教的权利。

天主教地区到处都有教会自治领地——它们传统上的原生力量来自它们的起源神话和圣徒崇拜。事实证明复兴的罗马天主教会很难在普世性的主张下协调这些自治领地，而且它们也十分抗拒国家的控制。只有在法国，这些自治领地才联合起来形成了某种接近运动的存在（"高卢派"），它在教会、学术界（索邦神学院）和法律界（巴黎高等法院）皆有其根源。高卢派吸纳了大公会议至上论（Conciliarism）的议程，希望保护法国教会的自由免遭王室和教皇的干涉。它成了担心皇帝-教皇权威主义在罗马卷土重来的欧洲天主教徒注视的焦点。

教会与国家的关系是教会与世界的关系的一部分。新教和天主教的教士集体都必须回应广阔世界带来的挑战，应付新的信条政治，面对国家力量壮大这个令人不安的现实，回应理解物质环境的新方式。他们都必须努力教导信徒宗教信仰和仪式应为何物。

海外传教

欧洲的扩张将基督教推向全球。截至 1550 年，可能有多达 1 000 万名美洲人受洗成为天主教徒。截至 1620 年，约有 200 万名菲律宾人和 20 万名日本人受洗。这些传教事业是独立于基督教世界的天主教复兴而展开的。它依赖的是西班牙半岛两王国的赞助和方济各会、多明我会与奥古斯丁会修士你追我赶的努力。耶稣会等新修会是后来特别是在 1550 年以后才逐渐显示出自己的影响力的。对于改宗者的人数不能完全当真。热情高涨的传教士高估了他们的成功，他们对自己成就的估计有一种对于谁能被转化、转化到什么程度的先入为主的认识。大多数改信者几乎不了解他们改信的宗教，而且传教士劝说他们改信时说的都是些很基本的论点。在墨西哥，传教士经常会劝当地人不要参加弥撒，因为他们可能并不能理解弥撒，后来在菲律宾也是这样。在日本，耶稣会士弗朗西斯科·卡布拉尔（Francisco Cabral）不太愿意跟刚改信的日本人讲解神学细节，免得他们精通之后搞出异端来。

天主教社会和欧洲人遇到的原住民社会之间的差距让他们感到震惊。比如，根据秘鲁的习俗，男方如果不先和女方尝试一次性行为，是不会和她结婚的。传教士很难说服秘鲁人放弃婚前性行为，接受禁止婚前性行为的天主教婚姻。认真处理这些困难，意味着接受转化会是一个漫长而缓慢的过程这个事实。耶稣会士何塞·德·阿科斯塔在 1588 年出版的《论印第安人的得救》（*On Procuring the Salvation of the Indians*）中将非基督徒分成三等：第一等是文明程度与欧洲人相当的人（中国人和日本人），他们可以理性地了解和实践基督教；第二等包括阿兹特克人和印加人，他们没有文字，但是有文明社会，他们的宗教仪式掺杂了对自然法的丑陋背离（比如人祭），对付他们既要用说服也要用铁腕；第三等是南北美洲的游牧和半游牧民族，以及从非洲引入的奴隶，他们几乎不算人类，对他们必须像对待孩子一样，如断奶一般停止他们的游牧生活，把他们"集合"（reduced）进村庄，然后再向他们传福音。基督教文明——它的语言、礼仪和道德——限定了阿科斯塔的民族志研究。他认为，传教士的职责是"一步步地教会印第安人基督教的习俗和纪律，平静地消除迷信和渎神的仪式，扫清粗鲁野蛮的习惯"。

传教需要理解当地的文化和传统，进而理解它们的差异。方济各会的民族志先驱贝尔纳迪诺·德·萨阿贡（Bernardino de Sahagún）花了50年时间对阿兹特克人进行田野调查。他把他的发现写进了《新西班牙风物通志》（General History of the Things of New Spain）。这本书收录了受过欧洲写实技巧训练的当地画家绘制的2 000多幅插图。腓力二世知道这种对当地文化和历史的研究可能造成的危险，于是没收了它的手稿，命令将它送回西班牙。"基督教是唯一真实的宗教"这种前提限制了对民族志的理解，因此传教士通常把其他宗教理解为无知的产物，甚至更加恶劣的存在。方济各·沙勿略1549年到达日本的第一反应是："这片土地充满了偶像崇拜和基督之敌。"葡萄牙耶稣会士迪奥戈·贡萨尔维斯（Diogo Gonçalves）1590年来到果阿，在马拉巴尔（Malabar）开展事工，直到1597年去世，他写了一部详尽的传教指南，这本书在1615年被送到罗马。当他描述印度教徒的宗教传统时，他不断地把他们的神明称作"魔鬼"，把他们的信仰称作"恶魔迷信"。这种态度制造了两难的局面。越是把当地信仰视作异教，消灭这些信仰的任务就越迫切，基督教化的任务就越繁重。

　　传教士的数量与任务相比少得可怜。当地人民的反抗加大了任务的难度，当传教士试图抹去前基督教文明的痕迹时，民众反抗更容易发生。1541年，在新加利西亚（墨西哥）血腥的米希顿（Mixtón）叛乱中，修道院和教堂成了攻击目标，修士被残杀，改宗的人被"反洗礼"（de-baptize），也就是再洗一次头。基督教变成了征服者的宗教。20年后，高地秘鲁人发动名为"舞蹈病"——克丘亚语（Quechua）为 *Taqui Unqoy*——的叛乱，叛乱者拒斥基督教，想要恢复古老神灵（huacas），并且推翻西班牙人的统治。叛乱遭到残暴的镇压，以末代印加国王图帕克·阿马鲁（Tupac Amaru）被处决告终。暴力没有令已经改宗的人放弃基督教，但是暴力一直在欧洲殖民地的表面之下蠢蠢欲动。

　　最早的海外传教士是前往中美洲的修士，他们集中于墨西哥高原的殖民地。大规模改信是一种常态，方济各会和多明我会鼓励信基督教的印第安人住在营地里，把印第安人和西班牙人的生活方式结合起来。原住民提供一定比例的劳力和贡金用来建造教堂，教堂往往就建在征服前的神庙所在地。到1650年，天主教会在西班牙殖民地社会已经甚为可观。西属美洲的5个大主教和25个主教成了富裕的地主，比同一时期葡属巴西的大主教和2个主教更富有。大教堂令美洲各位总督的首都熠熠生辉，说明天主教士的舒适生活已经被移植到了新世界殖民地。

　　然而在光鲜的外表之下，是当地宗教体系与基督教教义的相互妥协。墨西哥人混合了基督教和前基督教的信仰和仪式，特别是在家庭里和在对周围自然环境的态度上。事实证明，彻底消除他们的圣地、宗教历法和古安第斯神祇是非常困难的。建在征服前的神庙原址上的教堂的礼拜堂是露天的，礼拜堂对着一个封闭的院子，院子中央是一个顶上有十字架的平台，这样教堂看起来就与从前献祭的场所有些相似。信徒团体、公共宴会、圣徒崇拜与死者盛宴这种征服前的传统交织在一起，不过套着基督教的外衣。圣徒崇拜被吸收到了他们原有的祖先记忆之中。巴西的非洲奴隶将基督教圣人认作他们自己的小神（orishas）和守护者，也把基督教仪式加入自己的历法。悖论是，欧洲人"偶像崇拜"和"巫术"的概念恰恰证明了前基督教时代先祖与神明信仰的持续存在。埃尔南多·德·桑蒂连（Hernando de Santillán）在1563年出版的论著《印加人的起源、血统、政治与政府之关联》（Relation of the Origin, Descent, Politics and Government of the Incas）中说，"魔鬼通过它们（神灵）在讲话"，还说库斯科周边最近发现有400多座神庙仍有人在献祭品。他的意思很明确，美洲需要一个宗教裁判所。在墨西哥宗教裁判所建立的两代人之后，也就是差不多50年后，埃尔南多·鲁伊斯·德·阿拉尔孔（Hernando Ruiz de Alarcón）在1629年出版的《论今日新西班牙土著的异教迷信》（Treatise on the Heathen Superstitions that today live among the natives of New Spain）里记录了仍在延续的对nahualli（山灵）的信仰。不过，跟宗教裁判所的官员一样，他也无法区分哪些是原住民轻信所致，哪些是魔鬼作祟所致。

在没有定居土著人口、没有农场劳动或建立教区的条件的地方，传教士通常采用修道院传统来向美洲人传道。他们把美洲人"集合"到营地里，这里有围墙防御，可以供人群居，并保护他们远离搜寻原住民劳动力的殖民者。传教起步于新墨西哥，然后扩展到巴西、巴拉圭和加拿大休伦人的地盘。耶稣会士安东尼奥·鲁伊斯·德·蒙托亚

(Antonio Ruiz de Montoya)在 1639 年出版的《巴拉圭的属灵征服》(*The Spiritual Conquest of Paraguay*)中记载了 17 世纪上半叶巴拉那河(Paraná)中上游、乌拉圭河与塔佩河(Tape)集合化的历史。他记叙了几位耶稣会士如何把 10 万多名原住民围到近 40 个营地里。他们鼓励印第安人种植马黛茶(*yerba mate*)和棉花,生产羊毛,他们的产品在圣菲(Santa Fé)或波哥大出售。在这些营地中,随着耶稣会建立起一个传教带动的改革派共和国,新世界成为教会(反之亦然)。当时的人读到蒙托亚的书,觉得这是天方夜谭。

印刷的传教故事满足了欧洲人对游记文学、地理学和自然史的需求。方济各·沙勿略 1545 年出版的第一封《印度来函》(*Letter from India*)从传教所见的动植物、气候和风土民俗开始说起。等到 1590 年何塞·德·阿科斯塔出版《西印度自然与道德史》(*Natural and Moral History of the Indies*)时,耶稣会的自然史学和地理学著作已有了长足的增长。耶稣会的创始人依纳爵·罗耀拉(Ignatius Loyola)从一开始就坚定地认为推动耶稣会士工作的一个方法就是"大量的内部通讯"。到他离世那年,时事通讯已经成了常态,目的在于"每个地区都可以从其他地区学习任何可以带来相互慰藉和吾主启迪的知识"。

传教士们发扬了欧洲的语言能力,他们的语言学成就蔚为大观。征服前夕,墨西哥有 120 多种语言,它们全都是口头语言,没有文字。在两代人的时间里,方济各会就用拉丁字母为其中 22 种语言创造了音标字母,这样他们就可以归纳语法、编纂词典。在墨西哥等美洲各地以及印度,他们的策略是选择一种语言加以推广,作为传教文本的载体。1539 年出现了第一部纳瓦特尔语(Nahuatl)的教理问答,1554 年出现了泰米尔文版,1584 年出现了中文版,1624 年出现了第一种非洲语言的教理问答。这些书后来被用在教堂和学校，由殖民地出版社不断重印。1523年，来自佛兰德斯的方济各会修士彼得·范·德·莫埃尔（Pieter van der Moere）在特斯科科（Texcoco）建立了美洲第一所欧式学校，接着又在墨西哥城的圣方济各学校担任校长，这所学校鼎盛时期有近1 000名学生。他还创作了一部以象形文字为基础的教理问答给印第安人使用，初版于1548年。

人文主义教学法讲究帮助学生融入新的文化，适应学习的过程。因此，传教士必须把基督教转化成一种可以被理解吸收的形式。比如在菲律宾，十诫、信经和基督教祷词被改编成了可以唱出来的歌谣。也有传教士选择穿上当地的服装，遵守当地的礼节。利玛窦1583年来到中国，在这里一直工作到1610年去世，他接受了儒家学者的服饰和社交礼仪，而且学会了汉语。他根据中国历法调整了基督教的礼拜仪式，省略了可能引发冒犯的部分，并且（在中国人的帮助下）把儒家经典翻译成拉丁语。利玛窦认为天主教与儒家思想相去不远，他在汉语论著《天主实义》（*The True Meaning of the Lord of Heaven*）中融合了亚里士多德逻辑学、基督教教义和儒家的观念，为基督教与儒家的同化提供了基础。与此同时在印度，罗贝托·德·诺比利（Robert de Nobili）也根据当地习俗改造了基督教。他穿上当地高种姓印度教学者的衣服，把头剃到只留一小丛头发。他学习梵文和泰米尔文，用泰米尔文撰写基督教的教理问答和护教学著作，用泰米尔语的词汇表达基督教的概念。但是同利玛窦一样，他在耶稣会同僚和其他修会的传教士以及果阿大主教那里都引发了争议。直到1622年罗马做出支持他的裁决，这些争议才得到解决。关于"调适"（accommodation）的争论并没有对欧洲的海外传教造成很大影响，但是它展现了欧洲本土天主教全球化内部的张力。

本土传教

天主教卫道士认为海外传教的成功是蒙神恩宠的标志。相比之下新教徒能说什么呢？新教传教事业的缺席是尼德兰共和国和英格兰（两国都有殖民地）很难回应的控诉。阿德里安·萨拉维亚（Adrian Saravia）是一名来自尼德兰的难民，在威斯敏斯特担任执事，他说新教徒有义务遵循基督的命令，向每一个人传达福音。尼德兰牧师响应号召，1622年在莱顿建立了一个神学院，培养将来的传教士，但是这个神学院没有坚持多久。新教的传教是个人奋斗的结果而非公共事业的产物。新教认为自己正在本土进行一场真理与生存之战。地方化、碎片化的新教各教会缺乏海外传教的组织，不管怎样，那种组织都让人想到教皇的霸权。如果原住民对上帝的话语没有反应，那一定是因为上帝不希望他们听到。

因此，新教欧洲把精力放在"事工"（ministry）上，事工取代了祭司献祭。事工是一种公共职责，与特定的会众群体——教区——相关，教区是权威的宗教改革承认的基本单位。这种职责需要一种特殊的使命，但不需要保持独身。梅兰希通、布林格、布策尔和加尔文就这样回避了路德最初的"信徒皆祭司"的宣言。人是怎样被这种使命呼召的？权威的宗教改革家们说，上帝的神圣旨意中的命令就蕴含了这种使命。路德希望的是通过按立圣职实现传道人的传承，他认为教会的使徒统绪就是这样的，这不是授予恩典，而是对已经授予的恩典的承认。慈运理则在苏黎世把传道人的使命分为"内部"（属灵）使命和"外部"（管理）使命，这样就为国家或国家的代理人插手事工人选提供了一个合法理由。新教各教会普遍接受对权力的服从，相信这是为秩序和体面付出的代价。加尔文按照马丁·布策尔在斯特拉斯堡的观点，将教会的职责扩展为许多种使命。

在英格兰新教教会中，这些变化更加模糊不清。教士可以结婚，而许多人（包括女王伊丽莎白一世）认为这是不得体的。虽然有种含混的神学否认圣餐本质上是献祭，不过圣公会的传道人仍然是祭司。尽管欧洲新教的教会形态多种多样，不过各教会普遍坚持，这种新型事工的正确性取决于当事人的行为以及——更重要的是——言辞。传道人的受教育程度、学识、家世和在当地的地位，以及布道能力和"好口才"都成了使命的外在可见的标志。然而，这些只是理想的标准，很容易掺水。由于事工涉及与被牧养的群体的关系，人们对传道人的疑虑总是存在。新教徒从初期就有关于正直和使命的焦虑。

寻找满足这些要求的传道人并不容易。在德意志和瑞士，老神父大多数都被宣布为新传道人，但是这些任职者几乎不知道讲道时该说什么，不知道怎么主持新仪式。整整一代人都需要接受新事工的再教育。在第一代人中，受过充分训练的归正传道人很缺乏，薪水也不够。就算是在伊丽莎白治下的英格兰，受过良好训练的教士的供给也是一个大问题。不过，新教对高等教育的投资渐渐地收获了回报。到1600年时，帝国内只有大约25%的路德派教士在展开事工时没有大学学位。

教育程度不是有效事工的通行证。传道人和他们的会众之间的关系比较微妙，而且，受过教育的牧师在农村会引发怀疑。在萨克森选帝侯国和勃兰登堡的农村，以及在英格兰各郡，教士有学位的比例都比城市环境中的要低。这不仅仅是因为职位等级有高有低,城市能比农村吸引到更高学历的牧师候选人,这因为农村的赞助人关注的是地方牧师的其他品质,而不是教育程度。新教教士事工越趋于稳定,传道人的职业近亲繁殖和家族相互通婚的程度也就越高,也就是说传道人的儿子通过结婚成为教士的一员。这让人们更加重视教区牧师的住所,因为这里是彰显基督徒善行的地方。鉴于人们对家庭在新教徒生活和文化中的重视,这种示范作用变得更加重要。然而,对传道人不切实际的期望总是把他们推到与会众相对立的位置上。社区不仅期待他们的传道人学富五车、滴酒不沾、正直谦逊,而且还希望他们保护地方的传统。

因此,教士处在相互抵牾的压力之下。德意志新教的巡视员和监督希望传道人向每个人进行教理问答,但不要对无法把教理问答记到心里去的人太严苛;他们希望传道人与会众保持和谐,但是不要与会众一起寻欢作乐,也不要拿革除教籍来威胁不肯悔改的教区居民;他们希望他好好布道,但是又发现教堂执事抱怨布道太长了。问题在于,新教事工趋于稳定之后,当初引发宗教改革的反对教士的怀疑情绪又一次成了人们的焦点。一个世纪的落实新事工的尝试得到一个教训:必须有世俗当局的帮助才能实现这一目标。可是在很多地方,只要新教不是国教,这些地方的统治者就不会提供所需的援助。

随着新教各教会在社会中站稳脚跟,"规训"(塑造公众的行为和道德)体现了对秩序的深层焦虑。新教徒废除了告解和苦修,不过他们还没有找到让宗教改革不仅仅停留于理想的方法。路德和他的同事一开始的希望是,一切都会按照上帝的旨意自行实现。起初,他们天真而热情地相信,仅凭基础教育就能改变人们的信念,他们随后的幻灭就是这枚硬币的反面。第二代路德派牧师哀叹英雄时代的消逝，痛惜宗教改革的机会被白白浪费了。加尔文作为第二代的改革家希望在新教政权中种下规训的种子，规训平信徒的动机源于"宗教变革对普罗大众没有造成多少影响"这种不安。

在路德派的德意志，教会规训的基础是婚姻法庭、宗教法庭和教区巡视。到 16 世纪下半叶，教区巡视已成为一种常态。巡视委员会要求牧师、教堂司事、教师、地方官员填写一份详细的问卷，着重考察教堂出勤、教理问答和不敬神的生活。城市巡视经常遇到消极不配合的态度。但是在农村教区，巡视员收获颇丰，这里缺乏教化的现象非常突出。贵族常常带头"藐视上帝的话语的仆人"，主日礼拜的出勤率很低，教理问答班的出勤率更低。"你会发现钓鱼的人比礼拜的人多"，一份报告写道。父母不让孩子去上学，说他们付不起学费，或是买不起衣服和木鞋。有无数的报告描述是以赌博为业的人、"不相信死人复活的享乐主义者"、重洗派和吉卜赛人、咒骂的人、争斗的人和酗酒的人。牧师说威胁也没有用。一份报告说，我们警告过了，但是他们说："为什么要祷告？土耳其人和教皇又不会来找我们的麻烦。"唯一的办法就是沿用那些已经被事实证明不够充分的手段，然后又会传来更多看起来是失败的坏消息。信条化基督教的教义很复杂，理解起来需要识字能力，也需要投入时间和精力。

在归正（加尔文宗）新教地区，规训变成了真教会的标志。在日内瓦，规训的基础是由各位平信徒长老、一位行政官和城中各位传道人组成的宗教法庭，他们每周四开会一次。数千页的法院文件记录了它对私人生活的种种干涉。在加尔文死后那些年，整座城市十五分之一的人口出庭受审过，681 人被"暂停"会众资格，这是最常见的处分。

革除教籍的情况罕见得多，专门留给那些藐视暂停资格处分或者严重破坏公共道德的人。因为暂停会众资格造成了社会性惩罚，所以它奏效了。然而日内瓦是个小地方，这里的市政官员认真地履行自己的职责，支持宗教法庭的工作。

乍看之下，日内瓦宗教法庭证明了道德控制在新教改革中上升的重要性，证明了社会规训是信条化的一部分。但是，宗教法庭对宗教服从的关注程度不逊于改善道德。天主教仪式经久不衰，城市法令很容易规避，于是加尔文在1546年1月提议日内瓦每年巡视一次农村教区，1551年又提议宗教法庭的成员要进行全国性巡视。在日内瓦等地，新教改革强化了宗教服从的重要性，进而让人们更加担心，道德恶化到某个程度时，上帝的烈怒就会降临。社会规训的焦虑来自对宗教纯洁性的担忧。

宗教法庭经常试图在婚姻破裂的案子中调解夫妻双方，长老们关心的是维护婚姻的尊严和上帝面前誓言的神圣性。1568—1582年日内瓦宗教法庭审理的不检点案件中，有近四分之一是关于已经订婚的二人在正式结婚之前发生性行为的。宗教法庭坚持认为婚约必须得到尊重，不过它没什么兴趣强迫发生了肉体关系的男女结婚，即使两人已经有了非婚生子女。长老知道人际纠纷的复杂性，知道人有多么容易受伤，尤其是女性。他们知道人会在证言中撒谎，人的叙事有偏向性，他们也知道宗教法庭收到的证词里充满了流言蜚语。他们知道把一个人开除会众资格或革除教籍没什么好处，把某些案件提交给民政官员更是一点好处也没有。每当宗教法庭需要做出审判时，它都要小心地衡量，教化身处困境之人（特别是女性）和避免丑闻，哪一个更重要。就算是在日内瓦，宗教法庭也没有实现道德改革的严密监督，日内瓦人有办法不让宗教法庭发现他们违反性规则的行为。日内瓦妇女知道怎么利用法庭作为捍卫自己名誉的武器。"神圣宗教改革"(godly reformation）总是有限度的。

天主教的复兴

新教徒的悲观部分来自天主教作为宗教和政治势力在欧洲的复兴。17世纪上半叶，罗马天主教会在中东欧的信条势力的较量中重回上风，这让新教徒很费解。过去数个世纪已经充分证明这个教会并无自我改革的能力，他们相信这个教会已经被上帝遗弃了，它怎么会有精力和意志宣称自己一直是对的？"反宗教改革运动"(Gegenreformation）这个词是19世纪德国新教历史学家首次提出的，它们需要一个名词来统称从对路德的反应到1648年签订《威斯特伐利亚和约》这段时期的种种行为——他们相信1648年是运动终止的节点。天主教历史学家则认为，反宗教改革运动这种说法把反对新教的势力和运动在政治与教会方面的表现和运动的整体连贯性看得太重。这场运动不只是一种应激反应，而是许多先于路德的运动催生的结果，它有地方性的根源，可是缺乏协调，但它激发了一种属灵复兴，这场复兴的寿命远超《威斯特伐利亚和约》，一直延续到18世纪。这些人往往倾向于使用"天主教改革"这个词。

这场复兴的概念超越了"特伦托天主教"(Tridentine Catholicism），这个词指的是特伦托公会议（1545—1563年）确立的一项教会计划，会后天主教世界各地根据公会议的一些核心指导意见实施了这一计划。天主教会是一个复杂的有机体，它对周围变化的反应方式是充满矛盾的。说"天主教复兴",隐含了一种对"传教士的教会"(missionary church)的强调,尽管教会在海外、东欧和黎凡特的扩张是很重要,但是这并不能充分概括罗马天主教会代表的某种程度上的稳定性和与过去的联系、某种特殊的属灵权威、某种向信徒传达真理的方式。天主教的复兴是以上述特殊立场为基础的。

新的改革派宗教团体对这场复兴至关重要,因为它们影响了普通的男男女女。从传教士、讲道人、教师、告解神父、问答神父、医院同工和传道人到流离失所的人、流浪的人和被抛弃的人,他们一同重新构建了天主教的牧养图景。不理解他们就不可能理解天主教信条化的成功。同海外传教一样重要的是原有的修会。从1500年到1650年,多明我会的人数大约翻了一番,方济各会各个分支的增长速度大致相同。尽管官方不大愿意创建新修会,但是官方受到自下而上的要求创建新修会的压力,也受到响应周遭世界变化的拥有超凡魅力的个人和组织的压力。

在层出不穷的新教团、新修会中,最重要和人数最多的是嘉布遣会、耶稣会和(众多新的女性教团之一的)乌尔苏拉会(Ursulines)。嘉布遣会起初是年轻的意大利守规会(Observant)修士马泰奥·塞拉菲尼(Matteo Serafini)周围的一个极小的团体,到1650年时已经发展为接近3万人的庞大组织,瘟疫期间,它的传道人和同工对意大利半岛影响巨大。1574年,修会翻越阿尔卑斯山,来到法国、西班牙和德意志,活跃于一切再天主教化正在展开的地方,以在动荡时代陪伴民众著称。依纳爵·罗耀拉是一个来自巴斯克的贵族,他当过兵,1541年教皇诏书批准建立耶稣会时,他只有9个同伴。到他去世时,耶稣会士已经超过1 000人,分成12个教省,建立了33所学院。十年之后，耶稣会已有3 500人，到1615年，耶稣会的人数达到1.3万人。他们的教堂、住所、学院和大学不均匀地分布在南欧和西欧各地，特别集中于城市中心。在较小的市镇，他们的建筑往往是城中最壮观最独特的一座。

乌尔苏拉会起初是安吉拉·梅里奇（Angela Merici）在布雷西亚附近建立的一个单身女性和寡妇组成的共同体。她们致力于帮助医院里的绝症患者、照料孤儿、教女孩有关基督教的基本概念以及教她们识字。在米兰大主教卡洛·博罗梅奥（Carlo Borromeo）的保护下，她们逐渐成了意大利北部一道常见的风景，许多人仍然住在家里，或是仅仅私下对教团宣誓，但是这个团体正在变得越来越修院化。教皇领地阿维尼翁提供了一个进军法国的桥头堡，17世纪初年，阿维尼翁多数城市里都有乌尔苏拉会的组织，她们照看病人，帮助妓女，向年轻的女孩传授教理问答和基本的阅读写作能力。

创立这些修会的人物魅力非凡，彼此之间没有什么共同点。他们创建的修会在会宪章程、与教会其他部分的关系、国际主义方面都大不相同。他们对各自建立的组织的贡献方式也很不一样，然而他们都有一个共同点。教会改革不是他们的口号，"属灵""上帝""此世""怜悯之工"才是他们挂在嘴边的词。马泰奥·塞拉菲尼出身于乌尔比诺公国一个并不富裕的家庭，17岁加入方济各会。和安吉拉·梅里奇一样，他从中世纪后期的方济各灵修（Franciscan spirituality）那里获取营养，1525年中途离开修道院，成了一个退学者，在安科纳和卡拉布里亚躲藏，每日乞食，并在城里叫人悔改。看到他和他的同伴的人管他们叫"隐士"（scapuccini），这个名字就这样固定下来。但是，如果没有上层人士的帮助，嘉布遣会是不会存在的。支持他们的人包括卡梅里诺（Camerino）公爵夫人、教皇克雷芒七世的外甥女卡泰丽娜·奇博（Catarina Cibo）*和费兰特·科隆纳（Ferrante Colonna）的遗孀、米开朗琪罗的好友维多利亚·科隆纳（Vittoria Colonna），在她们的影响下，嘉布遣会于 1528 年得到了教皇的承认。1529 年，马泰奥被选为嘉布遣会第一任副主教，但是他和他创建的这个修会的联系十分短暂。他后来辞去这个职位，回到隐居生活中去了。1552 年，他在威尼斯去世。有一次他戴着兜帽，举着一根挂有灯笼的棍子走进威尼斯的一所法庭。别人问他找什么，他说："我在找正义。"天主教的属灵复兴来自这些城市环境里无法平静的良心。

1553—1555 年，依纳爵·罗耀拉在罗马向他的葡萄牙密友路易斯·贡萨尔维斯·达·卡马拉（Luis Gonçalves da Câmara）口述了自己的生平。他突兀地从 1521 年讲起——那是他人生的转折点，那一年他在潘普洛纳（Pamplona）之战中身负重伤——同样突兀地在讲到 1538 年 11 月时停止，这是他来到罗马的日子，后来他在罗马创立了耶稣会。他为我们平静地讲述了属灵旅程的故事，这段旅程起始于他在阿斯佩蒂亚（Azpeitia）的家族城堡里慢慢休养身体的岁月，他读了很多圣徒的传记，这些书把他带到加泰罗尼亚的蒙塞拉特本笃会修道院（Benedictine monastery of Montserrat）。有一天，他在修道院彻夜祈祷，然后放下了自己的剑和匕首，拿起了朝圣者的手杖，穿上了乞丐的服装。1523 年，他在附近的曼雷萨（Manresa）发现了一部中世纪晚期的灵修著作《效法基督》(Imitation of Christ)。他全心全意地祷告、禁食、自我鞭笞，他抛弃尘俗，不再修剪头发和指甲。在苦行中，他的

---

* 准确地说，卡泰丽娜是教皇利奥十世的外甥女（利奥十世的姐姐的女儿）、教皇克雷芒七世的堂外甥女（克雷芒七世的堂姐的女儿）。——译者注

自我反思之旅在强大异象的伴随下让他重新感到了安详。

他对这些经历的记录构成了《神操》(Spiritual Exercises)的主要内容，这本书于 1548 年经教皇批准在罗马出版。《神操》为正在面临人生重大的十字路口的人提供了一条由数个"星期"组成的"前进之路"(way of proceedings)。这条路的核心是一种特殊的默想祷告，通过福音书的经文，读者与基督、圣母马利亚、圣父进行对话，深刻地感受到自己的罪，承认生活的混乱，认识到此世的一切谬误，然后建立一种新的与世界相处的方式。作为一种属灵交流的操练，这本书与众不同。它对耶稣会内外的影响都极为深远。

往后的 15 年里，罗耀拉穿着朝圣者的衣服以行乞为生，多数时候他都在街头乞讨。他有时会因为行为反常而触怒宗教裁判所。后来他去巴黎留学，与志同道合的人交上了朋友。他们决定前往耶路撒冷，如果去不了的话，就去罗马把自己献给教皇，让教皇派遣他们去做任何他认为"为了上帝的更大的荣耀和众生的幸福"应该做的事。1537 年 1 月，他们在威尼斯碰头，一边在医院工作，一边等待前往巴勒斯坦的船。这时他们已经非正式地自称为"耶稣团"(Company of Jesus)了，1538 年 11 月，他们来到罗马，和嘉布遣会一样，通过一位上层熟人（威尼斯人加斯帕罗·孔塔里尼）的帮助，他们得到了对《基本精神纲要》(Formula of the Institute)的首肯，他们凭这份文件在 1540 年 9 月取得了教皇诏书，后来罗耀拉和他的秘书胡安·阿方索·德·波朗科 (Juan Alfonso de Polanco) 把这份文件扩展为《会宪》(Constitutions)。与嘉布遣会创始人马泰奥·达·巴西亚 (Matteo da Bascia) 不同，依纳爵继续在耶稣会起着决定性作用，直到 1556 年去世。

耶稣会士是"教会的斗士"(Church Militant)。《基本精神纲要》开篇即把会士描述为"十字架旗帜下上帝的士兵",但"基督的士兵"(Christian soldier)是一个常见的比喻,并没有军事方面的特定含义。《会宪》里提到的"总会长"(Superior General)——罗耀拉是第一任——也没有军事统帅的含义。直到罗耀拉去世数年之后,耶稣会士们——最有名的是赫罗尼莫·纳达尔(Jerónimo Nadal)——才开始直接把他和路德相提并论,这是新的"大卫大战歌利亚",上帝呼召罗耀拉,与路德搭上魔鬼正好发生在同一年。耶稣会士绝对服从教皇,因为耶稣会的规则禁止他们参与教会的教区生活。与其他普通的修会不同,耶稣会士无须遵守常规的教规时刻表,所以他们可以自由地布道、教学、照料病人和垂死之人。他们可以去"世界上任何地方,只要他们在那里可以带来上帝的更大的荣耀和世人的幸福"。在16世纪的数十年里,他们的事工是独一无二的,耶稣会在寻常修会和外部世界之间创造了一种新的联系,他们不分国界地招募人手,开展活动。罗耀拉和后继的总会长就代表了耶稣会需要的才能。

《基本精神纲要》把会士定位为巡回传道人,他们既在会内讲道,也在会外讲道。西班牙有种传统是把宗教文本改编为街头孩童哼唱的简单曲调,耶稣会士把这种传统带到了其他地方。他们也采用了新教的做法,印刷一问一答形式的教理问答。耶稣会的讲道是教学的一部分,与苦修和圣餐这两种圣礼是亲兄弟,它们是此世活动的泉源。这些活动包括帮助受灾群众,陪伴囚犯走到绞刑架,建立孤儿院和娼妓改造中心,调解地方纠纷,等等。尽管耶稣会士在迫害欧洲犹太人问题上意见不一,但是他们一直接受新基督徒(conversos)加入他们的行列(罗耀拉最激进的时候说,他宁可身体里流着犹太人的血,这样他就和基督属于同一个种族了），在威尼斯、罗马和阿维尼翁的犹太人聚居区传道。他们建立了许多平信徒团体，1564年在童贞女马利亚的护佑下创立的罗马学院学生会成了后来众多马利亚教团（Marian congregations）的原型，这些教团又塑造了敬虔运动和附属于耶稣会的"第三会"（Third Order）。他们与此世的接触提出了道德困境。从一开始，耶稣会士就把决疑术（"研究良心判断的学问"，不是一个贬义词*）作为学习的基本科目——对于传道而言，决疑术与相辅相成的修辞学同样重要。他们选出最好的告解手册作为教科书，走进了古老的神学论战的雷区，这些论题包括教会应当如何对待人之不足（"罪"），人类在多大程度上可以——或者说能不能——参与自己的拯救。

教育可以创造虔诚而负责任的公民并改变世界，人文主义者的这一观点对天主教会和新教各教会提出了莫大的挑战。1560年时，耶稣会对教育的投入开始超过对其他职责的投入。波朗科以第二任总会长迭戈·莱内斯（Diego Laínez）之名宣布："每一位耶稣会士都必须承担学校的负担。"这确实是一个负担，而耶稣会士扛起这个负担时并没有预见到将来的后果，他们在西西里的墨西拿建立了第一所耶稣会学校。这所学校是一个巨大的成功。到16世纪50年代，耶稣会以每年接近5所的速度开办新学校，16世纪其余的年份里他们都保持了这个节奏。这样的成就让新教的拉丁文学校望尘莫及。耶稣会不收学费，而是依赖贵族赞助人与市议会的捐助和基金会，市议会为能把教育经费交给一个专业能干的机构而感到宽慰。学生分为不同的班级，

---

* Casuistry 如今意为"诡辩术"，指的是用巧妙隐晦、似是而非的话术误导他人。——译者注

通过考试升到更高的班级，考试也会给他们的各项技能打分。学生接受的课程是循序渐进的，很强调联系当代世界。学校通过家庭作业、写演讲词和当众演说、记忆和背诵诗歌、演奏乐器、出演舞台剧来鼓励学生积极学习。耶稣会学校的教师来自各行各业，可以提供广泛的课程。这些学校定义了天主教对男孩的培养方式。耶稣会的学院不是神学院，而是天主教欧洲各类社会精英的训练场。这些人成了再天主教化的主要推动力。

教育事业对耶稣会造成了非常沉重的开销负担。德意志学院（German College）作为德意志再天主教化的先头部队，是耶稣会所有教学设施中最费钱的，16世纪60年代的院长焦塞弗·科尔泰索诺（Gioseffo Cortesono）写道："建这么多学校要把耶稣会拖垮了。"这一时期，耶稣会士的数量与耶稣会学院的数量相比极为短缺，更不用提其他的职责的需求了。不是所有加入耶稣会的人都是为了进学院当老师的。耶稣会在这个目标上越集中精力，发现的问题就越多。有些学校难以为继，只能关门，结果债台高筑，还遭到各方的怨恨。耶稣会开始认真考虑并处理这些困难，在这个过程中它变得越来越精通人情世故。这让批评者更有理由宣称耶稣会过于流俗，贪图私利。17世纪初期，三种批评者走上了同一战线：批评耶稣会的道德哲学是"或然论"（probabilism）的人（或然论相信，在困难的良知问题面前，人可以保险地选择"或许"为真的原则，批评者称这会导致松懈马虎）；批评某些认为"在一些场合下反抗君主是合法的"的著名耶稣会士的人；暗示耶稣会是一个野心勃勃、不惜一切代价追求财富和自身利益的组织的人。

天主教复兴的影响力很大程度上来自女性的贡献。但是在这个问题上，此世的挑战与教会的回应之间的矛盾变得更加明显。在新建立的大约 30 个新修会和新教团中，大多数都有女性分会，有 9 个修会只接纳女性。所有这些新组织——阿维拉的特蕾莎（Teresa de Ávila）创立的"赤足"加尔默罗会（Discalced Carmelites）除外，这是唯一一家由女性创建但接纳男性的修会——都强调在此世积极传道。而在实践中女性怎样积极开展事工呢？向来不缺少女性参加修道院，有些人是违背家庭的意愿出家的，她们被修道院提供的另一种生活方式所吸引，这让她们有机会进入一个独立的女性空间，有机会追求原本不属于她们的理想，而且属灵圣地也让她们感到向往。默观修女尽管理论上是基督的新妇，向世界已经"死了"，但是实际上她们通过家人、书信和祷告仍然谨慎地与这个世界保持着经常的联系。阿维拉的特蕾莎是那一代人中最伟大的默观修女，不过她也承认她的默想和祷告没有脱离这个世界。当她走遍西班牙推广加尔默罗会的时候，她多次诉说自己生活中的矛盾。"一方面，神在召唤我，"她反思道，"另一方面，我还在顺从这个世界。"

教会对修女的约束越来越严。特伦托公会议最后一次开会辩论的是修道院和宗教生活的改革。独身修院生活一直是新教攻击的目标，也是一个无法回避的话题。公会议重申修女院必须封闭，1566 年庇护五世的敕令进一步宣布，所有不执行封闭的修女院都会遭到镇压。主要的动机在于控制女性和男性的性行为。禁欲是修女生活的同义词，唯一保护修女贞操的方法就是严格的封闭生活。

然而事实上，特伦托敕令没有得到彻底的实施。乌尔苏拉会利用与大主教博罗梅奥的关系，渐进地接受封闭，但是保持原本的敬虔活动。17 世纪初，让娜·德·尚塔尔（Jeanne de Chantal）和弗朗索瓦·德·萨勒（François de Sales）创立的访亲会（Order of the Visitation）——访亲会修士称为"Visitandines"——在萨伏依和法国盛极一时，这是一个寡妇组成的团体，她们因为家庭责任或身体不佳而无法参加修会，但是又想通过向社会传教为上帝奉献。1606年，玛丽·沃德（Mary Ward）移居低地国家，她在耶稣会的鼓舞下于1609年建立了自己的修会，即马利亚会（Institute of Mary）。玛丽·沃德的姊妹们影响越来越大，她们和耶稣会建立了密切联系，而且拒绝接受封闭，坚持穿常服，这使玛丽修女（Sister Mary）树立了很多敌人。她的会友被说成"有毒的种子"和"狂奔的妞儿"，她本人在1631年被定为异端，次年她的修会遭到了镇压。但是，正如后来路易十四在王港修道院（Port Royal）的修女那里发现的那样，把妇女关在栅栏背后是隔绝不了她们的。宗教以多样化的方式赋予了女性力量。弗朗索瓦·德·萨勒成了一名告解神父，用书信鼓励虔诚的寡妇跟随自己的良心，把自己献给神。他的书信1609年结集出版为《成圣捷径》（Introduction to the Devout Life），这本书展示了普通男女如何参与宗教生活。只有最仇视女性的宗教改革家才会忽视妇女的角色，特别是当妇女往往表现出比男人更加虔敬的心灵的时候。

特伦托公会议与作为国君的教皇

1563年12月4日，枢机焦万尼·莫罗内（Cardinal Giovanni Morone）在特伦托公会议上询问枢机会议的268位枢机，是否接受会议闭幕。随后枢机洛林的查理致贺词，他的第一句话是"受祝福的教皇庇护、我们的主、至圣至公教会的教主"，最后一句话是"一切异端该受诅咒!"教廷最高法院(Sacra Rota)的审计法官(Auditor)加布里埃莱·帕莱奥蒂(Gabriele Paleotti)称许多人流下了欢乐的泪水,曾经在评议时相互敌对的人现在相互道喜。他们庆祝的是,千年以来耗时最长的一次教会公会议终于结束了。

公会议开始于18年前的1545年12月。它的召开本身已经因为教皇不愿意组织一个权威可能威胁教皇国的机构而延迟了。瓦卢瓦王朝和哈布斯堡王朝的政治活动更是妨碍了公会议的举行,皇帝一直希望召开一个容许讨论与新教和解的公会议。等到开幕之后,会议的进行又因为礼仪问题、谁来主持(教皇使节)和谁能发言与投票(使节在自由发言问题上做了让步,但是在限制代理投票上扳回一城)、议程分歧而一再拖延。皇帝希望先解决教规改革,再解决教义问题。教皇希望明确教义问题,而且绝不退让一步。结果是双方妥协,两个问题同时进行。这样的程序决定了这次公会议的目标不是基督教世界的和解,而是驳斥新教的分裂。

第一次会议(1545年12月至1547年3月)之后,政治活动仍在进行,第二次会议直到1551年5月才召开,这时会议场所已经搬到了教皇国的博洛尼亚,因为教皇担心皇帝对特伦托的影响太大。这次会议又停滞了近十年时间,期间吉安·彼得罗·卡拉法在1555年5月当选为教皇保罗四世。保罗四世从中世纪教皇那里学到了皇帝-教皇主义(caesaro-papalism)的理想。他不信任公会议这种制度,特别是一个如此脱离他的控制的公会议,他也痛恨哈布斯堡家族,痛斥他们签署了《奥格斯堡和约》(1555年),而且1556年教皇国一度与腓力二世开战,结果惨不忍睹。克己而专制的保罗把注意力过多地放到了罗马宗教裁判所上。前任教皇派往特伦托公会议的使节(莫罗内和波尔)也成了他怀疑的对象。特伦托公会议解决的一个重要斗争就是唯灵派在意大利教士和神学家之中的影响开始走上末路。

保罗四世死于1559年,他的接班人焦万尼·安杰洛·美第奇(Giovanni Angelo Medici),也就是教皇庇护四世,表明自己和前任的方向完全不同,他处死了前任的两个侄子枢机(cardinal-nephews),一人被绞死,一人被斩首。庇护四世承认公会议需要完成它的工作,这个现实主义者认识到世界正在发生改变。法国摄政凯瑟琳·德·美第奇和皇帝斐迪南一世都希望公会议从头开始。腓力二世希望从上次停下的地方开始,庇护四世的手下普遍也是这个想法。1563年1月,公会议的最后一次会议在特伦托召开,最严重的危机即将到来。争议最大的问题在于要求主教居于主教教区的规定。西班牙的主教们主张神圣权利和上帝的律法要求主教必须住在自己的主教教区。如果这个论点成立的话,教皇再也不能发布豁免令,罗马的枢机们的职权和教皇的权力也受到了威胁。*厄斯塔什·杜·贝莱(Eustache du Bellay)跟西班牙人一起提出抗议,称教皇至上才是违背古法,它制造了一种教会内部的"属世暴政"。耶稣会士莱内斯支持罗马教廷,称教皇是使徒的继承人,一切声称除教皇外另有权威的人都是异端。这种观点令耶稣会得罪了很多人,特别是法国人。

1563年5月,僵持的局面使先后两位教皇使节早早死去,急需有人接替。教廷外交官莫罗内枢机被召回特伦托,这才扭转了局势。他赢得了枢机洛林的查理的支持,争取到了法国代表团和帝国代表团对他的折中提案的赞成票,他的提案要求主教居于任所,因为他们是神

---

* 当时教廷滥发豁免令的情况非常严重,这种豁免令容许教士升任主教后延迟赴任时间,既领取俸禄,又保留行动自由。——译者注

在世上的代牧（教皇）派出的代表，而遵照这一理论，教皇如果有必要，也可以在必要的时候颁发豁免令。除此之外，1563年11月11日还通过了议题广泛的各项提案，它们构成了特伦托制度变革的核心内容。这些提案包括任命主教的新规范和一条关于布道的强制令。主教被要求每年举办一次教区宗教会议，每三年举办一次教省公会议，每年巡视一遍教区内所有教区，他们对教会团体和修会——特别是座堂议会——的权力也得到了加强。

神父们在特伦托取得了什么成果？在教义方面，他们的目标清晰地指向新教神学。新教徒毫不怀疑会议通过的法案就是针对他们的。然而事实上，特伦托的代表们对慈运理和加尔文近乎一无所知。从批判路德的天主教神学家的角度来看，路德才是大敌。但是特伦托神学决议的咄咄逼人的表象掩盖了一个现实：特伦托敕令在很多方面都是对普遍认同的中间立场的声明，回避了可能引发分歧的领域。也就是说，特伦托敕令拓宽了启示真理（Revealed Truth）的来源范围，除了《圣经》之外还包括了使徒传统，但是又不说清楚这些传统是什么。在关于原罪（Original Sin）的冗长敕令（16个章节，33条法案）中，神父们回避了界定恩典的本质及其效用的难题，也回避了自由意志的问题。这为此后一百年里引爆的尖锐分裂留下了长长的导火线。分裂开始于16世纪60年代鲁汶的米歇尔·德·贝（Michel de Bay）的学说，在他的学生和继承人科尔内耶·詹森（Corneille Janssens，又作Jansenius）那里走向爆发。公会议对马利亚崇拜没有发表看法。它讨论了《圣经》方言译本的问题，却没有给出指导意见。尽管许多敕令呼吁废除宗教仪式的"迷信"用法，但是它们没有指明界线在何处。全面的特伦托神学体系虽不存在，不过某些主旨是存在的，最突出的主旨是教士应当充当神学真理的渠道。在特伦托公会议的某个环节，直接体验上帝话语的人文主义梦想让位给了教会的调停职能和教士秩序的复兴，后者是这个世界上独立而特殊的存在。

特伦托神父们的工作都局限在自己经验的范围之内，他们的敕令反映了他们对可行性的认知。没有一个新世界的主教参会，美洲问题也完全没有拿来讨论。代表们认为圣职体系是无可替代的。有关于教士体面和教会秩序的法案，而没有关于美学、音乐或艺术的特伦托法案。神职人员认识到了教育的重要性，特别是为教士而设的神学院，不过没能提供必需的资源。特伦托给了保守派东山再起的机会。最重要的是，公会议的影响在于实施，同新教改革一样，他们把负担推放到了地方人士那里。特伦托改革变成了主教改革，具体而言就是博罗梅奥式改革。

这是因为卡洛·博罗梅奥的强大影响力，他在自己那个时代就已经是主教改革的模范了。1560年，他被提拔为米兰大主教区的大主教，这是基督教世界最大最富裕的教区之一。他是他的舅舅庇护四世的忠实助手，作为教廷派（Curialists）的一员出席了特伦托的最后几次会议。公会议结束后，随着兄长费德里科的去世和教皇庇护五世的当选，他于1566年回到米兰，投身教牧事业。早在1564年，他就在副主教尼古拉斯·欧曼尼多（Nicolas Ormaneto）——吉贝尔蒂和波尔两位枢机的门徒——的协助下组织了一场有1 200名教区牧师参加的宗教会议，推动特伦托敕令的执行。此后他又举行了十一次教区宗教会议、六次教省公会议和一场教区巡视运动，尽管离每年一次还有距离（特伦托敕令的要求是不切实际的），但是足以将教士对平信徒的监督提高到一个新的水平。他指示告解神父，除非悔改已经真的非常明显,否则不要宣布赦罪。新成立的"基督教教义"协会(confraternities of Christian Doctrine")把虔诚的平信徒的精力引导到配合博罗梅奥式宗教生活复兴的地方。

博罗梅奥执迷于开展运动,部分是由于他身处米兰。尽管教皇放手让他行动,但是罗马还是很警惕,怕变成自己省内的教皇。西班牙当局对他挑衅的态度感到十分恼怒。座堂法政牧师们对他咬牙切齿,至少有一次图谋害他的性命。他只按自己的主张接受新生的常规修会,与耶稣会很合不来。事实上在他这个时代,博罗梅奥不是第一个也不是唯一一个改革派主教。他的威权主义也不是特伦托主教改革家的唯一风格。然而,博罗梅奥在宣传上的才华和他与庇护四世、庇护五世两任教皇的亲密关系,确保了他这种教士权威一直到1600年都占据主流位置。

这时,教区公会议和宗教会议的举行频次在天主教世界达到了顶峰。即便如此,只有一小部分主教算得上热心的改革家。比如在法国,1614年在职的108位主教中,四分之一没有经过按立,13人按照特伦托的定义未达法定年龄,而且相当一部分人另有职位,平时不在自己的教区,只有38人举行过教区宗教会议。虽然罗马在批准主教提名上发挥了更大的作用(特别是通过教廷特使),但是它几乎不可能盖过地方诸侯和贵族的影响力。比如在德意志,许多采邑主教既是教会职位,也是政治职位。因此采邑主教巴伐利亚的恩斯特在后特伦托时代的教会(Tridentine Church)里继续平步青云,1566年以12岁的年龄成为主教,然后成为列日、希尔德斯海姆(Hildesheim)和明斯特的采邑主教,完全无视特伦托敕令的存在。主教们乐于把天主教改革当成对他们的权力和传统教会结构的强化。因为圣职体系是如此牢固,也因为(正如在法国)世俗法庭可以插手保护教区牧师,所以主教们很难对自己教区内的教士建立有效的控制。尽管如此,教区教士的教育确实逐步改善了。利用教区巡视贯彻宗教变革就像西西弗斯的无用功,特别是在农村地区。教士秩序面临着不一样的条件和问题,因而教会改革也变得更加参差不齐。

在一系列精力充沛的教皇——庇护五世、格列高利十三世、西克斯图斯五世——的支持下,特伦托改革得到了罗马的许可。与之相伴的是教皇制向着某种类似君主制的存在的演进。这意味着教皇与教皇国的关系发生了变化,教皇国(Papal States)是"圣彼得之地"(Lands of St Peter),包括意大利中部属于罗马主教的各诸侯国。因为教皇国是选举制的,所以这种演进并非一帆风顺。尽管如此,在美第奇家族的主教(利奥十世和克雷芒七世)治下和16世纪上半叶意大利半岛战争的影响下,教皇国的关注点变成了加强其在半岛的政治权力。与此同时,它巩固了对自己领地的控制,削减了让与公社和贵族的特权,在意大利战争的混乱中攫取了新的领土。教皇家族的规模越发壮大,其标榜的权力名副其实。

对教皇成为国君最重要的是,枢机团(College of Cardinals)的角色发生了改变。枢机团一直是拉丁基督教会的元老院,理论上是教皇当局不可分离、不可区分的一个组成部分。"路德问题"期间,枢机团仍然每周在宗教法庭会面数次,商讨全世界发生的与教会有关的事。随着教皇君权的增长,枢机团的权力走向了衰落。它每月开会两次,成了批准决议的橡皮图章。枢机的数量增加了,因为教皇为巩固势力任命新人加入枢机团,以保证多数枢机忠于教皇。后来枢机主要都选自罗马和北意大利的几个豪门,他们虽然保留了作为权力掮客的权威，但失去了自己的自主性。他们的宫殿和随员一样庞大，他们为社交活动而准备的家具和菜肴使开销一飞冲天。罗马仍然是流言和阴谋之地，教会的物质问题，比如财产、收入、退休金，仍然是重要的议题。

想要培养枢机的友谊，利用他们的仇恨并游走于他们的生活，现成的手段就是任命教皇的侄子做枢机。在庇护四世、庇护五世和格列高利十五世任内，侄子枢机成了一种"宠臣"。不过，就像世俗君主的宠臣一样，侄子枢机的地位也是很脆弱的，或早或晚叔伯都会死去。为了保证自己的未来，侄子必须与尽可能多的枢机保持好关系，即便是他在试图维护叔伯的利益的时候。而且世俗统治者——特别是西班牙哈布斯堡家族——财大气粗，可以给教会提供丰厚诱人的奉献，他们会从西属意大利推出能为他们说话的枢机。这一点很重要，因为枢机有权选举下一任教皇。枢机会议（Conclave）上出现的派系非常复杂，他们的政治像迷宫一样，选举结果也极难预测。西班牙哈布斯堡习惯于通过公开宣布某人不可接受（*exclusiva*）来影响局势，这张否决票强化了他们的存在，直到17世纪法国的影响力再次崛起，1621年格列高利十五世改革了枢机会议的程序。

枢机们渐渐地变成了教皇强权的侍女。这一过程开始于信理部（Congregation of the Holy Office）的建立，这是监督罗马宗教裁判所的枢机委员会。保罗四世把宗教裁判所进一步置于教皇的指导之下，庇护五世重组了裁判所的结构，它成了教皇霸权兵器库中的一把利器。后来教皇又增加了其他圣部，直到1588年1月，西克斯图斯五世将圣部常态化，其总数达到了15个。通过这些委员会，枢机们紧密地参与到教皇的执行决策过程中，既包括教皇国的决策制定，也包括整个教会的决策制定。

　　特伦托公会议的重要性还体现于教皇君主制新生的双重主权——一边是教皇国的主权,一边是普世教会(Church Universal)的主权。意大利战争的结束后,新的风险在于作为国君的教皇可能变成西班牙哈布斯堡的从属。特伦托公会议为教皇提供了一个更宏大的宗教和意识形态上的行动理由,一个在全世界复兴天主教的工具。庇护四世和他的继承者抓住了这个机会,他们意识到这样做可以把教廷(他们的后院)的改革纳入某种更大的改革之中。庇护四世在发布确认公会议敕令的诏书中首次使用了"普世教会的主教"(Bishop of the Universal Church)这一头衔,这是特伦托最后一次会议赋予他的新头衔。

　　它的影响是非常深远的。从此所有的教会管辖权都来自教皇,所有的主教都只是他的代牧。1564年的《禁书目录》修订了保罗四世的禁书目录,同年11月宣布了新的信誓(Profession of Faith),加入了一条服从教皇的誓词,所有在教会任职的人都被要求签署信誓。1566年颁布了以特伦托敕令为基础的罗马教理问答。其后又有1568年出版的日课经、1570年出版的弥撒书(Missal)、1590—1604年出版的西克斯图斯-克雷芒版《圣经》(Sixto-Clementine Bible),这些只是罗马利用印刷业维持其扩大化的权力主张的几个例证。这些主张集中体现在1582年格列高利十三世的历法改革上。罗马利用宇宙学和数学支持它的普世主义主张,把历法调整了十天,从而把一整年的礼拜仪式都调整了十天。它邀请全世界人(波斯人、中国人)采用这套新历法,但是它在新教欧洲遭到了拒绝。分裂基督教世界的不仅有信条,还有历法。

教皇的形象也改变了。新教皇的祝圣仪式的一个重要环节是从圣彼得大教堂到拉特朗圣约翰大教堂——宗座所在地——的庆典游行,这是一场胜利加冕游行,新当选的教皇坐在御轿上,与其权力的象征(宝座、皇冠、华盖)一起沿圣道(Via Sacralis)穿过全城。庆典强调的是教皇对他的国家和对整个世界的主权。在1585年西克斯图斯五世的胜利游行中,护送华盖的是日本使节,他们知道这一安排的含义:天主教会把基督教世界放在全世界的背景之中。圣彼得大教堂加盖了一个拉丁十字形状的中殿以容纳群众,1594年,克雷芒八世为大教堂祝圣。它是基督教世界最大的教堂,17世纪中期,随着教堂前柱廊环绕的广场落成,整座大教堂终告完工。教皇乌尔班八世委托吉安·洛伦佐·贝尔尼尼(Gian Lorenzo Bernini)为高祭坛打造一个祭坛华盖。在它扭曲的青铜柱和顶盖上方,有一个立于金球之上的十字架。

16世纪末,罗马地下墓穴的考古发掘提供了更多用来证明天主教的历史连续性优于新教的创新的证据。圣徒的遗骨与遗物给罗马和外地的教堂提供了新的崇拜物。从1600年的禧年(Jubilee)开始,教皇国为越来越多的朝圣者建设了许多配套设施,包括更完善的道路系统、公共喷泉和方尖碑。克雷芒八世治下,罗马的文学沙龙开始把新教皇的统治风格称为"绝对主义"。对感兴趣的人而言,1619年在伦敦匿名出版的《特伦托公会议史》(History of the Council of Trent)是一本必读书。没过多久他们就猜到作者是威尼斯人保罗·萨尔皮(Paolo Sarpi),他是一名自然哲学家和重要的神学家,也是伽利略的好友。这本书的副标题暗示了它反对教皇的意图,副标题是"……特别是罗马宫廷阻碍对他们错误的更正、维护他们的盛名的种种行径"。威尼斯禁令（Venetian Interdict，1606—1610年对威尼斯城发布的批评令）期间，萨尔皮就已经用原始文件构建了这本书的主旨，为他赢得了罗马的仇视。罗马的绝对主义毁掉了"敬神的人们"通过公会议与宗教改革"和解"的努力，把公会议变成了使基督教世界的隔阂"无法和解"的工具。更可恶的是，教皇的绝对主义破坏了主教夺回权威的努力，为罗马僭取了"无限制的滥权"。萨尔皮这本构思巧妙的书牢牢树立了教皇绝对主义的反面形象。

16世纪末到17世纪初，拥有主权的教皇们开始改革教廷这个基督教世界最复杂的官僚组织。并不让人感到奇怪的是这项改革没有成功，但不是因为不够努力。教廷自己可以创造收入流，它的收入来自出售官职和"转职"（将官职转移给另一个在位的人）。尽管属灵收入（从教会而来的收入）的增长有气无力，然而属世收入（教皇国的税收）上涨了，1600年时达到了教皇国收入的四分之三，教皇国成了欧洲税收最重的国家之一。但是当时的人承认，教皇国不是一个军事强国，它是一个西班牙哈布斯堡荫蔽下的中等角色。教皇国仍然是个有利于少数人的教士国家。博尔盖赛（Borghese）家族的保罗五世、巴尔贝里尼（Barberini）家族的乌尔班八世、潘菲利（Pamfili）家族的英诺森十世，都像王朝君主一样积累家族的财富，这与罗马已经采纳的特伦托精神格格不入。

教会与超自然

相信超自然是一种社会常态。超自然解释了世界上发生的好事和坏事，尤其有助于理解不幸的事。超自然连接了过去和未来，把时间和空间联系在一起,将神置于主导世事的中心位置。在以亚里士多德主义为主的形而上学的教育下,有识之士相信宇宙中是有灵的。他们的世界观是极为静止的,是灵解释了太阳和行星的运动。同样,人类有肉体也有灵魂。道德哲学的实质就是解释肉体和灵魂如何相连。

在超自然的核心前提及其附带的社会常态之外,是一系列新教改革之前令知识分子极为关注的辩论,这些辩论也影响了他们对未受教育的人的信仰的理解。这些辩论跨越了学科的分野。据称是男女先贤研制的解药的实验证据受到了医生的质疑,律师仔细地盘问涉嫌冒名顶替和诈骗的人。神学家建立了对善意使用和恶意使用超自然的区分方法。他们想要确定教会礼器(圣水、咒语书、驱邪仪式、耶稣受难像等)可以被何人用来实现什么样的超自然能力。教会称这种能力是存在的,是可以被人运用的。

两个与之相关的改变使这些辩论在16世纪变得更加重要和更具争议。第一个改变是欧洲通信技术对关于超自然的知识和信息传播造成的影响。它让超自然在人们的生活中变得更有地位、更活跃、威胁更大。奇迹传闻、畸形怪胎、天上无法解释的形状和色彩、巫术和魔鬼附身的事例刚好适合放进小开本印刷的册子里快速扩散,满足读者对惊悚故事的需求,详尽的细节仿佛可以证明故事的真实性。狼人、鬼魂的故事等消遣文学适合被写成中篇小说、舞台剧、民谣和歌曲。古籍学者对地方自然史的记录揭开了一个"充满魔法"的世界,就连新教基督教世界也有这种书,即使迷信在这里应该是被禁止的。见多识广的恶魔学家著书相互吹捧,把仔细剖析、审慎探讨过的现象编为概略,也把作者自己遭遇的巫术控诉写入书中。新教神学家和道学家同样编纂他们的概略,记载上帝对人和社区生活的干涉,将其作为难测的神意对世界的影响的例证。他们鼓励人们在日记中记下日常生活中发生的个别的神启。教区巡视和宗教裁判所的调查发现了更多证据,证明大众普遍接触过超自然的法术。"魔法"(Enchantment)变得更加广为传播、难以控制了。

第二个改变是新教改革的后果。新教徒通过关注上帝在此世的存在的即时性和实在性,放大了魔鬼的现实性和危害性。天主教徒也认为,在人类所生活的这个世界里,上帝与魔鬼正在进行与人类近在咫尺的战斗,因此他们对作为邪术(*maleficium*)之一的异端的重视更具急迫性。然而重要的是,宗教改革以前关于"何时以及怎样使用超自然力量是合法的"的辩论变成了新教徒与天主教徒之间的论战。新教神学家通过完全改变拯救的语法(对拯救的理解)和符号(代表拯救的符号),创造了一套新的论纲,从这套论纲出发,他们可以批评说天主教会才是"迷信的"。天主教神学家发起了类似的反击,一方面清除看起来缺乏神学依据和实证证据的自然传统,另一方面为天主教仪式的效力辩护,反驳批评这些仪式的人。争议从理解超自然的力量和危险的"有学问的"人与没文化的人或者说"大众"之间的争议,变成有学问的人之间互相妖魔化的争议。这些议题广泛的争议使制定规范超自然、确定可以接受的行为的明确规则变得难上加难。这一时期最艰难的信条斗争是关于预兆、神启、附体、驱魔、鬼魂、预言、梦境、魔法、巫术的神学性、现实性、有效性和正当性的斗争。一直要到 17 世纪中期,这些斗争的信条化性质才趋于减弱。

这些争论最终导致了神学主导的运动,或是官员主持的针对那些被错误地认为使用超自然法力的起诉,起诉者这么做也有可能是为了敲诈钱财或故意陷害人。在欧洲部分地区，这种运动变成了一次以重组大众文化为目的的大范围再传教，旨在（以天主教复兴为例）压制朝圣，禁绝疗伤圣地，消灭魔法和防御术。这种热情在女巫问题上非常明显。这一时期因巫术问题而死的人可能比因宗教迫害而死的人还要多，虽然根据不同估计的数字有出入，但是1450—1715年可能有3.2万~3.8万名女巫被处死，大多数都发生在1650年以前。这主要不是由于仇视女性，与对女性态度的变化没有多大关系。大多数受害者都是被邻居控诉的，这些邻居中有许多人也是女性，而且被定罪的人里有四分之一是男性。一个女巫是否被定罪取决于当地的各种因素，包括是否存在某种形式的地方和解、当地精英起诉此类案件的决心、诉讼所在的司法框架的性质。只有当国家、官员、地方父老和教士都严肃看待这种问题时，女巫才会被起诉。他们的起诉意味着巫术不仅是教会罪，也变成了一种国家罪，可以在世俗法庭起诉。这种改变某种程度上是宗教改革的结果，但也是信条化的辩论产生的高度激化的焦虑造成的后果。

各地的模式有巨大的差异，它们取决于政治和社会分歧如何聚焦于这些矛盾，不过有的猎巫运动被发起，是因为掌权者焦虑的就是这一问题。在苏格兰等地，刚刚在地方建立的国家司法机关提供了一个先前不存在的诉讼场所。另一方面，意大利和西班牙的宗教裁判所对巫术这种东西持怀疑态度，几乎没有搞过起诉。枢机博罗梅奥对特伦托规定的巡视热情满满，而且希望争取新人改信天主教，所以成了一个精力充沛的猎巫者，他对宗教裁判所的宽大为怀非常绝望。三十年战争时期一些德意志的采邑主教以他为榜样，制造了数起极恶劣的猎巫狂热事件。早在1650年之前，西欧精英关于自然和超自然力量的现实的辩论就已经开始影响当局对此类诉讼的意愿。面对起诉可能引发的批评，官员变得更加谨慎。对于基督教世界，人们需要保护它免遭魔鬼的毒手。对于欧洲，人们则不那么肯定。

第十五章

十字军东征的式微

数个世纪以来，基督教世界都把自己定义为东方与南方的信仰共同体的对立面。拜占庭和西方都声称自己是基督教世界的继承者和对抗伊斯兰教的保护者，但是 11 世纪东西方基督教大分裂之后，是拜占庭和西方之间几个世纪的疏远与敌意。西方基督教世界的十字军东征是为了削弱而非增强拜占庭帝国，15 世纪，拜占庭帝国的根基遭到了进一步破坏——独立的斯拉夫列国希望与西方发展关系，奥斯曼的殖民从东面向拜占庭帝国施压。这个帝国持之以恒地在地中海和巴尔干抵挡伊斯兰的崛起，直到 1453 年，奥斯曼人攻陷君士坦丁堡，标志着拜占庭的终结。

拜占庭崩溃之后，西方成了伊斯兰教面前的基督教世界唯一的保护者。15 世纪末，基督徒完成了西班牙半岛的再征服，使西班牙和葡萄牙在北非与伊斯兰正面对抗。它们沿北非海岸建立了一串堡垒，但是不去试图征服已经伊斯兰化的马格里布山地。在东方，基督教世界如今面对的是强大的穆斯林奥斯曼帝国，它矗立于拜占庭在东地中海和巴尔干的灰烬之上。这再一次唤醒了基督教世界东征的本能。然而以前十字军东征的目标——收复圣地——是很明确的，现在反抗奥斯曼帝国的目标却不明确。而且由于新教改革之后基督教世界的分裂越来越深，它对奥斯曼的威胁的回应变得越来越缺乏连贯性。事实证明奥斯曼人善于利用这些分歧。随着东征的幻想和实用主义的政治、战略和商业现实的差距越来越大，十字军东征的观念本身走向破裂和式微，基督教世界的理念也是如此，尽管当初让各方团结起来发动十字军东征的正是基督教世界的理念。

宗教纷争时代的基督教与伊斯兰教

到 1550 年，奥斯曼人对基督教世界的威胁已不容置疑，他们对欧洲的攻势已不可阻挡。奥斯曼人建立起军事和统治中心桑贾克（*sanjaklar*）来支配多瑙河及其支流河道，并且以其精力和创造力在匈牙利平原上围绕桑贾克加强控制。1521 年贝尔格莱德被他们占领，1526 年匈牙利崩溃。1526 年他们劫掠布达，1529 年再次包围布达，最终在 1541 年将其彻底占领。埃斯泰尔戈姆（Esztergom）被围攻了六次，最后在 1543 年落入他们手中，变成了前线要塞和边境桑贾克。同一时期，奥斯曼人于 1552 年征服了蒂米什瓦拉，拓宽并巩固了奥斯曼在巴尔干以北的据点。为了稳固自己的霸权，奥斯曼人采用当地的习俗。征服之后在匈牙利中部开展的地籍调查将当地资源用来完善地方的物质基础设施，为的是充分证明他们不是一个掠夺性政权。受奥斯曼驻军影响最大的平民可以享受免税和补偿，这些钱或是来自中央拨款，或是从埃及财政那里调拨而来。

摩尔达维亚、瓦拉几亚和特兰西瓦尼亚都是很不稳定、容易被渗透的多文化多教派政权，掌权者的成功有赖于取得当地各种组织的认可、挑拨他们的邻居。奥斯曼人知道如何利用当地的不满和争端来保证当地统治者的忠诚。他们把瓦拉几亚变成了一个半独立的保护国。奥斯曼人在瓦拉几亚设立占领军，但是从不在那里开展地籍调查，也不把它的土地当成犒赏（timar）授予奥斯曼的骑士（sipahis）或帝国军团加尼沙里（janissaries）的军官。摩尔达维亚也是同样的模式，当地贵族1538年企图从奥斯曼的统治下争取恢复独立，事败之后更彻底地被奥斯曼政权吞并。

特兰西瓦尼亚的情况比较复杂。它位于匈牙利以东，森林茂密，人口分散，居民分为西部的匈牙利（马扎尔）贵族和农民、东部的土耳其农民和斯拉夫人、小城镇里的路德派德意志移民和组成自治社区的森林住民塞克勒人（Szekler）。特兰西瓦尼亚的国君（总督）不指望能抵挡住任何强邻（波兰人、哈布斯堡家族、土耳其人）的直接攻击。他们的同胞可以组织一支志愿骑兵，不过只能在夏季作战。他们需要一个保护者，然而特拉西瓦尼亚人对向谁寻求保护有分歧。1550年左右，一些人（特别是西特兰西瓦尼亚人）希望寻求哈布斯堡大公，也就是后来的皇帝斐迪南一世的保护。其他人支持佐波尧·亚诺什·西吉斯蒙德，他的母亲来自雅盖隆家族。他两次被选为匈牙利国王（1540—1551年和1556—1571年），主要是因为奥斯曼人的庇护。

宗教分歧也是煽起亚诺什·西吉斯蒙德和斐迪南的斗争的一个原因。特兰西瓦尼亚变成了归正派新教徒——后来也包括神体一位论派——传教的避风港。神体一位论派的信仰似乎提供了基督教与伊斯兰教融合的可能性。这对东特兰西瓦尼亚的许多群体特别是塞克勒人是很有吸引力的，伊斯兰教对他们而言并不是非常可怕的近邻。奥斯曼人利用这些分歧建立了自己的霸权地位，同时允许地方议会选举自己的国君，并且不向他们要求人质或贡赋。在特兰西瓦尼亚，一个新加尔文宗（neo-Calvinist）的国君在奥斯曼人的支持下执政。在土耳其人的保护下，拉丁仪基督徒、加尔文宗、路德派和神体一位论派都在特兰西瓦尼亚的生活中有合法地位，东正教也是被容许的。就像新教与天主教的边界一样，基督教与伊斯兰教的边界也完全不像两边提倡十字军东征和圣战的人希望的那样明确。

奥斯曼帝国（有点像前基督教时代的罗马帝国）因其自身扩张而成为一个多文化多传统的聚合体。伊斯兰教提供了基本的合法性来源，苏丹自认为穆斯林，认为自己的社会秩序是穆斯林秩序，自己的国家是伊斯兰国家。然而，1550年时帝国已经扩展到三大洲，包含1500万人口。奥斯曼人学会了如何将伊斯兰之家的保护需求与统治多民族的实际需求结合起来。奥斯曼的宗教和军事精英维护伊斯兰教法的主导地位，但是对如何运用教法保持灵活的态度。伊斯兰教法说明官（穆夫提）主持清真寺和宗教学校（medresses）。他们独立于政权当局，而且可能成为反对派的领袖。不过他们学习的伊斯兰教法属于逊尼派的哈乃斐派（Hanaf school），这一派主张宗教融合主义，认为到最后原本不信的人都会改宗。另一方面，地方上的伊斯兰教法官（kadis）是由国家任命的，这些神职人员兼官员既采用苏丹的法律，也采纳当地习俗和传统，试图在他们理解的伊斯兰教法（沙里亚）的框架内解释它们。与此同时，亚美尼亚人、希腊东正教徒和犹太人的社区在帝国内都有自己的法庭，按照自己的法律施行审判。在帝国的贸易中心，热那亚人、威尼斯人（后来还有法国人、英格兰人和尼德兰人）也被允许按自己的法庭行事。就连在伊斯兰之家内部，奥斯曼人也赋予苦行团体生存空间与合法地位。才能出众的基督徒、犹太人和亚美尼亚人都有机会成为奥斯曼的军人与行政精英。

虽然宗教异议起初鼓动基督教世界将自身定义为将信仰不同者排除在外的信仰共同体,但是奥斯曼帝国能在扩张的同时做到有限度的包容。因此尽管欧洲内部的穆斯林少之又少,奥斯曼帝国却接纳各种教派的基督徒。巴尔干的臣民大部分(阿尔巴尼亚和波斯尼亚部分地区除外)都是基督徒。安纳托利亚有少部分基督徒,中东基督徒集中于山地——黎巴嫩山、萨松(Sasun)和图尔阿比丁(Tur Abdin)——这些地方传统上都是避难之地。许多奥斯曼帝国的基督徒效忠于希腊东正教会牧首或亚美尼亚使徒教会牧首,两位牧首都居于奥斯曼帝国的首都。两个教会的掌权集团都受到奥斯曼官僚的承认。然而在奥斯曼帝国的亚洲和非洲行省,还有许多基督徒既不属于东正教会也不属于亚美尼亚教会,而是居于科普特派、雅各派(Jacobites)、马龙派或聂斯托利派。

从16世纪后期开始,心怀基督教全球化理想的天主教会支持欧洲传教士与亚洲和非洲的基督徒建立联系,切断他们对东正教会和亚美尼亚教会的信仰,拉拢他们改投拉丁教会。他们的目标是打造一个"合一"教会(与罗马共融的教会),就像1595年后波兰-乌克兰边境的东正教徒所做的那样。但是在奥斯曼帝国,他们的努力造成了反效果,主要是因为奥斯曼官员不愿意干涉基督徒的争吵,他们认为这些事与他们无关,所以他们鼎力支持两位当权牧首,尽管后者是传教士的劲敌。到17世纪中期,伊斯坦布尔的宗教纷争主要在于保护(主要是法国王室领导下的)天主教传教士免遭——多数情况下——东正教会牧首和亚美尼亚使徒教会牧首的攻击,而不是穆斯林的攻击。

西方基督教世界的意识形态理论家无视奥斯曼帝国是一个容许基督教合法存在的多元主义政权，大谈为了应对奥斯曼的威胁需要向异教徒发起东征。相对应的是，伊斯兰的宗教领导人时不时地也宣称需要发动圣战（ghâzá），尽管奥斯曼统治者同时在维持帝国的多民族多信条的基础。同西方的基督教君主一样，苏丹必须回应民众的期待和压力，他们想要属灵复兴、更加正统的宗教和国家支持的信条认同。在基督教的欧洲和奥斯曼的伊斯兰教内部，都有相互而矛盾的压力——有人主张对抗，有人主张共存。这样造成的暧昧关系解释了欧洲与奥斯曼朴特关系的时好时坏，相互矛盾之后又是视情况而相互缓和。

基督教世界特别恐惧奥斯曼在地中海的扩张，地中海沿岸的许多人直接把它放到了末世论的语境之中。基督教世界东征巅峰年代的菲奥里的约阿基姆（Joachim of Fiore）的预言称土耳其人是敌基督的显现，土耳其的最终倾覆将宣告世界末日的降临。拜占庭末年产生的其他预言也这么说。这样的著作在威尼斯、佛罗伦萨等意大利地区通过印刷传播得更加广泛，在土耳其的威胁上升、矛盾加剧的年代，这些书有了更高的可信度。1570年，奥斯曼开始攻打塞浦路斯，布雷西亚的炼金术士焦万尼·巴蒂斯塔·纳扎里（Giovanni Battista Nazari）通过威尼斯的印刷机出版了一系列著作，预言威尼斯雄狮、帝国之鹰和教皇羔羊将屠戮土耳其大龙。在伊斯兰历的新千年（公元1591—1592年）将至时，类似的预言也在穆斯林地中海世界流传。在基督教世界内传播得最广的一则预言（出现在1552—1600年的32种印刷品中）称奥斯曼人将摘取"红苹果"（the red apple），西方人将其解释为罗马城。

地中海连接各大洲和各个文明，是经济世界的中心。它的都市中心和内地被各种相互协作又相互竞争的贸易模式联系在一起。地中海一端的事情会迅速被另一端知晓、讨论和模仿。中介团体（亚美尼亚人、犹太人、摩里斯科人和改宗伊斯兰教的基督徒等群体或主动或被迫地）充当了信息在各个宗教和文化之间传播的媒介。威尼斯是欧洲最大的与东方贸易的通商口岸，这里有官方译员（dragomen）行会，他们担当与奥斯曼帝国交流的中间人。这些中间人在地中海这个回声室中转播着基督徒与穆斯林的预言，一方的预言会激发另一方的焦虑。17世纪十字军东征式微的一个标志是，地中海作为中介的贸易移民的经济影响力和文化影响力正在衰弱，欧洲的末世论思想和千禧年猜测的重心也在转移。17世纪20年代，重心已经离开地中海，内容也不再是对土耳其人的恐惧，它的重心转移到了正在经历剧变的中欧的新教阐释者手中。

1517年，奥斯曼军队征服叙利亚和马穆鲁克埃及，其后支持圣战的马格里布阿拉伯人和北非沿岸的海盗国家也承认了奥斯曼的宗主权。奥斯曼人授权海盗国家合法抢劫基督徒的船只，这样不必给当地人口增加负担即可维持他们在地中海南岸的霸权地位，而且他们还得到了可以在第二次奥斯曼-威尼斯战争（1537—1539年）中战胜威尼斯和哈布斯堡联合舰队的强大海军。奥斯曼人借此建立了在爱琴海的支配地位，统治了亚得里亚海东岸的大部分人口。奥斯曼人一边利用当地人民对无能的马穆鲁克的失望情绪，一边娴熟地煽动爱琴海群岛上的希腊东正教徒对拉丁天主教领主的反感，以此建立自己的霸权。1550年时，奥斯曼海军的桨帆船在地中海东部离港口和补给点最远不会超过一天的行程。这让他们面对深入马耳他以东海域长途跋涉的基督教世界海军时，拥有了巨大的优势。

奥斯曼人熟知基督教世界的宗教和政治，这多亏了为他们效力的犹太人、改宗的摩里斯科人和基督徒。穆斯林帝国的西进依赖于将基督徒的分裂敌对化为己用。但是1550年时，帝国快要达到战略极限了，这是陆上补给线的地理学所决定的。奥斯曼的军事地图展现了补给线的重要性，也展示了他们的雄心勃勃的工程草案，包括打通顿河与伏尔加河（第一次提出于1563年）、建造苏伊士运河（1568年）、建造一条通过萨卡里亚（Sakarya）河连接黑海与马尔马拉海的运河（始于1591年）。从当地获取再多资源来补给战略前哨基地，也仍然需要将人与物资从后方送往战争前线。同样，地中海舰队所需的人力物力也不是凭空变出来的，它们需要后勤计划和事先考量。限制奥斯曼西进的另一个更重要的原因是，他们在欧洲大地上走得越深，当地居民就越不习惯接受穆斯林的统治，越有反抗的意愿。

伊斯兰世界自身也无法幸免于宗教分裂。中东在这一方面和其他方面一样都与西方有相似之处。1501年，今天伊朗西北部的一个神秘主义的苏菲派团体萨法维教团（Safaviyeh Order）的团长在阿塞拜疆和伊朗自封为沙阿（"国王"），即伊斯玛仪一世（Ismail），定都于大不里士（Tabriz）。他自称是先知穆罕默德堂弟的直系子嗣，成功地将什叶派确立为他治下的臣民和他开创的波斯萨法维帝国（Safavid empire）的国教。16世纪上半叶，奥斯曼在小亚细亚屠杀了数千名什叶派信徒（他们的信仰与逊尼派伊斯兰教有重大差异），想要把异端镇压下去，而伊斯玛仪一世的支持者亵渎了逊尼派的坟墓，希望用军事手段推广什叶派，他们把沙阿推崇为宗教领袖和军事首领。

16世纪和17世纪上半叶，奥斯曼与波斯萨法维之间周期性爆发的战争分散了奥斯曼西进的资源和注意力，进而为其与欧洲共存提供了机会。随着葡萄牙人（后来是尼德兰人）取得印度洋的统治权，在接近红海的入口，欧洲与波斯的萨法维统治者联合的可能性一直令伊斯坦布尔极为担忧。16 世纪摩洛哥南部阿拉伯人的萨阿德（Saadi）王朝带来了新的伊斯兰异议势力，萨阿德王朝（像萨法维王朝一样）也说自己是先知家族的后裔。奥斯曼朴特和欧洲各国首都都开始用全球性战略需求的话语而非十字军东征的辞令来看待东西方关系。

基督教世界的和平：与土耳其人的战争

基督教世界对奥斯曼人的敌意是根深蒂固的，这方面的证据无处不在。但是除了调集资源的口号和保卫共同信仰的行动之外，基督教君主的御前会议内外充斥着关于最佳战略和应当使用什么军事技术的争论，以及关于防守剩余的基督教土地和收复失地需要什么资源（和资源应集中于哪些地区）的重大分歧。实现基督教世界的和平以对抗穆斯林敌人的双重目标的辞令阻碍了这些分歧的解决。教皇和（较小程度上）皇帝的道德权威都因为追求这近乎虚幻的双重目标而受到影响。某种程度上由于教皇的坚持，外交书信和国际谈判都反复强调要实现基督教世界的和平以对抗"共同的敌人"。1554 年，教皇尤利乌斯三世派枢机波尔去帮助法国国王亨利二世与查理皇帝议和，波尔写了一篇文章，堪称表达"基督教君主间的和平是上帝的馈赠"的经典陈述。波尔说，这一馈赠非常值得追求，因为"真的没有什么比你们的不和与战争"对奥斯曼攻陷贝尔格莱德和罗得岛帮助更大的了。整个 16 世纪，教皇国都梦想着：团结基督教世界，以此作为抗击土耳其人的先决条件，因为这是一个新教徒君主和天主教君主共同赞成的理想，除此之外几乎没有什么可以团结双方的了。

教皇的这种梦想到16世纪末仍然存在，此时皇帝的军队正在匈牙利与奥斯曼人进行看不到胜利结局的"长期战争"（Long War）。这场冲突凸显了教皇克雷芒八世调解法国国王亨利四世与腓力二世的努力，1598年，两人终于签署了《韦尔万和约》（Peace of Vervins）。侄子枢机彼得罗·阿尔多布兰迪尼（Pietro Aldobrandini）在1596年10月写道："这些和谈对教皇陛下无比重要，因为他将其视为对上帝和基督教世界的奉献，认为这是消灭异端和制服土耳其人的真正途径。"这是欧洲重要外交活动中"以基督教世界的和平团结众人抗击奥斯曼"的辞令最后一次发挥重大作用。欧洲北部的新教徒不再把这些话当真了，教皇在国际外交中的作用衰退了。1645—1646年威斯特伐利亚谈判初期，教皇特使法比奥·基吉（Fabio Chigi）把天主教强国的代表拉到明斯特，达成了一项共同和约，试图抵抗奥斯曼在爱琴海的攻势——1645年，奥斯曼帝国以攻打克里特作为攻势的开端。他的对手是经验丰富的威尼斯外交官阿尔维塞·孔塔里尼（Alvise Contarini），后者在奥斯纳布吕克（Osnabrück）希望拉拢新教代表实现相同的目标，为了造势，孔塔里尼还夸大了危急的程度。但是基吉和孔塔里尼都对成果感到失望，基吉对驻威尼斯的教皇特使坦白说，诉诸土耳其的威胁起到的效果"和他期待的刚好相反"。他说代表们"听到我谈起土耳其，觉得这只是一个名词，一个意念的产物，一种人畜无害的幻觉"。谈判接近尾声的时候，教皇国必须做出一个选择，是保住天主教在德意志的反宗教改革运动中的成果，还是为了应对土耳其的威胁以和平为重。它选择了前者。

有一次，教皇的梦想差点就要实现了。1571年5月，神圣同盟在罗马达成协议，支持教皇庇护五世的计划。大多数地中海沿岸的天主教国家（教皇国、西班牙、威尼斯、热那亚、托斯卡纳、萨伏依、帕尔马、乌尔比诺和马耳他）都签署了协议。他们的海军合在一起组成同盟军，由奥地利的堂胡安统一指挥。26 岁的堂胡安是皇帝查理五世的私生子，几乎是作为腓力二世的弟弟被培养长大的，他在西班牙南部完成了对摩里斯科叛乱的镇压后于 8 月在热那亚登船。随后他的舰队前往墨西拿，与其他在 9 月集结完毕的同盟船舰会合。9 月 17 日，堂胡安上岸参加西班牙军队的庆典游行，他穿过整个海港，最后在大教堂领弥撒。港湾里有 208 艘桨帆船、6 艘加莱赛战船和 66 艘护卫舰。教皇庇护五世在一艘船上为舰队祈神赐福，并将同盟的十字军旗帜授予舰队。这支远征军的水手和桨手多达 4.4 万人，船上配有 1 800 门火炮和 2.8 万名水兵。这是基督教世界组织过的最庞大的海军，也是伊斯兰教面对过的最庞大的海军。

　　奥斯曼舰队已在 1571 年 6 月拔锚出港。它由 250 多艘船组成，水手和桨手有 5 万人，搭载了 3.1 万名水兵。它的第一个目标是突袭战略要地克里特岛，这是威尼斯的一个富庶的殖民地。它的防御一向非常脆弱，因为希腊人心里对威尼斯的统治早有不满，前一年奥斯曼占领塞浦路斯更是削弱了它的防御。尽管克里特岛的主城顶住了进攻，但是奥斯曼人洗劫了克里特岛，然后包围了黑山海岸的要塞科托尔（Kotor），这是威尼斯在阿尔巴尼亚的殖民地的首府。有传言说达尔马提亚的德尔维纳（Delvine）、阿福伦尼亚（Avlonya）、奥赫里德（Ohrid）和爱尔巴桑（Elbasan）等桑贾克的东正教徒蓄谋叛乱，奥斯曼人对这些传言十分警惕。伯罗奔尼撒——又称摩里亚（Morea）——的南部刚刚爆发了公开叛乱，奥斯曼的情报人员得知叛乱领袖向腓力二世和威尼斯元老院派出了使者。奥斯曼的水陆大军于8月前往当地镇压叛乱，然后袭击了亚得里亚海入口的希腊岛屿科孚。

堂胡安的舰队主动寻找奥斯曼海军的位置，10月7日他们在勒班陀湾找到了目标，这里是奥斯曼舰队存放军火的地方。土军指挥官穆安津扎德·阿里帕夏（Müezzinzade Ali Pasha）是奥斯曼议会中的重要人物，也是苏丹塞利姆二世（Sultan Selim II）的宠臣，他向桨帆船上的基督徒奴隶许诺，如果他们赢了，就给予他们自由。奥地利的胡安只是对他旗舰上的船员说："天堂里没有懦夫的位置。"这是一场腥风血雨的决战。当天下午四时战斗结束，同盟军牺牲的水手和水兵超过7 000人，17艘船沉没。奥斯曼的损失惨重得多：2万人战死、负伤或被俘，55艘船沉入大海，还有137艘船连同船员——大部分是基督徒奴隶——被俘获。阿里帕夏本人被擒获并斩首，他的头被插上长矛，绑在堂胡安的旗舰桅杆上示众。败局已定之后加尼沙里军团仍在战斗。弹药用尽了，他们就向敌人发射柑橘和柠檬。

神圣同盟和勒班陀海战的意义不在于摧毁奥斯曼海军，也并没有带来战略权力的决定性转移。那些船很快就被新船代替了。次年，大维齐尔索科卢·穆罕默德帕夏（Grand Vizier Sokollu Mehmed Pasha）——出身于波斯尼亚的杰出政治家，受过加尼沙里的训练——被问及勒班陀的损失，他答道："以奥斯曼国力之强盛，即使下令铸白银为锚，系丝绸为缆，裁缎子为帆，装备整支舰队也不在话下。"事实上，重建一支训练有素的船员队伍才是更大的难题。神圣同盟在勒班陀海战之后没有乘胜追击，他们从未想过收复希俄斯岛（Chios，1566年被奥斯曼人从热那亚手中夺走）或塞浦路斯［奥斯曼人经历长时间的围城后终于在1571年拿下法马古斯塔（Famagusta），全面占领塞浦路斯］。

1573年，神圣同盟解散。威尼斯人独自向奥斯曼朴特议和，以保障他们在黎凡特的商业利益，只剩下西班牙（此时已陷入了尼德兰大战）动用自己能调动的一切资源来防守北非海岸的据点。奥斯曼人与尼德兰起义军建立了联系，并且在1574年用一支比勒班陀战役任何一方都大的海军打下了突尼斯城。这让他们有了一个安全的基地，1576年他们从这里出发入侵摩洛哥，推翻了唱反调的摩洛哥苏丹艾布·阿卜杜拉·穆罕默德二世·萨阿德（Abu Abdallah Muhammad II Saadi），把他的叔叔艾布·麦尔旺·阿布德·阿尔－马利克一世·萨阿德（Abu Marwan Abd al-Malik I Saadi）扶上王位，后者是前者的对手，而且对奥斯曼言听计从。奥斯曼人以此提醒基督教世界，他们仍然可以把战火引向欧洲腹地。艾布·阿卜杜拉逃到葡萄牙，希望说服塞巴斯蒂昂国王帮他夺回王位。尽管他没有说动腓力二世参与他的计划，但是塞巴斯蒂昂同意率军远征摩洛哥，这是一场十足的十字军东征。他的远征军有1.7万人，艾布·阿卜杜拉也有6 000名摩尔士兵，不过他们在1578年8月4日的阿尔卡塞尔－凯比尔之战（"三王之战"）中仍然不敌奥斯曼。人们最后一次看见塞巴斯蒂昂是他像堂吉诃德一样率领贵族冲入奥斯曼的战线。

阿尔卡塞尔－凯比尔是一个应当被遗忘的耻辱。勒班陀则变成了一个完整的童话故事，它有英俊的王子（堂胡安）、邪恶的食人魔（土耳其人）、需要拯救的宝藏（基督教世界）和一个因缘巧合的圆满结局。纪念勒班陀海战意义的庆祝活动多到令人生腻。堂胡安变成了一个十字军的偶像。罗马桨帆船队司令马克安东尼奥·科隆纳（Marc'Antonio Colonna）在罗马得到了英雄般的盛大欢迎。教皇铸币厂发行浮雕青铜奖章纪念这次胜利，乔治·瓦萨里受教皇委托为国王廊（Sala Regia）绘制一组壁画（它旁边是一幅纪念圣巴托罗缪大屠杀的油画）。在威尼斯，丁托列托（Tintoretto）把威尼斯桨帆船队总司令（captain-general）塞巴斯蒂亚诺·韦尼尔（Sebastiano Venier）画成了神，画中双方激战正酣，韦尼尔站在旗舰甲板上，有天使正在为他作战。他的名声帮助他在 80 岁的时候当选共和国总督（Doge）。

勒班陀传奇让基督教世界那些开始相信他们的内部分歧大到永远不可能战胜土耳其的人吃了一颗定心丸，而现实又给他们泼了一盆冷水。即使在神圣同盟缔约之后，也有人担心威尼斯正在单独与奥斯曼朴特签订协议来保护它的海上帝国。各方在联军的司令人选和最终目标上迟迟无法达成一致，拖延了舰队的出发时间。神圣同盟之外基督教世界的重要角色都在作壁上观。欧洲新教国家公然无视同盟的存在。法国国王查理九世更愿意维持 1569 年的特惠条例（Capitulations），奥斯曼在塞浦路斯战役之前赠给法国这些特权以分化欧洲诸侯。皇帝马克西米利安也拒绝了同盟的邀请，倾向于维护 1568 年谈成的奥斯曼帝国协议（Ottoman-imperial accord）。葡萄牙称自己在摩洛哥和红海战事吃紧，无暇旁顾。

16 世纪末，地中海各方实现了一种不稳定的力量均衡。在匈牙利和巴尔干，多瑙河诸边疆伯爵领地（Danubian marches）和奥斯曼与其巴尔干及欧洲诸保护国的关系构成了一种类似的不稳定平衡。奥斯曼人继承了原先匈牙利基督徒控制的各个堡垒，这些堡垒位于多瑙河沿岸和巴拉顿湖（Lake Balaton）对岸的外多瑙地区（Transdanubia）及诺维格勒山脉（Novigrad Mountains），还有蒂萨河（Tisza）及其支流沿岸的所有大型城堡——奥斯曼在这些大约 130 座军事设施中驻扎了

1.8万名步兵和7 000名骑兵。奥地利哈布斯堡有自己的弱点，其手中的匈牙利很容易受到攻击，绥靖是唯一的选择，1568年，奥地利哈布斯堡接受休战协议，同意每年向伊斯坦布尔纳贡。此后哈布斯堡逐渐地在从亚得里亚海到匈牙利北部960公里长的弧形边境上组织了自己的防御力量，守军超过2.5万人。1590年双方修约，将停战协议延长八年，尽管条件还是对哈布斯堡不利，但是从1591年起（按照哈布斯堡的看法）或1593年起（按照奥斯曼的看法），这条设防边境上的冲突升级成了战争，战事绵延十余年，直到1606年签订《西特瓦托罗克条约》（Treaty of Zsitvatorok）才算结束。当时的基督教欧洲观察家相信奥斯曼人是在利用与波斯冲突的间歇期，向哈布斯堡的新战略要塞发起挑战。

教皇克雷芒八世追随庇护五世的脚步，试图将匈牙利冲突转变为一次团结基督教世界支持教皇的倡议的机遇。不过这一次，新教徒连邀请函都没有收到，充分说明欧洲的教派分裂已经深到了什么程度。相比之下，"长期战争"成了天主教全球化的复兴力量大展身手的时机。威尼斯、萨伏依、费拉拉、曼图亚、帕尔马和乌尔比诺、热那亚和卢卡都受邀支持皇帝宣称的十字军东征。诸侯和他们的夫人都收到了圣座发来的邀请函。在东方，教皇希望得到波兰国王的承诺；在欧洲以外，他梦想着与哥萨克人、莫斯科大公和波斯沙阿阿拔斯一世（Shah Abbas I）结成一个大联盟。1601年罗马为波斯使团举办了一场相称的欢迎仪式。募款来源遍布各国，运送资金的金融家和中介大部分都不在哈布斯堡的直接控制之下。然而实际成果让人非常失望。教皇派弗朗切斯科·阿尔多布兰迪尼（Francesco Aldobrandini）兵分三路去多筹些钱，但是西班牙的支持来得很勉强，直到1598年才拿出第一笔资金。克雷芒教皇需要那不勒斯和西西里的舰队在地中海发动伴攻，但是它们的进攻谨小慎微，只在1595年从海路袭击过一次帕特拉斯（Patras）。法国的亨利四世不吝言辞地在原则上支持介入，而对于任何物质上的支持，他却精明冷静，不愿出手。哈布斯堡最终筹足军费，还是多亏了1570年施派尔议会通过的一项宽松的协议，这项协议要求帝国各领地必须为参与帝国共同防御的军队提供营房和口粮。

到最后，"长期战争"的结果并不取决于基督教世界的不团结，而是取决于奥斯曼从属国的表现。匈牙利中部的军事冲突破坏了土耳其在摩尔达维亚、瓦拉几亚和特兰西瓦尼亚相互竞争的各王朝中培养的忠诚。这些地区和欧洲大陆其他地方一样受到16世纪90年代气候不规律的严重影响。而且，匈牙利的奥斯曼军队对原材料、粮食和补贴的胃口越来越大，激化了当地领主的不满情绪。奥斯曼在匈牙利的一支重要部队来自克里米亚的鞑靼人（1595年后他们提供了5万多名士兵），每年苏丹都向克里米亚发放一笔征兵"补偿金"（boot money）。收到钱之后，鞑靼军队就沿若干条路线中的一条出发，这些路线一条穿过特兰西瓦尼亚，另一条穿过摩尔达维亚和瓦拉几亚，然后到达多瑙河右岸。鞑靼人素有偷窃牲畜、抓捕农民卖为奴隶、所过之处化为废墟的恶名，现实中也是如此。

奥斯曼想要约束这种烧杀抢掠，但是没有取得什么成效，当地的机会主义者提出可以保护当地人免于鞑靼人的掠夺，并且抓紧时机发动叛乱反抗奥斯曼领主。这些首领向哈布斯堡、奥斯曼和波兰寻求支援，一时间城头变幻大王旗。亚伦·埃马诺伊尔（Aaron Emanoil，人称"暴君亚伦"）两次成为摩尔达维亚国君，直到他在特兰西瓦尼亚被西吉斯蒙德·巴托里（Sigismund Báthory）抓住并关了起来。"勇敢的米哈伊"（Michael Viteazul）1593年在奥斯曼的支持下成为瓦拉几亚国君，不过即使长期战争已经在匈牙利正式打响，教皇克雷芒八世还在引诱他与周围暴发户一样的新君们结盟。他在不同时期当过瓦拉几亚、特兰西瓦尼亚和摩尔多瓦的国君（有一阵子他同时担任三国的国君），最后在1601年被哈布斯堡帝国司令乔治·巴斯塔（Giorgio Basta）下令刺杀。西吉斯蒙德·巴托里在特兰西瓦尼亚站住了脚，部分原因在于他与波兰的血脉联系，但是也要感谢他那支由匈牙利加尔文宗贵族博奇考伊·伊什特万（István Bocskai）率领的4万多人的军队。然而，随着奥斯曼军队的压力大到西吉斯蒙德难以承受，他最终在1598年10月将君位和烂摊子转交给了一个波兰亲戚。

1599年后，乔治·巴斯塔想要效法斐迪南大公在施蒂里亚的做法，在特兰西瓦尼亚重新推行天主教。但是博奇考伊在奥斯曼的秘密支持下发动起义，打断了他的计划。博奇考伊的军队在两场关键性战斗——阿尔莫什德（Álmosd）和比霍尔迪奥西格（Bihardiószeg）——中接连打败哈布斯堡军队。1605年，博奇考伊在赛伦奇议会（Diet of Szerencs）上被选为匈牙利与特兰西瓦尼亚的国君。土耳其长期战争（Long Turkish War）在1606年以议和画上句号，奥斯曼人的努力在匈牙利平原上没有换到多少座堡垒，而反抗哈布斯堡的特兰西瓦尼亚起义倒有可能给他们帮一个大忙。苏丹艾哈迈德一世（Sultan Ahmed I）派人将一顶王冠送给博奇考伊，提出可以封他为特兰西瓦尼亚国王，条件是他在名义上向土耳其朴特称臣。博奇考伊谨慎地拒绝了这项提议，转而与哈布斯堡大公马蒂亚斯缔结条约，马蒂亚斯不得不承认这位加尔文宗君主在奥斯曼匈牙利和特兰西瓦尼亚的权威。

法国的外交家和王室宣传家是最早找到理由为与异教徒结盟辩护的人，后来这些理由也被各方广泛接受。荷兰法学家胡果·格劳秀斯1625年出版《战争与和平法》(*Law of War and Peace*)时设问"是否应当允许与那些不信仰真宗教的人缔约结盟"。这个问题对想与信条不同的其他欧洲人结盟或想与欧洲以外的人结盟的君主都非常重要。格劳秀斯的答案很直接："这没有任何问题，因为根据自然法，结盟权对全人类通用，宗教分歧对此不造成妨碍。"即便如此，格劳秀斯也必须费心反驳《圣经》中那些与这个命题相反的论点，而且建议君主要谨慎行事。他说，审慎意味着不应当缔结"会使非基督徒和异教徒（Infidels）占据极大优势"的盟约。欧洲的统治者们应当将自己视为基督教大家庭的一员，大家有共同的义务"侍奉耶稣基督"，在"异教敌人打击基督教列国"时互相帮助。这是欧洲"君主社会"(society of princes)国际外交的惯例，这里有常设使馆，有外交豁免权，有奥斯曼帝国拒绝承认和加入的具有优先权的公约（尽管经常有人对这些公约提出异议）。在这方面，1650年时，欧洲已经出现了一种把奥斯曼人排挤到边缘（他们的政治体制现在越来越被人视为"专制"）的政治认同。

十字军东征的回声

反土动员的口号终于在过度使用和它唤起的理想主义承诺与政治战略现实越来越严重的误配之中消磨殆尽。"Crusade"（十字军东征）这个词在16世纪后期进入英语和法语词汇，这正是它从地平线上消失的年代，不过向异教徒宣战的召唤仍能在一些人那里找到回声。1529年诺福克公爵托马斯·霍华德就有意应召参战。梅克尔（Mercoeur）公爵菲利普-埃马纽埃尔·德·洛林（Philippe-Emmanuel de Lorraine）受到感召，决定在土耳其长期战争上好好发挥他在法国天主教同盟中积累的军事经验。他在1599年离开法国，率领帝国军队从奥斯曼人手中夺回了匈牙利王陵所在地塞克什白堡。

十字军东征保卫基督教世界的梦想也激发了平民百姓的想象力，不分新教徒和天主教徒。伊丽莎白时代的探险家爱德华·伍德肖（Edward Woodshawe）在1575年遭到逮捕，因为他想要在英格兰当地征兵"前去与土耳其作战"。远赴切萨皮克湾测量波托马克河下游并在1612年绘制出版了弗吉尼亚地图的探险家约翰·史密斯（John Smith）曾经在匈牙利和特兰西瓦尼亚与奥斯曼人战斗，赢得过"上尉"的军衔。1616年，嘉布遣会修士弗朗索瓦·勒·克莱尔·杜·特朗布莱（François Le Clerc du Tremblay）受路易十三的新宰相枢机主教黎塞留之命出使罗马。他提议建立一支欧洲基督徒民兵部队，同时招募天主教徒和新教徒，它的使命是保护基督教世界免遭穆斯林进犯。这个计划是讷韦尔（Nevers）公爵查理·德·贡扎格（Charles de Gonzague）想出来的。他的意图在于将宗教不和的毁灭性力量转移到重生的基督教共和国（Respublica christiana）的共同事业上去，只不过这次领导者不是教会，而是各位君主。与此同时，讷韦尔公爵也支持皇帝的行动，甚至在1621年准备了5艘大帆船用来把十字军送到希腊。这恐怕是基督教世界最后一次真正的十字军东征，这个想法刚诞生就被陷入战火的欧洲遗忘了。三十年战争展现了欧洲的毁灭性力量，这场战争毁灭了基督教世界。

对贵族而言，十字军东征的召唤提供了磨炼军事训练、取得骑士荣光的大好机会。但是参与对奥斯曼的军事和海上行动的绝大多数人都是雇佣兵，对他们来说，这只是打仗、抢劫、施暴，即使他们有过什么理想主义，也在暴行中侵蚀光了。16 世纪末，就连马耳他骑士团——和他们的同行意大利的圣斯特凡诺骑士团（Order of San Stefano）——也发现越来越没人理睬他们的热忱了。威尼斯的元老们说基督徒海盗打扰了正常的贸易关系，他们成功说服当局扣押了马耳他骑士团的财产。17 世纪初法国驻黎凡特的领事代表所见略同，亨利四世禁止法国臣民在地中海东部从事私掠活动。教廷急于保护奥斯曼治下基督徒的生命安全以及它在安科纳港的投资利益，所以再三向马耳他骑士团长（Grand Master of Malta）抗议基督徒的海盗行为。

商业、海盗与俘虏

几个世纪以来，教皇都禁止与异教徒通商。在 16 世纪和 17 世纪初，传统上每年濯足节（Maundy Thursday）的教皇诏书《主的圣餐》（*In Coena Domini*）都会重申这一禁令，一切危害基督教世界的人都将被革除教籍。16 世纪下半叶，诏书禁止与撒拉逊人、土耳其人、新教异端交易武器、马匹和战争物资。然而，在商业的压力和诸侯的抵制面前，颁行和落实这些禁令变得非常困难。

就算是在意大利半岛和西班牙半岛，禁令的执行也遇到了麻烦。威尼斯和那不勒斯等地的统治者对走私贸易睁一只眼闭一只眼。在地中海沿岸之外，帝国只有零零星星的几个地方遵行诏书，法国无视它，新教欧洲干脆取笑它。英格兰和尼德兰在黎凡特为商人争取特权地位时的一个重要筹码就是他们可以提供奥斯曼人需要的高级武器装备。随着基督教世界的衰落,维持任何对"共同敌人"的商业统一战线的能力也衰退了。染布需要的重要化学原料明矾的贸易就是一个突出的例证。只要禁止从黎凡特进口明矾,教皇国就能垄断明矾的生产(因为托尔法有明矾矿)。从前整个基督教世界都依赖这种矿盐,教皇说明矾的利润被用于十字军东征。但是,后来这种垄断引发了教皇与天主教欧洲织布中心之间的低级骂战,新教欧洲则公然无视教皇的垄断,与黎凡特的布匹贸易对新教徒来说可是一个商业机遇。

奥斯曼帝国早已习惯向西方特定的商业共同体发放市场准入权。热那亚商人早在1352年就得到了这个特权地位,15世纪,威尼斯人、佛罗伦萨人和那不勒斯人加入了他们的行列。这些特权是通过"特惠条例"——由个别"条款"(chapters)组成的"特许状"——授予的,它们是土耳其朴特发布的法律文件,严格来说不算外交条约。从奥斯曼的角度来看,这些特许权的目的在于规范那些暂时住在伊斯兰之家的拥有安全通行权(aman,意思是"特赦")的非穆斯林的身份。协议赋予身在奥斯曼国内但不被视为迪米(zimmi)的商人 aman 的身份——迪米指的是生活在伊斯兰教统治下的非穆斯林,他们是奥斯曼帝国的臣民,必须依法纳税纳贡。特惠条例更关心的是商人的法律地位,而不是给予特定国家贸易优势地位。

16世纪后期发生的变化一是开始向意大利半岛以外的商业共同体颁发这些特权,二是(与前者同时)奥斯曼帝国开始有意把特惠条例当作政治工具使用。1569年,奥斯曼朴特向法国王室代表克洛德·杜·布尔格(Claude du Bourg)颁发特惠条例,这是奥斯曼在袭击塞浦路斯前夕分裂欧洲的手段之一。威尼斯与土耳其之战(1570—1573年)一开打,从马赛来到黎凡特的法国商人的地位立刻就上升了，战争为后来者开辟了商业机遇。不过，英格兰商人也没有放过这个时机，他们的船也已向东进发。两个从事黎凡特生意的英格兰商人为他们的代理人威廉·哈本（William Harborne）弄到了前往伊斯坦布尔的安全通行权，他在1578年到达目的地。英格兰的政策制定者知道与土耳其携手反对西班牙的重要性。伊丽莎白女王在信中夸苏丹穆拉德三世（Sultan Murad III）是"最令人敬畏又最仁慈的恺撒"。苏丹在1580年给予英格兰商人特惠条例，他在写给伊丽莎白一世的信里不吝溢美之词，说她是"追随耶稣的女子的骄傲，弥赛亚之民中最杰出的尊贵女性，基督教共同体事务的仲裁者"。

英格兰的做法引发了一场对竞争优势的角逐。不落人后的法国大使通过谈判废除了英格兰的特权，并且为法国争得了更多排他性条件，包括要求驶往土耳其港口的他国船只挂法国国旗。1583年，哈本作为伊丽莎白一世驻朴特大使回到伊斯坦布尔，成为第一位常驻大使，这个职位在17世纪初变成了英格兰王国最重要的外交职位之一。英格兰黎凡特公司（Levant Company）建立于1581年，1592年与威尼斯公司（Venice Company）合并，它专注于英格兰商人在地中海的贸易。英格兰商人借16世纪80年代末到90年代法国陷入内战的机会加强了他们在土耳其市场的地位，主要从事进口帕特拉斯、桑特（Zante）、凯法利尼亚（Cephalonia）的醋栗和出口英格兰的布匹。1601年，英格兰人通过谈判将他们的商品的关税降到了仅有3个百分点，还得到了其他商业优势，他们的对手在1650年之前望尘莫及。

17世纪上半叶，英格兰的对手包括尼德兰。16世纪70年代，北尼德兰起义省份的商人开始建立与奥斯曼帝国的直接贸易往来。奥斯曼的战略家知道支持西班牙在欧洲北部的敌人的重要性。因此，当科尼利厄斯·哈加（Cornelius Haga）在1612年从尼德兰共和国率团访问伊斯坦布尔时，尼德兰得到了丰厚的特惠条例。哈加成了尼德兰驻伊斯坦布尔常驻大使，等到他1639年回国时，尼德兰已经在奥斯曼帝国从帕特拉斯到突尼斯城到阿尔及尔等各个贸易中心都设有领事点，享受极低的关税，条件比法国和威尼斯更加优越。17世纪上半叶，欧洲与黎凡特的贸易突飞猛进。远东的胡椒和丝绸在奥斯曼的港口转售，但是更重要的是本地产品的贸易，包括安纳托利亚的棉花、阿勒颇的丝绸和安卡拉附近的山羊毛［"安哥拉羊毛"（angora）这个名字就是从这时开始出现的，angora是"安卡拉"在英语里的变体］，还有染料和阿拉伯咖啡。1620年时，每年从阿勒颇进口的生丝超过200吨，法国和英格兰竞相争夺在这笔生意上的主导地位。

欧洲与黎凡特之间繁荣的贸易给海盗提供了一个诱人的目标。从16世纪末期开始，扣押船货、俘虏船员的事件成了黎凡特贸易的心头大患，但是也刺激了欧洲与伊斯兰教之间更多的交流和跨文化贸易。私掠在大西洋和地中海都是一种常态。数千名奥斯曼人和摩洛哥人（包括犹太人和东正教徒）被俘虏并被卖到马耳他、西班牙、意大利和法国的船上做奴隶。北非海盗纵横大西洋和地中海，夏季徘徊于加斯科涅湾外，甚至劫掠爱尔兰和冰岛沿海，有一回，海盗一次袭击拿下了一个400人的村庄。

欧洲公众越来越顾虑在北非港口［塞拉（Salé）、奥兰（Oran）、阿尔及尔、布日伊（Bougie）、突尼斯城、杰尔巴岛和的黎波里］外围活动的巴巴里海盗，他们在从安达卢西亚到阿布鲁齐的地中海海域横行无忌地打劫商船。在北非海盗国家从事私掠的人有柏柏尔人、阿拉伯人、黎凡特人、来自西班牙的塞法迪犹太人和摩里斯科人，以及定居北非并改宗伊斯兰教的基督徒。最后一种人被叫作变节者，17世纪初期至少一半的巴巴里海盗都是变节者。他们之中有人是在海上被俘虏、奴役之后以改宗换取自由的水手，也有人觉得私掠可以带来财富和地位。通常被称为小穆拉特雷斯（Murat Reis the Younger）的扬·扬松·范·哈勒姆（Jan Janszoon van Haarlem）就是一个例子，他在一艘驰骋北大西洋的尼德兰私掠船上学会了私掠的营生，然后驾船前往位于摩洛哥大西洋海岸的塞拉。他从那里出发袭击西班牙船（自己挂尼德兰船旗）和其他国家的船只（挂奥斯曼的红底新月旗）。1618年，他被加那利群岛的巴巴里海盗俘虏，被当作奴隶带到阿尔及尔，在那里改宗伊斯兰教。他在阿尔及尔加入了苏莱曼雷斯（Sulayman Reis）——伊万·迪尔基·德·温博尔（Ivan Dirkie de Veenboer），同样原本来自尼德兰——在地中海的私掠事业。后来，阿尔及尔与欧洲列强签署条约，私掠船不能再在这个港口卸货。所以范·哈勒姆回到塞拉，自称"海军大司令"（Grand Admiral），带领"塞拉漫游者"（Salé Rovers）们继续私掠了很多年。

在北非被卖成奴隶的基督徒的生活极其悲惨。他们被夺去衣服、财产和尊严，用链子锁着，上岸之后就被当成战利品对待。貌美的女性或年轻的男孩被挑出来作为当地统治者——"贝伊"（bey）、总督（dey）或"帕夏"——的妻妾或随从，有能力的人被调去船坞或当地军队，剩下的人被带到当地巴扎拍卖。新主人买下他们的时候，售价会被印在他们的头上或肩上。之后他们就在田里、家中或船上干活，他们的伙食很差，而且经常遭到虐待。在阿尔及尔、突尼斯城和的黎波里，主人要花钱把他们安置在特殊的监狱（*bagnes* 或 *matemores*）里过夜，有些监狱原本是地下谷仓。这里环境恶臭，他们每晚都被拴在墙边，被人密切监视。但是，通过商业中介（对他们来说赎回俘虏是地中海贸易和现金流的一部分）和天主教修会（它们的使命是曝光这些奴隶的困境并把他们带回来）的活动，他们经常可以与亲朋好友和家乡社区取得联系。家人会在市政府和教会机构的帮助下筹集资金把被俘的亲人赎回来。拉罗谢尔的新教商人会签约负责交涉赎金，天主教修会有时接受新教徒的资金来赎回被奴役的"异端"，条件是被赎出来的人要改宗天主教，修会很欢迎这样的结果。

大多数情况下赎人之前都有交涉，这些交涉在更广泛的意义上来说也是商业交易的一部分。在天主教修会的组织下，被赎回的奴隶们在回国之后会成为修会宣传的焦点。举一个常见的例子，1630年有100多个奴隶被从塞拉赎回，到达法国西部沿海的布鲁阿日（Brouage）。他们的释放是由仁慈圣母会交涉的，仁慈圣母会的创始人皮埃尔·诺拉斯克（Pierre Nolasque）在两年前被封为圣徒。这些被赎的俘虏从布鲁阿日列队前往巴黎。他们穿过城镇的时候不断展现他们的自由，高喊"国王万岁"（*Vive le Roi*）。出版奴隶的故事、描绘奴役与赎回的插图是仁慈圣母会与圣三一会（Trinitarian Order）的宣传手段之一，这两个修会相互比拼争取当局的赞助。

这种宣传的效果很难说。一方面，它让基督教世界东征的古老叙事重现生机。修士皮埃尔·达恩（Pierre Dan）在1637年出版的《巴巴里及其海盗的历史》（*History of Barbary and its Corsairs*）中加入了令人毛骨悚然的描绘奴隶被折磨、强迫割包皮及被监禁的插图，让人想到基督教世界最近教派喋血的画面，同时也加入了奴隶庆祝自己被赎的插图。但是当时的人越来越注意到，赎回基督徒奴隶不是基督徒统治者的当务之急。他们更在意的是不要破坏与奥斯曼统治者的关系或者他们与巴巴里海盗据点首领的双边协议，以免自己的商业利益受到损失。因此，当17世纪20年代有10艘海盗船来到尼德兰港口销赃修船的时候，尼德兰当局有些尴尬，因为根据特惠条例，它应当对海盗船示以尊敬，即使有些海盗船是被俘获的基督徒的船，船上还有基督徒奴隶。国王路易十三对嘉布遣会关于数百名法国奴隶在摩洛哥的苦难和法国臣民在阿尔及尔的困境的报告视而不见，直到胡格诺派反抗势力衰弱之后，法国政府才为当地组织赎回计划的人提供有限的帮助。欧洲各国知道，一般来说，与北非沿海的地方势力谈判，比笨手笨脚、适得其反的军事干涉获利更大。

奥斯曼镜中的欧洲

欧洲列强越来越觉得与北非和黎凡特做生意有利可图，这使得大众对土耳其人的认识和更加复杂的新现实之间出现了隔阂。对土耳其人的固有印象根植于历史之中。这一时期无所不在的媒介（宣传册、歌谣、舞台剧、布道，甚至包括儿童的游戏）都强化了这种印象，但是随着不同的元素相互叠加，土耳其人的形象变得碎片化了，这一过程反映了欧洲对自身认知的改变。

土耳其异教徒是基督教世界不共戴天之敌的认识一直很有影响力。教皇英诺森十世在1645年9月19日的诏书中授权向教士征收一笔40万克朗的补贴，援助刚刚向奥斯曼宣战的威尼斯，"因为众所周知，不信上帝的土耳其暴政唯一的渴望就是与基督徒人民作对，消灭基督教，用自己的邪恶取而代之"。对土耳其人的固有印象是残酷、野蛮、专制（最后一点在 1600 年后更加深入人心）。与奥斯曼军队在海上遭遇、战斗和被他们围城的故事极少有不包含奥斯曼人对基督徒受害者施暴的残酷细节的。同样，越来越多的被巴巴里海盗俘虏或在奥斯曼军中为奴之后被赎回的人的故事强调俘获他们的人有多么专横凶残。土耳其人的"野蛮"残忍被认为是奥斯曼人心理的一个基本成分，体现在奥斯曼政治的专断之中，而对欧洲文化遗产的蔑视更确认了他们的野蛮。一夫多妻制和鸡奸被认为是土耳其人固有的野蛮属性，就像美洲印第安人的兽性一样。欧洲人对自己的价值观和优越感的认知主要来自土耳其新月的阴影，而不是美洲的镜鉴。

虽然对土耳其的刻板印象很顽固，但是欧洲人对奥斯曼的语言、文化、制度和宗教信仰越来越感兴趣。人文主义者开始比较基督教文化和伊斯兰文化，但他们的比较加深了对差异的认识，强化了已有的观念，助长了内在的优越感。弗朗切斯科·圭恰迪尼在《意大利史》(*History of Italy*) 中表达了对近代奥斯曼苏丹所取得的成就的尊敬，不过他也认为土耳其社会好斗、残酷、不宽容。佛兰德斯作家奥吉耶·吉斯兰·德·比斯贝克（Ogier Ghislain de Busbecq）和法国哲学家纪尧姆·波斯特尔（Guillaume Postel）为奥斯曼的司法、道德价值观和军事强项做了辩护，而他们除了欣赏也有另外一面。波斯特尔在 1560 年出版的名作《论土耳其共和国》(*On the Republic of the Turks*) 中声明此书的目的是"通过充分考察敌人找到抵抗的方法"。比斯贝克在 1581 年论土耳其人的专著中概述了基督教世界打败奥斯曼人的方案。他在 16 世纪 80 年代出版的名著《土耳其信札》(*Turkish Letters*) 里称赞了奥斯曼军人，表扬了土耳其人对社会平等的重视、对旅行者的好客和对穷人的关怀。但是，他也强调基督教世界的希腊遗产遭到摧毁,指出基督徒君主不愿出力一起帮助东正教徒。

法国地理学家尼古拉·德·尼古拉(Nicolas de Nicolai)曾是1551年法国派往朴特的早期使团的一员。他的《航海四书》(*Four Books of Navigations*)细致详尽,是旅行与观察的人文主义科学的经典之作。它的插图细节丰富,使这本书成了奥斯曼人的时装画册。这些服装被复制出来用在伦敦的舞台剧里,穆斯林越来越频繁地在这些舞台剧中登场,也出现在描绘阿姆斯特丹街景的17世纪尼德兰画家笔下。在现实生活中,1650年左右的伦敦和阿姆斯特丹市民见到的外国穆斯林比美洲原住民要多得多。

奥斯曼人和欧洲人逐渐发现他们也有共同的兴趣爱好。人文主义者保罗·焦维奥(Paolo Giovio)是最早迷上奥斯曼的人之一。他1531年出版的《土耳其史》(*History of the Turks*)是16世纪后期到17世纪前期"土耳其学"(turcica)大潮——诗歌、歌词、戏剧、小说、批判和游记——的滥觞之作。他在科莫湖畔的博尔戈维科(Borgovico)的"伟人画廊"(gallery of the illustrious)里有11幅奥斯曼苏丹的肖像,1543年,巴巴罗萨在马赛把这些肖像的副本献给弗朗索瓦一世。英格兰士绅的家里挂起了"土耳其伟人"(苏莱曼大帝)的肖像。英格兰人的会客室里除了有苏莱曼像,还有土耳其的地毯、丝绸、靠垫和香料。桑特的醋栗作为珍馐在伦敦卖出高价。与此同时,郁金香在尼德兰成了令人痴迷的时髦货,正如它在奥斯曼宫廷一样。比斯贝克的信里对郁金香做了详细描述,大概是由于他的影响力,郁金香球茎在16世纪60年代初进入欧洲。到1630年,"郁金香狂热"(tulipmania)已经席卷尼德兰,成了史上最早的投机泡沫之一,1636年泡沫破裂,阿姆斯特丹的证券市场随之崩溃。伦勃朗那幅解剖课名画里的"蒂尔普医生"（Dr Tulp）就是因为太爱这种花，才把自己的名字给改了。*

随着越来越多有想法的欧洲人亲见或耳闻奥斯曼社会，他们变得越发着迷和惊讶。法国博物学家皮埃尔·贝隆（Pierre Belon）1533年出版了他游历黎凡特的详细经历，为奥斯曼人说了很多好话。奥斯曼人具有欧洲人应当具有但往往没有的一切特质。他们的房屋街道很整洁（甚至给婴儿包尿布，以免婴儿弄脏地毯）；他们吃得很健康（大蒜和洋葱），而且不喝酒；他们的手艺精细，穿着也讲究。让·博丹（读了贝隆的游记）非常羡慕奥斯曼的社会和政府。他比较了苏丹和法国国王，认为两者都不是暴君，都仁慈地实行善法，而法国王室缺乏加尼沙里的军事训练。而且，看起来没有一个欧洲国家可以比得上奥斯曼帝国的财政资源和效率。奥斯曼帝国通过人才发掘者强迫基督教男孩当兵，在竞争激烈的环境下训练他们，把他们培养为最好的官员、学者、将领和海军军官，这种叫作"德米舍梅"（devshirme）的制度被普遍谴责为野蛮的奴役，却有人暗中羡慕，也希望有一种重（基督徒的）才能、轻家世的制度。"土耳其人是唯一的现代民族，长于实干，他们的帝国霎时间侵入了这个世界。"英格兰旅行家亨利·布朗特（Henry Blount）在1636年写道。他反映了一种被焦虑感刺激出来的欧洲东方主义。

---

* 郁金香在荷兰语中写作tulp。蒂尔普改姓的同时把自己的家族纹章也改成了郁金香。——译者注

混乱中的基督教列国

第十六章

国家事务

信任与服从

1650 年之前的 30 年间，基督教列国之间与内部战争的密集程度超过了 1500 年前的任何一个时期。16 世纪上半叶，意大利半岛诸国的争端像引力一样吸引外来者的介入，哈布斯堡霸权的拉动和它与瓦卢瓦的王朝对抗加剧了这一趋势。军事建制的规模急剧增加，改变了陆地与海上战争形态的堡垒和火器的技术变革是背后的原因之一。奥斯曼的威胁、哈布斯堡家族意外继承的遗产、其他势力对哈布斯堡的敌对反应都推动了军事行动的升级。战争的成本和它给欧洲统治者提出的财政与组织的要求都呈指数级增长。1552 年 10 月到 1553 年 1 月的冬季，从帝国军队包围梅斯开始，可以开展军事行动的月份也增多了。战役几乎可以在一年之中的任何月份进行。而且，相互消耗的战略开始出现，在多条战线对敌出征也变成常态。持续的消耗战增加了战争的财政和行政负担，扩大了战争的影响。

1559 年之后，战争的焦点转移到了低地国家和通过弗朗什－孔泰

（Franche-Comté）、阿尔卑斯走廊连接佛兰德斯和地中海与西班牙半岛的"西班牙之路"（Spanish Road）——这个名字是法国人取的。1567年被派去镇压尼德兰起义的佛兰德斯军变成了欧洲有史以来规模最大的长期占领军。正如 16 世纪初期的意大利半岛一样，低地国家变成了一个旋涡，把这一时期基督教世界的分裂沿信条分界线扩散到各国。与奥斯曼帝国的边界对峙和波罗的海地区更加地方化的冲突制造了更多裂痕，尤其是 1563—1570 年的波罗的海七年战争（Seven Years War）和 1593—1606 年的土耳其长期战争。最重要的是，新教改革引发的世俗矛盾和宗教矛盾在宣传家、外交官和战略家的思维里制造了一种信条化的国际政治观，这种观念立刻影响了新教和天主教各自的权力集团的诞生。

基督教世界不断深化的矛盾在 16 世纪下半叶依然没有得到解决。它们构成了一幅单层着色的画（*alla prima* background），上面直接叠加了 1618—1648 年的冲突旋涡。三十年战争包含三场震源都在欧洲中部的相互联系的冲突。事实上只有德意志战争持续了这么长时间，另外两场战争是哈布斯堡西班牙与尼德兰共和国重新爆发的斗争（1621—1648 年）和法国与西班牙公开争夺霸权的斗争（1635—1659 年）。与此同时，还有几场独立但又有一定联系的战争，分别在不列颠群岛（苏格兰和爱尔兰的叛乱、1638—1651 年的英格兰内战）和波兰（1648—1667 年的"大洪水"），以及威尼斯和奥斯曼帝国在地中海再次展开的争斗——1645—1669 年的克里特战争（Cretan War），又称干地亚战争（Candian War）。它们都比从前的战争耗时更长，相互联系程度更深，更加难以预测和解决。抱着信条化的态度看待国际政治的人对跨越宗教边界、以国家利益为由建立的联盟和契约感到愤怒而困惑。战争涂炭生灵，把更广阔的土地卷入战场，吞噬了大量生命和资源，战斗的程度也比以往更加激烈。欧洲大陆各地的军队都参与了1618年后欧洲中部的战事。在欧洲各国承受的压力不断上升的时代，这些战事进一步动摇了各国的稳定。

国家内部的矛盾可以根据政治危机划分为两个阶段，第一阶段（16世纪最后十年）是17世纪中期震颤的前奏，矛盾的核心是政治确定性的丧失和对新的确定性的探索。基督教世界冲突的仲裁者——教皇及其帝国——放弃了这一使命，基督徒统治者取而代之，从王朝的延续性和君权神授（通过血统和祝圣得到神授予的权威）的观念那里获取自己的合法性和权力。而且，人文主义者论证过"基督教共和国"的理念，这依赖于统治者与被统治者关于权力的目标、手段和执行的共同理解。问题在于16世纪下半叶的宗教对抗削弱了这种理念，对掌权者的行为打上了问号，分化了统治者和被统治者。基督教与王权的关系改变了。

与此同时，国家的权力和责任增加了。政府机构及其活动越来越多，对人民生活的管理和干涉也越来越多，法律、宗教仪式和社会行为的法典化也得到了重视。国家事务的增长需要建立组织、消耗资金。和平时期的开销呈指数级上升，特别是因为君主宫廷在住房、餐饮、娱乐和管理方面的膨胀——君主宫廷越来越成为以国家为中心的新政策源的地方。外交机构和军事建制（例如卫戍军）的花费和战争开支陡然上升。被要求出钱的人必然会提出质疑，特别是在1580年后受经济紊乱影响的地区。这些质疑引出了对统治者的批评，人们要求对政治和制度进行根本性改革。

国家活动范围扩大，统治者需要依赖更多的对象。统治者越来越依赖中间势力,受惠于这些被他们委派权力的人。国家的影响范围越大,保证这些中间人的服从就越重要。他们不仅包括传统上作为统治者耳目的总督或权力掮客,还包括经营铸币厂的企业主、为王室提供饮食的承包商、往往是通过买官上位的法官(官衔变成了他们财富的附属品)、承包关税和其他税收的金融家财团,以及雇佣军军官和私掠船船主,到 17 世纪初期,这些人已经成为金融-军事企业(financial-military enterprises)的半永久性老板,顶着国家的名号做生意。

这些中间势力对国家的权力至关重要,但是他们的承包行为引发了关于谁为了什么向谁支付多少钱的问题。传统上充当请愿渠道和地方利益传声筒与捍卫者的代议制议会被边缘化了,他们或是无力批评这种外包的权力,或是由于有些议员本身就是这种代理人而丧失了立场。而且,因为对中间势力的安排本身体现了权力的影响和协议负责人的操纵,所以竞标失败或觉得报酬不足的人有充分理由以痛斥贪污腐败或偏私为名抒发自己的不满,以此抹黑竞争对手。结果,这些指控造成了更加严重而广泛的幻灭感,政府和被统治者的关系变得越发疏远和紧张。

这些紧张关系在君合国(regal unions)里更加明显,王朝巧合把风俗不同的多个国家拼成了共有一个君主的联盟。16 世纪下半叶的宗教对抗向复合君主国提出了挑战,特别是在宗教不是共同纽带的地方。即使宗教一致,"核心国家"(core states)也承担了不成比例的负担,排他性统治神话的出现为这种重负提供了理由。在(西班牙哈布斯堡帝国的)卡斯蒂利亚、(奥地利帝国的)内奥地利和(斯图亚特王朝的)英格兰,这种神话体现为一种"上帝为我们做了独特的安排"

的信念。对于所有这些君合国,与执行上帝的使命的特权相伴的是各种责任,统治者以这些责任为由要求臣民的忠诚,并且给自己安排了一个独特的角色。

然而,世俗统治者扩张的能力是有限度的。爱国主义和宗教真理的主张都有可能引发分裂。欧洲的世袭君主们从 16 世纪后期的政治与宗教混乱中得到的教训是,宗教使他们的臣民更加关心政治,让臣民可以有理有据地要求掌权者对自己的行为负责。宗教鼓励教士相信自己独立于世俗权力,甚至高于世俗权力。君主和顾问不打算拓宽政治光谱,而是声称只有君主才有统治权,强调王朝权利、世袭权力和父权权威,拿《圣经》和自然法作为理论依据。每当战争结束,政治在威权人物的统治下趋于稳定,独裁统治("绝对主义")就会成为国家忠诚的对象,尽管独裁统治掩盖了世袭君主未能接纳更广泛的政治意见的失败。等级制的神圣性和君权神授的观念再一次得到强调。君主制的神圣性在 16 世纪体现为各式各样仪式和典礼的集合。为了应对国王的软弱无力和一系列刺杀国王的企图,政治家、法官和教士为君主制的神圣性塑造了一种更具连贯性的形象。祝圣和安葬的仪式、宫廷庆典、精心设计的王室成员公开露面强有力地突出了国君的神圣和威严,使国君有别于肉身凡胎的平民。

如何看待作为国君的教皇的威严?欧洲各个国家和各位君主如何与反宗教改革的教皇国谈出一个对君权的新认识?新教改革之前基督教世界最具分裂性的论战——11 世纪的"叙任权之争"(Investiture Controversy)——就已经辩论过教皇的世俗权力的问题。1590 年到 1630 年间,这一问题再次浮出水面,只是这次辩论的结果是欧洲的君主不再信任教皇,君王的神圣性得到了加强。意大利耶稣会士罗伯托·贝拉尔米诺（Robert Bellarmine）为教皇的间接世俗权力提供了有力的论述（间接的意思是它是由教皇的属灵权柄引申出来的）。在一系列受人关注的国际辩论中，他的书成了批判教皇世俗权力的人攻击的目标。

这些辩论肇始于 16 世纪后期教皇革除多位君主的教籍，这是教皇世俗权力大讨论的出发点和新教抨击的对象。耶稣会论证某些情况下可以诛杀暴君的著作引发了风暴，论战愈演愈烈。1594 年法国国王亨利四世险些遇刺（1610 年真的遇刺）之后，高卢派就拿这些论点来说事。关于教皇世俗权力的论证产生了意想不到的后果。人们更加有理由不信任教皇至上主义了，也更加相信诛杀暴君等于弑亲亵圣。在关于 1606—1610 年威尼斯禁令和火药阴谋、1606 年英格兰臣民被要求效忠宣誓（Oath of Allegiance）的争议中，贝拉尔米诺为教皇间接权力的辩护成了最引人注目的话题。随后的论战使英格兰国王詹姆士一世与贝拉尔米诺发生了正面碰撞。贝拉尔米诺去世后，另一位意大利耶稣会士安东尼奥·圣雷利（Antonio Santarelli）接过了他的棍棒，但是他 1625 年出版的《异端、裂教……与罗马教皇的权力》(*Heresies, Schismatics . . . and the Power of the Roman Pontiff*) 在巴黎被禁和焚毁，耶稣会也不承认它的内容。只有回过头来看，我们才注意到这些争论加强了君主的神圣性，助长了对教皇干涉世俗事务的权力的不信任。批评教皇权力此前是新教徒的专利，现在天主教重要人物也加入了这一行列。

人文主义关于基督教共和国的观念指出了次要官员肩负的义务与责任。次要官员也是执掌刀剑之人，他们可能包括等级会议与国会里的代表和议员，或司法人员、民兵团、行会师傅（guild-masters）和市政官。但是随着国家的中间人（intermediaries）势力的增长，与共和国有利害关系的人也变多了。后宗教改革时代政治混乱造成的一个影响是，这些中间人相信自己在统治权中应当分一杯羹。古代历史（Antiquity）中可以与 16 世纪后期的内战相提并论的是公元 1 世纪恺撒·奥古斯都死后的罗马帝国和公元前 5 世纪雅典与斯巴达进行的伯罗奔尼撒战争。记录这两个时代的历史学家——塔西佗和修昔底德——告诫说，在这个时局令人方寸大乱的世界里，应当做到审慎。受过为成为护民官而设计的修辞训练的名人［例如西塞罗和昆体良（Quintilian）］如今被敦促要看到事情的反面。雄辩可以点燃民众的激情，演讲是煽惑的工具，修辞只适用于共和国，论战和争议是宗教冲突的手段。名人的职责是管好自己的事，独立思考，远离平民，展现自己对国家的服从。

　　这种行为的模范可以在斯多葛学派，特别是塞内卡的书中找到。在 16 世纪后期政治与宗教争执爆发之后，在大旋涡吞噬欧洲的背景下，斯多葛学派提出了光荣撤退之路——事实上西塞罗有一篇演讲题目就叫《光荣赋闲》(otium cum dignitate)——撤出明争暗斗的公共事务，回到沙龙、花园、柱廊（stoa）构成的私人世界中。在私人世界里，政治家、君主与名流可以自由地思考、表达和讨论通过坚忍与慰藉控制激情（平民被误导以至于走上歧途的根源）的斯多葛主义哲学。这些理念对平信徒名流很有吸引力，而且特别受到加尔文宗地区的人的青睐，这些地方的人接受的教育是人应当用上帝的神法约束激情。坚贞，审慎，面对批评缄默不语，接受自己在公共生活中被要求承担的责任，即使这意味着需要做出违背传统道德的行为——17 世纪上半叶的政治使这样的价值观大行其道。这些价值观促使某些人理想化撤出公共生活的做法，却激励另一些人反抗和背叛权威。

17世纪上半叶的国际和国内政治对统治者的判断力提出了极高的要求，要求他们与其他统治者和自己的人民交流、谈判，同时却没有给他们做到这些的经验、机会和希望。除了少数有名的例外（亨利四世和古斯塔夫·阿道夫）之外，大多数统治者在这样的挑战面前都失败了，这也在情理之中。而且，还有幼年继位的人、精神或情绪上不足以应付王位的人继承大统这样的王朝阻碍。欧洲17世纪中期的震颤是信任与责任缺失的结果。

治国之术

17世纪初，"state"这个词开始淘汰某些词（"commonwealth"），给其他词（"realm""dominion"）增加了新的含义。1650年时，"commonwealth"主要被用来专指共和国和激进的变革——例如查理一世被处决后出现了"英格兰共和国"（The English Commonwealth）这样的国名。法国哲学家让·博丹属于1789年之前最后一代用"commonwealth"（*république*）而不因那些强调统治者责任的作家喜欢使用它而感到尴尬的法国人。他是第一代认为（他的攻击目标是新教"monarchomachs"或意欲推翻王权者的书）被选举出来或以其他方式对自己的行为负责的统治者不可能是天生的君主的人。

博丹的1576年出版的《国家六论》这样开头："国家是多个家庭的合法政府以及这些家庭共同服从的主权。"他将主权定义为"一个国家绝对的、永久的权力，拉丁人称之为*majestatem*……至高的控制权"。主权体现为立法的权力，是完全的、不可分割的。尽管博丹承认人民可能成为集体主权者，但那是一种临时的统治形式。他定义的主权不可避免地指向一个单一的君主制的（博丹的用词是阳性的）权威。他说："因为在神之下，世上没有比有主权的君主更大的……有必要关注他们的品质，好让他们的权威得到所有人的尊重、敬畏和服从。"博丹更进一步：君主无须遵循前任的法律，甚至无须遵循自己的法律。当然，这种主权是有限度的。从实际来说，主权者如果没收臣民的财产或打破与其他主权者的协议，就是政治自杀。这个法学家兼哲学家在大局中寻找他的终极真理，对他来说更重要的是主权者不可以违背自然法。自然法使私有财产和家庭神圣不可侵犯，是神的权威创立了自然法，也是神的权威赋予了主权合法性。如果主权者违反自然法，他就会丧失权力的合法性，沦为暴君。

博丹从一开始就被人批评，他在十年后出版的拉丁文修订本中回应了这些批评。很多人认为，他的主权论提出的问题比回答的问题更多。博丹难道不是把教皇所称的支配权又拔高了一层然后交到君主的手中了吗？主权论将教会的特权和管辖权置于何地？博丹的共和国把基督教世界放在哪里？耶稣会士罗伯托·贝拉尔米诺和安东尼奥·波塞韦诺（Antonio Possevino）抨击说博丹应该归到刚冒出来的政治家派里去，政治家派是一群从宗教内部瓦解宗教的人。他大部分的书都被列入了 1596 年版的《禁书目录》。与此同时，神圣罗马帝国的法学家借鉴了博丹的理念，给它套上公共法律和基督教传统的外衣。但是，他们和在尼德兰南部和西班牙的同侪一样完全无法用一种神学上不可分割的主权的概念去理解帝国。

在博丹的祖国，法国法学家夏尔·卢瓦索（Charles Loyseau）在 1610 年出版的《论秩序》（*Treatise on Orders*）中把主权论吸收到了社会等级论中。久而久之，主权论强化了法国国王的君权。黎塞留的顾问卡丹·勒·布雷（Cardin Le Bret）拿主权论作为凿子雕琢法国国王在洛林的领地权。1624年到1632年，勒·布雷担任驻洛林的王室总督，他在1632年出版了《论国王的主权》（On the Sovereignty of the King）第一版。他曾作为专员参与高官叛国罪的审理，1642年他把这些经验加入第三版修订本。这柄主权的利剑所指的人包括蒙莫朗西公爵亨利二世（Henri II）和法国元帅（maréchal）路易·德·马里亚克（Louis de Marillac）——这两人都在1632年的叛乱中被处决，还有国王的宠臣桑马尔斯（Cinq-Mars）侯爵亨利·夸菲耶·德·吕泽（Henri Coiffer de Ruzé），1642年他也因造反被处死，这本书让这些最有权力的人意识到，国家已经成了一股不可忽视的力量。

政治学是一门新兴学科，政治学著作也在起步阶段。在16世纪大部分时间里，政治学都被视为道德哲学的一个分支，17世纪上半叶，新教欧洲开始单独开设政治学科，设立专门的政治学教授。早期政治"科学"著作的增长很大程度上要归功于意大利半岛的大师们，他们以研究和评注塔西佗为由，找到了一种讨论马基雅弗利的思想却不提到他的名字的办法。一位意大利评论家在1588年写道："这些政治学研究近来得到了很高的尊重，人们认为想要获得世间的光荣，必须理解国家理性……"第二年，皮埃蒙特耶稣会士焦万尼·博泰罗出版了《论国家理性》（Della Ragion di Stato），他谈起自己"非常惊讶地发现（在旅途中）国家理性（Reason of State）永远是讨论的话题，尼科洛·马基雅弗利和科尼利厄斯·塔西佗的观点被人频繁引用……"萨伏依公爵查理·埃马纽埃尔（Charles Emmanuel）的随员相当于一个研究治国术的智库，博泰罗在为其效力时用上了他在担任枢机主教卡洛·博罗梅奥的秘书时的经验。博泰罗把国家理性定义为"关于建立、保持、扩张领地方法的知识"。他的经历使他集中研究君主，以及君主如何握紧权力。一切都取决于臣民的服从，臣民的服从取决于君主的德性。这种德性是通过治国科学取得的，治国科学包括道德哲学、政治哲学、地理学、建筑学，以及最重要的历史学，历史学传授了审慎的原则。

博泰罗以西班牙帝国和全球化的天主教会作为提示，用比较经济地理学衡量国家的实力。他在 1590 年出版的《城邦伟大的原因》(*The Causes of Greatness of Cities*) 中提了一个与欧洲开始分化的增长模式非常相关的问题：为什么人类的数量没有增长到与土地面积呈相同比例？他的回答是，北意大利、法国和尼德兰这些地方之所以"伟大"（他的意思是"富裕"），不是因为他们的自然资源或政治系统，而是因为他们人口所依赖的商业和工业。贸易是上帝给人的礼物，海洋是上帝为通往世界贸易铺设的道路。

博泰罗 1596 年完成的《世界关系》(*Universal Relations*) 以威尼斯大使的报告为模型对国力进行了比较分析。他把政府越来越多的功能和对各种经常性与临时性收入的需求联系在一起，但是指出后者应当与这个国家的伟大程度或经济资源相对应。君主德性不仅体现在军事能力上，也体现在增加国家财富的民政项目中。他举的例子包括意大利君主（例如罗马教皇西克斯图斯五世）的公共工程建设，这些工程或是通过国家赞助提高了劳动力技能，或是利用关税培养国内产业。在三十年战争时代的纸上建国者（armchair state-builders）眼中，"重商主义"（毋宁说构成国家理性基础的政治经济学）成了最重要的政治德性。博泰罗的书是西班牙改革派（*arbitristas*）和法国重商主义者的必读书目。

博泰罗的书既吸引到追随者，也引来了敌人。国家理性难道不是在为国家凌驾于法律之上找借口吗？它难道不是在容许君主以国家之名践踏宗教、诚实和体面吗？它难道不是君主投机的通行证、马基雅弗利主义的秘密工具吗？1621年，威尼斯的洛多维科·祖科洛注意到"理发师……和其他下层手艺人都在自己的店里或聚会的地方指点谈论国家理性"。法国的安托万·德·拉瓦尔（Antoine de Laval）1612年写到，他惊愕地发现国家理性这个词"频繁地被每个人提起"。揭露包装成其他动机的行动背后隐秘真实的理由成了批判掌权者的表里不一的一种手段。罗昂（Rohan）公爵亨利曾是法国胡格诺派的领袖，事败之后他自我流放到威尼斯，他认为所有政治归根结底都是"利益"——"君主统治人民，利益统治君主"。"利益"（取其"使自身不同"之义*）和国家理性一样也进入了政治学的语言。

对于巴伐利亚公爵马克西米利安一世的耶稣会顾问们和为拜特伦·加博尔（Bethlen Gábor）投靠奥斯曼领主以换取巩固自己在匈牙利统治必要的"机会"找理由的宣传家来说，国家理性是为有争议的决定辩护的得力工具。采用这些决定必须遵循一种与政治必要性协调的道德，但是他们的逻辑对那些不参与政治运作的人来说，仍然难以理解。盖·德·巴尔扎克（Guez de Balzac）在1631年为路易十三写的颂词《君王》（*The Prince*）中解释说，当从新教徒或西班牙哈布斯堡的"奴役"中"拯救他们的国家"的时候，必要性"可以饶恕并合理化一切行为"。加布里埃尔·诺代（Gabriel Naudé）在1639年出版了

---

* interest 来自拉丁语 *interesse*，原义是"变得不同""变得更重要"。——译者注

《对政变的政治思考》(*Political Considerations on Coups d'état*),虽然这本书是早先写成的。这本书只向"强大的心灵"(*esprits forts*)发放了少量副本,这些人懂得治国术有时需要"为公共利益破坏公共法律"。欺诈对权力至关重要,而且不一定是不道德的。治国术意味着可以与不同宗教的人结盟。用宗教掩护政治野心的并不是土耳其异教徒,反而是基督徒君主(他以亨利八世反叛罗马和圣巴托罗缪大屠杀作为例证)。论证"国家理性"的书造成了两重效果:一方面,这些书让民众更加相信自己的统治者不可信任;另一方面,它们集中体现了变化中的政治价值观。

生意之人,国家之人

波兰贵族瓦夫日涅茨·戈斯利茨基(Wawrzyniec Goślicki)从帕多瓦大学学成离校时,发表了一篇论波兰参议院的论文献给国王西吉斯蒙德二世。莎士比亚在《哈姆莱特》里刻画的啰里啰唆的参议员波洛尼厄斯(Polonius)好像就是参照这位作者设计的。戈斯利茨基探讨什么使政府成功时把重点放在国王与公民的互动上。他谨慎地写道:"有人认为国家的利益高于善法,有人认为公民教育创造国家利益,有人认为天空的温度使人擅于公共生活,认为这一点的重要性超过贤王的努力。"戈斯利茨基说,波兰国王应当记住,他的国家依赖于"全体波兰民族(*Polonian* Nation)的共同认可",依赖的是像戈斯利茨基这样的人。戈斯利茨基的分析并无不合时宜之处,因为波兰共和国赋予贵族重要的地位。他们接受的教育就是为了有机会从事公共事业,人们对他们也抱有这样的期待。

问题在于,让戈斯利茨基这样的名人发挥这些作用的议会正在被边缘化。参议院、议会、等级会议和国会在绝大多数共和国中地位都被削弱或是终止活动了。在君权神授、王权神秘化、主权和君权发挥越来越重要的作用的大环境下,让人们想到共和国的理想议会的位置已经被削弱了。取而代之的是,君主的宫廷提供了另一个会面的场合和另一套名流的风气。礼节手册教导贵族宫廷的文明礼仪。公共生活不再是对统治的共同认可,而是通过上朝、请安、用献媚或沉默掩盖自己的真实想法来服从统治者。

虽然这么说,但是对于想要参与政治的人而言,机会其实是变多了,因为国家有了更多的层次。这典型地体现在委员会和宫廷上,它们作为正式和非正式的权力结构在国家权力中心共同运作。即使是在君主的绝对主义主张最强烈的国家,委员会制政府也是一个既成事实。在欧洲北部和东部的选举君主制国家,御前会议保障了贵族对权力的参与。在尼德兰联省共和国,由12名成员组成的从勃艮第继承的同名机构国务委员会(Council of State)成了国会的执行委员会。随着委员会的数量越来越多,出现了小圈子的枢密院,它们专门负责亟须保密的国家大事。委员人选通常是根据等级和地位事先决定的。在法国,王族认为名列委员是他们天生的权利。在波兰,首相、财政大臣、军队司令和主教都是理所当然的(*ex officio*)委员。如果国王把这种人排除在委员会之外,就有可能被人说成是独断专行、被宠臣操纵、容易偏听偏信。

新的问题是事务繁重,难以承担,一个解决办法是把日常事务交给"专业人士"去处理。最高司法就被委派给了御前会议的独立部门。16世纪下半叶在法国逐渐产生了负责司法的枢密院(*conseil d'état privé*)

和负责财政的财政委员会（*conseil d'état et des finances*）。查理五世即位时，西班牙帝国已经为宗教裁判所、骑士团和十字军东征（*Cruzada*）设立了单独的委员会，很快他又建立了战争委员会和后来的财政委员会。在德意志帝国及其大部分君主领地，枢密官（*Hofrat*）产生了以帝国高等法院为模范的王室法院（*Hofgerichte*）。筹集资金、管理间接税、处理债务、支付仆人薪资、提名教士甚至还有外交都变得越来越复杂。

御前会议把委员人选改为具有专业能力的人，尽管他们的学历参差不齐。16世纪卡斯蒂利亚委员会几乎所有委员都是大学毕业生。在法国，受过法律训练的行政法审查官（Masters of Requests）为委员会准备案卷，不过委员会本身仍然被贵族占据。在英格兰和苏格兰，经验、能力、家庭关系和忠诚仍然比大学教育更重要，大趋势是向集体决策的方向发展的。在西班牙，除常设委员会外，还出现了解决特定问题的特别委员会（*juntas*）。教皇西克斯图斯五世仿照西班牙的先例，在1588年1月把15个委员会（"congregations"）正式化，借此把枢机变成了教皇的行政官员。

政府事务越来越复杂，委员会越来越多，协调成了一件重要的事，特别是君主不想或不能亲自出面协调的时候。协调者需要在非正式和正式的权力结构之间不稳定的空隙之中发挥职能，罗马的侄子枢机清楚地展现了这种职能，侄子枢机是教皇在国内国外事务上的总督。希皮奥内·博尔盖塞（Scipione Borghese）是一个极具代表性的侄子枢机，他为教皇保罗五世管理教皇国。他在自己的私人住所里主持行政委员会，处理资助事宜，收取国事信件，决定把哪封信读给教皇。但是他不是独自行使这些权力的，而且非正式和正式的权力结构是相互补充的。在委员会工作的秘书们负责起草书信和决议备忘录，他们把自己视为博尔盖塞家族的成员，既忠于教皇保罗五世，也忠于这位侄子枢机。希皮奥内·博尔盖塞签署文件，管理官僚机构，但是他不是唯一对机构的决策负责的人。

在其他国家，宠臣的协调人身份来自传统的军官或法官职位。在法国，瓦卢瓦宫廷的第一个宠臣是骑士统帅安内·德·蒙莫朗西。在奥地利哈布斯堡宫廷，类似的角色是总管大臣或宫务大臣。在其他地方，这个角色常常是大法官（或国玺大臣），虽然是名义上的最高法官，但是经常也负责政府和行政。如果宠臣的影响力来自实际能力、军事声望或拥有大贵族的丰厚遗产，他们的权力地位一般会更加稳固，比如瑞典的奥克森谢尔纳伯爵（Count Oxenstierna）、法国的枢机主教黎塞留、西班牙的奥利瓦雷斯伯爵-公爵。有能力的宠臣还有他们自己的宠臣，建立跟班是保卫自己地位的一种方式，他们的仆人包括国务秘书和贵族。黎塞留的批评者把法国的国务秘书称作黎塞留的奴才（*créatures*）；奥利瓦雷斯伯爵-公爵培养出来为自己效力的年轻贵族被称作走狗（*hechuras*），他的附庸被称作奥利瓦雷斯派（*olivaristas*）。

从16世纪末起欧洲各国宠臣越发盛行的背后有一个逻辑。正如弗朗西斯·培根（本人也是一个宠臣）所观察到的，国王越远离自己的臣民，就越渴望朋友："对君主来说，因为他们和臣仆地位悬殊，所以无法收获这种果实，除非……他们把某些人提拔到仿佛他们的伙伴、与他们近乎平起平坐的地位。"英格兰剧作家本·琼森（Ben Jonson）把宠臣的崛起描绘成共和国向绝对统治蜕变不可避免的产物。他1603年出版的《西亚努斯的覆灭》（*Sejanus His Fall*）以塔西佗的作品为原型，在剧中提比略的宠臣利用国家理性的阴险狡诈当上了皇帝的继承人，后来公众的敌意和一个间谍总管令他死得相当难看。与琼森差不多同一时代的克里斯托弗·马洛（Christopher Marlowe）在 1594 年出版的《爱德华二世令人痛苦的统治和令人痛惜的死亡》（*The Troublesome Raigne and lamentable death of Edward II*）里提出，同性恋是皮尔斯·加韦斯顿（Piers Gaveston）这个"夜里生长的蘑菇"崛起的原因。这是对亨利二世的法国宫廷的一个写照，亨利二世对一系列宠臣的精神依赖被攻击他的天主教同盟粗俗地表现为性变态。琼森针对的是詹姆士一世的宫廷，国王很明显地正在培养美貌的年轻男子。当时的人很难不注意到这一点，国王和他的宠臣——1615 年之前是萨默塞特伯爵罗伯特·卡尔（Robert Carr），之后是白金汉公爵乔治·比列尔斯（George Villiers）——之间的书信表明他们不只是露水情缘那么简单。

　　宠臣必须维持国王对自己的信心。大使的书信描述了各种可以保证高位、扑灭骂声的亲近行为（微笑、鞠躬、请安、昂贵的礼物、共同的爱好……）。从来不缺少骂他们的人，特别是因为宠臣导致了引人非议的政策的实施，而且通过外包国家权力给私人承包商而从中渔利。反对宠臣的人利用传言攻势来打垮宠臣，他们集中火力让掌权者不相信某一个人。国王一个皱眉就会引来麻烦，没有被邀请参加一场重大的公开活动或出席委员会就是失宠的证明，宠臣不在国家机关任职也是一种证据。詹姆士一世的宠臣罗伯特·卡尔 1615 年因为被卷入谋杀好友托马斯·奥弗伯里爵士（Sir Thomas Overbury）的丑闻被关了起来。白金汉公爵乔治·比列尔斯躲过了议会的弹劾，但是因为失败的远征和腐败而不得人心，后来被人刺杀了。斯特拉福德（Strafford）伯爵托马斯·温特沃思 17 世纪 30 年代在爱尔兰执政遭到了许多政敌的猛烈攻击，他因叛国罪遭到长期议会弹劾，1641 年 4 月，他成了第一个被《剥夺公权法案》（Bill of Attainder）制裁的人。查理保证支持斯特拉福德伯爵:"我以国王的名义保证,你的生命、名誉和财富都不会有事。"但一个月之后,国王在民众暴乱的威胁下同意了对他的处决。不过斯特拉福德伯爵一开始好歹得到了弹劾的待遇,路易十三的意大利宠臣孔奇诺·孔奇尼(Concino Concini)就没有这么好运了,1617年4月国王下令将他在卢浮宫外刺杀。第二天巴黎群众把他的尸体刨出来,仪式性地挂在新桥(Pont Neuf)的绞刑架上,然后切掉他的双手、头发、胡子和生殖器,剩余的肢体被拖去游街,最后喂给了狗。诺代认为这种暴行使它没能成为一场完美的政变。

国务秘书的重要性凸显了欧洲国家内部的另一种动向。越来越多的决策被以手写与印刷的方式记录和传达。国家大事仍然需要加印国玺,表示变更的文件则要盖上统治者的枢密印(或私人印)。委托书、合约、授职信、许可状、证书与护照等文件在欧洲的政治精英和政府机构中发挥核心作用。书面文件表明权力的远程投射能力实现了突飞猛进。凯瑟琳·德·美第奇有接近6 000封信保留了下来——她原本估计有3万封信。当她向纳瓦拉的亨利抱怨她的负担的时候,他直言不讳地顶了回去:"这种工作量对您来说不是问题。"腓力二世也是夜以继日地跟文件打交道,阅读书信然后手写或口述批复,他也抱怨说自己精疲力竭,头昏眼花。比如,1579年5月,他收到了1 200封请愿书。他的秘书马泰奥·巴斯克斯·德·莱卡(Mateo Vázquez de Leca)写到国王诉苦说一天要签400封信。在欧洲的治理结构中,信使和邮政与军队同样重要。被文件淹没的危险使国王很需要一个宠臣,并且鼓励国王把尽可能多的国事外包给别人去做。

欧洲各国的档案馆从章程的存放点变成了国家权威的武器库,这种转变不是因为先见之明。更常见的情况是,野心太大的工程导致了混乱无序、半途而废的结果。在教皇档案馆这个问题上，教皇庇护五世希望把圣天使堡里的文件整理、复制然后存放到使徒宫——一座为全世界天主教的君王而设的档案馆。1561 年，腓力二世对他刚任命的档案馆馆长也提出了相似的要求，要为他的帝国建立一个中央仓库；1578 年，伊丽莎白一世也下令建立公共档案局（Public Record Office）。到 17 世纪初，大多数国家都有了自己的档案馆。这些有望长久保存的文件加强了国家的制度性力量给人的印象，尽管不产生那么多文件的君主宫廷仍然是对政治动向最重要的地方。

让司法国运作起来

贤王自当秉公断案，现实却没有这么简单。大量的地方司法系统是掌握在私人（领主、教会、公社）手中的。总体来说，司法要么是地方性、廉价、非专业化的（容易出现偏私或更坏的情况），要么是遥远、昂贵、专业化的。人们从来不缺少对司法的需求。堆积成山的案卷和越来越多的对延误和法律骗局的控诉，从某种程度上来说，是在人们面对面的机会变少、以新的方式管理和产生纸上距离的社会中，要求国家处理争端的自下而上的压力导致的结果。麻烦在于人民的不同理想是不能同时实现的——不能要求司法系统既专业又廉价。

国家可以增加王室法庭的数量，把专业司法扩展到地方，增加王室法庭审理案件的种类。1650 年以君主之名主持司法的官员比 1520 年的要多。司法部门的规模扩大了，但是它的规模越大，就变得越不"公共"。比如在巴伐利亚公国，1508 年在慕尼黑领公国工资的只有区区 162 人，1571 年时增加到了 866 人。法国 1515 年时在司法和财政领域为国王效力的公务员有 7 000 ~ 8 000 人，1665 年，它已经成了一支 8 万人的大军。在新教欧洲大部分国家，教会法庭都已被废除，世俗官员成了教会事务的法官。而这些官员中大多数人，特别是在法国，是花钱买官的，到 17 世纪初，他们还买下了把官职转售给自己选择的其他人的权利（reversion）。在罗马和其他小型国家，司法官和财政官同样被卖给竞标的有钱人。公务员逐渐把他们的薪水视作他们投入国库的资本所生的利息。

另一个扩展君主司法的方法就是把习惯法法典化。习惯法在中世纪欧洲各地得到了广泛发展，特别是在地方司法系统不以罗马法为裁决依据的地方。国家鼓励官员统一和发布各种习惯。更方便的人口流动和居民所生活的势力范围的扩大化对社会规范提出了新的要求，作为对社会上改革呼声的回应，君主敕令被赋予了更高的重要性。改革理想触及公共生活的方方面面，从粮食价格到着装规范，再到娼妓管制。当时有一种要管制一切能动的东西的执迷心态：商品、价格、疾病、异端、无业游民，全部要管。这意味着设立更多的地方巡查官、财务员和认证官，但是这些官职通常也是被出售或外包给承包商的。"治安"（police）条例被反复颁布，并不表示它们没有用，而是体现了立法的教化能力。这是"司法国"（justice-state）的黄金年代，司法闯入了普通人的生活。

欧洲的统治者们最大的抱负在于接受臣民的诉状，以"衡平"（equity）的原则处理问题。让·博丹认为衡平是主权的基石，主权的威严体现为以审慎和仁慈回应臣民的诉状的权力，主权反映了神法，君主是神法的化身。法国国王扩大了行政法审查官的职权和适用范围，这些官员代表国王接受诉状，然后向御前会议汇报案件的曲直。

在佛罗伦萨，第一代托斯卡纳公爵科西莫一世鼓励臣民，如果遇到法律上的问题，就直接向他写信，他认为这既可以限制腐败，又可以把自己表现为人民的保护者。1564 年，维琴齐奥·丹蒂（Vicenzio Danti）受雇制作了一尊科西莫的雕像，放在新建的公国办公楼（Uffizi）内，这座雕像的一边是一座代表法律（"严格"）的男性雕塑，另一边是一座手持量尺（"衡平"）的女性雕塑。请愿建造这座雕像的是普通百姓，他们的请愿被表达为吁求君主的仁慈，在他们的表述里，衡平成了一座学校，公爵的臣民在这所学校里学习顺服和遵从国家的语言。1616 年，英格兰国王詹姆士一世在星室法庭（Star Chamber）发表演讲，称赞"衡平法庭"（Chancery）是他的神授统治的延伸："王的公道的传达者，永远遵从法律和正义……因此它胜过其他法庭，它统一了仁慈与正义。"对于早期的斯图亚特国王和 17 世纪初期的其他君主而言，司法等于审慎地施行君权，司法只属于主权者。

国家的神经

这个时代也是"财政国"（finance-state）的萌芽时期。财政汲取能力达到了此前做梦都想不到的水平，长期贷款也成了一种常态。税收型国家的建立是一个缓慢的过程。贵族靠自己的领地为生，16 世纪初君主被认为也应当这么做。在一些地方，统治者确实仍然靠领地为生。在奥尔登堡王朝的丹麦王国、黑森方伯领（Landgravate of Hesse）、瑞典——在一切货币经济不发达的地方——乡村被划分为以城堡为中心的各个地区，城堡是实物和货币的征收点。货币盈余的一部分会送往国王的国库。在欧洲北部，受到宗教改革和王室吞并宗教教会领地的影响，领地汲取（domain-extraction）一度比以前更加兴盛。但是，涓滴流到中央国库里的钱十分有限。以领地为基础的收入方式逼着官员把账本做得更好看，并且组织库房来储存和出售剩余物资。另一种方案是把领地转让给私人（或者说"私有化"），换取一次性或者定期的付款。

税收让国家得以享受 16 世纪经济增长的好处。丹麦在波罗的海的入口征收海峡通行费（丹麦王室因此有了一种独特的税收保障），并且对啤酒的销售征收消费税（Cise）。在黑森，16 世纪 50 年代领地汲取达到了极限，方伯的债务攀升至 100 万弗罗林，相当于年收入的 10 倍。于是黑森开始按人头征收再分配税，即使是贵族也必须交，消费税也开征了，事实证明消费税（和在丹麦一样）可以赚大钱。在我们有能力衡量的地方，税收是上升的（即使考虑到通货膨胀），有时上升的幅度非常惊人。

西班牙哈布斯堡王朝帝国的财政腹地卡斯蒂利亚的总体收入（包括从新世界来的白银）从 1522 年的 100 万达克特左右上升到 1598 年的 1 000 万达克特左右（大约 500 吨白银）；法国国库的入账从 1523 年的 346 万利弗尔增加到 1599 年的 1 760 万利弗尔（超过 200 吨白银，相当于新世界白银进口量的 70% 多）。奥地利哈布斯堡的财政国建立于 16 世纪后期，土耳其长期战争让它的税收增加到了原本的 6 倍。到 17 世纪初，光奥地利和蒂罗尔的税收总额就达到每年 6.6 吨白银。就连奥格斯堡或纽伦堡这样的特权城市，财政收入也在提高——纽伦堡的收入在某些年份相当于每年 8.1 吨白银。在那不勒斯王国，收入从 16 世纪初接近 44 万那不勒斯金达克特增加到 1595 年的 250 万达克特左右（相当于 42 吨白银）。英格兰王国的税收是要与议会谈判的，但是它的收入在 16 世纪也有小幅上涨。这种提升不仅限于君主国。威尼斯共和国的收入从 1500 年的 150 万威尼斯金达克特上升到 1600 年的 245 万达克特（相当于每年 66 吨白银）。教皇国也变成了一个财政大国。如果没有财政收入的增长，就不会有 16 世纪公共贷款的增长。这些贷款的利息支出意味着君主并没有变得更富有，但是他们的国家变成了规模更大的企业。

税收型国家在 17 世纪上半叶得到巩固，特别是对于三十年战争的参战国。卡斯蒂利亚的岁入从 1598 年的 1 000 万达克特上升到 1654 年的 1 800 万达克特。法国是最早熟的财政国，根据法国国务委员会和财政委员会出示的账本，1635 年法国刚开始出兵介入三十年战争时收入已经达到了一个天文数字——2 200 多吨白银和名义上全国粮食产量的 20%。尼德兰共和国的税收在 17 世纪 30 到 40 年代达到顶峰。在丹麦，财政国第一次成了人民生活中的一个重要特征，1629—1643 年的年度税收相当于 1600—1614 年的 2 倍，其中近三分之二都被用于常备陆军，其余的也大多被用于海军军费。

在 17 世纪上半叶税收型国家建设的大潮中只有几个例外。卢布林联合下的波兰－立陶宛的收支是相互分离的。在立陶宛，领地是国家的财产而非国王的财产。领地按理来说应当支撑国家的开销，但是它并没有做到这一点。领地反倒被用于质押贷款或租给贵族收取很低的租金。当瑞典侵入爱沙尼亚和立窝尼亚（它的存亡对立陶宛人最为关键）的时候，承租人被说服向新设的国库多出一些钱——1633 年引入的节制税（*kwarta*）——立陶宛人保证不进行领地检查，这笔新税也会维持在最低水平。1648 年哥萨克叛乱爆发的时候，向来不为南方战事出钱的立陶宛人勉强同意征收一笔紧急壁炉税（Hearth Tax）并调高消费税，但引发了极大的不满。

国家的主要收入来自波兰，不过17世纪初期受波罗的海和德意志战争爆发后国际粮食市场的崩溃影响的长期货币动荡（1604年到1623年波兰银币的内在价值下跌了41%）大大削减了波兰的收入。和立陶宛一样，波兰大部分王室领地也被低价租给了贵族，1633年，波兰国家议会不情愿地批准对这些领地征节制税。但是王室领地的承租人只交了象征性的一点钱，只有很低比例（大约15%）的领地（所谓的"table"领地，被视为一种君权收入）交了比较多的钱。因此波兰王室越来越依赖国家议会批准的特别税，其中最重要的是一项以1563年土地测量为基础的土地税。尽管波兰国王想要借瑞典战争和莫斯科沙皇国战争危机的机会进行改革，但是改革争议很大，引发了对国王的怀疑，这些改革从来没有得到实施，因为立陶宛和罗塞尼亚的大小贵族知道，如果进行新的土地测量，他们漏税的程度就会曝光于天下。唯一的办法就是寻找临时性收入，比如壁炉税和"冬粮税"（*hiberna*），然而它们的财政回报比不过它们对共和国政治稳定的破坏。1629年作为战时措施对啤酒、伏特加和红酒开征的消费税本来是最有希望的一笔临时收入，但是它制造的分裂太大了，以至于最后只有作为地方税才得以实施，王室从中没有得到一分钱。1648年哥萨克叛乱暴露了共和国致命的政治和财政脆弱性。

17世纪初期英格兰的税收型国家建设也是困难重重。1603年詹姆士一世即位时国库没有债务。从王室领地增加收入还有很大的潜力，关税这个王室收入最大的来源还没有达到自己的上限。同波兰－立陶宛共和国一样，不列颠的三个王国的收支也是相互分离的。爱尔兰从来没有能力自给自足，苏格兰只是勉勉强强，英格兰被指望承担国家最主要的负担。和在波兰一样，这样的格局引发了政治问题。君合国需要的宫廷规模比以往更大——别提欧陆宫廷如今已经达到了什么样的规模了——英格兰议会一开会都要批评扩大的开支和产生的债务。1617—1624 年财政大臣莱昂内尔·克兰菲尔德（Lord Treasurer Lionel Cranfield）决心控制王室财务，削减开支，结果到詹姆士一世统治的最后一年也只把赤字降到了 16 万英镑。与此同时，由于英格兰王室支付仆人的方式是给予他们获得酬金、养老金和年金的机会，因此克兰菲尔德控制开销的高昂热情仅仅是让人以为腐败更严重了。

不列颠王室把关税外包给领导商团的各类廷臣，将君权职能与收益分授给承包人，以此处理不断攀升的债务。从根本上改革的努力都失败了，最有名的一次是 1610 年的"大契约"（Great Contract），当时国王和下议院（Commons）差点就可以达成废除君权收入换取议会保证每年按总额拨发补助金的协议。谈判失败的原因是双方的政治意愿都不够强烈，但是它的原则在 1621 年、1626 年、1641 年的谈判中多次重现。斯图亚特王室不愿意放弃象征国王至上的君权。议员不能确定如何每年征税，他们知道这么做会遭到选民的非难，而且周围的人对宫廷腐败的指责在一定程度上说服了他们。

17 世纪 20 年代，斯图亚特王室如往常一样希望通过召开议会寻求援助，为他们在三十年战争里规模不大却考虑不周的军事行动提供资金。议员被国王提出的数目震惊了，但是大陆战争不断变化的现实带来的军事开支上涨的速度已经远远超出英格兰人有限的经验，而且按照议会的看法，1621 年、1624 年、1624 年和 1628 年的议会已经相当慷慨了（1628 年议会批出了 5 笔补助金，16 世纪 90 年代伊丽莎白一世根本不敢向议会提这么多要求），而这些钱越来越达不到斯图亚特王室的期待。1628年的补助金总计27.5万英镑，议会的条件是国王除了自己权限内的收入外不可以再收别的钱。但是这样的数字在国王百万英镑的需求面前只是杯水车薪，补助金就像波兰的土地税，名义上是对一个人的土地一年的价值征税。而且和波兰国家议会一样，英格兰议会无法对他们投票通过的补助金的估值实施控制，实际收入的下降——从伊丽莎白时代中期的13万英镑下降到5.5万英镑——反映了通货膨胀和人口流动性增加，也反映了地方自治体系的现实：没人可以强迫显贵人物缴足他们应付的份额。17世纪20年代，召开议会的财政回报下降了，政治成本却上升了，因为议会辩论的重心从如何提高收入转移到了教会和国家的基本法上，最终导致了1628年6月7日的《权利请愿书》(Petition of Right)。上议院（Lords）和下议院达成一致，国王只得勉强签署认可，《权利请愿书》旨在限制非议会税收、强迫民宅供军队宿营、无理拘禁和戒严令的使用。

17世纪30年代，查理一世从三十年战争中抽身，竭尽所能地筹钱。和波兰国王一样，他也求助于君权带来的临时性收入。这让他可以实行强制贷款，发放生产或销售某种商品的垄断专利权，这种专利权很容易沦为消费税（在肥皂垄断问题上基本就是消费税了）。1630年，他搬出一条尘封已久的特权，向所有未在他加冕时受他封爵的骑士处以罚金，此计大获成功，征到的金额相当于两笔半议会补助金。他还利用自己的权力强制推行保护森林法。不过，正如1635年威尼斯大使观察到的那样，这些是"错误的财源，因为它们只能使用一次，这样的计谋是支撑不了一个国家的"。

查理的另一项临时性收入是"造船费"（Ship Money），这笔用于扩大海军的君权赋税被摊派给各郡郡长，他们负责与地方势力谈出一个各方都认为公平的价钱。造船费引发了很大争议,因为(正如当时的一位观察者所言)"在每个地方都有一些心怀恶意的家伙,想方设法地抹黑和非难……把它说成一项重负,一项破坏臣民自由的创制"。这项税收起初非常成功,充分证明在查理的个人统治期(Personal Rule)——1629—1640年查理不倚赖议会进行统治的11年——斯图亚特王室日益遭人怨恨的看法是不对的,而有组织反抗的警讯是存在的。东盎格利亚有一个清教徒网络,他们拥护白金汉郡乡绅约翰·汉普登(John Hampden)和贝德福德(Bedford)伯爵,通过普罗维登斯岛公司(Providence Island Company)的会议聚会。他们希望找到理由挑战税令的合法性,1637年,查理一世允许税务法庭(Exchequer)审理汉普登案。汉普登的律师包括奥利弗·圣约翰(Oliver St John),他是沃里克(Warwick)伯爵和贝德福德伯爵的法律顾问。圣约翰称,如果诚如税令所述事态紧急,那么(自税令颁布以来有充分时间)国王应当召开议会处理此事。汉普登的另一位律师从更整体的角度对君权发起挑战,君权让国王打赢了官司。芬奇首席法官(Chief Justice Finch)宣布"无论是否召开议会都不妨碍"国王为保护王国征税的君权。

这场官司没有加强反抗的动力,也丝毫没有扰乱征税的继续进行。直到1639年苏格兰爆发主教战争(Bishops' War),导致对地方征税和为军队征兵的需求难以同时满足,1628年《权利请愿书》时代的不满才再次出现,枢密院征收造船费的做法终于告一段落。但是那时,查理无力通过君权筹资消除赤字的失败已经暴露无遗了。1639年,32.8万英镑的未来收入已被预支,没有结清的账单堆积成山,(因为他的主要贷款人都已经去世或破产)他的财政来源只剩下关税承包人和自己的仆人——劳德（Laud）和斯特拉福德伯爵。

在委员会为开征新税出谋划策的时候，对粮食、红酒、啤酒和食盐征间接税是一种受国王青睐的选择，因为这可以被视作一种君权，而且据说这种税要么落在局外人身上，要么被隐藏在产品的售价之中。瑞典首相阿克塞尔·奥克森谢尔纳（Axel Oxenstierna）宣称这种税"受神喜悦，于人无害，不易触发叛乱"。老百姓可没那么容易被骗。在君权宣称有效、商品价格高且弹性大、经济上行的情况下，单一产品消费税可以发挥效果。但是在货币经济不发达的环境下对廉价商品征税，而且税收的合法性令人存疑的话，它就会引发叛乱。盐税在热那亚和威尼斯等财政国经过检验，运行良好。而在法国中部地区，盐税的实施方式是强迫居民购买产品，于是造成了普遍的诈骗和周期性的反抗盐税的叛乱。在西班牙半岛也是，17世纪30年代开征消费税引发了省级叛乱。尼德兰共和国是第一个开始对各类商品征收消费税的国家——可能就是尼德兰发明了消费税这个词。在城市化的大环境下，消费税为新政权提供了财政基础。法国仿照尼德兰的先例，开征标价税（*pancarte*）——这个名字来源于主要城镇入口处张贴的关税价目——结果引发了叛乱，标价税在1602年停止征收，直到1640年才小心翼翼地作为战时措施重新开征。在英格兰亦然，17世纪30年代查理一世以君权为基础扩大国家收入的做法引来了群情激愤。

财政创制需要为征税建立更强大的行政结构，尽管征税的许多工作仍然是在地方社区完成的。这些创制需要新的官员、司库和会计。法国1523年设立司库大臣（*trésorier de l'épargne*），由多位财政司库和（从1542年起）16位财政区（*généralités*）地方司库辅佐。在哈布斯堡西班牙，中央的财政委员会（*Consejo de Hacienda*）有权管理卡斯蒂利亚的收入，其他独立委员会负责监督其他王国和诸侯国的收入。财政委员会技能高超，预算做得非常精确。西班牙的财政官统合广大领土上各种复杂的金融操作，处理巨额资金。虽然没有一个集中化的财政部，但是各委员会记录收支，清楚帝国的合并债务和流动债务，知道什么时候事情出了错。

尽管国家官僚得到了强化，但是财政国的巩固主要还是靠征税和开支的外包。盐税、关税和消费税——还有君主宫廷与军队的供给——被通过合约外包给包税人和供应商。包税保证了现款收入。在一些国家，包税给了廷臣或君主身边的其他人安排租约时操纵与贿赂的机会。最重要的是，包税就像贷款一样可以把资源预支到今天使用，而征税的困难被交给了那些能变出钱、有与地方代理人联系处理复杂的征税操作经验的人（包税财团通常包括富有的商人和官僚）。缺点在于，包税使国家在某种程度上远离了与以国家之名征收的税赋，国家无法计算包税人的利润（更别说削减他们的利润），而包税体现的贪婪所造成的不得人心落到了国家的头上。

到 17 世纪上半叶，外包已经成了一种常态。随着财政国的巩固，参与包税运作的人越来越多。到 1650 年，法国有 6 万多名公务员，以及为他们干活的数百名包税人——所谓的 *partisans*，因为他们签了 *parti*，也就是合约——和数千名代理人（*commis*）。合约给国家带来了资金、贷款和专业知识，不过其过程复杂、秘密、离奇。尽管包税合约在表面上应由出价最高的人竞标获得，但是合约签订者用的是假名，而且他们能保证只有一个人竞标，甚至根本没有人竞标。法国政府在战争时期一直在进行着猫抓耗子的比赛，它被迫向包税人借钱以保持资金流不断。调查侵吞公款的法律机制名为"司法堂"（*chambre de justice*），然而紧急时期不能设立司法堂，除非被司法堂起诉的人不再是国家的债主。虽然包税交易是秘密的，但是包税人喜欢用奢华的巴黎住所和生活方式炫耀自己的财富。包税人越无法无天，在批判他们的人眼中公私的界线就变得更重要，法国首都与外省的差距也拉得越大。反对包税的人称他们为"毒蛇"和"吸血鬼"。随着包税制的债务金字塔的危险性越发明显，批评者越来越多，批评声也越来越大。

西班牙通过合约把财政运作转包给包税人也已经成了一种惯例。它也经常无力兑现合约义务，解决方式就是停止支付合约款项（即宣布破产）。三十年战争的财政压力使西班牙王室的债务难以周转，它更加急切地要寻找别的方法维持帝国财政。1627 年，政府在宣布破产的同时下调币值以降低政府负债。而且，奥利瓦雷斯伯爵－公爵为西班牙的合约体系找来了一些新的参与者——住在塞维利亚和马德里的葡萄牙犹太商人家族，他们在远东、巴西和欧洲北部的商业活动为他们提供了现金储备。奥利瓦雷斯伯爵－公爵诱惑他们的方法是对 1626 年之前改回犹太教的行为颁发特赦令，保证他们的投资不会被宗教裁判所罚没，而且给予他们财政委员会的官职。然后他又唆使他们与热那亚的金融家竞争，这样犹太人和热那亚人就分担了西班牙王室 17 世纪 30 年代的重负。17 世纪 40 年代初，至少未来五年所有的租金和税金都已经被质押过两次了，西班牙的财政崩溃迫在眉睫。债券的本金偿还已经终止，利息支付也有停止之势。受到欧洲南部农业歉收和人口下降的影响，卡斯蒂利亚等地的实际收入下滑了。从 17 世纪 40 年代起，从新世界流入的白银在数量和价值上也开始下降。开征新税在政治上已不再可行，因为帝国各省的叛乱在 17 世纪 40 年代此起彼伏。西班牙在大西洋的军事和海上灾难削弱了葡萄牙新基督徒银行家的偿付能力。1645 年，马德里的一家新基督徒商行倒闭，其他商行不愿再借给政府钱了。伴随《威斯特伐利亚和约》的是西班牙两次宣布破产（1647 年和 1652 年），葡萄牙和热那亚的银行家遭到了毁灭性打击。

法国是 17 世纪上半叶最早熟的财政国，它的演化提供了广义上的财政国运行的一个最鲜明的例证。官职和年金构成了法兰西王室债务周转的核心。1600 年时，法兰西王国出售王室官职的做法已经非常普遍化和制度化，两位枢机大臣在任期间（黎塞留，1624—1642 年；马萨林，1642—1661 年）卖官鬻爵达到了新的高度。新的公职类别被发明了出来；有些公职被"分期化"（semesterized）了，这样两三个人可以共享一个工作；高级法官职位也被拿出来卖。反对这些措施的人援引基督教共和国的理念，称正义遭到出卖，国家已经腐化。1604 年，官职继承权也变成了一个税种，称作"鲍勒税"（Paulette），因为第一个签订合约的包税人叫这个名字。随着巴黎市政官员的职位也被拿来出售，巴黎市的年金销售也经历了巨大的转变。悖论在于，这撕下了"发行年金的是一个独立于国家的机构"的伪装。到 17 世纪 40 年代，法国所有的财政收入都已转包出去，丁口税（tailles）也不例外。1637 年，包税人得到了决定哪一笔收入应当履行，哪一笔收入不履行的自由裁量权——这样他们就对收入流有了决定权。年金利息和公务员薪水的支付延迟得越来越严重——法国参加三十年战争的 1635 年的最后一个季度的钱迟至签署《比利牛斯和约》（Peace of the Pyrenees）的 1659 年才发放到位。17 世纪 30 到 40 年代，法国财政呈现出完全颠倒的态势，税收从未如此高企，国库从未如此空虚。

随着战争经费的需求越来越迫切，高息短期贷款被使用得越来越频繁。贷款利息是通过现金（comptants）支付的，这样就可以绕过法国王室会计程序的审查。贷款的收益损害了国家的利益，而收回本息的放贷者又把新的贷款借给国家。就连黎塞留和马萨林他们也向国家借过钱，并且得到了丰厚的回报。黎塞留的"奴才"包括非常规财政机器的重要人物，他信赖这些人的忠心和判断。国家主权变成了一种先斩后奏的（coach-and-horses）合法化工具，为强制贷款和容许总督使用司法与财政权力镇压省级民众叛乱提供借口。

法国各地都爆发了公开反对包税人的农民起义。在鲁昂、波尔多和普罗旺斯等地，反对政权的人还包括在投资王室官职与年金时利益受损的官员，以及被巴黎领导的财政规划排除在外的地方贵族。法国思想家布莱士·帕斯卡（Blaise Pascal）17 世纪 40 年代初在奥弗涅"光荣赋闲"，因为他的父亲参与了 1638 年 3 月的巴黎食利者（rentiers）叛乱，被迫逃亡以躲避打击报复。法国国务与财政委员会看到的预算案都是一些虚构的数字，反映了维持法国财政的外包和弄权。巴黎官员希望通过合法抗争而不是叛乱的方式来反对这些创制，运动后来演变为投石党叛乱，叛乱的同时法国破产了，虽然这次破产没有告知公众。

尼德兰的财政经验和法国的大不一样。虽然联省共和国是一个小国，但是也有必要征收空前高额的税收以应付战争。尼德兰人参与了三十年战争中几乎每一个反对哈布斯堡的联盟。1618 年，他们支持波希米亚起义，普法尔茨选帝侯弗雷德里克五世（Frederick V）带着自己的宫廷流亡到了海牙。1625 年西班牙发动进攻时，尼德兰领导了包括丹麦在内的反哈布斯堡联盟。1624 年法国加入联盟，1630 年瑞典加入联盟。尼德兰的海陆军和卫戍军需要的给养比法国更多，军人占总人口的比例比法国的更高。不过尼德兰没有破产，外包和转包也得到了控制。国会代表通过配额制把在联邦层面协商好的税收分摊到各个省份。消费税每年按照合约外包，而不会绕过会计程序的监督。1625年，关税一度也被外包，但是荷兰省议会的反对派抗议承包财团的利润与非法行为，成功地结束了这次实验。

省议会以很高的税率征收各种各样的税赋。荷兰人的平均税负从1621年到1650年增长了21%。在莱顿，税负占到了啤酒价格的60%、面包价格的25%和肉类价格的14%。然而，公开叛乱的次数屈指可数，只有1624年开征黄油进口税之后有一次大规模骚乱，还有1637年弗里西亚（Frisia）有一些动乱。最重要的原因在于，长期债券被注销成永久性可转让的租金和终身年金。这些负担许多都被"主体"（generality），也就是作为整体的国家（States）承担了，这意味着所有地区都采用了共和国核心地区（荷兰、乌得勒支和泽兰）的低利率。因为债务是按照配额分摊的，所以作为最大的邦国，荷兰的公债上涨幅度最大。到1648年，荷兰的总债务达到了1.25亿到1.47亿荷兰盾之间——这是1618年规模的30倍以上。但是，荷兰没有破产。

最初几任同盟库务长官（Receivers-General of the Union）出自道布尔思（Doublet）家族——来自梅赫伦的流亡商人。他们在海牙的家位于福尔豪特（Voorhout），邻近国会所在地内廷（Binnenhof），他们的住所充当了非正式的国家财政部。他们凭借商业头脑和意愿，为国家利益承担风险，也获取了巨额回报。议会代表控诉他们贪污腐败，他们1618年的账本在十年之后仍未接受审计。省议会和国会对国家财政的事抱着现实主义的心态。到头来，是联省共和国政治与金融机构的分散性给了投资者信心。这一点加上尼德兰的经济繁荣使利率可以维持在低水平。国债申购者随时准备借钱给国家。在 17 世纪中期的欧洲政治中，战争造成的高税率不一定会带来危机。

17 世纪初期的统治者们喜欢吹嘘自己的财政和军事实力。事实上，两者都非常依赖国家内部（infra-state）的财政组织和政治意愿。英格兰大使写到亨利四世带他在巴黎沿卢浮宫和军械库（Arsenal）之间的堤坝散步时如何自夸，亨利说他一端是军械，一端是财富，这些足够支撑他"在漫长的战争中打到最后"。萨伏依公爵查理·埃马纽埃尔在 1601 年造访巴黎时对亨利说，萨伏依和皮埃蒙特的区别是，"我能从萨伏依得到我能得到的，从皮埃蒙特得到我想得到的"。1632 年巴伐利亚公爵马克西米利安一世从他领地上汲取的财富之多连他自己也感到不解，这反映出他的前辈绝不可能聚敛到这么多钱。国家事务就是金钱事务，西塞罗说钱是"国家的神经"（pecunia nervus rerum）。利维坦国家暴露的现实就是承认（按照 1611 年马克西米利安公爵的说法）："困境之时的贫穷君主既无权力亦无声望。如果他失去了这两者，公共事务的管理就会崩溃。"

战争事务

军事变革对欧洲各国造成了深远的影响。这场变革有时被称作"军事革命"，尽管这个说法不能充分地表现出它是一个长时段的连锁反应，但这场变革完全改变了国家保卫自我的方式。15 世纪意大利发生的变化到 18 世纪初仍然能感受得到。某种程度上因为枪械和火炮对战争行为产生的影响引发军备竞赛，改变了军人的着装、携带的装备和他们需要的训练与准备。它彻底改变了骑兵的角色和战术，它也改变了战斗造成的创伤和士兵死亡的概率。枪械为战争的资本投入带来了重大改革。武器必须花钱购买,提前储备。更强大的堡垒需要在作为固定资本的建筑物上投入更多的钱用于建筑维护和全年驻防。更强大的堡垒意味着面临更长时间的围城,这需要额外的装备,而且作战时间也从通常的夏季扩大到了其他季节。海上也在发生类似的军备竞赛,船上配备的火炮越来越多,战术也发生了转变,战斗成了火力的竞赛,正如大炮之于围城的意义一样。

军事变革直观可见的结果就是今天仍然遍布在欧洲的诸多堡垒。这些独特的箭头形棱堡下部用石头或砖头加固,防止城墙遭到腐蚀,外围工程(outer-works)可分为三角堡(ravelins)、双角堡(horns)和皇冠堡,都是为了向来犯的攻城者倾泻火力而设计的。工程师十分抢手,国家需要以最新的堡垒设计来提升自己的防御力,所以君主们竞相用工程和报酬来吸引工程师。17世纪初的军事手册充满了弹道学的详细说明,欧洲愈演愈烈的国际矛盾体现为数千公里长的新落成或改造过的要塞防线。亨利四世的堡垒负责人(叙利公爵)命令工程师沿从萨伏依到皮卡第的法国边境建立的防线就是其中之一。尼德兰与西班牙哈布斯堡的工程师在尼德兰和下莱茵兰境内的河流两岸也修建了自己的防线。奥地利哈布斯堡和奥斯曼人各自在匈牙利平原上建设防线相互对垒。

这些堡垒在军事革命中的重要性可能被夸大了。围城是漫长而复杂的过程,非常耗费物资和生命。大炮很笨重,而且只能以很低的频率发射迫击炮弹。如同海战一样,为围城战所做的动员可能招致后患。法军指挥官在三十年战争中发现自己被巴黎的战略制定者派去执行一些吞噬大量物资、战略价值有限的围城战,然后他们的收获又被其他某处要塞的失守抵消了。在三十年战争和英格兰内战中，精明的军事指挥官会避免围城战。重要的是行动的有效性，为了实现这一点，国家的军事方面实行了转包，以此拥有一支训练有素的可靠军队，为士兵提供给养和兵饷，动员他们去执行三十年战争的消耗战要求的艰难行军和战斗。外包作为军事"放权"（devolution）和军事"革命"（revolution）同等重要。

用雇佣兵来补充君主所有的资源是一种惯用的做法，特别是在基督教世界的边境地区，这里出现了政治真空，盘踞着习惯于烧杀抢掠的武装群体（比如哥萨克人、乌斯科克人等民族）。私掠是海军外包的惯用手段。意大利战争中哈布斯堡和瓦卢瓦的军队里都有来自意大利半岛名门（斯福尔扎家族、贡扎加家族）的海军佣兵队长，他们的契约里有时会有一条准备作战条款（*condotta in aspetto*），保证他们的人马随时准备参加下一场战役。16世纪欧洲训练最好的军队就是雇佣兵。瑞士步兵练出了一种组织防守型方阵的技术，方阵由戟兵组成，外围由长枪兵保护。这种阵型后来被西班牙的大方阵和德意志的雇佣长枪兵模仿。雇佣长枪兵是德意志小领主和小贵族通过神圣罗马帝国培养出来的雇佣兵种，他们训练好之后再分批与其他君主签订契约。瑞士步兵方阵的有效性依赖于通过连队组织贯彻的战斗技能和优秀的领导。

这些品质都是靠经验获得的。瑞士军人来自组织严密的农民社区，同乡编入同一队。他们的指挥官来自视当兵为光荣职业的家族。双倍薪水的矛兵镇守连队的侧翼，在部队遭到打击时发挥尤为重要的作用。雇佣长枪兵的兵源背景更为多样化（宗教改革之后包括教派多样化），很多人都把它视为一种纯粹的职业。每个连队选出自己的军官，军官负责部队的调动、住宿和补给，在军长面前代表士兵的利益。和瑞士的连队一样，这些人也被分成小组一起训练。德意志雇佣兵的军长出自小领主或帝国贵族，但军官是广大士兵"推举"（acclaimed）出来的，他们有自己的议事会，这个机构也集体负责贯彻军队纪律。雇佣兵的服饰是出了名的张扬——五彩斑斓的外衣，开衩的袖口，尺寸骇人的遮阴布——反映了这些爱炫耀自己性能力和杀人能力的男人的文化与社会假设。

骑兵连队（Reiter）的需求也很高，这是德意志雇佣兵生意的另一个组成部分。军事变革使传统的"重骑兵"（man-at-arms，一人一马，身披板甲——成了一种专业化的昂贵兵种。17世纪重骑兵仍然存在于法国、威尼斯和米兰，以满足贵族的虚荣心，但是在大多数地方他们都被穿着一定的护甲骑马作战的弩手和手枪射手组成的小队取代了。德意志骑兵擅长于一种名为半旋转（caracol，西班牙语"蜗牛"之意）的手枪兵战术，这种战术可以打垮敌军的步兵方阵，或是趁方阵崩溃之际大肆踩躏。新教徒在米尔贝格的失败（1547年）主要是这一战术的结果。在战场条件下采用这种机动必须要有丰富的经验。

比以往更长的战役季节、更大规模的军队和消耗型战争增加了雇佣兵的机会。与此同时，囊中羞涩的君主更加希望与军事承包商分担军队训练、装备、兵饷和供给的负担。军事野心家既是承包商又是放款人。野心家存在于军队的各个等级，从军长、私掠船长到军械商和供应商，上至陆军和海军的将军。他们与国家的关系多种多样，取决于他们提供什么（以及国家需要他们做什么）。野心家扩大经营范围、贷款给君主和政府、承担行动职责的意愿，本身就有可能使战况更加激烈。

海上和陆上一样，也有财务运营承包商（operational-financial contractors）。哈布斯堡的地中海桨帆船队是由私人承包商建造、供给和维护的。热那亚桨帆船队与哈布斯堡签订了合约。1588年西班牙无敌舰队中有3艘船是私人承包商制造的，那一年6万吨位的船只中有4.5万吨位来自雇佣商人。船长们（弗朗西斯·德里克和沃尔特·雷利都是响当当的例子）用自己的船进行风险投机。他们从财团募资，自己从事私掠或者把船租给国家，视情况而定。"得到一艘好船，然后小心地管好它"是说给英格兰士绅的晚辈的建议，他们接受的教育使他们相信伊丽莎白时代冒险家大发横财的夸张故事。

军事承包最大的利润来自军械和弹药的供应。热那亚、汉堡和阿姆斯特丹是供应中心，但它们也依赖次级供应商。热那亚的斯特凡诺（Stefano）和巴尔比（Balbi）两大商业家族向西班牙军队提供护甲和武器。马尔塞利斯（Marselis）兄弟是为欧洲北部的军队服务的汉堡军械商之一。阿姆斯特丹军械制造商埃利亚斯·特里普（Elias Trip）为荷兰东印度公司建造战舰，但是在《十二年停战协定》（1609—1621年）期间他把这些船出租给了葡萄牙人和威尼斯人，之后又把它们租给尼德兰人和法国人。路易斯·德·海尔（Louis de Geer）的产业包括17世纪20年代在瑞典建立的铜厂和铁厂，1644年瑞典将军伦纳特·托尔斯腾松（Lennart Torstensson）找到他，希望他连人带炮提供32艘尼德兰战舰给丹麦以和挪威作战（托尔斯腾松战争，1643—1645年）。德·海尔欣然应允——当然是收费的（466 550银圆）。

16世纪后期到17世纪初期法国和尼德兰的新教军队从德意志招募步兵与骑兵。他们签约是为了长期备战而非为了某一次战役。合约条款是在莱茵兰的城市签署的，雇佣兵的指挥官在这里筹措资金。尽管佛兰德斯军的核心是西班牙老兵，但是部队的主要兵员也是按照类似的方式招募来的。1603 年尼德兰南部的大公政府把行动指挥权交给了热那亚野心家安布罗焦·斯皮诺拉（Ambrogio Spínola），他的信用比西班牙政府还要好。在与土耳其的长期战争中，奥地利哈布斯堡的兵团来自意大利、西班牙、法国和德意志，这支国家化的军队里还有许多新教和天主教的野心家，哪里有机会，他们就往哪里去。

训练的重要性随着一定程度上大规模生产的便携式火器的普及而与日俱增。这些火器包括结实的滑膛枪（发射时需要一根立在地上的支架作为支撑）和轻便的火绳枪。这些枪械在早期是用火绳点火的，火绳是一种很原始的装置：把一条缓慢燃烧的引信垂到点火盘（flash-pan）中，通过操纵扳机（hand-lever）来点燃火药。而卡头机（dog-locks）、簧轮机（wheel-locks）、燧发机（flint-locks）——都是用来打火点燃弹药的装置——使用得越来越普遍。燧发枪的发明一般归功于法国枪匠（他也制造鲁特琴）马兰·德·布儒瓦（Marin le Bourgeois），法国国王亨利四世和路易十三都是他的赞助人。然而武器的重量和性能不可兼得，只有口径更大的滑膛枪可以在 200 步外射穿铠甲，而且直到三十年战争（这时用来提高猎枪准确性的枪膛来复线被用在了军用枪械上）之前滑膛枪的准确性都很差。因此便携式火器只能大批量近距离使用，而长枪兵对于在战斗中保护步兵仍然十分重要。这样的发展使训练和经验得到了更大的重视。

17 世纪早期，渐渐出现了一种以线性阵型代替传统的部队大方阵的趋势。马基雅弗利在 1521 年的《兵法》（*Art of War*）中较早强调了线性阵型的好处。当时的人也知道它的弊端，线性阵型牺牲了方阵的结合力。如果侧翼遭到威胁，一字长龙就必须转向，这种机动非常费力，需要操练和军官的监督。其他新阵型也存在着这样的取舍问题，比如将护甲轻便、运动迅速的骑兵编为小型单位和浅层阵线，在战场上就有更强的机动能力，但这就放弃了以多层骑兵纵队向敌军阵地发起连续冲击的可行性。西班牙人继续使用方阵，而且看不出这有什么劣势。法军迟于采用新的骑兵阵型，而这并没有妨碍他们取得罗克鲁瓦（Rocroi）大捷（1643年5月19日）。战场战术不是军事革命的急先锋。

大量印刷出来的书覆盖了战争的方方面面。文字、图表、铅兵、木雕和机械玩具说明战争是人们热切讨论的主题。伊丽莎白时代的军人罗杰·威廉姆斯（Roger Williams）写到，"每一天"都有"新的发明、战略、武器革新、军用品，以及各种刚发明出来的新东西。"然而，一个人从书里学到的再多，也比不上亲身经历的体验。16世纪后期的战争产生了许许多多的专业技术，给下一代军人留下了重要影响。16世纪80到90年代佛兰德斯军的西班牙统帅亚历山德罗·法尔内塞的教育备受尊崇。亨利四世和拿骚的莫里茨与他的堂兄威廉·路易斯的指导同样宝贵。下一代的欧洲新教徒看到了他们的成果，并且在一定程度上模仿他们的做法。威廉·路易斯在1594年12月写给莫里茨的信中讨论了以古希腊军事作家埃利安（Aelian）的战术为蓝本的五排滑膛枪兵轮换的战法，希望能复制罗马人据说用投枪和投石器制造的枪林弹雨。事实证明需要10排才能达到那样的效果。正如当时最成功的军事手册雅各布·德·吉恩（Jacob de Gheyn）1607年出版的《火绳枪、滑膛枪和长枪的武器训练》（*Arms drill with arquebus, musket and pike*）所述，高强度的训练是不可或缺的。

人文主义者歌颂应征入伍的民兵的美德，抨击雇佣兵的不可靠、无操守和缺乏热情。他们的理想是基督教共和国的公民支持自己的君主保卫自己的家乡。然而现实是征募公民参军的做法（例如马基雅弗利1512年在佛罗伦萨的实验和16世纪40年代法国的"军团"）无一例外地失败了。他们成本低，训练差，很容易临阵脱逃。尤斯图斯·利普修斯（不熟悉军队但很熟悉塔西佗）对穿着浮夸、目无法纪的雇佣军的批判影响了下一代人，他更喜欢训练有素的征召兵。他的《政治六论》（*Politics*）的第五卷的英文译本中说"我也要求他们穿着朴素"，他将这本书视为"使军人严格遵循勇气与美德"的方案。三十年战争中的军事野心家和英格兰新模范军的将领训练自己的士兵，不是因为他们读了利普修斯，而是因为他们与自己指挥的军队安危攸关。

1620—1650年参加战争的军队是通过各种各样的方式培养和维护的。一个极端是由国家出资、管理和指挥的军队（法国和西班牙的部分军队、瑞典军队的主力、新模范军），另一个极端是承包商将领手下独立王国一样的军队，比如阿尔布雷希特·冯·华伦斯坦（Albrecht von Wallenstein）、恩斯特·冯·曼斯菲尔德和萨克森－魏玛的伯纳德的部队。在两个极端之间是野心家提供的海军和陆军单位，他们大体上是受政治家指挥的；一定程度上受国家节制的军事行动，它们的一些基本要素（军械、补给等）是外包出去的，还有专业供应军械和其他服务的商人。军队外包到什么程度由具体情况决定。所有军队的共同点是他们愿意参加更持久更艰难的战斗，承受更大比例的伤亡。三十年战争中的一些战斗——例如1638年的莱茵费尔登（Rheinfelden）之战和1644年的弗莱堡之战——耗时超过24小时。1642年第二次布赖滕费尔德（Breitenfeld）之战中帝国军死伤或被俘的人数达到一半，另一方的瑞典军队也有30%的伤亡。在1645年的扬考（Jankau）之战中，伦纳特·托尔斯腾松手下用德意志雇佣兵组成的瑞典军队对阵梅尔希奥·冯·哈茨费尔德（Melchior von Hatzfeld）领导的帝国军。战斗结束时，帝国军 1.6 万人中有四五千名士兵被杀或失踪，另有四五千人被瑞典俘虏。军队中的士兵坚忍顽强、善于应变，他们能随时强行军数百公里然后立刻参加会战。

这样的责任心并不源自对个别统治者的忠诚，除非这个统治者亲身上阵，比如古斯塔夫·阿道夫和奥利弗·克伦威尔。它和宗教狂热或爱国热忱也没什么关系。军队的民族构成多种多样：1631 年古斯塔夫·阿道夫在德意志北部的军队包括 4.3 万名瑞典人和 3.6 万名德意志人、苏格兰人、立窝尼亚人与拉脱维亚人。佛兰德斯军名义上是西班牙的军队，但是兵员来自五湖四海。军中一个意大利军长可能招募德意志或匈牙利的士兵，辅以意大利或是别的什么地方的人手。军长和指挥官通常不会强行规定军队的信条归属。根据经验而非宗教热情招募和保留军人的结果就是教派多元共存。许多在英格兰新模范军（1645—1660 年）中效力过的人是为宗教原因战斗的，众所周知克伦威尔会任用地位卑微但新教信仰坚固的人。他对曼彻斯特伯爵写道："我宁可用一个知道自己为何而战、热爱自己战斗理由的平凡的褐衣队长，也不想要你们称之为绅士但是什么都不懂的人。"但是等到 1647 年到 1649 年下层官兵因为欠饷问题变得关心政治之后，他们开始支持独立派（Independents），独立派拒绝国家强制推行宗教信条。像罗伯特·芒罗（Robert Munro）这样的苏格兰加尔文宗信徒"为了宗教事业"加入古斯塔夫的军队，为一个显然兼容并包的路德派而战，他们的对手是天主教法国资助的本国教会当权派。耶稣会士安东尼奥·波塞韦诺 1569 年出版的《一个基督徒士兵》（*A Christian Soldier*）——这本书曾在勒班陀之战前被发放给参战部队——讲述了巴伐利亚的马克西米利安坚持要让军中的天主教军官接受其他教派的决心,这本书也借鉴了十字军东征的传统。到1650年时,后者显然已经消退殆尽了。

军事责任心是在军队内部产生的。战场指挥官兼野心家的经济利益取决于他的部队的存活与胜利。他们自己的声望和后台老板的财富依赖于他们所做的决定。部队的存续依靠培养和保存有经验的士兵。不管短期上招募废物能得到什么好处,长期来看总是"能干"的水手和"老战士"的经验最为宝贵。想要得到这些人的效力,就要从最广泛的背景搜罗人才,给他们提供有竞争力的报酬和优良的装备,提高双倍薪水的人在行伍中的比例和升职的前景。各个国家为军事野心家的服务互相竞争的现实加上一年又一年的战争,使三十年战争时代的人更相信军人是一种职业。1649年1.5万人的巴伐利亚军解散时,有6个团从1620年就开始服役,另有6个团也已经服役了超过20年。德意志军队大多数的团都连续参战过至少六年左右。最重要的是,战场指挥官要对自己手下的给养和薪水负责,他们的信贷来源和后勤支援对军队的胜利至关重要。

"……派去国外撒谎"

随着基督教世界团结的破裂,它既有的政治统治集团也分裂了。君主自封的专有头衔及其在外交中引发的争吵就体现了这一点。皇帝传统上享有的显赫地位遭到了瓦卢瓦国王的挑战,后者自称是"教会的长子"(1494年圣诞节教皇亚历山大六世在向查理八世致敬时使用了这个称呼),马德里和维也纳都反对这个称号。在特伦托公会议最后一次会议上，腓力二世不顾罗马的警告，声称自己的地位高于其他欧洲君主。17 世纪 30 年代，英格兰派驻路易十三宫廷的大使彻伯里的赫伯特勋爵（Lord Herbert of Cherbury）记起一件轶事，他说腓力二世责怪一个大使为了礼节上的争吵而中止谈判。据说大使回答道："虚礼而已……陛下也只不过是个虚礼而已！"

习俗决定了君主处理相互关系的方式。他们在写信时习惯于称呼对方为"我的兄弟"、"我的姐妹"或"我的亲人"，在王朝关系中这些称呼往往并非虚言。他们担任对方子女的教父母，用对方的名字来为自己的孩子命名，君主之间的亲密关系也反映在自己择偶和为子女安排婚姻的选择上。这一时期大多数和谈都围绕着联姻展开，即使联姻的两方最终不能身心合一，它们的政治意义也是非同小可的。葡萄牙的曼努埃尔一世的遗孀奥地利的埃莉诺（Eleanor of Austria）根据《康布雷和约》(1529 年) 嫁给弗朗索瓦一世，充当丈夫和弟弟查理五世之间的中间人。伊丽莎白·德·瓦卢瓦（Elisabeth de Valois）根据《卡托－康布雷齐和约》(1559 年) 嫁给腓力二世，从 1565 年到 1568 年去世之前一直担任法国宫廷与马德里交流的渠道。

凯瑟琳·德·美第奇不是 16 世纪下半叶唯一一个把联姻作为国际政策核心的人。不过这时信条分歧已经使外交婚姻复杂化了，大多数欧洲统治家族很难再成功达成跨越信条边界的联姻。1579 年，伊丽莎白女王开始与法国国王的弟弟安茹公爵弗朗索瓦·德·阿朗松谈判，英格兰人对与法国人（天主教徒）联姻的激烈反对使谈判搁浅了。跨信条婚姻导致王朝改变信条归属并不是一种无端的猜忌。芬兰的约翰·瓦萨（John Vasa of Finland）是新教徒，1562 年他和波兰天主教徒卡特里娜·雅盖隆私奔。1569 年约翰成为瑞典国王，在卡特里娜的影响下，瑞典教会开始倾向天主教，教会仪式开始重新使用拉丁礼。约翰和卡特里娜的儿子西吉斯蒙德在波兰长大，受母亲影响成了一个天主教徒，后来继承了波兰王位。但是西吉斯蒙德最终在1599年被自己的叔叔查理（瑞典的查理九世）赶下了王位，因为瑞典人忌惮他的波兰背景和天主教信仰。《威斯特伐利亚和约》的一大独特之处在于它没有缔结任何王朝联姻，它也是欧洲第一个没有教皇背书的重要国际和约。

绝对统治使君主不仅远离自己的臣民，也与其他的君主拉开了距离，因此16世纪那种团结君主社会的盛大峰会（比如1520年6月的金衣之地）变成了明日黄花。外交机构则变得越来越重要。意大利北部的诸侯国之间互设常驻外交官早在15世纪就已经是一种惯例。到16世纪，"把一个诚实的绅士派去国外为本国的利益撒谎"（英格兰驻威尼斯外交官亨利·沃顿爵士（Sir Henry Wotton）的说法）的需求已经很大了。费拉拉、曼托瓦和帕尔马三个公国和威尼斯共和国都有派驻巴黎、马德里和布拉格的外交官。新教改革的力量突出了结交朋友、了解事态的重要性，于是教皇国在利奥十世和克雷芒七世两任教皇期间建立了一个由教皇使节组成的网络。

1600年时，阿尔卑斯山以北的大多数欧洲国家都已经建立了常驻外交代表，这成了欧洲国家体系的重要标志。在这个过程中也有争论和磕绊。一个问题是未结盟的君主是否应当互派外交使节，另一个问题是在什么情况下可以向信仰不同的君主派出什么等级的使节。还有人对大使行为和特权问题表示担忧。到17世纪初年，常驻大使已成惯例。大使的存在巩固了君主社会，突出了绝对统治权最重要的排他性。

一个人为什么同意当大使是一个复杂的问题。大使的收入并不高，不过，外交服务是通往高位的阶梯，因为大使说话君主会听。而且外交官在欧洲的信息通胀中也占据中心地位。外交信件写得越来越长，越来越频繁。大使是权力网络的组成部分，与越来越多的人交流信息。腓力二世派驻法国查理九世宫廷的大使堂·弗兰塞斯·德·阿拉瓦（Don Francés de Álava）在信中保证："我们在这个房子里没日没夜地只做一件事，那就是给欧洲各地写信。"1587—1588年，西班牙驻威尼斯大使从其他西班牙外交官那里收到了1 000封信。欧洲权力精英能够获取这些信息，所以心理距离缩短了。为这些信息加密变得更加重要，暗号的使用变得越发普及，破译暗号的需求变得越发迫切。拿骚的莫里茨破解了西班牙驻巴黎大使贝尔纳迪诺·德·门多萨的暗号。16世纪90年代，亨利四世的数学家弗朗索瓦·韦达（François Viète）破译了西班牙的密码，在关键时刻发现了西班牙对天主教同盟的计划。但是信息通胀并不一定意味着更加丰富的知识，反倒加剧了对他人意图的怀疑。

第十七章

对峙中的各国

那些在基督教世界的宗教争执、政治分歧和国际冲突中受苦受难的人到 17 世纪初终于得到了安歇。亨利四世的政治手腕足以应付法国宗教分裂的现实，他的和谈代表在 1598 年 4 月的《南特敕令》上向手里有枪的新教少数派做了恰到好处的让步，既争取到了他们的支持，又没有失去温和天主教保王派的拥护。《南特敕令》实现了以前的敕令没能实现的目标。同年 5 月，在教皇的倡议下，腓力二世和亨利四世在韦尔万签署和约，结束了为期三年的战争和西班牙对法国十年的干涉。法军出兵打击思想独立、热衷扩张的萨伏依公爵查理·埃马纽埃尔，打消了他的野心，1601 年里昂和谈实现了法国阿尔卑斯山区的和平。1604 年 8 月《伦敦和约》（Peace of London）结束了西班牙与英格兰的海战。1606 年 10 月《西特瓦托罗克条约》给奥地利哈布斯堡和奥斯曼之间令人厌倦的战争画上了句号。1609 年 4 月在安特卫普签署的《十二年停战协定》使尼德兰的冲突告一段落。帝国之内政治僵局仍在继续，但是没有人公然挑战自 1555 年一直保持的和平局面。奥地利哈布斯堡的各个领地心怀鬼胎，在继承危机上矛盾严重。

但是即使在这里，1618 年之前的十年间，问题似乎还是可以关起门来协商解决的。

巴黎高等法院院长、亨利四世的图书馆馆长雅克－奥古斯特·德·图（Jacques-Auguste de Thou）相信这些事件为基督教世界重新联合起来提供了一个基础。这次重新联合不会由教皇、皇帝、教会公会议或神学家主导，它会由基督教列国、知识分子和外交家实现。这些人不会迎合公众的赞许，而是在幕后静静地一步步将历史学教导的审慎付诸实践。正如这些条约的谈判代表所做的那样，他们会围绕共同认可的基督教教义达成和解。1603 年 12 月，信仰天主教的德·图写信祝贺信仰新教的苏格兰国王詹姆士六世登上英格兰王位。他向这位国王寄去了自己写的法国内战史《他的时代的历史》（Historia sui temporis）第一卷的副本。这本书献给亨利四世的序言是一篇经典的为国家主导的教派多元共存所做的政治辩护，它将《南特敕令》作为以治国术结束内战的典范。"温和的对话与……和平的会议"比"战火、流亡和放逐"能实现的更多。詹姆士在回信中对这种观点赞赏有加。他本人从来不是"一个有门户之见的人，也不反对基督教世界的福利"。没有什么比"基督教世界的安宁和普遍和平""更有价值更重要的事了"。

德·图的图书馆组织了一个智库，把相信好人（finer spirits）可以解决被宗教狂热加剧的信条分歧的学者聚集到一起。詹姆士花了很多时间去弥合教派和民族分歧。1603 年，"受上帝祝福的联盟，或谓一顶王冠之下两大知名的古老王国英格兰与苏格兰的重聚"充当了一个模范。次年举行的汉普顿宫会议（Hampton Court Conference）充当了另一个表率，这次会议希望说服英格兰的主教们认真考虑清教徒的改革要求，不过没有成功。两件事情都有人反对，而国王一往无前。在国际上，教皇的威尼斯禁令（1606—1610 年）引发的争议和耶稣会主导的对教皇间接世俗权力的辩护招致的批判振奋了他的信心。坚定的高卢派天主教徒、法国与尼德兰的温和派新教徒把英格兰教会看成一种可行的出路：包容的国教会，主教制管理体制，宽松的当局。詹姆士的支持者也来自一些没有想到的地方。拉科（Rakow）的杰罗姆·莫斯科罗维乌斯（Jerome Moscorovius）将自己翻译的神体一位论派教理问答献给这位英格兰国王，向他解释说神体一位论派一直把基督教徒的争议视为违背《圣经》经文的行为。希腊东正教牧首手下的要员也和英格兰国王建立联系，将他视为抵制奥斯曼帝国境内天主教传教士和教皇使节的盟友。帝国天文学家约翰内斯·开普勒把自己 1619 年出版的《世界的和谐》献给詹姆士，忆起"基督教世界的这位君主对神圣研究多么用心"。学者们排着队提供自己的归纳基督教教义的方法，相信新教徒和天主教徒或许可以共同遵奉这些被《圣经》确认的原则。

基督教世界变成了妥协主义者的空想——妥协主义者指的是希望致力于调和欧洲宗教分歧的人。这是一种幻想，因为他们梦想的基础是国家行为和外交行为，而外交只是搁置而非根治当时的政治与宗教矛盾。这些协议一个接一个地破裂或变得无关紧要了。1614 年，詹姆士的外交官把争夺于利希 – 克累弗继承权的各方拉到一起，在克桑腾（Xanten）签订和约，但是他们没有消除冲突的根源。1613 年，詹姆士的外交官把争夺波罗的海霸权的丹麦和瑞典拉到谈判桌边，在克奈勒德（Knäred）签订了和平协议，然而双方的仇恨并没有消散。1616 年，在法国的矛盾和零星的战争威胁到《南特和约》的时候，英格兰特使托马斯·埃德蒙兹爵士（Sir Thomas Edmondes）在孔代亲王、胡格诺派大贵族和王太后玛丽·德·美第奇（Marie de Médicis）之间达成了调停。1617 年，她和路易十三开始在贝阿恩重新推行天主教。1620 年 10 月国王巡幸贝阿恩，重新点燃了新教徒的敌意，双方的敌对到 1622 年的《蒙彼利埃条约》（Treaty of Montpellier）才出现片刻的喘息。

与此同时，奥斯曼和奥地利哈布斯堡从《西特瓦托罗克条约》签订之日起就对条约有不同的解读，双方都指责对方背信弃义，不守诺言。1612—1613 年詹姆士派驻帝国的大使斯蒂芬·西厄尔爵士（Sir Stephen Sieur）发现他撮合帝国各方的努力没有一次取得成功。1618 年，伦敦出版了一篇献给詹姆士国王的颂词，题为《和平的缔造者》（*The Peace-Maker*）。国王在不列颠群岛全境（甚至爱尔兰"那个叛乱肆虐的法外之地"）实现了和平。大陆上的其他争端都被恰当地解决了。《和平的缔造者》没有提到新教集团和天主教集团已经开始再一次主宰国际舞台。那一年，连接科莫湖和因河（Inn）的瓦尔泰利纳（Valtelline）——西班牙哈布斯堡通往阿尔卑斯山最重要的通道——的天主教叛乱遭到镇压，充分反映了这一现实。《和平的缔造者》的作者也没有预见到同年波希米亚叛乱的结果，波希米亚的叛乱和 1621 年《十二年停战协定》的到期推翻了詹姆士的和平大计。

17 世纪初，和解是幻想，而且和解制造了一种幻觉：欧洲中部爆发的大规模冲突（发生在 1618 年）产生的问题很快就可以得到解决，曾经起过作用的外交和政治手段可以再次奏效，一位和平缔造者在一个基督教国家的支援下可以重构基督教世界。17 世纪 20 年代发生的事证明，一切都和预计的不一样。1618 年时，没有人预见到国王会被武力赶出自己的王国（波希米亚），被剥夺自己的领地（普法尔茨），支持者或被杀或流亡。没有人预料到法国新教徒会失去自己的军队（1629 年《阿莱和约》），《南特敕令》的条款虽然得到确认，但它只是胡格诺派越来越脆弱的特权最后的法律保障。没有人预想到 17 世纪 20 年代西班牙军队可以在尼德兰南部对尼德兰的战局中重新占据优势，或是帝国内皇帝与诸侯的力量平衡会被军事手段完全颠覆，或是奥地利哈布斯堡皇帝能够仿佛对待自己的世袭领地一样对帝国行使主权君主的权力（1629 年《归还敕令》）。17 世纪上半叶最严重的冲突与 16 世纪后期的争执不同的地方在于，前者是人们对始料未及之事的反应，是死守着正在消失的基督教世界的价值观、抵抗他们眼中对自己宗教统一的攻击的绝望之人的最后一搏。

险境中的政治德性

主权和国家理性战胜了基督教共和国的理性。那些相信自己的出身、教育、社会角色和宗教体验赋予自己在国家中的职责（*vita civilis*）的人现在怎么办？他们也经历了后宗教改革时代的政治动荡。他们意识到协调个人的信仰和良知与担任公职的要求是多么困难。他们因为自己的言行遭到公众的抨击。他们支持的政治事业破灭了，有时是领导者辜负了他们，有时是事态的发展出乎他们的预料。他们需要一个新的世界观。

尤斯图斯·利普修斯给出的正是这样的世界观。他是那个年代读者最多、影响最大的思想家。他一度是尼德兰新建的莱顿大学的校长和灵魂人物，1584 年，他在莱顿出版了《坚贞二论》（*Two Books on Constancy*）。这本教科书采用对话录的形式，对话发生在花园里，花园是一个典型的光荣赋闲之所（locus）。利普修斯在强调坚贞时引用塞内卡来告诉当时的人如何通过不动心（斯多葛学派所谓的 apatheia）使自己超脱于残暴命运（publica mala）的无妄之灾。战争和灾难是神用来奖惩的工具，应当以斯多葛现实主义的心态坦然接受。有德之人（vir virtutis）拥有"坚定不移的强大心灵，不因外在或偶然的境况而欢喜或沮丧"。服从当权者的利普修斯通过培养一种内省的生活来保持对自己的真诚。

利普修斯 1589 年出版的《政治六论》(Six Books of Politics or Civil Doctrine) 介绍了思考政治生活的方法。这本书是一个用塔西佗语录搭出来的迷宫（蒙田称之为"下了苦功的博学巨作"）。它邀请它的读者（他拒绝用拉丁文外的任何语言出版这本书，他的建议只说给精英们听）把它作为一部贤文宝库，它的编排形式要求读者摘录那些击中他们心灵的段落，这样可以培养他们自己的"坚贞"（constancy），在思想上拉开与当权者的距离。用心的读者发现，他的建议是一种加了道德佐料的国家理性。"忍受"(ferre) 统治者好过"摆脱"(auferre) 统治者，他宣称"内战比暴政更坏更悲惨"。君主使诈不是一种不明智的行为，只要是"为了善的目标有节制地"使诈。在外交方面，利普修斯建议说："君主……有时不得不与狡诈的人打交道，自己也要耍滑头，尤其是善的目标和公共利益……要求他这么做的时候。"伪装被置于政治道德的框架之内，政治道德意味着为达目的（稳定和秩序）不择手段，公民只是旁观者。审慎和德性包括君主"容忍"国内与自己不同的宗教吗？经验证明宗教异议撕裂了基督教世界。他写下这句后来他为之后悔的话："仁慈在这里没有地位；烧掉它，锯开它，放逐一个成员好过整体走向毁灭。"与此同时他承认某一时刻政治德性需要君主做出相反的行为。一旦异议有压倒国家之势，那么最好给它一定的自由，只要它不要破坏国家的稳定。

利普修斯的思想为许多人所接受，创造了一种政治路径。效仿他的法国人（包括德·图圈子里的一些人）远离宗教战争的平民主义，建立了一个沙龙天地，政治成了入会者的谈资。"聚在这里的都是我们忠实的朋友，我想我们在这说的话不会传到门外。"纪尧姆·杜·韦尔（Guillaume du Vair）在 1594 年出版的谈话录《论坚贞》(On Constancy)里这样写道，这本书刻意模仿了利普修斯的《坚贞二论》。尼古拉斯·法雷（Nicolas Faret）1630 年出版的《诚实之人》(The Honest Man)炮制了如何在一个绝对君主国做公民的模式化观念。这本书的副标题是"在宫廷里讨人喜欢的艺术"，它遵循利普修斯的教训，教人如何在虚伪的友谊和奉承的世界里前行，同时保持对自己的真诚。伦敦的戏剧爱好者欣赏到了莎士比亚的 1601 年发表的《哈姆莱特的悲剧》(Tragedy of Hamlet)，剧中的主人公和他的好友霍雷肖（Horatio）在维滕贝格接受了斯多葛主义世界观，回到腐败的丹麦宫廷后，他的世界观遭到考验。哈姆莱特王子拿着学习笔记对比自己的坚贞和母亲的不贞。随着情节的发展，哈姆莱特质问自杀是否是高贵之举，他掩藏起自己的悲痛，利用伪装来发现别人的罪行。

在这种新政治背后有一种关于保密的论述。亨利四世改宗天主教时，经常批评他的天主教同盟人士路易·多莱昂（Louis Dorléans）抱怨说国王就像一个牡蛎，"只在喜欢的时候对自己喜欢的人开口"。知道什么时候该说话、什么时候该闭嘴，成了一种新的政治能力。1612 年，萨伏依公爵查理·埃马纽埃尔的顾问亚历山德罗·安吉索拉（Alessandro Anguissola）将自己写的《论君主善治》(On princely good *government*）的一章献给自己的主君。这一章的标题是"论伪装",解释了为什么善治的核心是君主远离自己身边的人,君主的言语应当明确地不表露自己的思想。西班牙耶稣会士巴尔塔萨尔·格拉西安 – 莫拉莱斯（Baltasar Gracián y Morales）告诫说,我们的耳朵是真理的后门,谎言的前门:"耳听为虚,眼见为实。纯粹的真相不常到来,远道而来的真相更是少之又少。"伪装就像墨鱼用来防御的墨汁,是一种自我保存的方法。

系统性的伪装使欧洲的外交官更难处理收到的相互矛盾的信号。当权者被怀疑动机不纯,有着不可告人的意图。人们不再认为他们会说真话,觉得他们说的都是谎言。托马斯·米德尔顿（Thomas Middleton）1624 年上演的戏剧《弈棋》（*A Game at Chess*）就是这样刻画外交活动的。对弈变成了虚张声势和反虚张声势的博弈,反映了当时伦敦与马德里的外交关系。剧中角色包括一个叛国的卒子,一个变节的主教,和一个以西班牙驻圣詹姆士宫廷（Court of St James）大使贡多马尔伯爵（Count Gondomar）迭戈·萨米恩托·德·阿库尼亚（Diego Sarmiento de Acuña）为原型的黑骑士。米德尔顿的讽刺剧的核心问题是,什么构成了政治德性。

西班牙治下的和平

1616 年左右,尼德兰艺术家阿德里安·范·德·文尼（Adriaen Van De Venne）描绘了一大群人享用野餐的场景,画中人物包括尼德兰大公阿尔布雷希特（Archduke Albert of the Netherlands）和他先前的敌人拿骚亲王莫里茨,他们摘了帽子,手里还拿着乐器。土地刚刚犁过，背景里的军队处于待命状态。这幅画是对《十二年停战协定》的一个讽喻，这 12 年是 1598—1621 年的 23 年中所谓 Pax Hispanica（las Pazes，西班牙治下的和平）的鼎盛时期，这一时期西班牙与自己的敌人友好相处。但是种种和约背后的外交却是相当曲折，因为每次议和都是对失败的承认。西班牙治下的和平是一种不彻底的和平，表面的停战之下是延续不断的低烈度冲突。

因为大西洋海路仍然容易遭到私掠船袭击，所以西班牙帝国通往欧洲北部的军事走廊（"西班牙之路"）变得更加不可或缺。西班牙对巴利阿里群岛（Balearics）和厄尔巴岛（Elba）的控制为西地中海航路提供了保护。1570 年西班牙军队占领了海滨孤地菲纳莱侯国（Marquisate of Finale），1602 年干脆把它买了下来。热那亚是一个亲西班牙的共和国，米兰公国是"西班牙之路"的行政和军事枢纽。富恩特斯伯爵（Count Fuentes）彼得罗·恩里克斯·德·阿塞韦多－阿尔瓦雷斯·德·托莱多（Pedro Henriquez d'Azevedo y Alvarez de Toledo）收紧了西班牙对公国及其周边——曼托瓦、帕尔马、蒙费拉托（Monferrato）——的军事控制。富恩特斯伯爵在米兰用军事占领威胁帕尔马公国，在皮亚琴察驻军，1600 年与灰色同盟（Grisons）缔结盟约，那是瑞士东部的一个州，以统治该州的当地同盟为名。这样西班牙军队就可以通过瓦尔泰利纳翻越阿尔卑斯山。萨伏依公国将一部分领土割让给法国之后，法国可以随意关闭通过小圣伯纳德山口（Little St Bernard）或塞尼山口（Mont Cenis）到阿讷西（Annecy）或尚贝里（Chambéry）然后在格雷森桥（Pont de Grésin）跨过罗讷河（Rhône）进入弗朗什－孔泰的阿尔卑斯西部走廊，因此瓦尔泰利纳对帝国的重要性也上升了。

因为西班牙人自己也不确定和平策略是否明智，所以很难解读西班牙的意图。腓力二世在遗嘱中要求儿子腓力三世（1598年继位）继续尼德兰战争。腓力三世从15岁起就参与政府事务，他是一个笃实虔诚的人，缺乏鼓舞他人的魅力，他把日常事务交给一个亲信（*valido*，"最值得信任的人"）处理，这个亲信有权知晓（*privado*）国王的想法——腓力三世的选择是莱尔马（Lerma）伯爵（1599年升为公爵）弗朗西斯科·戈麦斯·德·桑多瓦尔-罗哈斯（Francisco Gómez de Sandoval y Rojas）。国王不参加国务委员会，也不阅读所有的外交书信。莱尔马公爵在宫廷的影响能持续多久这个问题随着越来越多人怀疑西班牙治下的和平是否明智而变得更加难以确定。有人认为接受条件合理的和平或许不失为审慎的行为。也有人认为，如果和平不利于保护天主教，不能保证西班牙帝国的完整，那么进攻才是最好的防御。许多在腓力二世手下成长起来的人相信和平削弱了西班牙的威望。他们注意到，随着尼德兰、英格兰和法国竞相在巴西海岸建立起反西班牙的据点，以及尼德兰和英格兰在远东挖葡萄牙帝国的墙角，西班牙的殖民利益和经济利益正在下滑。

有些人认为，解决西班牙困境的方法是"改革方案"（*arbitrio*）——有时他们称改革方案太重大了，只能透露给少数人知道，或是用手稿流通。把自己挑选的改革方案的好处印刷出来是方案设计者争取听众的策略之一。他们利用了西班牙近年来的瘟疫造成的道德衰退之感。国家"改革"（reformaiton）加上国际"威望"——结合两者来挫败莱尔马公爵的和平策略。1617年7月，堂·巴尔塔萨尔·德·苏尼加（Don Baltasar de Zúñiga）从布拉格回到马德里加入国务委员会，他是那群感到西班牙治下的和平错失了太多利益的人的头目。在他的主导下，西班牙开始干涉波希米亚和中欧，然后在 1621 年春重新与尼德兰开战。那一年，腓力三世去世，继任者是他 16 岁的儿子腓力四世。苏尼加与继任者成了朋友，并且把自己的外甥奥利瓦雷斯伯爵－公爵堂·加斯帕尔·德·古斯曼（Don Gaspar de Guzmán）拉拢到自己帐下。腓力四世要求他的秘书把所有需要国王签字的文件交给奥利瓦雷斯伯爵－公爵，后者把威望与改革变成了保护西班牙哈布斯堡霸权的大战略。

更加增添不确定性的是制定政策的不仅是马德里一个地方。《韦尔万和约》签订四天前，腓力二世将自己在尼德兰的头衔让给了他的长女伊萨贝拉·克拉拉·欧亨尼娅和她的未婚夫，同时也是他的侄子，（前枢机）奥地利大公阿尔布雷希特。两人在秘密协议中同意西班牙在佛兰德斯保留一支由西班牙将军率领的军队，两人的婚约要求他们收复尼德兰失地。两人可以建立宫廷，施加影响，但是马德里在战略和军事问题上有决定权。然而事情并没有这么发展。大公来到尼德兰后开始自行其是。他策划了"奥斯坦德之围"（1601 年 7 月至 1604 年 9 月：一场"死亡的狂欢"，3.5 万人在围城的战壕中死去），而且与英格兰和尼德兰开始直接谈话。腓力三世拖延至最后一刻才在停战协定上签字，据说他评价道："我内心深处知道，停战协定一旦到期，再次开战的日子就到了。"

关于西班牙帝国的财政实力及其调动资源的意志存在着相互矛盾的评估。英格兰外交官乔治·卡鲁（George Carew）说它是"站不稳的巨人"，就连西班牙政府内部人士对状况也无法做出明确的观察。尽管政府破产，但腓力二世还是在 1596 年和 1597 年向英格兰派出两批无敌舰队，第二批有 136 艘船、1.3 万人和 300 匹马，规模接近 1588

年。腓力三世1601年派出了最后一批无敌舰队,结果是同样的失败。佛兰德斯军1596年到1600年的四年间固定开支超过6 000万弗罗林,但是由于贷款成本和布鲁塞尔新宫廷的开销,这笔钱只有一部分真正流到军队手中。欠饷的部队自然哗变了。当时的人密切注意着新世界来的白银船队——1600年的第三支白银船队满载800万达克特到达西班牙,当年为王室带来了400万达克特左右的收入,足够(按照国王的一位顾问的说法)"合理地满足各项开支"。然而与此同时,肆虐的瘟疫夺走了卡斯蒂利亚部分地区许多居民的生命。1602年6月,西班牙政府发行小额交易用的新铜币(*vellón*),它的面值高于它所含金属的实际重量。法国和尼德兰铸造假币,把假币偷偷送进半岛换出白银以谋取利益。于是卡斯蒂利亚的征税能力遭到进一步削弱。1607年时西班牙的收入已经预支到了1611年,债务违约又一次发生了。佛兰德斯军仅仅依靠1608年5月与热那亚银行家财团的合约才能继续维持。当时的人知道和平的原因是西班牙资源耗尽,但是没有人知道西班牙会用多长时间恢复。

在这个令人困惑的世界里,不确定性导致拖延是顺理成章的结果。习惯性拖延被解释成懒惰的人不是只有腓力三世。詹姆士一世同样为手下的人无穷尽的拖延而感到愤怒,然而拖延为将不确定性为自己所用的人创造了机会。西属尼德兰像磁铁一样吸引被迫离开法国、北尼德兰和不列颠群岛的天主教徒。英国天主教徒过分乐观地看待推翻詹姆士一世的可能性,而帝国教会领地和巴伐利亚公国的告解神父、受特伦托公会议激励的教士和官员们想出了再天主教化德意志的各种方案。

和平在英格兰、联省共和国和德意志小国宫廷里引发了各种各样的辩论。16世纪下半叶的国际政治把政策制定者和军官的世界观定型为两个宗教集团的相互冲突。他们认为西班牙哈布斯堡是对新教统一的威胁，新教徒必须永远保持警惕，在有利环境下要先发制人。"新教事业"（Protestant Cause）是通过教育、宗教、军事、外交、家庭等各种体验培育出来的，书信和阅读也有强化作用。英格兰的弗朗西斯·沃尔辛海姆、兰开斯特伯爵、菲利普·西德尼（Philip Sidney）和埃塞克斯伯爵都发现自己的想法与纳瓦拉的亨利宫廷里的菲利普·迪普莱西-莫尔奈一致。他们那种坚贞和利普修斯鼓吹的坚贞不同。他们有些相信"邪恶"（iniquity）——迪普莱西-莫尔奈用这个词来形容敌基督——势力打着哈布斯堡的旗帜招摇过市，只有武装干涉才能保护"神之圣所的堡垒"。他们估计自己在新教诸侯的委员会里只是少数派。加尔文宗特别注意培养这样的信念：他们是正义的少数派，事实会证明他们才是对的。当他们在辩论中落败时（很明显和平还在继续），他们就从那些觉得自己被禁止影响国家的人那里寻找生力军。

　　英格兰与西班牙的和平使外交事务成了詹姆士一世议会辩论和争吵的一个主题。17世纪20年代，斯图亚特王室的外交目标与行为都成了关心政治的清教徒少数派动员和向国王施压的话柄。国际矛盾紧张时，亲清教的英格兰教团与法国和尼德兰的加尔文宗一起禁食。他们为救济困难地区的人群筹集资金。在大学和伦敦律师学院（Inns of Court）里，志同道合的学生们寻找可以寄托希望的新英雄（詹姆士国王的孩子亨利王子；亨利1612年11月去世后又变成伊丽莎白公主，次年她嫁给了普法尔茨的弗雷德里克五世）。

　　年轻的尼德兰共和国去中心化的政府给反对《十二年停战协定》的人提供了活动空间。尼德兰的统治阶级（"摄政"们，即城镇寡头政权成员，省议会和国会的代表从他们中间产生）意见不一，达成一致需要时间和耐心。约翰·范·奥登巴恩韦尔特（Johan van Oldenbarnevelt）发挥了自己谈判的特长，先是担任鹿特丹市的受薪城镇书记员（pensionary），后来担任荷兰省议会的议长（Advocate），荷兰省议会承担了尼德兰军事预算中大部分开支。按照荷兰省议会1619年5月13日处死他时的声明，他是"一个智力与记忆力过人的商业家和活动家"。奥登巴恩韦尔特为保障荷兰的商业利益用自己的才能谈成了1609年的停战协定，他说停战协定没有损害共和国的完整。后来成为奥兰治亲王的拿骚的莫里茨并不这么认为。西班牙会加强防御工事，内陆省份（莫里茨是内陆省份的执政）会变得非常脆弱，军队（莫里茨的许多支持者来自军队）解散之后一代人都会失去军事经验。

与此同时，其他领域也在发生关于停战协定的争论。奥登巴恩韦尔特和荷兰与泽兰的大多数摄政都不掩饰他们对阿姆斯特丹牧师雅各布·赫尔曼松（Jacob Hermanszoon）也就是亚米纽斯（Arminius）的同情，不过他们谨慎地用当时的神学语言表达他们的看法。核心问题是尼德兰加尔文宗教会在起义中的立场：加尔文宗的预定论，预定论背后的神圣国家，以及教会对不拥护教义纯洁性的人的绝罚权。停战协定签署的那一年，亚米纽斯去世，次年，他的支持者向荷兰省议会和弗里斯兰省议会提交五条款《抗议书》(Remonstrance)。他们支持亚米纽斯在这个国家的教会不是国教会的体制下质疑加尔文宗严苛的对预定论的解释的权利。在布道、辩论、海报、传单中和主日午餐桌旁，抗辩派（亚米纽斯的支持者）和反抗辩派的观点刻入了识字率高、见闻广博但具有强烈不安全感的尼德兰社会中。教堂被洗劫，传道人被起哄，最终奥登巴恩韦尔特和他的几位支持者（包括法学家胡果·格劳秀斯）在 1618 年 8 月 23 日被国会下令逮捕。八个月后，国会的一个委员会宣布奥登巴恩韦尔特对"主体"（作为整体的国家）犯下了罪行——他们理解认为，他 1609 年谈成的停战协定造成了危险——并且将其斩首。伦敦、巴黎和马德里密切注意着这一系列事件的发展。奥利瓦雷斯伯爵 – 公爵认为对这个分裂的共和国重新开战的最佳时机就是 1621 年停战协定到期的时候。

新教欧洲的其他人——不只是政客、廷臣和军人——也相信西班牙不值得信任，应该趁西班牙帝国虚弱的时候先下手为强。他们开展间谍活动，提供专业知识，制造了许多警报和阴谋。有些阴谋是实实在在的危机，有些只是过于激动的幻想。火药阴谋（1605 年 11 月 5 日）是一场旨在杀害英格兰政府首脑的恐怖行动，阴谋者希望把詹姆士国王换成他的女儿伊丽莎白，再把伊丽莎白嫁到西班牙王室，让她变成天主教徒。盖伊·福克斯（Guy Fawkes）在佛兰德斯军中征战十年，知道火药的力量。威尼斯禁令争议发生后出现了一个更难以确定的阴谋，牵涉到菲利普·迪普莱西 – 莫尔奈和亨利·沃顿等人。他们的计划是利用威尼斯的流亡者和不满情绪策划一场革命。1617 年 1 月，托马斯·埃德蒙兹等人与沃尔特·雷利策划以远赴圭亚那寻找黄金为幌子袭击热那亚。这个阴谋不是开玩笑，1618 年雷利受审并被判处死刑的一大理由就是这场阴谋，审讯时雷利还把其他共谋者供了出来。* 但是谁知道布鲁塞尔 1621 年相信的报告背后是什么呢？据说，有一场策划中的阴谋：将一艘船在荷兰装满火药桶，开到斯海尔托亨博斯（'s-Hertogenbosch），然后炸掉城市正门。1623 年 10 月，伦敦黑

---

* 一般认为雷利被判处死刑的原因时他在圭亚那探险时手下袭击了西班牙的殖民点，西班牙大使贡多马尔伯爵强烈要求詹姆士严惩这种破坏英西和议的事情。——译者注

衣修士区（Blackfriars）发生了一场事故，法国大使宅邸旁边一个充作教堂的画廊发生了垮塌，压死了很多在楼下听耶稣会士布道的天主教徒。查理王子刚从马德里回伦敦，他异想天开地想要追求西班牙公主玛丽亚，结果空手而归。验尸官宣布这场悲剧是一起意外，而伦敦的宣传册和歌谣传播着另一种理论：这是神的旨意。一个宣传册的标题是"没有阴谋，没有火药"。不论是真是假，是意外还是阴谋，这些论调都突出了天地即将变色的危机感。

高卢的赫拉克勒斯

西班牙外交官知道疑心可能变成对哈布斯堡霸权的憎恨。他们的对应手段有官职、年金的许诺、诱人的婚约、利润丰厚的圣职。对于詹姆士一世，他们利用了他相信智慧与威严堪比所罗门的君王（詹姆士自己）可以弥合信条分歧的信念。他们成功地在敌国宫廷和政治中培育出了亲西班牙派系，这些人的反对者控告他们是有天主教野心的外国势力的代理人。只要没有国家能真正挑战西班牙的霸权地位，反西班牙情绪就能得到控制。然而，亨利四世治下的法国复兴改变了整个事态，意大利半岛就是一个体现。威尼斯是第一个正式承认波旁王室的天主教国家。教皇国（在教皇克雷芒八世领导下）摆脱了对西班牙的依赖，并且宣布赦免亨利，接着承认他第一桩婚姻（与玛格丽特·德·瓦卢瓦）无效，让他有机会在 1600 年 10 月迎娶托斯卡纳大公和奥地利女大公的女儿玛丽·德·美第奇。那一年，罗马和威尼斯风传法国国王想要被选为罗马人民的国王。同年 10 月，亨利率军攻打萨伏依公国。数月之后，"头脑发热的"（*testa d'feu*）查理·埃马纽埃尔公爵被迫在里昂和谈。条约容许萨伏依公爵保留萨卢佐要塞，而法国则收下布雷斯和比热（Bugey），这是1558年围攻加来之后法国最重要的战略收获。有了这两块地，法国就可以威胁西班牙之路的西部通道了。

差不多同一时期，图伊桑·迪布雷伊（Toussaint Dubreuil）完成了赫拉克勒斯模样的亨利击杀九头蛇（Hydra）的油画，这幅画大概是为新翻修的枫丹白露所作的。"高卢的赫拉克勒斯"成了为国王设计形象的人的常用选择——1592年持棒痛击天主教同盟的地狱犬（Cerberus），1600年战胜跌倒的半人马（萨伏依公爵），1604年左右清理奥吉亚斯的牛圈（王国改革），将世界负在自己肩上（反映了他对自己权力的欧式认知）。法国人画"国王赫拉克勒斯"（royal Hercules）时通常会画锁链从国王的口中流出，表示法国国王用雄辩教育人民美德与服从。亨利四世基本上抛弃了这种画法，因为他重视行动胜过言辞。他提醒教士、官员和有名望的人，是言辞（布道、演讲、煽动）导致了法国内战。他的责任就是一刀斩断纷争的戈尔迪之结（Gordian Knot），争吵是无意义的，因为国王的行动不可置疑。这是一种小心谨慎的威权主义。

亨利四世自己的超凡魅力把法国的重建变成了王权在旧基础上的复兴。1598年南特和谈是一次大胆的尝试，它成功地用法律界定并落实了教派多元共存。内战期间法国新教的扩张势头完全消失了。1600年时新教徒的比例在国内大概不超过5%~6%，他们有大约700个礼拜社区，主要集中于南部。但是新教的政治组织成熟了，1593—1598年的五年间，胡格诺党在六个不同的地点召开过代表大会，1596年4月到1598年6月和谈进行直到《南特敕令》签署这段时间会议几乎没有停过。胡格诺党的军事力量得到了《南特敕令》的担保，王室同意承担 50 个驻军要塞（places de sûreté）的费用。然而法国新教徒自己并不团结，而且缺少一个他们可以信任的"保护者"。此外敕令规定将来他们的代表大会只能在国王的允许下召开，还规定了他们敬拜的地点和方式，同时承诺他们不会被国家排除在外。王室专员负责解决整体性的敕令无法解决的地方性问题，由两种信条的成员组成的特别法庭（chambres de l'édit）负责处理新教徒和天主教徒之间的诉讼。如果教派多元共存在法国一些地区变成了常态，那是因为当地人同意与对方共存，也就是说信仰的边境线不是被法律框定的，而是不断流动演化的。

亨利四世单方面勾销了王室的一些债务，与此同时，信仰新教的财政总管叙利公爵（1606 年受封）马克西米利安·德·贝蒂纳（Maximilien de Béthune）补上了王室收入的漏洞，并且因为严控王室开销变得很不受欢迎。在叙利公爵的鼓动下，亨利在重建时推出了许多重商主义样板工程。巴黎的样板工程包括塞纳河上的新桥和它旁边的新广场（太子广场），（重修过的）卢浮宫和军械库之间的河滨大道，以及王室广场（现在叫孚日广场），这是高速发展的新城区玛莱区（Marais）中的一个意式广场。

法国的大公贵族最强烈地感到了第一代波旁国王统治的强硬性。他们在内战中发挥了巨大的作用，他们与欧洲各国君主平起平坐，相互通婚，进行着自己的家族竞赛。有些贵族深信不疑地用国际权力集团的信条化视角来观察这个世界。法国的贵族身份是向外人开放的，因为有外国血统的庶子也可以被封为公爵和在册贵族。贵族的理想和波旁王族的理想交织在一起，构成了第一代波旁国王统治重要的推动力和动荡的原因。1602 年尼德兰使节弗朗索瓦·德·埃森（François d'Aerssen）写道，贵族"比起抱怨年金，更抱怨和平"，"愿意倾听任何新奇并且激动人心的事情"。这时曾在同盟里与亨利四世并肩作战的法国元帅比隆公爵查理·德·贡托（Charles de Gontaut）正因叛国罪在巴黎高等法院受审——他接受西班牙的年金，与西班牙缔结条约，可能想要谋害国王。亨利四世给出了足以定罪的证据，比隆公爵在巴士底狱被处以死刑（1602 年 7 月 31 日），这件事告诉世人，国王不只是戴上王冠的贵族。国王是半神——赫拉克勒斯——国王可以砍掉世上最显赫的头颅。

高卢的赫拉克勒斯对自己在世界上的地位的看法与马德里的看法大相径庭。亨利统治末期，二者的分歧最大限度地暴露了出来。1609 年 3 月 25 日，就在安特卫普停战协定签署前不到一个月，克累弗、于利希和贝格公爵约翰·威廉去世，没有留下直系后裔。他名下的各公国横跨莱茵河两岸，占据了通往尼德兰的要道。这片地区信条混杂，西属尼德兰的流亡者在莱茵河下游的各公国建立了加尔文宗教会，加尔文宗不在《奥格斯堡和约》的讨论范围内，但是正在扩大地盘。加尔文宗包围了科隆大主教辖区－选帝侯国，它是莱茵兰下游最重要的教会诸侯国。帝国训令（"保存教会领地"条款）保证科隆属于天主教，尽管新教诸侯和天主教诸侯对这一条款有不同的理解。然而科隆战争（1582—1583 年）期间大主教－选帝侯改宗新教，试图在自己的选帝侯国推行新教改革，反宗教改革的天主教徒很想消除这些改革措施造成的影响。马德里和布鲁塞尔为停战协定结束后任何可能的攻势起见都想加强在莱茵河下游的军事存在。于利希是莱茵河下游左岸防御最坚固的城镇，如果它落入新教徒手中，哈布斯堡在这一地区的边境就会严重受损。

争夺爵位的两个主要人物都是新教徒。皇帝试着空降一个帝国临时行政官（利奥波德大公）维持和平。利奥波德带着一支象征性的部队来到当地，普遍信仰新教的城镇并不支持他，大多数贵族都反对他。他的出现对尼德兰是一个威胁，1610年春，尼德兰开始备战响应。亨利四世感到是时候展示武力了。同十年前的萨伏依的情况一样，他设想在这个重要场合用一次干脆迅速的干涉确立法国的影响力。他的外交官将布鲁塞尔各位大公不肯把亨利的堂侄（亨利·德·波旁-孔代）的年轻新娘（夏洛特·德·蒙莫朗西）交给国王视为言而无信的标志。1609年底，孔代亲王带着未婚妻逃到了布鲁塞尔，因为亨利对孔代亲王的未婚妻垂涎欲滴，这位堂侄又拒绝戴绿帽。1610年初夏，一支由3.2万名步兵、5000名骑兵和炮兵组成的大军在香槟地区集结。国王委托绘制了一幅油画，把他画成逃避维纳斯（爱神）、追求幸福与美德的女神的赫拉克勒斯。在当时的贵族文化里，赫拉克勒斯经常被描绘成一个人性太强的神，处在自己的肉欲和更高尚的美德的拉扯之中。这样一幅鼓励国王弃肉欲取崇高的油画所传达的信息是会得到利普修斯的赞许的。1610年5月14日，亨利四世乘马车从卢浮宫前往军械库，准备进行军事计划的最后讨论，行驶途中，亨利被人刺杀。

我们永远无法知道这起刺杀背后的真相，尽管我们可以重构事件的过程，而且刺客让-弗朗索瓦·拉瓦亚克（Jean-François Ravaillac）遭到了严密的盘问。拉瓦亚克是一个家道中落、婚姻破裂的家庭中的次子。他没有钱，但有噩梦和幻听，写过语无伦次的诗，他坚持说是"神的裁决"在指引着他。虽然遭到审讯和拷问，但是他的说法始终如一——他是独自行动的。如果受耶稣会启发的讨论弑君的书影响过他，那也是潜移默化的事。其他指向心有怨念的政要参与了刺杀的证据都是有污点的，然而事件发生的时机太凑巧了，以至于很难排除外国阴谋的可能性。外交官事先得到过可靠警报，说布鲁塞尔正在策划刺杀。那一年阿尔布雷希特大公的库务长官拨出一大笔钱给法国特务用于秘密行动。1610 年 5 月的刺杀阴谋可能不止一出，拉瓦亚克只是第一个出手的刺客而已。无论事情的真相如何，法国都陷入了新王年幼、政府由玛丽·德·美第奇把持的状态。法国只派出了一支象征性的军队前往于利希，随着妥协方案的通过，西班牙扩大了在该地区的驻军。巴黎审慎地选择与西班牙合作，两国王室签订两桩婚约以巩固友谊。法国虽然暂时无法在欧洲舞台上扩大自己的影响，但是它并没有完全放弃自己的角色。

狼狈的奥地利哈布斯堡

1609 年 7 月，亨利四世对阿尔布雷希特大公的大使说，鲁道夫皇帝已经不是自己帝国的主人了，连布拉格都不听他的话。大家都知道皇帝在奥地利哈布斯堡世袭领地上管不了事。两年之后，鲁道夫被迫把波希米亚王位让给自己的弟弟马蒂亚斯大公。八个月后鲁道夫去世，死时除了皇帝这个头衔之外身无长物。在这场反映了哈布斯堡世袭领地广泛矛盾的王朝危机中，马蒂亚斯成功继承了波希米亚和皇位。马蒂亚斯立志要做他那个没有子女的兄长的继承人，所以他在继承时许下了很多后来无法兑现的承诺。因为他自己也没有子嗣，所以继承问题只是推迟了而已，而且他必须应付反对者对他的怀疑。人人都以为哈布斯堡会通过谈判闯过各个难关，但是 1618 年的波希米亚叛乱引爆了哈布斯堡领地的危机，哈布斯堡用武力解决危机，结果把危机扩散到了整个德意志帝国。

王朝危机的根源在于1564年皇帝斐迪南一世将世袭领地分割给儿子们。斐迪南的分法为次子（也叫斐迪南）在蒂罗尔和前奥地利（Further Austria）建立了一个新公国，为另一个儿子卡尔在内奥地利（施蒂里亚、卡林西亚和卡尼奥拉）也创建了一个新公国。16世纪末，面对土耳其长期战争对哈布斯堡世袭领地造成的共同财政负担和行政压力，两大公国提出了各自的应对方式。鲁道夫皇帝没能与致力于维持帝国运作的人实现联合。这一时期，帝国内部不断加深的裂痕使帝国成员无法为匈牙利战事做出更多贡献。皇帝只好依靠自己的世袭领地，与领地议会谈判，主导议会的是地方贵族和父老，新教在地方已经站稳了脚跟。不管开会地点在哪里，每次议会都凸显出议员对皇帝古怪行为的不理解和皇帝本人的衰弱。与此同时，大公们按照自己认为最合适的方式与地方统治集团打交道。

1564年分出来的一部分土地位于蒂罗尔。斐迪南大公在这里遇到的困难最小，路德派尚未在这里取得多少进展，只要利用邻近的巴伐利亚的影响力，当地的世俗和教会精英就很容易被团结到反宗教改革运动的旗帜之下，巴伐利亚是自上而下复兴天主教进而巩固权威的一个橱窗。

在世袭领地的另一部分内奥地利，卡尔大公面对的是不同的情况。路德派在这里的地方精英中已经很有基础。经过与等级会议的协商，卡尔在1578年的布鲁克和约（Pacification of Bruck）中确认在整体上允许宗教自由。然而1595年卡尔的长子大公斐迪南二世（"施蒂里亚的斐迪南"）接管了内奥地利首都格拉茨。按照父亲的愿望、来自巴伐利亚的母亲玛丽亚大公夫人（Archduchess Maria）的命令和耶稣会士的教导，斐迪南把反宗教改革运动变成了一场信条绝对主义的政治运动。这场运动的特点是同时反对新教和统治者与被统治者的相互义务。运动的目标是表现君主如何凭借坚定的领导力刺激服从他的精英去果断迅速地推行反宗教改革。

新教贵族起初希望得到斐迪南对延续布鲁克和约的书面认可，作为议会正式承认他做统治者的交换。斐迪南断然拒绝，声称自己是绝对君主（princeps absolutus）而不是有限君主（princeps modificatus），结果贵族们还是承认了他。后来他声称议会无权越过他直接向皇帝上诉，贵族主张的特权没有"全民同意"（consensus totius populi）的基础，父亲并不对自己的继承人形成约束。他对议会代表团说，他的决定基于"圣灵的启示"（inspiration from God the Holy Spirit）。

1598年9月，斐迪南下诏驱逐施蒂里亚所有的新教牧师。一年之后，教会委员会开始行动。在国家官员和民兵的陪同下，一名主教率领委员会走遍各个城镇乡村。他们公开焚书，亵渎新教徒的墓地。教会委员驱赶了还没走的新教牧师，然后把当地居民聚到一起。他们用路德派的邪恶、改宗的好处、奥斯曼的威胁和对君主的服从来规劝当地人，接着安立一位天主教神父，分派修复教堂的工作，规定主日和天主教圣徒日的仪式。剩下的新教徒被要求离开。大约有1.1万名居民和1 000名贵族选择流亡，但是斐迪南的一些顾问预言的民众叛乱并没有发生。斐迪南的运动是在一个独特的环境下实现这样的成果的：土耳其战争仍在进行，帝国政治越发瘫痪，耶稣会在地方精英中培养的第一代人逐渐成熟。施蒂里亚的成功变成奥地利哈布斯堡其他领地以及后来整个帝国学习信条绝对主义的模板。三十年战争的起源不在布拉格的赫拉德辛宫（Hradschin Palace）——尽管这是1618年叛乱发生的地方——而是在格拉茨的城市之冠（Stadtkrone）。在这里，斐迪南把霍夫堡宫（Hofburg）变成了自己的统治中心，隔壁是耶稣会的教堂和学院（1609年斐迪南将新建的大楼赠予耶稣会），后来他合宜地在这里修建了自己的皇陵。

世袭领地的第三部分由斐迪南一世的儿子兼继承人马克西米利安继承，它分为上下奥地利、波希米亚和匈牙利几个部分。在奥地利，地方贵族牢牢掌握议会。在波希米亚和匈牙利，议会选王的权力使他们的力量有过之而无不及，君主和议会对双方的势力平衡与相互义务有着截然相反的解释，他们的斗争始于波希米亚的选王原则。尽管1547年叛乱之后斐迪南一世申明了长子继承王位的原则，但是议会不认为自己必须服从这项决定。

在所有这些领地上，新教都是一个既存事实，议会保障新教徒——特别是其中的贵族——敬拜的权利。1568年，马克西米利安承认上下奥地利贵族的敬拜自由。到他统治末年，贵族已基本上都是新教徒，在他们的影响下新教教区也已过半。在波希米亚，路德派与饼酒同领派和波希米亚兄弟会合作，议会在1575年向马克西米利安提交了以《奥格斯堡信条》为基础的《波希米亚信条》（Confessio Bohemica），并得到了马克西米利安的口头认可。在邻近的摩拉维亚，加尔文宗比例虽小，声音却很大；在西里西亚，全体贵族和大部分城镇已经归属路德派长达一代人的时间了。尽管国家高官的提名权还在皇帝和天主教徒手中，但是议会里的新教徒发展出了一套平行机构用以保障自己的利益。最后，匈牙利西北部隶属哈布斯堡的飞地也是新教徒占大多数。面对迫在眉睫的土耳其的威胁，马克西米利安和鲁道夫都无法承担忽视匈牙利政治现实的代价——匈牙利议会与哈布斯堡领地及其他地区的议会保持着联系，而且任何反对哈布斯堡统治的人必定可以得到特兰西瓦尼亚和/或奥斯曼人的支援。

让奥地利哈布斯堡的继承问题更加复杂的是皇帝马克西米利安二世把自己继承到的所有领地全都交给了儿子鲁道夫二世。这打破了斐迪南设下的先例，1582年，鲁道夫四个健在的弟弟为自己不能继承领地要求补偿。他们得到了哈布斯堡领地内的官职，然而鲁道夫的三弟马蒂亚斯拒绝签字放弃自己的继承权。马蒂亚斯做了三年的尼德兰执政（1578—1581年），并没有收获什么光荣，16世纪80年代，他在林茨郁郁寡欢。1593年，他被派去指挥哈布斯堡军队与土耳其作战，两年之后恩斯特大公去世，他成了兄长鲁道夫的第一顺位继承人。但是这时，皇帝不支援他与土耳其的战争已经让他很懊恼，而且他（在家族竞争促使下）很想在上下奥地利复制斐迪南大公的施蒂里亚实验。1599年，马蒂亚斯任命梅奥希尔·克莱斯尔主教（Bishop Melchior Khlesl）为上下奥地利首相。在克莱斯尔的推动下，各位大公聚在一起撰写了给鲁道夫的最后通牒，要求他确立继承人。

鲁道夫猛然采取行动，把已然微妙的局势变得更糟了。他拒绝讨论继承问题，为土耳其战争的胜仗感到振奋的他力图证明他也可以复制施蒂里亚方案，让各位大公静安其位。1604年，他告诉匈牙利议会，宗教问题不再是可以讨论的话题，他还对西里西亚的皇家城镇宣布新教机构和敬拜都是不合法的。1604年底，已经十分不满的匈牙利贵族筹划与特兰西瓦尼亚的博奇考伊·伊什特万联合发动叛乱，波希米亚议会则焦虑地观察着西里西亚的事态。

马蒂亚斯利用皇帝越发虚弱孤立的机会，施展手腕使自己当上了匈牙利的帝国总督。面临叛乱的现实,他选择与匈牙利叛军(1606年6月)、博奇考伊·伊什特万和奥斯曼议和。1608年2月在布拉迪斯拉发召开的匈牙利议会上,马蒂亚斯与匈牙利人和上下奥地利议会达成协议,后来摩拉维亚议会也加入了协议。匈牙利议会的新教领袖伊雷什哈齐·伊什特万(István Illésházy)被封为宫廷男爵(Palatine baron)。在他和格奥尔格·伊拉斯谟·冯·切尔能贝尔(Georg Erasmus von Tschernembl)的影响下,下奥地利议会即等级会议的加尔文宗领袖向马蒂亚斯大公宣誓效忠(因此无形中断绝了对皇帝的效忠),条件是他们的宗教和政治特权得到保障,包括只有本地人才被任命为当地的国家官员的特权。1608年4月,马蒂亚斯大公手头有军队,身边有摇旗呐喊的人(伊雷什哈齐和切尔能贝尔),他已经准备好前往布拉格向皇帝逼宫了。

西班牙外交官和教皇代表安排出了一条走出僵局的办法。皇帝勉强地承认了与土耳其的条约,他把在匈牙利、奥地利和摩拉维亚的一切权利让与马蒂亚斯,而且保证马蒂亚斯可以继承波希米亚王位。在1608年布拉迪斯拉发协议时袖手旁观的波希米亚、西里西亚和卢萨蒂亚的议会感到自己的机会来了,1609年6月它们庄严结盟,用《圣经》的辞令发誓为捍卫宗教自由"战斗到最后一滴血"。它们承认效忠于波希米亚国王,但是不效忠于布拉格那些以国王之名行事的天主教官员。1609年7月9日,一群新教代表闯进了布拉格赫拉德辛宫的居所,鲁道夫在他们面前以个人名义保证给他们想要的宗教和政治特权,即为《陛下许可书》(Letter of Majesty)。波希米亚的贵族、骑士和有帝国特许状的市镇可以自由选择自己的宗教,每个组织可以从等级会议选出10名"护民官"(Defensores),其实就是变相的另立政府。

之后鲁道夫绝望地想要拯救自己无望的衰弱地位，结果把事情变成了灾难。他叫原先被派去解决于利希－克累弗争端的侄子利奥波德大公带兵回宫，把他从马蒂亚斯大公和波希米亚等级会议手里救出来。军队在沿多瑙河回程途中一些士兵哗变，另一些人劫掠了奥地利和波希米亚的部分地区。等到1611年2月他们抵达布拉格，议会剥夺了帝国官员的一切权力，将其转移给护民官。议会在4月火速罢黜了鲁道夫的波希米亚王位，接着以《陛下许可书》为基础确认了他们的所有权利，然后在1611年5月把马蒂亚斯选为新王。七年之后哈布斯堡领地上爆发的危机的轮廓此时已经大体浮现了出来。

中欧风暴

1612年马蒂亚斯当选为皇帝并没有缓解奥地利哈布斯堡在帝国或在世袭领地的危机。他在选帝侯面前把自己表现成一个调解者。他本人不常亲自参与帝国事务，而是让克莱斯尔主教（1615年升为克莱斯尔枢机主教）自己拿主意。但是帝国要人不信任克莱斯尔，认为他是个诡计多端的新来者。至少在马克西米利安大公和斐迪南大公看来，他准备与新教徒谈判这件事足以证明不信任他是正确的，所以两人在1618年把他拉下了台。克莱斯尔最初的打算是1613年8月在雷根斯堡召开议会，但是当他提出通过改革帝国法院来打破诉讼僵局时遭到了新教代表的怀疑。同样，当他提出帝国应当帮助马蒂亚斯偿还继承的500多万盾债务和支付目前维护匈牙利边境要塞的成本时，支持者寥寥无几。议会会期拖到了第二年，然后宣布解散，此后40年帝国再也没有召开过议会，原因就是议会失去了通过决议的能力。

之后克莱斯尔在帝国里改弦易辙，通过协商达成独立的双边妥协，利用这些妥协创造一个保皇党的联盟，再利用这个联盟逐渐吸收天主教和新教的分离主义。分离主义随着帝国内信条化防御同盟的组建而变得根深蒂固。新教徒的领导者是上普法尔茨宫伯（Palatine in the Upper Palatinate）安哈尔特的克里斯蒂安（Christian of Anhalt）——他把政治看作对立的信条集团——和普法尔茨－诺伊堡的菲利普·路德维希（Philipp Ludwig of Pfalz-Neuburg），他们抛弃了加尔文宗与路德派的成见，于1608年5月在奥豪森（Auhausen）签署了按信条划界的防御性新教联盟（Protestant Union）。作为回应，巴伐利亚公爵马克西米利安在1609年7月联合德意志的天主教国家也建立了一个同盟。时势给克莱斯尔削弱这两个联盟的努力帮了大忙。尽管安哈尔特的克里斯蒂安与英格兰（1612年）和尼德兰（1613年）签署了外交条约，但是新教联盟失去了曾有的来自法国和勃兰登堡的支持，而且从未得到过萨克森的任何支持。新教联盟成员弱小，分裂严重，到1618年已经不成气候，1621年便完全垮台了。在哈布斯堡家族挑动的斗争下，马克西米利安的天主教同盟崩溃得更快。这些信条化联盟越衰弱，马蒂亚斯在帝国内部就越不被人信任。

与此同时在世袭领地，马蒂亚斯大公当选皇帝丝毫没有起到减少冲突可能性的作用。在匈牙利，哈布斯堡的生存面临着现实而急迫的威胁。在施蒂里亚，斐迪南大公展示了对一切问题采用强硬的天主教解决方案是什么后果。在波希米亚，一群新教贵族已经从皇帝手中赢得了承认护民官作为他们的独立保障的书面让步。马蒂亚斯甚至同意下一届波希米亚议会可以考虑扩大护民官的权力，让他们负责波希米亚的国防军队和外交政策，允许他们和世袭领地的其他议会结成统一战线。

马蒂亚斯把帝国宫廷转移到维也纳,使自己可以更近距离地处理匈牙利问题。但是,他离布拉格更远了,帝国宫廷对布拉格的影响也更小了。在1614年和1615年,奥地利、波希米亚、匈牙利领地的两次全体议会上,马蒂亚斯拖延时间,依靠俯首帖耳的摩拉维亚和波希米亚的贵族,煽动反对者内部的不和。顺从他的贵族包括波希米亚首相、护民官之一的兹德涅克·冯·洛布科维茨(Zdenek von Lobkowitz)和摩拉维亚的卡尔·热罗金(Karl Žerotín)。议会的失败让一些人理想破灭,让一些人走向激进,不过似乎巩固了马蒂亚斯皇帝的地位。

皇帝无后,下一次继承问题已经隐隐出现。面对内部危机,哈布斯堡兄弟们选择放弃自己的继承权,支持施蒂里亚的斐迪南,他是唯一一个有子嗣的大公。腓力三世作为马克西米利安二世的外孙在理论上有优先权,然而1617年3月西班牙驻维也纳大使奥尼亚特伯爵伊尼戈·德·格瓦拉(Íñigo Vélez de Guevara)与马蒂亚斯和斐迪南达成秘密协议,斐迪南将哈布斯堡对阿尔萨斯和莱茵河右岸的所有权让与西班牙,作为交换,西班牙不反对斐迪南被选为波希米亚国王和帝国皇帝。签好协议之后,马蒂亚斯召开波希米亚议会,议会不情愿地在1617年6月5日将斐迪南选为波希米亚国王,三个月后为他举行加冕。只有两个贵族公开反对这次选举。然后在斐迪南的策划下,匈牙利议会也将他选为国王,他在1618年7月1日布拉迪斯拉发的加冕礼上戴上了圣伊什特万(St Stephen)王冠。他在布拉迪斯拉发得知,他在布拉格的代表(摄政)已经被草草地掷出窗外了。

"布拉格掷出窗外事件"(1618年5月23日)是由少数几位绝望的

贵族策划的行动。布拉格大主教约翰·洛厄留斯（Johann Lohelius）预计斐迪南会成为国王，早就开始把王室领地上的新教牧师换成马蒂亚斯交给他管理的天主教神父。新教徒坚称《陛下许可书》赋予了他们在王室领地上的敬拜自由，但是皇帝说王室领地现在属于教会，《陛下许可书》的规定不适用了。新教徒于3月向马蒂亚斯皇帝申诉，抗议这种狡计，却遭到了逮捕的威胁。5月22日，一小批新教贵族在布拉格再次开会，他们知道叛乱得不到全心全意的支持，最近被解除帝国枢密院委员职位的图尔恩（Thurn）伯爵海因里希·马蒂亚斯宣布，是时候"按照惯例"把皇帝的代表"掷出窗外"了，他说的惯例指的是胡斯起义之初的掷出窗外事件。第二天，他们唱着圣歌鼓舞士气，走到赫拉德辛宫摄政们的议事厅的楼梯上，把三个人（两名摄政和一名秘书）掷出窗外。

24日，新教徒组建了一个临时政府——"督政府"（Directors）——和一支军队。他们的赌注极高。叛军领袖没有国际支持，事后可能遭到处决和报复，而对于哈布斯堡而言，皇帝之位还没有确定下来。人们将其与50多年前尼德兰起义之初的情形做比较，不过当时起义者的情势没有那么绝望，敌人的意志也没有那么坚决。督政府在哈布斯堡世袭领地寻找盟友，但没有得到明确答复。摩拉维亚人拒绝加入。安哈尔特的克里斯蒂安和帝国内仍留在新教联盟——亦称福音联盟（Evangelical Union）——中的诸侯不愿支持一场反对皇帝的叛乱。然而，抱着被选为波希米亚国王的希望，克里斯蒂安说服特立独行的萨伏依公爵资助了一支由恩斯特·冯·曼斯菲尔德伯爵率领的雇佣军——曼斯菲尔德在土耳其战争中累积了大量军事经验，却没有得到报酬。亲帝国派仗着与西班牙的秘密协议争取时间，开始召集自己的军队。马蒂亚斯皇帝1619年3月20日去世,事件的高潮来临了。

波希米亚军队在图尔恩伯爵的领导下侵入摩拉维亚,强迫摩拉维亚议会加入叛乱,然后挥师前往维也纳,在维也纳郊外期待城内也发生叛乱,但叛乱并未发生。西里西亚、卢萨蒂亚和上下奥地利的等级会议与波希米亚人结成邦联,邦联条款模模糊糊地规划了一个混合君主制国家,在其中新教有明确的地位,权力掌握在贵族手中。但是曼斯菲尔德的军队落入了哈布斯堡一支骑兵的陷阱,被打得落花流水。8月19日,波希米亚人以公然暴政为由罢免了斐迪南的王位。一个星期之后,他们将普法尔茨选帝侯弗雷德里克五世选为新国王。弗雷德里克接受波希米亚王位反映了他在海德堡的委员会多数成员的世界观。枢密院重要成员路德维希·卡梅拉留斯(Ludwig Camerarius)是一个加尔文宗信徒,他的通信网络使他与欧洲北部大多数向来支持新教事业的人联系密切,他主张对亲帝国派先发制人。

事实上,承认弗雷德里克是波希米亚国王的只有丹麦、瑞典、威尼斯和尼德兰共和国,其中只有尼德兰为他坐稳王座提供了实际支持。弗雷德里克五世不能让他的新教教友失望,而且他的遗产和人际关系影响了他的看法。他的新娘伊丽莎白·斯图亚特(Elizabeth Stuart)是国王詹姆士一世的女儿,她让他相信英格兰会支援他。两个世纪前曾有一位普法尔茨国君登上皇位——鲁普雷希特三世(Ruprecht III)*——为什么不能再出现一位?伊丽莎白来到布拉格后生下了第四个孩子,他被命名为鲁普雷希特,世称"莱茵河的鲁珀特"(Rupert of the Rhine)。弗雷德里克认为他也可以指望与拜特伦·加博

---

* 准确地说,鲁普雷希特三世(1353—1410)虽然在1400年被选为罗马人民的国王,但是因为当时的皇帝瓦茨拉夫四世不肯让位,所以从未真正做过神圣罗马帝国皇帝。——译者注

尔的特兰西瓦尼亚军队在年底之前联合进攻维也纳。

斐迪南的地位也得到了加强。1619年8月28日,他在法兰克福被全体一致选为皇帝,而且召集了自己的军队。波希米亚人的战败来得迅速而彻底。萨克森和勃兰登堡选择支持皇帝,巴伐利亚公爵马克西米利安也以天主教同盟之名站在皇帝一边,于1619年10月签署了《慕尼黑条约》(Treaty of Munich)。同盟的军队由身经百战的蒂利伯爵(Count Tilly)约翰·采克拉斯(Johann Tserclaes)指挥。战斗于1620年11月8日在白山打响,白山是布拉格附近的一座白垩陡坡,大约一个小时的时间,3万波希米亚人被帝国与巴伐利亚联军打得一败涂地。邦联军队本来有机会重整旗鼓死守布拉格,但是蒂利伯爵的骑兵把残兵败将打得太散,让他们全无抵抗能力。被嘲笑为"冬王"(Winter King)的弗雷德里克向东逃到西里西亚,然后折回普法尔茨,把奥地利哈布斯堡危机变成三十年战争的,是斐迪南皇帝处理这场胜利的方式。

天主教国家利益的汇合

斐迪南的胜利使信条绝对主义可以在哈布斯堡世袭领地内更大范围地推广,首先从波希米亚开始。1621年6月21日,27名波希米亚叛军领袖在布拉格市政厅广场被处死。鼓声盖住了他们的讲话声,以免他们宣称自己是殉道者。叛乱的军师扬·耶森纽斯(Jan Jessenius)被固定在一把椅子上,拔掉舌头再砍掉脑袋。死者的头被插在长矛上立于查理大桥示众——6个背叛主君的贵族的头面向东边的城堡,6个市民的头面向西边的老城(Old Town)。1 500多名贵族出庭受审,其中 600 多人被剥夺领地（另有 250 名摩拉维亚贵族也被剥夺领地）。有些人得到了少量的货币补偿，但是他们得到的是被刻意贬值的劣币，此时波希米亚经济已经崩溃了。斐迪南利用罚没的土地犒赏忠于帝国的人，加强哈布斯堡国家的权力，推行当地的再天主教化。加尔文宗与路德派的传道人和所有重洗派信徒都被驱逐，宗教自由宣告作废，城市特权遭到限制。1627 年，贵族被迫在改宗天主教还是流亡中做出抉择。同年波希米亚和摩拉维亚实行《重建法令》(*Verneuerte Landesordnung*)，法令宣布波希米亚王位由哈布斯堡家族代代相传，天主教是唯一宗教。波希米亚不再是哈布斯堡王国的成员国，而是变成了一块皇家领地，波希米亚议会变成了一个咨询机构，上层教士在议会中重新占据要职。超过 15 万名波希米亚人选择流亡。

斐迪南皇帝知道信条绝对主义的后果，所以根据地方环境调整政策以免激发强烈反弹。在西里西亚，压迫没有那么严酷。在下奥地利，少部分 1620 年时宣誓效忠斐迪南的贵族——他们得到了个人宗教自由的保证——和失去宗教自由的其他人没有形成抵抗的合力。接着，等到公开反抗他的统治的人都被镇压下去之后，他就在 1620 年做出新的承诺，简单地保证宗教自由，同时禁止剩余的新教贵族在自己的城堡里保留教堂和学校，理由是它们会煽动叛乱。相比之下，上奥地利经历了与波希米亚类似的命运。1624 年，新教牧师和校长被限期一个月内离开这个国家，其他新教徒除贵族之外都要在 1626 年复活节前选择改宗或离开。由此引发的起义在巴伐利亚的协助下被联手镇压，到 1630 年，已有 10 万名奥地利人和波希米亚人一样背井离乡。在匈牙利，斐迪南的统治尚未稳定下来。拜特伦·加博尔时常从特兰西瓦尼亚进攻匈牙利，直到他 1629 年去世。后来加博尔的继承者拉科齐·捷尔吉一世（György I Rákóczi）继续战斗，他与瑞典和法国结盟，但并没有起到什么作用，1647年皇帝斐迪南三世与他议和并签署《林茨条约》(Treaty of Linz)，之后信条绝对主义才进入匈牙利。

皇帝的法学家（不无道理地）论证，他们仅仅是在哈布斯堡领地上贯彻教随君定的原则而已，而且他们每次都按照《奥格斯堡和约》给予了离开的权利。然而，波希米亚之败后帝国发生的事让人们对帝国的根基产生了怀疑。弗雷德里克在布拉格的失败预示了他在普法尔茨的退位。皇帝提出如果他承认皇帝的权威就可以得到宽大处理，但是他选择拒绝，于是在1621年被单方面剥夺了法律权益（皇帝的律师建议说没有必要举行审判，因为他的罪行已经"恶名昭彰"）。靠着曼斯菲尔德伯爵的雇佣军、路德派的巴登－杜拉赫藩侯（Margrave of Baden-Durlach）、不伦瑞克－吕讷堡公爵克里斯蒂安（Duke Christian of Brunswick-Lüneburg）和詹姆士一世2 000人的象征性部队，他才逃过一死。西班牙军队在安布罗焦·斯皮诺拉将军率领下沿莱茵河左岸攻入下普法尔茨，蒂利公爵领导的同盟军则占领了右岸，在9月19日拿下海德堡。弗雷德里克流亡尼德兰，接着选帝侯的财产遭到没收。按照1617年条约的承诺，西班牙吞并了下普法尔茨左岸的土地，扩大了在莱茵兰的利益。

波希米亚战役期间，斐迪南皇帝欠了巴伐利亚公爵马克西米利安大量债务，起初他以上奥地利作为担保，现在他可以拿上普法尔茨还债了，马克西米利安在1621年的秘密协议中还得到了选帝侯的头衔。选帝侯的势力平衡就这样被永远改变了，而且完全没有与其他选帝侯商量过。普法尔茨枢密院成员路德维希·卡梅拉留斯公开了秘密书信，交易双方无法否认谈定的事，教皇出面要求这项安排必须得到公众批准。教皇还要求藏书丰富的海德堡图书馆转到罗马作为教皇支持的回报。1623 年 2 月,雷根斯堡召开了规模接近议会但仅限天主教诸侯参加的会议,皇帝勉强同意转移图书馆,马克西米利安确保每一本书在被送往罗马之前都被写上一句"巴伐利亚藏书"(Bavarian ex libris)。1628 年马克西米利安公爵吞并上普法尔茨得到正式确认。巴伐利亚的维特尔斯巴赫家族和奥地利的哈布斯堡家族不再是对手,而是军事和战略上的伙伴,他们基于天主教徒的共同利益与西班牙的哈布斯堡家族结成了联盟。

上普法尔茨的再天主教化立刻展开。新教学校和教堂被关闭并移交给天主教当局,耶稣会组织大规模焚烧新教书籍。信条证书作为检验服从——尤其是贵族的服从——的手段被引入上普法尔茨。不领弥撒或在星期五吃肉的人被处以罚款而且有被驱逐的危险。到 1630 年,上普法尔茨有 90 个贵族家庭已经改宗,更多的家族选择流亡。如同在波希米亚和上奥地利一样,这些变革创造了把贵族按照曾经或将会忠于巴伐利亚公爵的人的模板进行改造的机会。

萨克森 – 魏玛公爵威廉四世(Duke Wilhelm IV of Saxony-Weimar)1623 年提出德意志和平同盟(German Peace League)的理念,希望和平解决问题,这个同盟从未成立过。他的提议包括容许普法尔茨选帝侯回到自己的领地,流亡者应该回国,可以按照重新组织的《奥格斯堡和约》签订新的和约,这些都是不切实际的设想。而且此时已是 1623 年夏,蒂利伯爵的天主教同盟军已经从普法尔茨进入威斯特伐利亚,追赶不伦瑞克的克里斯蒂安的军队,阻止他们逃到尼德兰,8 月 6 日这天,蒂利伯爵在施塔特隆(Stadtlohn)将他们彻底击败了。冲突的舞台向北转移到了新教诸侯领地的腹地。

这个重点转移背后的逻辑在于慕尼黑、维也纳和马德里的利益出现了暂时性的汇合。尽管它们的外交官和顾问持有共同的天主教政治观和世界观，但是当时新教徒将其解读为天主教的大阴谋或哈布斯堡世界帝国神话的再现都是不正确的。事实上只是因为三方都意识到此时联合比各自为战好处更大而已。1620年，天主教国家与西班牙为保护瓦尔泰利纳一致武力干涉灰色同盟，对这个新教人口为主的地区实施了残酷的镇压。17世纪20年代，西班牙和尼德兰在低地国家重新开战后，慕尼黑和威尼斯的支持变得更加明显了。停战协定在1621年到期，斯皮诺拉重新武装了7万人的佛兰德斯军，在1622年向贝亨奥普佐姆（Bergen-op-Zoom）发起进攻。两年之后，斯皮诺拉围攻邻近的重镇布雷达。围攻持续了九个月，造成1.3万名居民和守军死亡，1625年6月布雷达投降。这次胜利是因为太多驻扎在莱茵河、埃姆斯河与利珀河（Lippe）沿岸的尼德兰军队因为蒂利伯爵的牵制而不能动弹。

一个更加雄心勃勃的对付尼德兰人（而且不需要在尼德兰常驻一支大军）的联合战略是毁坏敌人的经济基础。西班牙在敦刻尔克下令建造了20艘特种海盗船，又征用了大约60艘其他船只用于战争。17世纪20年代，这些敦刻尔克私掠船（Dunkirkers）在英吉利海峡威胁尼德兰和英格兰的船运。1614—1620年间，据记载有1 000多艘尼德兰船只来往于英吉利海峡，但是1621—1627年只有52艘船敢继续使用这条航路。1624—1628年，英格兰损失了390艘船（占其商船总量的五分之一）。这样的经济破坏对尼德兰和英格兰造成了重大影响。1625年英国和尼德兰的反击仅限于一次失败的袭击加的斯和一次更加失败的驰援法国新教徒。同年热那亚成功击退了法国和萨伏依的联合进攻，尼德兰人也被赶出了巴西的巴伊亚（Bahia）。

考虑到这次胜利，西班牙开始在塞维利亚设置官员负责被称作"北国海军部"（Almirantazgo de los Países Septentrionales）的部门。这个部门的任务是认证从北方进口到西班牙的货物的原产地，其目标是禁绝冒充法国和德意志商品偷运进来的尼德兰商品。1625年西班牙启动了一项新的工程——建造连接威悉河以南的莱茵河与马斯河（Maas）的运河，计划在芬洛与马斯河相交，世称欧亨尼娅运河（Fossa Eugeniana），希望能分流共和国的商贸。然后马德里和维也纳开始讨论在北海与波罗的海建设一支哈布斯堡反尼德兰海军。马德里的目的是实现对尼德兰经济的全面封锁；维也纳的目的是开发东弗里西亚和易北河的港口，为帝国国库创造一项永久性的收入来源，对帝国内的教会领地以及将来对教会机构强制推行帝国主导的天主教解决方案。

有了波希米亚的战利品和可以预期的帝国永久性收入来源，斐迪南决定再组织一支军队。1625年4月，斐迪南任命阿尔布雷希特·冯·华伦斯坦为新军的指挥官，命令他在下萨克森招募2.4万人。华伦斯坦是波希米亚的一个小贵族，他在马蒂亚斯皇帝的军队中崛起，改宗天主教并积累了军事经验。帝国在波希米亚的财产罚没和货币贬值让他发了财，他成了这一地区最大的地主、帝国内最富有的人之一。他用自己借的钱招兵买马。佛兰德斯的加尔文宗信徒汉斯·德·维特（Hans de Witte）是他的财团合伙人，也曾从波希米亚的货币贬值中获利，他对华伦斯坦在波希米亚等地的资产有信心。所以愿意动员其他加尔文宗金融家向华伦斯坦贷款，并且负责华伦斯坦作战所需的军械、弹药、粮食的供应合约。在德·维特的帮助下，华伦斯坦还把钱贷给皇帝。作为回报,他在弗里德兰(Friedland)的领地被升为公国,由此他也成了帝国诸侯的一员。华伦斯坦的军队也是一项投机事业,只是比同时期其他人的规模更大。

丹麦与帝国的命运

天主教国家利益的汇合造成了深远的影响。在新教宫廷里,流亡贵族讲述宗教压迫的经过,声称自己遭遇的事必将落到其他地方。得到皇帝的保证因而在冲突中置之事外的国家(比如勃兰登堡和萨克森)开始思考帝国的命运。就连天主教选帝侯也变得紧张起来,他们抱怨在他们领地上的西班牙军队,担心被卷入西班牙和尼德兰的冲突。斐迪南皇帝和华伦斯坦将军在布鲁克签订秘密协议(1626年11月),允许华伦斯坦占领帝国领地并向它们索取贡金以支持自己的军队,巴伐利亚公爵马克西米利安得知此事怒火中烧。随着皇帝的意图变得越来越危险,天主教国家的利益开始渐行渐远。

帝国的事态一定程度上影响到了丹麦。丹麦的奥尔登堡家族在王位空缺和一场内战之后于1536年登上王位,它利用宗教改革巩固了对丹麦、挪威和冰岛的权力,变成了一个地区性强权。奥尔登堡王朝的成功有两个秘诀,一是与贵族合作,二是占据波罗的海入口的战略要冲。随着波罗的海的海上贸易逐渐增长,丹麦越来越想要把它变成自己的内海(*mare clausum*)。1565年丹麦第一次实行自己这方面的权利,接着它开始对通过斯卡格拉克海峡(Skagerrak)的船只征收通行费(1567年起征收货物价格的2%)。商船被迫到赫尔辛格(Elsinore)向王室城堡克伦堡(Kronborg)缴费——克伦堡重建于1585年,是丹麦国王实力的象征，通行费直接送往国王的金库。

克里斯蒂安四世 1596 年加冕为丹麦国王，继承了一个健康的国库。自幼学习统治的他带着巨大的热情迎来自己的亲政。他启动了野心勃勃的工程——建立新市镇，开辟新产业，出资探索格陵兰和远东。丹麦海军成了波罗的海一支不可小觑的力量，不过其他国家也在挑战它的制海权。从 16 世纪 60 年代起，瑞典、俄国和波兰为东波罗的海沿岸展开了激烈竞争。瑞典与波兰陷入敌对关系。由于克里斯蒂安四世拒绝放弃对瑞典王位的王朝继承权，而且丹麦领土从南面和西面包围了瑞典，因此丹麦和瑞典的关系也紧张了起来。丹麦和瑞典也在竞争北极圈内的挪威陆地，两国国王都自称拉普人（Lapps）之王，争夺通往阿尔汉格尔斯克的巴伦支海航运控制权。在 1611—1613 年的卡尔马战争（Kalmar War）中，丹麦只用短短 18 天就攻下了瑞典唯一的北海港口埃尔夫斯堡（Älvsborg）。1613 年 1 月签订的《克奈勒德和约》（Peace of Knäred）巩固了丹麦在波罗的海和挪威北部的优势地位。瑞典用相当于 10 桶黄金的 100 万瑞典元作为赎金换回了埃尔夫斯堡。克里斯蒂安四世在波罗的海没有了后顾之忧，可以集中精力处理帝国的问题了。

丹麦国王也是帝国诸侯（因为兼任荷尔施泰因公爵），他与不来梅、费尔登（Verden）、奥斯纳布吕克这些主教辖区有王朝关联，皇帝改变世俗化教会领地状态的做法威胁到了他的权利。不来梅和费尔登控制了威悉河与易北河的入海口，克里斯蒂安正想在那里实施他的重商主义大计。当帝国法庭在 1618 年宣布汉堡是"自由市"（free city）时，克里斯蒂安决定建立新城格吕克施塔特（Glückstadt）来抑制汉堡的海运事业。*哈布斯堡对尼德兰实施的北海－波罗的海经济战直接伤害了丹麦经济。

克里斯蒂安对皇帝在德意志北部增强军事存在感到十分不安，但他的御前会议不以为然，他们认为参与德意志事务是一种分心，会让瑞典有机可乘。所以1625年他向皇帝宣战时不是以丹麦国王的名义，而是以荷尔施泰因公爵的名义援助下萨克森行政圈（Lower Saxon Circle）的地方防御联盟。克里斯蒂安出师不利。1625年7月他和他的马从哈默尔恩（Hameln）城墙上摔了下来。他好几天都不省人事，外界谣传他已经死了，于是蒂利伯爵相信可以迅速克敌制胜。后来克里斯蒂安恢复了过来，第二年在下萨克森战役中与蒂利伯爵和华伦斯坦的联军作战，不过他的外国盟友（尼德兰和英格兰）让他失望了，战事进展不顺。他发起反击但未能成功，只好全面撤退，当他退到哈茨山脉（Harz Mountains）脚下的巴伦山麓卢特（Lutter am Barenberge）时发生了大溃败。半数士兵被杀、被俘或负伤，高级军官战死，国王本人差一点就被俘虏。下萨克森的反抗力量随之崩溃。1627年9月，华伦斯坦和蒂利伯爵的军队侵入荷尔施泰因，进而正面进攻丹麦。华伦斯坦成了梅克伦堡公爵，现在他可以用梅克伦堡负担他的债务，支持他巨大的军队，他的兵力达到了13万人。

皇帝在帝国内至尊无上变成了真正可以期待的前景。哈布斯堡在北海和波罗的海扼杀尼德兰商业的计划现在已经具备可行性。华伦斯坦得到了"大元帅"（Generalissimo）和"大洋与波罗的海统帅"（General of the Ocean and Baltic Seas）的头衔。他开始在日德兰半岛地峡修建

---

* 格吕克施塔特位于拉贝河下游比汉堡更靠近河口的地方。——译者注

运河，这样船只就可以不用缴纳丹麦在厄勒海峡（the Sound）征收的通行费。他选择梅克伦堡港口维斯马（Wismar）作为海军基地开始建造海军。海军完工之前，波罗的海边的波美拉尼亚小港施特拉尔松德（Stralsund）拒绝接受华伦斯坦的驻军，1628 年 5 月，他下令炮击施特拉尔松德。他可能低估了这座城镇极其适于防守的战略位置，四个月之后，瑞典和丹麦的援军前来救援，华伦斯坦的军队只好撤退。这次逆转以及丹麦海军完好无损的事实给了克里斯蒂安勇气，他在海上发起反击。帝国战略家们希望把舰队留给帝国将来的事业使用，所以在吕贝克与丹麦国王签订了体面的和约，把他的所有世袭领地——世俗化的主教辖区除外——都还给了他，反正又不用花一分钱。

1629 年 3 月，斐迪南对被世俗化的教会领地颁布了《归还教产敕令》（Edict of Restitution）。他的耶稣会士告解神父威廉·拉莫尔迈尼（Wilhelm Lamormaini）向他保证这样的解决方案可以得到上帝的祝福："上帝保证我们会迅速取胜，他在推动我们前进。"帝国副首相彼得·海因里希·冯·施特拉伦多夫（Peter Heinrich von Stralendorf）起草了敕令文本。表面上看，这个敕令只不过是对《奥格斯堡和约》的一个解释。事实上，它是一次史无前例的立法，而且并未得到任何帝国议会的批准就作为帝国法律颁行。它在强制推行天主教对"保存教会领地"条款的解读——要求帝国内的教会君主如果在 1552 年后改宗路德派的话应当放弃教会领地。条款所指的世俗化曾经大规模发生过，但是随着时间的推移，这些世俗化已经得到了认可，在君主继承和土地转移中变成了合法行为。然而，17 世纪 20 年代的军事成功使天主教在莱茵兰这样的地区有条件要求归还教产，而天主教世俗统治者早已开始利用这一既成事实。皇帝用敕令来约束这个已经开始的过程,并且通过强调他本人作为仲裁者的角色来重申帝国的权威。

敕令威胁到了德意志北部15个主教辖区的(新教)主人和德意志北部到中部——地广人稠,收入丰厚——500座富庶的修道院的拥有者。截至1630年底,5个主教辖区和120座修道院已经被帝国专员在华伦斯坦军队的支持下收回。华伦斯坦1628年开始收回自己治下的马格德堡的修道院,城市随之爆发了叛乱。吕贝克和汉堡这两座最重要的汉萨同盟独立城市的代表告诉华伦斯坦,这种做法损害了他们与他的商业合作:"敕令不能继续……不能就这样简单地撕毁宗教和约。"1629年11月,华伦斯坦向帝国战争委员会(War Council)委员长龙巴尔多·科拉尔托(Rombaldo Collalto)回信,直言不讳地告诉他敕令"把所有非天主教徒都推到了我们的对立面"。三个月之后他又写道:"他们的怨恨太深了,他们都说如果瑞典人(指古斯塔夫·阿道夫)来的话他们愿意为他战死。"

敕令给帝国带来了巨大的影响。哈布斯堡可以利用广泛的教会圣职任命权来引诱诸侯和领地为皇帝效力,这种圣职任命权的力量是非常明显的。萨克森因为在波希米亚叛乱时支持皇帝得到了卢萨蒂亚。勃兰登堡的加尔文宗选帝侯的政策掌握在他的宠臣亚当·冯·施瓦岑贝格伯爵(Count Adam von Schwarzenberg)手中。后者利用他在维也纳的人脉帮助公爵继承了波美拉尼亚,帮助自己得到了在马格德堡和克累弗的圣职。华伦斯坦在德意志北部各地驻军1.2万人,同时向波兰派遣了1.5万人在波兰战役中牵制古斯塔夫·阿道夫。他还派出1.7万人去尼德兰支援西班牙,1628年尼德兰截获西班牙白银船队,西班牙军队出现了哗变的风险。在这笔天降横财的帮助下,尼德兰在1629年4月开始包围斯海尔托亨博斯,围着它的运河与水闸修了一条长达

40 公里的堤坝。尼德兰人抽干堤坝里的水，趁机推进，迫使这座西班牙边境要塞中的重要堡垒投降。

帝国在德意志北部的控制十分脆弱，拜特伦·加博尔袭击匈牙利的风险一直存在，在这种情况下华伦斯坦不想再生事端。然而皇帝和维也纳的帝国战争委员会要他调集 1.4 万人的军队准备在意大利北部开战。1627 年圣诞节这天，曼托瓦与蒙费拉托公爵温琴佐二世·贡扎加（Duke Vincenzo II Gonzaga of Mantua and Montferrat）去世。他的封地理论上是帝国的采邑，而且他没有子嗣。他知道自己身体欠佳，所以事先写好遗嘱，将侄女玛丽亚·贡扎加（Maria Gonzaga）立为继承人，并且把她嫁给远房亲戚讷韦尔公爵卡洛·德·贡扎加，肥水不流外人田。就在他离世的那天，婚礼在曼托瓦举行。讷韦尔公爵是法国宫廷的常客，他继承曼托瓦和蒙费拉托威胁到了西班牙在意大利北部，特别是在相邻的米兰的地位。

西班牙哈布斯堡得到了另一个有权继承爵位的人，声称讷韦尔公爵鸠占鹊巢，并且在 1628 年春派兵包围卡萨莱（Casale）堡垒。西班牙本打算速战速决，却被拖成了一场超过一年的长期战。法国军队翻过白雪皑皑的阿尔卑斯山，在 1629 年 2 月解了卡萨莱之围，但是当年夏天西班牙再次发起进攻，而且请求皇帝助战。斐迪南接受请求，派帝国军队出征，在 9 月包围了卡萨莱，而且他不顾华伦斯坦的反对，命令科拉尔托伯爵龙巴尔多担任指挥官。次年 7 月帝国军队终于攻进曼托瓦，驱逐了讷韦尔公爵。此前，1630 年 6 月，天主教选帝侯在雷根斯堡开会，已经抗议华伦斯坦权力过大，抗议他在德意志北部的驻军和搜刮。他们要求开除华伦斯坦，把他的军队削减到三分之一。斐迪南二世遵从了他们的意见，在 8 月免去了华伦斯坦总司令的职位。华伦斯坦本人对帝国事务发展方向已经失望，所以平静地接受了这样的转折。他的银行家汉斯·德·维特则无法保持镇静，选择了自杀。就在一个多月前，古斯塔夫·阿道夫率领瑞典远征军登陆施特拉尔松德。

法国新教党的灭亡

亨利四世被刺杀之后，新教使团在安德烈·里韦（André Rivet）牧师的陪同下觐见路易十三和他的母亲玛丽·德·美第奇表示忠诚。使团中有一位军旅诗人阿格里帕·德·奥比涅（Agrippa d'Aubigné），他讲述了自己当初如何因为不肯在国王面前屈膝下跪冒犯到王后和廷臣的事。他的表态吓坏了里韦，里韦因为恐惧，几乎没法把效忠宣言读完。德·奥比涅解释说他并非想要对国王不敬，特别是在最近国王遇刺的环境下，他对国王是怀着深挚的"尊敬"的。他想说的是（新教）贵族"天然"服从他们的统治者，无须（像天主教徒那样）溜须拍马。胡格诺党（party）鼓励的对权力的态度让人想到基督教共和国。既然和平已经实现，现在胡格诺党的代表大会（按照菲利普·迪普莱西–莫尔奈的说法）存在的目的就是推进新教教会的"共同利益"。他不认为这与王国整体的"共同利益"之间存在什么矛盾。他指出代表大会对维持和平、选举代表在法国宫廷代表他们的利益、使法国新教徒融入公民社会至关重要。基于这些理由，1611年摄政太后玛丽勉强同意在迪普莱西的要塞城镇索米尔（Saumur）召开代表大会。

然而，法国政治走上了相反的方向。接连两位国王遇刺产生了一种独特的公共情绪，而保王派宣传家和高卢派教会官员利用了这种情绪。亨利四世成了一名为国捐躯的波旁英雄。1614—1615 年，在为了预先阻止王族（孔代亲王亨利）发动贵族叛乱而召开的三级会议上，第三等级开篇即提出"基本法"——法国之内除了法兰西国王的权力之外再无别的权力。太后礼貌地搁置了陈情书（*cahier*）余下阐述改革的部分，宣布三级会议散会，1789 年之前再未举行过三级会议。玛丽·德·美第奇把曾在前朝尽享尊荣的新教显贵拒之门外，于是这些人有意与其他对现状不满的贵族结成盟友。1615 年 11 月，路易十三娶了腓力三世的女儿奥地利的安娜（Anne of Austria），新教徒相信法国已经走上西班牙哈布斯堡的轨道了。

新教党分成两派，一派相信保护自己最好的方法是谈判（被蔑称为政治家派），另一派认为对抗才是最好的防御（强硬派——*fermes*、*acharnés*）。因为没有一个正式的保护者，所以新教党的大贵族们——东南部的布永（Bouillon）公爵、多菲内的莱迪吉埃（Lesdiguières）公爵、西南部的拉福尔斯（La Force）公爵等——利用自己在本地区的影响力与他人竞争新教党的领导权。有些人觉得王室年金和在路易十三的宫廷有一席之地更令人惬意，久而久之便改宗了天主教。1620 年，国王出兵把贝阿恩并入法兰西王国，迫使新教党立刻做出抉择。这个比利牛斯山区的子爵领是纳瓦拉的亨利的世袭领地的一部分。* 在一次失败的叛乱和入侵之后，亨利的母亲让娜·德·阿尔布雷通过国家行为完成了贝阿恩的宗教改革。新教寡头政权通过等级会议管理国家事务，保护了贝阿恩的语言和传统，萨利克法典在这里不适用，君主在这里可以被问责。

---

* 贝阿恩 1464 年之前是子爵领（viscountcy），1464 年之后是亲王国（principality）。——译者注

把贝阿恩并入法国意味着否定这些传统，削弱贝阿恩新教徒的特权地位。1620年路易十三驾临贝阿恩首都波城（Pau），这是一场天主教的胜利游行。贝阿恩的新教寡头惊恐不安，呼吁他们的法国新教同志前来援救。法国新教徒认为这件事与德意志和莱茵兰的事态存在联系。他们知道自己内部分裂，军事上也没有做好准备，但是感到必须铤而走险，于是拿起了武器，领导他们的是谋略过人的罗昂公爵亨利和不如他能干的弟弟苏比斯（Soubise）公爵本雅明。国王用了五场战役和十年的战争才把胡格诺派的军事力量彻底消灭，但是主要任务已经在1621—1622年头两年的南法战役完成了，许多新教要塞在这场战役中被摧毁，只剩下失去了掩护的拉罗谢尔、蒙托邦（Montauban）和蒙彼利埃作为从前实力的遗存，这几座要塞现在内部分歧严重，充满了绝望。1628年，黎塞留枢机主教阿尔芒·迪·普莱西（Armand du Plessis）对拉罗谢尔发动了残酷的进攻。他下令搭建了12公里长的围城工事和29座堡垒。为了防止城市从英格兰或尼德兰的新教徒那里得到支援，4 000名工人用装满卵石的沉船建造了一座1.4公里长的围墙。围城持续了14个月，英格兰和尼德兰的援救行动没有成功，1628年10月拉罗谢尔投降。

罗昂公爵在1629年6月的《阿莱和约》（Peace of Alais）中将蒙托邦和蒙彼利埃交给路易十三，牺牲了胡格诺派的政党和军队以换取国王再次保证他们拥有《南特敕令》赋予他们的宗教特权。巴黎为攻陷拉罗谢尔举行了盛大的狂欢，庆典的高潮是12月23日穿过12道凯旋门的胜利大游行。官方节目单的扉页描绘了国王坐着接见下跪的巴黎官员的场景，画面外围是奥尔良公爵和苏瓦松（Soissons）公爵。透过背景里的窗户可以看到拉罗谢尔冒烟的残垣断壁。四名官员直勾勾地看着读者，提醒读者也有绝对服从的义务。

罗昂公爵带着四箱书逃到了威尼斯，过上了流亡者的生涯。被迫赋闲的他开始提笔讨论政治。他的书库包括马基雅弗利和圭恰迪尼，也包括西塞罗、塔西佗和新斯多葛学派的经典著作。他的生活方式和世界观与严格意义上的加尔文宗并不相同，虽然他对胡格诺派的事业矢志不渝，但这种忠心不是激发他造反的唯一理由。他说造反是因为对西班牙刻骨的仇恨，西班牙的"利益在于迫害新教徒，用赃物抬高自己的地位"，而法国的"利益"在于理解"由此引发的弊害"。他的战争是冷酷无情的，这反映了四分五裂的法国新教运动陷入的绝望局面，他对此不抱任何幻想。有人批评他在1620—1621年向詹姆士国王寻求外援，他说他很确定如果他不这么做的话以后也会被谴责。他明白基督教道德在政治和战争的场域里是说不上话的，他活在一个政治和军事"革命"的世界里，"革命"不讲"规则"的。他心目中的英雄都是反抗者——亚西比德（Alcibiades）、恺撒，甚至包括天主教的吉斯公爵——他们只有在没能服从自己行为的逻辑时才会被人批判。他拒绝仁慈的美德，他写道："让我们犹豫退缩的是缺乏决断、缺乏勇气这些恶习，而不是真正的对他人苦难的同情……因此我们经常用最低劣的美德（怜悯）来掩盖自己的恶习。"黑铁世纪铸就了黑铁般的灵魂。

第十八章

大战

意想不到的后果

1627—1630年，千百公里之外的不同战场发生了多次围城战，包括施特拉尔松德战役（1628年5月—8月）、卡萨莱战役（1628年春—1629年3月）、拉罗谢尔战役（1627年9月—1628年10月）、斯海尔托亨博斯战役（1629年4月—9月）、第二次卡萨莱战役（1629年9月—1630年10月）和曼托瓦战役（1629年11月—1630年7月），它们是欧洲各地进行的消耗战的组成部分。它们的战局和它们引发的政治与战略后果一样难以逆料。

为了避免攻城"不可避免的流血"（这是华伦斯坦自己的说法），避免损害与汉堡和吕贝克的关系，避免破坏亲帝国派的计划，华伦斯坦选择通过和谈来结束施特拉尔松德之围。这让施特拉尔松德可以与古斯塔夫·阿道夫签订20年期的盟约，成为瑞典两年之后进军北德意志的桥头堡。正当枢机主教黎塞留的拉罗谢尔之围结束的时候，刺杀查理一世宠臣白金汉公爵的那个愤愤不平的中尉在泰伯恩（Tyburn）

被处以死刑。约翰·费尔顿（John Felton）被欠了 80 英镑的兵饷，又在 1626 年前往雷岛（Île de Ré）*救援法国新教徒的远征中负了伤，1628 年 8 月 23 日，他在朴次茅斯刺杀了白金汉公爵，他宣称（根据他帽子里缝的信的一个版本）："这个人是个卑鄙的懦夫，他不愿为他的上帝、他的国王、他的国家之荣耀献身，不配被称为绅士和军人。"公众为白金汉公爵的死欢呼雀跃，这背后对国王的不信任打碎了查理在 1628 年与英格兰议会谈判的希望。两次试图破解拉罗谢尔之围，两次失败，英法战争（1627—1629 年）耻辱地走到了终点。英格兰在三十年战争中选择善意中立——意思是暗地里协助西班牙，这是黎塞留最不愿意看到的事。拉罗谢尔之围同样伤害了法国在 1624 年《贡比涅条约》（Treaty of Compiègne）中与尼德兰缔结的联盟，尼德兰越发担心法国是个靠不住的盟友。

尼德兰攻陷斯海尔托亨博斯结束了西班牙和尼德兰之间的和平外交试探。这座城市不仅是一座军事堡垒，也是北布拉班特主教辖区的主教座、马斯河的门户。斯海尔托亨博斯周边以天主教徒为主的米埃莱（Meierij）地区现在落到了尼德兰手中。从这时起，尼德兰共和国内开始有了少量天主教徒人口（1632 年尼德兰夺取马斯特里赫特之后就更显著了），西班牙决心保护这些人的宗教和利益。马德里称这一地区的民事管辖权仍然属于布鲁塞尔，天主教徒的属灵管辖权不容尼德兰人插手，任何处理教会财产的行为都必须经过帝国内的教会领地讨论。斯海尔托亨博斯的陷落使和平更加遥遥无期。

北意大利围城战的失败也使欧洲战局变得更加复杂。奥利瓦雷斯

---

* 雷岛位于拉罗谢尔外海。——译者注

伯爵 – 公爵知道西班牙的曼托瓦战争是一场赌博，1627 年他写道："（这场战争）将决定这个王国的命运。"皇帝已经拿下了德意志北部，西班牙已经掌握了在尼德兰的攻势。法国已经在 1626 年 3 月 5 日与西班牙议和，签订了《蒙松条约》（Monzón），解决了双方在瓦尔泰利纳的分歧，目前正在与国内新教徒公开作战。不过到 1630 年，情况开始变得对西班牙不利。把斯皮诺拉将军的部队撤到北意大利严重破坏了对尼德兰的攻势。尼德兰 1628 年捕获西班牙的珍宝舰队引发了人们对西班牙再次破产的恐惧。卡萨莱和曼托瓦分散了德意志北部的帝国军队，让瑞典人在 1630 年有机会在德意志占据立足点。法国干涉北意大利使法国和西班牙与奥地利两国的哈布斯堡家族不可避免地要再次开战。消耗战的胜利取决于一方取得足以迫使另一方求和的战略优势，但是这种逻辑在实践中敌不过战争意料之外的后果。

从 1630 年到 1648 年结束德意志与尼德兰的战争的威斯特伐利亚和谈这段时间，意外层出不穷。1630 年 7 月，在法国的财政和外交支持下，瑞典武力干涉德意志，给外交、军事、政治方程增添了新的变量。1635 年 5 月，法国向西班牙哈布斯堡宣战——一年之后法国以类似的宣言对奥地利哈布斯堡宣战——又增加了新的变量。瑞典的问题是，如何在北德意志领地中以及在整个欧洲形成稳定的联盟，以做到迫使皇帝接受它们的意愿，达成恢复帝国自由的和约，同时"清偿"（satisfaction）这次干涉为瑞典带来的债务。法国被迫同时在多条战线进行消耗战，哪里有反哈布斯堡情绪，法国就与哪里的人联合。法国外交官从瑞典人那里学到了新国际秩序的概念，在新国际秩序下，德意志各个邦国的自由受到一个自我维持的体系的保护。枢机主教黎塞留（和他之后的马萨林）的困难在于使别人相信这个新秩序的目标不是瓦解哈布斯堡霸权后用法国霸权取而代之。

中欧十年的战火使一大批人流离失所，他们大多数是新教徒，分散于德意志北部、波兰南部和尼德兰。对他们财产的重新分配造成了各方利益的冲突。军事行动的规模使军械、弹药和装备的供应商可以从持续冲突中渔利。野心家用久经沙场的老兵组建军队，任何最终计算都必须满足为这些军队提供贷款和补给人的需求。作战时主要靠掠夺敌方给养维持的军事机器的难题在于把作战控制在一个适应消耗战需求的规模内，不要消耗过多资源以至于不得不退出战场，同时在终战和谈时保证军队的利益。军事机器以国家的名义作战，国家必须保障军事机器的资源补给，战争造成的后勤和财政压力给这些国家带来了国内叛乱和革命。17世纪30到40年代，战争成本在中欧节节攀升。

政治军事外交方程变得越复杂，冲突的主题也变得越发多样化。《归还教产敕令》在帝国内造成的政治僵局、哈布斯堡帝国和西班牙对利益毫不掩饰的追求、后期法国对霸权的渴望、不断扩大的物质毁灭，这一切都表明冲突其实无关基督教世界的存续。西班牙评论家公开鄙视法国的犬儒主义。法国国王被邪恶的枢机主教们玩弄于股掌之中，这些枢机主教想要联合奥斯曼人、尼德兰人和瑞士人——"信仰、基督教人民、列王和天主教会的敌人"。法国提出的新国际秩序忽视了"德意志民族"（German nation）的重要性，掩盖了法国的扩张主义。1640年后，法国支持加泰罗尼亚和葡萄牙的叛乱，宣传家弗朗切斯科·克维多（Francesco Quevedo）哀叹说法国正在"通过播撒纷争……对整个基督教世界"掀起非正义战争。腓力四世宣称马萨林是"基督教世界灾难的始作俑者"。

17世纪20年代国际政治中信条化的世界观重出江湖，但是没有持续多久。到 30 年代，已经很难再把国际冲突解读为两种派别的基督教之间的冲突。新教徒内部的分裂格外明显，许多路德派对加尔文宗积极分子的疑心不亚于对热衷干涉的天主教徒的疑心。皇帝很依赖新教诸侯的中立（甚至积极支持），比如黑森－达姆施塔特方伯（Landgrave of Hesse-Darmstadt）、勃兰登堡选帝侯和萨克森选帝侯。同样，不是所有的天主教徒都坚定不移地与新教斗争。巴伐利亚公爵马克西米利安遵循的是自己的王朝利益和领地需求，17 世纪 20 年代他的利益与皇帝的利益一致，而到 40 年代又出现了背离。新教的宣传把耶稣会渲染成致力于征服新教的一股秘密而统一的势力，但是耶稣会士其实同听他们传道的这个世界一样充满分裂。

为斐迪南皇帝和马克西米利安公爵出谋划策的御用告解神父——威廉·拉莫尔迈尼和亚当·康岑（Adam Contzen）——的继承者现在主张与新教徒和解，放弃任何命运前定的念头。就连皇帝斐迪南二世（他的信件有时暗示他在进行一场帝国内部的十字军东征）也敦促华伦斯坦大元帅要像敌人一样在公开声明中拿"宗教作为借口"（*praetextum der Religion*）。1632 年阿克塞尔·奥克森谢尔纳提醒瑞典国务委员会，瑞典之所以参战"不是出于宗教问题，而是拯救公共国家（*status publicus*）的问题，宗教问题是放在后者内部理解的"。维也纳耶稣会士约翰内斯·甘斯（Johannes Gans）、慕尼黑耶稣会士约翰内斯·韦尔沃（Johannes Vervaux）和耶稣会总会长穆齐奥·维特莱希（Muzio Vitelleschi）都体会到修会过度拥戴或批判特定诸侯的政策会产生什么后果。黎塞留令巴黎耶稣会士让·叙弗朗（Jean Suffren）和尼古拉·科桑（Nicolas Caussin）确信他们的任务是支持政府的政策，而奥利瓦雷斯伯爵－公爵的告解神父弗朗西斯科·阿瓜多（Francisco Aguado）认为西班牙的战争是一场属灵试炼，法国天主教徒和尼德兰新教徒一样都是魔鬼派来诱惑西班牙的。战争双方的军事机器都依靠跨教派边界的信贷来源和供给来源。宗教变成了一种国家理性，被用来点缀公共宣言，强化宣传运动，为冲突提供合法性，然而它造成了越来越多的问题。

国际政治方程和各方复杂的利益使人们更加难以设想在什么场合如何进行和谈。基督教世界的国际秩序已经不复存在，尼德兰等新教强国拒绝教皇的调解，帝国议会等机构已经荒废，皇帝不愿意为帝国各方谈话创造场合。1630 年 6 月，天主教选帝侯在雷根斯堡开会，第一项议程是"整体和平"（general peace），但实际上会议从未讨论过它。1632 年，维也纳主教、帝国议员安托万·沃尔法特（Antoine Wolfath）建议所有天主教国家派出代表在中立城镇召开国会。皇帝对此没有兴趣，他更倾向于与帝国内各强权单独"和谈"（compositions）。1635 年初，黎塞留宣布路易十三可以派出法方特使参加和谈，只要腓力四世也参加，不过数月之后法国就对西班牙宣战，这次提议石沉大海。1636 年，教皇主动提出调停科隆战争，但是调停从未实现。战略计算使各方相信继续战争对自己更加有利。

直到平衡发生改变，消耗战造成的内部压力强大到再也无法忽视，帝国、瑞典、法国的外交官才在和会框架上达成共识。1641 年 12 月的《汉堡条约》（Treaty of Hamburg）确定了和会的范围。和会将在天主教的明斯特和多教派的奥斯纳布吕克举行，教皇国和威尼斯担任会议召集人。这两座城市和它们之间的道路都会被中立化——会谈期间这一地区在形式上不再臣属于皇帝。食物供应受到保护，安全措施部署到位，帝国邮政覆盖了这两个地点。每个人都知道和谈会是一个漫长的过程,实际上它确实持续了很长时间。大约七年之后,《威斯特伐利亚和约》在 1648 年 9 月尘埃落定。

意见主宰世界

1641 年,波希米亚版画家瓦茨拉夫·霍拉(Wenceslaus Hollar)创作了一幅题为《意见主宰世界》(*The World is Ruled & Governed by Opinion*)的宣传画。他描绘了"意见"(一个反复无常的女人坐在树上,头上顶着巴别塔,大腿上放着一个地球)和名为"旅行者"(Viator)的骑士对话的情景。一个巡游小丑把墨水倒在树根上,树上长满了传单,像树叶一样落得到处都是。这幅画讽刺的是在英格兰内战前夕的狂热氛围中,随着出版同业公会(Stationers' Company)和国王对出版物监督的瓦解,报纸和宣传册起到了破坏社会稳定的作用。新闻印刷业放大、分化和扭曲了欧洲的冲突。之所以很难分清冲突各方的动机和效果,一个原因在于他们必须不仅用武器交战,也要用言语交战,这扩大了适于对外宣传的动机和深层次的现实之间的距离。布莱兹·帕斯卡尔因为反耶稣会引发的争议所以热衷于参加论战,他对霍拉的画做出了回应,他在《思想录》(*Pensées*)写道:"主宰这个世界的不是意见,而是权力,可是意见利用了权力。"

17 世纪初定期印刷的报纸的出现加深了这种利用的程度。1618 年时,斯特拉斯堡、法兰克福等几个城市已经出现了这种报纸。三十年战争提升了报纸的发行量,到 1648 年,欧洲有了 30 种周报,总体发行量估计达到 1.5 万份。它们多数都是外交、军事、政治事件的摘要,并不刊登异象和奇人的事迹,那些是宣传册作家的招牌。报纸发行的目的是为需要理解身边复杂事态的读者提供全欧洲范围的最新时讯。将军们除了读报之外也有私家信源，大使们把自己写的报告摘编成册。一份报纸流传得越广，越能把自己出版的资讯信息出售给多个媒体，扩大信息的覆盖面。当时的人可以在更宏观的背景下理解时事。报纸不仅反映了战争的各个方面，而且随着起义和叛乱占据报纸的版面，报纸也反映了对17世纪40年代欧洲全面震颤越来越强烈的的认知。

然而，想要区分报纸和其他"谤书"（libels）和"宣传册"（pamphlets）是不可能的。简讯与报纸相辅相成，两种刊物常常是由相同的编辑出版的。《新闻》（Zeitung）、《通讯》（Aviso）、《纪事》（Relation）这些刊物名称表明了出版物的性质，它们并没有把自己跟定期报纸区分开来。斯特拉斯堡出版商约翰·菲利普·阿贝林（Johann Philipp Abelin）1633年首次出版的《欧洲战场》（Theatrum Europaeum）是对1629年《归还教产敕令》以来事件的一次综述。作为配有马特乌斯·梅里安（Matthäus Merian）插图的新闻百科全书，它是通过订阅制销售的。三十年战争的动态为传统宣传册作家提供了无穷无尽的机遇——贵族授首，领地被夺；英雄失利，意外迭出；大军过处，一片焦土——所有这些都是畅销的新闻，而且随着学术市场的崩溃，宣传册为当时出版业创造的机会与政治宣传的需求融合到了一起。200多种宣传册描述了1631年的马格德堡之劫，把这件事烙进了集体记忆。宣传册最大的作用是通过损害对手的信誉推动战事的发展。顾问和将军（斯皮诺拉、华伦斯坦等）是众矢之的，统治者本身则可以幸免——弗雷德里克五世被逐出普法尔茨失去国君身份后立刻遭到中伤，这个特例恰好佐证了上述规律。

正如帕斯卡尔暗示的那样，掌权者也在利用出版业。当对手不遗余力地宣扬自己的主张时，统治者们抑制住了自己对向普罗大众透露国家秘密的反感。1618 年，波希米亚邦联把《申辩》(*Apologia*) 印刷出来传播给国际社会。古斯塔夫·阿道夫 1630 年写的《宣言》(*Manifesto*) 出版了 5 种语言共计 23 个版本。玛丽·德·美第奇身边有一群忠实的宣传家，宣扬她对儿子路易十三的不满。1630 年 11 月的一天，她为了重申对儿子的权威，要求儿子罢免枢机主教黎塞留的职位（其后 24 小时里她以为自己成功了），这一天被称为"愚人日"(Day of Dupes)，从那以后她更是让宣传人员全力开工。贵族和王族——包括蒙莫朗西和加斯东·德·奥尔良（Gaston d'Orléans）——确保他们反抗黎塞留政权的理由被昭告天下，正如黎塞留也聘用天才宣传家向公众解释国家理性需要他掌权。泰奥弗拉斯特·勒诺东（Théophraste Renaudot）在枢机主教的支持下垄断了巴黎报业，他声称《法兰西报》(*Gazette de France*) 是一个独立的声音。事实上，报纸上处处都是枢机主教和国王本人放的料。《法兰西报》成了文学沙龙的必读之物，外省贵族会仔细翻阅《法兰西报》，看自己的子孙是否榜上有名。三十年战争结束时，报纸已经在公共生活中占据了重要地位。英格兰内战时期 2.2 万种印刷的布道文、宣传册和报纸，与投石党运动期间（1648—1652 年）5 000 种"反马萨林宣传品"(Mazarinades) 保存到了今天，对双方而言，印刷机都是行动工具而非意见工具。

北方雄狮

古斯塔夫二世·阿道夫对德意志的军事干涉拓宽了战场，激化了战争，为后世留下了复杂的遗产。瑞典的资源基础非常单薄（1620

年人口不超过 125 万），行政部门（斯德哥尔摩只有 6 000 人）和贵族（区区 400 人）的规模也很小。它的邻国要么比它大，要么比它在波罗的海占有更有利的战略位置。丹麦据守厄勒海峡，是瑞典最直接的威胁。波罗的海对岸的波兰－立陶宛面积是瑞典的 6 倍，随着谷物贸易的增长，它的河港日趋繁华。波兰和瑞典都声称对波罗的海沿岸的爱沙尼亚省和立窝尼亚省拥有所有权——里加港和雷瓦尔港（Reval，即塔林）是莫斯科沙皇国夏季的转运口岸。信仰天主教的西吉斯蒙德·瓦萨（1587 年被选为波兰国王）1599 年被赶下瑞典王位，随之在瑞典与波兰爆发的政治动乱和论战使两国之间陷入了一种在商业、王朝、信条、领土上处处敌对的关系。瑞典与波兰在 1617—1618 年和 1621—1625 年两次爆发战争。1626 年瑞典侵占了立窝尼亚大部分地区，瑞典军队随后在维斯瓦河（Vistula）河口袭击波属普鲁士。1629 年，华伦斯坦向普鲁士派遣了 1.2 万人的军队，这说明在战败国丹麦无力威胁瑞典利益的情况下，能在波罗的海沿岸对瑞典安全造成最大威胁的是神圣罗马帝国。

瑞典王国资源有限，海外盟友也少。它通过征兵制动员了相当高比例的成年男性人口参战，征兵制（*utskrivning*）提供了一支熟练度不高但（与雇佣兵不同）不用在征召时预付薪水、战斗结束后付清薪水的军队。同样，国王必须自上而下地说服劝诱这些人到瑞典国土之外作战。古斯塔夫国王在政治精英中重新建立起共识，并且改革政府，使财政和司法部门适应战争需求。掌管政府的是阿克塞尔·奥克森谢尔纳伯爵，古斯塔夫十分赏识他的行政才能和战略眼光。1622 年奥克森谢尔纳被任命为里加总督（Governor-General），他用里加的港口费填充瑞典国库。1626 年，奥克森谢尔纳被瑞典派到埃尔宾担任总督，于是他又对普鲁士故技重施。1628年9月，正是他用这样征到的收入组织了雇佣兵（其中许多人来自苏格兰）防御施特拉尔松德。古斯塔夫·阿道夫的目标并不明确，但是他赢得了瑞典国会对他战争的支持，各方都知道作战经费能在德意志那里得到填补。

1630年7月6日登陆波美拉尼亚的远征军规模并不大（1.4万人）。古斯塔夫的宣言由约翰·萨尔维乌斯（Johan Salvius）起草，在施特拉尔松德出版，目标读者是德意志的法学家，特别是帝国公法领域的专业人士。瑞典国王此行的目的是恢复帝国被《归还教产敕令》威胁的"自由"（liberties）。他本人想要的是瑞典的"安全"，保护新教这个问题被搁到了一边。登陆不久后创作的一张宣传画把国王画成马背上的重装骑士，他身边的两个人分别象征正义和真宗教，画的标题是"瑞典约书亚"。这幅画所附的诗第一次把古斯塔夫称作"北方雄狮"（The Lion of the North），呼应了帕拉塞尔苏斯根据《耶利米书》所发的预言。

古斯塔夫的目标和野心随着节节胜利而不断膨胀。他的军队侵占了波美拉尼亚，强迫波美拉尼亚公爵在1630年7月20日签署《什切青条约》（Treaty of Stettin），与瑞典缔结"永久"联盟，让瑞典可以任意使用这一地区的资源。古斯塔夫在德意志北部寻找其他盟友的努力一开始没有取得多少实际成果，只有遭到帝国军队威胁的不来梅和马格德堡市提供支持。到1630年底，瑞典人在巴尔维采（Bärwalde）建立了司令部，1631年1月，他们在这里与法国人签订为期五年的盟约，法国向瑞典提供40万银圆供3.6万人的军队使用，战争目标是"重建受到压迫的帝国政治体"（restore the suppressed Estates of the Reich）。作为回报，古斯塔夫同意保护天主教的敬拜仪式。同年2月，萨克森选帝侯和勃兰登堡选帝侯在莱比锡会见其他新教诸侯,宣布他们在瑞典战争中保持中立。巴伐利亚的马克西米利安对瑞典人的到来保持警惕,他与皇帝拉开了距离,1631年5月,他与法国谈判并在枫丹白露签订秘密条约,条约保证无论瑞典如何进攻,马克西米利安都会保留他的选帝侯头衔和领土完整。

战争的规模不断升级,节奏不断加快。最初的焦点是萨克森的新教城市马格德堡,1630年11月,华伦斯坦的接班人帕彭海姆伯爵(Count Pappenheim)率领帝国军包围了这座城市。古斯塔夫答应要保护这座城市,1631年4月之前,他一直指望通过佯攻战术实现这个目标。1631年4月,蒂利伯爵的天主教同盟军抵达战场,加强了帕彭海姆的兵力,1631年5月20日,马格德堡陷落。城破之后,市内燃起熊熊大火,仅有200栋建筑逃过一劫,(烧伤抢掠之后)2万名市民身亡。1632年2月的人口普查显示城中只有449个居民。这场浩劫迫使古斯塔夫主动进攻。面临蒂利伯爵军队的入侵,萨克森选帝侯在1631年9月21日来到瑞典兵营。瑞典和萨克森的军队三天之后在莱比锡以北不远处会师,当天蒂利伯爵占领莱比锡。9月17日,两军在布赖滕费尔德正面交锋——2.4万人的瑞典军与1.8名人的萨克森军对战3.5万人的帝国军。五个小时的激战过后,萨克森人逃离战场,但是古斯塔夫大胜帝国军,后者伤亡大约有2万人,另有3 000人被俘,瑞典军队的损失仅有2 100人左右。整个新教欧洲都在欢庆这场胜利。1632年的宣传画大半聚焦于古斯塔夫本人,将其塑造为基督徒战士楷模和解放者。

1631年9月底,古斯塔夫的军队再次开拔,这次是穿越图林根和弗兰肯前往莱茵兰,那是一个供给充足、交通方便的好地方。瑞典军队在 11 月 27 日进入美因河畔法兰克福（Frankfurt am Main），12 月 22 日美因茨投降。一个月后奥克森谢尔纳来到美因茨，建立瑞典的行政和供给指挥部。古斯塔夫自封"弗兰肯公爵"（duke of Franconia），把瑞典控制区视为被占领的领土。瑞典人随意征用物资、征收军费。教会土地被没收，然后被分发给官员和军官作为犒赏，珍贵的图书和艺术品被抢夺并运回瑞典。瑞典人得到了比以前更多的德意志盟友，不过许多都是被迫与瑞典签订协议，容许瑞典人在本地区征用物资的。主动加入联盟的人不是被废的君主（普法尔茨的弗雷德里克五世）就是寻求保护的弗兰肯小诸侯和莱茵兰城市。黎塞留毫不掩饰自己对瑞典实力上升的警觉，因为瑞典人现在更加接近法国自己的势力范围了。

瑞典的进击对奥地利和西班牙哈布斯堡是一场灾难。腓力四世在普法尔茨的驻军被消灭，"西班牙之路"被破坏。1632 年 3 月，蒂利伯爵在班贝格反击瑞典失败，情况进一步恶化，古斯塔夫现在有理由进军巴伐利亚了。1632 年 4 月 15 日的莱希（Lech）之战中，同盟军一败涂地，蒂利伯爵身负重伤，5 月 17 日，古斯塔夫和弗雷德里克五世胜利进入慕尼黑。萨克森军队侵入波希米亚，马克西米利安逃到萨尔茨堡，在这种情况下，斐迪南皇帝开始考虑要不要逃往意大利，然而他听从顾问的建议，召回了华伦斯坦。我们永远无法知晓 1632 年 4 月斐迪南和华伦斯坦在格勒斯多夫（Göllersdorf）具体达成了什么协议，但是协议可能授权大元帅以自己的名义签订和约，征收自己征服的领地或者特赦这些领地的统治者。在这样的条件下，华伦斯坦召集了一支 6.5 万人的新军，在纽伦堡包围了古斯塔夫的军队。这座城市早已挤满了难民，古斯塔夫必须承受巨大的伤亡突围。1632 年 11 月

16 日,他和华伦斯坦的军队在莱比锡西南的吕岑(Lützen)展开厮杀。瑞典是战斗的胜利者,华伦斯坦撤到了波希米亚,可是古斯塔夫·阿道夫死在了战场上。

奥克森谢尔纳首相接管了德意志事务的决定权,斯德哥尔摩建立了摄政委员会(Regency Council)辅佐古斯塔夫的女儿兼继承人克里斯蒂娜。面对信任崩溃的局面,奥克森谢尔纳被迫做出大量让步。德意志的伯爵领和主教辖区被"赠送"(donations)给各位军官,作为他们应得的奖励。如何满足保持瑞典军事机器运行的军事野心家的财务需求直到战争结束成了瑞典战略家的心头大事。奥克森谢尔纳希望让德意志盟友承担一些责任来减轻瑞典的负担,但是 1633 年 4 月缔结的海尔布隆同盟(Heilbronn League)从来没有实现这一目标。未结清的债务并不是总能核实清楚,就算能核实,债务也太大了,吞噬了越来越多法国和尼德兰提供的被瑞典人交给同盟处置的补助。更糟糕的是,法国减少了它的补助金,而且开始限制瑞典在莱茵河以西的活动。1633 年 8 月,法国军队入侵洛林,到 1634 年底,法军控制了从巴塞尔到洛林的一大片帝国领地,并在施派尔、菲利普斯堡(Philippsburg)、曼海姆(Mannheim)和特里尔驻兵。最重要的是,奥克森谢尔纳失去了勃兰登堡和萨克森的支持。瑞典坚持要在未来任何终战和谈中以波美拉尼亚作为领地担保,勃兰登堡不能接受。萨克森不愿意在瑞典主导的联盟中当小弟,尤其是领导联盟的是奥克森谢尔纳这个"文秘"(*Plackscheisser*)的时候。1634 年 7 月,萨克森选帝侯得知瑞典完整的补偿诉求后,向皇帝伸出了橄榄枝。

对华伦斯坦 1633 年没有乘胜追击的一个解释是,他想要引诱萨克森回到帝国的怀抱。华伦斯坦最令人费解的事就是他作为帝国大元帅与瑞典和萨克森的谈判。他的外交操作加上他没有援助巴伐利亚为越来越多身在维也纳的批评者提供了攻击他的弹药，他们的主使者是皇帝的告解神父耶稣会士拉莫尔迈尼。西班牙正准备向帝国派遣援军，同华伦斯坦争夺帝国内天主教军队的总指挥权。华伦斯坦知道坊间流传着针对他的阴谋，1634年1月12日，他在皮尔森（Pilsen）要求属下向他个人效忠，这个消息被他的政敌抓个正着。斐迪南下令抓住华伦斯坦，死活不论。华伦斯坦逃到埃格尔（Eger），显然正在试图投奔萨克森人，1634年2月25日，他在埃格尔被一名卫戍军士兵刺杀。瑞典人把这件事大书特书，作为劝说摇摆的德意志盟友的又一个例证，即不能信任皇帝。

《布拉格和约》

斐迪南二世如今把帝国军的指挥权交给了自己的儿子（后来的皇帝斐迪南三世）。1634年9月，帝国军与枢机主教王子（Cardinal Infante）率领的西班牙援军会合，在讷德林根之战（1634年9月5—6日）中合力击败了瑞典军队和其新教盟军。萨克森-魏玛的伯纳德指挥的海尔布隆同盟军实力大减，瑞典军队被大量歼灭。数月之内，被盟友抛弃的瑞典在德意志的军事优势完全崩溃。1635年8月，奥克森谢尔纳在马格德堡被讨薪的瑞典官兵囚禁了起来。瑞典军队撤到了梅克伦堡和波美拉尼亚，这些省份早已被战火化为焦土。1634年11月，萨克森选帝侯约翰·格奥尔格（Johann Georg）与皇帝的谈判代表在皮尔纳（Pirna）签订了初步条约，这份条约成了1635年5月30日《布拉格和约》(Peace of Prague）的基础。

和约签订的战略背景是,1634 年 10 月,奥地利哈布斯堡与西班牙在埃伯斯多夫(Ebersdorf)签订帝国条约,恢复双方的合作,承诺皇帝会帮助西班牙对抗它的敌人。它首要的敌人是尼德兰,1635 年 2 月 8 日,尼德兰与法国缔结攻击性联盟。但是,4 月到 5 月间洛林公爵查理发动进攻想要夺回自己 1633 年被法国占领的公国。而法国唯一的选帝侯盟友特里尔选帝侯在自己的城市遭到拘禁,这可能是布鲁塞尔下令指使的。4 月 5 日,法国决定对西班牙宣战。皇帝准备在莱茵河进行一场大战,他愿意在《归还教产敕令》上做出一些让步以在帝国内部争取更多支持。

和约一开始是与约翰·格奥尔格选帝侯的双边协议,后来通过与其他选帝侯和教会君主的协约而不断扩展。和约从未得到等级会议讨论或批准,斐迪南说他不能召开等级会议,因为有可能遭到法国干扰。和约条款暗示——尽管有妥协——它是皇帝对帝国施加影响的许可证,这就是为什么法国人和瑞典人说他们会为了"德意志的自由"(German liberties)与皇帝继续战斗。博吉斯拉夫·菲利普·开姆尼茨(Bogislav Philipp Chemnitz)是在德意志为瑞典做宣传的重要人物,他批评萨克森选帝侯玷污了古斯塔夫·阿道夫的神圣记忆,伤害了他的德意志根基。巴伐利亚公爵马克西米利安支持这项协议,因为他得到了一些让步,为了这些让步他同意解散天主教同盟军,另外组建一支听从皇帝指挥的军队。

协议对曾经起兵反抗皇帝的人做出有选择的大赦。普法尔茨选帝侯、符腾堡公爵、黑森-卡塞尔方伯和其他莱茵兰伯爵不在大赦之列,所有从波希米亚和哈布斯堡世袭领地流亡的人也被排除在外。黑森-卡塞尔方伯不被特赦很重要,因为方伯威廉五世(Landgrave

Wilhelm V)属于加尔文宗，是加尔文宗信徒的代言人，而且拥有自己的军队。和约失败的原因就是它没有让帝国内足够广泛的当事方参与进来。为了实现这一点，必须做出某些让步，但如今年老多病的斐迪南皇帝相信，为了维护皇帝权威绝不能做出那些让步。

和约涉及的让步需要维也纳 24 位神学家组成的委员会的同意。教皇特使支持的拉莫尔迈尼和其他 8 位耶稣会士票数不敌受西班牙使节支持的多数派，后者认为妥协是两害相权取其轻。得到大赦的人 40 年内不受《归还教产敕令》的辖制。在颁行大赦的条件下，各方确定了一个终结论战的日期（1627 年 11 月 12 日），也就是说将 1627 年定为标准年（Normaljahr），以 1627 年的情况作为决定教会领地和被侵占地产的争议的基准。各方可以继续就这些地产的争议进行辩论，但是即便达不成共识，已经签署的和约依然生效。事实上，《归还教产敕令》被永久性地中止了，教会圣职任命权曾是敕令将神圣罗马帝国重塑为哈布斯堡帝国的关键，而皇帝失去了它。

萨克森选帝侯约翰·格奥尔格成了和约在帝国的代言人。他被允许保留自己独立建制的军队，不过必须听从皇帝的统一指令。他的任务并不轻松，因为帝国各方累积了大量诉求和反诉求。试图拉拢某些关键角色（例如吕讷堡公爵格奥尔格），就会疏远另一些关键角色（例如科隆选帝侯斐迪南），给瑞典人和法国人煽动的反和约情绪火上浇油。1635 年 9 月 12 日，法国在施坦斯多夫（Stuhmsdorf）成功地让波兰和瑞典延续了 1629 年签订的阿尔特马克（Altmark）停战协定，1636 年 3 月法国与瑞典签订《维斯马条约》（Treaty of Wismar），重新成为盟友，法国承诺支付从古斯塔夫去世时开始拖欠的补助金，继续支持瑞典。1637 年 2 月，斐迪南三世继承了父亲的皇位，也继承了一个效果不彰的和约，帝国的一些部分被外国吞并，一些部分内部结党，各自心存不满。1640年9月，小斐迪南决定在雷根斯堡召开帝国等级会议，他承认必须制定一个新的和约框架。

维持消耗战

古斯塔夫·阿道夫与阿尔布雷希特·冯·华伦斯坦的战争动员的军队规模在欧洲史无前例。1628—1629年，华伦斯坦麾下的士兵数量远超10万人，1631年底，古斯塔夫·阿道夫的军队大约有15万人。在布赖滕费尔德，3万多人的帝国军与4万人的瑞典萨克森联军浴血厮杀。要维持如此庞大而集中的军队，基本战略是尽可能地协调供应物资和收集资源的各类组织，以占领和守住德意志中部和北部领地、波希米亚、西里西亚和摩拉维亚为目标。对行动最重要的后勤保障是河流。各类资源都是通过战争税（贡赋）以实物和现金的形式从尽可能广泛的有生产力的地区取得的。华伦斯坦的战略围绕易北河与奥德河展开，供应链的源头是摩拉维亚、西里西亚和波希米亚。古斯塔夫·阿道夫的战略在从巴伐利亚转移到弗兰肯以前依靠莱茵河及其支流。瑞典人在纽伦堡（介于美因河与多瑙河之间）的惨败一定程度上是因为他们的供应链被削弱了。

《布拉格和约》签订之后，德意志各交战方的军队人数也下降了。维也纳战争委员会估计1638年初动员的军人还有7.3万人，而到1639年就只有5.9万人了。古斯塔夫·阿道夫时代的瑞典维持着5个集团军。到17世纪40年代初，集团军数量已经缩减到了2个。战争最后的几场重要会战参加的军队远远小于17世纪30年代早期的军队。在波希米亚南部的扬考（1645年3月5日），1.6万人的帝国军对阵人数相仿的瑞典军。1645年8月3日在阿勒海姆（Allerheim）进行的第二次讷德林根之战中，1.6万人的巴伐利亚与帝国联军对战1.7万人的法国与黑森联军。瘦身过的军队韧性更强，战斗经验更丰富。军官过度的野心得到了抑制。指挥官更能管理自己的供应链，拖欠兵饷的情况也得到了更好的控制。指挥官利用自己的调动部队的行动自由保护自己的野战军，避免围城战，着力夺取或保持战略优势。

以瑞典为例，瑞典军队在讷德林根之败后逐步重建。约翰·巴内尔陆军元帅（Field-Marshal）以波美拉尼亚和梅克伦堡作为供给基地，在波罗的海通行费和法国补助金的支持下，领导一支大体上由德意志和苏格兰老兵组成的军队在1636—1637年、1639—1640年和1641年向西里西亚、摩拉维亚和波希米亚发起进攻。他的军队很少超过2万人，所以可以避免帝国军完全消灭瑞典在德意志的存在。他的接班人伦纳特·托尔斯腾松陆军元帅延续了这个战略，1642年他的远征军在第二次布赖滕费尔德之战（1642年10月23日）中粉碎了帝国军。1643年他在丹麦遭遇挫折，不过次年他攻入德意志腹地，在于特博格（Jüterbog）之战（11月23日）中差点全歼了马蒂亚斯·加拉斯（Matthias Gallas）率领的帝国军。号称"军队拆卸者"（army wrecker）的加拉斯领着1.2万名步兵和4 000名骑兵投入战场，结果只带着残余的大约2 000名步兵和几百名骑兵逃到波希米亚。他被解除了指挥权，次年帝国军在扬考和阿勒海姆连吃败绩，维也纳不情愿地开始考虑在威斯特伐利亚做出让步。

驱使军队走向小型化、职业化的原因在于军队从德意志领地获取资源的现实与政治限制，以及军事野心家与他们的国家赞助人的关系的变化。高级军官的赎金不再是战争的一部分，而是逐渐成了国家的责任。帝国–巴伐利亚联军和帝国–萨克森联军的资金来源从军队向被占领土地勒索的贡赋变成了定期税收。参加雷根斯堡议会（1641年）的选帝侯和政治体同意将其他费用定期化，至少将驻军费用定期化，这样他们在某种程度上可以不再被那么随意地强索钱财。

三十年战争对德意志平民人口的累积影响不可能得到准确的估计。尽管焦土战术被有意地使用（17世纪30年代在洛林，瑞典军队1632年和1646年在巴伐利亚），但是最大的影响毫无疑问来自粮食匮乏、犁队短缺和疾病传播。虽然有小城镇被洗劫，特别是当守军不肯投降的时候，但是大规模军队很少进入有墙的大城镇。马格德堡浩劫是一个例外。灾难最严重的时期是17世纪30到40年代初，战争、气候不稳定、村民临时逃往城镇躲避军队都对农业生产造成了影响，使谷物价格冲上新高。农民的伏击和反抗反映了农民对军队苛捐杂税的不满。1633年，松德高（Sundgau）农民奋起反抗瑞典人，威斯特伐利亚农民与贵族和帝国骑士联手对抗黑森军队。直线下滑的出生率对家庭和社区造成严重打击，必定有一些地区人口水平下降了不止30%。

尽管有墙的城镇在一定程度上得到了保护，但是战争贡赋和被拖欠的利息与债息侵蚀了上层精英的财富。时人的第一手证词提供了个人体验的鲜活记录。天主教军人彼得·哈根多夫（Peter Hagendorf）的日记用平静的语气描述了自己在1634年洗劫一座巴伐利亚城镇时起的作用："我在这儿得了一个漂亮妞儿当作战利品，还有12银圆现钱、几件衣服和一大堆亚麻布。"几个星期之后，他在另一个地方记下了相同的事情，"而且我在这里又得了一个小妞儿"。哈尔（Hall）杰出的微型雕塑家莱昂纳德·克恩（Leonard Kern）用雪花石膏塑造了一个瑞典军人绑架一个全身赤裸的年轻妇女的场景，她的双手被捆了起来，即将遭到强奸，这尊雕塑让观众想到那一代幸存者无法忘却的残酷遭遇。

这些遭遇构成了对这场毁灭性的战争的公共意识的基础，后来汉斯·雅科布·克里斯托夫·冯·格里美尔斯豪森（Hans Jakob Christoffel von Grimmelshausen）1668年出版的经典德意志流浪汉小说唤起的就是这种公共意识。《痴儿西木传》(The Adventurous Simplicissimus) 讲述了流浪汉梅尔希奥·斯泰费尔斯·冯·富克斯海姆（Melchior Sternfels von Fuchsheim）的故事，主角参军入伍，改换门庭，经历了人生的起起伏伏，去了俄国，最后回乡成为一个隐士。这个故事不是作者的自传，可是给读者一种自传的感觉。这部小说含蓄地指责帝国各当局没能保护自己臣民。萨克森等地的统治者不召开等级会议是因为害怕遭到千夫所指，这也在情理之中。在真正召开等级会议的地方——黑森-卡塞尔和于利希-克累弗-贝格公国——君主的失败受到了震耳欲聋的怒斥。不同信条和社会团体齐声指出自己是被君主的愚政祸害的那个等级。

如何维持消耗战这个问题对西班牙和法国两大王国同样重要。两国都缺乏有效机制公平分配如此规模的战争产生的负担。西班牙在欧洲长久以来一直承担着大规模战争的重负，它几乎不可能改变分配负担的方式。法国在17世纪30年代中期之前避免在国外承担重要的军事责任。它参加三十年战争主要是为了瓦解西班牙哈布斯堡在欧洲的霸权，用自己的霸权取而代之。为了实现这一目标，法国需要在多条战线同时开战，并且争取盟友实现共同目标。三十年战争变成了一场全球争霸，西班牙和法国都被拖到了崩溃的边缘。

王国厅

1634年，设计师在马德里城外修建了腓力四世的新宫殿丽池宫（Buen Retiro）。西班牙王室应当在战争时期建造这座王宫来决定帝国的命运，这种想法出人意料。从外表来看，整座建筑其貌不扬，但是它的内饰非常壮观，其中最华丽的房间是王国厅（Hall of Realms），这间长厅的灵感来自凡尔赛宫的镜厅。它既是王座厅，也是公共画廊，更是腓力四世展示权力的舞台，这是腓力的策划人奥利瓦雷斯伯爵－公爵的创意。这座房间旨在强化腓力的"权威"和"声望"，这两个词是奥利瓦雷斯伯爵－公爵政治词典的关键词。国内权威意味着强有力的政府和重大改革，国际声望意味着扩张西班牙的权势。奥利瓦雷斯伯爵－公爵1625年写道："我一直希望看到陛下在世界上享有与自身的卓越和美德相称的声望。"各扇窗户上方的壁龛里放置着西班牙国王名下24个王国的盾形饰牌，大厅两端挂着西班牙半岛本身的饰牌。这种设计将繁多的事物联系到一起，暗示奥利瓦雷斯伯爵－公爵1625年改革纲要的核心，即"强大、永久、不可分割的武装同盟"（Good, Perpetual and Inseparable Union of Arms）。

西班牙的问题在于如何在各个领地之间分配帝国的军事开支，奥利瓦雷斯伯爵－公爵的解决方案是修改宪制。帝国的每个省份——从秘鲁到佛兰德斯——都要按照自己的经济实力为国防做出贡献，组建一支在任何一个王国受到攻击时都可以用上的14万人的军队。这个责任不会再不成比例地由卡斯蒂利亚负担。相反，卡斯蒂利亚独有的对西班牙命运的使命感将属于所有人。正如他在 1624 年的《大备忘录》（Great Memorial）中所言，腓力不应该只是"葡萄牙、阿拉贡、巴伦西亚国王和巴塞罗那伯爵"，他将是"西班牙国王"。萨丁尼亚和马略卡（Mallorca）不情愿地签字同意这一措施，同时还在协商当地贵族的军事和行政职位。巴伦西亚和阿拉贡用一笔现金买断了自己的长期义务。加泰罗尼亚、葡萄牙和那不勒斯则支吾搪塞。奥利瓦雷斯伯爵－公爵的表兄莱加内斯（Leganés）侯爵迭戈·马克西亚（Diego Mexia）说服佛兰德斯和布拉班特每年多出 50 万埃斯库多，而且为佛兰德斯的军队提供 1.2 万人。这是一项不小的负担，特别是在 1629—1633 年尼德兰攻势大挫他们士气的时候。佛兰德斯军二把手亨德里克·范·登·贝赫（Hendrik van den Bergh）是沉默者威廉的外甥，1633 年，他利用西班牙横征暴敛引发的怨气率众叛逃到尼德兰，他说西班牙的税负和什一税有一拼。1633 年大公夫人伊莎贝拉去世造成君位空缺，国会随之召开。后来推翻西班牙王国统治的联省暴乱在这时初露苗头，不过这一次西班牙还是用外交手段解决了问题。

丽池宫的墙壁上挂满了弗朗西斯科·德·苏巴朗（Francisco de Zurbarán）所绘的赫拉克勒斯像。超人神力和绝对统治正好相称，正如亨利四世的神话制造者已经表明的那样。赫拉克勒斯的形象有很多种解读的方式：美德与力量的结合、封神成圣、征服纠纷、控制激情、拥护改革。其中有的画借赫拉克勒斯的十二功绩描绘王国最近的胜利。其中五次胜利发生在 1625 年：布雷达向斯皮诺拉投降，西葡联合舰队将尼德兰赶出巴西的巴伊亚，英格兰远征军在加的斯蒙羞，尼德兰人被逐出波多黎各，解救热那亚共和国。奥利瓦雷斯伯爵－公爵得意扬扬地写道："上帝是西班牙人，近日正在为我国战斗。"

表现"胜利"的油画传递了多种信息。西班牙帝国的军事和行政经验举世无匹，军事实力比虚假的和平更能保护西班牙的声望。腓力四世在 1629 年 6 月写道："为了实现良好的整体和平，我们必须先打一场漂亮而光荣的战争。"奥利瓦雷斯伯爵－公爵是这些胜利的缔造者，这座房间歌颂他的治国才干，批驳他的批评者，让他紧紧掌握国王的宠幸。迭戈·委拉斯开兹（Diego Velázquez）为丽池宫所作的《布雷达的投降》(Surrender of Breda)描绘了斯皮诺拉将军接受后者的尤斯蒂努斯（Justin of Nassau）投降的场景。斯皮诺拉下马伸出手阻止后者下跪，宽宏大量之君不吝仁慈。西班牙不指望收复尼德兰，但是它想要一个体面的和平，而这正是法国要阻挠的。

因此，西班牙需要全方面表现出赫拉克勒斯的魄力。奥利瓦雷斯伯爵－公爵以改革者的身份执掌大权，一扫莱尔马公爵的"宠臣"恶名。奥利瓦雷斯伯爵－公爵总是把自己称为"大臣"（minister），他通过自己的宗族（parentela）控制事务，在宫廷和政府安排了一批极为忠诚的傀儡，用特别委员会（juntas）来架空西班牙王国已有的委员会机制。1621 年，他建立了改革特别委员会（Junta de Reformación），开始重建卡斯蒂利亚的社会和道德。特别委员会报告（1623 年）包罗万象，表明"改革"已经被宣扬成解决西班牙衰落的万灵丹。改革措施包括削减市政官员数量，关闭妓院，控制宫廷的铺张浪费。文法学校遭到裁撤——在年轻人的过度教育上花的钱太多了。审查制度得到加强，因为小说和戏剧腐蚀社会、抹黑体制。西班牙社会的再军事化是改革的主旋律，海军被抬到了与陆军平等的地位，因为奥利瓦里斯伯爵－公爵更加重视海军。《大备忘录》为不受控制的政府债务提供了一个解决方案。后来，随着佛兰德斯战役和帝国的财政压力在 17 世纪 20

年代不断上升，奥利瓦雷斯伯爵-公爵抛弃了结构性改革计划，转向速成性解决方案——破产（1627年），与葡萄牙犹太商业银行家重新协商信贷来源，在政府主导下将铜币贬值（1628年），不顾一切地寻找新财源以跟上总体战的需求增长的步伐。

奥利瓦雷斯伯爵-公爵用"巨人之战"的说法来为这些做法辩护，他说在普世大业（*causa universal*）面前，王朝、宗教和文化值得一切牺牲。他鼓励教会为即将到来的战斗祷告，为胜利歌唱《赞主曲》（*Te Deum*）献上感恩。舞台剧纪念丰功伟绩。奥列瓦雷斯伯爵-公爵的宣传家被卷入了一场意志的较量，他们以国家理性为依据抵挡潮水般上涨的批评，批评者称这个宠臣的政权和暴政没有什么两样。奥利瓦雷斯伯爵-公爵阻碍可以表示反对的机构正常发挥职能。议会的40名代表中有人得到了一定比例的减税以及丰厚的经费和报酬，这样的开支减少了国家本应得到的收入。没有社会团体可以逃过为战争捐款的要求，城镇官员被要求捐出自己的薪水作为强制贷款，王室成员同样要捐出自己的收入，西班牙教会被胁迫放弃自己的财政特权。地租收入日益减少的大贵族早已依赖国王的年金，他们也被要求在战争中为国王出钱出力。这些大贵族势单力孤，除了捐钱之外别无选择。叛乱加剧了奥利瓦雷斯伯爵-公爵的偏执，他的手段变得越来越武断。他开始向特权阶级提出更多的要求，把积极响应当作忠诚的证明。弗朗西斯科·德·米兰达（Francisco de Miranda）写了一篇备忘录回顾奥利瓦雷斯伯爵-公爵的失势，为将来的国务操作提供建议。他承认伯爵-公爵的意图可能值得赞许，不过"由于他无穷无尽的索求和临时财政政策，我们只能说他的政权变成了暴政"。

1636年，腓力四世承认西班牙面临"一场任何人从未见过的恢宏而狂暴的大战……我们的敌人想要摧垮我的整个王国"。战火延烧至佛兰德斯和北德意志、西北大西洋海域、巴西、加勒比、东印度、北意大利与瓦尔泰利纳、西南德意志、阿尔萨斯、洛林、鲁西永和西比利牛斯。西班牙帝国没有一处不被战争波及。整个十年间,西班牙一边在佛兰德斯维持大军,一边在大西洋建造海军。17 世纪 30 年代末,西班牙拥有 150 艘前线战船和数支敦刻尔克私掠船队。奥利瓦雷斯伯爵－公爵定期向皇帝输送补助金,他唆使法国国王的弟弟加斯东·德·奥尔良和法国宫廷里其他心有不满的人与西班牙联手。尽管曼托瓦之战输了,但是西班牙依然拥有米兰,仍能干涉北意大利政治。

1632 年 8 月 22 日马斯特里赫特陷落是西班牙霸权坍塌的第一个标志。北莱茵－威斯特伐利亚(North-Rhine-Westphalia)和佛兰德斯两地西班牙驻军的供给线因此被切断。在大将(登·贝赫)叛逃的情况下,布鲁塞尔政府向尼德兰发出求和讯号,然而黎塞留破坏了和谈并且入侵洛林公国。西班牙加大了对皇帝的补助金(每年 100 万弗罗林),1633 年向佛兰德斯派出费里亚公爵(米兰的指挥官)和腓力四世的弟弟、大公夫人伊莎贝拉的指定继承人枢机主教王子堂费尔南多(Cardinal Infante Don Fernando)率领的 2.4 万人的援军。这支军队在莱茵河上游惨败,不过 1634 年西班牙又组织了另一支援军(1.2 万人),这是战争结束之前西班牙最后一支穿过瓦尔泰利纳的军队。

1635 年西班牙的军费据估计超过 1 100 万达克特。奥利瓦雷斯伯爵－公爵的画家在王国厅里新添了描绘 1633 年四场胜利的油画,向批评他的人强调他的政策所需要的牺牲必将取得成绩。1635年 7 月末,一支西班牙部队成功拿下了莱茵河下游的申肯尚斯

（Schenckenschans）——意思是申克的碉堡（Schenck's Sconce），这是一座能够俯瞰海尔德兰向东主要道路的尼德兰要塞。然而胜利的滋味是短暂的。在持续炮击之下，西班牙守军在 1636 年 4 月 30 日投降了。奥利瓦雷斯伯爵-公爵眼见迫使尼德兰和谈的机会再次流失。当年夏天西班牙入侵法国科尔比（Corbie）给巴黎造成了恐慌，但这只是意在帮助维也纳战略家的一次佯攻，机会没有被利用起来。

随着法国开辟多条针对西班牙的战线，西班牙的整体战略地位受到进一步削弱。米兰公国的人口在 1627—1633 年因为饥荒、战争和疫病损失了三分之一，1635 年它又遭到法国、萨伏依、曼托瓦和帕尔马——里沃利同盟（League of Rivoli）——的联合进攻。西班牙向普罗旺斯和伦巴第发动反攻，并在萨伏依煽起了一场持续到 1642 年的内战。萨克森-魏玛的伯纳德的军队 1635 年与法军联合，在当年 8 月进攻上阿尔萨斯（Upper Alsace），随后他贪心不足地越过莱茵河想要切断西班牙与佛兰德斯的交通。这个计划失败了，但是在 1638—1639 年法国战略家再次试图实现这个目标。莱茵费尔登爆发了两次会战（1638 年 2 月 28 日和 3 月 3 日），伯纳德在第二次战斗中俘虏了帝国军多位大将，进而围攻弗莱堡，在 1638 年 4 月 10 日轻松将其攻陷，然后他转向莱茵河畔布赖萨赫（Breisach on the Rhine），这座城市坚守了六个月（1638 年 6 月至 12 月）。它的陷落让法军在莱茵河以西的阿尔萨斯畅通无阻，彻底切断了西班牙与佛兰德斯的陆上交通。

1626—1627 年时，加泰罗尼亚没有参加武装同盟计划。1632 年，奥利瓦雷斯伯爵-公爵陪同腓力四世参加加泰罗尼亚等级会议（*Corts*）和巴塞罗那市政会议，商讨它们的份额。加泰罗尼亚不是唯一拥有习惯法（*fueros*）的西班牙省份，但是它的习惯法更加全面，而且因为马德里与巴塞罗那历史上关系紧张,所以它的习惯法使用的频率更高。巴塞罗那的统治机关百人议会(Council of 100)认为没有理由屈服于马德里的要求。这个计划的目的是征兵与法国作战,而加泰罗尼亚的商业活力和粮食供给都依赖朗格多克和普罗旺斯。等级会议拒绝了国王的要求,而且折辱国王和奥利瓦雷斯伯爵-公爵。1633年,奥利瓦雷斯伯爵-公爵把接下来对法作战的指挥部(plaza de armas)设在加泰罗尼亚。这个决定不是没有道理(西班牙以南法作为对法反攻的目标),但同时也是一种故意的挑衅,因为远征军也可以充当占领军。后来事情向最坏的可能性发展了。这支新军基本没有成形,使用它的机会也从未出现。1636年卡斯蒂利亚大方阵对吉耶纳发动了一次佯攻,然后在1638年打退了一次法国对吉普斯夸(Guipúzcoa)的入侵。1637年进攻法国要塞勒卡特(Leucate)是唯一一次越过比利牛斯东部国界的出征,这支军队里一个加泰罗尼亚部队的人都没有。更糟糕的是,1639年7月19日萨尔斯城堡(Salses-le-Château)投降,法国占领了这座鲁西永的要塞,而加泰罗尼亚人袖手旁观。

腓力四世和奥利瓦雷斯伯爵-公爵惊呆了。比利牛斯西部的富恩特拉维亚(Fuenterrabía)1638年挡住了法国的进攻,可萨尔斯几乎打都没打就丢了。他们决心组织一支2.4万人的部队收回萨尔斯,其中一半士兵将从加泰罗尼亚征募。然而,法国加强了城防,围城持续了很长时间。1640年1月6日,守军终于投降。现在西班牙国境之内出现了一场"固定战争"(guerra asentada)。奥利瓦雷斯伯爵-公爵愤怒地谴责加泰罗尼亚人,同时他意识到这只是他面临的许多挫折之一。他写道:"灾难和坏消息到处都是,数不过来。"攻陷萨尔斯之后,卡斯蒂利亚和意大利军队随意征收粮草,加泰罗尼亚人抗议称,他们的习惯法不允许外国军队在他们的土地上宿营，但军队毫不在意。

加泰罗尼亚叛乱起初体现为反抗军队聚敛的农民起义。在这个表象之下，它是一场有组织的造反，牧师力劝武装帮派将剩余的军队赶到山区，为1640年6月的巴塞罗那暴动铺平了道路。城外的劳工杀死了总督及其家人，强迫市政府发动武装叛乱。本来，达成妥协平息局势的机会是存在的，但是奥利瓦雷斯伯爵－公爵选择派兵镇压。1640年后期，洛斯贝莱斯（Los Vélez）侯爵佩德罗·苏尼加-雷克森斯（Pedro Zúñiga y Requesens）率卡斯蒂利亚人"入侵"加泰罗尼亚，1641年1月被得到法国支持的加泰罗尼亚人在巴塞罗那城外的蒙特惠奇山（Montjuïc）击退。加泰罗尼亚次年宣布改认路易十三为王，变成法国的一个省，并且迎来了法国军队和一名法国总督。西班牙对此束手无策，因为1640年12月葡萄牙爆发了另一场起义。

从马德里的角度来看，葡萄牙的叛乱和加泰罗尼亚是一回事，而实际上两者是不同的。葡萄牙的面积和人口三倍于加泰罗尼亚，但武装同盟计划给它们分配了一样的份额。1628年提出的六年付清20万克鲁扎多（cruzados）的补助金主要用于葡萄牙（及其殖民地）的防务，而且得到了葡萄牙的同意。但是与此同时，曼托瓦战争造成的其他财政要求（特别是盐税）1628—1630年在里斯本和其他渔港激起了抗议。马德里和里斯本此前一向融洽的关系从这件事开始由盛转衰。1581年腓力二世与托马尔议会（Cortes of Tomar）谈判，腓力同意做出一定让步换取议会承认他的统治，此后西班牙一直遵守腓力的承诺。1624年，奥利瓦雷斯伯爵－公爵对英格兰使节安东尼·雪莱（Anthony Shirley）说，葡萄牙人"本质上是忠诚的，他们表现的不满源自他们对国王纯粹的爱"。

然而，17世纪30年代初，氛围发生了变化。1633年，一名佛兰德斯耶稣会士的报告中说"葡萄牙人在所有民族中最尊重英格兰人，最痛恨卡斯蒂利亚人……他们仍然在等待他们的国王堂塞巴斯蒂昂，相信他会在今年把他们从西班牙人手里解放出来……自他多年前离世以来，还没有过这么多回归的传言"。正是这一年，奥利瓦雷斯伯爵－公爵打造一个真正的西班牙王国的做法直接侵犯了葡萄牙的习惯法（foros）。几位总督先后颁布新的销售税，激怒了葡萄牙贵族。他们深切怀疑马德里的要求是永无止境的。一股反对葡萄牙新基督徒金融家的疯狂民粹情绪通过谣言和传单传播开来。奥利瓦雷斯伯爵－公爵和国王被说成秘密犹太人（crypto-Jews）的牵线木偶和北欧的犹太教与加尔文宗宗教会议的同伙，那些宗教会议企图破坏葡萄牙的财富和纯洁。

葡萄牙叛乱和加泰罗尼亚的不同之处在于，前者有一个主权领袖。任何起义都离不开布拉干萨公爵若昂，因为他最有权自称葡萄牙王位的合法继承人，而且布拉干萨的领地和影响力可以左右局势。布拉干萨公爵行动谨慎，但是加泰罗尼亚危机使奥利瓦雷斯伯爵－公爵疑心甚重，他要求布拉干萨公爵立即赶赴马德里。腓力国王面对葡萄牙暴乱增加的报告流下了眼泪，他正确地猜到布拉干萨公爵的沉默说明大事不妙。1640年12月1日，布拉干萨公爵发动起义，起义的成功超出了所有人的预料。王宫卫兵差不多是国内唯一的卡斯蒂利亚军队，根本抵挡不住起义军。女总督萨伏依的玛格丽特（Vicereine Marguerite of Savoy）的国务秘书米格尔·德·瓦斯康塞洛斯（Miguel de Vasconcelos）被人杀害。

到1641年初，葡萄牙军队已经开始攻打加利西亚和埃斯特雷马杜拉。新政权与法国（1641年6月）和瑞典（1641年8月）缔结盟约，若昂四世（布拉干萨的若昂）在1641年12月被加冕为这个重生的国家的国王，旧政权现在被称作暴政（*el tirano*）。新王发誓，只要堂塞巴斯蒂昂重现人间，他和他的子孙就将王位拱手让出。西班牙恢复对葡萄牙的控制权的概率不太可能比塞巴斯蒂昂重现人世的概率更大。奥利瓦雷斯伯爵－公爵希望发动一场反政变，然而计划被泄露，他在里斯本的支持者遭到铲除，这个希望化为泡影。正当奥利瓦雷斯伯爵－公爵思考其他方法时，同样叫作加斯帕尔·德·古斯曼（Gaspar de Guzmán）*的老对手安达卢西亚大贵族梅迪纳西多尼亚公爵受到了堂弟阿亚蒙特侯爵的感染。在葡萄牙叛乱的刺激下，阿亚蒙特侯爵提议在安达卢西亚发动相似的叛乱。他得到了尼德兰的支持，而且尼德兰海军1641年9月出现在安达卢西亚外海，这时，奥利瓦雷斯伯爵－公爵在海牙的线人探听到了他们的计划。阿亚蒙特侯爵被逮捕关押，梅迪纳西多尼亚公爵被流放到旧卡斯蒂利亚（Old Castile）。

加泰罗尼亚和葡萄牙起兵造反给法国及其盟友提供了更多削弱西班牙王国的机会。这起连锁反应发生的背景是西班牙半岛和意大利半岛严酷的人口、经济和气候局势。马德里、里斯本、巴塞罗那等大城市在年成不好的时候（1630—1631年、1635—1636年、1639—1640年）要到很远很远的地方寻找粮食供给。1641年春，持续干旱又一次威胁到卡斯蒂利亚的收成。1640—1643年，安达卢西亚出现了史上最高的降雨量。同一时期在意大利，1628—1631年，伦巴第至少四分之一的人口在饥荒和瘟疫面前倒下，17世纪40年代，意大利诸城再次出现庄稼歉收和粮食短缺。卡斯蒂利亚的命运与王室息息相关，所以它

---

* 此即第五章提到的第九代梅迪纳西多尼亚公爵加斯帕尔·阿方索，全名为加斯帕尔·阿方索·佩雷斯·德·古斯曼－桑多瓦尔（Gaspar Alfonso Pérez de Guzmán y Sandoval）。——译者注

的忠诚还可以保证，但是没有人知道在奥利瓦雷斯政府不断加码的财政、物质、人力要求面前，这种忠诚还能维系多久。1642年夏，腓力四世意识到他必须亲自收拾局面，免得自己被卡斯蒂利亚收拾了。他赌奥利瓦雷斯伯爵-公爵不敢轻举妄动，于是亲身离开宫廷去指挥加泰罗尼亚和阿拉贡的败军。七个月后，奥利瓦雷斯伯爵-公爵被解除职务，退休的他深受心理障碍之苦，1644年他一度清醒的时候对秘书写道："我们就这样，努力地想要实现奇迹，把世界变成它不可能变成的模样……我们越钻研这件事，就变得越疯狂。"

在阿拉贡和加泰罗尼亚对法军的战争演变成一系列山地围城战。腓力四世组织了一支1.5万人的军队前去收复加泰罗尼亚西部的莱里达（Lérida）要塞。法国和加泰罗尼亚的军队没能解围，1644年7月30日，要塞陷落。然而，在比利牛斯山以北，佛兰德斯军遭遇了灾难性的失败。佛兰德斯总督带领2.7万人的野战军从那慕尔出发穿过阿登对法国发起佯攻。他们包围了守卫瓦兹河（Oise）的罗克鲁瓦（Rocroi）要塞，但是他们不知道孔代亲王路易·德·波旁——世称"大孔代"（le grand Condé），在父亲1646年去世之前他的头衔是昂吉安（Enghien）公爵——指挥的法军就在附近。1643年5月19日，法军赶在西班牙军队有时间请求增援之前逼其开战。当天大部分时间，战斗都处于胶着状态，因为法国步兵一开始打不过西班牙大方阵，西班牙骑兵也挡住了法国骑兵的冲击并发起反攻。不过后来昂吉安公爵率领法国骑兵包围了西班牙人，并且炮轰西班牙步兵方阵，直到德意志人和瓦隆人的部队认输逃逸。昂吉安公爵准许其余的西班牙人投降，但是，已经有1.2万西班牙士兵死在了战场上。比利牛斯山以北的西班牙军事力量并未就此消亡，而布鲁塞尔继续战斗的决心大大动摇了。三年之后,法国占领了敦刻尔克和西班牙赖以控制英吉利海峡的海军基地。同年议会军成为英格兰内战的胜者,西班牙再也无法维持通过英吉利海峡向佛兰德斯提供补给的线路了。

尽管西班牙宣传家仍然把尼德兰人视为异端和叛军,但是他们不得不面临这样一个现实:家门口造反的葡萄牙人和加泰罗尼亚人不是异端,却(在法国的支持下)向"国内整个基督教世界"掀起非正义战争。西班牙愿意与尼德兰达成交易——反正1609年它这么做过了——并且承认"列强、国王、诸侯和共和国,甚至土耳其大帝本人"都对尼德兰非常尊重。然而,西班牙不愿意与葡萄牙或加泰罗尼亚和谈,而且反对法国邀请它们的代表参加威斯特伐利亚和会。

西班牙王国的财政和物质需求在西属意大利也引发了大规模叛乱。那不勒斯是西班牙诸王国中人口仅次于卡斯蒂利亚的王国。缺乏习惯法(*fueros*)保护的它是西班牙军队重要的兵源地。1635年之前的五年里意大利南部有5万人应征入伍,前往德意志和佛兰德斯作战。跟他们一起被带走的还有用来养活他们和粮食短缺的西班牙半岛的大量谷物和肉类。那不勒斯王国同样面临着不断上升的非常规财政贡赋——战争援助款(*asistencias de guerra*)——的需求,驻地总督通过把征收工作分包给那不勒斯野心家巴尔托洛梅奥·德·阿基诺(Bartolomeo D'Aquino)来解决这一问题。此人通过赞助和特殊交易建立起了一个与总督政府平行的行政机构,这个机构引来了贵族的敌意,而且有把西班牙的统治权吞掉的危险。

1647年初在相邻的西西里,持续两年的粮食短缺引发了一场抗议,但是经过夏天的血腥暴乱之后事件又渐渐平息了。1647年7月7日那不勒斯开始的叛乱则严重得多,起因是政府企图对水果开征新税。总督手头可以说一支军队也没有，当人群在鱼贩托马索·阿涅洛（Tommaso Aniello）——人称马萨涅洛（Masaniello）——身边聚集起来时，他只能躲进新堡。马萨涅洛"国王"的统治很短命——十天之后，人们怀疑他为了自己飞黄腾达正在与西班牙人谈判，于是把他杀了。但是，叛乱在秘密团体的组织下还在继续，叛乱的主力是原本为了保卫那不勒斯抵抗法军而建立的城市民兵。叛乱向内陆扩散，其他城市纷纷落入叛军手中，而且叛乱发展出了反贵族的一面。叛乱者宣布脱离西班牙王国，邀请路易十四做他们的国王。

从加泰罗尼亚战役中调拨的一大批大方阵部队从海路抵达，比起反对西班牙的统治，贵族更怕社会革命，两者合力才在1648年春把叛乱镇压下去。觊觎王位的法国人吉斯公爵（不顾马萨林的指令）来到那不勒斯迎接自己的王座，结果落入西班牙人手中。随着西班牙统治的恢复，德·阿基诺那套合法敲诈的体制被边缘化了。安达卢西亚（1647年1月）、巴伦西亚（1647年10月）和格拉纳达（1648年3月）相继爆发民众暴乱，西班牙王国似乎离灭亡已经不远。不过西班牙的大臣们仍然把最强烈的鄙视留给基督教世界的敌人法国人，西班牙相信自己的天命就是守护基督教世界，尽管现在它已经不存在了。

政治遗嘱

在那个国家机密被严格保守的年代，值得注意的是有那么多机密被政治家打着"格言录""国家理性""回忆录"的幌子公开讨论。其中引发最多问题的文件莫过于黎塞留枢机主教阿尔芒·杜·普莱西的《政治遗嘱》（*Political Testament*）。这份文件在17世纪后期被与路易十四作对的尼德兰人出版，试图证明这位枢机主教心怀马基雅弗利主义和绝对主义的动机。黎塞留和奥利瓦雷斯伯爵－公爵一样，认为自己是在创造历史——意思是强迫所有人接受自己对时事的解释。黎塞留的图书馆比奥利瓦雷斯伯爵－公爵的更大，他的研究藏书只有他的"内阁"成员才有权阅读。这些人包括他的秘书、医生和教士，这个内阁与另外两个平行内阁保持着联系。一个内阁包括国务秘书（他的"奴才"）和总督，黎塞留通过他们管理海陆军并监视这个国家；另一个内阁由他的线人和外交代表组成，后者包括被称作"约瑟夫神父"（Père Joseph）的嘉布遣会修士弗朗索瓦·勒克莱尔·杜·特朗布莱和马萨林枢机主教朱尔（Jules）。他们的工作是围着黎塞留转，他的秘书抄写他的手稿和签名，其他人翻阅核对文件，这些文件作为政治先例库成了"官方"（authorized）历史的底本，那就是黎塞留的《回忆录》(Memoirs)。黎塞留内阁利用那些文件编纂了《政治遗嘱》，它既是自传，又是历史，也是留给路易十三的遗产。

  这位枢机主教认为，神性意味着运用上帝给予我们的理性理解这个世界运作的方式。书中关键的一章以这句话作为开头："治理国家应以上帝之国作为法则。"黎塞留很少使用"国家理性"这个词，他知道这个词背负了很多马基雅弗利主义成见，但是几乎每一页都有"理性"这个词，他用"理性"来为公共利益、秩序和服从提供辩护。这份文件期待着法国在未来得到和平，它认为黎塞留政府的逻辑是"消灭胡格诺党，打击大贵族的自傲，对强敌全力进攻"，而目标是"实现一劳永逸的美好和平"。和奥利瓦雷斯伯爵－公爵一样，黎塞留是一个改革派。《政治遗嘱》根据17世纪20年代起草的备忘录提出了一个改革计划。与奥利瓦雷斯伯爵－公爵不一样的是，黎塞留认为这个计划只有在恢复和平后才能展开。黎塞留的国家高于任何一个个人（甚至高于国王），他的国家是神意的工具。法兰西王国是一个神圣的事业，实现光荣就是它存在的价值。黎塞留用诉诸国家来掩盖他的派系政治，最令那一时期冒犯到他的人感到刺骨恐惧的，是黎塞留的狠辣心肠和冷酷算计。

黎塞留登上权力舞台并不是一件命中注定的事。他搭了亨利四世的遗孀玛丽·德·美第奇的便车，不久之后她就遭到法国最有权势的男人们的反对，第一件事是 1614 年孔代亲王、讷韦尔公爵、马耶讷公爵、隆格维尔（Longueville）公爵、旺多姆公爵和布永公爵离开宫廷，召集军队宣布反对她的摄政政府。从此事起一直到 17 世纪中期的投石党运动，贵族领导的反抗都是法国政治的一大标志。黎塞留谴责并抵制了他们并不高明的自私伎俩，然而他们的反抗比黎塞留愿意承认的更加有理有据。后来他们攻击的目标变成了枢机大臣（cardinal-ministers）的战争部，他们认为它对他们在国家中的地位造成了威胁。他们意识到，战争部的运作所遵循的价值观与他们自己从祖先那里继承的对忠义、忠贞、友谊的观念大不相同。他们相信，只要把枢机大臣们赶下台，就可以和西班牙达成体面的和平。

王室内部也有黎塞留的反对者。曼托瓦战争时期是他最脆弱的时候，玛丽·德·美第奇当时努力地想要解除他的职务。"愚人日"（1630 年 11 月 10—11 日）的那 24 小时就连黎塞留本人也以为她得逞了。但是路易十三仍然信任枢机主教，反而把太后软禁了起来，太后在 1631 年逃到了布鲁塞尔，1638 年又转移到了阿姆斯特丹，她一直是谋划反对黎塞留的核心人物，直到她 1642 年去世。1638 年路易十四出生之前，奥尔良公爵加斯东·德·波旁是国王的弟弟和法国王位继承人（"殿下"）。他一直在专心策划反对黎塞留和路易十三（他时常想要篡夺兄长的王位）的阴谋，1632年，他在西班牙的支持下起兵造反，事败之后，他逃到佛兰德斯加入了母亲的流亡者行列。1636年和1642年，他两次图谋刺杀黎塞留。尽管他有时也会与政权和解，但是黎塞留从来不信任他的忠诚。苏瓦松伯爵路易·德·波旁是加斯东和路易十三的远亲，来自波旁家族最显赫的庶系分支。他参与了1636年的刺杀阴谋，后来与布永公爵弗雷德里克·莫里斯·德·拉·图尔·德·奥弗涅（Frédéric Maurice de La Tour d'Auvergne）流亡到布永公爵名下的色当亲王国，他们联手制定了推翻黎塞留的计划，并在1641年挡住了法军的入侵。旺多姆公爵塞萨尔·德·波旁（César de Bourbon）是路易十三和加斯东同父异母的兄长。1626年他参与过早期反枢机主教密谋"沙莱阴谋"（Chalais Conspiracy）。受1632年叛乱影响，他先后流亡荷兰和英格兰，和他的儿子博福特（Beaufort）公爵一起继续在暗中谋划。

　　黎塞留的战争部从未脱离危险。17世纪30年代后期，流亡的王族比在朝的王族还要多。黎塞留必须把刺杀和密谋扼杀在萌芽状态，并且分化和削弱他的对手。他的一些对手抓住路易十三驾崩的时机（1643年5月14日）发动政变。路易十三不信任妻子奥地利的安娜（她是腓力四世的姐姐）独自摄政，担心她会感到有义务帮弟弟的忙。但是在首相皮埃尔·塞吉耶（Pierre Séguier）的帮助下，她成功架空了根据丈夫遗嘱设立的摄政委员会。面对又一次被拒绝参与国事的局面，一些大贵族在1643年5月27日发动"国是阴谋"（*Cabale des Importants*），想要实现先王在世时他们没能实现的目标。他们的失败让枢机主教马萨林更加牢固地掌握了摄政的忠心和从黎塞留手中接过的反哈布斯堡总体战政治。

在枢机大臣们的煽动下，法国政治精英越来越厌恶一切与西班牙有关的事，他们的厌恶情绪成了总体战的理由。《政治遗嘱》中"光荣"（glory）与"光荣的"（glorious）出现了 30 多次，而且全部用在军事和外交的语境中。1643 年，让·德马雷·德·圣索兰（Jean Desmarets de St-Sorlin）创作了"英雄主义喜剧"（heroic comedy）芭蕾舞剧《欧罗巴》（Europe）。德马雷担任战争主计长（Controller General for War）和海军总干事（Secretary General of the Navy），处于法国战争事务的核心位置。他写这部剧是为了在巴黎枢机主教宫——现在的王家宫殿（Palais Royal）——的剧场向路易十三和黎塞留演出。天真的"欧罗巴"被西班牙少女伊比利（Ibère）诱惑，但是她背着他与"亚美利加"（Amérique）偷情。幸运的是一个名叫"法兰西翁"（Francion）的国王向朝秦暮楚的伊比利宣战，解放了欧罗巴，变成了他的保护者。"光荣是我唯一的目标，唯有光荣激励我前行。"法兰西翁说道。"光荣等待着您，怀着诸神站在您这边的信心，启程救助我们吧。"欧罗巴答道。这个剧本一定程度上反映了法国人的信念：西班牙一直在设法变成欧洲的主宰，而法国的使命就是阻止西班牙。

法军不是军事革命的成功范例。因为 16 世纪内战的记忆根深蒂固，而且贵族习惯于起兵反抗王室，所以法国基本上没有把军事分包给野心家，但这就意味着巴黎负责策划战争，法军的粮饷由对国务委员会负责的总督提供。1635—1636 年的法军战事乏善可陈。由于法军高层内部不睦，法国与尼德兰对佛兰德斯的联合入侵止步不前。两军主攻东部战线，目标是击败洛林公爵的同时围困帝国军，结果因为补给问题未能成功。北意大利战役严重缺乏资源。法国只有在瓦尔泰利纳才实现了完全的成功。

1636 年的战场上，法军姗姗来迟。他们的主要目标是占领弗朗什－孔泰，切断西班牙之路。巴黎的大臣们一心想占领多勒（Dôle），把资源都投入了围攻多勒的战斗中（开始于 6 月初）。这让佛兰德斯的西班牙军队趁机夺取了科尔比（8 月 15 日），跨过索姆河。黎塞留和国王害怕首都遇袭，所以撤回了弗朗什－孔泰的军队，让帝国军占领了该地区，并且威胁到了勃艮第。贵族阴谋和财政亏空困扰着 1637 年的战事。在佛兰德斯围攻朗德勒西（Landrecies）和拉卡佩勒（La Capelle）的两场战斗壮大了法国的声势，不过并没有多少战略价值，只有朗格多克战役因为占领了勒卡特才算一场胜仗。1638 年，圣奥梅尔（St-Omer）围城战成了法国战事新的焦点，然而，让法国真正得到机会切断西班牙在莱茵河上游的补给线的，是萨克森-魏玛的伯纳德这位法国准备签约的外国野心家 3 月 3 日在莱茵费尔登的胜利。

随着西班牙战略优势的瓦解，法国的战事终于在 1639 年有了起色。北意大利战役牵制住了西班牙军队，法军占领鲁西永的萨尔斯，使西班牙陷入了加泰罗尼亚战役。萨克森－魏玛公爵占领了布赖萨赫与弗朗什-孔泰，法军用一场精彩的围城战拿下了佛兰德斯的埃丹。法国在 17 世纪 40 年代迟来的取胜的基础已经打好了。法国的大臣们缓和了对军事野心家的态度，赋予蒂雷讷子爵（Viscount Turenne）亨利·德·拉·图尔·德·奥弗涅（Henri de La Tour d'Auvergne）对德意志军队更大的自治权，他有权把德意志军队当作战略和供给单位来指挥，就像战场上的其他军队一样。1648 年 5 月 17 日，蒂雷讷子爵联合瑞典人在奥格斯堡附近的楚斯马斯豪森（Zusmarshausen）把帝国军打得一蹶不振，打通了通往巴伐利亚首都慕尼黑的道路。维也纳终于不再抵制在威斯特伐利亚议和了。

1640年，亨利·德·洛林–阿尔库尔（Henri de Lorraine-Harcourt）解除了卡萨莱之围，并且成功包围了都灵。娴于意大利政治的马萨林交到了更多盟友，法军介入萨丁尼亚和厄尔巴岛，得到了可以用来骚扰西地中海西班牙船运的海军基地。洛林公爵查理太想重拾他的公国的统治权，所以在1641年7月28日投奔法国，加强了法国在莱茵河中游的优势地位，不过，1641年法军对色当的战役是一场丢脸的失败。在西班牙半岛，法国在加泰罗尼亚和鲁西永支持各省的叛乱。罗克鲁瓦大捷并不是法国想要的对西班牙军队的决定性战略打击（佛兰德斯军大部分兵力仍然保持完好）。然而，西班牙在佛兰德斯的优势地位渐渐衰退了。1646年敦刻尔克落入法国之手，伊普尔和格拉沃利讷（Gravelines）紧随其后，1647年朗斯（Lens）易手，进一步刺激尼德兰和西班牙加紧结束他们的和谈，1648年1月30日，尼德兰和西班牙在明斯特签署和约（1648年5月15日批准）。

就在这些胜仗的背景下，巴黎爆发了投石党运动。*fronde*是一种投石器，它被巴黎人用来朝大贵族的马车投掷泥块和石块。宣传册与歌谣用这个词来指反对战争部和枢机主教马萨林的人（马萨林的马车经常被投石）。领导1648年的反抗运动的是王国内地位最高的官员，他们来自巴黎的主权法院，特别是高等法院和会计院（Chamber of Accounts）。1643年开始担任法国主计长的米歇尔·帕尔蒂切利·德·埃梅里（Michel Particelli d'Emery）推出的一系列财政措施使这群人开始参与政治。德·埃梅里的目标是找到方法获取受特权保障的市民财富用于战争。他的政策直接影响了高官们的财富，最后发展到强迫高等法院在1648年1月15日正式开庭登记他的新财政敕令。

法官们的反应是举行罢工。同年 4 月，鲍勒税（官员为传递官职的权利而支付的税种）也被拖过了续约期限。马萨林希望能够通过对不同的人给予优惠条件来分化这些官员，但是法官们决定团结一致，5 月 13 日，高等法院发布《联合决议》(Arrêt d'Union)。

决议共有 27 条，旨在废止官员们认为的战争部的非法行为。总督的权力被单方面废除。包税被定为非法活动，包税人（traitants）的活动也受到约束；丁口税的税率被降低 25%——法官们相信丁口税的收益有 25% 都被金融家揩走了——拖欠的税款不必补交；设立新官职的做法遭到限制；使用密札（lettres de cachet，国王直接下发的不受法律制约的逮捕令）随意逮捕个人的做法被终止。当政府想要撤销这项决议时，高等法院呼吁其他主权法院的法官于 6 月 15 日一起在高等法院的圣路易法庭（Chambre St Louis）召开大会。

圣路易法庭大会有一种另立政府的感觉，但是官员们知道他们所处的局势非常微妙。他们是法律的执行者，天生不是法律的破坏者。他们想要废止战争部的非法行为，鼓动马萨林和奥地利的安娜与他们和解，不过他们没有外交地位，无法让这场斗争想停就停。他们最关心的一向都是自己的特权和投资，而他们希望争取到更广泛的支持，他们知道自己很容易就被说成自私自利之徒。战争部诱导民众憎恶这些官员——在政治危机最紧张的时候，一名重要官员收到了写着"投石党（叛乱）一来，博福特公爵也来了"的传单——这一点官员们不能忽视，而他们也没有把自己的角色想象成保民官。王族作为公爵和在册贵族，天然有权位列高等法院成员。1643 年，就是法官们的决议让他们不得参加摄政政府的。1648 年，官员们很难再挽回当初这个决议，可是王族利用他们在官员中的人脉和影响力以及发表的宣言，推动他们自己的利益，同时攻击马萨林党（Mazarinistes）。

1648年1月15日的御临法院（*lit de justice*）上，佐审官奥梅尔·塔隆发表了一篇强有力的讲话，堪称法官为自己的法律抗争所做的最精彩的辩护，他表示，他们是在保护路易十四，阻止马萨林和摄政以国王之名行非法之实。对塔隆来说，雄辩是高等法院的灵魂，但是雄辩的力量取决于在法庭之外能产生多大影响。塔隆在一篇反对财政敕令的讲话中称，高等法院"具有主权的特征，是人民的首脑，它要管理人民的利益，代表人民的需求，鉴于这样的职责，它有权反对国王的意志——不是通过暴力抗争触怒国王，而是通过正言直谏恳请国王秉公执政"。然而，塔隆特意要求法庭的官方记录不要记下他这段话。委员法官（councillor-judge）皮埃尔·布鲁塞尔（Pierre Broussel）是1648年和1652年的风云人物，他用自己的话准确地表达了平民百姓的想法："不存在任何国家必要性（State necessity）"使金融家非吸干穷人的血不可；高等法院是王的正义（king's justice）的化身；法官是不会被收买的正直之人，不像某些假装"大政治家"（*grands politiques*）实则"一心爱财"的家伙。

因此，尽管表面上齐心协力，但是法官们对下一步怎么走也没有共识。马萨林和奥地利的安娜没有预料到这么团结的反抗，也不确定该怎么应对。他们一开始选择了让步。帕尔蒂切利·德·埃梅里在7月被解职。曾经利益得到保护的金融家发现自己的行动成了非法行为，而且整体和平可能即将实现了，于是再也不愿借出一分钱。法国政府单方面取消了所有的债务和签署过的合约。国王的叔叔加斯东·德·奥尔良出现在高等法院，以调停者的身份说服摄政和马萨林接受《联合决议》的大部分条款。

接着大环境在 8 月发生了变化。等到加斯东·德·奥尔良充分意识到圣路易法庭所做的决议会造成的影响时，他想要阻止它，但是已经太迟。孔代亲王朗斯大捷（8 月 20 日）的消息传来，马萨林觉得发动剧情转折（coup de théâtre）的时候到了。8 月 26 日《赞主曲》在巴黎圣母院为庆祝胜利而奏响的时候，三名法官（包括布鲁塞尔）被抓了起来。于是，已经被不计其数的宣传册鼓动得政治热情高涨的巴黎市民自发建起街垒。宫廷为了自身安全从巴黎逃到吕埃（Rueil），孔代亲王和孔蒂（Conti）亲王这些王族在会议中充当中介，勉强达成了和解。1648 年 10 月 22 日，宫廷接受了决议中的 15 条，圣路易法庭的法官同意这样的结果，同日法国正式在威斯特伐利亚与皇帝签署和约。

马萨林利用与法官的和解争取时间。他打算对巴黎实行经济封锁，《威斯特伐利亚和约》签署之后，他便可以调派军队实现这一计划。高等法院的回应是在 1649 年 1 月宣布驱逐马萨林。封锁产生了效果（首都粮价蹿升到平常冬季价格的 4 倍），然而查理一世 1 月 30 日被处死和西班牙借法国内乱之机入侵皮卡第的消息，让马萨林与奥地利的安娜忧心忡忡。双方再次达成和解——3 月 11 日的《吕埃和约》（Peace of Rueil）和 1649 年 4 月 1 日的圣日耳曼昂莱和谈——宫廷在 8 月回銮巴黎。可是到这时，投石党运动已经发展到了其他层面。鲁昂、波尔多与普罗旺斯地区艾克斯（Aix-en-Provence）的异议和贵族领导的反抗运动使法国仍然四分五裂，很难继续进行与西班牙的战争。

这一时期欧洲各地发生的气象灾难和经济危机同样降临到法国。在博韦（Beauvais）周边地区，1647—1651 年恶劣的天气造成粮食严重歉收，贫困率和死亡率居高不下。人口减少了五分之一，直到 18 世纪才回到原本的水平。当时的人用末世论的辞令来描述危机的程度。1652年的一个宣传册作者写道："如果说到什么时候人不得不相信最后的审判来了，我相信就是现在。"巴黎以南不远的波尔罗亚尔修道院是詹森主义的避难所，人称安热莉克嬷嬷（Mère Angélique）的院长玛丽-安热莉克·阿尔诺（Marie-Angélique Arnauld）相信她周遭的苦难意味着人更需要祷告，因为"三分之一个世界已然死去"。1648年出现的投石党运动在1651年有卷土重来并且更加大众化、激进化的危险，这场运动一直没有退出历史舞台，直到1654年6月7日路易十四加冕为止。

战争中的共和国

1639年，阿姆斯特丹市议员决定建造新的市政厅。1648年《威斯特伐利亚和约》签署之际，这座市政厅终于开工。潮湿的底土中打进了超过1.3万根木桩，这座耗费850万荷兰盾的工程七年之后完工了，它是这一时期全欧洲最大的政府建筑。上层的大理石地板嵌入了两幅世界地图，每幅各描绘一个半球。这两幅地图突出了荷兰东印度公司的存在，指出了一个从穹顶往下看看码头的数量就可以很容易发现的事实：尼德兰是一个世界强国。伦勃朗受托绘制八幅反映克劳丢斯·西非利斯（Claudius Civilis）起义的油画，这个独眼巴达维亚人的密谋和造反出自塔西佗的记录。最后伦勃朗只画了一幅画，描绘的是克劳丢斯与起义同志们宣誓的情景，他们没有相互亲吻以示和平，而是击剑为誓——让人想到这个联省共和国是一个好战的军事强权。

共和国重新开展反西班牙斗争的决心一度压倒了关于停战协定的

政治分歧。继续斗争意味着在陆上保持要塞驻扎 3 万人以上，1621 年时共和国的南翼和东翼都有要塞护卫。这样的军力意味着莫里茨执政和他的继承者弗雷德里克·亨德里克（Frederik Hendrik）享有更大的进攻优势。但是，共和国的成本急剧攀升，而且西班牙经济封锁造成的影响使它的重商主义经济陷入了混乱。1627—1631 年，一方面是和谈多次流产，另一方面是在长达 80 年的冲突中国会军的规模第一次超过了西班牙军队（7 万人以上）。在陆上战斗取得重大胜利的情况下，弗雷德里克·亨德里克已经准备好从实力出发提出和谈，西班牙人也愿意听听他的提议。然而海上的战斗仍在急速发展之中，佛兰德斯收紧了封锁力度；皮特·海因抢劫了巴伊亚港的货船，又拦截了古巴的墨西哥白银船队。1629 年 1 月，他的舰队满载价值 1 100 万荷兰盾的商品和珍宝回到荷兰，相当于尼德兰陆军一年开销的三分之二。公众对于是否和谈的辩论变得越发激烈，共和国的各个省份和城镇意见不一，国家事务陷入僵局。

17 世纪 30 到 40 年代，陆上战役大体处于僵持状态，亨德里克执政越来越相信他和荷兰省议会合作不来，后者既不愿意全力支持他的军队，也不愿意和谈。经济战还在继续，而尼德兰没有取得多大成功。敦刻尔克私掠船给尼德兰造成了越来越严重的损失，而尼德兰对佛兰德斯经济的封锁没有取得什么成效。1645 年，葡萄牙蔗糖种植园主掀起暴乱反抗尼属巴西，因为蔗糖（和几内亚贸易）是荷兰西印度公司的主要收入来源，所以公司股东对延续战争变得不再那么充满热情了。葡萄牙和加泰罗尼亚的起义让尼德兰有机会恢复与西班牙半岛的贸易，消除了又一个与西班牙谈判的障碍，1647 年 1 月，尼德兰和西班牙达成停战协定。

三个月后，弗雷德里克·亨德里克执政去世（1647年3月14日），继承者是威廉二世（Willem II），他竭尽所能地阻挠明斯特的和谈，阻止和约的实施。他开始与法国谈判，并且反对1650年5月荷兰省议会削减尼德兰军队规模的决议。6月30日，他下令抓捕省议会的6名领袖，包括未来的大议长（Grand Pensionary）约翰·德·维特（Johan de Witt）的父亲雅科布·德·维特（Jakob de Witt），然后在7月出其不意地进攻多德雷赫特和阿姆斯特丹。浓雾使奇袭多德雷赫特落了个空。威廉的远亲拿骚亲王威廉·弗雷德里克（Willem Frederik）率领1万名士兵攻打阿姆斯特丹。虽然城市做好了防御准备，但是城内意见并不统一，后来它选择了和谈，接受执政的条件，即不解散尼德兰陆军，反而加强他在荷兰的地位。在这几个星期里，尼德兰共和国险些进入内战，然而数月之后威廉二世死于天花，他的儿子威廉（后来的威廉三世）在他去世后一周出生。签署《威斯特伐利亚和约》引发的内部危机被荷兰摄政们主导的20年无执政统治（Stadholder-less rule）解决了。

《威斯特伐利亚和约》

在大量准备工作之后，1643年，外交使团来到事先商定的两座城镇开始会谈。明斯特和奥斯纳布吕克相距近50公里，前者在重洗派起义失败不久之后就变成了天主教城市，后者是双信条城镇，有两座路德派教堂，两座天主教教堂，一个以路德派为主的市议会。两座城市都经历过战火洗礼，而奥斯纳布吕克的苦难更加深重，它遭受过天主教同盟军队的摧残（1628—1632年）和强制再天主教化，后来又被迫向瑞典缴纳战争贡赋。天主教的全权代表齐聚明斯特，由来自科隆的教廷使节（基吉）和来自威尼斯的大使（孔塔里尼）担任召集人。瑞典担任新教代表在奥斯纳布吕克的召集人。德意志各邦根据自己的宗教参加其中一边，尽可能表现得像是在参加共同议会的两个半场那样——法国人和瑞典人要求从始至终都在谈判桌边有一席之地。谈判代表们从来没有召开过全体会议，因此所有议程都是在两边分开讨论的。他们的讨论没有明确的起点和终点，与会代表的数量让我们可以一窥会议的复杂性。在和会的不同阶段，196位统治者派出了176位全权代表。缺席的国家只有英格兰、波兰、俄国和土耳其。

大多数重要讨论都发生在1645年11月之后。这个月，帝国宫内大臣（imperial Lord Steward）兼维也纳枢密院院长马克西米利安·冯·特劳特曼斯多夫（Maximilian von Trauttmansdorff）抵达明斯特，他带来了做出大范围让步——特别是对瑞典让步——的指示。他凭自己的权力提出以1618年作为帝国内（但不包括哈布斯堡世袭领地）教会领地和财产的标准年。波美拉尼亚公国可以送给瑞典作为军费补偿，罗斯托克（Rostock）、维斯马和不来梅主教辖区的部分地区也可以一并奉上。哈布斯堡对阿尔萨斯的所有权可以让给法国——不过，特劳特曼斯多夫和西班牙全权代表佩尼亚兰达（Peñaranda）伯爵加斯帕尔·德·布拉卡蒙特-古斯曼（Gaspar de Bracamonte y Guzmán）对于做出哪些让步有不同的指示和观点，法国外交官试图利用二人的分歧。1646年，马萨林提议西班牙公主玛丽亚·特蕾莎嫁给路易十四，以西属尼德兰（或者它的一部分加弗朗什-孔泰）作为嫁妆。但是，1646年10月9日西班牙王储巴尔塔扎·卡洛斯（Baltasar Carlos）去世，路易十四极有可能变成西班牙王位的推定继承人。马萨林的提议被西班牙人泄露给了尼德兰，尼德兰人不希望法国出现在它的边境上，于是在 1647 年 1 月与西班牙签署了停战协定。

法国和瑞典想要在威斯特伐利亚为新国际秩序打下基础的愿望破灭了。1643 年 9 月，法国派往明斯特的使节萨布莱（Sablé）侯爵阿贝尔·塞尔维安（Abel Servien）和阿沃（Avaux）伯爵克洛德·德·梅姆（Claude de Mesmes）得到的指示设想了两个运作受到法国保护的各诸侯组成的联邦，一个在德意志，一个在意大利。德意志联邦将替代帝国的法律和制度，皇帝会被降级为总督（Doge）。与此同时，法国要求控制阿尔萨斯，后来（1645 年）又要求控制洛林，保留莱茵河对岸的重要堡垒布赖萨赫、菲利普斯堡、埃伦布赖特施泰因（Ehrenbreitstein）。德意志各诸侯和各领地认为，削减帝国的力量代之以瑞典和法国的霸权对他们没有什么好处。特劳特曼斯多夫与他们并肩合作，拒绝任何彻底重塑帝国的要求。瑞典对任何保证瑞典在北德意志地位的提议都表示满意。除了一句模糊的共同担保条款之外，《威斯特伐利亚和约》的最终条文没有任何法国想要的集体安全内容。威斯特伐利亚协定不是欧洲列国均势的前身，相反，它旨在通过复苏帝国机制，重建规范性权利的意识和既有的习惯，在这个重现苏醒的帝国里，未来一切重大政治决策必须得到帝国议会的同意，这一条款将有效限制皇帝的权力。

最重要的是，《威斯特伐利亚和约》希望永久性地解决德意志土地上的宗教冲突。标准年最终被定在 1624 年，那一年北德意志教会领地的大规模再天主教化尚未展开，但普法尔茨已经被征服。此后所有的信条纠纷都由帝国政治体解决，解决方法不是少数服从多数，而是天主教和新教的政治体在帝国议会谈判处理。1624 年时已有宗教自由的宗教少数派继续享有宗教自由。哈布斯堡世袭领地不受这些条款约束，不过所有与会者都可以明显看出，威斯特伐利亚协定的主要牺牲品就是皇帝把帝国重新天主教化的企图。《威斯特伐利亚和约》结束了德意志的政治与宗教的争执时代，以及与之相伴的关于帝国宪制本质的根本性纠纷。和约的失败之处在于它不是一份真正的全欧和平协定。法国与西班牙的战争仍在继续，和约没有提供制约法兰西王国的方法。关于西班牙在低地国家和弗朗什-孔泰的领地的未来地位和北阿尔萨斯与洛林（还有附庸法国的梅斯、图勒和凡尔登）的未定地位的条款，反倒让路易十四在17世纪下半叶有了利用条约侵害邻国机会。

第十九章

从东到西的混乱时代

"全世界都在震动"

直至 17 世纪中期,三十年战争都是欧洲的核心问题。虽然它对直接参与的各方造成了重大影响,但是它只是 17 世纪中期全欧大动乱的一部分,这场大动乱在欧洲以外的世界各地也能感受得到。1648 年 6 月,莫斯科的一个居民对当时发生的大事的印象是"……震动很大,人们都愁眉苦脸",莫斯科这座都城也被震动了。"盐乱"(Salt Riot)——或称"莫斯科起义"(Moscow Uprising)——期间,沙皇派射手(*streltsy*)驱散起义者,使起义者的愤怒火上浇油,他们攻入克里姆林宫,洗劫了重臣所在的地区,还杀死了几位大臣。此事触发了更多暴动和叛乱。商贾和贵族的 100 多所房屋被纵火烧毁,数小时之内,半个首都(按照惊骇的瑞典大使的说法)化为焦土。同情莫斯科起义的人在各地造反,特别是在乌克兰的草原边境要塞城镇。人们害怕俄国又要回到"混乱时期"(*smuta*)——17 世纪初期战争、毁灭和饥荒的 20 年——开始公开质疑罗曼诺夫王朝的统治。沙皇和他的追随者一边做出大范围的让步,一边实行铁腕镇压,才在之后的五年里重新建立起他们的权威。

与此同时,欧洲东部的另一个首都发生了地震。1648年6月,伊斯坦布尔发生的地震摧毁了为城市供水的高架渠,严重损伤了圣索菲亚大教堂(Hagia Sophia)和清真寺,数千名参加主麻日的礼拜者丧生。一个威尼斯人报告说,教士把自然灾害归因于奥斯曼帝国没有遵守先知的教诲。两个月后,一名加尼沙里军官8月初从克里特前线回京要求增援,结果引发了一场宫廷革命。密谋者绞死了宰相艾哈迈德帕夏(Ahmed Pasha),把他的尸体扔到街上任由群众肢解——他得了一个绰号叫"千块"(Hezarpare)。随后爆发的加尼沙里叛乱废黜了易卜拉欣苏丹(Sultan Ibrahim)。8月18日,大穆夫提(Chief Mufti)对他下达了死刑判决(法特瓦),然后公共行刑官绞死了他。易卜拉欣的长子——7岁大的穆罕默德(Mehmed)被宣布为新的苏丹,他的祖母柯塞姆苏丹(Kösem Sultan)以他的名义掌权。首都爆发了大规模暴乱,示威者聚集在竞技场(Hippodrome)发出抗议,但是加尼沙里包围了他们,冷血地杀死了数千人。和莫斯科类似,伊斯坦布尔发生的事让人质疑苏丹的统治,政府花费了十年时间才努力地恢复往日的稳定。

这些事件发生的原因有很多是当地的特殊背景:在莫斯科是混乱时期后新生的沙皇专制,在奥斯曼帝国是它的地缘战略问题和统治结构。不过也有共同因素让当时的人更加相信17世纪中期欧洲的混乱不是一个巧合,也不局限于欧洲。莫斯科和伊斯坦布尔都是统治着形形色色不同地区的大型复合帝国的首都。它们的政治体制都感到了战争的竞争性需要和使国家现代化并为国家融资的需求。它们的反应方式似乎都使它们更加脱离自己的臣民。

而且，极端气候变化使弱势人群变得更加脆弱。1639年、1640年和1645年，乌克兰一向肥沃的大草原遭遇了严重的干旱。1647年和1648年出现了极早的霜降、清冷的夏天和惨淡的收成。1645—1646年政府专员称人口水平比20年前还低。类似的干旱和早霜打击了安纳托利亚高地和巴尔干的粮食产量，而尼罗河的洪水（灌溉了广袤的三角洲，为奥斯曼帝国提供了大量粮食）在1641—1643年和1650年降到了该世纪的最低水位。在恶劣的气候、经济和社会背景下，俄国和奥斯曼帝国的混乱破坏了欧洲干草原边境的稳定，特别是在波兰-立陶宛共和国。

波兰-立陶宛：大洪水之前

17世纪初，波兰-立陶宛共和国是一个领土大国。1618年，波兰王储瓦迪斯瓦夫·瓦萨（Władysław Vasa）兵临莫斯科城下，试图攻下这座城市。混乱时期刚刚结束，（1613年成为沙皇的）米哈伊尔·罗曼诺夫（Michael Romanov）别无选择，只能将过去十年从共和国手中夺取的土地尽数奉还。离莫斯科仅有300多公里的第聂伯河畔重镇斯摩棱斯克（Smolensk）才新建了石堡，就在1611年落入波兰-立陶宛军队手中。虽然这场胜利让共和国的面积扩张到法国面积的两倍以上，但是它也使共和国的边境更容易受到袭击。1632年，莫斯科人袭击斯摩棱斯克，尽管没能收复它。与此同时，波兰-立陶宛共和国虽然没有直接参与西面的三十年战争，却受到了三十年战争的影响。

波兰-立陶宛和瑞典因为王朝冲突、宗教分歧和商业战略斗争而多次交锋（1600—1611年、1617—1618年、1621—1625年、1626—

1629年)。在最后一次战争中,古斯塔夫·阿道夫在1626年5月从海陆两路入侵波属普鲁士,得到了当地以新教徒为主的城市人口的默默支持,进而直逼格但斯克港。波兰骑兵在欧洲数一数二,可是步兵和炮兵逊于瑞典人,1629年又被华伦斯坦的分遣队牵制住了。1629年10月26日在阿尔特马克签署的停战协定使瑞典有权控制立窝尼亚大部分地区和里加港,有权对通过立窝尼亚的波罗的海沿岸城市的波兰货物征税。波兰保住了格但斯克,成功避免自己被拖入不断升级的德意志冲突中。共和国得以集中精力保护东部和南部的脆弱边境,不过它的虚弱已经暴露了。

这些内部问题是复合君主制引发的,其君合关系停留在表面,它的内部不对称制造了许多无法解决的两难。它为自己是一个基督教共和国而感到骄傲,它的政治核心包括三个等级,即国王、参议院和众议院(Chamber of Envoys),三者合称为国家议会(Sejm)。在众议院里,波兰人、立陶宛人、立窝尼亚人和普鲁士人都有发言权。参议院(150人)包含天主教高级教士、宫廷贵族(Palatine nobles)、受委任的城主和政府中的大臣。国王是选出来的,自从1572年国王西吉斯蒙德·奥古斯特去世起,为了回应中下层贵族的要求,各方同意不仅是议会,全体贵族都有选举国王的投票权。数千名贵族会来到华沙城外的沃拉地(Wola Field)举行大议会(Convocation Diet)选出国王。大议会也会通过谈判形成约定条款,当选的新王必须宣誓遵守约定条款才能得到加冕。

此外,历代波兰国王都必须服从18条《亨利王约》(Articuli Henriciani),这是1573年西吉斯蒙德国王的继任者亨利·德·瓦卢瓦当选时采用的约定条款。它们保证了波兰王位的选举制和非继承制的本质。国王的婚娶必须得到参议院批准。国王必须每两年召开一次为期 6 周的议会，开征任何新税都必须通过议会批准。议会选出 16 名常驻参议员，在议会会期之间轮流出席御前会议。未经议会批准，国王不得进行宣战或大军动员（pospolite ruszenie，征召贵族入伍）。国王发誓遵守《华沙会盟》对宗教自由的保证。最后，如果波兰国王干犯贵族的法律和特权，《王约》授权贵族违反国王的命令，结党起义（Rokosz）反对国王。1573 年后的历代波兰国王都发誓："若朕做出任何违背法律、自由、特权或习惯之事，朕宣布一切国民皆不必服从朕。"

在 16 世纪后期的基督教共和国中，这样的限制不算出奇。当时的波兰人不认为他们的王国很虚弱。他们对混合制政府的好处有不同的观点，但是许多人会认同武卡什·奥帕林斯基（Łukasz Opaliński）在大洪水前夕提出的理念，即强大的国家不利于有德性的波兰人保护自己的自由。他们觉得他们的国王已经有相当大的行动自由。常规议会仅仅每两年开会 6 个星期，议程由国王决定，议会大半时间都花在请愿和地方性议题上。波兰国王操纵参议院委员会，以至于一般贵族开始怀疑参议院服务的是大贵族或国王的利益而不是他们的利益。让他们更加不信任的是被选为国王的总是有雅盖隆血统的外国君主——选举更加重视王室血统的高贵威严，而不愿意从本地大贵族成员中选出自己的同侪。人们怀疑外国人不惜牺牲波兰共和国的利益来追求自己的利益。

这对瓦萨家族的波兰国王（西吉斯蒙德三世、瓦迪斯瓦夫四世和约翰二世·卡西米尔）而言尤其显著，他们还保留着对瑞典王位的宣称。西吉斯蒙德三世的亲奥地利作风和耶稣会士在波兰宫廷的影响对 1606—1609 年的桑多梅日叛乱（Sandomierz Rebellion）爆发起到了同等重要的作用，这场叛乱又称泽布日多夫斯基起义（Zebrzydowski Rokosz），它要求将耶稣会士逐出共和国，选举产生王室官员，废黜西吉斯蒙德国王。人们有种负面情绪，即保护共和国最好的方法就是阻挠国王的新想法，特别是在国外的冒险举动。1634 年普沃茨克（Płock）主教写道："吾等的幸福是不出国境，保障健康和安乐。"

然而，奥帕林斯基所说的"无政府"（nierząd）到 17 世纪中期开始招来后患。波兰的财政没有经过改革，力量弱小，它的收入基础很不充分，又受到了货币不稳定的侵蚀。通过关税增加税收和开发领地收入的企图徒增贵族对国家意图的疑心。国家军队全靠向大贵族征兵，这样的兵员没有受过常规训练。财政衰弱意味着要塞数量有限，缺乏维护。贵族拒绝付钱从共和国外雇佣军队。波兰–立陶宛共和国因为没有响应欧洲战争的变革而陷入了更加危险的状态——王子瓦迪斯瓦夫·瓦萨 1626—1627 年游历欧洲时体会到了这一点，他探访了佛兰德斯军和威尼斯的造船厂。他在约定条款中保证要为共和国建立一所军事学院，建设一支海军，改革步兵和炮兵。然而到 1647 年，波兰近卫军（Polish royal guards）总共只有 1 200 人，卫戍乌克兰的军队才 4 200 人。

共和国可以利用的一支军事力量是哥萨克军（Cossack host）。（生活在第聂伯河下游的）扎波罗热西契（Zaporozhian Sich）哥萨克人原本是冒险家和强盗，后来成了一支实实在在的军队。但是他们行事独立，很难管控。国王斯特凡·巴托里想要用册编制度来管理他们——主要是在乌克兰的边境城镇——把这些城镇里据信可以拿起武器保卫共和国的哥萨克人登记在册。册编哥萨克人的数量在战争时期上升，在和平时期下降，可是不被登记在册的哥萨克人总是远远多于册编哥萨克人，这些人为自己被排除在外而感到愤愤不平。1630 年，这些人起兵造反，呼吁东正教会教士和信众的支持。共和国把册编哥萨克人的数量增加到 8 000 人，平息了这场叛乱。但是与此同时，波兰殖民者不断涌入第聂伯河谷地，1635 年联邦议会单方面把册编哥萨克人减少到 7 000 人，在第聂伯河下游的科达克（Kodak）新建了一座堡垒，由联邦军队派兵把守。这些措施激起了哥萨克人又一次叛乱，他们洗劫科达克，屠杀新来的守军，再次呼吁东正教信徒的支持。当时利沃夫一部编年史写到，哥萨克人"蔑视波兰人，杀德意志人如杀苍蝇，烧毁城镇，杀犹太人如杀鸡"。政府派去与叛军和谈的专员亚当·基谢尔（Adam Kysil）承认，任何协议都不过是停战协议，因为哥萨克问题是"一锅永远在沸腾边缘的开水"。

　　哥萨克人的残酷很快吓走了自己的支持者。波兰人展示武力之后，哥萨克西契在 1638 年签署协议。他们同意册编哥萨克人减少到 6 000 人，保证不经国王批准不袭击鞑靼人（或奥斯曼人），同意听从国王任命的联邦代表的命令。然而，这些代表很快就成了波兰－立陶宛人在乌克兰殖民授地（land-grants）和在主要城镇驻扎波兰军队的工具，成了进一步暴乱的诱因。这样的结果不仅没有维护停战协议，反而激起了又一次大叛乱，因为叛乱领导者是盖特曼亚基夫·奥斯特里亚宁（Hetman Yakiv Ostrzanin），所以这次叛乱被称作奥斯特里亚宁叛乱（Ostrzanin Uprising），叛乱的原因是联邦议会的一条决议激怒了哥萨克人，这条决议把他们和农民放到同样的地位，想要使他们成为农奴，他们通过传单宣传自己的不满，这些传单在东正教修士、哥萨克长老和全乌克兰同情他们的人手中广为传播。尽管大贵族成功镇压了这次叛乱，但是它表明这一地区广泛的社会和宗教痼疾即将爆发。

　　波属乌克兰（Polish Ukraine）——第聂伯河左岸的土地——原本是立陶宛大公国的一部分。共和国建立之后，波兰在当地取得了支配权——波兰的法律、官员和天主教信仰占据统治地位。这片地区人烟稀少，吸引了四面八方的移民，他们建立新城或扩充旧城，形成了一个边疆社会，这种社会缺乏人居历史悠久的土地具有的那种社会团结。为了弥补这个问题，也为了充实边防，波兰王室把乌克兰土地大片赠予一小批波兰裔大贵族。波兰地主以领地农奴制为基础开发黑土丰饶的干草原，他们的庄园因而得到了飞速的扩展。庄园管理者往往来自同一群移民——越来越多的犹太人，到 1648 年，犹太人的数量至少有 4.5 万人。1640 年时，大约 10% 的地主控制了乌克兰三分之二的人口和土地。1638 年叛乱是被两个大地主镇压下去的：耶雷米·维希尼奥夫斯基（Jeremi Wiśniowiecki）和"熊掌"（Bearpaw）米克瓦伊·波托茨基（Mikołaj Potocki）。1630 年，维希尼奥夫斯基在乌克兰的庄园包括大约 616 个居民点。1640 年这个数字达到了 7 600 个，1645 年达到了 3.8 万个，超过 20 万人为他服务。波托茨基的大庄园规模与之相仿，1638 年叛乱时他的忠诚表现为他带来了更大的增长。随着他们庄园的扩大，他们对当地中等贵族和以非波兰裔东正教徒为主的平民的影响也在扩大，这些人都感到被掌权者疏远，心中充满不平和愤慨。

　　1632 年国王瓦迪斯瓦夫四世的当选为国家带来了一位胸怀国际抱负的改革家。他与皇帝（1637 年他娶了未来的斐迪南三世的妹妹）、与西班牙和丹麦结成联盟，为了推行财政和军事改革与贵族反目成仇。1646 年，借着克里特战争的机会，在罗马、威尼斯和莫斯科沙皇国的支持下,他打算向奥斯曼开战,希望让不稳定的边界稳固下来,同时拉拢哥萨克人参战来解决哥萨克暴乱的问题。他把哥萨克人编入军队,却被联邦议会要求遣散他们。1647年,病患缠身的他重新提出了这个计划,这次维希尼奥夫斯基个人组织了一支超过2.5万人的军队支持他的计划。但是,1648年5月他就去世了,这正是赫梅利尼茨基的哥萨克叛乱处在上升期的时候。

叛乱领袖波格丹·赫梅利尼茨基是一个乌克兰中等贵族的儿子。他接受耶稣会的教育(尽管他一直是东正教徒),能读说多门语言,了解外部世界。他作为册编哥萨克人参加过1619年波兰与摩尔达维亚的战争,曾被土耳其人俘虏,在伊斯坦布尔度过两年时光。17世纪30年代,他率领哥萨克部队在黑海与奥斯曼人海战,1638年叛乱前夕,他代表哥萨克西契参与谈判。1645年,他被亚历山大·科涅茨波尔斯基(Aleksander Koniecpolski)夺走地产却没有获得赔偿,亲身体验到了被大贵族压迫的滋味。赫梅利尼茨基向国王申诉无果,于是把这件事传遍哥萨克军队,后来还告到西契那里。1648年1月末,他被选为哥萨克盖特曼,提出了相当于乌克兰独立的要求,他与克里米亚鞑靼人结成联盟,然后在两场战斗中大败波兰军队——1648年5月16日在若夫季沃季(Zhovti Vody),5月26日在科尔松(Korsun)。1648年底,他带领哥萨克大军进入基辅,宣布他的目标是"把所有罗塞尼亚人从痛苦的波兰统治中解放出来……为东正教信仰而战"。人民(他指的是罗斯人)是"我们的左膀右臂"。波兰国会议员安杰伊·弗雷德罗(Andrzej Fredro)写道:"我们和哥萨克人开战的主要原因是我们和罗塞尼亚宗教不同。"共和国面临的这场内战背后有社会、宗教和民族种种原因。

哥萨克暴行的遇难者极为明显地反映了民族因素。叛军传唱的"胜利进行曲"(Victory March)歌颂哥萨克上尉"弯鼻子"(Crook-Nose)"剁掉敌军的脑袋","吊死的波兰佬(Polack)像一团黑云,波兰人的光荣被打得粉碎"。他们也屠杀了成千上万的犹太人。拉比拿单·纳塔·汉诺威(Nathan Nata Hannover)在记录叛乱的编年史《绝望的深渊》(*The Abyss of Despair*)中记载了这场大屠杀。1648年6月,当地居民怂恿哥萨克人进入涅米罗夫(Nemyriv)要塞,这是犹太人避难的地方。随后两天,哥萨克人见人就杀(据他估计杀了6 000人)。妇女宁可跳墙投水自尽也不愿被玩弄杀害。大概至少有1万名犹太人(总人口的四分之一)遇害,约有8 000人逃往其他地方避难,3 000人被卖给鞑靼人为奴。

在南向移民和叛军自身的愤怒与绝望背后,还有17世纪30年代后期该地区普遍的多变天气。1641—1643年、1646年的冷夏伴随着晚春的雪霜对短暂的生长期和收成造成了灾难。1645—1646年蝗灾吞噬了庄稼,1646—1647年冬季酷寒,1647年秋冬又有暴雨和洪水。叛乱爆发时天气反季节地炎热干燥,蝗虫又开始毁灭庄稼。桑博尔(Sambir)的施洗者圣约翰教堂那一年的铭文简单地写道:"基督教世界饿殍千里。"

赫梅利尼茨基声称他的叛乱有瓦迪斯瓦夫国王的授权书,尽管这封书信从未被找到过,就算有大概也是他伪造的。即便如此,这都是他在其后三年争取乌克兰和白俄罗斯支持他反抗波兰共和国的雄心的手段之一。他指挥的军队和三十年战争中的军队一样庞大,他还在国外寻找盟友。在这场越发血腥的冲突中,克里米亚鞑靼人发挥了决定性作用。作为对他们参战的回报,他们获准在乌克兰烧杀抢掠，抓天主教徒和犹太人作为奴隶到奥斯曼市场上贩卖——东正教徒（Orthodox Catholics）把这两种人（即便是东仪天主教徒）都当成合法奴役对象。1651 年 6 月 28—30 日，在斯特里河（Styr）河畔的别列斯捷奇科（Berestechko）之战中，6 万多人的波兰军队迎战 10 万多人的哥萨克鞑靼联军，并最终取得胜利。鞑靼人撤退时把赫梅利尼茨基扣为人质。他设法通过谈判得到释放，并且保证为他们的效力提供更多回报，他重新组建了哥萨克军，再次与波兰人开战，这回他在 1651 年 9 月 24—25 日白采尔科维（Bila Tserkva）之战中取得胜利，随后签署了停战协定，不过它没有得到国家议会的批准。

1652 年夏初，赫梅利尼茨基进军摩尔达维亚，希望巩固与摩尔达维亚统治者的联盟，一起打击波兰人，1652 年 6 月 1—2 日，波兰国王的军队——大部分是大贵族征召兵——在布格河（Boh）河畔的巴托格（Batih）与之交战。赫梅利尼茨基麾下至少有 4 万名哥萨克人和鞑靼人。波兰军队不超过 1.5 万人，但是他们的营地占据守势，而且挖了很好的壕沟。波兰军队内部不和，让赫梅利尼茨基轻松战胜了他们，8 000 名波兰士兵被俘后遭杀。1654 年 1 月，赫梅利尼茨基与莫斯科沙皇国签订条约，（在后者眼中）奠定了莫斯科沙皇国在基辅罗斯的霸权，开启了莫斯科沙皇国和瑞典对波兰的入侵，到这时，共和国已经毫无招架之力了。

"三王国内战"

1662 年，詹姆斯·希思（James Heath）出版了《三王国内战大事纪要》（*Brief Chronicle of all the Chief Actions so fatally Falling Out in these*

Three Kingdoms），这本书强调了不列颠群岛各场独立的战争之间的内在关联——1639—1640年的主教战争、1644—1645年的苏格兰内战、1641—1653年的爱尔兰同盟战争（Irish Confederate Wars），以及1642—1646年、1648—1649年和1650—1651年的英格兰内战。从表面上看，我们可以从17世纪初期到中期东部和西部的局势中发现一些共同之处。和波兰-立陶宛一样，不列颠群岛对三十年战争只是浅尝辄止。后者在1621—1622年对普法尔茨给予了象征性的支持，在1625年11月联手尼德兰对加的斯发动了一场灾难性的远征，与尼德兰一起支援丹麦对帝国的干涉但最终失败，在1627—1629年白费功夫地试图解救法国新教徒，此后便脱离了大陆战事。

同波兰一样，波罗的海、英吉利海峡和中欧的经济混乱对英国商业也造成了不利影响。波兰志愿兵在欧洲各个军队中效力，正如苏格兰人出现在瑞典的军队中；新教流亡者从波希米亚和德意志逃到波兰和伦敦。伦敦商人和英格兰士绅安慰自己说，跟德意志比起来，他们过的"日子真是安宁幸福"（一首英格兰挽歌唱道"任凭德意志的战鼓/为自由和复仇怒吼又如何？这噪声/与我们无关，也不会转移我们的欢乐"）。当三十年战争及其余波影响他国的时候，不列颠群岛进入了自己的混乱时期。

不列颠王国和波兰共和国一样，也是复合君主国，君合关系停留在表面，内部不对称制造了许多无法解决的两难。英格兰和波兰的主要群体都是中等贵族（"士绅"和什拉赫塔），他们感到大贵族阶级疏远他们，国王可能在操纵大贵族的财富和权力，进而分化贵族阶级。士绅渐渐开始注意到，国王的关切和他们的关切不一样，他们的统治者不尊重共和国的法律、传统和自由，所以不值得他们信任。和波兰一样，不列颠群岛的君合关系是不对称的，其中一个成员国（苏格兰）成了被忽视的低级成员。而且，英格兰的财政状况也很差，征税的权力属于议会，国王越是为了与议会无关的目标利用君权开发收入来源，议会越是不愿意开征新税。不列颠群岛也有一个第三成员国（爱尔兰），它的问题也是当地地主的不满、民族和宗教问题的致命组合，这造成了血流成河的暴动。

在英格兰和苏格兰，教会是依法建立的。关于教会的统一、结构、仪式和敬拜的辩论体现并助长了更广泛的分歧，特别是当国王力主推动教会统一的时候。英格兰的清教徒和苏格兰的长老会根植于国境南北的教俗两界。双方都相信自己代表了本国的由国家和教会承载的基本法律与自由，而斯图亚特王朝正在侵害这些法律与自由。但问题首先爆发于苏格兰，誓约运动（Covenanting movement）得到了拒绝1618年《珀斯五教规》的人的大力支持。1633年，威廉·劳德（William Laud）成为坎特伯雷大主教，他在英格兰发起的改革和查理一世为实现礼拜仪式统一的全面方案是这一年的重要事件，这一年查理首次造访苏格兰，向苏格兰国会提交了苏格兰新礼拜仪式的建议书。它要求主教穿着圣衣，教士在主持圣餐时穿着白色罩衣。1636年新教会法（New Church Canons）进一步要求苏格兰长老会信徒遵从英格兰新教的仪式，对苏格兰教会、教会议会、教会法庭和长老会则不置一词。第二年，国王凭自己的权威强推新版《祈祷书》（Prayer Book），作为苏格兰教会所有教区敬拜的指南和如何评判不服从行为的标准。

政府公布自己的意图，让苏格兰教会有时间动员信众，它的组织结构为它提供了动员的手段。1637年7月23日，爱丁堡圣吉尔斯大教堂（St Giles）发生了一场事先策划的对新《祈祷书》的抗议。随着暴乱的扩散，"祈愿客"（the Supplicants）有组织的反抗使主教和枢密院在苏格兰无法施展自己的权威。他们的反抗与反对宗教创制、守护方言和法律习俗的事业结合在了一起。这些反抗得到了贵族和苏格兰国会各等级（"Tables"）的支持。第五等级协调贵族和其他三个等级的代表，变成了一个行动处（Directorate of Operations），它将《国家誓约》（National Covenant）散播到各地征集签名。长老会传道人亚历山大·亨德森（Alexander Henderson）和苏格兰律师沃里斯顿的阿奇博尔德·约翰逊（Archibald Johnston of Wariston）是《国家誓约》的起草者，全国各地都有人签下自己的名字。国王震慑誓约派（Covenanters）的企图被巧妙地摆平了，查理决定用武力镇压这次反叛，他凭着君权收入组织英格兰和爱尔兰联军，没有召开英格兰议会。

查理的计划在1639年尽数落空。他希望利用亨特利（Huntly）侯爵乔治·戈登（George Gordon）拉拢反对誓约派的少数苏格兰人，这个计划无果而终。在爱尔兰征兵同样是一场失败。凭借君权在英格兰各郡征召民兵的做法遭到强烈的反对，主要原因是誓约运动和英格兰人普遍反对劳德在英格兰教会内大搞创制的情形如出一辙。一个纽卡斯尔人站出来支持誓约派，因为他们"只不过是在会引入教皇主义（Popery）和偶像崇拜的人面前自我保护而已"。他不肯应征入伍，"因为除非他的良心下令，否则他不为基督教世界任何君王战斗"。1639年4月，国王在约克检阅自己名下的军队时，两名在册贵族拒绝宣誓效忠——塞伊和塞莱子爵（Viscount Say and Sele）威廉·法因斯（William Fiennes）和布鲁克勋爵（Lorde Brooke）罗伯特·格雷维尔（Robert Greville），两人都是普罗维登斯岛公司的成员和汉普登案的支持者。年底之前这场冲突就已经被人称作"主教战争"了，不过查理的军队太弱，不堪一战，所以他选择通过谈判争取时间。1640年，他召开英格兰议会来争取急需的资源。

1640年4月13日召集的短期议会（Short Parliament）只开了三个星期。和波兰国家议会不同，英格兰议会的双议员郡选区有可能出现完全保有人（因为通货膨胀和财富扩散降低了门槛，所以他们的数量增加了）也有权投票的情况。短期议会中经过竞争性选举得到席位的议员数量之多史无前例。国王只关心一件事，他要从议会这里得到镇压叛乱所需的资源。对议员而言，处理不平才是优先事项，（11年没开过一次议会）他们的抱怨可是相当多。埃塞克斯议员哈博特尔·格里姆斯顿（Harbottle Grimston）直截了当地表示，国内危机比"国外"（他所指的是苏格兰）危机更严重。"共和国被残酷地撕裂和屠戮，一切财产和自由都被动摇，教会不能专心工作，教会的福音和教师遭到迫害，整个国家明显爬满成群结队的尺蠖和蛀虫，'埃及十灾'也不过如此。"格里姆斯顿是少数参加过17世纪20年代吵闹议会的老人物。同样的还有塔维斯托克（Tavistock）议员约翰·皮姆（John Pym），他也是普罗维登斯岛公司的成员，是布鲁克勋爵、塞伊子爵和约翰·汉普登信任的经理。1640年4月17日，皮姆发表演讲，把具体的不满转化为一种公共事业，同时不让自己听起来矛头直接对准国王。缺乏时间和耐心的查理直接解散了议会，它既没有得到资源，也没有解决不满，而且还有一场战争要打。

短期议会解散后，英格兰各郡的军事动员比前一年更加迟缓，而且用造船费根本征不到钱。英格兰王国是一个门拱，它的门柱是下放给地方自治体的权力。如果地方自治体用脚投票，那么枢密院、郡长（Lords Lieutenants）和巡回法庭（Assize）的法官也没有什么办法强令他们服从。强迫参军本来就惹人憎恨，尤其是当被迫参军的许多人不认同战争目的的时候。誓约派军队在参加过三十年战争的苏格兰老兵的扶持下先发制人，在贝里克（Berwick）跨过特威德河（Tweed），他们带着一本"盖着丧服"的《圣经》，鼓手们打着葬礼队列的鼓点，表明他们代表了上帝的真理。1640年8月28日，英格兰军队在纽伯恩（Newburn）企图阻击他们，结果吃了败仗，苏格兰人不受阻挡地进了纽卡斯尔。查理同意停火并且每月向誓约派军队付钱。国王想要说服伦敦市贷款给他支付停战费用的唯一方法就是再开一次议会。经过新一轮议员选举（比上次竞争更加激烈）之后，长期议会在1640年11月召开。上次议会没开多久就被解散，议员的不满无人理会，这次议会在国家危机的氛围中召开，目的是为一场国王打输的战争筹钱，而且下议院大多数人都反对国王，在他们眼中，国王的目的、国王本人和这个他们不信任的政权已经无法分割了。

议员们在开幕会上排着队发表请愿，表达他们对查理一世个人独裁（the Personal Rule）和与它关系最大的问题的积怨。他们表示尤其担心天主教在宫廷的影响——集中体现为查理一世的法国妻子亨利埃塔·玛丽亚王后（Queen Henrietta Maria）。在民众的示威中，三位著名的劳德主义（Laudianism）的反对者得到释放。威廉·普林（William Prynne）是一名清教徒律师，也是牙尖嘴利的反主教制辩论家，1634年和1637年星室法庭的两场诉讼让他失去了自己的财产、自由和双耳。在第二场诉讼中与他一同受审的还有清教牧师亨利·伯顿（Henry Burton）和医生约翰·巴斯特威克（John Bastwick）。伯顿毫不留情地攻击劳德派主教，最后他在布道中控诉他们的创制等同于教皇主义阴谋。巴斯特威克则骂他们是"兽"（the Beast）的尾巴。和普林一样，伯顿和巴斯特威克也在星室法庭受审，被处以罚金和被当众羞辱，然后关进监狱。1640 年 11 月，被释放的三人如公共事业的殉道者一般得到伦敦市民的夹道欢呼。

起初，长期议会很难决定公共事业的具体内容。伯顿、巴斯特威克和普林与劳德大主教、教皇主义、主教制及个人独裁不共戴天。这些问题并不是一回事，其中主教制比其他问题更加容易引发分裂。但是这些潜在的分裂一开始都被隐藏在对威廉·劳德和斯特拉福德伯爵托马斯·温特沃思等查理政权核心人物的进攻中了。劳德因叛国罪被弹劾，于 1641 年 3 月 1 日被关入伦敦塔听候审判。主持汉普登的造船费案的首席法官约翰·芬奇（John Finch）也遭到弹劾，随后逃往海外。1641 年 4 月，斯特拉福德伯爵弹劾案没有通过，下议院诉诸《剥夺公权法案》，虽然多数议员弃权，但是法案还是通过了。5 月 10 日，在伦敦暴徒和欠饷军队的威胁下，国王不情愿地签字批准处死斯特拉福德伯爵。他也在伦敦债主的压力下于 1641 年 2 月签署了《三年法案》（Triennial Act），法案要求国王每三年召开一次议会，禁止国王不经议会许可征收造船费等君权收入。

枢密院的打手，即曾经审判过伯顿、巴斯特威克和普林的星室法庭——威斯敏斯特法庭（Westminster Court）——被废除了。星室法庭在教会内的对应机构、经常遭到清教徒激烈反对的高等委任法院（Court of High Commission）被一并撤销。长期议会的重要人物（非正式的"小团体"）暗中停止工作，好让下议院和上议院跟上他们的节奏，让议员集中精力达成众望所归的危机解决方案。约翰·皮姆借温和的伪装调动大众支持的能力再一次得到展现，他在与清教议员少数派的谈判中一跃成为关键角色，他希望通过谈判淡化"如何处置教会"这个可能引发分裂的议题，主张与国王做个交易，因为国王不管怎样都是摆脱不掉的。

众声喧哗

1641年5月，斯多葛派主教约瑟夫·霍尔（Joseph Hall）抨击皮姆在英格兰复制《国家誓约》的"大抗议"（Protestation）时说道："你们自己什么时候能达成共识？好像你们正在建立你们大谈特谈的巴别塔呀。"大抗议要求议员——后来要求全国——签名宣誓支持教会的"教义"，支持国王的"荣誉和财产"（honour and estate），支持"议会的权力和特权"，支持"臣民的合法权利和自由"。大抗议希望针对国家的基本分歧提出一个温和的方案以争取全国一致。然而，虽然它想要捍卫教会、抵制教皇主义，但是它丝毫没有论及英格兰教会的治理、敬拜和使命。这些缺失让保王党有机可乘，他们围绕保卫《祈祷书》和保卫教会发出了统一的声音。另一方面，完全不信任国王的激进观点和彻底改革教会的激进主张正在酝酿。

对身陷囹圄的威廉·劳德的一致反对掩盖了这些分歧。批评劳德的人说他是亚米纽斯的鼓吹者，那位尼德兰神学家批判加尔文宗对于恩典和救赎的观点。亚米纽斯的观点已经证明可以分裂尼德兰共和国，愿意与西班牙签订停战协定的人往往属于亚米纽斯派。早在1625年查理一世统治之初，国王的宠臣白金汉公爵在伦敦的宅邸约克府（York House）举行的宗教会议就表明亚米纽斯主义已经渗入英格兰。

辩论的焦点是奇切斯特（Chichester）主教理查德·蒙塔古（Richard Montagu）的著作，他作为英格兰高级教士是亚米纽斯派的倡导者。双方都声称自己赢得了辩论。事实上，反加尔文宗赢得了最重要的东西，那就是查理一世的心。他的教会和宫廷越来越倾向亚米纽斯派。被教会和宫廷排除在外的反对亚米纽斯派的人不得不思考其他方法来保护他们珍视的东西——考虑移民，诉诸法律，著书立说，还有制造麻烦。

然而，劳德主义的核心不是亚米纽斯主义。1626年2月，威廉·劳德在议会做开幕布道。他讲论的经文是《诗篇》第122篇的"耶路撒冷被建造，如同连络整齐的一座城。"他的论点是，国王的治权和教会的治权是一体的："因此教会、共和国、上帝的家（Gods house）、圣殿、列王的家、大卫的家，都在我所引的这句经文中相遇。"他的用意是联结英格兰教会与历史根源可以追溯到神圣的古代希伯来的普世教会。圣殿是教会的模范，离开教会就是将基督教世界仅剩的团结也置于险境。劳德认为，这种团结依赖于教会的祭司。主教制政府保证了教会和王国的稳定，正如承认祭司权力、教导信众尊重祭司权力的敬拜形式体现了人对待神授君权的正确方式。他对新教徒的颠覆近乎病态的执迷此时已经很明显了："任何想要推翻教会之座（sedes Ecclesiae）的人一旦掌权，一定会猛烈攻击大卫的王座。没有一个人是为平等——为教会全体同人——而战的，个个都只想称王称霸。"

劳德决心团结教会反对清教徒，他认为清教徒是在攻击基督教世界残余部分的核心。受此激励的劳德一步步重建伦敦圣保罗大教堂（St Paul's），在枢密院和地方太平委员会安插高级教士，把圣餐桌改造为祭坛，并强令会众向祭坛鞠躬跪拜，限制平信徒对任命传道人的影响。这些没有得到议会许可的创制影响各个教区的普罗大众。它们在人群中制造了分裂，英格兰教会和英格兰王国一样依赖地方自治，所以创制做不到令行禁止，而且地方自治增加了围绕创制的争议。地方上反对劳德主义的最主要原因是，人们相信劳德主义就是隐蔽的教皇主义。

反教皇主义汲取了英格兰宗教改革的活水，利用了人们对英格兰宗教改革存亡的焦虑。它团结了劳德的批评者，在1641年雪片一样的宣传册中发挥了超比例的作用。教皇主义阴谋成了皮姆和小团体乐于使用的凝聚政治忠诚、怂恿人们怀疑国王的工具。团结无比重要，因为在下议院关于教会将来的治理、仪式和敬拜的辩论中缺少的就是团结。1640年12月11日，"根枝"（Root and Branch）请愿书——它得到了数千个签名——被激进的伦敦教区居民递交给下议院。请愿书大力抨击主教，说主教们破坏传道，推动"下流放荡无知错误的人成为传道人，这帮人像埃及的蝗虫一样占满了整个王国"。结果，"只有教皇党人、耶稣会士、宣扬教皇主义和亚米纽斯主义的神职人员等才能发达"。

请愿书提出的问题制造了更多的分裂。英格兰宗教改革是议会确立的，被劳德主义扭曲的英格兰教会的权力也是议会确立的。既然是议会建立的，议会也可以改变它们。但是，像苏格兰长老会信徒和激进的英格兰清教徒要求的那样，按照上帝的话语和早期基督教会的模板建立一个没有主教、致力于社会秩序的神圣改革的教会，应该是改变的方向吗？如果不是的话，（在劳德锒铛入狱、高等委任法院被废之后）应该用什么样的教会来替代这个正在崩溃的主教制体制呢？诚如霍尔所言，这些问题的答案十分混乱。

1641 年 10 月 20 日，秋收休会期结束，长期议会重新开会，反教皇主义的平民主义者和反主教制的清教平民主义者平分秋色。议员——特别是在上议院，主教议员在上议院的法律地位是一个不容忽视的紧急问题——对国王的意见发生了一些转变。而在 11 月 1 日，趋势又发生了逆转，枢密委员向下议院告知了"某些……关于爱尔兰教皇党人严重叛国，全体反叛……的情报"。不到两个月后，这件事在英格兰引发的焦虑不可逆转地导向了武装冲突。一方面，查理想要征募军队镇压爱尔兰叛乱；另一方面，议员怕这支军队被用来针对议会。

政治的舞台渐渐地扩展到威斯敏斯特宫之外——在伦敦市市政厅（London Guildhall）和首都街头；在教皇阴谋的谣言纷飞的外省城镇乡村；在查理一世的长庭走廊，保王党在寻找一个可以打破僵局的设计场景（*mise en scène*）。1641 年 11 月 8 日，皮姆代表"王国状态委员会"（committee on the state of the kingdom）递交《大抗议书》（Grand Remonstrance），提出查理一世的政府长期以来都是一个企图颠覆宗教和自由的大阴谋。《大抗议书》在下议院以微弱优势得到通过，随后公开印刷发行。与此同时，伦敦市发生了一场市政革命，倾向保王党的市议员被扫地出门，取代他们的是反保王党的新议员，后者的第一个动作是（与议会议员携手）选出治安委员会（Committee of Safety），让它负责伦敦民兵。查理害怕失去对城市的控制，1 月 4 日他带兵进入议会，想要抓捕带头反对他的 5 名下议院议员和 1 名在册贵族。但是有人给他们通风报信，查理扑了个空。国王的设计场景变成了灾难场景（*mise en catastrophe*），充分证明他正如传说的那样无能且不可信任。1642 年 3 月，议会颁布法令接管全国受过训练的民兵团。议会在 7 月投票同意建立一支由埃塞克斯伯爵指挥的军队。此时国王也在忠于他的各郡招兵买马，尽管一些地方想要避免选边站，但是内战形势已经逐渐成形了。

爱尔兰叛乱与同盟派

1641年10月22日，阿尔斯特的爱尔兰原住民在费利姆·奥尼尔爵士（Sir Phelim O'Neill）的领导下与在佩尔地区定居的老英格兰人（Old English）联手开始从国王的代理人手中夺取这个国家。他们的动机强烈但并不单纯，具有投机性质。阿尔斯特的谋叛者因为自己不能进入王室政府而满腹怨气，特别是在1632年查理一世选择托马斯·温特沃思（后来的斯特拉福德伯爵）担任副总督（Lord Deputy）管理爱尔兰政府之后。温特沃思做过北部委员会（Council of the North）主席，这段棘手的经历培养了他的政治观。他在信中说做事要"周到"（thorough），意思是他要恢复国王和教会的财富（同时增长他自己的财富）。他的基本观念是，17世纪20年代的乖戾（他要负一定责任）需要时间来缓和。查理一世铁腕亲政了十年左右，改革了财政和教会，他终于可以召开一届忠心向王的英格兰议会了。爱尔兰成了他的统治手段的试金石。

温特沃思行事格外无情，而且不仅是针对爱尔兰天主教徒——他们已是英格兰新殖民主义长期迫害的目标，被剥夺公权、没收土地，他们最后的堡垒（在阿尔斯特）也被苏格兰和英格兰的殖民者占据了，他们的主要领袖都流亡海外。他挑动"老英格兰人"（王国的主要地主，多数是天主教徒，历届英格兰政府都不准他们担任公职，但是他们对爱尔兰议会有很大的影响）与"新英格兰人"（落脚较晚的新教殖民者，包括信奉苏格兰长老会的阿尔斯特种植园主，法律和政府积极保护他们的利益）竞争。他在1634年爱尔兰议会中巧妙周旋，得到了一大笔补助金和审查地契的权力。他用"一点点暴力而特殊的手段"（他自己的说法）歪曲了正当法律程序来支持国王确定地契的权力，恢复已经被老英格兰地主吞并的教会领地。温特沃思在爱尔兰实行劳德主义，是为了反击苏格兰种植园主在阿尔斯特不断增长的长老会主义（Presbyterianism）。不过他的手段是很危险的，因为他分化了统治基础本就狭窄的英格兰霸权体制的最薄弱的一环——爱尔兰新教教会（Irish Protestant Church），缺乏资源的它无力向以天主教徒为主的爱尔兰人口传教。

1639年9月，温特沃思被召回英格兰，他留下了一个四分五裂、群龙无首的爱尔兰政府和政治真空，爱尔兰原住民——特别是在阿尔斯特——得到了夺回他们财产的机会。和老英格兰人一样，他们对在苏格兰大胜的长老会誓约派和威斯敏斯特政治中尖锐的反教皇调子十分忧虑。随着查理在英格兰越来越缺乏支持，他开始向王国其他地区寻找仍然忠于他的人。这些人包括老英格兰人，（让步的前景使）他们相信国王默许他们反对新来的新教殖民者和阿尔斯特种植园主，甚至相信国王授权他们造反，在这个节骨眼上，查理一世在英格兰最不想看到的就是爱尔兰有人造反。

1641年10月的叛乱没能拿下英格兰在都柏林的爱尔兰政府所在地，不过它得到了所有世世代代被都柏林政府压迫的人的支持。起初他们主要是打家劫舍，但是后来叛乱者和他们的支持者开始走向极端，挥起了屠刀。英格兰殖民地数千人遇害，其中许多是被蓄意杀害的。另有数千人被夺去财产和衣物后驱离家园,被迫逃向还可以跑的地方。1641年12月20日,查理一世派专员前往都柏林的英格兰人难民营采集证词。专员也从科克(Cork)收集到了一些书面证词。这些记录——超过1.9万页的书面证词,发誓做证的证人远非中立客观——描绘了爱尔兰叛乱最初几个月的图景,它和后来英格兰与欧洲大陆所知的情况大相径庭。

保存至今的300多份英格兰印刷的宣传品把这件事说成针对新教徒的大屠杀,一次"野蛮的杀戮",它们使用的词语让人想到美洲印第安人传闻中的"兽性"和圣巴托罗缪大屠杀。1641年底,据说一个爱尔兰传道人声称仅阿尔斯特一地就有15.4万名新教徒被杀。这个数字变成了下议院辩论时使用的官方数字,1646年以后,约翰·弥尔顿等宣传册作家把这个数字夸大到了4倍。书面证词反映了爱尔兰人的怨愤的更加复杂多样的现实。在阿尔斯特,武装叛乱者杀人是为了向英格兰种植园主在军队的协助下实施的残暴的殖民主义复仇。在康诺特和克莱尔则不然,人们显然厌恶种植园,但是民族隔阂并不是很明显。南部的伦斯特(Leinster)没有种植园,叛乱是以农民起义的形式爆发的。西南部的芒斯特(Munster)的屠杀比较少,因为老英格兰贵族迅速掌握了局势。

叛军在爱尔兰岛的中西部建立了自己的统治。他们像苏格兰的《国家誓约》一样设计了一套誓词,宣誓忠于英格兰国王,忠于爱尔兰,忠于天主教信仰。3月19日,英格兰议会强迫国王签署《冒险家法案》(*Adventurers Act*),要求国王为向爱尔兰派兵必须以爱尔兰的土地作为抵押才准贷款,并且禁止国王特赦叛乱者,在这种情况下,叛乱者组织了自己的联省政府。这个政府是借助天主教的主教组织变出来的，领导者是来自戈尔韦郡（County Galway）的重要天主教贵族克兰里卡德（Clanricarde）伯爵尤利克·伯克（Ulick Bourke）。天主教同盟（Catholic Confederates）设有一个代表大会（General Assembly）——为了强调他们确实忠于国王，这个议会从来没有用过国会（Parliament）这个名字——和一个名为最高委员会（Supreme Council）的执行机构，从1642年起至1649年被奥利弗·克伦威尔击败为止，天主教同盟派统治了爱尔兰的大部分地区。他们向欧洲各国首都派出使节，还建立了自己的财政和军队。

同盟派成功地变成了英格兰议会和苏格兰誓约派对垒的存在，它事实上就是一个独立政府，只不过不挂政府的牌子而已。他们口头上说忠于查理一世，但在与他谈判时要求任何协议都有待战后爱尔兰议会的批准。他们的目标是得到完全的敬拜权，建立一个爱尔兰天主教徒可以参与的自治政府。更激进的同盟派要求废除阿尔斯特内外所有的种植园，将天主教定为爱尔兰国教，与西班牙或法国（在叛乱之处给同盟派送过少许补助金）结盟以实现他们的目标。

这样的要求让查理一世左右为难。被1641年的大屠杀吓到的他已经做出了为在叛乱中受害的新教徒争取赔偿等承诺。但是，由于他在英格兰的军事地位在1643年已经衰落，他开始更加愿意向同盟派给予一些既可以诱使他们来帮助他又不损害他和英格兰新教保王党的关系的让步。1643年9月，同盟派与爱尔兰保王军司令奥蒙德公爵詹姆斯·巴特勒（James Butler）和谈并实现停火。1644年，四面楚歌的查理派出格拉摩根（Glamorgan）伯爵爱德华·萨默塞特，他身负的秘密指令是，同意同盟派的要求，作为回报，爱尔兰的天主教军队要在英格兰和爱尔兰为他战斗。格拉摩根伯爵的秘密指令的一份副本落到了长期议会手中,成了议会宣传的绝佳材料——国王背信弃义的又一个证据。

面对自己的支持者提出的令人难堪的质问,查理被迫宣布格拉摩根伯爵是卖国贼。为了阻止任何在英格兰使用同盟派军队的企图,长期议会在1644年10月通过了《禁止宿营法令》(Ordinance of No Quarter),允许各地方随意虐待爱尔兰人(后来逐渐变成任何有保王党嫌疑的人)。到头来,查理从同盟派那里引进的唯一一支军队是由蒙特罗斯(Montrose)侯爵詹姆斯·戈登指挥的一支小部队,它规模虽小,但足够在1644年利用高地家族对天主教的忠诚和对誓约派的阿盖尔(Argyll)公爵的仇恨挑起另一场内战。然而对于英格兰,越发受1645年初抵达的强硬派教皇使节焦万尼·巴蒂斯塔·里努奇尼(Giovanni Battista Rinuccini)影响的同盟派一味鼓励查理一世,让他继续梦想爱尔兰海对岸会有支援,继续幻想他可以用最方便自己的手段操纵各方,跳出日渐无望的弱势地位,这种鼓励损害了查理与他的支持者和反对者之间的关系,最终查理不得不与反对者议和。

"这场血腥而反常的战争"

查理一世本来可以赢得英格兰内战,对合法国王的忠诚是很有分量的。为国王而战的在册贵族是为议会而战的人数的两倍,从中可以看出等级秩序、世袭特权和服从的重要性。他们都在地方社会拥有家仆,尽管许多贵族已经变成了廷臣,远离了自己的地方网络。他们的财产为查理提供了支付兵饷的起步资金。据说伍斯特伯爵向国王的金库贡献了30万英镑。查理一世是不列颠群岛的王室之首,外国君主指望跟他打交道。他因为妻子的关系与法国宫廷关系匪浅,有理由相信只要自己承诺以后帮助法国，法国就会帮助他。他有在尼德兰的诸侯亲戚和官员队伍为他提供骑兵和马匹，许多官员不久之前还在大陆任职。他还可以活用自己 13 年的治国经验。大多数人惧怕公开冲突的前景，不到逼不得已就避免表明立场。他专心致志地恪守自己的原则——反击针对他的恶意宣传，强调保卫教会，主张服从"君主之自然人"（unto the natural person of the prince）——凸显出他的事业的一致性。他的敌人则很容易被说成意见不一的投机分子。

然而，尽管君主事业在表面上具有一致性，但是竞逐荣誉和自尊受伤经常让骑士党发生内讧。保王党的腹地——西米德兰（West Midlands）和威尔士边区（Welsh marches）——饱受议会军的袭击，他们的补给线和行政基础时刻受到威胁。未能规范保王军指挥官和地方当局的关系——人民已有横征暴敛之感——使行政基础变得更加脆弱，其结果是，保王党的事业最终变得容易遭到地方居民的报复，而保王党自身也分裂为两派，一派对考虑与议会和谈有所准备（因此也对让步有心理准备），另一派（特别是亨利埃塔·玛丽亚王后和鲁珀特王子）相信战到最后才是唯一可行的出路。查理一世募资维持战争的手段很有限，不过是把保王党城镇的金银珠宝充公，质押资产（主要是妻子的资产）借钱，还有许下诺言。

议会军控制了海军（这是避免其他欧洲强国干涉的重要保障）和一些沿海卫戍军，拥有伦敦市和富庶的伦敦周围各郡（Home Counties）的衷心支持。可是 1641—1642 年几乎没有弥合的关于主教制的分歧连同其他问题重新浮出水面：战争应采取守势还是攻势？如果采取攻势，补给和资金怎么解决？什么情况下可以与国王和谈（或者强迫国王和谈）？这些问题每一个都造成了对议会军行动合法性的质疑，在各自领域产生了分裂性的社会后果。

议会运作的方式非常不便于进行战争。就算是在保王派议员叛逃之后，出席议会的议员数量仍然接近 200 人（上议院有大约 30 名在册贵族）。建立委员会处理具体事物的偏好加重了延误，带来了更多产生分歧的机会。议会虽然无疑并不灵便，但是也为处理战争制造的地方不满提供了场合。如果没有这个场合，很难想象（就算事态十万火急，就算皮姆等议会要人巧舌如簧）他们可以让人民同意超常税负和强制兵役。1643 年议会战争事务的转型是它最终成功的关键。

保王党最有可能取胜的时机出现在战争初期。1642 年 10 月 23 日埃吉山（Edgehill）之战是第一场重要战斗，埃塞克斯伯爵的议会军和敌人勉强打成平手，然后匆忙撤到伦敦护卫首都。鲁珀特王子乘胜追击，在 11 月 12 日袭击了布伦特福德（Brentford）。保王军包围伦敦的可能性很高，然而埃塞克斯伯爵召集伦敦民兵，在特恩汉姆绿地（Turnham Green）挫败了保王军。随后保王军巩固了对东北英格兰的控制，攻占布里斯托（1643 年 7 月），在西南部攻城略地，从林肯郡突入东盎格利亚，他们想要借和谈邀约来利用议会的内部分歧。皮姆抓住当下的绝望感得到众人的同意，对议会所有土地实行强制估值，征收消费税（外包给专业的收税人），实施强制征兵。1643 年秋，议会军守住了格洛斯特，并且与苏格兰人签订条约，2 万人的誓约派军队重新进入两年前离开的北部各郡。

誓约派的干涉改变了力量平衡。与此同时，与苏格兰人的条约引发了威斯敏斯特宫的分裂，一些议员犹豫不决、希图和平，另一些议员想以更坚定的决心继续战争。誓约派之所以愿意干涉，是因为查理打算用爱尔兰同盟军侵略苏格兰西海岸，但是他们想要威斯敏斯特议会保证按照长老会的教会秩序重建现在已经破碎的英格兰教会的基础。1643 年 6 月 12 日，威斯敏斯特议会（Westminster Assembly）成立，包括 120 名精挑细选的亲加尔文宗的英格兰传道人，30 名来自议会两院的平信徒陪审推事，8 名苏格兰特派员。他们的任务是为新的英格兰议会提供一份蓝图——最后确实是一幅以长老会为基础的蓝图。

自那之后，主和派议员开始与苏格兰人的反对者结盟，后者对苏格兰人声称《圣经》证明长老会是受神认可的教会政府形式的说法嗤之以鼻。1643 年 12 月 8 日，约翰·皮姆去世——议会议员诚心为他举办国葬，充分证明了他为议会事业所做的贡献。这一年结束之前，查理断然拒绝了一些议会要人的归降，他与爱尔兰同盟派达成谅解的消息让摇摆不定的人倒向了议会一边。1644 年，议会军的胜仗逆转了战争的方向——特别是 7 月 2 日的北约克郡的马斯顿荒原（Marston Moor）之战，削弱了保王党对北方的控制，为保王党整体地位的逐步瓦解奠定了基础。1646 年 5 月 5 日，国王终于被迫在诺丁汉郡的绍斯韦尔（Southwell）向誓约派军队投降。

马斯顿荒原的胜利者包括议员兼指挥官费迪南多·费尔法克斯（Ferdinando Fairfax）、议会军东部联盟（Eastern Counties Parliamentary Association）少将曼彻斯特伯爵爱德华·蒙塔古，还有他的副官奥利弗·克伦威尔。威斯敏斯特宫的矛盾增长扩散到了伦敦市、议会军以及更广泛的领域。在伦敦，不服从国教的教团利用教会权威崩溃的时机建立自己的存在，抗议长老会的教会安排。这群被批评者称为"独立派"的人在议会军中找到了支持者。

保王军和议会军为了军事目的都开始把各郡合并为联盟。议会军东部联盟面临保王军不断袭击林肯郡的压力，于是把自己的军队改编成著名的"新模范军"。克伦威尔特别同意接纳并提拔宗教观点与国教不符、在社会上不属于上层阶级的人。议会军内部急于求和的人与想要不惜一切继续战斗直至胜利的人的分歧已经暴露无遗。这种分歧导致《自我否定法令》（Self-denying Ordinance）最终在 1645 年 4 月 3 日被议会通过，这条法令是一场变相地对军队中议会高官和新出现的独立派的清洗。这个国家经历了"这场血腥而反常的战争"（this bloody and unnatural war），等到国王投降的时候，议会势力的内部分歧已经和骑士党（Cavaliers）与圆颅党（Roundheads）之间的分歧一样严重了。

同欧洲其他地方一样，气候异常也让 17 世纪 40 年代的不列颠群岛居民感到世道格外残酷。1641 年的爱尔兰叛乱与一场寒冬（暴雪和多次霜冻）同时降临，观察者发现很多人因饥寒而死，特别是试图逃避屠杀的人。17 世纪 40 年代后期（和爱尔兰一样）庄稼歉收和疫病流行给苏格兰造成了"立国以来未有其匹"的大饥荒。

与此同时，第一次英格兰内战造成了极其严重的物质损失。议会当局征收了超过 3 000 万英镑的税赋和罚金用作军费，不过还有更多的军需是在地方直接征用的。这样史无前例的负担在国王投降之后变得更重了，其后连续六年的粮草收成都被气象灾害所摧毁。埃塞克斯教士拉尔夫·若斯兰（Ralph Josselin）1648 年 5 月在日记中写到"霜冻太可怕了，麦穗都被冻死了"，然后（6 月）他又写到"小麦倒伏了，只能跟野草一起被拔掉。我们记忆里从未经历过这样的事"。同年，一度在枢密院担任书记的詹姆斯·豪厄尔（James Howell）向一个伦敦来的通讯员说"饥荒不知不觉地爬到了我们身边"。"真的，"他补充道，"英格兰曾经有过很多黑暗的日子，但是它们和现在相比，就像山峦的阴影和月食的黑暗相比一样。"

处死国王

在这样每况愈下的经济环境下，打赢战争改变不了任何事情，还是得和国王谈出一个在保护议会议员的同时保存君主制的和约。誓约派的干涉必须得到报偿，而且他们还指望威斯敏斯特会议提出的长老会教会政府得到实行。议会军打了仗但还没有领到钱，欠饷达到了300万英镑。议会的重税——特别是在1647—1649年收成惨淡的环境下——造成了人们对政客的普遍不满，后者的合法性在于选举，而上一次选举已经是1640年11月的事了。1645年后举行了补选，选进长期议会的是独立派，他们致力于进一步激进地改革司法体制，反对议员中的与伦敦市的那些实力虚弱、容易落败的长老会显要。长老会希望与国王和解，解散军队，通过变卖主教资产来支付欠饷。

与此同时，随着得到他们认为应得的回报的可能性在1647年春变得越来越小，议会军的普通士兵不耐烦了，他们指派"鼓动者"（agitators）向他们的指挥官和议会代表陈说自己的要求。1647年6月3日，他们把国王抓到军中关起来作为讨价还价的筹码。两天之后，各部队在一次大集会上签署全军《神圣承诺书》（Solemn Engagement），宣布他们不是"雇佣军"，而是为"生而自由的英格兰人"的权利战斗而组建的军队。这些权利和信仰自由、定期议会、反对专制是等同的。如今反对专制包括反对议会专制，他们称议会的财政机关和议员贪污腐败，想要永久掌权。这个承诺书的灵感来自伦敦的独立派和被长老会称作"平等派"（Levellers）的激进分子，长老会相信平等派是对财产和秩序的威胁。长老会传道人托马斯·爱德华兹（Thomas Edwards）1646年出版的《刚格拉纳》（Gangraena）是一部"当代宗派分子谬误、异端、渎神和恶行"的"目录"。他号召其他人也来记录迅速滋生的新教派对现存秩序的威胁,自己苦心孤诣地整理证据、说明情况,这本书揭示了社会上的普遍恐惧,仿佛恐惧是一种会侵害社会机体的疾病。

1648年,威尔士和康沃尔有人以勤王的名义造反,肯特、埃塞克斯和林肯郡有人起义反对长老会主导的议会,有一部分海军也叛离了国会的控制。爱尔兰有同盟派,苏格兰西部有忠于斯图亚特王朝的活跃分子,议会军、议会和伦敦市之间有公开分歧,这种情况下,查理一世觉得他还可以挽回军事失利的损失,也在情理之中。他拒绝讨论退位之事,公开宣扬他已做好为守护神授君权而殉道的准备——有机会的时候他通过"御触"(Royal Touch)治愈淋巴结核患者来展示他的神授君权。

1649年1月30日查理·斯图亚特被处死这件事的核心悖论在于,在他的死刑执行令上签字的55个人大多数不是共和主义者。内战爆发之后出现了一小批坚定的反君主制人士,特别是激进军人和出版界人士,不过他们对国王的死或后来共和国的建立基本没有起到影响。弑君的主要依据来自《圣经》,经文被时事工具化,用以证明国王是一个"流人血的人"(man of blood),一贯破坏公共和平,他对人民犯下的罪行不可逃脱制裁。克伦威尔的老师托马斯·比尔德(Thomas Beard)的《神裁之所》(Theatre of God's Judgments)1648年已经出到第四版,这本书(在谈到圣巴托罗缪大屠杀时)解释说大规模屠杀的凶手不可能逃过惩罚。马斯顿荒原之战后,亨利·斯卡德(Henry Scudder)在一次对议会的布道中说,按照《旧约》的文本,必须把流如此多人血的那些人绳之以法。平等派的约翰·利尔伯恩(John Lilburne)在

1647年出版的《义人称义》(*The Just Man's Justification*) 中称查理一世必须流自己的血作为流别人的血的代价。1647年10月到1648年12月6日之间，下议院和军队委员会（Council of the Army）的辩论使用过这些理由。克伦威尔和其他人一样相信查理一世就是一个"流人血的人"，他的诡诈和上帝用战争结果对他做出的判决都已证明他是有罪的。但他不确定的是，上帝是否赋予了他或其他军人干涉的权力。在《圣经》中类似的情况下，大卫王不因谋杀押尼珥（Abner）的罪行惩罚约押（Joab）。或许可以用一场审判废黜查理，让他两个儿子中的一个继承王位。

然而，接下来出现了一场谨慎的克伦威尔和军队委员会都无法控制的危机。12月6日，首都警卫团的团长普莱德上校（Colonel Pride）发动军事政变，清洗了长期议会里被他们怀疑属于长老会并支持与国王和谈的议员：45名议员被拘押，186名议员被禁止参加议会，86名议员为表示抗议拒绝参与今后的议程。剩下的70名议员组成了"残余"（Rump）议会。对克伦威尔、费尔法克斯和军中高级将领来说，这件事使他们的合法性问题变得更加复杂。人们怀疑议会（High Court of Parliament）是否可以对国王做出合法审判。现在伦敦长老会牧师和上议院剩余成员对他们发出密集的抗议，控诉军队成了暴政的工具。接着，将领们在12月18日收到情报称尼德兰国会与爱尔兰同盟已经签署协议。伦敦很可能遭到海上封锁，爱尔兰为了护驾勤王，很可能在1649年春入侵英格兰。军队花了11个小时希望与查理一世达成和解，查理一世的拒绝使他终于从"流人血的人"变成了全民公敌，被控"以恶毒的叛国之心"向"本届议会和议会代表的人民开战"，这是1649年1月20—27日那一周举行的虚假审判（尽管保持了实际审判所需的形式）对他所做的主要控诉。

查理的行刑台立于白厅宫（Whitehall）国宴厅（Banqueting Hall）北墙之外，他走到行刑台的途中会路过 1635 年他为纪念父亲詹姆士一世委托彼得·保罗·鲁本斯创作的油画。詹姆士一世被画成了所罗门王，国宴厅变成了所罗门的圣殿。国王威风凛凛，施行公平正义，为国家带来和平与富足，使战争和叛乱在他面前屈膝。查理被行刑那天，伦敦的一台印刷机印出了第一批《国王的圣像》（Eikon Basilike），这本书对查理进行了事后神化。扉页插画就是书名所说的圣像，画中国王正在跪着祷告，他的眼睛注视着一顶永恒的冠冕，他的手上拿着荆棘冠，脚边是一顶世俗的王冠，上面刻着"虚荣"（vanity）二字。从他死亡的那天起，"流人血的人"就被改造成了一个殉道者，一个痛苦之人，他成了保王主义复兴的基础。

西部混乱的结果与东部混乱的结果大不相同。英格兰的物质损失程度可能比欧洲大陆许多地区都要严重。内战中估计有 25 万男男女女遇难，占到总人口的 7%（相比之下第一次世界大战的人口损失也不到 2%）。英格兰内战的政治后果也是独一无二的，因为议会军在战场上取得了决定性的胜利。查理一世不愿意理解战败的意义，坚持要利用各方的纠纷来为自己服务，还想寻求外部支援，这是他人头落地的原因。

国王的处刑释放了一场革命。君主制（1649 年 3 月 17 日）、上议院（3 月 19 日）和枢密院依次被废。1649 年 5 月 19 日，《英格兰共和国法案》（Act Declaring England to be a Commonwealth）"根据本民族的至高权力"宣布英格兰是"一个共和国和一个自由的国家"，国家事务由国务委员会的官员负责。主教的职位早在 1646 年 10 月 9 日就被议会法令废除了，许多教士被清洗和驱逐。保王党贵族流亡海外，他们的财产遭到罚没。英吉利共和国（English Republic）巩固了内战催生的英格兰向财政国和军事国的转型。然而，由于内战之后议会新模范军内部新教派系和激进团体重新登场，人们对如何选举议会，如何处置教会领地、什一税和其他教会重大问题，如何将共和国变成一个清教徒的"神圣共和国"都无法达成共识。这些分歧加上顽强的保王主义和一个可以利用保王主义的流亡国王给英格兰革命设定了期限。

与此同时，革命被输出到了不列颠群岛的其他部分，重新塑造了斯图亚特王朝曾经建立的君合国。克伦威尔击败了同盟派－保王党联军，征服并占领了爱尔兰（1649—1653 年）。针对天主教徒的刑法为没收大量土地分给欠饷老兵和新教冒险家提供了法律基础。新教冒险家指的是根据《冒险家法案》（1642 年 3 月）同意借钱给议会镇压爱尔兰叛乱的商人和英裔爱尔兰投机者。苏格兰誓约派和保王党虽然合不来，但还是在布雷达（1650 年 5 月 1 日）与流亡中的查理二世·斯图亚特签订了条约。没有任何东西可以损失的查理同意了誓约派的一切要求，最重要的一条是独立的长老会苏格兰不受英格兰干涉。1650 年 7 月，克伦威尔匆匆把后续的爱尔兰战事交给副手，自己率军前往苏格兰，在邓巴之战中大败苏格兰人。苏格兰誓约派和保王党联合起来再次向英格兰开战，（约翰·兰伯特率领的）另一支军队跨过福斯湾（Firth of Forth），在 1651 年 7 月 20 日的因弗基辛（Inverkeithing）之战中又一次击败苏格兰人。剩余的苏格兰军队南下穿越国界与英格兰保王党的后卫部队会合，最终在 1653 年再次战败。1651 年 10 月 28 日，英格兰议会发布《联合标书》（Tender of Union）作为"关于解决苏格兰问题的宣言"，提出苏格兰被"并入共和国（Common-wealth），与英格兰合并"。苏格兰议会被解散,威斯敏斯特国会给苏格兰安排了30个席位。尽管推出了多部"合并"与"联合"苏格兰的法案和法令,联合的最终批准还要等到1657年。因此,虽然联合已经是一个现实,但是高地保王叛军仍在坚守,双方都有所怀疑的事迟迟不能得到合法化,联合很难得到贯彻。这种情况反过来进一步将英格兰革命的生存推向险境。

结语

欧洲的震颤

关于中世纪的迷思有很多。大多数迷思都诞生于 16 世纪和 17 世纪初，这也是"中世纪"这个词出现的年代。"基督教世界"不在其中，它是中世纪自我创造的迷思，它描绘了一种团结西方基督教的方案（以及相关的思想和制度架构）。新教改革之后的时代见证了这个方案和它背后的迷思逐步而彻底的崩溃。到 1650 年，基督教世界已经坍圮荒废，土崩瓦解。除了渴望消逝的团结，怀念"失去的乐园"（Paradise lost），基督教世界已经什么也不剩了。"欧洲"越来越成为如今用来认识过去的基督教世界的概念，它不是一个方案，而是一个地理形状，一张可以显示裂痕的地图，一种划分政治、经济和社会碎片的方式。

17 世纪中期各种各样的媒介产生了更加流动化、多元化的信息扩散，当时的人将这些不同的信息碎片连缀成了一部萦绕不绝的危机的编年史。康斯坦茨附近的村庄阿伦斯巴赫（Allensbach）的葡萄园主加卢斯·岑布罗特（Gallus Zembroth）是当地名人，他回顾 1618 年"无可置疑的预兆"（他指的是那一年的大彗星），认为它"确定无疑地预示了接下来的三十年战争"，他的话被后来的斯特拉斯堡编年史学家约翰·瓦尔特（Johann Walther）记录了下来。乌尔姆北面的嫩斯特滕（Neenstetten）的修鞋匠汉斯·赫贝勒（Hans Herberle）在1630年左右竭尽所能地想要用笔概括1618年以来的事件："……战争、叛乱，基督徒流了许多血……在波希米亚……在不伦瑞克、梅克伦堡、吕讷堡、弗里斯兰、勃兰登堡……事实上几乎是整个德意志"。但是他接下来就放弃说清楚这些事了——"我没法讲完所有事情。"从"十五年战争"（1633年）到"二十年战争"（1638年），等到1647年另一个葡萄园主塞巴斯蒂安·文德尔（Sebastian Wendell）在日记中展望明斯特和奥斯纳布吕克的和谈时，已经变成"三十年战争"了。文德尔没有活到战争结束，而西里西亚的编年史学家耶雷米亚斯·乌尔曼（Jeremias Ullmann）坚持到了和平来临。他写道："10月24日——感谢上帝——（在整整30年卷走了数十万生命、吞噬了数亿盾财富、除了涂炭生灵和毁灭城镇之外一无是处的战争结束后）高贵、宝贵、期待已久的和约谈成了。"三十年战争这个概念是循序渐进地化为人们理解震颤的战争部分，并且理解战争如何扰乱人的生活的一条路径的。

欧洲的通信渠道起到了回声室的效果，每当事件发生，它们就通过层层反射造成一种环绕式焦虑。当时的人用自己的头脑思考周遭世界失序的原因。1635年，康斯坦茨衣料商汉斯·康拉德·朗（Hans Conrad Lang）认为当时发生的事"从来没有在人类史上听说过"。1640年，一个加泰罗尼亚人写道："整个世界都在造反。"1643年1月23日，英格兰牧师杰里迈亚·惠特克（Jeremiah Whitaker）在长期议会的一次禁食日布道中（论及所讲经文时）称"时日在震颤，这震颤无所不在（*universal*）：普法尔茨、波希米亚、德意志尼亚、加泰罗尼亚、葡萄牙、爱尔兰、英格兰"。大约一年之后,参加威斯特伐利亚和会的瑞典外交官约翰·萨尔维乌斯报告说:"我们听到世界各地的人民都在反叛他们的统治者。"他将其理解为一种"大奇迹"(great miracle),他在想是不是"可以用天上星辰的整体布局来解释它"。

1652年,黑森方伯出版《气象史》(Meteorological History),提出过去24年反常的天气可能是行星造成的。1645年,威尔士教士詹姆斯·豪厄尔按照他相信的神意宇宙论(Providentialist universe)对大失序做出了解释:"全能的上帝最近与全人类发生了争执,于是放任恶灵肆虐全地。我敢大胆地说,就在过去12年这么短的时间段里,人类遭遇了自亚当堕落以来最怪异的革命和最恐怖的事件,不仅是在欧洲,而且是在全世界。"苏格兰的一本宣传册描述了1647年9月诞生的一对连体畸形龙凤胎,宣传册在新教范围内把这件事解释为上帝对世界的警告:"自然似乎陷入了不安和忧虑,以至于天国用一声惊雷宣告它即将来到这个世界。"正当风暴达到高潮的时候,怪物用一声"嘶哑但响亮的叫声"宣告:"我因我双亲的罪成了畸形。"同一年,约翰·泰勒再版了1642年初版的《乾坤颠倒》(World Turn'd upside down),"简要地介绍了这错乱的时世",(他认为)这本书这是新千年的前奏。1652年孔代亲王的军队屠杀举行公共集会的市民,一位巴黎官员对此沉思道:"如果说到什么时候人不得不相信最后的审判来了,我相信就是现在。"

历史学家倾向于把这些焦虑情绪以及后来三十年战争时期的各种叛乱和失序合并成一场——现在普遍认识的"欧洲"的第一场——"总体危机"(general crisis)。可能当时的人把它理解为全球危机也是对的。当然有证据表明,17世纪前期的气象紊乱对全球的定居文明都造成了破坏性影响。有可能——甚至是很有可能——这种影响震动了正在形成的世界贸易模式，（特别是）影响了流入欧洲的贵金属。按照一位经济史学家的说法，全球化世界的各个经济区就像深浅不一的被水道连接起来的池塘。这些水道很容易干涸，或者是被战争或其他混乱阻断。依赖跨地区经济活动为生的人只能埋怨市场失败产生了毁灭性影响，（特别是）他们的货物卖不出去了。

货物卖不出去和白银等商品的流动中断直接相关。伦敦商人托马斯·孟（Thomas Mun）在（1630年左右撰写的）《英国得自对外贸易的财富》（*England's Treasure by Foreign Trade*）中简洁地把这些商品流动说成"衡量我们财富多少的尺度"（rule of our Treasure）。这种财富似乎也越发把整个欧洲一分为二。塞万提斯的《堂吉诃德》中斯多葛主义的侍从桑丘·潘沙说："我的奶奶说过，世界上只有两种人，有钱的人和没钱的人（have-nots）。"到1650年，没钱的人的处境变得更危险了，他们可能因为营养不良、寒冷和疾病而死去。17世纪中期的气象异常和与之相关的经济状况对他们而言更加危险。毫无疑问，欧洲弱化的社会和文化凝聚力、城乡之间扩大的分裂、北方和南方更大的经济差距、思想共识的衰落，都助长了当时人的焦虑感。不过当时的人对乾坤颠倒的体验主要还是来自身边发生的大规模战争，以及叛乱和失序使非政治精英登上舞台的方式。

当我们拉近距离观察细节时，17世纪40年代后期的各种叛乱和起义变得更依赖、更反映欧洲的深层次分裂，更少体现某种共同的不满，更难用一种整体的套路去解读。话虽如此，这些事件仍具有三个共同点，可以帮助我们理解这一个半世纪欧洲发生的深刻变化。第一，这些事件既有地区性的，也有国家性的，这说明欧洲的地方主义本质在新媒介、新社会力量的调动下被改造成了一种范围更大的存在。第二,这些事件多数是由保守派领袖领导的,他们想要保护方言意义上的法律和传统——有时也包括宗教——免遭他们认为异质的(国家)、不敬神的或者就是无法信任的力量伤害。他们讨厌被"诱骗"(cajoled),这个词是最近才被引入这一时期的政治词汇的。但是他们知道(他们不信任甚至憎恶的)平民主义的力量,还有教会与国家内的"创新派"也都很容易让他们感到不安。因此,他们愿意支持政治变革的程度是有限的。第三,严重的焦虑造成了瘫痪,但也产生了活力、创造力和变革,既制造了过度主动,也制造了过度被动。在形塑新时代的动力中,上述因素都在17世纪40年代后期的欧洲发挥了作用。

把17世纪中期看成整体危机,隐含的意思就是其后的历史转型进入了一个与从前大不相同的新世界,从而解决了这场危机。然而,事情并不是这样的,欧洲并没有发生根本性的变化。就算是在发生了革命的不列颠群岛,变化也没有保持多久。一度失控的波兰-立陶宛存活了下来,新国际秩序没有诞生。欧洲各国开始面对法国霸权这个难以令人接受的新现实。而且,为了回应17世纪中期的叛乱和失序,统治者们结成了社会契约——统治者与精英阶层达成了默示的相互理解,精英分享统治好处的同时支持统治者。这种契约是通过不同程度的缓解和共谋实现的。直到17世纪末,宗教仍然拥有扰乱和分裂欧洲政权与国际关系的能力。新教改革并没有在1650年停止发挥威力,欧洲的社会凝聚力也没有恢复。一直到18世纪初才重新开始出现某种思想共识,全球降温的趋势也是到18世纪才得到逆转。"震颤"(paroxysm,机体的剧烈痉挛)是一个比"危机"更合适的类比,因为震颤之后是恢复原状。

基督教世界的崩溃并不意味着基督教的崩溃。与欧洲震颤同时发生的是，影响政治领域的那种消极与积极的混合体也在影响宗教领域，仍有大量的精力被用于推进基督教全球化。新教教会和天主教会都加强了正统教义的贯彻，它们的信众信奉的是用信条代表的信仰。尽心尽力的教士和本意善良的百姓仍然希望围绕社会行为模式和规范建立敬神的共和国。17世纪初年，英格兰一个不服从国教的小教团为了逃避英格兰教会的侵犯性要求而搬到莱顿，他们在1619年与伦敦弗吉尼亚公司协商，得到了定居"新英格兰"的公地持有证——他们就是朝圣先辈（Pilgrim Fathers）。他们远行的原因，既包括在尼德兰"生活困难"，教团易受攻击，也包括在远方开始新生活的机遇，他们可以让孩子不要"被坏榜样带偏"，并且"怀着巨大的希望在世界远方宣扬和推动基督国度的福音"。对于其他人而言，逃离欧洲的分裂开始新生活仍然是一个无法实现的梦想。在塞缪尔·哈特利布那些希望逃离三十年战争的通信对象中，有人想要建立乌托邦式的基督徒共同体——有人计划在波罗的海的一个岛上建立"安提利亚"（Antilia）。*17世纪30年代，罗昂公爵研究过买下塞浦路斯然后把它改造成模范新教徒的敬神共和国的可行性。

面对这样分裂、敌对而疏离的欧洲，除了有上述基督徒的行动派回应方式外，也有更加内省的回应方式。扬·阿莫斯·考门斯基（Jan Amos Komenský）世称夸美纽斯（Comenius），他既是哲学家，也是据说无所不知的预言家，他亲身经历了欧洲的震颤。1621年，他逃离

---

* 安提利亚是15世纪地理大发现时代欧洲人想象出来的一个大西洋岛屿。——译者注

波希米亚，失去了自己的财产和手稿，一生漂泊不定，内战前夕，他到了英格兰，三十年战争结束时，他到了瑞典，后来又去了特兰西瓦尼亚。《欧洲一览》(*A Generall Table of Europe*) 出版于 1670 年，这本书出自他收集的千奇百怪的千禧年梦想。书的序言在世界的大背景下列出了欧洲大陆的政治和宗教分歧，然后对"晚近大革命"（late grand Revolutions）做了一个总结，作为解读他的梦想的重要语境。约 1623 年撰写的《世界迷宫与心之乐园》(*The Labyrinth of the World and the Paradise of the Heart*) 是夸美纽斯的早期作品之一，他在书中设想一个朝圣者被带到山顶俯瞰脚下城市的"迷宫"。他看清了它所有的分裂，特别是思想和宗教上的争执。这就像看到一幅欧洲地图一样。最后朝圣者意识到，真正的统一（神授智慧的和谐）只能在内部灵魂中寻得，灵魂才是一切的答案。

法国哲学家布莱兹·帕斯卡尔是一个虔诚者（*dévot*），1654 年 11 月 23 日星期一晚 10 时 30 分，他经历了令他终生难忘的瞬间属灵极乐。他找不到合适的方法描述这种感受，而把它写在了一张羊皮纸上，他过世后这张羊皮纸被缝进了他的背心里，他写下的是一串断断续续的词语，即"确定，确定，由衷喜悦，安宁……喜悦，喜悦，喜悦，喜悦之泪"。他在寻找就寻见的*"自隐的神"（*Deus absconditus*：《以赛亚书》第 45 章第 15 节）** 中找到了自己的心之乐园。统一的欧洲基督教世界解体了，但求索内心良知的基督教一直在发出声音。

---

* 《新约·马太福音》第 7 章第 7 节："你们祈求，就给你们；寻找，就寻见；叩门，就给你们开门。"——译者注

** 《旧约·以赛亚书》第 45 章第 15 节："救主以色列的神啊，你实在是自隐的神。"——译者注

致谢

本书是在四个地方写成的，每个地方都为本书的最终面貌做出了贡献。我对这些地方一并致以深切的谢意。我开始动笔的地方是谢菲尔德（英国），我有幸在这里工作，与我所能期待的最支持我、鼓励我的同事和学生一起共事。麦克·布拉迪克、过世的帕特里克·科林森、卡伦·哈维、琳达·柯克、汤姆·伦、鲍勃·莫尔、安东尼·米尔顿、加里·里韦特、詹姆斯·肖和鲍勃·休梅克无疑对本书留下了影响。但是本书的写作主要是在全世界最好的图书馆之一巴黎国家图书馆里进行的。当我在巴黎第一大学工作的时候，妮科尔·勒迈特、蒂埃里·阿马卢、伊莎贝尔·布赖恩、沃尔夫冈·凯泽和让–马里·勒加尔拓展了我的思维，让我发现了更多角度和可能性，这些成果都以各自的方式融入本书。本书初稿完成于阿尔伯特–路德维希大学（Albert-Ludwigs Universität Freiburg）弗莱堡高等研究院（FRIAS）历史学院，本书得益于宏伟的大学图书馆和FRIAS格外趣味盎然的环境，我对各位院长致以诚挚的谢意。本书从我与弗莱堡的同事朋友们的对话中受益良多，特别是罗纳德·阿施和他的研讨会的其他成员，以及莱昂哈德·霍洛维斯基、克里斯蒂安·威兰、露西·里亚尔、蒂尔·范拉登、吉亚·卡廖蒂、伊莎贝尔·德弗莱尔和雅各布·坦纳。我在弗莱堡的研究助理阿德里安·斯坦纳特不仅体贴地帮我从图书馆取书搬书，而且通读了所有的章节，指出了我的错误，并向我推荐了一些我早该阅读的材料。文本修订是在加州大学洛杉矶分校的查尔斯·E. 扬图书馆完成的，我在这里有幸与提奥·鲁伊斯和罗素·雅各比度过了振奋人心的时光。本书反映了与各地学生的互动和讨论，主要是在谢菲尔德，但是也包括后来在巴黎、弗莱堡和华威。没有与他们一同工作的乐趣，本书便没有写作的价值。

　　本丛书的体例使我无法准确地指出本书引用的作者。他们会在本书的字里行间发现自己的功劳。有几位同事好心地为我答疑解难，我非常感谢他们的帮助：朱迪丝·波尔曼（莱顿）、阿拉斯泰尔·杜克（南安普敦）和菲利普·贝内迪克特（日内瓦）。任何写过像本书这样谈论欧洲的书的人都知道作者身处各种语言的知识海洋，最终只能展示沧海一粟。乔纳森·德瓦尔德、罗伯特·施奈德、乔·伯金、帕特·亨特、菲尔·麦克拉斯基和斯考特·狄克逊欣然审阅了部分或全部手稿，为我提供了有益的批评——远远超出我对同事或朋友应有的期待。我的父亲菲利普是初稿的第一位读者，他帮我找到了这本书的"声音"。丛书主编戴维·坎纳丁敦促我尽最大努力打磨论点，使论点更加明晰，更重要的是他提出了本书最终的主题。企鹅出版集团的西蒙·温德尔是任何作者都梦寐以求的编辑：敏锐、耐心，在重要的地方绝不妥协。文字编辑贝拉·库尼亚消灭了许多事实性和语法性的小问题。塞西莉亚·麦凯专业地完成了插图工作。我重要的朋友约翰·希尔曼向我指出书中哪些地方令他迷惑或者提不起他的兴趣，但是最重要的人是那位与我分享了本书的起起伏伏的人：我的妻子埃米莉。她会轻轻地摆动手臂做出企鹅拍动翅膀的样子，这本书是献给她的。更重要的是，我要把本书完稿后腾出的时间献给她，履行与她一起探索书中提到的欧洲各地的诺言。

于弗莱堡
2013 年 1 月

延伸阅读

本书作者是一只在大图书馆里放飞自我的寒鸦。本书从其他学者的研究中获取了无数给养，但限于丛书体例无法列举来源。以下书单同样未能枚举所有引用书目。这份列表指出了一些可以取得的英文材料——全部都是近年出版的专著——我认为它们对延伸本书主题大有裨益。因篇幅所限本书没有收录统计表格和附录，读者可以访问作者网站 http://www.markgreengrass.co.uk 查看这些内容。

Arnade, Peter, *Beggars, Iconoclasts, and Civic Patriots: The Political Culture of the Dutch Revolt* (Ithaca, 2008)

Asch, Ronald G. and Birke, A. M. (eds.), *Princes, Patronage and the Nobility. The Court at the Beginning of the Modern Age, c. 1450–1650* (London and Oxford, 1991)

— (eds.), *The Thirty Years War: The Holy Roman Empire and Europe, 1618–1648* (Basingstoke, 2002)

Baena, Laura Manzano, *Conflicting Words. The Peace Treaty of Münster (1648) and the Political Culture of the Dutch Republic and the Spanish Monarchy* (Ithaca, 2011)

Behringer, Wolfgang, *Witchcraft Persecutions in Bavaria: Popular Magic, Religious Zealotry and Reason of State in Early-Modern Europe* (Cambridge, 2004)

Beik, William, *Urban Protest in Seventeenth-Century France: The Culture of Retribution*

(Cambridge, 1997)

Benedict, Philip, *Christ's Churches Purely Reformed. A Social History of Calvinism* (New Haven and London, 2002)

— and Gutman, Myron P. (eds.), *Early Modern Europe. From Crisis to Stability* (Newark, 2005)

Bercé, Yves-Marie, *Revolt and Revolution in Early Modern Europe: An Essay on the History ofs asdf of Political Violence* (Manchester, 1987)

Bethencourt, Francisco and Egmond, Florike (eds.), *Correspondence and Cultural Exchange in Europe, 1400–1700* (Cambridge, 2007)

Blair, Ann, *Too Much to Know. Managing Scholarly Information before the Modern Age* (New Haven and London, 2010)

Bonney, Richard J., *Political Change in France under Richelieu and Mazarin, 1624–1661* (Oxford, 1978)

—, *The European Dynastic States, 1494–1660* (Oxford, 1991)

— (ed.), *Economic Systems and State Finance* (Oxford, 1995)

— (ed.), *The Rise of the Fiscal State in Europe, c. 1200–1815* (Oxford, 1999)

Bossy, John, *Christianity in the West, 1400–1700* (Oxford, 1985)

Boxer, Charles, *The Dutch Seaborne Empire, 1600–1800* (London, 1965)

—, *The Portuguese Seaborne Empire, 1415–1825* (London, 1969)

Braddick, Michael, *God's Fury, England's Fire* (London, 2008)

Brady, Thomas A., Oberman, Heiko A. and Tracy, James D. (eds.), *Handbook of European History 1400–1600. Late Middle Ages, Renaissance and Reformation* (2 vols., Leiden, 1995)

Braudel, Fernand, *Civilization and Capitalism, 15th–18th Centuries* (3 vols., London, 1985)

—, *The Mediterranean and the Mediterranean World in the Age of Philip II* (2 vols., Los Angeles, 1995)

Brook, Timothy, *Vermeer's Hat: The Seventeenth Century and the Dawn of the Global World* (London, 2008)

Brown, Jonathan and Elliott, J. H., *A Palace for a King: The Buen Retiro and the Court of Philip IV* (New Haven and London, 1980)

Brown, Keith M., *Kingdom or Province? Scotland and the Regal Union, 1603–1707* (Basingstoke, 1992)

Burke, U. Peter, *Popular Culture in Early Modern Europe* (London, 1978)

—, *Languages and Communities in Early Modern Europe* (Cambridge, 2004)

Bushkovitch, Paul, *The Merchants of Moscow, 1580–1650* (Cambridge, 1980)

Bussmann, Klaus and Schilling, Heinz (eds.), *1648. War and Peace in Europe* (Münster and Osnabrück, 1998)

Calabi, Donatella and Christensen, Stephen Turk (eds.), *Cities and Cultural Exchange in Europe, 1400–1700* (Cambridge, 2007)

Cameron, Euan, *The European Reformation* (Oxford, 1991)

—, *Enchanted Europe. Superstition, Reason, & Religion, 1250–1750* (Oxford, 2010)

Canny, Nicholas and Pagden, Anthony (eds.), *Colonial Identity in the Atlantic World* (Princeton, 1987)

Clark, Stuart, *Thinking with Demons. The Idea of Witchcraft in Early-Modern Europe* (Oxford, 1997)

—, *Vanities of the Eye: Vision in Early Modern European Culture* (Oxford, 2007)

Collinson, Patrick, *The Reformation* (London, 2003)

Cook, Harold J., *Matters of Exchange. Commerce, Medicine, and Science in the Dutch Golden Age* (New Haven and London, 2007)

Cressy, David, *Birth, Marriage and Death. Ritual, Religion and the Life-Cycle in Tudor and Stuart England* (Oxford, 2000)

Crosby, Alfred W., *The Columbian Exchange: Biological and Cultural Consequences of 1492* (Westport, CT, 1972)

—, *Ecological Imperialism: The Biological Expansion of Europe, 900–1900* (Cambridge, 1996)

Dandelet, Thomas James, *Spanish Rome, 1500–1700* (New Haven and London, 2001)

Daston, Lorraine and Park, Katharine, *Wonders and the Order of Nature, 1150–1750* (New York, 1998)

Davis, Natalie Zemon, *Society and Culture in Early Modern France* (Stanford, 1975)

—, *The Return of Martin Guerre* (Cambridge, MA, 1983)

Dewald, Jonathan, *The European Nobility, 1400–1800* (Cambridge, 1996)

—, 'Crisis, Chronology, and the Shape of European Social History', *American Historical Review*, 113 (2008), 1031–52 Dickens, A. G. (ed.), *The Courts of Europe. Politics, Patronage and Royalty, 1400–1800* (London, 1977)

Dixon, C. Scott, *The Reformation in Germany* (Oxford, 2002)

—, *Protestants. A History from Wittenberg to Pennsylvania, 1517–1740* (Oxford, 2010)

— [with Freist, D. and Greengrass, M.] (eds.), *Living with Religious Diversity in Early*

Modern Europe (Aldershot, 2009)

Dooley, Brendan and Baron, Sabrina A. (eds.), *The Politics of Information in Early-Modern Europe* (London and New York, 2001)

Duke, A., *Reformation and Revolt in the Low Countries* (London, 1991)

Eire, Carlos M. N., *War against the Idols: The Reformation of Worship from Erasmus to Calvin* (Cambridge, 1986)

Elliott, J. H., *The Old World and the New, 1492–1650* (Cambridge, 1970)

——, *Richelieu and Olivares* (Cambridge, 1984)

—— (ed.), *Spain and its World, 1500–1700* (New Haven and London, 1989)

—— and Brockliss, Laurence W. B. (eds.), *The World of the Favourite* (New Haven and London, 1999)

Evans, Robert J. W., *The Making of the Habsburg Monarchy, 1550–1700. An Interpretation* (Oxford, 1979)

Findlen, Paula, *Possessing Nature. Museums, Collecting and Scientific Culture in Early Modern Italy* (Berkeley, 1994)

Fox, Adam, *Oral and Literate Culture in England, 1500–1700* (Oxford, 2000)

Freedberg, David, *The Eye of the Lynx. Galileo, his Friends, and the Beginnings of Modern Natural History* (Chicago, 2002)

Freist, Dagmar, *Governed by Opinion: Politics, Religion and the Dynamics of Communication in Stuart London, 1637–1645* (London, 1997)

Friedrich, Karin, *The Other Prussia: Royal Prussia, Poland and Liberty, 1569–1772* (Cambridge, 2000)

Frost, Robert, *The Northern Wars: War, State and Society in North-eastern Europe, 1558–1721* (Harlow, 2001)

Ginzburg, Carlo, *Night Battles: Witchcraft and Agrarian Cults in the Sixteenth and Seventeenth Centuries* (Baltimore, 1983)

——, *The Cheese and the Worms: The Cosmos of a Sixteenth-century Miller* (Baltimore, 1992)

Glete, Jan, *Warfare at Sea, 1500–1650. Maritime Conflicts and the Transformation of Europe* (London, 2001)

——, *War and the State in Early Modern Europe. Spain, the Dutch Republic and Sweden as Fiscal-Military States, 1500–1660* (London and New York, 2002)

Goffman, Daniel, *The Ottoman Empire and Early Modern Europe* (Cambridge, 2002)

Gordon, Bruce, *The Swiss Reformation* (Manchester, 1998)

——, *Calvin* (New Haven and London, 2009)

Grafton, Anthony, *Cardano's Cosmos: The Worlds and Works of a Renaissance Astrologer* (Cambridge, MA, 1999)

Greenblatt, Stephen, *Marvellous Possessions. The Wonder of the New World* (Chicago, 1991)

Greengrass, Mark, *The Longman Companion to the European Reformation, c. 1500–1618* (London, 1998)

Gregory, Brad S., *Salvation at Stake. Christian Martyrdom in Early Modern Europe* (Cambridge, MA, 1999)

Grell, Ole Peter and Scribner, Robert W. (eds.), *Tolerance and Intolerance in the European Reformation* (Cambridge, 1996)

't Hart, Marjolein C., *The Making of a Bourgeois State. War, Politics and Finance during the Dutch Revolt* (Manchester, 1993)

Headley, John M., *Church, Empire, and World: The Quest for Universal Order, 1520–1640* (Aldershot, 1997)

— and Tomaro, John B. (eds.), *San Carlo Borromeo: Catholic Reform and Ecclesiastical Politics in the Second Half of the Sixteenth Century* (Washington, 1988)

Henderson, John, *The Renaissance Hospital Healing the Body and Healing the Soul* (Oxford, 2006)

Hillerbrand, Hans (ed.), *The Oxford Encyclopedia of the Reformation* (4 vols.) (New York and Oxford, 1996)

Hoffman, Philip T., *Growth in a Traditional Society: The French Countryside, 1450–1815* (Princeton, 1996)

Hsia, R. Po-chia, *Social Discipline in the Reformation: Central Europe 1550–1750* (London, 1989)

—, *The World of Catholic Renewal 1540–1770* (Cambridge, 1998)

— (ed.), *A Companion to the Reformation World* (Oxford, 2006)

— (ed.), *The Cambridge History of Christianity*, vol. 6. *Reform and Expansion: 1500–1660* (Cambridge, 2007)

— and Nierop, Henk van (eds.), *Calvinism and Religious Toleration in the Dutch Golden Age* (Cambridge, 2002)

Hufton, Olwen, *The Prospect Before Her: A History of Women in Western Europe*, vol. 1 *(1500–1800)* (London, 1995)

Israel, Jonathan I., *The Dutch Republic and the Hispanic World, 1606–1661* (Oxford, 1982)

—, *The Dutch Republic. Its Rise, Greatness and Fall, 1477–1806* (Oxford, 1995)

—, *Conflicts of Empires. Spain, the Low Countries and the Struggle for World Supremacy, 1585–1713* (London, 1997)

Jütte, Robert, *Poverty and Deviance in Early Modern Europe* (Cambridge, 1994)

Kamen, Henry, *Philip of Spain* (New Haven and London, 1997)

—, *Empire. How Spain Became a World Power (1492–1763)* (London, 2002)

Kaplan, Benjamin J., *Divided by Faith. Religious Conflict and the Practice of Toleration in Early Modern Europe* (Cambridge, MA, 2007)

Khodarkovsky, Michael, *Russia's Steppe Frontier: The Making of a Colonial Empire, 1500–1800* (Bloomington, 2002)

Kivelson, Valerie, *Cartographies of Tsardom: The Land and its Meanings in Seventeenth-century Russia* (Ithaca and New York, 2006)

Knecht, R. J., *Renaissance Warrior and Patron: The Reign of Francis I* (Cambridge, 1994)

—, *The Rise and Fall of Renaissance France, 1483–1610* (2nd edn, Oxford, 2001)

—, *The French Renaissance Court, 1483–1589* (New Haven and London, 2008)

Le Roy Ladurie, Emmanuel, *The French Peasantry, 1450–1660* (Aldershot, 1987)

—, *The French Royal State, 1460–1610*, trans. Juliet Vale (Oxford, 1994)

Lestringant, Frank, *Mapping the Renaissance World: The Geographical Imagination in the Age of Discovery* (Los Angeles and London, 1994)

Lloyd, Howell, Burgess, Glenn and Hodson, Simon (eds.), *European Political Thought, 1450–1700: Religion, Law and Philosophy* (New Haven and London, 2008)

Lockhart, P. D., *Denmark in the Thirty Years' War, 1618–1648: King Christian IV and the Decline of the Oldenburg State* (Selinsgrove, 1996)

—, *Denmark, 1513–1660: The Rise and Decline of a Renaissance Monarchy* (Oxford and New York, 2007)

MacCulloch, Diarmaid, *The Later Reformation in England, 1547–1603* (Houndmills, 1990)

—, *Reformation: Europe's House Divided 1490–1700* (London, 2003)

Maclean, Ian, *Logic, Signs and Nature. The Case of Learned Medicine* (Cambridge, 2007)

Mayr, Otto, *Authority, Liberty and Automatic Machinery in Early Modern Europe* (Baltimore and London, 1986)

Monod, Paul Kléber, *The Power of Kings. Monarchy and Religion in Europe, 1589–1715* (New Haven and London, 1999)

Monter, William, *Calvin's Geneva* (New York, 1967)

—, *Ritual, Myth and Magic in Early Modern Europe* (Brighton, 1983)

—, *Judging the French Reformation. Heresy Trials by Sixteenth-Century Parlements* (Cambridge, MA, 1999)

—, *The Rise of Female Kings in Europe, 1300–1800* (New Haven and London, 2012)

Mortimer, Geoff, *Eyewitness Accounts of the Thirty Years War 1618–48* (Basingstoke, 2002)

—, *Wallenstein. The Enigma of the Thirty Years War* (Basingstoke, 2010)

Murdock, Graeme, *Calvinism on the Frontier, 1600–1800: International Calvinism and the Reformed Church in Hungary and Transylvania* (Oxford, 2000)

Nierop, Henk van, *Treason in the Northern Quarter: War, Terror, and the Rule of Law in the Dutch Revolt* (Princeton, 2009)

Oberman, Heiko A., *Luther: Man between God and the Devil* (London, 1993)

Ogilvie, Brian W., *The Science of Describing. Natural History in Renaissance Europe* (Chicago, 2006)

O'Malley, John W., *The First Jesuits* (Cambridge, MA, 1994)

—, *Trent and All That. Renaming Catholicism in the Early-Modern Era* (Cambridge, MA, 2000)

— and Bailey, Gauvin Alexander (eds.), *The Jesuits and the Arts, 1540–1773* (Philadelphia, 2003)

Ó Siochrú, Micheál, *Confederate Ireland, 1642–1649. A Constitutional and Political Analysis* (Dublin, 1999)

Pagden, Anthony, *The Fall of Natural Man: The American Indian and the Origins of Comparative Ethnology* (Cambridge, 1982)

—, *European Encounters with the New World* (New Haven and London, 1993)

—, *Lords of All the World: Ideologies of Empire in Spain, Britain and France, c. 1500–c. 1800* (New Haven and London, 1995)

Pálffy, Géza, *The Kingdom of Hungary and the Habsburg Monarchy in the Sixteenth Century* (New York, 2009)

Park, Katharine and Daston, Lorraine (eds.), *The Cambridge History of Science,* vol. 3 *(Early Modern Science)* (Cambridge, 2006)

Parker, Geoffrey, *The Army of Flanders and the Spanish Road 1567–1659: The Logistics of Spanish Victory and Defeat in the Low Countries' Wars* (Cambridge, 1972)

—, *The Dutch Revolt* (London, 1977)

—, *Spain and the Netherlands, 1559–1569* (London, 1979)

—, *The Military Revolution: Military Innovation and the Rise of the West 1500–1800* (Cambridge, 1988)

—, *The Grand Strategy of Philip II* (New Haven and London, 1998)
—, *Philip II* (Chicago, 2002)
—, *Global Crisis: War, Climate Change & Catastrophe in the Seventeenth Century* (New Haven, 2013)
— (ed.), *The Thirty Years' War* (London, 1984)
—, *Success is Never Final. Empire, War and Faith in Early Modern Europe* (London, 2002)
Parrott, David, *Richelieu's Army. War, Government and Society in France, 1624–1642* (Cambridge, 2001)
—, *The Business of War. Military Enterprise and Military Revolution in Early Modern Europe* (Cambridge, 2011)
Pettegree, Andrew (ed.), *The Early Reformation in Europe* (Cambridge, 1992)
—, *Reformation and the Culture of Persuasion* (Cambridge, 2005)
—, *The Book in the Renaissance* (New Haven and London, 2010)
— (ed.), *The Reformation World* (London, 2000)
Prestwich, Menna (ed.), *International Calvinism, 1541–1715* (Oxford, 1985)
Pullan, Brian, *Rich and Poor in Renaissance Venice: The Social Institutions of a Catholic State, to 1620* (Cambridge, MA, 1971)
Rabb, Theodore K., *The Struggle for Stability in Early Modern Europe* (Oxford, 1976)
Ranum, Orest, *Paris in the Age of Absolutism: An Essay* (New York, 1968)
—, *The Fronde. A French Revolution, 1648–1652* (New York, 1993)
Roodenburg, Herman (ed.), *Forging European Identities, 1400–1700* (Cambridge, 2007)
Roper, Lyndal, *The Holy Household: Religion, Morals and Order in Reformation Augsburg* (Oxford, 1989)
Rothman, E. Natalie, *Brokering Empire. Trans-imperial Subjects between Venice and Istanbul* (Ithaca, 2011)
Ruggiero, Guido (ed.), *A Companion to the Worlds of the Renaissance* (Oxford, 2002)
Schilling, Heinz and Tóth, István György (eds.), *Religion and Cultural Exchange in Europe, 1400–1700* (Cambridge, 2006)
Scott, Tom and Scribner, R. W. (eds.), *The German Peasants' War. A History in Documents* (Atlantic Highlands, NJ, 1991)
— (ed.), *The Peasantries of Europe: From the Fourteenth to the Eighteenth Centuries* (New York, 1998)
Scribner, R. W., *For the Sake of Simple Folk. Popular Propaganda for the German*

Reformation (Cambridge, 1981)

—, *Popular Culture and Popular Movements in Reformation Germany* (London, 1987)

—, Porter, Roy and Teich, Mikuláš (eds.), *The Reformation in National Context* (Cambridge, 1994)

Seed, Patricia, *Ceremonies of Possession in Europe's Conquest of the New World, 1492–1640* (Cambridge, 1995)

Sharpe, Kevin, *The Personal Rule of Charles I* (New Haven and London, 1992)

Skinner, Quentin, *The Foundations of Modern Political Thought* (2 vols., Cambridge, 1978)

Slack, Paul, *Poverty and Policy in Tudor and Stuart England* (London and New York, 1988)

—, *The Impact of Plague in Tudor and Stuart England* (Oxford, 1990)

Soly, Hugo (ed.), *Charles V, 1500–1558, and His Time* (Antwerp, 1999)

Stein, Stanley J. and Stein, Barbara H., *Silver, Trade, and War. Spain and America in the Making of Early Modern Europe* (Baltimore and London, 2000)

Stone, Daniel, *The Polish-Lithuanian State, 1386–1795* (Seattle, 2003)

Stradling, R. A., *Philip IV and the Government of Spain, 1621–1665* (Cambridge, 1981)

—, *The Armada of Flanders: Spanish Maritime Policy and European War, 1568–1665* (Cambridge, 1992)

—, *Spain's Struggle for Europe, 1598–1668* (London, 1994)

Thompson, I. A. A. and Bartolomé Yun Casalilla (eds.), *The Castilian Crisis of the Seventeenth Century: New Perspectives on the Economic and Social History of Seventeenth-Century Spain* (Cambridge, 1994)

Tomlinson, Howard (ed.), *Before the English Civil War. Essays on Early Stuart Politics and Government* (London, 1983)

Tóth, István György, *Literacy and Written Culture in Early Modern Central Europe* (Budapest, 2000)

Tracy, James D. (ed.), *The Rise of Merchant Empires. Long-distance Trade in the Early Modern World, 1350–1750* (Cambridge, 1990)

—, *The Political Economy of Merchant Empires. State Power and World Trade (1350–1750)* (Cambridge, 1997)

—, *Emperor Charles V. Impresario of War. Campaign Strategy, International Finance, and Domestic Politics* (Cambridge, 2002)

Trevor-Roper, Hugh, *Religion, the Reformation, and Social Change* (London, 1967)

—, *Renaissance Essays* (London, 1985)

Tuck, Richard, *Philosophy and Government, 1572–1651* (Cambridge, 1993)

Vivo, Filippo di, *Information and Communication in Venice: Rethinking Early Modern Politics* (Oxford, 2007)

Vries, Jan de, *The Economy of Europe in an Age of Crisis, 1600–1750* (Cambridge, 1976)

— and van der Woude, Ad, *The First Modern Economy: Success, Failure, and Perseverance of the Dutch Economy, 1500–1815* (Cambridge, 1997)

Walsham, Alexandra, *Charitable Hatred. Tolerance and Intolerance in England, 1500–1700* (Manchester, 2005)

Walter, John and Schofield, Roger (eds.), *Famine, Disease and the Social Order in Early Modern Society* (Cambridge, 1989)

Warde, Paul, *Ecology, Economy and State Formation in Early Modern Germany* (Cambridge, 2006)

Webster, Charles, *From Paracelsus to Newton. Magic and the Making of Modern Science* (Cambridge, 1982)

Weiss, Gillian, *Captives and Corsairs: France and Slavery in the Early Modern Mediterranean* (Stanford, 2012)

Whaley, Joachim, *Germany and the Holy Roman Empire,* vol. 1: *Maximilian I to the Peace of Westphalia, 1493–1648* (Oxford, 2012)

Wieczynski, J. A., *The Russian Frontier: The Impact of Borderlands upon the Course of Early Russian History* (Charlottesville, VA, 1976)

Wiesner-Hanks, Merry E., *Women and Gender in Early Modern Europe* (Cambridge, 2008)

Wilson, Peter H., *Europe's Tragedy. A History of the Thirty Years War* (London, 2009)

Wormald, Jenny, *Court, Kirk, and Community. Scotland, 1470–1625* (London, 1981)

Yates, Frances A., *The Rosicrucian Enlightenment* (London, 1972)

—, *Astraea. The Imperial Theme in the Sixteenth Century* (London, 1975)